娄底年鉴

LOUDI NIANJIAN

2017

娄底市地方志办公室 编

方志出版社
Publishing House of Local Records

图书在版编目(CIP)数据

娄底年鉴.2017/ 娄底市地方志办公室编.-- 北京:
方志出版社,2019.1
ISBN 978-7-5144-3596-2

Ⅰ.①娄… Ⅱ.①娄… Ⅲ.①娄底 –2017– 年鉴
Ⅳ.①Z526.43

中国版本图书馆 CIP 数据核字(2019)第 021399 号

娄底年鉴(2017)

编　者：娄底市地方志办公室
责任编辑：张 颢

出版人：冀祥德
出版者：方志出版社
地址　北京市朝阳区潘家园东里 9 号(国家方志馆 4 层)
邮编　100021
网址　http://www.fzph.org
发　行：方志出版社图书经销中心
电话(010)67110500
经　销：各地新华书店
印　刷：娄底市娄一印务有限公司

开　本：889×1194　1/16
印　张：26.5
字　数：858 千字
版　次：2019 年 1 月第 1 版　2019 年 1 月第 1 次印刷
印　数：0001~1000 册

ISBN 978-7-5144-3596-2　定价：220.00 元

《娄底年鉴》编纂委员会

《娄底年鉴(2017)》编辑部

编辑说明

一、《娄底年鉴（2017）》记载娄底市国民经济和社会发展的基本情况与重大事件。

二、《娄底年鉴(2017)》以马克思列宁主义、毛泽东思想、邓小平理论、“三个代表”重要思想、科学发展观、习近平新时代中国特色社会主义思想为指导，坚持辨证唯物主义和历史唯物主义的立场、观点和方法。本年鉴从**2016**年娄底市经济社会发展和改革开放的实际出发，注重反映地方特色和年度特点，突出经济社会发展和改革开放的新情况。全书共**29**个部类，依次是：特载、大事记、娄底概况、党政群团、军事、法治、综合监督管理、园区经济、农业、工业、城乡建设与房地产·环境保护、交通·邮政·通信、经济贸易、旅游、财政·税务、金融、科学技术与服务、教育、文化事业、新闻·出版·广电、文学艺术、卫生和计划生育、体育、社会保障、县市区概况、统计公报、重要文件选编、重要文件目录及索引。

三、《娄底年鉴》所载稿件，均由各单位撰稿人提供，并经供稿单位领导审核。凡全市性数据和各市县区的主要经济、社会数据，均经娄底市统计局审定。主要经济指标中的地区生产总值、工农业总产值一般按当年价格计算，其增减百分比则按可比价格和可比口径计算。因统计口径和统计制度变化，部分数据不尽一致。

四、《娄底年鉴》采取部类、分目、条目的编辑体例，以字体、字号等版式设计区别不同层次；少数部类如党政群团、市县区概况等，在分目下面增设次分目层次。条目一级标题用黑体加【 】号表示。

目　录

特　载

大事记

娄底概况

法院

司法行政

湖南省娄底监狱

军　事

中国人民解放军娄底军分区

中国人民武装警察部队娄底市支队

人民防空

军休所

经济综合管理

发展与改革

国有资产管理

经济发展环境

园区经济

娄底经济技术开发区

万宝新区

农 业

总类

畜牧业

农业机械化

林业

水利

水文

气象预报

工 业

经济与信息

财政·税务

金　融

科学技术与服务

教 育

文化事业

文体·图书·档案

娄底市文化市场综合执法支队

文物·考古

图书发行

档案工作

新闻·出版·广电

娄底日报社

电视广播

电视发射台工作

文学艺术

文艺交流

体　育

体育学校

全民健身服务中心

社会保障

人社工作

民政工作

残疾人事业

福利 救济

红十字会工作

县(市、区)概况

娄星区

冷水江市

涟源市

双峰县

新化县

统计公报

重要文件选编

重要文件目录

索引

Contents

Special Records

chronicles of events

The general situation of Loudi

Historical Evolution of the National

Transformation and Development

Docking with Great Changsha Can

Open economy

Policy formulation

Livelihood security

Party and government groups

Communist Party of China Loudi City Committee of the Communist Party of China

General situation of Loudi Municipal CPC Committee Office

Supervision work

Organizational work

Propaganda work

Disciplinary Inspection

Rule by law

Science and technology and services

Education

Cultural undertakings

News, publication, radio and television

General situation of county and city

Statistical bulletin

Important file catalogues

Index

特　　载

在市委经济工作会议上的讲话

李荐国

（2016年12月30日）

一、2016年的“娄底答卷”

今年以来，在省委、省政府的坚强领导下，全市上下坚持以党的十八大和十八届三中、四中、五中、六中全会精神为指导，以习近平总书记系列重要讲话为根本遵循，坚持新发展理念，坚持加速转型、奋力赶超，高举开放大旗，着力创新引领，突出转型发展，力推供给侧结构性改革，积极付诸“娄底行动”、认真履行“娄底责任”、努力彰显“娄底力量”，克服一个又一个困难，夺取一个又一个胜利，总体扭转主要经济指标在全省落后的被动局面，成功实现“十三五”的开门红，向省委、省政府和全市人民交出了一份合格的答卷：预计全年地区生产总值增长8.0%，固定资产投资增长14.1%，社会消费品零售总额增长11.8%，一般公共预算收入、地方收入分别增长9.6%和12.8%，城乡居民收入分别增长8.1%和10.1%，主要经济指标增速大幅提升，在全省排位明显前移，一般公共预算收入、地方收入、社会消费品零售总额增速跻身全省前列。供给侧结构性改革、项目建设、安全生产、脱贫攻坚、民生保障、基层党建等工作成效明显，全市呈现出经济逐步向好、社会稳定祥和、换届风清气正、干群奋发努力的良好态势。

这些成绩的取得，是省委、省政府坚强领导的结果，是市几大家班子精诚团结、同舟共济的结果，是全市广大干部群众攻坚克难、共同奋斗的结果。

这一年，我们之所以能把握主动，迎难而上，夺取胜利，有几点是值得认真总结的：一是抓得早。今年1月1日，我们就专门调研中心城区建设与发展。1月7日至15日，集中就全市经济工作、项目建设、招商引资、园区工作等进行部署安排。随后，我们出台项目建设大比拼方案，提出连续作战、决战决胜的工作要求，防止以往一季度经济指标下滑的惯性。“十三五”规划一出台，立即部署实施七个“三个行动计划”，使“十三五”规划变得更具体、更可操作。在全省率先创造性地提出PPP商务谈判条件、工作流程和工作标准，形成了一系列配套完善的操作体系。一年来，所有重要工作基本上都在第一时间进行安排和部署，从而牢牢抓住经济工作的主动权。二是抓得准。在工作中，我们深刻领会中央和省委的精神，紧密结合娄底实际进行决策部署。今年以来，我们提出的转型创新、提振工业、高举开放大旗、发扬长征精神、建设富饶美丽健康祥和新娄底等举措和目标，现在来看，与最近中央、省委经济工作会以及省党代会的精神是高度契合的。三是抓得实。把全年工作的目标任务项目化、数字化、具体化，都落实到具体的时间点、责任单位和责任人。市委常委带头晒责任清单、任务清单，开展履职落实情况对帐点评，以上率下，层层传导压力。加强经济工作的研判、调度，对各种困难和问题集中会审，逐个解套。在去年启动实施房地产"解难题、保稳定、促发展"专项行动的基础上，今年又在全省率先出台了商品房去库存的系列配套政策，商品房去化周期从 36 个月降到 16 个月以内。这种实打实的工作,确保了实打实的成效。四是抓得细。从"默写入党誓词""禁赌限牌"等"细节""小事"入手,治陋习、正风气;从"企业入统""理顺园区管理体制""涉企收费项目清理""融资平台建设""技术平台搭建""高素质人才引进"等最基础的工作入手,聚要素、添活力;从民间融资、住房办证、信访问题、安全生产等矛盾问题入手,守底线、保稳定,为经济发展扎稳平台、营造良好环境。五是抓得紧。紧盯任务目标,一个阶段一个阶段推进,一个环节一个环节紧扣,以旬保月,以月保季,以季保年,稳扎稳打、步步为营。紧锣密鼓推进项目建设大比拼和七个"三年行动计划",明确工作的时间表、路线图,以"钉钉子"的精神强化督查、狠抓落实。

一年的实践证明,世上无难事,只要肯攀登！只要我们抢抓机遇、自强不息、迎难而上、奋发向上,娄底的发展就一定能够蓬勃向上、蒸蒸日上!

同时,我们也要看到,经济运行中还存在一些矛盾和问题,主要是:经济总量不大,综合实力不强;产业结构性矛盾突出,转型发展任务繁重;开放型、外向型经济发展明显不够；经济发展的动能转换接续乏力,新动力不足和旧动力减弱的矛盾突出;实体经济发展困难;民生事业、基础设施、生态环境等方面的欠账较多,脱贫攻坚任务艰巨;民间融资的风险、安全稳定的压力仍然较大;党员干部的作风、能力与发展的需要还有差距,等等。这些问题,我们必须在今后工作中,全力加以解决。

二、2017 年娄底经济发展的形势和任务

做好 2017 年的经济工作，必须科学研判形势，坚定发展信心。

从国际上看,虽然复杂性、不稳定性、不确定性因素增多,但经济缓慢复苏的总体趋势不会改变。从国内来看,虽然下行压力增大,但中央坚持稳中求进的总基调,并将其上升为治国理政的重要原则,财政政策更加积极有效,货币政策保持稳健中性,供给侧结构性改革不断深化,明年将召开党的十九大,这些都为地方经济发展提供了良好的预期和环境。从全省看,中央支持中部地区建设"四区一中心","一带一部"深入实施,支撑发展的动力强劲,新动能加速成长,省党代会描绘的宏伟蓝图催人奋进,经济持续稳健增长保持强劲势头。这些,都将为我市经济社会发展创造良好的环境。从我市的情况看,我市经济运行虽然面临不少问题和矛盾，但仍然处于挑战与机遇并存的战略机遇期,有利因素、条件很多:一是换届即将圆满完成,组织架构全部搭建成功,各级抓发展的时间、精力客观上更加集中;二是"加速转型、奋力赶超"的氛围和共识逐步形成,特别是市党代会描绘的富饶美丽健康祥和新娄底的宏伟蓝图和重大决策,正在变为推进发展的强大合力;三是加快转型发展的基础逐步夯实,产业基础、各类平台、体制机制、交通区位都有了较大提升与完善;四是想干、敢干,会为、善为的干部不断增多,一大批年富力强、勇于创新和敢于担当的干部走上领导岗位，一大批业务骨干走上关键岗位,昂扬向上的精神状态正在凝聚;五是政策叠加效应持续释放,随着"中部崛起""一带一部""国家老工业基地建设""武陵山片区区域发展与扶贫攻坚实施规划"、省政府九号文件和一系列改革举措的深入实施,娄底的政策红利优势非常明显。2017 年是贯彻落实市第五次党代会精神的第一年,是实施"十三五"规划的重要一年,是推进七个"三年行动计划"的关键一年,是供给侧结构性改革的深化之年。要全面贯彻党的十八大,十八届三中、四中、五中、六中全会和中央、省委经济工作会议以及省第十一次党代会、市第五次党代会精神,按照"五位一体"总体布局和"四个全面"战略布局要求,牢固树立和贯彻新发展理念,适应把握引领经济发展新常态,坚持以提高发展质量和效益为中心，坚持以推进供给侧结构性改革为主线,坚持"加速转型、奋力赶超",高举创新和开放大旗，全面铺开转型发展、脱贫攻坚、生态环境治理三大战役,矢志攻坚克难,探索"变道超车",全面实现争先创优,促进经济平稳健康发展、社会和谐稳定,加快建设富饶美丽健康祥和的新娄底。

贯彻这一总体要求,市委考虑,明年经济增长预期目标为 8.5%左右,财政收入增长 9%以上,城镇新增就业 3.7万人,居民消费价格涨幅控制在 3%左右。

把明年经济增长预期目标确定为 8.5%左右,主要基于以下几个方面的考虑:第一,这是落实中央、省委决策部署的要求。中央提出明年经济增长预期目标为 6.5%左右，省委提出明年经济增长预期目标

为8%左右，我们考虑到娄底基数较小，差距较大，需要加速赶超，提出8.5%左右的目标，切合娄底实际，也与兄弟市州大体相当。第二，这是贯彻市第五次党代会精神的要求。市第五次党代会确定未来五年经济年均增速为8.5%，七个"三年行动计划"提出力争用三年的时间完成五年的主要工作任务，要求我们必须保持这样一个增长水平。第三，这是稳预期、稳增长、稳就业的要求。8.5%左右的增速，略高于今年，与经济增长潜力吻合，与保持中高速增长、实现奋力赶超的目标一致，也为稳定预期、扩大就业、防控风险争取空间。

做好明年经济工作，实现预期发展目标，必须把握以下几条原则：一要正确理解稳中求进。这是我们党治国理政的重要原则，也是做好经济工作的方法论。要把稳中求进总基调贯彻到经济社会发展的方方面面，在经济增长、物价运行、社会就业、社会大局上要"稳"得牢靠，在结构调整、方式转变、改革开放、民生改善上要"进"得有力。二要大胆探索"变道超车"。"变道超车"，是"加速转型、奋力赶超"的重要战术。"变道"是方式，"超车"是目的。就是要革新思想，破除思维定势、工作惯性和路径依赖，不能墨守成规、固步自封；就是要打破"常规"，以超常规的能力和手段，抢占先机，不能束手束脚、畏首畏尾；就是要攻坚克难，奋勇争先，创造条件，迎难而上，大干快上，不能犹豫不决、迟滞不前。三要努力全面争先创优。不管是经济部门还是社会民生部门，不管是党委部门还是政府部门，不管是机关单位还是基层一线，都要积极工作，奋勇争先，要有一个好的工作水平，有一种好的精神状态，有好的绩效、好的形象、好的口碑。不仅要在全市争先创优，还要努力在全省、全国争先创优。四要切实防范风险。中央、省委明确提出，明年要把防控风险放到更加重要的位置。必须坚持问题导向，及时化解消除社会稳定、安全生产、金融领域的各类风险点，抓早、抓小，把影响安全稳定的苗头及时掐灭。确保不发生较大以上生产安全事故，不发生大的失控的群体性事件，不发生群体性的越级上访，不发生区域性系统性金融风险。坚决做到风险可控、底线不破、大局稳定祥和。

三、盯住短板，瞄准重点，实现重点突破

明年经济社会发展的任务很重，不能"眉毛胡子一把抓"，务必盯住短板拉长补齐，瞄准重点问题，实现重点突破，达到整体推进。

第一，着力提振以园区为主的工业经济，形成优势产业集群。娄底因工业而立、因工业而兴，现在是因工业艰难而困难，将来还要靠工业兴旺而繁荣兴旺。要以深入实施"工业提振三年行动计划"为契机，提振娄底的工业经济。各地、各园区要把自己的优势和特色研究透彻，找准方向和特色，实打实抓好规划，避免同质化竞争；千方百计做大做强支柱产业，延伸产业链、价值链，形成一批具有核心竞争力的工业企业，把全市园区建设成为主导产业突出、配套产业链齐备的工业集群体系；切实抓好生产性配套、生活性配套。理顺体制机制，给予国家级、省级园区相应的经济管理职能，给予各级园区应有的审批权限，放手让园区发展。各地要把园区作为工业经济发展的大平台、大舞台、大擂台，比规模、比速度、比效益、比贡献，形成企业入园、产业集聚、实业兴旺的良好格局，真正把各园区建成转型发展的先行区、开放合作的示范区、引领和支撑发展的桥头堡。

第二，着力推进现代服务业发展，不断促进发展提速、比重提高、水平提升。服务业前景广阔、潜力巨大，是娄底当前经济发展的短板，也是未来经济发展的生力军。全市上下要大力推进"文化旅游及健康养老产业发展三年行动计划"，把我市服务业发展提高到新的水平。服务业，既是事业，更是产业。要用好用活政府和市场"两只手"，通过发展产业来确保事业的健康发展。善于做结合文章，学会"无中生有""小题大做"，推动文化旅游、健康养老、商贸物流、现代金融等各个产业相互融合，生产性服务业和生活性服务业相互促进，传统服务业与新兴服务业相得益彰。实施"名优工程"，谋划、布局、推进一批重点项目，扶持一批重点企业，培育一批具有娄底特色的服务业品牌。比如，文化旅游方面，重点是"三张名片"：第一张是"曾国藩"，第二张是"紫鹊界梯田"，第三张是"波月洞"，这些名片，都有底蕴、有背景、有故事，很好地策划包装，可以搞出大手笔，产生大影响，形成大效益。还比如商贸、饮食、民居建筑等，也有不少好的题材，要加紧发掘、修缮和建设一批名镇、名村、名街、名店、名校等，培育和发展一批名师、名医、名匠、名厨、名商等，不断提升娄底的美誉度，吸引更多的人游在娄底、住在娄底、吃在娄底、玩在娄底、买在娄底、养在娄底、发展在娄底、享受在娄底。

第三，着力推进农业现代化，促进农业提质增效。做好明年“三农”工作，最重要的任务是，大力推进农业供给侧结构性改革，促进农业农村发展由主要满足“量”的需求向注重满足“质”的需求转变。农业要增加收益。鼓励和引导农民立足资源禀赋、面向市场需求，调整农作物种植结构、畜牧水产养殖结构，努力满足社会对农产品多样化的需求。深入实施“菜篮子”工程，重点建设黑猪、黑牛、黑茶、食用菌、油茶、果蔬等特色产业园，培育壮大一批具有娄底地理标志的农产品品牌。注重引入新技术、新业态和新模式，积极推动农产品加工增值，加快发展订单直销、连锁配送、电子商务等现代流通方式，千方百计提高农业附加值。农产品要提高品质。大力推进规模化、标准化、绿色化、品牌化生产，进一步健全从农田到餐桌的农产品质量安全全过程监管体系，真正让老百姓“吃得安全、吃得放心”。农民要增强素质。抓好农民职业教育和技术培训，培育有文化、懂技术、会经营的新型农民。通过富裕农民、提高农民、扶持农民，让农业经营有效益，让农业成为有奔头的产业，让农民成为体面的职业，让农村成为安居乐业的美丽家园。

第四，着力抓好以“四张网”为重点的基础设施建设，强化发展支撑。突出抓好以交通、能源、水利、信息“四张网”为重点的基础设施建设。必须强化“网”的理念。“网”，是一个纵横交错的组织或系统。我们的基础设施网，要求是交通网、能源网、水利网、信息网等，网网相联，做到全市域、无障碍、畅通无阻。这里有三层意思：一是市“网”要对接好省“网”、国“网”，成为一个整体；二是“网”与“网”要无缝联结，比如，交通网就是高铁、高速公路、干线公路以及农村公路要互联互通，不能出现“断头路”，交通网还要与能源、水利、信息网络互联互通，不能“互不往来”；三是“虚拟网”与“现实网”要结合，深入实施“互联网+”行动计划，推动“互联网+交通”“互联网+能源”“互联网+水利”“互联网+产业”，真正织好基础设施网，使之成为我们“网罗”天下资源的“发展大网”。要舍得“网”里投入。基础设施是生活和发展的基础和支撑，迟搞不如早搞。从眼前来讲，对促投资、稳增长、保就业，有“立竿见影”的功效；从长远来讲，可以节约成本、增强后劲，是“造福子孙”的大好事。各级各部门要舍得花时间、精力和财力，积极对接国家、省里的项目布局，打好主动仗、下好先手棋。要善于发挥“网”的优势。用好交通网，降低物流成本、空间成本和时间成本，使之转化为物流优势、旅游优势、产业优势；用好水利网，确保农业旱涝保收；用好能源网，为发展提供更加便捷、通畅、绿色的动力源；用好信息网，建设“智慧城市”，加强“跨界整合”，促进信息共享，让信息多跑路、群众少跑路、生产生活更高效便捷。

第五，着力建设品质城区、秀美县城、特色小镇、美丽乡村，推动城乡协调发展。今年11月，市委城市工作会议已经作了全面部署安排，请大家对好标、算好帐，认真贯彻落实，努力把娄底建设成为山水相融、宜居宜业、众人向往的现代化城市。建设过程中，要注重处理好几个关系：一是眼前与长远的关系。建设品质城区、秀美县城、特色小镇、美丽乡村，必须科学规划，遵循发展规律，综合考虑功能定位、文化特色、建设管理等多种因素，加强空间立体性、平面协调性、风貌整体性、文脉延续性等方面的规划和管控，注意给未来留足发展空间，防止规划落伍；强化规划执行，一张蓝图干到底，防止规划折腾。二是建设与治理的关系。统筹搞好地上与地下的建设，有效解决好“逢雨必涝”“马路拉链”“垃圾围城”等突出问题。不断巩固和拓展文明城市、卫生城市、美丽乡村创建的成果，始终围绕“衣食住行、生老病死、安居乐业”搞好管理与服务，让人民群众生活更方便、更舒心、更美好。三是生产、生活与生态的关系。着重把握好生产空间、生活空间、生态空间的内在联系，实现生产空间集约高效、生活空间宜居适度、生态空间山清水秀。坚持以产兴城、以城促产、以城带乡，推动产城融合、城乡协调。尽可能保护好娄底的山山水水，做活山水文章，把好山、好水、好风光融入城市，展现在湘中大地。

第六，着力脱贫攻坚，切实保障和改善民生。脱贫攻坚，是“十三五”头等大事和第一民生工程，全市各级党委、政府和有关部门都立下了军令状，必须以对党的绝对忠诚坚决打赢脱贫攻坚战。要紧扣“两不愁、三保障”目标，牢牢把握“六个精准”“五个一批”的扶贫政策，着重抓好产业扶贫、异地搬迁扶贫、教育扶贫、金融扶贫。以“治懒”为抓手，大力激发贫困地区、贫困群众脱贫攻坚的内生动力，变“帮我脱贫”为“我要脱贫”。在狠抓贫困县贫困村脱贫工作的同时，高度重视抓好非贫困县非贫困村的脱贫工作。对于在脱贫攻坚中工作不力、完不成任务的要严肃问责，对于敷衍应付、弄虚作假、欺上瞒下的更要严肃问责，坚决防止虚假脱贫、口号脱贫、数字脱贫。善于从人民群众普遍关心的突出问题入手，从群众的“痛点”找药方，努力解决老百姓上学、就业、就医、住房等现实困难，全面建成覆盖城乡的社会保障体系，构筑民生保障的安全网，不断提升人民群众的安全感、获得感和幸福感。

第七，着力加强生态环境保护和治理，牢牢守住生态安全底线。市委、市政府站在建设健康娄底的高度，部署实施“天蓝水净地绿三年行动计划”，决定着力解决损害群众健康的突出问题，打一场攻坚战。一方面，坚决做好“减法”。坚决落实节能减排任务，深入推进城乡环境综合整治和流域治理，消灭个别地方臭烘烘、雾蒙蒙、乱糟糟的现象，减少大气、水、土壤的污染，严守资源消耗上限、环境质量底线和生态保护红线。坚持问题导向，依法依规严肃查处各类破坏生态环境的人和事，绝不手软。另一方面，认真做好“加法”。大力发展绿色产业、两型产业，大力开展植树造林和封山育林，积极创建国家森林城市，打造绿色家园，努力让娄底的天更蓝、水更清、山更绿、空气更清新。

四、加强党对经济工作的领导，在全市形成万马奔腾、奋勇争先的良好局面

做好经济工作，关键在各级党组织、在各级党员干部。要持续深入开展责任心教育，进一步激发全市广大党员干部履职尽责、攻坚克难，为经济平稳健康发展提供坚强保证。

1.务必做到聚精会神。当前，市委和县乡班子换届都已经完成，市人大、政府、政协班子换届也即将完成，接下来的工作重心，就是要心无旁骛，把心思、精力和智慧集中到经济建设上来，集中到打好脱贫攻坚、转型发展、生态环境治理三大攻坚战上来，集中到落实七个“三年行动计划”上来，集中到项目建设上来，努力把我们的美好“愿景”变成生动的“实景”。

2. 务必做到勤奋务实。“一个行动胜过一打纲领”。全市各级领导干部要牢记习近平总书记“空谈误国，实干兴邦”的告诫，把落实中央、省委和市委经济决策部署作为政治责任，踏石留印、抓铁有痕，办实事、求实效，一项一项地把明年经济工作目标落在实处。少提新口号、多想新办法，少讲重大意义、多讲具体措施，少讲宏观概念、多讲微观操作，少讲过去“怎么样”、多讲现在“怎么办”，少讲他人“怎么嘀”、多讲自己“怎么干”。让重实干、求实效成为一种习惯、一种风尚。

强力推进项目建设大比拼活动，强化考核和正向激励，用好考核成果，严格兑现奖惩，弘扬一批先进典型，发现和重用一批想干事、能干事、干成事的好干部，把精气神比出来，把战斗力比出来，把好干部比出来，掀起项目建设大比拼的新高潮。建立完善容错纠错机制，严格落实“三个区分开来”，为担当者担当，为负责者负责，让为公担当者没有后顾之忧，让流血流汗者不再流泪。

3.务必坚持创新引领。把创新引领贯穿到转型发展的全过程，把科技创新作为创新引领战略的核心任务来抓实抓好。切实增强创新供给能力，进一步整合政府资源、企业资源、高校资源以及外地资源，集聚到全市科技创新体系中去，构建产业技术创新联盟，搭建更多技术孵化创新平台。不断加强与大长沙等地的技术合作，建设长沙国家自主创新示范区娄底孵化基地。广大企业在科技创新中要“唱主角”“挑大梁”。每年跟踪研究一项或几项前期研究或中试项目，在小试、中试环节，甚至实验室研发环节就主动介入，真正形成开发一代、研发一代、储备一代的技术创新格局。围绕促进转方式调结构、建设现代产业体系、培育战略性新兴产业、发展现代服务业等方面需求，推动科技成果转化，推动全市产业和产品向价值链中高端跃升，不断提高全市供给体系的“技术含金量”。坚持不为所有、但求所用，加快实施“亿元人才引进工程”，广开门路，集聚一批科技创新领军人才，建立起一支具有娄底特色的宏大的科技人才队伍，形成人尽其才、才尽其用、人才辈出的局面。

4.务必深化改革开放。要以供给侧结构性改革为主线，大力推进全面深化改革。中央、省委明确，“三去一降一补”是2017年供给侧结构性改革的重点任务，怎么“去”、“去”多少，怎么“降”、从哪里“降”，怎么“补”、“补”什么，要全面摸清底子；哪些是必须要搞的，哪些是已经搞的差不多了的，哪些是需要加大力度的，都要有一本账，都要有针对性地抓。同时，不能为完成任务而完成任务，要善于在“改”中创新，实现在“去”中转型，在“降”中提质，在“补”中固本，真正达到优化供给侧的目的。高度注重改革的系统性、

整体性、协同性,统筹推进全面深化改革,扎实抓好国企国资、行政管理、农业农村、产权保护制度建设、财税和金融体制改革、养老保险制度、环境保护等各项改革,更多释放改革红利。

用实际行动“引进来”“走出去”,推动更深层次、更高水平的双向对外开放。“引进来”,要有大胸怀、大视野、大气魄。只要有利于娄底发展的好企业、好项目、好人才、好技术、好资源,我们都应该敞开胸怀,积极引进来。招商引资,应该是欢迎天南地北的投资者,既要招“娄商”,也要招“外商”,瞄准世界和全国500强、央企,开展更广泛的招商引资、引才引智。“走出去”,要大踏步、迈大步、不停步。充分利用“湘博会”“广交会”“深交会”以及公共保税仓库、铁路口岸等对外开放平台,把娄底的好企业、好产品、好资源、好风光推出去,不断提高经济的外向度。广大企业家要“放眼看世界”,立足全省、全国甚至全球,抢抓机遇,参与竞争,抢占市场。

5.务必夯实基层基础。以明年村级换届为契机,大力加强基层组织建设,选优配强村支两委班子特别是支部书记,强化党建扶贫力度,着重加强合并村的班子建设。要更多地关注基层,推动人往基层走、钱往基层投、政策往基层倾斜。对基层干部要给予更多关怀,真正从政治上关心、工作上支持、待遇上保障,积极为基层干部创造良好工作、生活和成长条件,让基层干部更有“干头”,更有“奔头”。

展望2017,我们信心满怀。让我们紧密团结在以习近平同志为核心的党中央周围,在省委、省政府的坚强领导下,不忘初心、继续前进,坚定信心、真抓实干,以经济社会发展的新成绩,迎接党的十九大胜利召开!

(略有删节)

政府工作报告

——2017 年 1 月 5 日在娄底市第五届人民代表大会第一次会议上

杨懿文

一、过去四年和 2016 年工作回顾

过去的四年，是宏观经济形势极其复杂、全市发展极不平凡的四年，是经受重大挑战、并取得丰硕成果的四年。在市委的坚强领导下，全市上下深入贯彻党的十八大和十八届三中、四中、五中、六中全会精神，认真落实省委、省政府的决策部署，主动适应发展新常态，深入践行发展新理念，大力实施融城发展、娄商返娄、对接大长沙战略，全面完成六个“四年行动计划”，部署推进七个“三年行动计划”，努力开创了全市经济社会发展的新局面，奋力谱写了“加速转型、奋力赶超”的新篇章。

综合实力明显提升。地区生产总值达到 1406 亿元(预计数，下同)，年均增长 8.6%；固定资产投资达到 1190 亿元，年均增长 21.4%；一般公共预算收入、地方收入分别达到 104.58 亿元、68.13 亿元，年均分别增长 4.2%、7.1%；社会消费品零售总额达到 485 亿元，年均增长 12.2%。六大高耗能行业增加值占比下降 12.6%，高技术、高加工度产业年均分别增长 12.5%、16.8%，特色农业、商贸物流、文化旅游、现代金融快速发展，三次产业结构调整为 14.7∶48.4∶36.9。娄底经开区晋升为国家级园区，我市园区综合排名从全省第十位跃升到第五位，新化县、双峰县、涟源市跻身全省特色县域经济重点县。

城乡面貌明显变化。沪昆高铁、娄邵铁路(扩能改造)建成通车，高速公路建成 5 条、在建 2 条，总里程达到 434 公里，新建(改造)国省干线公路 395 公里、乡村公路 2780 公里，娄底大道娄涟段基本贯通，我市的空间经济地理格局正在发生根本变化。城乡统筹取得积极进展，全市城镇化率达到 45.27%，交通、水利、能源、信息“四张网”建设快速推进，全市 24 个村被评为全省新农村建设示范村和美丽乡村示范村，冷水江市在全省率先整市推进新农村建设。全面推进城乡环境整建和“九大环保工程”，圆满完成湘江保护和治理第一个三年行动计划，在全国率先开展领导干部自然资源资产离任审计，与湘潭市签署《共同保护水府庙行动宣言》，新化县纳入全国重点生态功能区。全市森林覆盖率达到 50.21%，中心城区空气质量优良率达到 87.7%，全市 9 个监测断面的地表水质均达到三类以上，7 个县级集中式饮用水源全部达标，农村环境质量排名由全省第七位上升到第三位。圆满承办第十二届省运会和第九届省残运会，市本级成功创建国家园林城市和国家卫生城市，获得创建全国文明城市提名。

发展活力明显增强。扎实推进“三去一降一补”，供给侧结构性改革初见成效。政府机构、合村并乡等改革全面完成。司法体制、营改增、放管服、不动产统一登记、农村土地承包经营权确权登记和抵押贷款试点、全国编制自然资源资产负债表试点等改革全面推进。投融资体制改革取得突破，成功组建娄底农商行，引进 5 家商业银行，4 家企业在新三板挂牌。在全省率先出台深化国企改革实施意见。先后成立我市首家省级重点实验室、首家院士工作站、5 家工程技术研究中心，建成 2 个省级示范众创空间、8 个创业孵化基地。加快铁路口岸建设，引进海关、商检机构，设立外经外贸综合服务平台，“湘博会”成为省级招商平台，成功举办第一届湖南省汽车配套产业对接会。四年实际利用内资 1648 亿元、到位外资 13.7 亿美元，年均分别增长 23.6%、14.0%。

民生福祉明显改善。民生支出占财政支出的比重达到 72%，比 2012 年提高 2.54 个百分点。城乡居民人均可支配收入分别达到 23606 元、9529 元，年均

增长8.5%、11.0%。全面小康总体实现程度达到87.5%，冷水江市成为全省首批全面小康达标县市。四年新增城镇就业15.9万人、农村劳动力转移就业22.2万人，城镇登记失业率控制在4.19%以下；建设保障性住房10.78万套，改造农村危房3.42万户；建成农村幸福院435个，改扩建敬老院37所；改扩建学校446所，建成合格学校662所。城乡居民基本医疗制度完成整合，大病保险全面实施。公立医院改革全面铺开，分级诊疗试点进展顺利。市级“四馆一中心”建成使用。“菜篮子”工程成效明显。积极创建“全国社会管理综合治理优秀市”“基层组织先进市”，“平安娄底”建设步伐加快，安全生产工作进入全省先进行列。

政府建设明显加强。法治政府建设走在全省前列，发布了全省首个政府《行政复议行政应诉》白皮书，全面推行“三张清单”制度，建立了政府法律顾问团队。主动接受市人大法律监督和工作监督，自觉接受市政协民主监督、职能机关专门监督和社会各界舆论监督。四年办结人大代表议案建议816件、政协委员提案637件。主动回应网民诉求，红网留言办复率和满意度逐年提高。扎实开展党的群众路线教育实践活动、“三严三实”专题教育、“两学一做”学习教育和责任心教育，严格落实中央八项规定、省委九项规定，出台提高政府效能“六条规定”和“禁赌限牌”规定，干部的“四种意识”、精神状态、工作作风有了新转变，履职尽责、攻坚克难的能力有了新提高。

国防动员和后备力量建设创新加强，军民融合深度发展，全民国防教育普及深化，成功创建“全省双拥模范城”，驻娄解放军、武警、消防、公安和民兵预备役遂行任务能力持续提升，参建参治作用不断显现。统计、审计、政务服务、电子政务、住房公积金、人防、地震、气象等部门，服务发展的能力不断加强。地方志、档案、保密、外事侨务、工商联、民族宗教、对台、贸促、工会、共青团、妇女儿童、老龄、红十字会、关工委、科协、计生协、文联、慈善、残联等各项工作均取得新的进步。

2016年，是本届政府的收官之年。一年来，我们坚持加速转型、奋力赶超，以供给侧结构性改革为主线，以提高质量效益为中心，着力谋长远、打基础、抓关键、惠民生，实现了“十三五”的良好开局。主要抓了以下五个方面的工作：

一是以钉钉子的精神抓好“十三五”规划的落地落细落实。坚持一张蓝图干到底，部署推进七个“三年行动计划”，下定决心用三年时间把五年的事情干完，开启了我市发展的“加速度”。预计地区生产总值增长8.0%，固定资产投资增长14.1%，社会消费品零售总额增长11.8%，一般公共预算收入、地方收入分别增长9.66%、13.69%，城乡居民收入分别增长8.1%、10.1%，主要经济指标增速在全省排位明显前移。

二是狠抓项目建设扩投资、稳增长、增后劲。大力开展“项目建设大比拼”活动，696个重大项目完成投资720亿元，超年度计划15%，新开工、竣工项目分别增长12%、16%。在全省率先出台PPP项目商务条件、工作流程和工作标准，设立专项财政引导基金和城市建设投资基金50亿元，开发PPP项目53个，总投资超过1000亿元，引进了一批“国字号”战略投资者，其中6个已开工或即将开工建设，总投资超过100亿元。

三是创新思路出实招、解难题、补短板。出台工业帮扶十五条，设立工业产业、中小企业“助保贷”专项铺底、工业转型发展等引导基金，帮助实体企业渡难关。新增“四上”达标入统企业270家。新增金融机构7家，与4家银行签订战略合作框架协议，新增授信额度500亿元。

成功组建国有资本运营、文化旅游发展、交通建设等政府性融资平台，争取国家专项建设基金近80亿元。全面开展房地产业“解难题、促发展、保稳定”专项行动，全市房地产销售面积达235万平方米，商品房库存去化周期控制在16个月以内。

四是着眼聚人气、提品质、创一流，加快谋划城镇规划、建设和管理。行政区划调整取得实质性进展，涟源市、双峰县部分镇村并入中心城区的方案，进入省级审批阶段。我市作为除长株潭外的唯一市州，全域纳入了全省新型城镇化战略布局。编制完成了《智慧娄底建设五年行动计划》，中心城区总投资达46亿元的2个PPP项目开工建设，积极推进中心城区废弃铁路综合开发。长沙—娄底—新化低空旅游观光航线成功试飞。高速公路沿线8个特色小镇建设试点全面启动。

五是多措并举推动精准扶贫、精准脱贫，着力办好民生实事。投入扶贫资金15.15亿元，52个易地扶贫搬迁集中安置点开工建设，9.21万人实现精准脱贫，超额完成省定任务。22个重点民生实事项目全面完成。公立医院全部实行药品"零差率"。娄星区在全国首推"农民养老贷"。中心城区活禽交易市场全部搬迁,创建全国文明城市、禁燃与殡改集中整治成效明显。

本届政府任期的四年，是我市发展史上较为艰难的四年。回首过去,我们既倍感欣慰,更信心满怀。面对"四期叠加"、产业转型和经济下行的多重压力,全市上下风雨同舟、齐心协力,面对困难不退缩、不泄气、不推责,一心干事想法子,甩开膀子抓落实,用"实"的作风和"干"的勇气,顶住了压力,化解了风险,战胜了困难,为"加速转型、奋力赶超"奠定了基础、积蓄了能量,为"变道超车、突围突进"赢得了先机、创造了条件。

四年的成绩,可圈可点,来之不易。这些成绩的取得,得益于市委的坚强领导、科学决策,得益于市人大、市政协的有效监督、鼎力支持,得益于全市广大干部群众的齐心协力、顽强拼搏。在此,我代表市人民政府,向全市人民,向各民主党派、人民团体,向驻娄人民解放军和武警、消防官兵、政法干警,向中央、省驻娄单位,向关心支持我市发展的各界人士,表示衷心的感谢和崇高的敬意!

回顾过去四年,我们也清醒地看到,我市经济社会发展中还存在一些不容忽视、亟待解决的困难和问题:一是经济总量不大,产业结构不优,发展外向度、包容性不强,转型发展处于转折点,面临稳增长和调结构的双重压力。二是民间融资风险,以及由此引发的关联问题,虽然整体可控,但没有根本解决。三是房地产去库存,虽取得了一定成效,但体量大、问题多、情况仍然复杂。四是征地拆迁、控违拆违、"三强"等问题比较突出,发展环境欠优,亟待从制度机制层面加以解决。五是基层基础战斗堡垒作用有所弱化,矛盾和问题得不到及时有效化解,群体性、突发性事件时有发生。六是民生事业、生产安全、生态环境等方面的欠账较多，特别是脱贫攻坚任务十分艰巨。七是城乡基础设施薄弱,城市规划、建设、管理方面的理念与先进地区有差距,标准、品质和水平亟待提升。八是干部作风不实、精神状态不佳等问题,不同程度存在,适应现代经济、招商引资和抓项目建设的能力有待进一步提升,等等。这些问题,是当前制约我市发展的关键性问题,我们绝不能遮掩、绝不能回避、绝不能推诿,必须牢牢坚持问题导向,切实强化忧患意识,以敢于啃硬骨头的精神,一个一个加以攻克。

二、未来五年主要目标和任务

未来五年,是我国深化供给侧结构性改革、全面建成小康社会的重要时期,是我省实施"创新引领、开放崛起"战略、建设"五个强省"的关键时期,是我市"加速转型、奋力赶超"、建设富饶美丽健康祥和新娄底的攻坚时期。站在新的发展起点,我们要以更加开放的姿态、更加开明的胸怀、更加宽广的视野,立足"一带一路""一带一部"的战略布局,在全省"一核三极四带多点"的新格局中,找准娄底的发展坐标,积极付诸娄底行动,向"一核"靠拢,为"四带"增色,力争挺进全省市州第二方阵。

今后五年政府工作的总体思路是：高举中国特色社会主义伟大旗帜,以邓小平理论、"三个代表"重要思想、科学发展观为指导,深入学习贯彻习近平总书记系列重要讲话精神，认真落实省第十一次党代会和市第五次党代会精神,全面贯彻五大发展理念,以供给侧结构性改革为主线，以 "七个三年行动计划"为抓手,坚持转型创新,矢志攻坚克难,坚决打赢转型发展、脱贫攻坚、生态环境治理攻坚战,确保如期全面建成小康社会，努力建设富饶美丽健康祥和的新娄底。

未来五年的奋斗目标是：地区生产总值年均增长 8.5%以上;固定资产投资年均增长 15%以上;一般公共预算收入、地方收入年均增长 9%以上;规模以上工业增加值年均增长 9%以上;社会消费品零售总额年均增长 12%以上；城乡居民人均可支配收入年均增长 10%以上;城镇登记失业率控制在 4.6%以内,全力争创全国资源型城市转型发展示范城市，打造大长沙拓展区，建设沪昆高铁经济带重要支点城市和山水相融、宜居宜业、众人向往的现代化城市。

实现上述目标,我们必须把中央和省委、省政府的战略部署,与我市的具体实际结合起来,按照市第五次党代会的总体要求,切实在四个方面下功夫,致力描绘四幅新画卷。

(一)矢志加快转型创新,构建产业新体系。以供给侧结构性改革为主线,坚持创新驱动,加快动能转换,推进产业转型升级。全面振兴工业,着力打造钢铁深加工千亿产业集群,汽车零配件、新能源储能、住宅工业化等百亿产业集群,湖南省汽车配套产业、板材深加工、中部地区不锈钢三大产业基地，农机、煤机、应急产业、精细陶瓷等特色产业集聚区；做大做强有色、建材、化工、轻工等传统产业，大力发展新材料、生物医药、电子信息、生态环保等新兴产业。全面补齐服务业短板，着力培育文化旅游、商贸物流、健康养老、现代金融等四大战略性支柱产业，积极发展电子商务、科技信息、体育会展等新兴服务业，基本建成全国二级物流节点城市和全省旅游热点城市。加快农业现代化进程，以品牌建设为抓手，创新农业发展方式，提高农业比较效益，使农业成为富农民、稳人心的产业。推进三次产业融合，强化“互联网+”思维，鼓励“大众创业、万众创新”，大力发展混合所有制经济，推动新技术、新产业、新业态蓬勃发展，着力提升实体经济整体实力。集中3年至5年时间，逐步摆脱资源依赖型发展模式，构建支撑转型发展的现代产业体系。

(二)全力推进开放崛起，拓展发展新平台。积极对接“一带一路”“一带一部”战略布局，打造大长沙拓展区、建设沪昆高铁经济带重要支点城市。深入实施融城发展战略，以娄底大道为主轴，推进“娄涟双”“冷新”主副板块纵深发展，加快高铁、高速沿线城镇化建设，基本形成以品质中心城区为龙头，以秀美县城为主体，以特色小镇、美丽乡村为依托的城乡发展新格局。加快万宝新区、东部新区和水府新城建设，拓展城市发展空间。推进“智慧城市”建设，提升城市规划、建设、管理水平，着力打造国内同类型城市中的一流城市。加快实施“娄商返娄”“走出去”战略，推动更宽领域、更大规模、更高层次发展。让娄底走向世界，让世界点赞娄底。

(三)深入践行绿色发展，打造生态新优势。全面推进“天蓝水净地绿三年行动计划”和城乡环境综合整治，严守资源消耗上限、环境质量底线和生态保护红线，完成主要污染物减排任务。森林覆盖率达到52%以上，空气质量、地表水质持续提高。建立环境保护负面清单，发展绿色低碳循环经济，推进要素集约节约利用，努力实现生态建设、环境保护与经济发展同步推进，形成人与自然和谐发展的新格局。以对子孙后代负责的态度，加强采煤沉陷区、采矿沉陷区和老工业区的环境修复治理，逐步还老账，绝不欠新账。

(四)决战决胜脱贫攻坚，增进人民新福祉。把脱贫攻坚作为第一民生工程，坚决打赢脱贫攻坚战，确保2018年新化、涟源、双峰3个贫困县实现摘帽，2019年所有贫困村和建档立卡贫困人口整体脱贫。持续增加城乡居民收入，不断提高人民生活水平，让全市人民拥有更多的获得感。大力发展社会事业，认真解决群众关心的就业难、看病难、读书难、住房难等问题。健全社会保障体系，推进基本公共服务均等化，让每一个娄底人共享阳光雨露。深入开展“中国梦”和社会主义核心价值观教育，大力弘扬优秀传统文化，提升市民文明素质，全力创建全国文明城市、国家森林城市和金融生态良好城市，着力打造“健康娄底”“平安娄底”“诚信娄底”。让娄底成为全市人民身心向往、情感归依的美好家园。

当前，我市正处于“加速转型、奋力赶超”的转折点和关键点。加速转型，是没有任何退路的唯一选择；奋力赶超，是全市人民的共同心愿。让我们始终保持“建功必须有我”的担当、“功成不必在我”的境界，肩负起时代赋予的使命，一年接着一年干，一张蓝图干到底，努力把美好蓝图变成生动现实，把政府工作变成人民群众看得见摸得着的实惠。

三、2017年工作重点

今年，是供给侧结构性改革的深化之年，也是我市推进七个“三年行动计划”的关键之年。必须按照中央、省委和市委经济工作会议精神，一项一项抓好落实。

今年的预期目标是：地区生产总值增长8.5%左右，其中一、二、三产业分别增长3.5%、8%、11%以上；固定资产投资增长18%以上，规模工业增长8.5%以上，社会消费品零售总额增长12%以上；一般公共预算收入、地方收入均增长9%以上；城乡居民人均可支配收入分别增长8.5%、10.5%以上；节能降耗完成省定目标任务。着力抓好以下七个方面的工作：

(一)着力扩大有效投资

强力推进PPP项目。重点围绕国家“七大工程包”，谋划发布一批、加快推进一批，确保市级平台开工建设5个以上，各县市区和娄底经开区、万宝新区分别开工建设3个以上，市直基础设施和公共服务领域开工建设2个以上，年度总投资达到400亿元以上。

加快推进重大项目建设。继续开展“项目建设大比拼”活动，完成产业投资640亿元左右，分别完成技改投资300亿元、战略性新兴产业投资60亿元、农业产业化投资 60 亿元、服务业投资 220 亿元以上；服务业中，文化旅游健康养老产业完成投资 150 亿元以上；重大基础项目完成投资 380 亿元以上，分别完成城市基础设施 240 亿元、交通 70 亿元、能源 40 亿元、信息网络 30 亿元以上；重大民生项目完成投资 280 亿元以上。重点推进 400 个重大项目、60 个重特大项目、10 个标志性工程项目，确保完成投资 800 亿元以上。全年谋划重大项目 400 个以上。

以革命性举措优化发展环境。全面开展"征地拆迁控违拆违百日攻坚行动"，严厉打击"三强"行为，精准、高效供地，坚决搬掉阻碍项目落地的绊脚石。加快"智慧娄底"建设，构建"互联网 + 政务服务"平台，重构议事规则，优化办事流程，提高行政效率，把该管的事管好，把该放的权放掉，让广大投资者安心创业、放手发展。大力营造"四个尊重"的社会风尚，建立引才绿色通道，探索人才柔性流动机制，培养引进科技领军人才、专业技术人才、高技能人才和青年创新创业人才。抓好村支两委换届工作，夯实基层基础，选出想干事能干事的好班子，把矛盾化解在源头，把问题解决在基层。我们要强化"娄底意识"，坚决与娄底发展共荣辱、同进退，不管是党员干部，还是普通群众，都要当项目建设的"促进派""主攻手"，不要当"反对派""守门员"，以湘军精神打好项目建设大会战。

(二)着力加快转型升级

加快打造工业升级版。紧盯"中国制造 2025"，推动"娄底制造"向"智能制造"转变。发挥现有产能优势，推动一批技改项目，做大做强精品钢材、薄板深加工、不锈钢产业。加强和长三角、珠三角、大长沙的产业对接与配合，引进一批关联产业和配套项目，着力建设钢铁千亿产业深加工基地，培育汽车零配件、新能源储能、住宅工业化三大百亿产业集群。推进涟源应急产业园建设，促进新化精细陶瓷规模化集群式发展，支持双峰县全国农机工业强县建设，打造全省首家境外农机产业园。抓好煤矿关闭退出工作，年内实现烟花爆竹企业全部退出。

全面提升现代服务业。加强城市综合体建设，引导住宿、餐饮、零售等生活服务业连锁化、品牌化、特色化发展，打造一批特色鲜明、影响力强的名街、名店、名品。大力发展全域旅游，加快旅游专线(环线)建设，扩大低空旅游飞行范围，打造全省重要的旅游热点城市，支持新化县、涟源市创建全国全域旅游示范区，年内建设 1~2 个旅游精品示范区。加快娄底经开区城郊型文化旅游休闲中心、众一健康城、龙山与天门健康养生基地建设。争取湘中国际物流园、诚通物流园竣工投产，支持各县市区加强物流项目建设，启动娄底会展中心建设。重点推进双峰全国电子商务进农村综合示范县、新化省级农村电子商务示范县建设，支持万宝新区国家电子商务示范集聚区、冷水江和涟源全国电子商务强县建设，培育发展一批电商镇、电商村。以社区(村)为单位，建立商贸服务平台，建设一批便民连锁超市。继续开展房地产业"解难题、促发展、保稳定"专项行动，进一步化解竣工扫尾难、交房办证难、库存消化难、税费清缴难等问题，促进房地产业健康持续发展。

推进农业供给侧结构性改革。扎实做好全国第三次农业普查，全面摸清"三农"家底。坚守耕地红线，确保粮食总产 160 万吨以上，蔬菜总产 150 万吨以上。完成土地确权登记颁证，加快农村土地流转，大力发展农村新型经济组织，以"互联网 +"的思维，推动农业供销现代化，新增 2 家以上销售收入过亿元的"龙头"企业，确保全市农产品加工企业销售收入增长 15%以上。着力培育品牌、突出特色、提升品质，做好农工融合、农旅融合文章，大力发展休闲、观光、体验型农业，促进农业提质增效。

打造产业升级版，必须大力振兴实体经济。要以供给侧结构性改革为主线，以提高质量和核心竞争力为中心，立足我市产业基础和资源禀赋，全力推进一批重点产业和特色优势产业发展，增强产品竞争力。大力发展混合所有制经济，毫不动摇地鼓励、支持、引导非公有制经济发展，支持民间资本参与公共领域投资和重大项目建设。大力弘扬敢于担当的企业家精神和精益求精的工匠精神，既要大手笔、大气魄，打造百亿、千亿产业集群，又要以质取胜，培育更多的"名优产品""百年老店"，让娄底大地上大企业顶天立地，小企业铺天盖地。

(三)着力建设美丽家园

建设品质中心城区、秀美县城。加快万宝新区、高铁新城、娄北新区、水府新城建设，推进城西老工业基地搬迁改造。以重大 PPP 项目为抓手，推进中心城区"一整二改三化"，基本完成 23 条新建城市道路及配套设施建设，24 条道路白改黑及绿化提质改造。完成中心城区部分区域区划调整，推进冷新融合，加快各县市城区扩容提质步伐。

建设特色小镇、美丽乡村。推进高铁、高速、国省干线公路沿线特色小镇建设试点，建设一批金融小镇、产业重镇、旅游强镇、文化名镇和风情小镇，形成可操作可复制的“娄底经验”。以24个省级美丽乡村示范村建设为重点，打造一批“五美”新农村。

提升城市规划建设管理水平。以国际国内同类型先进城市为标杆，加快制定和实施“娄底标准”，编制市域城市规划及专项规划，杜绝低水平重复建设，减少维修维护成本。以“智慧娄底”建设为统揽，加快“云上娄底”、大数据中心、电子政务等平台建设，推动城市标准化、网格化、精细化和信息化管理。加大建绿管绿力度，加快“慢行绿道”建设，加强城乡生活垃圾和污水治理。规范物业管理。开展城区治堵专项行动。巩固创园、创卫成果，确保通过国家卫生城市资格复核。

（四）着力补齐主要短板

补齐县域经济短板。推进产业强县（市）、特色兴县（市）战略，发挥比较优势，破解土地、资金瓶颈，壮大龙头企业，培育支柱产业，发展特色经济，逐步形成“一县一特色产业”的县域经济发展格局。支持各县市区重点打造销售超100亿元的主导产业、超50亿元的特色产业集群。

补齐园区经济短板。加快园区管理体制机制创新，推进简政放权，支持园区开发建设平台集团化改革。积极探索“一区多园”、共建共享新模式，注重引导产业向园区集中，推动园区经济整体提质。深入实施园区倍增提质行动计划和“623”工程，推进“产城融合”，完善科技、金融、创业等服务体系，加快路网、市政等基础配套扩容提质。确保各类园区工业投资、工业税收均增长25%以上。

补齐开放型经济短板。树立“海洋意识”，强化“工业思维”，加快主动开放和双向开放，完善服务平台，升级外贸基地，启动娄底保税仓库建设，建成省级出口食品农产品质量安全示范区。紧盯长三角、珠三角、京津冀等重点区域和央企、上市公司，开展精准招商。确保内联引资增长17%以上，实际利用外资增长16%以上。新签约招商引资项目100个以上，其中投资超50亿元的项目1个以上，超30亿元的2个以上，超10亿元的30个以上。引进总部经济企业100家以上。大力发展外向型经济，推动“娄品出境”，确保进出口总额、加工贸易额均增长10%以上。

补齐金融短板。坚持积极稳妥、依法依规、分类处置，探索民间融资化解的新办法，引进有实力的公司进行资产处置、破产重组，力争取得实质性突破。加强金融风险防控，加快社会信用体系建设，积极创建金融生态良好城市和省级金融安全区。加快完善现代金融市场体系和服务体系，发展新型金融业态，着力引进各类金融机构来我市设立分支机构和区域性、功能性总部。进一步搭好政银企合作平台，鼓励企业上市，适度做大金融规模。支持万宝新区建设全省金融集聚区，做大做强双峰金融特色小镇，提升金融集聚度。

（五）着力实施脱贫攻坚

把脱贫攻坚作为“十三五”头等大事和“第一民生”工程来抓，坚决落实“六个精准”“两不愁三保障”要求，高质量推进精准扶贫工作。开展“四跟四走”产业扶贫，提升贫困群众自主发展能力。推进教育扶贫，完成农民技能培训10万人次以上，对贫困学生进行精准资助，实现贫困县农村义务教育阶段学生营养改善全覆盖。强化基础设施与基本公共服务扶贫，启动实施贫困村公共服务设施三年行动计划。加强金融扶贫，提高扶贫小额信贷发放额度。拓展社会扶贫，开展“万企万村”“一家一”助学就业等扶贫活动。加强对“五保”人员、零就业家庭、因病因学返贫等人员的兜底保障。坚决防止虚假脱贫、口号脱贫、数字脱贫，让贫困群众有实实在在的获得感。

（六）着力深化改革创新

以更大决心和勇气推进改革。强力推进国企国资等28项省定改革事项，深化投融资等12项自主改革事项。以供给侧结构性改革为主线，推进实施《娄底市资源型城市转型发展系统性改革试点工作方案(2016—2020)》，积极探索“娄底版”改革，力争在产业培育、科技创新、园区管理、城市规划建设管理、农业农村发展、特色小镇建设、征地拆迁和社会治理等方面，取得新的突破。

推进以科技创新为核心的全面创新。建立产业技术创新联盟，加强知识产权运用和保护，支持产业共性技术重大项目研发，培育15家以上省级高新技术企业，建设一批国家级、省级众创空间、企业创新平台、技术中心、技术（工程）研究中心、检测中心和计量中心。加大科技投入，改革管理方式，推进“大众创业、万众创新”，实施“质量强市”“娄品工程”，支持涟源高新技术产业园发展，支持冷水江打造国家级农业科技园区。

（七）着力增进民生福祉

加快发展社会事业。统筹城乡教育一体化建设发展，加大职业教育、民办教育和特殊教育发展力度。继续化解义务教育大班额，切实加快薄弱学校改造和合格学校、公办幼儿园建设。严格落实乡村教师支持计划，适度提高乡村教师待遇，加快教师周转房建设。推进市第二人民医院儿科楼、3家妇幼保健院的改造搬迁等项目建设。推进“三医联动”改革，发展中医药事业和产业。坚持计划生育“三个不变”，抓好与全面两孩政策相配套的公共服务体系建设，加大计划生育家庭扶助力度，积极应对人口老龄化。实行“三馆一站”免费开放，开展全民阅读，推进基层综合性文化服务中心“七个一”、市文体中心提质改造和足球城等项目建设。加强文物保护。创作更多富有娄底特色、体现娄底精神的文化艺术作品，打造一批在全省全国有影响力的文化品牌。

切实加强社会保障。实施“全民参保登记计划”，加快推进“四险”统一征缴，建立完善基本养老、基本医疗和失业、工伤、生育等保险制度，逐步实现法定人员全覆盖。新增养老床位1000张以上。加快市城区救灾物资储备中心、市殡仪馆搬迁等项目建设。推进农村低保和扶贫标准“两线合一”。扩大住房公积金覆盖范围。大力发展社会福利和慈善事业，健全社会救助体系，关爱空巢老人、留守妇女儿童、特困人员、残疾人员等弱势群体，积极为他们排忧解难。

不断创新社会治理。推进司法体制改革，加强法治宣传教育，强化全民法律意识。抓实平安创建，提高防控能力，严管重点领域，整治突出问题。加强积案化解，实现信访与维稳秩序持续好转。落实“四个最严”要求，严厉打击食品药品犯罪，坚决防范源发性、群体性食品药品重大安全事故。全面落实安全生产责任，持续推进煤矿、非煤矿山、道路交通、危险化学品、特种设备、消防、校园、建筑施工等重点行业领域专项整治，防范和遏制重特大事故的发生。做好人防、地震、气象、外事侨务、民族宗教、对台、贸促、档案、保密、地方志、工会、共青团、红十字会、计生协、科协、文联等各项工作。

全面推进生态整治。实施“天蓝水净地绿”三年行动计划、湘江保护和治理第二个“三年行动计划”，出台《孙水河保护条例》，实行“河长制”，深入推进资水、涟水、孙水流域沿岸保护治理。加强水府庙水库开发利用与保护，抓好锡矿山、涟钢周边等重点区域环境综合整治示范区建设，大力实施重金属污染耕地应急性修复治理。推进煤矿沉陷区综合治理、矿山修复与治理、农村养殖污染整治。加强绿化造林和森林资源保护，严厉打击毁林、非法采矿、采砂等行为。让娄底蓝天常在、绿水长流、青山常存。

加强国防后备力量建设。坚定支持国防和军队改革，务实推动军民融合深度发展，稳步推进后备力量建设调整转型，巩固提升双拥共建成果，积极做好退役军人转业安置工作，着力加强人民防空和民兵基层建设，促进国防建设和经济建设协调发展。

2017年，我们要集中精力抓好以下民生实事：一是完成3.2万人易地扶贫搬迁任务，确保11.68万人脱贫，217个贫困村摘帽。二是完成城市棚户区改造26603户，分配公租房13798套，发放租赁补贴16702户。三是全面实施农村建制村全科医生或助理全科医生驻村全覆盖行动计划。四是实现全市偏远山区中小学校Wi-Fi无线网络全覆盖。五是新增城镇就业3.6万人，新增农村劳动力转移就业3.5万人。六是打通吉星路、娄星路、甘桂路等断头路，全面提升中心城区规划建设管理水平。七是全面实现中心城区城乡公交一体化。八是开通长沙—娄底—新化低空旅游观光航线。九是全面实施湘江、资江娄底流域截污和水体治理行动。十是完成娄底大道娄双段、冷新段主体工程，同步实施沿娄底大道自行车慢行系统项目，以及中心城区国际马拉松赛道项目。

四、加强政府自身建设

打铁还需自身硬。我们必须抓严抓实抓好政府自身建设。

坚决破除思想坚冰，努力建设开放政府。以开放的意识、国际的视野、包容的胸怀，搬掉思想保守的“大山”。既善于“引进来”，也敢于“走出去”；既勇于单干打硬仗，也乐于合作促共赢。跳出娄底看娄底，跳出娄底谋划娄底，敢立大目标，敢与先进比，敢跟强者争。只要是有利于娄底发展的事，只要是能造福娄底人民的事，只要是市委、市政府已经决定的事，我们就要大胆地干，撸起袖子加油干，一刻也不耽误地干。

切实强化法律思维，努力建设法治政府。尊法守法，坚决做到一切政府行为在法律轨道上运行。强化规则意识，倡导契约精神，让法治成为全社会的基本信仰和价值追求。认真执行市人大及其常委会的决议决定，主动接受人大的法律监督和工作监督、市政协的民主监督，自觉接受社会各界监督。全面推进政务公开，进一步健全重大行政决策的社会稳定风险评估机制，让每一个决策和每一项事业，经得起历史和人民的检验。

全面提高工作标准，努力建设效能政府。巩固扩大"两学一做"学习教育和责任心教育成果，加强干部教育培训，提升履职尽责、攻坚克难能力。与国际接轨，向先进看齐，以"攻坚拔寨"的韧劲，制定规划，确定目标，推进工作。立说立行，雷厉风行，求真务实，久久为功，坚决不搞形象工程和政绩工程，让财政的每一分钱都花在刀刃上。发扬工匠精神，一丝不苟、精益求精，把每一项工作、每一个项目，干到最高标准，以一个又一个的单项冠军，赢得全能冠军。

始终坚守红线底线，努力建设廉洁政府。坚决落实全面从严治党要求，强化"四种意识"，加强政府决策、议事规则、办事程序等制度建设，树立看得见摸得着的"红线"，划出不可触碰的"底线"，用明规矩打破潜规则。全面履行"一岗双责"党风廉洁建设责任制，抓实作风建设，既坦荡真诚与企业交朋友，又防止眉来眼去和企业做交易，坚决打击权力寻租、灰色交易等腐败行为，着力构建"亲""清"的政商关系。坚决治理不正之风，从解决发生在群众身边的腐败问题抓起，严厉打击"雁过拔毛"式腐败，做到有案必查、有腐必惩。

全面建成小康、实现赶超进位，是时代赋予我们的光荣使命，是全市人民的共同愿望。让我们紧密团结在以习近平同志为核心的党中央周围，在省委、省政府和市委的坚强领导下，勇于变革、敢于创新，不忘初心、奋力前行，为建设富饶美丽健康祥和的新娄底而努力奋斗！

(略有删节)

娄底市人民代表大会常务委员会工作报告

——2017年1月6日在娄底市第五届人民代表大会第一次会议上

肖有胜

过去四年主要工作回顾

过去的四年，是极不平凡的四年，面对复杂多变的宏观经济环境和“四期叠加”的严峻形势，市人大常委会在市委的坚强领导下，以习近平总书记系列重要讲话为根本遵循，主动适应经济社会发展新常态，坚持以人民为中心，认真履行宪法和法律赋予的职责，凝神聚力，务实创新，为促进娄底经济社会发展和民主法治建设谱写了新篇章。

一、围绕中心，服务大局，在促进转型发展上有新作为

坚持以科学发展为主题，以转型发展为主线，认真贯彻市委决策部署，主动融入，积极作为，有力促进全市经济社会的发展。

高度关注经济运行态势。每年听取和审查国民经济和社会发展半年计划执行情况报告和政情通报，共同研究应对经济下行压力加大的困难，着力推动产业结构调整和优化升级。高度重视“十三五”规划编制工作，多层次全方位征求代表意见，深入研究制约娄底发展的主要瓶颈，确保规划战略定位准确，目标积极稳妥，措施切实可行。定期听取和审议市本级政府年度投资计划，推动建立健全民主的投资决策机制和科学规范的项目管理机制，促进政府投资规模合理，投资结构逐步优化。接力监督行政事业单位国有资产清理规范工作，届内较好解决了多年积累下来的国有资产底子不清、分散管理、闲置浪费和效益不高的问题。

全面深化财政预算监督。围绕建立统一规范、公开透明的预算制度，推动深化预算编制改革，强化全口径预决算审查监督，全面实现公共财政、政府性基金、国有资本、社会保险基金四本预算和政府债务、政府采购两本专项预算同步提交人民代表大会审议。两年持续发力，突出抓好政府债务、专项资金、税费成本清理规范，取得明显成效。督促财政部门加强结转资金规范管理，加大财力统筹调剂力度，盘活沉淀资金5.1亿元，有效缓解财政收支矛盾。高度重视和支持审计工作，对审计发现的问题紧盯不放、追踪问效。四年来，收回拖欠的各种税费8亿余元，追究了有关失职渎职人员的责任。针对历年来审计工作中存在的屡查屡犯、整改不力的问题，拟出台《关于建立和完善审计发现问题向市人大常委会报告机制的实施意见》，为构建审计整改长效机制强化制度保障。

全力支持发展社会事业。坚持在参与中监督，在监督中支持。深入开展物流业、中心城区医疗资源布局、健康服务业、医疗废弃物集中处置、发展现代特色休闲农业、城市规划、体育场馆建设、工程质量监管、农村环境污染治理、生态建设等专题调研，听取情况汇报，提出建议意见，推动改进工作。按照市委统一部署，常委会领导深入一线，靠前指挥，着力化解企业民间融资风险，切实维护群众利益和社会稳定。积极参与扶贫攻坚、新农村建设、铁路建设、国家卫生和文明城市创建、城市交通、拆迁安置等中心工作，为支持社会事业发展出谋划策，献计出力。

二、尊法为上，注重公平，在推进法治娄底上有新突破

坚持以法治思维和法治方式为统领，积极发挥立法、监督、保障职能，着力推进科学立法、严格执法、公正司法。

积极推进地方立法。去年3月，省人大常委会批准我市开始实施地方人大立法权。市人大及其常委会依法设置工作机构，确定人员编制，选拔和公开遴选立法工作人员。坚持“积极稳妥、扎实推进”的原则，全面清理2010年以来市人大常委会、市人民政府出台的规范性文件，面向社会公开征集立法建议，科学编制《立法项目库》，建立立法联系点和立法咨询专家库。遵循"质量为上、急需为先、特色为重"的立法要求，报市委同意，决定将《娄底市孙水河保护条例》作为我市拟出台的第一部地方性法规，目前已完成文本起草工作。

深入开展执法检查。组织和配合省人大常委会开展药品监督管理法、食品安全法、大气污染防治法、民办教育促进法、水法、气象法、村民委员会组织法、专利法、未成年人保护法、电力法等26部法律法规的执法检查。为解决群众"心腹之患"，2015年组织开展了水污染防治法执法检查。常委会第22次会议，听取和审议水污染防治法实施情况报告和执法检查报告，首次向社会公开检查发现的30个重点水污染点源清单。结合会议审议，组织开展了专题询问，11名委员就餐厨垃圾处置、水污染综合治理、环保责任追究等问题提出询问，时任市长李荐国率部分副市长及相关部门的主要负责人到会应询，听取意见，诚恳作答。专题询问由娄底电视台综合频道录播，在全市引起强烈反响。为让专题询问掷地有声，去年7月，常委会分成7个组，采取听取汇报与现场察看、明查与暗访相结合的方式，对审议意见和重点问题进行跟踪督查。截至11月底，水府庙网箱养鱼、中心城区涟水北岸涟钢生活区污水直排、湖南煤化新能源公司排放废水中COD、氰化物超标等20个重点问题整改到位，10个正在实施中，全市水环境质量稳定好转。

精心组织专项评议。按照届内评议工作的统一部署，常委会分三年，对政府28项工作(其中今年拟评的9项工作，因提前换届改为听取和审议专项工作报告)开展评议。为提高评议工作的针对性、实效性，常委会坚持问题导向，开展深入细致的调查研究，找准查实存在的问题；坚持公正公开，讲成绩实事求是，摆问题客观公正，并对专项报告进行满意度测评，及时公开测评结果，广泛接受社会监督；坚持追踪问效，现场提交"问题清单"，明确责任；会后跟踪督办，绵绵发力。常委会分别在第19次和第27次会议上，听取了政府关于整改落实情况的报告，已听取的19项整改报告中，16项为满意，3项为基本满意，有力地促进了依法行政、履职为民。

切实加强司法监督。司法公正是社会公平正义的底线。常委会通过听取行政审判、立案信访、反渎职侵权、侦查监督、公安机关侦办非法集资类刑事案件等专项工作报告，提出审议意见，促进司法机关提高办案质量，完善内部监督机制，加强队伍建设，维护社会公平正义。根据修订后的《民事诉讼法》，作出《关于加强民事诉讼法律监督工作的决议》，进一步规范民事诉讼行为。为加强对检察公诉、法院审判工作的监督，组织88名代表对14件案件庭审旁听，开展庭后点评。坚持"有件必备、有备必审、有审必严、有错必纠"的原则，扎实开展备案审查工作，四年来，共接受报备规范性文件257件，维护法制的统一和尊严。

三、紧贴民生，顺应民意，在维护群众利益上有新成效

落实以人为本、执政为民的要求，切实发挥人大在体察民情、反映民意、化解民忧方面的作用和优势。

突出民生重点。坚持把保障和改善民生作为人大工作的落脚点和出发点，在预算审查时重视民生，在工作开展中关注民生。听取和审议民政、物价、民办教育、"菜篮子"工程、基本农田保护、农村环境污染、稳定和完善农村土地承包关系、饮用水源保护区划定、房地产市场规范管理等方面的报告，督促政府出台政策和措施，最大限度地改善民生。着力化解大班额，连续四年锲而不舍，跟踪监督，政府高度重视，全市新增学位6万余个，中心城区义务教育阶段起始年级平均班额由2011年的80多人降至60人以下。切实推动饮用水源保护，督促政府制定"四水三库"综合治理规划，通过努力，孙水河水质达到二类水标准。全力助推"禁燃""殡改"，从2015年12月1日起，娄底中心城区禁止燃放烟花爆竹，"禁燃""殡改"行动进展顺利，因燃放烟花爆竹引发的安全和污染问题得到有效治理。着力推进天然气利用项目建设，中心城区居民大都用上了天然气。

紧贴民生热点。以"五行"活动为载体，一年一个主题，市县配合联动，注重活动实效，推动了一批民生热点难点问题的解决。"娄底环保世纪行"督促政府在大气污染防治、水环境综合治理、农村环境整治方面，突出重点，强化措施，节能减排超额完成省定目标任务。"农产品质量安全行"聚焦"菜篮子"工程和生猪定点屠宰，督促政府切实加强产地环境保护、农业标准化生产、农产品质量检验检测。"农民健康行"关注村卫生室建设，督促政府加大投入，全市已建成村卫生室3476个，标准卫生室611个。"民族团

结进步行”以创建示范为重点，大力帮扶少数民族困难群众，促进冷水江木瓜村、涟源青春村等少数民族聚居区的经济社会发展。“安全保障行”着力推动解决矿山安全和特种设备安全中存在的一批重点隐患，特种设备安全保障行活动被国家质监总局作为经验推广。

回应民意关切。常委会高度重视信访工作，进一步改善信访工作环境和条件，规范工作程序，严肃认真地对待每一封来信、每一次来访。坚持完善主任会议成员接访、法律援助律师陪访、转办交办督办反馈等信访制度。四年来，共受理群众来信 2700 件次，接待来访 2870 批 5898 人次，积极回应群众的合理诉求，督促办结一批信访案件，较好地解决一些群众反映的实际困难和问题，为化解社会矛盾、维护社会稳定发挥了积极作用。

四、严格程序，科学规范，在依法决策任免上有新举措

依法行使重大事项决定权和人事任免权，确保党的主张通过法定程序成为国家意志，确保党组织推荐的人选通过法定程序成为国家政权机关领导人员。

科学决定重大事项。常委会将落实市委重大决策部署与行使重大事项决定权相结合，围绕事关全市工作大局和群众切身利益的重大事项，依法、适时作出决议决定。审查批准国民经济和社会发展“十三五”规划、《娄底中心城区中小学布局专项规划(2012—2020)》；先后作出《关于设立娄底市全民义务植树日的决议》《关于娄底中心城区义务教育阶段最大班额控制目标的决议》《关于批准娄底市部分行政区划调整方案的决定》；分别就棚户区改造、安置房建设、城区基础设施建设等 12 个融资项目和 PPP 财政引导基金作出决定，支持政府攻坚克难，推进项目建设。

不断完善任免程序。坚持党管干部与依法任免相统一，进一步健全完善任前考察、任职资格法律考试、拟任职务发言、会议审议、电子表决等任免程序。四年来，共任免国家机关工作人员 245 名；接受和批准 11 名工作人员辞去职务。为增强人事任免工作透明度，对 31 名新一届政府工作部门负责人的拟任职务发言进行电视和网络全程直播。全面落实宪法宣誓制度，38 名人大及其常委会选举任命的国家机关工作人员面向国徽庄严宣誓，促进形成尊崇宪法、维护宪法的社会氛围。积极探索任后监督途径和方法，把对部门单位“一把手”的监督纳入听取和审议专项工作报告、工作评议当中，实现对人的监督与对事的监督的有机统一。

五、夯实平台，创新机制，在激发代表活力上有新气象

以强化责任为抓手，把扩大代表参与、发挥代表作用贯穿于各项工作之中，努力为代表履职拓宽渠道、创造条件。

认真做好履职服务工作。修订完善“双联”、代表履职登记报告和辞职、代表小组活动、“三优”表彰等代表工作办法。加强对代表的培训，通过开展初任培训、履职培训、专题培训，不断提升代表的履职能力。邀请代表列席常委会会议，参与执法检查、视察调研、工作评议，加强信息沟通，拓宽代表知情知政渠道。大力推进代表联络平台建设，全市高标准建立 98 个“代表联系群众工作站”、3 个工作点，实现活动阵地全覆盖，各级代表全参与。组织在娄全国和省人大代表开展专题调研和集中视察，协助代表撰写和提交议案建议。指导各代表小组开展丰富多彩的小组活动，撰写调研报告 53 份，逐步实现代表履职从被动到主动的转变。

切实增强建议督办实效。四年来，共收到代表建议 783 件。常委会牢牢抓住建议督办工作不放松，高端谋划，高位推动，高效推进，形成“主任会议成员领衔督办、专门委员会对口督办、联工委跟踪督办、代表全程参与督办”的办理工作新格局，实现督办工作常态化、规范化，办理质量有了新的提高、“满意率”和“解决率”有了新的提升。通过对 39 件重点建议的督办，一批事关全局、事关民生的难事大事得到有效解决，城市基础建设明显改善，公共交通服务能力大幅提升，农村供电质量有效提高，城乡生活垃圾基本实现无害化处理，城乡综合治理能力不断加强。

探索建立代表约束机制。在每年评选优秀议案建议的基础上，去年组织开展优秀人大代表、优秀代表小组的评选活动，38 名代表、10 个代表小组获得表彰奖励，激发代表干事创业、履职尽责的积极性。建立代表履职备案登记、报告和评价制度。支持开展市、县两级人大代表向选举单位或选区选民述职活动，75 名市人大代表向所在选举单位的人大常委会报告履职情况，接受评议。稳步推进代表辞职制度，届内接受 33 名代表辞去职务，能上能下的代表进退机制基本建立。

六、务实担当，清正廉洁，在提升自身素质上有新境界

坚持求真务实、积极进取，以增强履职能力、完善工作机制为重点，全面加强自身建设。

作风建设常抓不懈。始终把思想政治建设摆在首位，坚定理想信念和政治立场，严守政治纪律和政治规矩。坚持以严的标准、实的作风，开展党的群众路线、“三严三实”、“两学一做”和“责任心”专题教育，不断巩固“三型”机关建设成效。主动适应作风建设新常态，严格执行党风廉洁建设责任制，全面落实从严治党的各项要求。积极参与精准扶贫，机关干部在新化县大熊山林场金坪村与25个贫困户结对帮扶，帮助解决困难、脱贫致富。

制度建设全面加强。修改完善《关于讨论决定重大事项的规定》《常委会议事规则》等议事制度，出台《常委会会议公民旁听办法》。按照“废立并举务实管用”的原则，全面修订机关管理制度，严格依制度管人管事管权。制定《县市区人大工作目标管理考核细则》和《常委会机关绩效管理考核细则》，努力提升人大工作制度化、规范化水平。

调研宣传提质扩面。深入开展调查研究，围绕市委中心工作和常委会工作重点，撰写了一批高质量的调研报告在省以上刊物发表。加强人大新闻宣传，把握主动权，唱响主旋律，弘扬正能量，努力提升《娄底人大》杂志和娄底人大网站质量，指导市直新闻媒体办好“民主与法制”专版、“人大之窗”和“人大之声”专栏，全方位宣传我市人大工作新举措新成效，34篇文章在省以上人大制度好新闻评选和理论研讨征文中获得奖励，其中获全国三等奖5个，省一等奖8个。去年《人民之友》杂志以“娄底·人大到位”为主题进行特别策划，全面推介我市人大工作的经验，扩大了娄底人大工作在全省乃至全国的影响力。

交流互动特色鲜明。积极配合全国及省人大常委会开展执法检查、立法和有关专项调研。重视对基层人大工作的联系和指导，坚持与县（市、区）人大工作互联互动，信息共享，共同提高。认真贯彻中央18号文件和省人大工作会议精神，会同有关方面制定贯彻实施意见，明确优化县市区人大常委会组成人员结构、设立相关专门委员会、加强乡镇人大主席团和办事处人大机构建设等规定，支持县市区、乡镇人大依法行使职权。精心组织换届选举，坚持党的领导，充分发扬民主，严格依法办事，顺利完成市五届人大代表的选举，指导县（市、区）圆满完成县乡人大换届。

过去的四年，是市人大常委会依法履职、创新发展的四年。取得的成绩是市委正确领导的结果，是全体人大代表、常委会组成人员和机关工作人员辛勤工作的结果，是“一府两院”、市政协和县市区人大常委会鼎力配合的结果，是全市人民、社会各界信任支持的结果。在此，我代表市人大常委会向大家表示崇高的敬意和衷心的感谢！

发展成绩来之不易，四年的艰辛实践，使我们深深感到，做好新形势下的人大工作，必须始终坚持和依靠党的领导，坚定不移地走中国特色社会主义的政治发展道路，切实把党的路线方针政策贯穿于依法履职的全过程，把党委的决策部署落实到人大工作的各个方面；必须始终坚持把促进经济发展作为第一要务，紧紧围绕市委的中心工作、改革发展稳定中的重大问题和人民群众普遍关注的热点问题来谋划工作，行使职权，使人大工作与经济社会发展大局相适应、相协调、相促进；必须始终坚持把人民放在最高位置，坚持一切为了人民，一切依靠人民，努力维护和实现广大人民群众的根本利益；必须始终坚持民主集中制原则，健全集体行使职权、集体决定问题的制度，保证各项工作有序高效运行；必须始终坚持与时俱进，积极探索把握新时期人大工作的规律和特点，不断创新工作方法和制度机制，努力在工作实践中开创新局面。

党的十八大以来，中央对坚持党的领导、人民当家做主和依法治国三者有机统一提出了更高要求，人民群众对新形势下人大发挥作用有着更多期盼，我们必须更有担当，更加进取。面对新形势新要求，我们也清醒地认识到，发展中还面临不少困难、工作中还有一些问题和不足，主要是：在行使重大事项决定权方面，我们虽然修改完善了讨论决定重大事项的规定，但主动性、针对性还不够；在履行监督权方面，我们虽然做了大量积极有益的工作，但有时还显得劲道不足；在发挥代表作用方面，我们虽然组织开展了许多代表活动，但“质”还有待提高；在加强自身建设方面，我们虽然驰而不息，常抓不懈，但有时也绷得不紧。等等。这些问题需要在今后的工作中高度重视，切实解决。

今后五年工作建议

今后五年，是我国全面建成小康社会、实现第一个百年奋斗目标的重要时期，也是我市转型创新、攻坚克难，建设富饶美丽健康祥和新娄底的关键五年。今后五年，常委会工作的总体要求是，高举中国特色社会主义伟大旗帜，以习近平同志系列重要讲话为根本遵循，主动适应经济社会发展新常态，自觉肩负起民主法治新使命，认真履职宪法法律赋予的职责，全面落实市委第五次党代会精神，敢于担当，不辱使命，为全面建成小康娄底做出新的更大的贡献！

一是立法工作要更加注重提高质量、体现特色。坚持科学立法、民主立法、开门立法，充分发挥人大在立法中的主导作用。准确把握我市经济社会发展的阶段特征和市情特点，建立健全立法起草、论证、协调、审议机制，提高立法质量，防止地方保护和部门利益法制化。完善民意采纳机制和立法咨询制度，通过座谈、听证、论证、公布法规草案等方式扩大人民群众对立法的有序参与，2017年适时出台《娄底市孙水河保护条例》。

二是监督工作要更加注重拓展深度、增强实效。围绕事关经济社会发展和人民群众切身利益的重大问题开展监督，改进监督方式，整合监督资源，增强监督实效。突出加强对大气污染、水污染、食品药品安全、农产品质量安全、教育、住房、医疗卫生、社会保障等重大民生事项的监督。适应司法改革新形势，加大司法监督力度，规范司法行为，促进社会公平正义。健全完善监督议题遴选、审议意见跟踪和监督信息公开机制，推进专题询问制度化、常态化。加强对政府全口径预算决算的审查监督，推动财政改革蹄疾步稳，抓好政府投资项目、PPP项目和国有股权投资监管，确保投资高效、资金安全。搞好规范性文件备案审查工作，切实维护法制统一。

三是决定和任免要更加注重科学规范、凝聚众智。正确处理党委决策权、人大决定权与政府执行权三者的关系，抓住全市经济社会发展的全局性、长远性、根本性问题，加强调查研究，广泛听取意见，依法决定重大事项，通过法定程序全力推动市委重大决策部署的贯彻落实。坚持党管干部与人大依法任免相结合的原则，认真做好人事任免工作。强化对人大及其常委会选举任命人员履职情况的监督，保证人民赋予的权力真正用来为人民谋利益。

四是代表工作要更加注重搞好服务、强化保障。继续深入开展“双联”活动，多方式、多层次为代表履职搞好热情服务。进一步抓好“代表联系群众工作站”功能建设，发挥代表活动阵地作用。加快推进代表网络信息平台建设，全面推进代表履职公开。健全闭会期间代表活动的组织、激励、保障机制，创新活动方式，丰富活动内容，增强活动实效。建立议案建议办理视察、评议、评估机制，加强跟踪督办和综合分析，进一步提高办理质量和“解决率”。加强代表履职培训，实现代表培训科学化、系统化、经常化。

五是自身建设要更加注重完善制度、提升能力。自觉坚持党对人大工作的领导，牢固树立政治意识、大局意识、核心意识、看齐意识，牢牢把握人大工作正确的政治方向。突出抓好常委会履职能力建设，健全完善工作制度和议事规则，改进常委会会议组织工作，坚持会议安排服从议程任务，注重提高审议质量。持之以恒抓作风、转作风、改作风，全面落实从严治党的各项要求，努力把人大常委会机关建设成风清气正、求真务实，民主法治、监督有力，忠诚担当、奋发有为的地方国家权力机关。

雄关漫道真如铁，而今迈步从头越。站在新的历史起点上，我们使命光荣，任重道远。让我们紧密团结在以习近平同志为核心的党中央周围，在市委的坚强领导下，不忘初心，砥砺前行，为全面建成小康社会，建设富饶美丽健康祥和的新娄底而努力奋斗！

（略有删节）

高扬团结民主旗帜　发挥凝心聚力优势 为建设富饶美丽健康祥和的新娄底贡献力量

——在政协娄底市第五届委员会第一次会议上的报告

姚　兵

（2017年1月4日）

一、过去四年工作的回顾

过去的四年，是我市抢抓战略机遇，战胜严峻挑战，各项事业取得全面进步的四年，也是人民政协事业在继承中创新、在创新中发展的四年。四年来，在中共娄底市委的坚强领导下，市政协四届委员会认真学习贯彻中共十八大，十八届三中、四中、五中、六中全会精神和习近平总书记系列重要讲话精神，紧紧围绕全市中心工作，认真履行政治协商、民主监督、参政议政职能，推动社会主义协商民主广泛多层制度化发展，为矢志转型，奋力赶超，加快建成全面小康娄底汇聚了智慧力量，做出了积极贡献。

这四年，是着眼团结合作，学习教育全面加强的四年。我们发扬人民政协重视学习的优良传统，坚持把组织学习培训、开展专题教育作为一个强化思想引导的过程、增进沟通交流的过程、推动合作共事的过程。

在理论武装中增进政治共识。组织、引导广大政协委员、各民主党派、工商联和政协各参加单位，认真学习中共十八大，十八届三中、四中、五中、六中全会精神和习总书记系列重要讲话精神，组织开展社会主义协商民主建设学习研讨、理论征文和庆祝人民政协成立65周年系列活动，推动各党派团体、各族各界进一步增强道路自信、理论自信、制度自信和文化自信，增进对中国特色社会主义的政治认同、思想认同和情感认同。

在专题教育中强化服务意识。市、县两级政协机关扎实开展党的群众路线教育实践活动、“三严三实”专题教育、“两学一做”学习教育和责任心教育，通过主题党课、专题民主生活会、自我整改等方式，深化教育主题，着力解决问题，进一步坚定理想信念，增强“四个意识”，改进工作作风，更加自觉地为广大委员服务，为协商议政服务，为发展大局服务。

在学习培训中提升队伍素质。分批选送政协委员赴全国政协培训基地学习培训，每年请市政府领导向广大委员通报政情，分别围绕“聚焦改革”“聚焦‘十三五’”“聚焦民生”主题，邀请党政领导和专家学者，举办“知情明政”大讲堂，以委员学习活动小组为载体，组织开展丰富多彩的学习活动，使广大委员和政协工作者进一步提升了政治素养，开阔了眼界思路，增强了履职能力。

这四年，是聚焦改革发展，政治协商扎实有效的四年。按照习总书记提出的“有事多商量，遇事多商量，做事多商量，商量得越多越深入越好”的要求，坚持聚焦改革发展和民生改善，不断增加协商密度，创新协商形式。《光明日报》《人民政协报》《新华社人大政协专供》《湘声报》曾多次推介我市政治协商工作。勤于探索，协商平台不断拓展。在积极组织开展全体会议协商、常委会议协商、主席会议协商的同时，围绕全面小康娄底建设，于2013年探索开展了专题协商；围绕实施六个“四年行动计划”，于2014年探索开展了对口协商；围绕提升产业集中度、引领融城发展，于2015年探索开展了界别协商；选择10件重点提案，于2016年组织开展了提案办理协商。四年来，不断拓展新的协商渠道，巩固运用多种协商方式，围绕全面深化改革、培育壮大钢板深加工产业、发展足球运动、发展电子商务、校园传染病防治等议题，组织开展64次协商活动，绝大多数协商建言获得市委、市政府及相关部门的采纳吸收。

注重质量，协商调研务实深入。在每次协商会议召开前，认真制订调研方案，精心挑选调研人员，深入开展协商调研。譬如，为搞好发展高铁经济专题协商，调研组历时一年多，深入市内5个县（市、区）和长沙、株洲、山东枣庄、德州等地，采取实地调研、座谈讨论、咨询专家、数据分析等方式，既详细了解本地情况，又系统学习外地经验，力求全面掌握情况，精准建言献策。

深度交流，协商成效逐步凸显。协商活动中，引导广大委员积极“发声”、务实献策，推动协商议政深度交流、见到实效。譬如，水府庙库区保护与开发专题协商，得到了市委、市政府对水府庙库区保护与利用工作的高度重视和积极推进，推动娄底、湘潭两市建立协同保护开发机制，签订《共同保护水府庙行动宣言》，促使这一工作在省政协十一届三次会议上作大会发言，并由省政府交由省农业委、省林业厅等5个部门办理。又如，缓解中心城区交通拥堵协商建言，获得了市委主要领导的肯定批示，市政府从打通城区“断头路”、创新交通管理、改扩建城区停车场等方面部署治理，并成立“治堵办”统筹推进这项工作。

这四年，是坚持问题导向，民主监督深入推进的四年。我们始终坚持问题导向，不断推进民主监督，在监督中推动问题整改，促进事业创新，服务民生改善。

有序实施委派监督。2013年，以规范执法行为为监督重点，委派16个监督小组，进驻公安、环保、食药等16家市直单位开展监督，发出民主监督意见函31份，促使被监督单位整改问题不足，提升服务水平。2014年，监督小组以行政审批事项改革为重点，监督其简政放权、自我“瘦身”，推动市级行政许可事项由411项精简为172项，其中160项需进驻市政务中心的许可事项全部进驻到位。2015—2016年，以落实惠民政策（事项）为监督重点，委派8个监督小组进驻8个市直部门，主要监督医保资金的管理使用、保障性住房建设与管理等8项惠民政策（事项）的实施情况，促使被监督单位进一步转变作风、优化服务。

及时反映社情民意。四年共收集上报社情民意信息350余条，其中40条获全国政协、省政协采用，推动资源枯竭地区转型发展等6条获国务院和有关国家部委批转。市政协编发《社情民意专报》90余期，有16期获市委、市政府主要领导批示。社情民意信息工作进入全省先进行列。

扎实推进专项视察。围绕标准化厂房建设、青少年人格健康工程、残疾人权益保障、中心城区消防工作、十二届省运会筹备等事项，组织开展10次主席会议专题视察，以高层次的监督推动问题的逐步解决。《加快推进标准化厂房建设视察报告》获市委主要领导批示和《市委通报》刊发。

这四年，是汇聚各方智慧，参政议政卓见成效的四年。我们注重用好政协“话语权”，善于提供议政“麦克风”，引领广大委员着眼宏观参大政，广纳民情建真言。

积极建言战略规划。围绕实施融城发展、对接融入大长沙等宏观战略积极建言献策，深入开展“我为‘十三五’献一策”活动，收到建言建议217条，评出优秀建议40条，汇编成册报送市委、市政府领导及市“十三五”规划编制领导小组，并获市“十三五”规划采纳吸收。

充分发挥提案作用。本届政协共收到提案754件，经审查立案668件。通过党政交办、政协督办、沟通商办、考核促办等方式，并对发改、经信等5个市直部门的提案办理情况，组织开展民主评议，推动政协提案收到实效，《消除娄底一小周边交通安全隐患》《规范我市物流业管理，促进现代物流业发展》《强化豆制品加工业监管，确保市民“舌尖上的安全”》等一大批提案的有效办理，赢得了称赞与好评。

主动献策热点难点。关注市域经济转型升级，编报《经济研究参考》6期。围绕农村垃圾分类处理、加快推进分级诊疗、病死动物无害化处理、加强社区矫正工作、发展健康养老产业、农村土地流转等40多个热点难点问题，开展调查研究，提交专题报告，有14篇调研报告获市委、市政府领导批示。《在脱贫攻坚中彰显政协力量》、《在“真协商”中服务科学发展》等多篇理论文章在《人民政协报》《湖南日报》等媒体刊发，或在省政协获奖。

这四年，是参与中心工作，服务大局奋发有为的四年。我们组织、引导广大委员紧贴中心、紧扣大局，在履职尽责中既要“多发声”，也要“多出力”，既要“勤于说”，也要“勤于做”。

在经济建设中积极参与、共担责任。主动服务“娄商返娄”战略，组织开展在外创业娄商大走访活动，参与举办第三届、第四届娄商大会，为“引老乡、回故乡、建家乡”尽责出力。根据市委、市政府的统一安排，市政协主席会议（党组）成员挂点联系49个企业（项目），积极参与项目建设、企业帮扶、民间融资风险化解等工作，为服务经济发展、维护社会稳定做出了积极贡献。

在脱贫攻坚中真帮实扶、彰显力量。制定下发《政协娄底市委员会关于开展“助力脱贫攻坚，全面建成小康社会”活动的实施意见》，组织18名在娄省政协委员和1700多名市、县两级政协委员，积极参与“助力脱贫攻坚三年行动”，已有1563名委员与贫困户结成帮扶对子，资助产业发展资金、日常生活物资共达250万元，结对资助贫困学子357名，帮助安排就业316人。市政协机关先后在新化县西河镇邓家村、新民村驻村扶贫，分别筹措资金300多万元，帮助其完善基础设施，培育发展产业，帮扶困难群众。

在文化建设中发挥优势、主动作为。着力推动足球运动发展，成功牵头举办第一届、第二届市直单位足球联赛。发扬文史宣教功能，精心编辑《娄底读本》，该书被喻为娄底的“百科全书”，获娄底市第十届社会科学优秀成果特别奖；编纂出版《“此复神州第一功”——辛亥革命中的娄底人》，真实再现了139位娄底籍民主革命人士的风云事迹；认真撰写《娄底政协志》（第一卷），如实记录了娄底政协组织成立30年来的发展历程。组织省内书画名家和市内诗词作者，深入我市山水人文景点采风创作，诗词书画作品先后在省政协常委会、省政协全会和全国政协文史馆进行展览。

这四年，是创新队伍管理，自身建设活力迸发的四年。我们始终把队伍建设作为履职之基、立业之本，注重在规范中增强执行力，在激励中提升战斗力，在服务中催生创造力。

整章建制，规范管理。组织开展政协自身建设系列调研，制订出台市政协全体会议、常委会议、主席会议等会议规则，建立健全学习、调研、视察、委员履职管理等30多项规章制度，不断推进政协工作规范化、程序化、制度化建设，推动各项工作有序发展。

注重激励，激发热情。重视情感激励，加强委员联络，开展主席会议（党组）成员走访联系政协常委、政协常委走访联系政协委员活动。开展奖惩激励，组织进行工作绩效考核，定期开展优秀政协委员、优秀政协提案、优秀调研报告等评比表彰活动，依规依程序处理违法违纪违规委员。注重形象激励，认真办好《政协之窗》、政协网站和宣传橱窗，在《娄底日报》、娄底电视台、娄底新闻网开设政协工作专栏，在省级以上媒体发表政协宣传稿件500余篇，广泛宣传政协组织、政协委员的特色工作、典型事迹与履职成效，极大地激发了广大委员的参政议政热情。

加强指导，服务基层。通过市政协主席会议（党组）成员联系县（市、区）政协工作，对县（市、区）政协年度工作实行目标管理考核等，推动县市区政协工作均衡发展、创新发展。娄星区政协的基层民主协商、委员电视问政有新意、有影响；冷水江市政协开展民主评议有实招、有力度；涟源市政协围绕助力脱贫攻坚，积极开展结对帮扶，找准了履职重点，服务了发展大局；双峰县政协在全会上由委员民主测评委员大会发言办理情况，首开先河、有力有效；新化县政协编辑出版《新化人物史汇》《新化抗战纪实》等4部文史书籍，文化传承有作为、有成果。

各位委员、同志们，四届市政协所取得的成绩，得益于中共娄底市委的坚强领导，得益于市人大常委会、市人民政府、娄底军分区和社会各界的鼎力支持，得益于离退休老领导的关心关注，得益于市政协各参加单位、广大政协工作者及县市区政协的积极参与。特别是四届市政协广大委员，在政协舞台上紧贴中心，服务大局，积极建言，忠诚履职，可以说，市政协取得的每一个成果，都离不开委员的努力参与；获得的每一项业绩，都离不开委员的倾心投入；赢得的每一次进步，都离不开委员的无私奉献！在此，我代表四届市政协常务委员会，向重视、关心、支持、参与市政协工作的各位领导、各位委员、各位同志和社会各界，表示衷心的感谢，并致以崇高的敬意！

当然，我们清醒地认识到，市政协工作还存在一些不足，主要表现在：协商选题还需进一步精准，一些课题的调查研究还需进一步深入，委员联络管理工作还需进一步加强，工作的规范化、程序化、制度化建设还需进一步努力，等等。在今后的工作中，我们将认真进行研究，切实加以改进。

二、四年工作的主要体会

回顾过去四年的工作，很多难忘的画面和回忆，值得我们品味与怀想；很多宝贵的经验与体会，值得我们总结与传承。

必须始终坚持党的领导，牢牢把握政协工作的正确方向。坚持中国共产党的领导，是人民政协存在和发展的根本前提，也是人民政协履行职能、发挥作用的根本保证。一直以来，市政协始终坚持党的领导，坚决贯彻执行党的路线方针政策和中央、省委、市委重大决策部署，紧紧围绕全市大局开展工作。市委高度重视、大力支持市政协工作，率先在全省14个市州转发《政协娄底市委员会关于政治协商、民主监督、参政议政的规定》，市委办、市政府办联合下发关于加强政协提案办理工作的实施意见。在每年的政协全会上，市政府领导坚持通报委员大会发言办理结果，市委办、市政府办书面通报政协提案办理情况。市委、市政府领导经常到市政协调研指导、协商座谈，经常就政协组织和委员的建言作出批示、部署办理。新形势下，我们只有和党在思想上同心同德、在行动上同向同行，才能把准政协工作的正确方向，获取继续前进的不竭动力。

必须始终服务发展大局，善于选择协商议政的切入点。围绕中心、服务大局是人民政协履职尽责的价值所在、意义所在。近年来，市委、市政府、市政协共同制订年度协商计划，市政协围绕改革发展和民生事项开展民主监督，找准了“党政所重、发展所需、群众所盼、政协所能”的结合点。新形势下，我们要选择党政关注的全局问题、引领转型的重大课题、群众忧心的民生难题，积极建言献策，扎实开展监督，真正为党政汇智、为发展助力、为民生解困。

必须始终突出工作主题，巩固发展生动和谐的良好局面。团结和民主是人民政协工作的两大主题，是人民政协性质的集中体现。四年来，市政协坚持广泛的代表性和巨大的包容性，坚持团结一切可以团结的力量，携手同行谋发展，凝心聚力奔小康。新形势下，我们要将团结和民主贯穿于人民政协事业的全过程与各方面，在团结中发扬民主，在民主中增进团结，努力寻求最大公约数，增进最大共识度，形成最大凝聚力。

必须始终注重改革创新，积极推动人民政协协商民主广泛多层制度化发展。习近平总书记在庆祝人民政协成立65周年大会上指出，要坚持改革创新精神，推动人民政协理论创新、制度创新和实践创新。近年来，市政协坚持改革思维，秉承创新理念，推动协商机制进一步健全，协商平台进一步拓展，监督方式进一步完备，推动人民政协协商民主广泛多层制度化发展。新形势下，我们要发挥好社会主义协商民主重要渠道和专门机构的作用，在协商民主建设中争做实践者、担当探路人，矢志不移推动创新，为社会主义协商民主的蓬勃发展、为人民政协协商民主的崭新面貌奋力开拓、勇毅前行。

必须始终狠抓队伍建设，不断夯实人民政协的履职根基。事业兴盛，关键在人。几年来，通过抓班子带机关、抓机关带基层、抓委员带队伍，狠抓了自身建设，收到了良好效果。实践证明，队伍兴则事业兴，队伍强则履职强，队伍好则形象好。新形势下，我们要继续坚持以人为本、实干兴业，进一步把广大政协工作者的热情调动起来，把广大委员的活力释放出来，在履职尽责中汇聚正能量，创造新业绩，展现新风采。

三、今后五年的工作建议

今后五年，是娄底市矢志转型创新、决战脱贫攻坚、全面建成小康社会的关键时期。市政协工作要坚持以中共十八大，十八届三中、四中、五中、六中全会精神和习近平总书记系列重要讲话精神为指针，紧紧围绕市第五次党代会确定的目标任务，进一步维护核心、服务中心、贴近民心、凝聚人心、增强信心，努力做到协商民主有新发展，合作共事有新加强，服务大局有新成效，助力民生有新气象，为建设富饶美丽健康祥和的新娄底做出新的更大贡献。

加强学习引导，进一步筑牢思想基础，广泛凝心聚力。学习贯彻中共十八大和十八大以来中共中央重要会议精神、习近平总书记系列重要讲话精神，以及省第十一次党代会、市第五次党代会精神，是当前和今后一段时期人民政协的首要政治任务。在真学深学中得精髓。通过党组领学、专家讲学、培训助学、小组（界别）研学、网上学习等学习形式，利用全国政协培训基地、各级党校和社会主义学院等教育资源，组织广大政协委员和政协工作者，加强理论学习，把握精神实质，切实把思想和行动统一到中共中央、省委、市委的决策部署上来。在宣传引导中促团结。加强与界别群众的沟通联系，在界别群众中广泛宣传党的路线方针政策，深入解读市第五次党代会精神，引导他们紧密团结在以习近平同志为核心的党中央周围，为加快建成全面小康娄底凝心聚力、团结奋斗。

主动献计出力，进一步助推转型发展，服务小康建设。充分发挥人民政协协调关系、汇聚力量、建言献策、服务大局的重要作用，集众思以进良言，汇众力以成大业，积极助力转型发展和全面小康娄底建设。切实找准助力切入点。重点围绕七个“三年行动计划”、供给侧结构性改革、脱贫攻坚、全面小康建设、城乡统筹发展等工作，积极协商议政，广泛汇智聚力。2017年，围绕落实精准扶贫精准脱贫举措、坚决打赢脱贫攻坚战，组织开展专题协商；围绕娄底高速公路的现状与发展、发展金融产品补齐金融短板、改善中心城区空气环境质量、中心城区教育资源合理分配、社区禁毒工作5个议题，组织开展对口协商；围绕矿山生态修复，促进精细陶瓷产业精准化发展，发挥融资担保平台作用、促进地方经济发展，大力发展景观体育产业，实施科技强企战略、促进非公经济健康发展5个议题，组织开展界别协商；选择10件重点提案，组织开展提案办理协商。不断拓展助力参与面。在参与方式上，今后五年，既要广泛运用政治协商、建议提案、调研报告、社情民意信息等履职形式主动“发声”、精准建言，又要在助力脱贫攻坚、开展企业帮扶等方面积极参与、真抓实干。继续落实“开展‘助力脱贫攻坚，全面建成小康社会’活动的实施意见”要求，倡导广大委员深入开展“三个一”帮扶行动，组织每一位委员结对一个以上建档立卡贫困户，帮助其增加收入、解决就业、资助贫困学生完成学业等。在参与对象上，发挥政协联系面广的优势，积极吸纳市内外各界人才，主动加强与在外创业娄商、各地工商协会、科研院所的沟通联系，使各方面的智慧和力量汇聚到我市经济建设主战场、科技创新主战场和脱贫攻坚主战场。有效提升助力精准度。在“发声”方面，坚持不调研不“发声”，调研不透不“发声”，力求每一次协商建言都言之有物、言之有理、言之有据。在“发力”方面，扑下身子，摸透实情，对症下药，久久为功，把担负的每一项工作做实做好、做出成效。

抓实民主监督，进一步推动工作落实，促进民生改善。按照有计划、有题目、有载体、有成效的要求，通过提出意见、批评、建议的方式，不断加强和改进民主监督工作。着眼民生抓监督。将服务民生改善作为民主监督的重中之重，针对相关部门在履行职能职责、推动脱贫攻坚、落实惠民事项过程中，在政策制定、资金安排、责任落实等方面存在的问题，扎实开展监督，促进工作发展。整合力量抓监督。广泛运用委派监督、视察监督、民主评议等多种形式，并将民主监督与调研、协商、议政有机融合、统筹推进，做到政协三项职能向重点工作聚焦，政协组织力量向重点工作倾斜。2017年，将委派7个民主监督小组，进驻农业委、扶贫办、发改、住建、教育、人社、民政等7个市直单位，分别就产业扶贫、扶贫协调指导、易地搬迁扶贫、贫困农户危房改造、教育扶贫、医疗保险与就业扶贫、兜底保障扶贫等事项开展监督；对于民主监督意见整改落实情况，进行跟踪调研回访，组织开展民主评议。务求实效抓监督。强化民主监督工作的部署推进、调度考核，对于委派监督整改落实情况和民主评议结果，及时报送市委市政府并适度公开，切实增强民主监督的严肃性、权威性和推动力。

创新履职思路，进一步完善协商机制，开拓工作新局。主动适应社会主义协商民主广泛多层制度化发展的新要求，切实推动政协协商理念创新、机制创新和方法创新。不断丰富协商形式。在继续运用全体会议协商、主席会议协商、常委会议议政性专题协商、对口协商、界别协商、提案办理协商等多种协商形式的基础上，积极探索远程协商、网络议政、基层民主协商等新的协商方式，在协商议政中倾听民声、广纳民意、善聚民智，努力实现协商于民、协商为民、协商惠民。切实造浓协商氛围。进一步办好《政协之窗》和政协网站，继续在《娄底日报》、娄底电视台、娄底新闻网开设政协工作宣传专栏，持续加大对外对上宣传报道力度，多渠道、多视角宣传政协组织和政协委员的工作业绩和履职风采。积极推动协商办理。不断完善提案办理协商，推动建立调研报告、社情民意信息的阅批、办理、反馈机制，力求使政协建言收到回音、得到落实、见到实效。

注重强基固本，进一步加强自身建设，树优政协形象。提升机关服务水平。组织开展文明单位创建活动，着力加强政协机关思想政治建设和党风廉政建设，建立健全机关制度体系，建好用活政协“云平台”，切实提升政协机关服务委员、服务基层、服务群众的能力和水平。激发委员主体意识。认真抓好委员学习培训，坚持举办“知情明政”大讲堂，对委员履职情况坚持每年一述职、每年一考核、每年一公开，努力打造一支懂政协、会协商、善议政的委员队伍。强化界别基础作用。界别是人民政协产生、存在和发展的组织基础。在合理调整界别规模的基础上，中心城区以界别为基础组建委员学习活动小组，县市以区域为依托组建委员学习活动小组，并在专委会的指导下开展小组学习活动。发挥文史资政功能。坚持文史工作存史资政、团结育人的职能作用，编辑出版《〈清史稿〉中的娄底人》《娄底政协二十年》等文史书籍，在文明传承中体现担当、尽到责任。

忆往昔，峥嵘岁月犹在眼；看未来，康庄大道好扬鞭！让我们高举中国特色社会主义伟大旗帜，紧密团结在以习近平同志为核心的中共中央周围，在中共娄底市委的坚强领导下，勠力同心，奋发有为，忠诚履职，不断开创人民政协事业崭新局面，为建设富饶美丽健康祥和的新娄底而努力奋斗！　(略有删节)

大事记

1月

1日

△市委副书记、市长李荐国沿着中心城区的涟水、孙水流域开展调研。他强调要把娄底中心城区的涟水河、孙水河流域，打造成宜居宜业宜乐的"两条"彩带。

△娄底市原"食品流通许可证"与"餐饮服务许可证"两证合一，正式启用"食品经营许可证"。

4日

△新年第一个工作日，市委副书记、市长李荐国召集市政府班子成员及政府有关副秘书长，就当前工作安排部署。

△涟钢召开干部大会，华菱集团党委书记、董事长曹慧泉宣读任命：肖尊湖任涟源钢铁集团有限公司执行董事、法人代表、总经理。

6日

△娄底市对各县(市、区)委书记履行基层党建工作责任开展述职评议，各县(市、区)委书记及娄底经开区党委书记述职。来自基层一线的"考官"就调研走访中发现的问题现场提问，要求现场"答题"、公开"交卷"。省委组织部领导到会指导，市委书记龚武生点评。

△省委副书记、省长杜家毫主持召开视频会议，听取14个市州长对省"十三五"规划纲要(草案)的意见和建议。市委副书记、市长李荐国在娄底视频室参加会议，他建议省政府在编制"十三五"规划纲要时，要体现更多、更有含金量的"娄底元素"。

△市委书记龚武生率队到涟钢就如何加强企业与地方合作，共同面对挑战开展调研。

7日

△省委常委、常务副省长陈向群到娄底调研。市委书记龚武生，市委副书记、市长李荐国陪同。陈向群到湘中国际物流园调研。他称项目体量大，规划得好，再造娄底一个新城区，建议优化功能布局和设计，以打造出一个更高品质的城市综合体。

8日

△市委书记龚武生主持召开市委常委会议，传达省委经济工作会议精神，研究2016年市委经济工作思路，审定综治工作、卫生和计划生育工作、安全生产3个"一票否决"结果。

△市委书记龚武生到省林业厅对接林业工作。省林业厅厅长邓三龙率副厅长吴彦承及有关处室负责人会见龚武生一行。双方就矿山植被修复、水府庙湿地公园建设、创建国家森林城市、林地利用与保护等进行交谈。

△双峰海螺新建水泥窑协同处置生活垃圾项目启动。根据双峰县政府与海螺企业达成《双峰县利用水泥窑协同处理生活垃圾项目合作协议》，项目由海螺于2014年立项，总投资1.5亿元。

10日

△市委副书记、市长李荐国主持召开会议，紧急部署火灾事故后续处置工作。他要求以对人民群众高度负责的态度，加强环境监测，防止次生事故发生开展事故调查，筑牢安全生产防线。

11日

△市委副书记、市长李荐国到市人大和市政协机关召开座谈会，就《政府工作报告(征求意见稿)》征求意见和建议。

△娄底市中心医院成功实施全市首例"CT、B超

联合引导下肿瘤微波消融术”，让一位44岁鼻咽癌肝转移患者肝门部的癌细胞成功消融坏死，实现娄底市微波消融治疗肿瘤零的突破。

12日

△新化县古台山林场与湖南玉坤集团举行古台山狩猎场项目签约仪式。这是该县2016年签约的首个文化旅游项目，是经国家林业局批准的第26家、长江以南第2家狩猎场，规划占地3.18万亩，总投资9850万元。

13日

△娄底市人民政府办公室印发《关于深化投资项目审批制度改革的实施意见》，为全市推行并联审批、在线审批，建立透明、规范、高效固定资产投资管理新机制提供政策保障。

△娄底市中心医院内三科（呼吸内科）引进电子支气管镜，可开展肺灌洗治疗尘肺病、硒肺病。该技术的成功开展，填补市中医医院在该领域的空白。

14日

△娄底市委经济工作会议召开，以贯彻落实中央、省委经济工作会议精神，总结2015年经济工作，分析当前经济形势，研究部署2016年经济工作。市委书记龚武生，市委副书记、市长李荐国出席并讲话。

△娄底市人民政府印发《推进创新创业园区“623”工程奖补办法（试行）》，明确市财政每年安排1000万元，对标准厂房建设和新入驻企业给予奖励性补助。

△在娄底市检察院公诉一处、公诉二处组织下，首开2016年全省听庭观摩评议先河。

15日

△娄底军分区党委七届九次全体（扩大）会议召开。市委书记、军分区党委第一书记龚武生强调，着眼改革发展稳定大局，坚持富民强市与兴武强军统一，着力推动军民融合深度发展，开创娄底市国防后备力量建设新局面。

△市委副书记、市长李荐国召开园区项目投资招商工作会，给市直职能部门和各县市区主要负责人念“紧箍咒”，要求从1月份开始把园区项目投资招商工作抓在手中，分类把握，有序推进，确保如期完成年度目标任务。

△市委书记龚武生主持召开湘中国际物流园现场调度会。强调各级各部门要一如既往支持湘中国际物流园建设，使其早建成、早运营、早见效。

△第五届艺术节优秀剧目《烧车御史》在涟源巡演，并通过国家艺术基金考核小组验收。

17日

△全市学习贯彻习近平总书记在中央政治局“三严三实”专题民主生活会上的讲话。市委书记龚武生主持，市委副书记、市长李荐国传达学习讲话精神。

18日

△全市落实党风廉政建设责任制约谈会召开。娄底经开区、市国土资源局、市工商局等7个单位的党委（党组）书记、纪委书记（纪检组组长）被市委、市纪委请来约谈，存在问题被点评。

△市委书记龚武生会见珠江电影集团党委副书记黎鹤一行。双方就珠江电影集团拟在娄底投资建设星光城进行洽谈。

△市委副书记、市长李荐国在娄底军分区召开座谈会，就《政府工作报告（意见征求稿）》征求意见和建议。

△国网冷水江市供电公司成功创建企业文化建设示范点，获“国家电网公司企业文化建设示范点”称号。

19日

△市委书记龚武生在娄星区2015年度落实党风廉政建设责任制检查考核大会上强调，要切实用好成果，深化检查考核成效。

△省民政厅厅长段林毅来到娄底调研，表示要大力支持娄底市民政工作。市委书记龚武生出席汇报会。

△市委副书记、市长李荐国主持召开今年第一次市政府常务会议，审议《“十三五”规划纲要》《政府工作报告》《财政预决算报告》《国民经济和社会发展计划报告》《健康产业发展规划》，研究支持众一健康城项目的优惠政策。

20日

△市委副书记、市长李荐国主持召开全市低温恶劣天气应急工作会议，部署应对措施。

21日

△中共娄底市委发布《关于制定娄底市国民经济和社会发展第十三个五年规划的建议》。

△市委召开反腐败协调领导小组工作会议，市委书记龚武生出席并讲话。

△市委副书记、市长李荐国率队赴北京中关村，推介市情，考察企业，对接项目，洽谈合作。

22日

△市委书记龚武生以普通党员身份参加市委办公室综调信息督查机关党支部“三严三实”组织生活会，与大家交心谈心。

△中华全国总工会副主席焦开河、湖南省总工会副主席钟小汨率队到涟钢慰问，看望涟钢职工与劳模。

25日

△娄底代表团在住地召开全团会议，审议2016年湖南省《政府工作报告》。副省长张剑飞到娄底代表团参加审议，鼓励娄底发挥自身优势，实现更高发展目标。

△晏杰俊获“中央企业技术能手”与中央企业团工委“中央企业青年岗位能手”称号。

26日

△省委常委、常务副省长陈向群，省人大常委会副主任刘莲玉一行到省十二届人大五次会议娄底代表团，与代表们一起审议政府工作报告和“十三五”规划纲要草案。

△双峰北站正式投入运营，开办客运业务，双峰百姓出行步入高铁时代。

27日

△副省长李友志到娄底代表团参加审议，鼓励娄底充分发挥交通区位优势，创新传统产业转型发展，加快推进小康社会建设。省代表、市委书记龚武生主持会议。

△省委书记、省人大常委会主任徐守盛，省委常委、省委秘书长许又声，省人大常委会副主任刘莲玉一行到娄底代表团，与代表们一起审议政府工作报告、“十三五”规划纲要草案、计划报告和预算报告。徐守盛要求以习近平总书记系列重要讲话精神和十八届五中全会精神为引领，贯彻五大发展理念，推进转型升级，深化改革开放，强化民生保障，防范各种风险，注重队伍建设，做到今年“开门红”、“十三五”年年红。

28日

△市人民政府与中建五局签订战略框架协议。市委书记龚武生，市委副书记、市长李荐国出席，并参观中建五局展厅和数控中心。

△省十二届人大五次会议娄底代表团驻地会议室正在审议省人大常委会工作报告。省人大常委会副主任刘莲玉仔细听代表们谈体会，说建议。省人大代表、市委书记龚武生，省代表、市委副书记、市长李荐国。

29日

△湖南省政府发展研究中心党组成员、纪检组长粟志远、机关党委专职副书记唐细华，大公报湖南分社总编辑唐学伟一行抵大埠桥街道办事处中阳村调研。

31日

△在全省全面小康建设县域经济考评中，冷水江再次获评全省小康推进工作前十位县（位居第四），重返县域经济10强行列，成为全省首批达标县市。

2月

1日

△市委书记龚武生主持召开市委常委会，研究调整市“两会”召开时间，审查《政府工作报告》《“十三五”规划纲要》《2016年国民经济和社会发展计划安排草案》《2016年全市及市级财政预算草案》，并传达省纪委十届八次全体会议精神。

△市委副书记、市长李荐国主持召开市政府党组“三严三实”专题民主生活会。秉着开门见山、开诚布公、开心接受的原则，查摆不严不实问题。

△新化县92艘新造标准化渡船，在资水城东综合码头迎来沿河乡镇渡工。在县交通运输局、地方海事局统一调度下，各乡镇渡工迈上新渡船，启动引擎首航驶向各自渡口码头。

2日

△市老干部局召开迎春座谈会。市委书记龚武生主持会议并讲话。市委副书记、市长李荐国向老领导们介绍全市2015年经济和社会发展情况及2016年工作目标任务。

△娄底市委召开各界人士、优秀专家人才迎春座谈会。市委书记龚武生出席会议并讲话。市委副书记、市长李荐国通报2015年全市经济社会发展情况。

3 日

△副省长戴道晋一行，乘坐高铁来到娄底，走访慰问困难群众，把党和政府的温暖送到群众心坎上。

△中国共产党娄底市第四届纪律检查委员会第七次全体会议召开。市委书记龚武生出席会议并作重要讲话。

△市委副书记、市长李荐国以一名普通党员身份，参加市政府办机关第一党支部“三严三实”专题组织生活会，同支部党员深入交流谈心，并提出与大家共勉的要求。

5 日

△市委书记龚武生到涟源市茅塘镇走访慰问，为孤寡老人和困难群众送去新春祝福。

△新化县 7200 余危改户迁新居。

6 日

△市委书记龚武生到娄底中心城区看望慰问坚守在一线岗位的公安民警、医务人员、环卫工人、新闻记者等，向他们致以新春的问候和祝福。

△市委副书记、市长李荐国在娄底中心城区检查节前安全工作和市场供应情况，慰问坚守岗位的一线民警和信访干部。

△《光明日报》“新春走基层”活动走进涟源市，到有“青藏高原”之称的古塘乡采访精准扶贫工作。

14 日

△市委副书记、市长李荐国主持召开市政府班子（扩大）会议，通报春节期间全市社会管理和民生保障情况，安排部署当前具体工作。

△市委副书记、市长李荐国主持召开市长办公会议，专题研究众一国际健康城项目补充合同条款。

△湖南省人民政府发展研究中心《对策研究报告》，刊登省政府发展研究中心党组成员、纪检组组长粟志远《课堂搬进田野，论文写在大地——娄底职业技术学院探索“院村合作”调研报告》。获副省长李友志批示：“涉农职院与广大的农村合作，形式很好，前景美好。请教育厅总结推广娄底职院的经验与做法。

15 日

△市委书记龚武生到娄底经开区高新技术企业调研。

△截至目前，娄底市已有 12 个采煤沉陷区综合治理列入国家专项建设基金项目，总投资 39.15 亿元，获批专项建设基金 3.47 亿元。

16 日

△华菱涟钢加大品种钢研发力度，在产品开发、技术进步、质量提升等方面取得进步。2015 年开发新产品 50 个，其中热轧 34 个、冷轧 16 个，全年品种钢创效 3.8 亿元。

△《人民日报》头版以《娄底领导干部离任审计增加新指标（副标题）绿水青山上“评价单”》为题推介娄底经验。

17 日

△国家质检总局公布第二批获得“中国出口质量安全示范企业”名单，全国 292 家出口企业获此殊荣，全省 2 家企业上榜，湖南企业首次获得该荣誉。其中之一是全市出口重点企业：锡矿山闪星锑业有限责任公司。

18 日

△娄底市政策法律文化科技卫生“五下乡”活动启动仪式在涟源市桥头河镇博盛生态园举行，市委常委、宣传部长伍美华宣布活动正式启动。

△市委宣传部牵头，组织相关单位赶赴涟源市桥头河镇，正式启动娄底市 2016 年“五送下乡”活动。

22 日

△市委副书记、市长李荐国到娄底经开区部分企业，了解生产经营情况。

23 日

△市委副书记、市长李荐国主持召开市政府常务会议，传达贯彻省委副书记、省长杜家毫在当天上午市州长视频会议讲话精神，研究“项目建设大比拼”、公立医院改制试点、市保安公司改制等工作。

△市政协第四届委员会第四次会议在娄底星星影剧院召开。

24 日

△政协娄底市第四届委员会第四次会议在星星影剧院开幕。市委书记龚武生出席开幕大会并讲话。

△参加政协娄底市第四届委员会第四次会议的委员们分组讨论市委书记龚武生的讲话，审议《政协娄底市第四届委员会常务委员会工作报告》和《政协娄底市第四届委员会常务委员会关于四届三次会议以来提案工作情况的报告》。

△娄底市公路局2015年度公路工作目标管理以及综合服务、迎国检、公路治超、安保设施建设、安全生产等工作，获全省公路系统“红旗单位”称号，进入全省第一方阵。该局在会上作“创新制度，后发赶超，推动公路工作科学可持续发展”典型发言。

25日

△娄底市第四届人民代表大会第五次会议在娄底召开。会议听取和审查有关工作报告，审查与批准《娄底市国民经济和社会发展第十三个五年规划纲要（草案）》《2016年国民经济和社会发展计划（草案）》《2016年市级财政预算（草案）》等。

26日

△市委书记龚武生到市四届人大五次会议娄星区、冷水江市及涟源市代表团参加讨论，审议《政府工作报告》等。

△市委书记龚武生就认真学习贯彻习总书记党的新闻舆论工作座谈会重要讲话精神作出批示。

27日

△政协娄底市第四届委员会第四次全体会议圆满完成各项议程闭幕。

△市四届人大五次会议举行第二次全体会议，听取和审查市人大常委会及“两院”工作报告。

△蔡和森纪念馆网上展厅开通，这是国内首个内容权威、功能完善、资料翔实的传播蔡和森精神“永不闭馆”的数字纪念馆。由全景展厅、走近和森、光辉一家、基地概况、网上献花5个板块组成，设置“理论贡献”“视频展播”“蔡和森研究”“光辉一家生平简介”等栏目。

28日

△娄底市召开2016年度第一次安委全会。市委书记龚武生主持，市委副书记、市长李荐国出席会议并讲话。

29日

△市委副书记、市长李荐国就全市“三个创建”推进工作讲话。强调要运用好“六个四年行动计划”经验指导“三个创建”工作，把“三个创建”作为“加速转型、奋力赶超”的支撑点和操作平台。

△2016年市政府第一次全体会议暨“项目建设大比拼”活动大会召开。市委副书记、市长李荐国出席，他要求紧急集合、立即行动，兑现承诺，落实“五大”发展理念和《政府工作报告》各项任务。

△湘村高科在“新三板”挂牌交易，股票代码835920，为全市首家在“新三板”上市的农牧企业。

3月

1日

△市委书记龚武生在全市“万名干部下基层、解难惠民促发展”活动动员会召开后第一天，带案下访，到涟源市六亩塘镇调研信访积案大化解活动开展情况。强调主动作为，变“上访”为“下访”，把问题矛盾化解在基层，确保社会大局稳定。

△娄底首个核医学科在娄底市中心医院开科，该科成立为全市广大甲状腺疾病、肿瘤、心脏病、肾脏疾病等患者提供优质、高效、全面医疗服务。

2日

△市委办公室、市政府办公室下发《关于开展“项目建设大比拼”活动的意见》。

△市委书记龚武生到万宝新区企业和项目建设工地调研，强调解放思想，大胆探索，搞好两型示范区建设。

△省人大常委会法工委主任肖迪明一行抵娄评估验收娄底市行使地方立法权。

△市委副书记、市长李荐国到老塘冲村调研党建和扶贫工作，到新化县油溪乡调研旅游产业发展情况。

3日

△市委书记龚武生在双峰亲切会见海螺集团党委书记、董事长高登榜一行，双方就共同关心的问题与合作交换意见。

△市委副书记、市长李荐国到新化玉坤矿业和古台山林场调研。他要求把矿业发展与旅游产业发展相结合，让古台山绿水青山与“金山银山”融合。

4日

△市委书记龚武生会见到娄底考察的海南供销控股高管团队。

6日

△娄底市举行“我们的行动如沐春风——‘3·5’学雷锋志愿服务活动周”启动仪式。中心城区1000多名志愿者参与义诊、义演、现场咨询、扶贫济困、车

站义务服务、关爱环卫工人、慰问抗战老兵等多项志愿服务活动。

7 日

△市委副书记、市长李荐国前往娄星区黄泥塘街道办事处高溪社区，与信访群众代表交流。

△全省发展党员和党员管理工作座谈会及基层党建工作座谈会在娄底召开。省委组织部副部长蔡建和讲话，市委书记龚武生致欢迎辞。

8 日

△市委副书记、市长李荐国到涟源市杨市镇，调研古民居保护修缮与特色乡镇建设。强调要进一步加强古民居保护修缮工作，做到修旧如旧。

△市委副书记、市长李荐国到涟源市茅塘镇，考察五江集团涟源天华科技牧业和保温瓶厂及涟源三一学校、三一博物馆。要求全市各级党委、政府要旗帜鲜明地尊重企业家、爱护企业家，为企业家创业提供优质服务。

9 日

△市委召开常委会议，学习习近平总书记在党的十八届五中全会上的报告，传达全国与全省组织部长会议精神，学习中央关于意识形态工作两个文件和传达省委有关会议精神，学习中央、省委政法工作会议和省委农村工作会议精神。

△省人大法制委员会主任委员钟实率省人大法工委、省教育厅相关负责人一行，到娄底开展《湖南省中小学校幼儿园规划建设条例(草案)》立法调研。

10 日

△市委书记龚武生在涟源市安平镇张龙村调研。要求加大生态环境保护力度，改善群众生产生活环境。

△市委副书记、市长李荐国主持召开会议，听取市创投前段工作情况汇报。

△截至 2 月末，全市农村信用社(农商行)各项存款在全市银行金融机构中率先突破 300 亿元大关，余额达 310.6 亿元。

11 日

△市委副书记、市长李荐国到市地税、国税部门调研工作。他要求全市国、地税干部职工要提振信心，保持蓬勃向上、迎难而上的精神风貌，咬定全年目标任务不动摇，采取"养"税源、挖潜力、堵漏洞、保征收等措施，确保完成税收任务，做到均衡入库。

△省政协原副主席、省文联主席谭仲池到娄底专题调研文艺工作。

△娄底市科学技术协会第二届委员会第九次会议召开。

12 日

△中央电视台科教频道《探索·发现》分别播出两集电视纪录片《家风》，讲述娄底市历史名人曾国藩家教家风。纪录片由中央电视台、中国电视艺术家协会、中国文学艺术基金会联合制作，由娄底市、双峰县两级宣传、卫计部门协助拍摄，收到良好的宣传效果。

14 日

△市委副书记、市长李荐国前往湖南文昌新材料科技股份有限公司调研。要求全市各级各部门要为高成长性企业提供"保姆式"服务，帮助他们成长。

15 日

△娄星区骡子坳老工业区、涟源市七星街镇独立工矿区、冷水江市锡矿山锑矿独立工矿区、双峰县三塘铺独立工矿区等 18 个城区老工业基地及独立工矿区搬迁改造项目列入国家专项建设基金项目，获专项基金 9.22 亿元。

△涟源一中被评为"全国绿化模范单位"，成为湖南省教育系统唯一获此殊荣的学校。

16 日

△市委副书记、市长李荐国到市政府驻广州办事处看望干部职工，代表市委政府和龚武生书记问候大家，并座谈交流。

21 日

△市委副书记、市长李荐国主持召开专题会议，研究涟水河综合治理工程（神童湾段)PPP 项目建设和吉星路网 BT 项目回购问题。

△市财政局、市国税局、市地税局举行"营改增"纳税人信息交接仪式。在市财政局监督下，市国税局从市地税局接手 12526 户"营改增"试点纳税人基础信息。

△市委书记龚武生在深圳等地招商考察，表示要把娄底打造成全国清洁能源和二次电池生产基地，使娄底真正成为湖南省汽车产业配套基地。

22 日

△市人大常委会主持召开市第一人民医院创"三甲"工作调度会议，要求各级相关部门站在服务全市

人民、解决“看病难、看病贵”的高度，稳健推进市第一人民医院创“三甲”工作。

23 日

△市委副书记、市长李荐国到冷水江市调研大唐华银金竹山火力发电分公司和湖南资江煤业集团生产经营情况。要求各级各部门为企业提供优质政务服务。

24 日

△市委副书记、市长李荐国深入娄星区乐坪街道办事处童家社区、清泉社区和娄底日报社、娄底广播电视台调研全市创建全国文明城市工作。

25 日

△市委副书记、市长李荐国专程到市环保局，就水污染防治整改主持召开督办会。要求从思想深处重视水污染防治和环保工作，在抓好省、市人大交办的水污染问题整改的同时，举一反三，推进水、大气、土壤污染的防治。

28 日

△市委书记龚武生在全市 1—3 月投资情况暨项目建设大比拼“重大项目集中开工活动”调度会上强调，要求抓住项目建设“牛鼻子”。

△香港商人甘红志考察娄底农机企业，商洽农机出口事宜。

29 日

△市委副书记、市长李荐国主持召开市政府常务会议，审议 2016 年市本级政府投资项目计划，研究建设市创业创新服务平台、设立市政府与社会资本合作(PPP)项目财政引导基金和涟水河综合治理工程 PPP 项目等问题。

△市委副书记、市长李荐国到五江碧桂园城市广场、中国物流娄底诚通现代物流园和娄底湘中国际物流园等重点项目的施工现场，检查工程进度。

30 日

△全省加强换届风气监督工作视频会议在长沙召开。省委常委、组织部部长郭开朗主持会议。省委常委、纪委书记傅奎部署加强换届风气监督工作。市委书记龚武生在省委主会场参会。

△省人大常委会批准娄底市行使地方立法权，可以对城乡建设与管理、环境保护、历史文化保护等方面的事项制定地方性法规。

31 日

△市委书记龚武生主持召开市委常委（扩大)会议，分析一季度经济形势，研究娄底市创业创新公共服务平台建设和巡察工作，审定 2015 年度全市绩效评估结果。

△市委书记龚武生在湖南三迅新能源动力电池基地项目建设办公会上指出，用超常规的办法来培育战略性新兴产业，打造好清洁能源汽车动力电池产业。

△市委农村工作暨全市脱贫攻坚工作会议召开。会议总结全市“十二五”农村和扶贫工作，对今后一段时间的工作作安排部署。市委书记龚武生主持，市委副书记、市长李荐国出席并讲话。

4 月

1 日

△娄底市召开领导干部大会，省委副秘书长龚武生主持会议。省委组织部部务委员梁平宣布省委人事安排决定：龚武生任省委副秘书长，不再担任娄底市委书记职务；李荐国任娄底市委书记，提名免去其娄底市人民政府市长职务；杨懿文任娄底市委副书记，提名为娄底市人民政府市长候选人。

△市人大召开 2016 年立法计划征求意见座谈会，邀请市县两级人大、市直相关部门负责人和相关立法咨询专家，就全市获批行使地方立法权后首次立法，征求听取各方意见。

3 日

△市委办公室、市人民政府办公室联合印发《2016 年领导干部自然资源资产离任审计深化试点准备工作方案》。

4 日

△市救助管理站获授湖南省“寒冬送温暖”专项救助行动先进单位称号。

5 日

△市委书记、市长李荐国到娄星区杉山镇调研城市北扩发展规划。要求把杉山镇的规划纳入中心城区整体规划，坚持“三规合一”，高起点、高标准、高水平谋划好产业布局，建好娄底“北大门”。

6 日

△《娄底日报》、《娄底晚报》、娄底广播电视台、娄底新闻网分别在“我身边的凡人善举”专栏推出《娄底这家餐馆老板好样的》通讯。市委书记、市长李荐国看后对该报道作出批示：“于塘方圆活鱼馆老板及员工的义举值得弘扬。市直各媒体要多报道类似的凡人善举，让身边的感动教育身边的人和自己，让娄底涌现更多凡人善举。”

7日

△市委书记、市长李荐国主持召开市委常委会议，学习毛泽东《党委会的工作方法》《中国共产党地方委员会工作条例》《中国共产党党组工作条例（试行）》以及习近平总书记全国两会期间在湖南代表团的讲话精神，审议2016年市本级政府投资项目计划，安排部署当前的重点工作，要求坚持一张蓝图干到底，不提新口号，多下实功夫，推动大发展。

△国家知识产权局专利管理司副司长赵梅生、省知识产权局副局长丁旭一行到娄底调研知识产权行政执法工作情况。

8日

△市四届人大常委会召开第二十五次会议，表决通过人事任免事项，市委副书记、市人民政府市长候选人杨懿文当选为市人民政府副市长，代理市长。

△市委书记李荐国实地走访市中心医院、市第一人民医院、黄泥塘社区卫生服务中心和市中医医院等单位，调研全市医疗卫生事业发展。要求医疗卫生事业是民生大事，抓实抓好，让群众看病放心，看病方便，健康生活，健康长寿。

△全市组工干部“双十”培训工程启动式暨首场讲座在市委党校举行，中共中央党校教授、博士生导师杨秋宝受邀为参加培训的市直部分综合部门单位主要负责人，市、县两级组织部门机关干部和党校部分教师学员作专题讲座。

△湖南云台山茶旅集团在长沙茉莉花大酒店沃湘会所举行“新三板”挂牌上市签约仪式，这标志着该集团成功步入资本运作与创新发展双轮驱动的快车道。云台山茶旅集团娄底分公司负责人及娄底100多名客户代表参加活动。

△司法部基层司副司长王学泽一行，到涟源市“新航中途之家”安置帮教基地考察，对基地成绩予以肯定。

△市安监局召开警示约谈会议，安排部署机构改革后两局（安监局、煤炭局）实质性合并的办公场地调整等相关工作，提出相关工作要求，全局91名副科以上干部参加会议，标志着历时一年的改革合并事项尘埃落定。

△市委书记李荐国到市中医医院调研，副市长甘跃华等陪同实地察看针灸康复科、推拿科，听取市中医医院介绍医院管理与发展建设情况。

10日

△娄底市中心医院《Gemini MK Ⅱ微创技术在HTO患者膝关节置换术中的应用及临床研究》科技成果，通过由市科技局组织的省市医学专家鉴定，鉴定委员会专家组经过认真评议后认为，该项目经过长达7年的认真、系统、规范的科研和临床实践，初步总结和形成了一套针对HTO（胫骨高位截骨）病例较合理的微创人工膝关节表面置换技术，该项成果已达到国内同类技术领先水平。

12日

△市委书记李荐国到涟源市白马镇调研、督查防汛抗旱，要求把握平衡点，坚持防汛抗旱两手抓，确保群众安全与社会稳定。

△总投资超过1.5亿元的“娄底大北农公司年产24万吨高效饲料”项目开工在娄底经开区举行。

13日

△市委办系统举行“天天慈善一元捐”活动，市委书记李荐国带头捐款。

△市委书记李荐国，市委副书记、代市长杨懿文与到娄底洽谈的湖南建工集团董事长叶新平一行晤谈。

△市委书记李荐国主持座谈会，就如何落实娄底市“十三五”规划纲要征求意见和建议。

14日

△市委副书记、代市长杨懿文到双峰县调研，要求以供给侧结构性改革统领经济社会发展，按照市委、市政府确定的“加速转型、奋力赶超”总基调，实施“突围”“突进”。

15日

△市委书记李荐国一行专程到湖北宜化集团，就其分公司湖南宜化产业升级改造以及双方深度合作对接洽谈。

18日

△市委副书记、代市长杨懿文主持召开市政府党组会议。集中学习毛泽东《党委会的工作方法》《中国共产党地方委员会工作条例》《中国共产党党组工作条例(试行)》和习近平总书记在全国两会期间在湖南代表团的重要讲话精神,并对工农业生产、招商引资、项目建设等作部署。

△市委副书记、代市长杨懿文主持召开2016年第4次市政府常务会议,审议通过《娄底市交通运输"十三五"发展规划》,研究娄北连接线及万宝大道景观工程增绿提质、审计、食品药品监督管理工作。

△娄底市委政法委在5个县(市、区)举办全市政法系统"我身边的好党员"巡回宣讲报告会,以声传情、以言立行,展示共产党员的形象和作用。激励全体政法干警增强使命感和责任感,在全市政法系统营造比、学、赶、超的氛围。

19日

△市委书记李荐国主持召开市委常委会,研究"两学一做"专题教育和"履职尽责、攻坚克难"责任心教育以及市工商联换届等工作。

20日

△娄底市举行2016年重大招商引资项目集中签约仪式,签约项目18个、资金103.21亿元。市委书记李荐国出席并致辞。市委副书记、代市长杨懿文主持签约仪式。

△娄底市7个重点项目在娄星工业集中区集中开工。市委书记李荐国出席开工仪式并宣布开工。市委副书记、代市长杨懿文主持。

21日

△省政协副主席张大方率省政协调研组来娄专题调研"教育扶贫"工作。

△娄底市召开"两学一做"暨责任心教育动员大会,启动全市领导干部"履职尽责、攻坚克难"责任心教育。市委书记李荐国出席会议并讲话。市委副书记、代市长杨懿文主持会议。

△市委书记李荐国主持召开市委常委中心组扩大学习会议,邀请中国工程院院士、国防科技大学计算机学院院长廖湘科辅导信息技术发展趋势及应用知识。

△省委督办专员陈树林一行到娄底督查党风廉政建设及贯彻落实中央和省近期有关重要会议精神的情况。市委书记李荐国,市委副书记、代市长杨懿文汇报有关情况。

22日

△娄底市三会合一动员部署"雁过拔毛"式腐败问题和"纠'四风'、治陋习"专项整治行动及涉纪信访积案化解工作。

△娄底大道娄双段开工仪式在娄星区万宝镇儒阶村举行。

23日

△娄底市75名领导干部启程赴北京大学进行"谋划实施'十三五',贯彻发展新理念"专题研修。

25日

△市委书记李荐国以普通党员身份,参加市委办综调信息督查机关党支部学习。

△国家统计局国民经济核算司司长程子林一行抵达娄底,对全市编制自然资源资产负债表试点督察指导。

26日

△市委副书记、代市长杨懿文到娄星区和万宝新区调研,要求强化经营城市,搞好精细化管理和服务,把包括娄星区、娄底经开区、万宝新区在内的中心城区,建设成有亲和力、包容开放的国际化城市。

28日

△市委书记李荐国会见VAMA(华菱安赛乐米塔尔汽车板有限公司)总经理费尔南德、GONVVA 郪MA(华安钢宝利投资有限公司)总经理马布廷一行,双方就娄底ATS项目推进交换意见。

△湖南省创建"国家全域旅游区"启动仪式在大熊山国家森林公园举行。省旅游局副局长高扬先,娄底市委副书记、代市长杨懿文及13个首批创建单位、23个特邀单位出席启动仪式。

29日

△市委书记李荐国主持召开市委全面深化改革领导小组第八次会议,审议通过《中共娄底市委全面深化改革领导小组2015年工作总结报告》《中共娄底市委全面深化改革领导小组2016年工作要点》《关于推进行业协会商会与行政机关脱钩的实施方案》等。

30日

△市委书记李荐国前往华菱涟钢,慰问全国劳模

陈奇福。

5月

3日

△娄底军分区党委第一书记任职大会召开。省委常委、省军区司令员黄跃进宣读省军区党委任职批复，任命娄底市委书记李荐国为娄底军分区党委委员、常委、第一书记。

4日

△市委书记李荐国主持召开会议，专题研究如何在操作层面推动“两学一做”学习教育和责任心教育工作。

5日

△娄底市召开“项目建设大比拼”活动调度会。市委书记李荐国要求高举大比拼指挥棒，促使项目成效实在，捷报频传。市委副书记、代市长杨懿文主持会议。

△市委副书记、代市长杨懿文主持召开重大项目谋划工作专题会议。要求发扬“湘军精神”，把项目谋划作为一项常态化工作和一把手工程来抓。

△市委书记李荐国到市委办调研，与市委办中层以上干部集体谈心。

△双峰一对结婚近三年一直没有生育的夫妇，在娄底市中心医院生殖医学中心接受“试管婴儿”治疗，已成功受孕。

6日

△娄底市2016年市本级政府投资计划发布，总投资230.95亿元，年计划投资57.3亿元。

△娄底市召开2016年先进模范表彰及劳动竞赛大会。表彰一大批五一标兵、五一先锋岗和五一先锋集体；发出劳动竞赛倡议，大力倡导崇尚劳动、尊重劳动者的良好社会风气。

9日

△文化部原部长王蒙应邀考察富厚堂。

10日

△娄底文化大讲堂迎来2016年第一次嘉宾讲座，王蒙应邀作“文化的期待”专题讲座。市直宣传系统相关负责人及市作家协会代表等现场聆听。

△市委书记李荐国专程前往万宝新区，督查众一国际健康城推进情况。

△市委副书记、代市长杨懿文主持召开2016年第5次市政府常务会议，研究“加速转型、奋力赶超”计划。

11日

△市委书记李荐国主持召开市委常委会议。会议传达学习省委人大工作会议精神，要求认真抓好市、县、乡三级人大换届选举工作，确保换届圆满成功、风清气正；传达学习省委城市工作会议精神，要求坚持“以人民为中心”的发展思路，建设人民满意的现代化城市；研究娄底“加速转型、奋力赶超”7个三年行动计划。

△市编办召开全市机关群团统一社会信用代码工作培训暨登记管理工作会议，全市机关群团统一社会信用代码赋码颁证工作正式启动。

△世界顶尖超高端德国西门子256层光子双源CT在市中心医院正式投入使用。这是娄底引进的首台双源CT，也是目前湖南省引进的第3台双源CT。该CT对于全身各脏器肿瘤早期发现、良恶性肿瘤鉴别，以及冠心病等心血管疾病的诊断方面独具优势，特别对解决心血管成像难题具重要意义。

12日

△娄底市第四届人民代表大会第六次会议举行第一次全体会议。市委书记李荐国代表大会主席团，就市人民政府市长候选人提名作说明。

13日

△娄底市第四届人民代表大会第六次会议召开，依法补选杨懿文为市人民政府市长。

△湖南省娄底、益阳、邵阳片区易地扶贫搬迁工作座谈会在娄底召开。副省长戴道晋主持会议，市委书记李荐国致欢迎词。

△娄底市第四届人民代表大会第六次会议举行第二次全体会议，选举杨懿文为市人民政府市长。

△国家发改委产业技术研究所主任王云平一行到娄底调研产业转型发展情况。

15日

△娄底市参展深圳“文博会”签约8个项目，引资51.58亿元。

16日

△市委书记李荐国主持娄底中心城区规划建设管

理筹划会。他要求紧扣省委、省政府战略部署和娄底“十三五”规划纲要，把中心城区做精做美，让市民舒适度满意度更高，使城市承载能力与辐射能力更强。

△双峰县启动保障性住房租赁补贴对象重新申报工作，重新申报对象3023户，审查出不合格对象1041户，符合条件的1982户按季度发放租赁补贴。

△市政法委在中南大学开办全市政法和信访队伍中青年干部综合素质提升班，选派全市100名政法与信访战线的优秀中层干部、业务骨干到中南大学法学院开展15天培训。作为市政法委首创的与知名高校联合办学机制，得到省委政法委好评。

17日

△市委副书记、市长杨懿文参加市政府机关一支部“两学一做”教育和责任心教育集中学习并讲党课。

18日

△2016湖南省政府和社会资本合作(PPP)工作推进暨示范项目推介会在北京湖南大厦召开，娄底推出7个项目，总投资50.67亿元。

△娄底市计划生育协会获授“全国计划生育协会地级先进单位”称号。

19日

△国家开发银行湖南省分行与市人民政府战略合作高层联席会在娄底市召开，市委书记李荐国与省国开行行长梁庆凯为市重大项目投融资服务中心授牌。

20日

△市委书记李荐国，市委副书记、市长杨懿文赴广东中山市和江门市考察。

△市发改委和市财政局联合发布2016年娄底市“政府和社会资本合作(PPP)”项目册，推出项目41个总投资937亿元。

23日

△娄底市推进涟水河、孙水河综合治理工程。涟水、孙水中心城区段综治工程已开发储备项目27个，总投资155亿元。

△娄底市第十三届、新化县第九届渔业资源增殖放流暨渔业打非治违整治行动正式启动，新化县资江流域内共投放2000万尾经济鱼类和1亿粒银鱼受精卵，投入资金339万元。

24日

△市委副书记、市长杨懿文到市经信委调研提振工业经济工作，要求集中政策、资源、人才优势提振工业经济，用项目支撑全市经济社会发展，实现娄底“加速转型、奋力赶超”目标。

25日

△市委副书记、市长杨懿文主持召开2016年第6次市政府常务会议，研究旅游、招商引资、潇湘职院有关事项，审议《娄底市国有资本投资运营公司组建方案》。标志娄底国资监管进入“以管资本为主加强国有资产监管，改革国有资本授权经营体制”的模式运作。

27日

△湖南省发改委公示湖南省“第一批产镇融合示范镇”，娄底市桥头河镇以“蔬菜小镇”上榜。

△涟源市万农农业服务有限公司首次利用无人飞机助农民进行水稻喷药作业，预防水稻稻瘟、钻心虫、卷叶螟等病、虫害。

△在双峰召开推进农村承包土地经营权抵押贷款试点工作会议和“普惠金融示范县”试点启动仪式。

28日

△娄底市与中央企业战略合作签约暨重大项目推介会在长沙举行。有17家央企与娄底市战略合作签约重点项目20个，与国开行签订娄底城市资源开发基金战略框架协议。共发布重大项目62个，涵盖产业发展、基础设施、特色旅游小镇建设、生态环保、社会发展等。

30日

△市委书记李荐国到娄星区万宝镇石塘村给党员上党课。要求珍惜党员光荣称号，在带头脱贫致富、全面奔小康，带头移风易俗、培育新风尚，带头共建家园等方面发挥模范作用。

△由公安部消防局原副局长陈飞任组长、国家安全生产监督管理总局监察专员刘幼贞任副组长的国家安委会第三巡查组抵娄，开展6天安全生产巡查。省安监局副局长杨国庆陪同。

6月

1日

△市委书记李荐国到新化、涟源、双峰调研娄底

大道建设。强调要趁有利天气条件，上足劳力，科学调度，保证质量，确保娄底大道如期通车。

△市委副书记、市长杨懿文到三泰新材料调研。他指出，三泰新材是娄底转型升级重点项目，要求各部门在企业发展关键期，有针对性地为企业提供支持和帮助。

△《娄底市健康产业发展规划》发布，到 2020 年培育年销售收入超 20 亿元的“龙头”企业 2~3 家，超 10 亿元的企业 5 家以上，过亿元的企业 10 家以上，娄底健康产业园产值超 100 亿元，全市健康产业总产值超 370 亿元。

2 日

△市政协召开“充分发挥高铁优势，助推娄底经济转型”专题协商会，市委书记李荐国，市委副书记、市长杨懿文出席，市政协主席姚兵主持。

△湖南省娄底市第一家村级金融扶贫服务站——双峰县甘棠镇祠堂湾村金融扶贫服务站成立。

3 日

△市政府召开“加速转型、奋力赶超”七个“三年行动计划”工作动员大会，部署七个“三年行动计划”，号召统一思想、坚定信心，集中时间和力量，打赢“十三五”全市加速转型、奋力赶超攻坚战。市委书记李荐国作重要讲话，市委副书记、市长杨懿文作报告。

△市委副书记、市长杨懿文主持研究 PPP 项目工作流程与规范专题会议，以吸引优质社会资本参与娄底投资建设。

△全国人大地方立法调研会在娄底召开。

4 日

△1—4 月，全市工业投资及技改投资增幅分居全省第一位和第二位，比全省同类平均增幅分别高出 20.7 个百分点和 24 个百分点。

6 日

△市委副书记、市长杨懿文召开金融、财政、国税、地税、国土等部门座谈会。要求坚定信心，增强数字意识，以创新理念、改革精神，实现时间任务“双过半”。

7 日

△市委书记李荐国以“做一名有责任心的领导干部”为题，给全市副处以上干部讲党课。市委副书记、市长杨懿文主持。

△国家交通运输部规划研究院项目组就《娄底市中长期综合交通运输规划》编制进行座谈，征求市直相关部门意见。

8 日

△市委书记李荐国主持召开市委常委会议，传达省委书记、省人大常委会主任徐守盛在省党政代表团赴重庆考察学习总结部署会和全省、市、县领导班子换届工作座谈会上的讲话精神。

△湖南电将军新能源有限公司年产 650 万套智能储能电源产业化基地建设项目签约仪式举行。

△市委书记李荐国主持召开市委常委会议，传达学习省委书记、省人大常委会主任徐守盛在全省市县领导班子换届工作座谈会上的讲话精神，学习干部选拔任用和换届选举工作政策法规，研究换届风气监督工作。

12 日

△市委副书记、市长杨懿文主持召开全市促进商贸服务业发展专题会议。强调要对接大长沙改善软硬环境，补齐发展短板，创造营商洼地，推进大融城、建设大商贸、实现大繁荣。

13 日

△省政协副主席孙建国率省政协“推进湖南省供给侧结构性改革的对策建议”重点课题调研组赴新化调研文化旅游产业供给侧结构性改革，市政协主席姚兵陪同调研。

14 日

△副省长张剑飞抵娄调研。省经信委主任谢超英，省政府副秘书长张值恒，市领导杨懿文等陪同。

15 日

△省人大常委会副主任李友志率检查组抵达娄底检查贯彻实施食品安全“一法一条例”工作情况。

17 日

△娄底市医学会血液净化专业委员会暨血液净化医疗质量控制中心成立。著名肾脏病专家、一级主任医师、原中南大学湘雅二医院党委书记、中南大学湘雅医学院常务副院长，博士生导师刘伏友教授，湖南省血液透析质量控制中心主任、中南大学湘雅二医院彭佑铭教授，中南大学湘雅二医院肾内科主任、血液净化中心主任刘虹教授应邀讲学。

19 日

△在第四届中国国际新材料产业博览会上，娄底安迪亚斯电子陶瓷有限公司新型电子陶瓷密封材料：动力电池陶瓷密封圈获金奖。

20 日

△市委书记李荐国率团对美国、加拿大进行访问考察，就共建友好城市，开展经济合作，促进产业转型升级作交流。

21 日

△市委副书记、市长杨懿文主持召开全市规划委员会 2016 年第二次专题会议，审查水府新城水洋生态新区规划设计、娄底市中心城区加油加气站充电站（桩）专项（发展建设）规划、新星南路城市设计等六个议题。

△娄底市卫生学校并入娄底职业技术学院。

22 日

△市委副书记、市长杨懿文主持召开 2016 年第 7 次市政府常务会议，审议《娄底市乡村教师支持计划（2016 年—2020 年）实施细则》《娄底市集体土地征收与房屋拆迁补偿安置办法》等。

△省政协主席、省委常委、省委政法委书记李微微抵娄专题调研“两学一做”情况，到涟源市茅塘镇石门村为基层党员讲“‘讲规矩、有纪律’做廉洁有为的农村共产党员”的党课。

△省民政厅区改办工作组来娄核查并村工作完成情况，对娄底市并村工作给予肯定。截至 5 月底，全市 3260 个建制村减至 1837 个，减少 1423 个，减幅 43.6%。超额完成省定任务 131 个。

23 日

△第十二届全国政协委员、中国国际经济技术合作促进会董事长杨春光及国内知名企业家一行 16 人，在省政协副秘书长汤浊陪同下，抵达娄底就产业发展精准扶贫工作调研考察。

24 日

△市委书记李荐国主持召开市委常委会议，传达贯彻省政协主席、省委常委、省委政法委书记李微微来娄调研讲话精神和省军区围绕强军目标抓建基层工作会议精神，研究娄底市县乡人大换届选举和第五次党代会工作，审定全市乡村教师支持计划(2016—2020 年)实施细则。

27 日

△副省长张剑飞在长沙会见美国科学院院士戴宏杰及娄底手拉手网络科技发展有限公司董事长李丽英一行，并出席戴宏杰出任娄底手拉手网络科技发展有限公司荣誉董事颁证仪式。

28 日

△全省市州人大常委会联工委主任座谈会在娄底召开。省人大常委会副主任刘莲玉，省人大常委会委员、联工委主任委员王刚出席并讲话，市委书记李荐国致欢迎词。

△市委副书记、市长杨懿文，省国土资源厅党组成员、副厅长金勇章在市政务中心，分别给权益人邓伟华、曾友平夫妇和刘迪红、付美和夫妇颁发不动产权证书。至此娄底市实现不动产统一登记发证全覆盖。

△特邀法国著名骨科专家、法国鲁昂赛德尔矫形外科中心主任、巴黎医院临床部主任 Jean-Louis Briard 教授到娄底开展国际学术交流活动。肖扬教授与 Jean-Louis Briard 教授联袂完成三台高难度膝关节置换手术。

29 日

△娄底市召开庆祝建党 95 周年表彰大会，表彰一批全市优秀共产党员、优秀党务工作者、优秀乡镇（街道）党工委书记、优秀村（社区）党组织书记和先进基层党组织。

△市委书记李荐国到湖南三泰新材，就双金属等离子复合钢筋项目进行专题调研。

30 日

△娄底市卫生和计划生育委员会在市公共资源交易中心与中华联合财产保险股份有限公司娄底中心支公司、中国人民财产保险股份有限公司娄底市分公司、中国人寿保险股份有限公司娄底分公司签订关于娄底市城乡居民大病保险服务合同。

7 月

1 日

△市委书记李荐国到娄底中心城区的学校、企业、驾校、加油站、渡口等安全生产工作第一线，检查安全生产工作。

△市委副书记、市长杨懿文到挂点企业，华润电

力(涟源)有限公司进行走访,强调要以供给侧改革为契机,探索新能源、生物质发电模式。

3 日

△《娄底市加速转型奋力赶超文化旅游及健康养老产业发展三年(2016—2018)行动计划实施方案》出台。

4 日

△获中央和省委表彰的全国全省先进典型载誉归娄，市委书记李荐国亲切接见李贝等 4 位先进典型代表。

△《湖南日报》、《湖南卫视》、新湘评论杂志社、湖南广播电视台报刊社、《三湘都市报》、红网 6 家省直媒体在娄底挂职编辑记者受邀对全市项目建设和 7 个“三年行动计划”进行集中采访。

5 日

△市委书记李荐国主持召开市委中心组学习会议,集中学习习近平总书记“七一”重要讲话精神。

△中铝国际工程股份有限公司来娄对接洽谈乐坪大道东延段沿线综合开发建设项目的合作事宜。市委书记李荐国出席座谈会。

△凌晨 1 点 10 分左右，冷水江市铎山镇石坑村发生一起滑坡地质灾害,滑坡发生前 10 分钟通知 26 名居民全部撤离,未造成人员伤亡。

△农业银行湖南省分行党委书记、行长张晓男到新化支行调研。

6 日

△市委、市政府《娄底市加速转型奋力赶超中心城区提质扩容三年行动计划实施方案》出台。

8 日

△人民日报社湖南分社社长刘磊率总社地方部和分社记者共 4 人抵娄，采访锡矿山转型发展建设传统矿区环境整治生态修复示范区情况。

10 日

△中国民主同盟娄底市第四次代表大会在娄底召开。省政协副主席、民盟湖南省委主委、省国土资源厅副厅长杨维刚讲话。

11 日

△由中国傩戏学研究会、湖南省文化厅主办,新化县政府承办的傩文化国际学术研讨会举行。中国傩戏学研究会会长刘祯,省文化厅厅长李晖、副厅长张帆出席。

12 日

△中共娄底市第四届委员会第十次全体会议召开，市委书记李荐国代表市委常委会向全会作工作报告。会议表决通过《关于召开中国共产党娄底市第五次代表大会的决议》,决定中国共产党娄底市第五次代表大会于 2016 年 9 月召开。

△娄底、双峰两级公安部门在省公安厅召开的新闻发布会上,就公安部督办“1·31”特大电信诈骗案侦破情况做通报,并受到表扬。新华社、人民网、中央电视台等 30 多家中央、省、市媒体参加采访。

13 日

△市委书记李荐国主持召开 PPP 项目调度会,要求进一步理清思路,把准政策,确保 PPP 不偏向、不掉队,确保项目落地。

△娄底市工商业联合会(民间总商会)第四次会员代表大会召开。会议选举李德仁为市工商联第四届执行委员会主席。市委书记李荐国出席会议。

14 日

△市政府法制办举办娄底市人民政府行政执法特邀监督员培训班,首批受聘 25 名行政执法特邀监督员正式持证上岗。

15 日

△市委办召开会议,学习贯彻习近平总书记“七一”重要讲话精神,邀请市委党校穰贻辉教授作专题辅导。

18 日

△娄底市召开中心城区被拆迁人自行选购商品房作为安置房工作动员会，这标志着全市拆迁安置工作由原来宅基地安置、安置房安置正式向货币化安置转变。

19 日

△市委副书记、市长杨懿文在娄底华天大酒店会见上海大众汽车有限公司党委书记张志勇一行。

△市委书记李荐国到 VAMA 华安钢宝利高新汽车板加工(常熟)有限公司娄底分公司新建年产 8 万吨轻量化汽车板深加工项目调研。

△由《人民之友》杂志、《湖南日报》、湖南人民广播电台、湖南卫视、湖南经视、湖南教育电视台、《潇湘晨报》、《三湘都市报》和红网等省级媒体组成的省

人大常委会“食品安全一法一条例执法检查专题报道”采访团，对娄底市学校食品安全监管工作开展采访报道。

21日

△娄底市以“深刻反思衡阳破坏选举案教训，加强换届风气监督，营造良好政治生态”为主题，召开市委常委专题民主生活会。市委书记李荐国主持会议并讲话。省纪委常委王前良以及省委组织部有关领导到会指导。

22日

△市委书记李荐国主持召开市委常委会议，听取意识形态领域工作情况汇报，学习《中国共产党问责条例》《中组部关于金寨县党政正职稳定工作专项检查情况的通报》。

△五矿二十三冶建设集团有限公司高管团队抵娄对接洽谈项目合作事宜。市委书记李荐国，市委副书记、市长杨懿文与五矿二十三冶高层就具体项目开展实质洽谈。

△九三学社娄底市第四次代表大会召开。会议选举产生九三学社娄底市第四届委员会主委、副主委、委员。市委书记李荐国出席并讲话。

△市政府与三一集团就住宅产业化合作项目正式签约，总投资13.8亿元的住宅产业化项目正式落户娄底经开区。市委书记李荐国出席并讲话，市委副书记、市长杨懿文主持签约仪式。

23日

△娄底市印发《中共娄底市委娄底市人民政府关于进一步优化经济发展环境的指导意见》。

26日

△娄底市大型历史廉政湘剧《烧车御史》代表湖南参加全国调演优秀剧目演出成功。

28日

△根据国家发改委公布的《中长期高速铁路网规划图》，呼南高铁将过境娄底。呼南高铁与沪昆高铁在娄底火车南站相交，形成沪昆高铁连接东西，呼南高铁纵贯南北的“双高铁”格局。

29日

△湖南省双拥模范城（县）命名暨双拥模范单位和个人表彰大会在长沙举行。娄底市获“全省双拥模范城”称号。

30日

△文昌科技成功研发铝合金材质转子填补国内空白。

8月

1日

△市委副书记、市长杨懿文主持召开专题会议，研究市城市建设投资集团有限公司体制改革有关情况。

2日

△市委书记李荐国专程到娄星工业集中区，调研工业产业发展情况。强调要加强产业指导，大力招商引资，搞好配套建设，形成循环经济发展集聚效应。

△湖南省财政厅党组副书记、副厅长刘崇斌抵娄调研督促财政收入征管和财税改革工作。

4日

△娄底军分区领导班子部分成员调整命令宣布大会召开，省军区副政委刘建新宣布调整命令。市委副书记、市长杨懿文出席并讲话，市委常委、娄底军分区司令员欧友生主持。

△娄底市与浪潮集团就“智慧娄底”建设开展洽谈并签订战略合作框架协议。市委书记李荐国要求高起点规划，分步骤推进实施，让勤劳智慧的娄底人民共享“智慧娄底”成果。

5日

△副省长向力力在娄底市督查安全生产工作，强调安全生产的关键在于落实落小落细，解决源头性、控制性、反复性问题。

△省质量技术监督局党组书记、局长欧阳彪一行到娄底调研指导质监工作。

7日

△省委宣传部副部长周湘率领庆祝建党95周年中央和省委表彰对象代表先进事迹报告团抵娄。市委书记李荐国主持见面会。

8日

△市委书记李荐国主持召开全市脱贫攻坚工作调度会，研究解决脱贫攻坚中的具体问题。强调要紧扣“两不愁三保障”目标，整合资源，打捆资金，突出产业扶贫。市委副书记、市长杨懿文出席会议并讲话。

9日

△市委书记、市文明委主任李荐国召开市文明委全会，听取和审议2015年全市精神文明建设工作总结并2016年工作安排，审查《娄底市民文明公约》和《娄底市文明村镇、文明单位、文明标兵单位评选和管理办法》。

△市委书记李荐国主持召开市委常委会议，学习习近平总书记关于安全生产工作重要讲话精神，听取安全生产工作汇报，审议娄底市中长期综合交通规划专家组阶段性研究成果。

10日

△市委书记李荐国到涟源市伏口镇、桥头河镇调研异地扶贫搬迁和农业产业化发展等工作。

11日

△《人民日报》头版头条“治国理政新思想新实践新理念引领新发展”专栏推出《湖南：用好创新金钥匙》报道，对娄底冷水江市“世界锑都”锡矿山生态收复和转型发展做法作报道。

12日

△市委外事工作领导小组召开会议，研究部署当前和今后一个时期全市外事工作。市委书记、市委外事工作领导小组组长李荐国强调，要以习近平总书记关于外事工作的系列重要论述为根本遵循，紧扣开放发展这个主题，抓好娄底外事工作。

15日

△市委书记李荐国主持召开市委常委会议，学习传达“全省司法体制改革推进会”精神，听取全市贯彻落实会议精神的汇报。

16日

△民盟中央社会服务部“超天使工程”湖南娄底启动仪式在市中医医院举行。民盟中央社会服务部部长郭勇，省政协常委、民盟省委专职副主委胡颖，市委书记李荐国等出席启动仪式。

18日

△全国绿化委员会、人力资源社会保障部、国家林业局联合发文，授予娄底市林业局“全国绿化先进集体”称号。

20日

△“沪洽周”全市招商签约项目15个，合同引资107.3亿元。战略性新兴产业和现代服务业成投资重点，占比投资超50%。

21日

△全市50名党政干部启程赴复旦大学集中理论研修；有31名党政干部分赴上海、成都、佛山等地跟班学习。

22日

△市委书记李荐国主持召开市委中心组（扩大）学习会议，学习习近平总书记“5·17”讲话精神。省社科联党组书记、副主席宋智富，省卫生计生委党组书记、省医改办主任詹鸣分别作辅导报告。

25日

△市委书记李荐国到娄星区双江乡洪山村调研新农村建设。强调洪山村在争创全省“美丽乡村”示范村过程中，要在“建”和“管”环节上起示范作用，实现“村民富、村庄美、村风好”的目标。

26日

△市委书记李荐国主持召开市委常委会议，审定《娄底市引进高层次人才实施办法》，听取市委党校工作情况和全面小康推进工作情况汇报，研究娄底市文化旅游发展投资控股有限公司组建方案。

29日

△市委书记李荐国主持召开市级领导任务清单执行完成情况讲评会，36名市级领导逐一汇报中心工作任务清单落实情况。

△市委副书记、市长杨懿文主持召开PPP项目专题会。强调要在新常态下，一定要学好、用好、用活PPP模式，让PPP模式成为娄底“加速转型、奋力赶超”的助推器。

30日

△市委书记李荐国在“天蓝水净地绿”三年行动计划调度会暨市环保委2016年第一次会议上要求，“天蓝水净地绿”计划是民生工程；要站在建设“健康中国”高度，履职尽责，打好组合拳，做好加减法，建设健康环境。市委副书记、市长杨懿文出席。

△娄底市举办2016年市直处级以上单位领导班子成员法治培训班。武汉大学法学院教授、博士生导师莫洪宪，湖南师范大学法学院副教授胡发明分别作“刑法修正案（九）”“领导干部法治思维的培育”讲座。

31日

△市委书记李荐国，市委副书记、市长杨懿文调度财源培植三年行动计划，要求牢固树立质量效益

观念，把财源培植、税收增长作为经济工作核心目标，稳定增长面，培育增长点。

9月

1日

△市委书记、市委全面深化改革领导小组组长李荐国主持市委深化改革领导小组第十二次会议，学习习近平总书记关于全面深化改革讲话精神，研究资源型城市转型发展综合改革试点工作。

△安邵高速公路娄底段竣工通车。

2日

△市委书记李荐国主持召开市委常委会议，听取市委巡察工作情况汇报，学习省里关于脱贫攻坚有关文件精神。

4日

△省委组织部常务副部长胡伯俊抵娄调研，就如何落实《关于防止干部“带病提拔”的意见》与市相关部门座谈。市委书记李荐国出席。

5日

△市委书记李荐国主持召开市委常委会议，学习中共中央办公厅印发的《关于防止干部“带病提拔”的意见》，要求把防止干部“带病提拔”作为全市从严治党、从严管理干部的内容，做到经常防“病”、认真查“病”、及时治“病”。

△市委副书记、市长杨懿文主持召开市政府常务会议，传达学习中央、省有关文件精神，研究落实国务院第三次大督查有关工作，审议《娄底市转型发展规划》《娄底市产业发展规划》。

7日

△市委书记李荐国主持召开市委常委会议，学习贯彻全省“两学一做”暨落实基层党建重点任务推进会、全省非公有制经济组织和社会组织党建工作座谈会暨园区党建工作会议精神。

9日

△ 2016年娄底市“最美教师”评选结果出炉，刘超、袁秀娥、邬迎秋、杨文利、郭定芳、毛红文、肖东志、刘立华、张海波、罗澜兰10名教师评为“最美教师”。

11日

△市委书记李荐国主持召开市委常委扩大会议，传达学习贯彻全省市州委书记座谈会精神，要求拥护省委决定，服从组织安排，推动党委人事方案落实。

12日

△湖南人文科技学院副校长蒋建初主持《地方本科院校优秀传统文化教育的探索与实践》，获第十一届湖南省高等教育省级教学成果奖一等奖。

13日

△市委书记李荐国主持召开全市综合交通提升三年行动计划调度会，强调交通建设要强化“网”的观念，做到通畅快捷、互联互通、协同作战，对项目建设时间实行“双规”(规定开工和竣工时间)。

20日

△副省长蔡振红抵娄调研“去产能”职工安置工作。强调通过培训等方式做好服务工作，多渠道促进就业；要通过充分就业，促进经济社会发展。市委书记李荐国，市委副书记、市长杨懿文陪同调研。

△华宏科技太阳能支架项目、富佳钢瓶液化气钢瓶生产与检测项目在娄星集中工业区投产。市委书记李荐国宣布项目正式投产并启动生产设备，市委副书记、市长杨懿文讲话。

△娄底市全面实行企业“五证合一、一照一码”登记制度，在市政务服务中心工商窗口向企业颁发全市首张“五证合一”工商营业执照。

△湘村黑猪成功入选“2016中国自主品牌百佳”行业十佳企业。

△副省长蔡振红到涟钢考察。

21日

△省人大常委会党组书记、副主任韩永文抵娄调研人大换届工作。强调要以高度政治责任感抓好人大换届选举和县、乡人大建设，把人民赋予的权力用来为人民办事。市委书记李荐国，市委副书记、市长杨懿文汇报工作。

△市委书记李荐国主持召开市委常委会议，研究县乡卫生计生机构改革工作，传达学习贯彻省委书记杜家毫在全省贫困县党政正职谈心谈话会上的讲话精神及省人大常委会党组书记、副主任韩永文，副省长蔡振红在娄底调研讲话精神，讨论市第五次党代会市委工作报告(审议稿)、市纪委工作报告(审议稿)。

22日

△市委书记李荐国主持召开中共娄底市第四届

委员会第十二次全体会议，审议通过提交市第五次党代会工作报告、市纪委工作报告，酝酿第五届市委委员、候补委员、纪委委员候选人建议名单。

△市委召开巡察工作动员大会。学习贯彻习近平总书记关于巡视巡察工作重要讲话精神和《中国共产党巡视工作条例》，贯彻落实省委和市委有关巡察部署。市委书记李荐国要求发挥巡察“利剑”作用，让铁规发力与“利器”生威。

△娄底市红十字会举办“大爱娄底、情满蓝天”大型公益晚会，市领导与社会爱心人士近500人参加该活动。晚会筹得善款297768.52元。

23日

△市政府与建行湖南省分行签订战略合作协议，建行将为市城建投等4个市级平台提供直接融资100亿元，通过“融资+融智”模式及“投、贷、债、租、证”的综合金融服务产品支持，推动娄底经济稳健发展。

24日

△湖南省放射诊断质量控制中心地区巡讲(娄底站)暨西门子双源CT新技术研讨会在娄底市中心医院召开。湘雅附二医院周顺科教授，湖南中医药大学附一医院李平教授等专家应邀到娄底讲学。

25日

△市委书记李荐国会见安哥拉公使衔参赞赛吉奥·内图、阿尔及利亚能源部主管塞勒可·欧特曼、加蓬能源部副秘书长安哥斯安索默尔、贝宁能矿部研究规划司司长卡佛·阿米勒·比塔尤等参加第七届湘博会的外宾。

26日

△湖南省第七届农业机械、矿山机械、电子陶瓷产品博览会(简称“湘博会”)在娄底体育公园开幕。副省长何报翔宣布博览会开幕。全球64个国家和地区、720余家企业、3000多名采购投资商参会参展。娄底在本届“湘博会”上共签订投资项目43个，总投资223.9亿元；签订贸易合同136个，贸易总金额27亿元。

△入驻娄底经开区的湖南三迅新能源科技有限公司投产。年产值有望达10亿元，创税3000万元。市委书记李荐国宣布项目投产，市委副书记、市长杨懿文讲话。

27日

△市委书记李荐国主持召开市委常委（扩大)会议，贯彻落实中央、省委关于加强换届风气监督精神，统一思想、宣传政策、严明纪律、营造风清气正的换届环境，确保市第五次党代会圆满召开。

28日

△中国共产党娄底市第五次代表大会在娄底华天大酒店湖南厅开幕。李荐国代表中国共产党娄底市第四届委员会，作题为《坚持转型创新、矢志攻坚克难、奋力建设富饶美丽健康祥和的新娄底》工作报告。

29日

△据统计报告，全市3年投入各类扶贫资金219652万元，减少贫困人口38.5万人。

△中国共产党娄底市第五次代表大会举行第三次全体会议，选举产生37名娄底市出席湖南省第十一次党代会代表。

30日

△中国共产党娄底市第五次代表大会完成各项议程闭幕。会议通过中国共产党娄底市第五次代表大会关于中共娄底市第四届委员会工作报告的决议和中国共产党娄底市第五次代表大会关于娄底市纪律检查委员会工作报告的决议。

△中国共产党娄底市第五届委员会举行第一次全体会议，李荐国主持并讲话。选举产生中国共产党娄底市第五届委员会常务委员会委员和书记、副书记。李荐国当选中国共产党娄底市第五届委员会书记，杨懿文、何文君当选中国共产党娄底市第五届委员会副书记。徐勇、华学健、王雄、张希慧、吴建平、欧友生、陈蕾、向世聪、尹华凯当选为市委常委。通过关于中国共产党娄底市纪律检查委员会第一次全体会议选举结果的报告。

△中国共产党娄底市第五届纪律检查委员会举行第一次全体会议。徐勇当选中国共产党娄底市第五届纪律检查委员会书记，苏立、何一波、李建设当选副书记。会议以无记名投票差额选举的方式，选举徐勇、苏立、何一波、李建设、曾桂华、谢志明、曾晓燕、刘辉、罗灿9人为第五届市纪委常委。

△娄底文昌科技研发出碳化硅(SiC)颗粒增强铝基复合材料汽车制动盘，填补国内空白。

10月

1日

△娄底市中心医院、市第一人民医院、市第二人民医院、市中医医院、市妇幼保健院、市康复医院、市骨伤医院、娄星区人民(妇幼保健)医院等9家医院启动“取消药品加成,实施药品零差率,调整医疗服务价格”的城市公立医院改革试点工作。

8日

△娄底城区天然气置换工作提前3个月完成。娄底城区10万管道燃气用户用上干净、环保的天然气。

9日

△市委书记李荐国主持召开市委常委会,重温习近平总书记“七一”讲话、毛泽东《反对自由主义》,学习《中国共产党地方党委会工作条例》,审定《市委常委会加强自身建设的规定》。

△市委书记李荐国主持召开市委部分工作部门主要领导工作交接会,落实相关常委分工调整与交接工作。

10日

△娄底市“千名工匠培养工程”职工职业技能大赛在涟钢技校举行。涟钢12名选手参赛四大工种,获4个第一、2个第二、4个第三。

△《中共娄底市委关于加强市委常委会自身建设的七条规定》发布。

△市委副书记、市长杨懿文召开研究高速公路经济发展工作专题会议。

11日

△市委、市政府组织开展大型现场观摩活动,前往各县市区和娄底经开区察看园区经济发展和项目建设情况。

13日

△市委副书记、市长杨懿文召开娄底大道专题调度会议。

△省人大常委会副主任李友志率调研组到新化县专题调研农村基础教育。

18日

△省委副书记、代省长许达哲抵娄调研经济发展情况。并考察华菱安赛乐米塔尔汽车板项目、三一中兴液压公司和娄星区杉山镇万乐村,主持召开座谈会,听取情况汇报。

△2016年湖南技能大赛·全省数控赛暨全国选拔赛在娄底落幕。副省长蔡振红出席闭幕式并为获奖代表颁奖。

△中央党史研究室主任蒋建龙参观考察蔡和森纪念馆。

19日

△省委常委、统战部部长黄兰香到涟源和双峰调研统战工作。强调要认真落实省委书记杜家毫在省委统战部调研报告上的重要批示精神,研究解决非公经济发展环境不优问题。

△市委书记李荐国主持召开市委常委扩大会议,传达10月10日省委议军会议精神,传达省委副书记、代省长许达哲在娄底调研时的讲话精神。

20日

△市委副书记、市长杨懿文主持召开专题会议,研究总部经济工作;强调要创造性开展工作,让娄底提速驶入“总部经济”快车道。

21日

△“红军长征在娄底”学术研讨会暨“心系国防情,重走长征路”活动在新化县奉家镇红二军团司令部旧址举行。

△湖南·两岸中华文化研讨交流在娄底举行。省政协副主席、省中华文化学院咨询委员会主任刘晓出席并讲话,市委副书记、市长杨懿文致辞。

24日

△《娄底市公共机构节约能源资源“十三五”规划》发布。

△市委副书记、市长杨懿文到万宝新区调研。要求万宝新区高起点规划、高标准建设。

25日

△市委副书记、市长杨懿文到湖南人文科技学院调研。他强调要与地方经济社会发展同频共振,办出一流大学。

26日

△市委书记李荐国主持召开市委常委会议,学习《湖南省党政领导干部生态环境损害责任追究实施细则(试行)》,审议《娄底市推进领导干部能上能下的若干规定(试行)》。

△省委组织部副部长、省人社厅党组书记、厅长

贺安杰一行到娄底调研人社工作，深入新化县游家镇凉山村指导精准脱贫工作。

27 日

△市委书记李荐国主持召开市委常委中心组学习研讨会，邀请市委党校教授就供给侧结构性改革作专题辅导，并围绕“两学一做”学习教育“讲奉献、有作为”作专题研讨。

28 日

△市委书记李荐国主持召开市委常委扩大会议，学习中国共产党第十八届中央委员会第六次全体会议精神，研究部署全市经济社会发展工作。

11 月

1 日

△市委书记李荐国前往市委宣传部机关，听取宣传思想工作情况汇报，与宣传系统干部交流。

△湖南省安委办主任、省安监局党组书记、局长李大剑率队到娄底，通过听取汇报、座谈交流等方式对全市煤矿安全生产进行专题督查。

4 日

△娄底市政协文史委编著《娄底读本》，获市第十届社会科学优秀成果评奖活动特别奖。

7 日

△市委书记李荐国主持召开市委常委会议，传达学习中共湖南省委十届二十次全体（扩大）会议精神、国办和省里关于安全生产工作有关文件精神。

8 日

△湖南精飞智能科技有限公司产业基地项目正式投产。达产后，项目将实现年销售额 8 亿元，年利税 4000 万元，同时也将助力全市农业机械化，为娄底经开区及全市产业转型升级添砖加瓦。

△湖南电将军新能源有限公司年产 500 万套纳米陶瓷智能储能电源产业化基础正式开工。市委书记李荐国宣布项目开工，市委副书记、市长杨懿文致辞，市委副书记何文君主持开工仪式。

9 日

△市委书记李荐国到市委统战部机关，听取全市统战工作情况汇报，并与统战系统干部职工座谈交流。

△新化县水车兼职消防队获国家公安部消防局颁发的全国“11·9”消防奖。

10 日

△湖南省政协副主席欧阳斌抵娄调研，向驻娄省政协委员通报今年省政协工作情况，听取对拟召开的省政协工作会议及明年省政协工作的意见与建议，并调研娄底市政协工作。

△娄底市召开出席省第十一次党代会代表培训会，36 名省党代表现场签订忠诚履职承诺书。

△全省首家三甲综合医院“院士专家工作站”在市中心医院成立，中心医院院士专家挂牌。

△由中国工程院院士、中南大学临床药理研究所所长、中国遗传药理学和药物基因组学开拓者、个体化医学奠基人周宏灏院士领衔的院士专家工作站，在娄底市中心医院正式成立。

11 日

△市委书记李荐国主持召开市委常委会议，学习《信访工作责任制实施办法》，研究信访工作，要求全市各级领导干部尽心尽责解决好群众合理合法的利益诉求。审议并原则通过《中共娄底市委关于贯彻落实党的十八届六中全会精神推进全面从严治党落地生根的具体意见》。

△娄底中心城区道路提质改造和路网完善 2 个 PPP 项目开工。市委书记李荐国宣布开工，市委副书记、市长杨懿文致辞。

△市委城市工作会议召开。学习贯彻中央和省委城市工作会议精神，科学分析娄底城市发展形势，明确城市工作思路，部署城市工作任务。市委书记李荐国要求树立“以人民为中心”的发展理念，推进品质中心城区、秀美县城、特色小镇建设。

15 日

△娄底“千名工匠培养工程”2016 年导游技能大赛决赛在清泉酒店举行。

△武陵山片区山歌王大赛颁奖晚会，在娄底新化县体育馆举行。来自重庆黔江、贵州铜仁、贵州遵义、湖北恩施，省内张家界、湘西、怀化、娄底、益阳、邵阳等 10 家城市电视台的领导、山歌传承人、作曲家、新闻媒体和社会各界人士 5000 人观看晚会。标志为期 3 个多月的武陵山片区传媒协作体山歌艺术节落幕。

16 日

△国务院国资委资本运营与收益管理局局长李

冰一行 7 人到娄底，对华润路馆煤矿进行中央企业化解煤炭过剩产能验收检查。

17 日

△娄底市在湖南省“十行状元、百优工匠”技能大赛中 8 名获奖选手获“湖南省百优工匠”“湖南省技术能手”。娄底代表团团体总分名列全省第二名，获“湖南技能湘军建设贡献奖”。

△娄底市食药监局娄星分局花山监管所所长邹瑞波获“全国食品药品安全守望者”称号。

20 日

△组织市直宣传文化系统单位有关负责人及县市区委组织部长 56 人，赴清华大学开展“繁荣文学艺术，发展文化产业”专题研修。

21 日

△市委书记李荐国主持召开市委常委会议，审议《中共娄底市委关于贯彻落实省第十一次党代会精神奋力建设富饶美丽健康祥和新娄底的实施意见》。

22 日

△市委党群团工作会议召开。市委书记李荐国要求群团组织把各自联系的群众团结起来，听党话、跟党走，为建设富饶美丽健康祥和新娄底做贡献。

△市委书记李荐国主持召开专题研究科技创新和智慧城市建设工作会议。强调“创新引领”，实施“开放崛起”。

24 日

△市委书记李荐国，市委副书记、市长杨懿文到市创投集团调研，听取工作情况汇报，勉励市创投树雄心立壮志，成为创新创业先锋与开放开拓标兵。

25 日

△“2016 年全国人力资源市场高校毕业生就业服务周”湖南省启动仪式暨人才招聘大会在娄底职业技术学院举行。省内外用人单位约 360 家参加，提供就业岗位 20000 个。

29 日

△省委宣讲团来娄宣讲党的十八届六中全会精神。市委书记李荐国主持并讲话。省贯彻落实党的十八届六中全会精神宣讲报告团骨干成员、湖南商学院党委书记唐亚阳作宣讲。

30 日

△市委书记李荐国到国家电子陶瓷产品质量监督检验中心调研，听取质监工作情况汇报。要求电子陶瓷国检中心力创娄底科技创新的品牌，发挥品牌作用，用国检中心质量话语权引导企业提升产品质量。

12 月

2 日

△市委书记李荐国主持召开市委常委会议，传达学习全国、全省社会治安综合治理创新工作、全国国企党建工作、全国贫困地区抓党建促脱贫攻坚会议精神，并研究社会稳定风险评估工作，审议《县市区委书记抓基层党建述职评议考核工作方案》《娄底市转型发展规划》《娄底市产业发展规划》。

6 日

△ 娄底市政协编纂的《“此复神州第一功”——辛亥革命中的娄底人》《娄底市政协志第一卷》2 本书定稿印刷。

7 日

△市委书记李荐国到冷水江市调研工作，考察天宝实业、经开区党群活动服务中心、沙塘湾集中社区、冷水江市人民医院、波月洞景区等单位，听取冷水江市经济社会发展情况汇报。

△2016 年度娄底市创建全国文明城市工作迎“国检”动员大会召开。市委副书记、市长杨懿文出席会议并讲话。

△市委副书记、市长杨懿文主持召开娄底市创建全国文明城市工作动员大会。13 个专业组牵头市领导、市直副处以上单位负责人，中心城区各区、街道和社区负责人参加。

8 日

△华安钢宝利高新汽车板加工（常熟）有限公司娄底分公司轻量化汽车板深加项目正式投产。市委副书记、市长杨懿文出席并宣布项目投产。

9 日

△娄底市召开“禁赌限牌”警示教育大会。市委书记李荐国要求全市广大党员干部做到受警醒、明底线、知敬畏、守纪律；从“禁赌限牌”抓起，从小事小节抓起，整肃干部作风，落实“两个责任”，确保党风廉政建设责任制落地生根。

12 日

△娄底市举行2016年度PPP专题培训，邀请财政部PPP中心主任焦小平现场授课。推出42个PPP合作项目，涵盖交通、水利、医疗、体育、全域旅游、园区建设、生态环保等多个领域。

13日

△国家安全生产监督管理总局监管三司监察专员刘幼贞率督查组抵娄督查安全生产工作。

14日

△市委书记李荐国主持召开市委常委会议，传达学习全省厅级领导干部学习贯彻党的十八届六中全会精神集中轮训班会议、全省科技创新大会和省科协第十次全省代表大会、省委非公有制经济工作会议、全省宗教工作会议、湖南省部署出席党的十九大代表选举工作会议精神。

15日

△娄底市在深圳举行扩大对外开放珠三角地区经贸合作对接会。市委书记李荐国主持召开珠三角地区知名人士座谈会。市委副书记、市长杨懿文作市情与项目推介。

△全省税务系统优化办税服务工作推进会在娄底召开，省地税局党组书记、局长张云英，省国税局党组书记、局长刘明权出席会议并讲话，市委常委、常务副市长张希慧致欢迎辞。会议明确从2017年1月1日起，在全省范围内全面推行"一窗一人办税"服务模式。

19日

△湖南省第四届民办教育创新发展大会在娄底召开。娄底市在会上介绍民办教育创新发展经验。省人大常委会原副主任唐之享主持会议，省军区原副政委魏永景出席，市委书记李荐国致辞。

20日

△市政府第19次常务会议审议通过新修订《娄底市市长质量奖管理办法》，同意开展第二届市长质量奖申报评选工作。

21日

△市委副书记、市长杨懿文主持召开2016年第20次市政府常务会议。研究《政府工作报告（讨论稿）》、市级宗教团体建设等工作，审议《娄底市孙水河保护条例》《娄底市法治政府建设（2016—2020年）》等实施方案。

△市委副书记、市长杨懿文召开市规划委员会2016年第3次专题会议，审查《娄底环水府庙地区总体规划》等7个议题。

△杨懿文主持召开市政府常务会议，审议并通过《娄底市孙水河保护条例》。

△国家督导组对娄底市娄星区义务教育均衡发展开展督导评估认定。娄星区74所义务教育学校办学条件已达省定标准，教育经费"三个增长"落实到位。

22日

△市委书记、娄底军分区党委第一书记李荐国主持召开市委议军会议。要求落实党中央、中央军委和习近平总书记关于改革强军战略，自觉担当起党管武装和推动军民融合发展的责任。

△市委副书记、市长杨懿文专题调研公安工作，要求强化公安工作保障，提升公安工作水平。

23日

△市委书记李荐国主持召开市委常委（扩大）会议，总结2016年全市经济社会发展成果。强调围绕建设富饶美丽健康祥和新娄底的愿景，推进供给侧结构性改革，铺开转型发展、脱贫攻坚、生态文明建设三大攻坚战，探索变道超车，破除过去习惯的思维定式和路径依赖，实现争先创优。

23日

△"2017娄底发展大家谈"经济工作务虚会议召开，14位市直单位负责人在会上献计献策。市委书记李荐国出席并点评。

△湘露集团年产1.5万吨精炼茶油项目在双峰县印塘乡开工。

24日

△娄底市中心医院培育娄底首例本土试管婴儿顺利诞生，母子平安。并通过国家卫计委生殖医学评审专家组的评审验收，成为湘中地区首个开展试管婴儿技术的医院。

26日

△市委书记李荐国主持市委常委班子征求意见座谈会，紧扣民主会主题，就理想信仰、政治纪律和政治规矩、作风建设、担当作为、组织生活、从严治党等向社会各界人士征求意见建议。

27日

△娄底市人民政府与湖南省气象局在长沙签署《共同推进气象服务娄底经济社会发展合作协议》。

29日

△市委书记李荐国主持召开市委常委会议，传达学习全省、市(州)党委书记抓基层党建述职评议考核、省委经济工作与全省卫生与健康大会精神，审议《政府工作报告(征求意见稿)》《2016年国民经济和社会发展计划执行情况与2017年计划草案报告（征求意见稿)》《2016年全市及市级财政预算执行情况与2017年全市及市级财政预算草案(征求意见稿)》。

△市委副书记、市长杨懿文主持召开市政府常务会议，传达贯彻省委经济工作会议精神,研究2016年全市及市级财政预算执行情况等工作，审议《智慧娄底规划(2016年—2020年)》《智慧娄底建设“五年行动计划”》《智慧娄底建设PPP项目实施方案》《娄底市“十三五”科技发展规划》《娄底市“十三五”环境保护规划》等。

30日

△市委经济工作会议召开。市委书记李荐国出席并讲话，总结分析2016年经济工作和当前娄底经济发展形势，阐明娄底经济工作总体要求，明确2017年经济工作重点和任务。

31日

△娄衡高速公路娄底段竣工通车。

娄底概况

自然地理

【区域位置】娄底市位于湖南地理几何中心，地跨北纬 27° 12′ 31″ ~28° 14′ 27″ ，东经 110° 45′ 40″ ~112° 31′ 07″ 。北接益阳市，南接邵阳市，西临怀化市，东临湘潭市。全市东、西宽 160 公里，南、北长 102 公里，国土 8117 平方公里。

【地质地貌】境内地势西高东低，呈阶梯度倾斜。在大地貌格局中，新化县、冷水江市、涟源市的西南部属湘西山地区，涟源市的中、东部和娄星区、双峰县属湘中丘陵区。属于云贵高原向江浙丘陵递降的过渡带。南起双峰县猪婆山，至涟源市龙山（1513 米），再到冷水江市的狮子岭（591 米）、癞子岭（994 米）、锡矿山（825 米），北至涟源市的参机山、红军寨（893 米），将区境分割成东西二大地域。西部山势雄厚，峰岭驰骋，大多为侵蚀、构造、溶蚀地貌，地势险峻，海拔较高；东部地势逐步降低，地形起伏平缓，丘冈延绵、平地宽敞，海拔较低。唯双峰县东部大多为溶蚀堆积的丘冈平地貌。因下古生代印支期和中生代燕山期地壳运动，花岗岩侵入体局部隆起，形成一线九峰山脉（属衡山山系）。

西部有新化、禾青盆地。其东部盆缘是金竹山、锡矿山至鹰嘴岩一线中低山地貌；西部及北部盆缘是由雪峰山所围成的孤形屏障，海拔高度平均在 1000 米以上，高于 1500 米的山峰有九龙池等 10 座；西南部盆缘由雪峰山余脉天龙山，板子山等组成，平均海拔 800 ~ 1000 米，资江在盆地内由南向北蜿蜒流过。中部北有伏口、四古至红军寨的中低山灰岩地貌，南有龙山至猪婆山的中山地貌与之对峙，桥头河、娄底、杨家滩盆地，雷峰低山夹在其中，形成涟源、娄底向东敞开的“E”字形地貌。东部双峰盆地，盆东以九峰山脉为缘，南有花门丘陵群体，北有洪山殿丘陵带，西有山斗灰岩低山，宽敞的龙田、吴湾、杏子平原冈地展布其中。

北有九龙池—大熊山—癞子岭—红军寨横亘的雄厚山体，组成以山地为主的山地地貌。南部有天龙山—大乘山—龙山—五脑岭—猪婆山—江大山并列的山体，同样以山地地貌为主，与北部山体对峙。西部由雪峰山脉封闭。中部地势低凹，堆积平原广布，溶蚀残丘成串，剥蚀冈地如波，以平丘冈地貌为主。从新化县的琅塘起，南下横阳、炉观、洋溪、燎原，至冷水江市的潘桥、禾青，穿透金竹山鼻梁东折至涟源市的荷叶、杨家滩、桥头河，再到娄底市的涟滨、西阳、万宝，再转向双峰县的洪山、龙田、吴湾、杏子，则呈“S”形带状盆地分布，是湘中盆地的重要部分。

娄底境内山脉纵横，群峰起伏，矗立大小山峰数百座。西部雪峰山脉从新化西部风车巷蜿蜒入境，斜亘西北，主要支脉有天龙山、桐凤山、奉家山、古台山、凤凰山、大熊山和冷水江境内的祖师岭等；东南部有坐落在双峰县的九峰山，是南岳七十二峰之一，为双峰、衡阳两县的天然分界线；西北部是雪峰山余脉，向涟源伸入，西起白竹山，东至洪家大山，逶迤起伏，峰峦重叠，最高峰寨子山为涟源与宁乡的天然界山；中部龙山山脉横亘，主要山峰有龙山、石坪山、杨材山、仙女寨等，延续 40 余公里。

【自然资源】植物资源。娄底市农作物和果树资源常见的有 78 科，168 属 2500 多个品种。水稻常规品种 370 多个，杂交水稻 21 个组合以及大小麦、高粱、玉米、粟、穇子、红薯、马铃薯、豆类等 30 多种作物，有340多个品种，油料作物有油菜、花生、芝麻、蓖麻、向日葵、油沙豆等8科，70多个品种。经济作物有茶叶、西瓜、百合、烤烟、黄花等30多个科360多个品种；蔬菜有瓜类、豆角、辣椒、茄子、白菜、萝卜、葱、蒜等58科480多个品种；饲料作物有水浮莲、水花生、聚合草、葳菜、苏丹草等20多个品种；绿肥有兰花苕子、红花草子、回青、红萍等30多个品种；药材有丹皮、白芍、生地、尾参等150多个品种；树有柑橘、桐柚、桃、李、梨、葡萄、枣、柿、板栗、杨梅、枇杷、猕猴桃等30多科200多个品种。地方传统名牌特产有新化的苡米、板栗、烤烟、天麻、魔芋等。新化是唐宋贡品蒙洱茶的主产区，盛产玉竹、柑橘、金银花等。

娄底境内林地主要由两大山脉组成，西北部为雪峰山及余脉，东南部为衡山山脉。根据地域差异、森林分布及林业发展方向，将娄底市林地划分为四个林业区：西北部中山商品用材林区，北部中低山坑木林经济林区，中部丘岗盆经济防护风景林区，南部东部中低山楠竹用材、水土保持林区。到2000年年底，娄底市林业用地355910.4公顷，其中有林地324641公顷。按林种用途划分：用材林198847.7公顷，经济林33552.8公顷，楠竹林41872.7公顷，防护林48011.44公顷，特种用途林2030.80公顷。按树种，杉木林84671.8公顷，马尾松林122446.9公顷，天然阔叶林35924.5公顷，柏木林6172.3公顷。娄底市木材蓄积量1184.7万立方米；娄底市楠竹面积41872.7公顷，蓄积9143.9万根；娄底市森业覆盖率42.79%。娄底市有省级森林公园3个：新化大熊山森林公园，涟源龙山森林公园双峰九峰山森林公园。娄底市树龄上百年、胸径在100厘米以上的珍稀大树共有36种192株。

动物资源。娄底境内适宜动物的栖息、生存和繁殖。属华南区系典型种类的动物有穿山甲、豪猪、花面狸、苦恶鸟（白胸秧鸡）、画眉、八哥、饰纹姬蛙、稻瘦蚊、红薯小象甲、桔吹绵价等，而属北方区系的代表性种类有狐、刺猬、蝮蛇、灰喜鹊、苜括盲蝽、潜叶蝇等。林栖鸟兽少见，具有狩猎意义的仅有斑鸠、环颈雉、家雀、黄鼬、野兔、狐、獾和小鹿等中、小型动物。生活在水域、农田中的昆虫、鼠类和两栖类、爬行类等动物，种多量大。境内农户与少数城镇居民素有饲养家畜家禽的习惯。家畜中数量最大的是猪，双峰县是全国瘦肉型生猪基地。牛（含水牛、黄牛）以役用为主。但性状逐渐退化，亟待提纯复壮。马、骡、驴虽有饲养，但数量不多，主要用来拖拉板车。20世纪90年代曾在农村出现过养兔热（长毛兔、肉兔、獭兔等）。农村养狗、猫曾很普遍，后因预防狂犬病，狗数量有所减少。家禽中以养鸡为主，多由农户散养。80年代办有机械化养鸡场和规模较大的集中鸡场。鹅极少。养鸭除少数农户散养外，多为牧养。曾先后引进过樱桃鸭、康贝尔鸭等国外优良品种，但均未推广。近年来，在城镇郊区有些农户和居民以饲养鹌鹑、肉鸽（含信鸽）、乌骨鸡等为业，有的还引进牛蛙、火鸡、珍珠鸡、美国七彩野鸡等新类。原是野生的乌龟、团鱼、黄鳝、泥鳅，也改为人工养殖，以满足消费。

矿产资源。娄底市境内已发现47个矿种，其中探明储量的有25种，占湖南省探明储量矿种的30%，是湖南矿种较齐全的地区之一。探明储量的矿产地58处，其中大中型矿床36个，以煤炭、建材、有色金属为主。保有储量占中国、全世界第一位的有锑，占湖南省第一位的有煤、白云石、石灰岩和大理石，占湖南省第二位的有石墨等，占第三位的有石膏和黄铁矿，其他如金、铅、锌、锰、钨等矿种的探明储量也在湖南省占有重要地位。钒、硅石等矿种，虽然尚未探明储量，但潜在远景较大，有望成为未来的优势矿种。煤炭：娄底市内煤矿资源丰富，品种齐全，有无烟煤、贫煤、瘦煤、肥煤、焦煤等，且品质好，发热量一般都在4000~5000大卡。

水资源。娄底各河流水质较好，氢离子浓度指数在正常范围内，离子总量不高，中等矿化度，适合于工农业生产和人们生活之用。全区年平均降水1406毫米，降水总量113.95亿立方米，且西部山区多于东部丘陵平地，直接形成的地表水资源38.87亿立方米。外来水资源丰富，共有133.42亿立方米，主要在西部，控制利用少；东部入境水虽不多，但利用较好。地下水年平均为21.6亿立方米，年径流量平均达21.35亿立方米，主要分布在北、东、南部地区，水能理论蕴藏量32.5万千瓦，其中可开发利用的14.26万千瓦。具备人工养殖的水面18万亩。

土地资源。娄底境内土地总面积1217.53万亩，占全省土地总面积3.8%，人均面积3.32亩，比全省人均5.57亩少2.25亩。土地利用构成为：耕地223万亩，占土地总面积18.5%；园地25.92万亩，占2.2%；有林地329.13万亩，占27.1%；牧草地（含宜林地）193.44万亩，占15.9%；城乡居民及工矿用地62.48万亩，占5.2%；交通用地12.05万亩，占1.1%；水域

85 万亩，占 7.1%，合计利用土地 939.97 万亩，占 77.2%。未利用地 277.56 万亩，占22.9%。据全区待开发土地资源调查，有待开发的土地资源 116.3 万亩，其中荒坡隙地 110.88 万亩，农村废弃地 7364 亩，工矿废弃地 2933 亩，河洲滩地 1.19 万亩，荒水面 3.2 万亩。按照自然条件可开发成耕地的有 7.4 万亩，可开发成园地的 11.36 万亩，可开发为林地的 73.19 万亩，可开发为牧草地的 2.09 万亩，可开发为养殖水面的 3.07 万亩。

煤炭资源。娄底煤炭探明储量 11 亿吨，以烟煤和无烟煤为主，局部见有石煤。主要分布在冷水江市、涟源市、娄星区以及双峰西北部和新化东部。铁：市内共有铁矿点 58 处，其中中型矿床 2 处，分沉积型、风化型和热液型 3 种类型。探明储量 4307.6 万吨，保有储量 2946.5 万吨，主要分布于涟源田湖，新化洪水坪、圳上，双峰钟岭、测水，冷水江锡矿山、潘桥等地。石灰石：分布极广，几乎随处可见。不仅储量大，而且质量好、品种齐，为全国少有。锑：境内共有锑矿点 25 处，其中大型矿床 2 处，中型矿床 2 处，均集中在冷水江锡矿山。

境内锰矿、铁锰矿、钒矿、石膏矿等金属和非金属矿的储量也很丰富。特别引人注目的是 2001 年 5 月，中南石油局勘探开采的“冷水江一井”绽开湖南第一束石油天然气火苗，标志着冷水江市的石油天然气试开采获成功，结束湖南无油气历史。娄底矿产配套较好，空间公布较明显，有利于统一规划和综合开发利用，为娄底成为湖南省的能源原材料开发区奠定基础。

【水文气候】境内溪水纵横，河库密布，水系完整，水量充沛。主要河流有：东部涟水，为湘江中游一大支流，源于新邵观音山，自西向东，流经涟源市、娄星区、双峰县，经湘乡至湘潭县河口入湘江，境内全长 85.85 公里，沿途纳孙水、湄江、测水等 1~4 级支流 89 条，控制流域面积 3906 平方公里。西部资水，由南向北，流经冷水江、新化。经安化柘溪，过益阳注入洞庭湖，贯穿境内西半部，区内流程 112 公里，有 1~4 级支流 100 条，控制流域面积 3985 平方公里。

娄底地处中亚热带季风湿润气候区，具季风性，兼大陆性。其基本特征为气候温暖，四季分明；夏季酷热，冬季寒冷，秋季凉爽；春末夏初多雨，盛夏秋初多旱；积温较多，生长期长；气候类型多样，立体变化明显。1981—2010 年，娄底市年平均气温 16.5 ~ 17.5℃，年极端最高气温 40.1℃，年极端最低气温 -12.1℃。年均降水 1300 ~ 1400 毫米，一日间最大降水量 147.3 毫米，降水多集中在 4—7 月。年日照时数 1410.4 ~ 1621.9 小时，年日照率 34% ~ 37%。年蒸发量 1365.6 ~ 1521.6 毫米，年平均相对湿度 78% ~ 80%，年平均风速 1.5 ~ 2.0 米 / 秒，多年最大风速为 20.3 米 / 秒。由于光、热、水基本同季，对农业生产较为有利。年平均降水 1400 毫米，降水总量 113.95 亿立方米；按人口、耕地计算，人均 1323 立方米，亩均 2630 立方米。地下水平水年储量 21.64 亿立方米，枯水年 9.36 亿立方米，丰水年 32.13 亿立方米。区内有资水、湘江两大水系。隔水系支流较多，水源较丰富。全区长 5 公里，流域面积大于 10 平方公里的河流有 195 条，总长 3311.43 公里。河川多年平均总量 193.93 亿立方米。可利用水能资源 14.25 万千瓦。

人口民族

截至 2016 年年底，娄底市总人口 453.17 万人，常住人口 389.41 万人，其中城镇人口 176.36 万人，乡村人口 213.05 万人，城镇化率为 45.29%，比 2015 年提高 1.52 个百分点。全年出生人口 7.3 万人，出生率为 16.08‰，死亡人口 3.36 万人，死亡率为 7.4‰，自然增长率为 8.68‰。其中：男性人口 202.86 万人，占 52.09%；女性人口 186.55 万人，占 47.91%。0~15 岁人口（含不满 16 周岁）81.96 万人，占 21.05%；16~59 岁人口（含不满 60 周岁）241.55 万人，占 62.03%；60 岁及以上人口 65.90 万人，占 16.92%；65 岁及以上 44.42 万人，占 11.41%。人口密度每平方公里 558 人。市中心城区密度近 10000 人。

民族。娄底是一个以汉族为主体的多民族内陆市域。第五次全国人口普查登记有汉族、苗族、土家族、侗族、蒙古族、回族、藏族、维吾尔族、彝族、壮族、布依族、朝鲜族、满族、瑶族、白族、哈尼族、黎族、傈僳族、佤族、高山族、纳西族、土族、布朗族共 23 个民族，少数民族人口最多的是苗族。

建制区划

【历史沿革】娄底境域春秋战国时属楚国。秦置湘南县，辖双峰、涟源部分地域，隶属长沙郡。西汉时属长沙国。汉高祖五年(前202年)置连道，辖双峰县测水以西至涟源市蓝田等地。西汉建平四年(前3年)，析湘南县置湘乡县，连双峰、涟源大部分和娄底等县市，属长沙郡。三国时分属衡阳郡、昭陵郡。吴宝鼎元年(266年)，析昭陵郡置高平县，今新化县西部属之。西晋、东晋、南朝(宋、齐、梁、陈)分属邵陵郡。隋属长沙郡。唐、五代、宋朝分属潭州、邵州。宋熙宁五年(1072年)，建置新化县。元代，分属天临路、宝庆路。明分属长沙府、宝庆府。清同明属。

新化县成为娄底境内最早的建制县，在宋代隶属邵阳郡，元代属宝庆路，明清属宝庆府。娄底境内的其他县市，双峰一带，秦时属长沙郡的湘南县，汉代以后长期属湘乡县地。涟源一带，秦至东晋时大部分地域分属湘南、连道、湘乡、昭陵等县，北宋以后，其全部地域便长期分属湘乡、邵阳、安化、新化4县。娄星区一带从汉代开始，就一直为湘乡辖地。冷水江一带在宋以前属“梅山蛮”地，宋以后长期属新化县地。

民国元年(1912年)，属长宝道。民国3年(1914年)，改为湘江道。民国11年(1922年)，取消道制直属湖南省。民国29年(1940年)，分属湖南省第五、第六行政督察区。

1949年，新中国成立初期，境域隶属益阳专区和邵阳专区。1950年6月，设立锡矿山矿区(县级)，直属邵阳专区；1951年8月，筹建涟源县、双峰县。1952年2月，经国务院批准，湘乡、安化、邵阳、新化4县部分行政区域置双峰县、蓝田县(7月更名涟源县)。11月，两县划属邵阳专区。同年8月，撤销锡矿山矿区，划归新化县管辖。1960年2月，设立娄底市和冷水江市，隶属邵阳专区。1962年10月，撤销冷水江市和娄底市，分别并入新化县和涟源县。1969年10月，国务院批准恢复冷水江市。

1977年9月，经国务院批准，将邵阳地区析置涟源、邵阳两个地区。涟源地区辖新化、新邵、邵东、双峰、涟源5县和冷水江市，地区机关驻涟源县娄底镇。同年11月，成立涟源地区革命委员会，1979年3月，改称涟源地区行政公署。1980年7月，国务院批准恢复娄底市，将涟源县的娄底镇和杉山公社的东风、民福大队及西阳公社的方石、水洋大队、百亩公社的思塘大队划入该市行政区域。1982年12月，涟源地区更名为娄底地区。

1983年2月8日，国务院批复撤销娄底地区的娄底市，改设为湘潭市娄底区(县级)，双峰、涟源县划归湘潭市管辖；撤销冷水江市，改设为邵阳市冷水江区(县级)，邵东、新邵、新化县回归邵阳市管辖。但并未实施，娄底地区名撤实存。同年7月13日，国务院批准恢复娄底地区及其行政公署，娄底市、冷水江市、双峰县、涟源县、新化县归娄底地区管辖，原所辖邵东、新邵两县划归邵阳市管辖。

1987年6月，国务院批准撤销涟源县，设立涟源市，所辖行政区域不变。

1999年1月，经国务院批准，娄底撤地设市，原县级娄底市改名为娄星区。所辖娄星区、涟源市、冷水江市、双峰县、新化县行政区划不变。

【行政区划】

娄底市共下辖一区、两市、两县，市政府驻地娄星区。

表1　娄底市2016年行政区划一览表

地区	面积(平方公里)	乡	镇	街道办	邮政编码	行政代码	政府驻地
市辖	8117.6	24	56	12	417000	431300	湘中大道
娄星区	430	4	3	5	417000	431302	长青西街
冷水江市	439	6	6	4	417500	431381	冷水江街道
涟源市	1895	4	15	1	417100	431382	蓝田镇
双峰县	1715	3	13		417700	431321	永丰镇
新化县	3642	7	19		417600	431322	梅苑开发区

国民经济与社会发展

【综述】2016 年，娄底市实现地区生产总值 1400.14 亿元，同比增长 7.6%。其中：第一产业增加值 206.07 亿元，同比增长 3.6%；第二产业增加值 676.34 亿元，同比增长 6.3%；第三产业增加值 517.73 亿元，同比增长 11.3%。按常住人口计算，全市人均 GDP 36058 元，增长 7.1%。

三次产业结构由上年的 14.6:50.3:35.1 调整为 14.7：48.3：37.0，第三产业占比提高 1.9 个百分点，三次产业对全市经济增长贡献率分别为 6.9%、41.6% 和 51.5%，分别拉动全市 GDP 增长 0.5 个百分点、3.2 个百分点和 3.9 个百分点。非公有制经济增加值 639.51 亿元，增长 8.1%，占地区生产总值的比重为 45.7%，对全市经济增长的贡献率为 48.9%。

全市财政总收入 104.59 亿元，同比增长 9.7%，其中地方财政收入 68.25 亿元，增长 13.9%。全市公共财政预算支出 271.08 亿元，增长 14.0%，其中，教育、科技、文化、交通、医疗卫生、节能环保、社会保障与就业、城乡社区、农林水、住房保障等民生支出 210.07 亿元，增长 14.7%，占全市财政支出的比重达 77.5%。

全市居民消费价格比上年上涨 2.0%，其中食品烟酒类上涨 5.4%，衣着类上涨 1.9%，居住类下降 1.1%，生活用品及服务类上涨 0.5%，交通和通信类下降 0.8%，教育文化和娱乐类上涨 0.2%，医疗保健类上涨 5.6%，其他用品和服务类上涨 1.2%。工业生产者出厂价格下降 1.1%，工业生产者购进价格下降 2.0%。

【农业】全市农林牧渔业总产值 328.36 亿元，同比增长 3.6%。其中，农业产值 135.84 亿元，增长 7.8%；林业产值 6.06 亿元，增长 8.8%；牧业产值 169.29 亿元，下降 0.2%；渔业产值 15.31 亿元，增长 8.9%，农林牧渔服务业产值 1.86 亿元，增长 9.8%。

全市粮食种植面积 277820 公顷，同比下降 0.1%；蔬菜种植面积 45050 公顷，增长 5.1%；油料种植面积 39600 公顷，下降 0.3%。全市粮食总产量 161.08 万吨，下降 1.7%；蔬菜产量 157.21 万吨，增长 8.5%；油料产量 5.11 万吨，增长 7.0%；肉类产量 40.31 万吨，下降 1.2%；禽蛋产量 3.0 万吨，增长 3.8%；水产品产量 9.14 万吨，增长 4.8%。生猪出栏 503.71 万头，下降 2.5%；牛出栏 18.94 万头，增长 3.3%；羊出栏 34.72 万头，增长 6.5%，家禽 2052.54 万羽，增长 4.4%。

全市财政资金中农林水事务支出 28.71 亿元，占全市公共财政预算支出的 10.6%。全年开工水利建设工程 3 万处，投入资金 8.86 亿元，完成土石方 7000 万立方米，新增农田有效灌溉面积 4.46 万亩，新增节水灌溉面积 6.53 万亩，治理水土流失面积 21.9 平方公里。完成农村公路提质改造 588 公里，农村公路安保设施建设 547 公里。

【工业和建筑】全市实现全部工业增加值 600.93 亿元，同比增长 6.2%。规模以上工业增加值增长 6.7%，其中非公有制规模以上工业增加值增长 8.5%。在规模以上工业中，按经济类型分，国有企业下降 1.7%；集体企业下降 1.9%，股份制企业增长 8.0%，外商及港澳台投资企业增长 12.6%。按企业规模分，大中型企业增长 4.9%，小微型企业增长 8.5%。按行业分，农副食品加工业增长 13.0%，医药制造业增长 8.5%，非金属矿物制品业增长 5.7%，石油加工、炼焦和核燃料加工业下降 3.8%，黑色金属及压延加工业增长 6.4%，有色金属及压延加工业下降 11.3%，通用设备制造业增长 10.1%，专用设备制造业增长 10.2%。

全市省级及以上园区规模工业增加值同比增长 7.4%，深加工度工业增加值增长 12.5%，高技术产业增加值增长 16.4%。六大高耗能行业增加值增长 3.3%，占规模以上工业增加值比重为 41.6%，比上年同期下降 0.8 个百分点。

全市重点监测的 10 种主要工业产品产量中，原煤产量 786.8 万吨，同比下降 17.6%；生铁 966.14 万吨，增长 3.4%；粗钢 975.82 万吨，增长 4.9%；钢材 1029.97 万吨，增长 3.7%；氮肥（折纯）24.02 万吨，下降 2.8%；发电量 116.59 亿千瓦时，下降 0.1%；焦炭 422.54 万吨，增长 1.4%；纯碱 15.49 万吨，下降 10.6%；水泥 1435.32 万吨，增长 4.4%。

全市规模以上工业企业实现利润总额 71.12 亿元，同比增长 66.8%。分经济类型看，国有企业亏损 877 万元；集体企业盈利 1.80 亿元，增长 4.8%；股份制企业盈利 62.69 亿元，增长 73.1%。

全市建筑业增加值75.80亿元，增长7.3%；全市具有建筑资质等级的总承包和专业承包建筑业企业125家，完成建筑业总产值253.18亿元，增长16.8%。房屋建筑施工面积1171.26万平方米，下降7.8%，房屋建筑竣工面积605.03万平方米，下降3.5%。

【固定资产投资】全市施工项目2711个，同比增长7.7%，新开工项目2036个，增长11.9%，投产项目1939个，增长18.5%。

全市完成固定资产投资1199.92亿元，增长14.4%。分类型看，国有投资455.97亿元，增长20.5%；非国有投资743.95亿元，增长11.0%，其中，民间投资722.13亿元，增长9.2%，占全部投资比重60.2%。分产业看：第一产业投资67.69亿元，下降4.0%；第二产业494.80亿元，增长17.6%；第三产业637.43亿元，增长14.4%，第三产业投资占全市投资的比重为53.1%，超过第二产业占比11.9个百分点。

全市采矿业完成投资57.39亿元，同比下降7.7%；制造业投资390.54亿元，增长23.2%；基础设施投资305.58亿元，增长29.5%；高技术产业投资65.99亿元，增长28.8%；生态环境投资67.18亿元，增长41.7%。

全市房地产开发投资92.89亿元，同比下降13.9%。其中住宅投资65.17亿元，下降5.5%；办公楼投资0.74亿元，下降59.3%；商业营业用房投资19.94亿元，下降29.1%。商品房销售面积242.0万平方米，增长22.8%，其中期房销售面积202.7万平方米，现房销售面积39.3万平方米。商品房销售额88.72亿元，增长54.2%，其中，住宅销售额65.6亿元，增长31.5%。房屋待售面积80.8万平方米，增长11.2%。

【国内贸易】全市完成社会消费品零售总额485.27亿元，增长11.9%。按经营地分，城镇消费品零售额430.97亿元，增长11.7%；乡村消费品零售额54.3亿元，增长13.4%。按消费类型分，商品零售额444.22亿元，增长12.3%；餐饮收入额41.05亿元，增长6.8%。按限额类别分，限额以上企业零售额230.85亿元，增长15.1%；限额以下零售额254.43亿元，增长9.1%。限额以上企业商品零售额中，粮油、食品类20.13亿元，增长29.9%；服装鞋帽类10.47亿元，增长23.5%；化妆品类1.63亿元，增长21.2%；金银珠宝类1.92亿元，增长22.1%；日用品类6.77亿元，增长14.7%；家用电器和音像器材类22.14亿元，增长16.2%；五金电料类6.5亿元，增长22.7%；石油及制品类26.5亿元，下降3.6%；汽车类56.16亿元，增长18.9%。

【交通、邮电、旅游】全市公路货运量8953万吨，同比增长6.0%；货物周转量90.45亿吨公里，增长8.5%；公路客运量6016万人，减少21.8%；旅客周转量17.51亿人公里，下降20.9%。年末，全市公路（不含高速公路）线路里程14665公里，高速公路里程279公里。全市民用汽车保有量27.96万辆，增长13.2%，其中私人汽车保有量26.04万辆，增长14.1%。

全市完成电信业务总量56.38亿元，增长50.7%；邮政业务总量3.93亿元，增长31.9%。年末全市固定电话用户27.55万户，下降9.0%；移动电话用户280.97万户，增长3.8%；互联网宽带用户54.82万户，增长20.7%。

全年旅游总人数2856.7万人次，增长23.3%，其中国内旅游者2854.5万人次，增长23.5%。实现旅游总收入201.12亿元，增长22.8%，其中国内旅游收入200.75亿元，增长23.3%。

【金融证券】年末，全市金融机构各项存款余额1508.42亿元，比年初增加223.67亿元，其中住户存款余额1042.39亿元，比年初增加147.38亿元，非金融企业存款余额222.4亿元，比年初增加37.55亿元；年末金融机构各项贷款余额839.65亿元，比年初增加49.0亿元，其中住户贷款277.8亿元，比年初增加26.73亿元，非金融企业及机关团体贷款561.85亿元，比年初增加22.27亿元。金融机构人民币各项存款余额,1505757517.4万元，金融机构人民币各项贷款余额,82962686.5万元。

全市8家证券公司营业部完成股票基金交易量2022.8亿元，同比下降52.2%；2家期货公司完成期货交易量1328.97亿元，下降59.4%。28家保险公司实现原保险保费收入40.92亿元，增长24.4%。其中财产险收入11.77亿元，增长14.2%；寿险收入26.08亿元，增长24.8%；健康险收入2.53亿元，增长106.9%；意外伤害险收入0.54亿元，增长11.7%。各项赔款与给付支出15.87亿元，增长25.2%，其中财产险赔付6.16亿元，增长9.2%；寿险赔付9.01亿元，增长36.3%；健康险赔付0.55亿元，增长64.5%；意外伤害险赔付0.15亿元，增长59.2%。

【教育和科学技术】全年普通高等教育招生0.85万人，在校生2.76万人，毕业生0.60万人；各类中等职业教育招生1.26万人，在校生3.42万人，毕业生1.43万人；38所普通高中招生2.72万人，在校生7.72万人，毕业生2.36万人；247所初中学校招生4.90万人，在校生14.13万人，毕业生4.68万人；770所普通小学招生6.25万人，在校生33.23万人，毕业生4.90万人；特殊教育招生105人，在校生353人，毕业生16人；幼儿园在园幼儿12.34万人；各类民办学校701所，在校学生13.48万人。

全市完成高新技术产业总产值713.4亿元，同比增长12.5%；高新技术产业增加值163.6亿元，增长7.5%。全市申请专利1576件，其中发明专利申请290件；全市专利授权1093件，同比增长9.1%，其中发明专利授权91件，同比增长75.0%。

【文化、卫生和体育】年末全市共有艺术表演团体5个，艺术馆和文化馆6个，博物馆和纪念馆4个，公共图书馆6个，国家级非物质文化遗产保护目录4个，省级非物质文化遗产保护目录7个。出版报纸4种，报纸总印数1448.8万份，出版期刊1种，期刊总印数0.6万册。放映农村公益电影3.92万场。全市共有广播电台5座，电视台5座，有线电视用户82.44万户，电视综合人口覆盖率99.74%，广播综合人口覆盖率99.54%。

年末共有医疗卫生机构4024个，其中医院76个，乡镇卫生院85个，社区卫生服务中心14个，村卫生室3479个，诊所、卫生室、医务室250个，妇幼保健机构6个，疾病预防控制中心(防疫站)6个，卫生监督检验机构6个。卫生技术人员19122人，其中执业医师及执业助理医师8231人，注册护士7298人。医疗卫生机构床位23049张，其中医院16403张，乡镇卫生院5384张，妇幼保健机构868张，社区卫生服务中心394张。

全市各类体育场地5160个，其中体育馆14座，运动场381个，游泳池30个，各种训练房246个。开展全民健身运动162项次，经常参加体育锻炼人数达到185万人次，新建农民体育健身工程的行政村150个。

【环境、资源和安全生产】全市发现矿种56种，探明资源储量矿种28种，其中能源矿产1种，金属矿产11种，非金属矿产16种。实施地质勘查项目(含续作项目)28个，实施老矿山边深部找矿项目5个，完成资源整合的重点矿区1个，新发现大中型矿产地1处。全年水资源总量86.4亿立方米，平均年降水量1731.9毫米。年末，全市大型水库蓄水总量9370万立方米，总用水量15.17亿立方米。

全年完成造林面积14.12万亩，全市活立木蓄积量1508万立方米，森林覆盖率为50.21%。实际监测的地表水断面中，满足三类标准及以上的断面比例95.3%；全年中心城区环境空气质量优良天数达到309天，优良率为84.7%；中心城区污水处理率达91.2%，比上年提高2.7个百分点，城市生活垃圾无害化处理率100%。中心城区建成区面积49.8平方公里，城市人均公园绿地面积9.55平方米。

全年能源消费总量1545.25万吨标准煤，同比增长1.73%，全市万元地区生产总值能源消耗量下降5.47%。全年规模工业综合能源消费量1049.36万吨标准煤，下降2.1%，万元规模工业增加值能源消耗量下降8.21%。全市化学需氧量排放量为6.79万吨，比上年削减2.36%；二氧化硫排放量8.01万吨，比上年削减12.7%；氨氮排放量为0.76万吨，比上年削减2.84%；氮氧化物排放量为5.32万吨，比上年削减8.29%。

全年共发生各类生产安全事故83起，死亡78人，其中生产经营性道路交通事故54起，死亡47人。亿元GDP生产安全事故死亡人数为0.0557人，工矿商贸从业人员十万人事故死亡人数1.24人，煤矿百万吨煤死亡人数0.369人，道路交通万车死亡人数0.611人。

【人民生活与社会保障】全市居民人均可支配收入15306元，同比增长9.7%，扣除价格因素影响实际增长7.5%；其中城镇居民人均可支配收入23669元，增长8.4%，扣除价格因素影响实际增长6.3%。城镇居民收入中，工资性收入14228元，经营净收入1519元，转移性收入6755元，财产性收入1167元。农民人均可支配收入9529元，增长10.1%，扣除价格因素影响实际增长7.9%，其中工资性收入4754元，家庭经营纯收入2061元，转移性收入2638元，财产性收入76元。

全市居民人均消费支出12324元，同比增长10.8%，其中城镇居民人均消费支出16660元，增长11.1%；农民人均消费支出9329元，增长9.6%。城镇居民家庭住房面积达标率为58.3%，农村居民家庭住房面积达标率为86.9%。

全市新增城镇就业人员3.83万人，帮助失业人员实现再就业1.84万人，城镇登记失业率为4.19%。年末参加城镇基本医疗保险92.45万人，其中城镇居民基本医疗保险54.87万人，城镇职工基本医疗保险37.58万人；全市新农合参合人数达318.08万人，参合率96%。参加城镇基本养老保险职工人数50.39万人，参加新型农村养老保险人数190.82万人。参加失业保险职工人数32.12万人，全年领取失业保险金职工人次为2.87万人次。参加工伤保险职工人数40.2万人。参加生育保险职工人数25.01万人。全市共有6.08万人享受城市居民最低生活保障，发放城镇居民最低生活保障经费2.14亿元；16.7万人享受农村居民最低生活保障，发放农村居民最低生活保障经费2.49亿元。年末，各类老年人、儿童福利机构床位数15263张，收养各类人员9057人。城镇各种社区服务设施510个，其中综合性社区服务中心125个。全年销售社会福利彩票35675万元，筹集社会福利资金10099万元，直接接受社会捐赠573.75万元。全年发放救灾救济款6408万元。

转型发展

【供给侧改革】2016年，娄底市着力推进供给侧结构性改革，建立健全"1+7+X"供给侧结构性改革制度体系，重点推进"三去一降一补"，让劳动力、资本、土地、技术、制度等5大生产要素配置得到优化。在去产能上：累计压减煤炭产能870余万吨，淘汰水泥落后产能623.7万吨，关闭小锑矿企业70家，整合8家；放弃高耗能、高污染项目30多个，"出清"30多家房地产"僵尸"企业。在去库存上：开展房地产业"解难题、促发展、保稳定"专项行动，全市房地产销售面积达235万平方米，商品房库存去化周期控制在16个月以内。工业企业产成品下降10%以上，去库存成效良好。推动4家企业在"新三板"挂牌，搭建国投、文旅投、交建投等政府投融资平台，争取国家专项建设基金近80亿元。建立涉企收费目录清单，取消市本级涉企收费项目22项、免征6项，直接减轻企业负担2亿元以上。落实税收减免、优惠和奖励政策，企业养老保险征缴少缴1亿多元，单位养老保险缴费比例由20%降低至19%，企业每百元营业收入中营业成本同比下降0.4元。出台实施文化旅游及健康养老产业发展、脱贫攻坚等7个"3年行动计划"。全市公共财政预算民生支出占总财政支出的72%。

【推进创新】成立湖南人文科技学院精细陶瓷与粉体材料湖南省重点实验室、湖南三泰新材料股份有限公司双金属钢基复合材料工程技术研究中心和湖南省回春堂药业有限公司中药材繁育与种植技术工程研究中心等两家省级工程技术研究中心；构建"周宏灏院士娄底市中心医院院士专家工作站"，填补全市院士专家工作站的空白。新培育20家高新技术企业，实现高新技术增加值130亿元，同比增长12%，占全市GDP的比重9.3%，占全市规模工业增加值的比重30%。全市新增企业、新增注册资本同比增长60%以上，平均每天登记企业达16家以上。全年新增"四上"达标入统企业270家。并成功引进中铁、利和集团等一批央企、国内500强等知名上市企业。

【审批改革】按照省里部署，推进工商、纪检、经开区、城管、质监等多领域行政管理体制专项改革。取消行政审批项目37项，下放行政审批项目84项，承接新增行政审批项目20项，合并行政审批项目15项，后置审批工商登记前置审批项目达44项。深入研究城管执法、食品安全、环境监管、安全生产等现实矛盾突出、群众反映强烈的体制机制问题，稳步推进综合执法体制改革，加大卫生和计划生育等基层公共服务资源的整合，健全政务服务中心等综合服务平台功能。推进政府部门权力清单，做好省政府取消和下放行政审批事项的承接工作，取消下放含金量高、社会关注度高的市级行政审批事项，指导各县（市、区）做好行政审批制度改革与市政府各部门保留行政审批项目的规范，开展行政审批标准化试点、并联审批试点及行政审批制度改革第三方评估工作。

【管控编制】严控机构编制，确保财政供养人员只减不增，控制各县（市、区）和市直各机关事业单位编制数和实有人数逐步回归到2012年基数。在总量内调剂解决重点部位、重点地区以及加强基层和一线所需编制问题，规范机构编制管理与监督检查，结合行政管理体制改革和事业单位分类改革，加强对机构编制政策法规的执行情况、各项改革措施和方案的落实情况与各单位职责履行情况的监督检查，规范实名制数据库信息，推进中文域名注册工作，做好全市党政机关、事业单位网站开办审核、资格复核和网站标识管理工作。

【企业转型】娄底安地亚斯电子陶瓷，2016年转型进入新能源锂离子动力电池与新能源汽车电控领域，产销两旺，生产24小时连轴转，缴税超1000万元。湖南三泰新材自主研发"等离子双金属复合新材料"技术，其"等离子双金属螺纹钢、双金属圆钢、双金属型材"，经过前期在日钢集团、华菱集团、广州裕丰钢铁、金沙钢铁的轧制实验，全工况生产，研发成果得到科技部、住建部的认同。双金属螺纹钢、圆钢产销两旺。成为年缴税超1000万元的企业。三一集团拓展领域，使住宅产业实现数字化设计、工业化制造、装配化施工、一体化装修、智能化应用、信息化的六大转型。2016年娄底经开区在建项目109个，其中市级以上重点项目104个，计划投资由2015年的78亿元提高到88亿元，投资过亿元项目由上年18个增长到33个，分别同比增长12.82%和83.33%。并吸引香港奥特莱斯、广铁集团、麦德龙等企业签约入驻。

【技术创新】湖南三迅2016年年初落户娄底经开区，由娄底市创投以参股20%的形式，向湖南三迅注资2000万元，使其占股80%，组成混合所有制企业，由其全力负责企业技术、市场和生产。市创投负责国家资金和政策的争取及地方关系的协调。娄底经开区给予电力、环评、安评、立项、生产用地、土地、规划等方面的支持。让湖南三迅于2016年9月26日实现顺利投产。一期规划产能10亿瓦时，满负荷生产年销售达20亿元，税费收入达6000万元。电将军生产应急启动电源、特种军工电源、智能储能电源等三大类产品，实现军民整合，产品95%外销，获深圳工业大赛特等奖，德国红点奖。2016年征地278亩，投资27.8亿元，营建厂房23万平方米，形成年产500万套的规模。

【园区孵化】至2016年年底，娄底经开区孵化园引进安地亚斯、三一筑工、三迅、远大集团、卓达集团、杭萧钢构等100多家企业。为安地亚斯"量身"定制10000平方米标准厂房并实现完工交付使用。星珂能源于2015年1月和娄底经开区签约，在孵化园租赁厂房8000多平方米，2016年5月实现投产。现在企业生产的led路灯在市场畅销，并于上海、衡阳设有分厂。明德科技2016年5月与签约入驻，租赁厂房5000多平方米，8月就实现投产，其主打产品环保墙板迅速打开市场；精飞智能2016年7月签约，租赁5000平方米厂房，11月初实现投产。湖南三迅投资1.4亿元一次性购买6.5万平方米厂房，2016年5月进场，9月正式投产。

2016年，娄底经开区工业税收在各地"保零增长"的形势下实现同比增长34.7%，财政总收入同比增长19.72%，实现规模工业总产值134.11亿元，同比增长9.69%；完成规模工业增加值27.87亿元，同比增长14.9%，2016年全区税超1000万元企业达10家，占全市总量的三分之一。

对接大长沙

2016年，万宝新区践行"345"战略。通过统筹管理和功能开发，促进高端产业与高铁交通的融合发展，形成"产城有机融合、环境生态向好、配套优势明显、区域特色鲜明"的发展框架。

【完善三大功能】一是"大交通"功能。随着沪昆与呼南高铁在娄底交汇的确定，娄底成为省内继长沙之后，第二个有着2条南北与东西高铁干线"十"字形穿越的交通枢纽，这意味着赋予娄底对接"大长沙"，融入"全世界"的资源禀赋；特别加上上瑞、娄怀、娄益衡高速在境内的全线贯通，使得该区国际性综合交通枢纽功能与综合交通优势凸显，有建设"内联外通、系统为本、动静结合、管理为重"的交通体系的支撑。并建成"高铁一体化"项目，使高铁商务区成为交通疏解中心，务实推进着商务旅行、市内通勤、过往转乘等功能的一体化，大大减少对中心城区的配套依赖和交通压力。二是"大物流"功能。依托湘中诚通物流园，把新区打造成湖南几何中心的物流功能承载区和快消品批发示范区，加快完善保税、仓储等和物流相关联产业的功能，发展高端物流业和配套服务业，吸引与物流密切相关的要素集聚，形成多层次、宽领域物流组织体系。三是“大扩容”功能。随着娄星南路、万宝大道、众园路、高丰路以及共荣街、波月街、早元西街、娄底大道等的开工和竣工，该区形成“七纵六横”的路网结构，城市建成区超10平方公里。

【强化四种服务】一是服务国家长江经济带等发展战略。对接和服务国家战略，依托发达的交通体系和广阔腹地，发展成为国家“一带一路”和“长江经济带”发展战略的重要节点和商务创新发展的引擎。二是服务“大长沙”一体化发展，促进区域网络化、开放型格局的形成。搭建“娄底城镇带”一体化发展平台，通过交通设施和出行服务一体化，带动通勤就业、产业发展、商品市场、教育文化等社会事业和公共管理一体化。三是服务“四个娄底”建设。围绕娄底“311”功能定位，复制“长沙经开区”的改革创新成果，促进贸易投资便利化。主动利用大长沙国际交流、沟通、对话的平台，为湘中现代物流中心建设服务；以发展国际贸易业务为核心，通过汇集高端贸易要素资源，打造娄底国际贸易中心标志性平台和以国际贸易为主要特色的现代化商务区。四是服务周边发展，强化服务辐射功能，引领和带动涟源、双峰、冷水江、新化等市县，加快产业转型升级和城市功能提升。

【彰显五项特色】产城融合发展特色。该区总就业规模达8万至10万人，逐步成为区域性的就业、商务、商业、贸易与活动中心。遵照杨懿文市长关于万宝新区要建成“国际化、现代化”新区的指示精神，结合国际商务通行标准，完善教育、居住、文化、体育、餐饮等生活配套，降低周边县（市）地区往返中心城区的通勤和就业强度。推行智慧化发展特色。从规划、建设和运营各环节入手，探索城市功能区智慧发展的新举措，把先进前沿智能化技术应用于新区开发建设的各个环节，推进智能楼宇建设、智慧交通应用、智能公共服务等项目在新区的应用；积极践行“互联网+”行动计划，推动各类智慧应用产业在商务区集聚发展。现代商务创新发展特色。营造现代商务和服务业发展的政策环境，促进现代服务业各门类、各产业融合发展、创新发展。顺应产业跨界融合大趋势，增强经济增长动能。抓住现代商务相关人才、资金、技术、信息流动性强的特点，促进交通功能与商务功能、物流功能的融合，着力促进各类高端商务要素在新区集聚。商旅文一体化发展特色。娄底南城交通枢纽过往人流与商务办公人流均在新区形成交汇，使该区成为商旅人士进入娄底的门户。该区着力推进商务活动、商贸购物、休闲时尚和文化旅游等相关业态的互为配套。生态文明建设特色。按照“宜商、宜业、宜居”的标准，新区倡导“两型”引领。在优化管理、护好绿地与河道上下功夫，依托孙水、永昌河及仙女寨，打造山水景观工程，实现“城”与“市”的繁荣、“物”与“流”的联动、“乐”与“居”的共生。截至2016年年底，该区累计完成固定资产投资316亿元，到位外资1.3亿美元，实现税收近10亿元，筹措资金超100亿元，完成征迁腾地5000多亩，安置人口2010人，建设完成安置房500户。吸引北京有色、中国物流、江西众一等企业抢先进驻，推动文昌科技、湘村股份相继进入上市程序。

开放型经济

【综述】2016年，全市实际利用外资4.3亿美元，全市实现进出口总额8.93亿美元，同比下降8.2%。其中，出口额2.3亿美元，下降2.1%；进口额6.63亿美元，下降10.2%。从贸易方式看，一般贸易出口19054万美元，加工贸易出口3949万美元；从重点商品看，机电产品出口3414万美元，高新技术产品347万美元，农产品1032万美元。全市规模工业企业出口交货值15.48亿元，增长24%。全市实际利用外资3.98亿美元，增长15.4%，全市内联引资到位资金515.83亿元，增长18.6%。完成年计划的102.7%，其中省外境内226.7亿元，同比增长15.1%。新批外资企业2家，合同利用外资0.24亿美元。全年共签约项目100个，引进合同资金681亿元。新增境外投资企业8家，中方投资额10960万美元，同比增长20%；对外承包工程和对外劳务合作完成营业额9399万美元，同比增长31%，完成年计划的109%；外派劳务人数3379人，同比增长30%。实现“破零”企业31家，“倍增”企业9家；完成加工贸易额4851万美元，同比增长13.3%；完成进出口总额58.9亿元。

【招商引资】全面部署与专题安排相结合，严密组织，精心安排，招商规划计划周密；市委市政府主要领导亲自带队赴北京、上海、深圳、中山、佛山、东莞等地敲门招商12批次。市直单位积极参与，客商对接、委托招商，在北京、广州设立招商引资办事处；瞄准重点产业、紧盯目标客户，针对汽车板及配套产业、不锈钢、新能源新材料、精细陶瓷、农机、健康产业、文化旅游等重点产业项目开展精准招商。以活动招商为支撑。在北京、上海、深圳、长沙等地举办专题招商推介会7次，签订项目57个，总投资额457.2亿元；承办第七届“湘博会”，签订招商项目43个，总投资223.9亿元。其中新能源新材料产业项目25个，休闲旅游项目13个，商贸物流项目9个，总计283.8亿元。

【外经外贸】2016年，市领导分5个小组赴各县（市、区）开展“稳增长、求突破、促开放”专题调研，多次带领商务粮食、海关、商检、税务、外汇、工商等部门下基层开展调研，为推动外贸发展把诊问脉，推进外贸结构调整，扩大出口产品种类。全年，鞋类、旅行用品及箱包、机电产品、高新技术产品等商品出口总额增加的占比，由2015年30%提升至61.15%，进出口品类达300余种。到企业开展“保姆式”“一站式”服务，协调解决企业在通关、物流、融资等方面的困难和问题。双峰荣城鞋业、湖南威嘉生物、新化鑫盛手袋等9家企业产量翻番。2016年为10余家企业申请资金扶持。与泰国驻广州领事馆共同举办“湖南—泰国产业对接推介会”，组织开展走进东盟系列活动；推进全市生态农业及农产品加工业，农业机械、矿山机械及工程机械业等特色产业、企业融入东南亚、非洲、南美等国际市场的步伐。发挥海关、商检机构的服务作用，推进铁路口岸通关作业区和出口食品农产品质量安全示范区建设，湘中国际物流园多式联运中心竣工验收运行。

【新兴业态】培育电子商务、会展经济等新兴业态和专业展销活动，社零增速11.9%，排全省第二，高于全省平均0.3个百分点。全市在“中国食品餐饮博览会”厨艺大赛中获得全国团体冠军；在湖南2016年“十行状元百优工匠”比赛中，3个厨师进入“优秀工匠”前10名。双峰“全国农村电子商务综合示范县”、新化“湖南省电子商务进农村示范县”创建成功。截至2016年年底，全市拥有各类电商主体2.1万家，各类电商平台20多家，成功引进外来猫、嘉德集团、颐来天等多家跨境电子商务企业，与市内10多家外贸企业签订外贸综合服务协议。“湘博会”品牌影响力越来越大。第七届“湘博会”展会面积35000余平方米，标准展位2200个，吸引来自84个国家和地区、720余家企业、3000多名采购投资商、10万人次参展参会，相继被40多家媒体报道推介。

【制订政策】2016年出台《娄底市鼓励投资创业的若干规定》《关于贯彻落实湘政发〔2014〕29号文件的实施意见》《娄底中心城区建设引领型服务项目土地扶持管理办法（试行）》《关于促消费稳增长的实施意见》《娄底市关于促进电子商务和创客经济发展的若干政策（试行）》《娄底市人民政府关于切实加快推进养老服务业发展的通知》《娄底市人民政府关于促进健康产业发展的实施意见》《娄底市物流业十三五发展规划》《娄底市商务粮食“十三五”发展规划》等文件，为娄底开放型经济发展奠定基础。

脱贫攻坚

【五个到位】顶层设计到位。先后出台《关于进一步夯实工作基础加快脱贫攻坚步伐的若干意见》《脱贫攻坚三年行动计划实施方案》《光伏产业扶贫工作的指导意见》《脱贫攻坚考核结果运用奖惩办法》、《市直单位和干部驻村帮扶工作考核办法》《市金融精准扶贫三年工作方案》等文件，用以统筹全市脱贫攻坚工作。组织领导到位。成立由市委书记担任组长，市长、市委副书记、组织部部长和市委、市政府分管领导担任副组长，38个单位为成员的脱贫攻坚领导小组。各级领导坚持率先垂范，主动到最偏远最艰苦的地方驻村帮扶，起到良好示范带头作用。思想统一到位。全市先后两次召开脱贫攻坚工作部署会，市委书记李荐国主持召开市委常委中心组学习会，学习省委脱贫攻坚相关精神并组织研讨。责任落实到位。在向省委、省政府递交《脱贫攻坚责任书》和市政府向省扶贫开发领导小组递交《2016年减贫责任书》后，全市于2016年3月31日召开市委农村工作暨全市脱贫攻坚工作会议，吹响脱贫攻坚“冲锋号”。人员力量到位。把市委建扶办、市扶贫办的力量整合到市脱贫攻坚领导小组办公室，工作人员从2015年的4人增加到11人。新化、双峰、涟源3个重点县也分别增加扶贫办的人员编制，充实队伍力量。

【五个精准】精准选派队伍。2016年全市总计派出714支工作队进驻574个贫困村。在全市开展“万名干部下基层、解难惠民促发展”活动，把“一进二访”活动与“党员干部进农户、结穷亲、精准扶贫大推进活动”有机结合，43572名党员干部同194053户贫困农户实行结对帮扶，实现贫困村驻村帮扶和贫困农户结对帮扶全覆盖，对67支市派工作队在自查自纠中发现的问题，提出整改措施。精准帮扶贫困户。澄清“五个一批”的底数，对全市541507名特别是尚未脱贫的362047建档立卡贫困人口，做到一户、一策、一卡、一台账。精准使用资金。按照“四跟四走”产业扶贫项目资金使用要求，着重在产业帮扶上下功夫，采取村支两委和工作队上门引导，村民自主申请，专业合作社与龙头企业带动，金融信贷扶贫资金参与，实施分类统筹、分散发展、集中管理等办法，在贫困乡村发展一大批增收较快的产业。精准因村施策。按照各县(市、区)、各乡镇、各村的实际情况，因地制宜，分类施策。确定新化县突出发展文化旅游产业助推脱贫攻坚步伐、涟源市突出发展特色农产品加工业带动贫困地区发展增收、双峰县突出发展种养业和农机制造业带动贫困农民增收。精准有效脱贫。在贫困人口进退机制上，严格按照省办文件要求，由工作队和乡干部进村入户面对面核查签字，做到谁核查谁签字谁负责，严禁虚假脱贫，确保脱贫成效真实精准。

【两个协调】部门力量整合协调。以“娄底市脱贫攻坚三年行动计划”为统领，有效整合各行业各部门的资源，明确各级各部门的工作职能职责。市脱贫攻坚办公室负责全市脱贫攻坚工作的谋划、指导、督查、考核、服务。市农委、市发改委、市住建局、市民政局、市人社局、市卫计委、市政府金融办、市经信委、市商务粮食局等14个部门，作为牵头责任单位，负责牵头整合各方资源。各级各部门既明确分工、各司其职，又密切配合、协同作战，共同抓好易地扶贫搬迁、贫困农户危房改造、兜底保障认定、“一加一”助学工程、劳务输出、医疗救助、扶贫小额信贷、金融扶贫服务站建设、贫困妇女“两癌”普查、“万企帮万村”、贫困人口眼疾光明工程等工作。改革创新机制协调。为充分激发贫困农户的内生动力，推动扶贫体制机制的各项改革，在贫困人口实行资产收益扶持制度、开展扶贫小额信贷、建立扶贫对象退出激励机制、建立县级扶贫开发资金项目整合平台、开展脱贫攻坚政策落实和相关工作第三方评估、培植可推广和复制的精准脱贫示范村、完善对脱贫攻坚考核结果运用等方面大胆创新。

【脱贫成效】截至2016年年底，全市通过直接或委托帮扶、股份合作模式以及利益联结机制，带动近50%贫困户参与特色种植、养殖、农产品加工与乡村旅游业，让稻田养鱼、中药材、油茶、生猪、养鸡、蔬菜、花卉苗木等构成扶贫支柱产业的重要抓手。新化的旅游产业、涟源的农产品加工业、双峰的生猪养殖等，成为全市贫困农户增收的主打产业。尤其双峰、新化、涟源利用“全省电子商务进村示范县”的优势，开设农村网店428家，培训电商3800人次，带动贫困户就业6000余人。全市全年117759名建档立卡贫困人口实现稳定脱贫，20个贫困村退出。

民生保障

【社会保障】城乡低保标准分别提高到每人每月420元、220元以上，“五保”分散供养和集中供养标准，分别提高到每人每年3200元和6300元，较上年度分别提高18.3%、33.3%、10.3%、5%，达到或超过省考核标准。全市月均保障城乡低保对象227838人，全年发放低保资金4.63亿元，月人均救助水平分别达到269.92元和120.92元。保障农村五保对象24261人，全市新建敬老院6所；全市4000余名失能特困人员100%明确具体照料方式和人员。经认定兜底对象，全市纳入社会保障兜底脱贫对象15367户、35171人；特困供养人员达22976人，其中全自理对象15020人、半护理对象5096人、全护理对象2860人；全年全市共发放医疗救助资金8237.32万元，救助城乡困难群众28.06万人次，救助生活无着的流浪乞讨人员15800余人次，救助资金1689万元，救治贫困重症精神病人244人；还开展“贫困家庭救助”“娄底市幸存抗战老兵关爱计划”“关爱孤残儿童”“关爱五保老人”等帮扶活动，获全省“寒冬送温暖”先进单位。

【防灾救灾】2016年，全市累计111.5万人受灾，及时应对 9 场自然灾害，紧急转移安置 56879 人，共争取发放救灾资金 4008.47 万元，救灾棉被 2000 床，救灾帐篷 150 顶，救灾大米 2.5 万公斤，食用油 2000 余桶，方面便、矿泉水 800 余件，有效维护灾区的社会稳定，完成 719 户倒房重建工作，确保所有倒房灾民春节前入住新房。

【养老事业】成立娄底市社会养老服务体系建设领导小组，出台《娄底市人民政府关于切实加快推进养老服务业发展的通知》《娄底市文化旅游和健康养老产业发展三年（2016—2018）行动计划》《娄底市健康产业发展规划（2016—2020）》等推进养老服务业发展等文件。全市新增养老服务床位 985 张，超额完成“新增养老服务床位 923 张”的重点民生实事项目建设任务。

【社会福利】2016 年给 3240 名孤儿发放生活费 2616 万余元，对全市 44854 名农村留守儿童进行排查摸底，建立基础台账；开展“未成年人关爱保护主题月”活动；2016 年 5 月，全省未成年人（农村留守儿童）关爱保护工作现场会在娄底召开；残疾人两项补贴工作有序推进，全市 30838 名符合困难残疾人生活补贴对象的两项补贴按季度足额发放到位；基本养老服务补贴覆盖率达 70%，超过省、市考核标准。

【福利慈善】开展“贫困家庭救助”活动，为全市 1000 户因大病致贫的困难家庭提供 135 万元救助资金；开展“天天慈善一元捐”慈善活动，共募集善款 310 余万元；其中民政系统共募集爱心款 66 万元。“金叶慈善医疗卡”项目发放救助金额 68 万元，救助低保特困患者 1020 名；“阳光·希望”助学项目发放救助金 30 余万元，救助贫困学子 125 名，募集 400 万元建立“佰骏肾病专项基金”，计划在 3 年时间内救助全市肾病透析患者 900 名。娄底市慈善总会共募集慈善资金 5070 多万元，支出救助资金 4616 万元，救助困难群众 300 余万人次。全市销售福利彩票 3.5 亿元，较 2015 年增加 9%，为政府募集公益金近亿元。

【项目争取】全市全年向中央和省政府争取儿童福利、社会养老、社会救助、社区建设、殡葬设施、革命老区、烈士纪念园等项目 241 个，资金 11.52 亿元，同比增长 9.7%；其中，完成新建敬老院 6 所，社会福利中心 1 所，儿童福利院 1 所，医养结合老年护理楼 1 所，城乡养老服务示范点 27 个，社区日间照料中心 21 个，社区小型养老机构 8 个，省级综合减灾示范社区 6 个，灾后重建 719 户，老区建设项目 194 个，社区服务中心 8 个，烈士纪念地 11 处，烈士墓园 3 处，烈士纪念广场 2 处，社会组织孵化基地 1 个，吊唁厅 4 个等。

【社会组织】全市新增社会组织 129 个，全市共有社会组织 1601；其中社会团体 724 个，民办非企业单位 876 个，基金会 1 家，行业协会商会与行政机关脱钩第一批试点工作按时保质保量完成，61 家社会组织中，完成脱钩 59 家，注销 3 家，100%完成任务。

【区划调整】省定合并 1292 个建制村，减幅约 39.63%。2016 年 5 月底，全市 3260 个建制村，减少 1423 个，减幅 43.6%，超额完成省定任务 131 个，获“全省乡镇区划调整改革工作先进单位”。结合深化行政管理体制改革和区域发展总体战略，涟源市、双峰县部分镇村并入中心城区方案，进入省级审批阶段。

【阳光安置】全市全年共安置退役士兵 413 人，安置率、满意率达 100%。举办培训班 13 期，培训退役士兵 1272 人，投入经费 638 万元。“阳光安置”从源头上压缩“权力寻租”空间。

【双拥工作】成功创建“全省双拥模范城”，娄底市民政局获全省“爱国拥军模范单位”。组织开展全市烈士公祭活动，足额发放优抚抚恤金 2 亿余元，在春节、“八一”等重要节日期间，扎实开展走访慰问部队官兵、军烈属伤残军人、在乡老复员军人等，送去慰问物资、慰问金总计 100 余万元，评残、提残、新增伤残人员 96 人。对优抚数据进行清理核查，清查纠正优抚问题数据 10000 余条，落实 238 名军休干部政治待遇和生活待遇，为 26 批次 6958 人次过往部队官兵提供军供服务。

【社区建设】市中心城区社区和其他县市社区运转经费、社区惠民项目资金分别不低于 25 万元、20 万元、20 万元、10 万元。全市城市社区、农村社区综合服务设施覆盖率分别达到 82%、15%，小康社会推进工作获全省“先进单位”。

2016 娄底市十大新闻事件

1.娄底市第五次党代会胜利召开,描绘发展新蓝图。

2.娄底强力推进七个“三年行动计划”,开展项目建设大比拼,经济逐步向好,2016年度主要经济指标在全省排位前移。

3.娄底创建全国文明城市,市民文明素养明显提升。

4.大型历史廉政湘剧《烧车御史》晋京演出。

5.娄星区在全国首推“农民养老贷”。

6.娄底开发PPP项目53个,总投资超1000亿元。

7.娄底供给侧结构性改革取得阶段性成效。

8.全省创建“国家全域旅游示范区”在新化启动。

9.双峰县着力打造“全国电子商务进农村综合示范县”。

10.娄底连续5年组织“温暖回家路”大型春运公益活动。

2016 娄底市十大新闻人物

1.全国优秀共产党员——李贝。

2.中国好人、英雄记者——黄黎明。

3.中小微企业创新创业优秀人才——金之剑。

4.全国岗位学雷锋标兵——郭远红。

5.倒在工作岗位上的共产党人——周海涛、王宇。

6.见义勇为餐馆老板——李勇。

7.转型创新排头兵——周文对。

8.勇跳粪池救儿童的好教师——杨文利。

9.回报家乡创业圆梦——邬文明。

10.身负重债却拾金不昧的农民工——聂成初。

领导人员名录

（以 2016 年 12 月 31 日在职为准）

中国共产党娄底市委员会

书　记　李荐国

副书记　杨懿文　何文君

常　委　徐　勇　华学健　王　雄　张希慧

　　　　吴建平　欧友生　向世聪　尹华凯

娄底市人大常委会

党组书记　谢志雄

副 主 任　肖有胜　赵应良　颜桂兰　龚　彧

　　　　　陈明华　杨金含　钟楠修

　　　　　彭增光(副主任提名人选、10 月任)

秘 书 长　袁跃进　邓光吕

内务司法委员会主任委员　李光中

副主任委员　曹林平　吕许灵（副主任委员提名人选）

财政经济委员会主任委员　谢业中

副主任委员　余建中(兼)　徐爱民

教科文卫华侨外事委员会主任委员　李学刚(提名人选)

副主任委员　曾　敏

市教科文卫华侨外事委员会副主任委员提名人选　聂志坚

农业和农村委员会主任委员　钱局新

副主任委员提名人选　吴宇锋

城乡建设环境与资源保护委员会主任委员　曾志祥

副主任委员　刘白桦

法制委员会主任委员、市人大常委会法制工作委员会主任 陈建新

法制委员会副主任委员、市人大常委会法制工作委员会副主任 周汉清

常委会办公室副主任提名人选　陈跃辉

办公室副主任　曹巍伟

办公室副主任提名人选　陈桂元

选举任免联络工作委员会主任　曾志君

副主任　石建群　李卓楼(副主任提名人选）

研究室主任　李建军

副主任　卢鸿福

预算工作委员会主任　余建中

副主任提名人选　易志革

娄底市人民政府

市　长　杨懿文

副 市 长　谢志雄　陈　蕾　刘益丈　甘跃华

　　　　　向世聪　尹华凯

副市长提名人选　张希慧　方建荣　梁立坚

　　　　　　　　王成良　李有才

副厅级干部　余明庭

中国人民政治协商会议娄底市委员会

主　席　姚　兵

副 主 席　易南斌　刘继清　邵　瑛　李德仁

　　　　　肖　扬　吴合群　席伏应　曾福泽

副主席提名人选　李赛斌　苏　旻　李利文

秘书长兼办公室主任 罗孝贵

办公室副主任 周秋开　黄东升

研究室主任 周胜初

研究室副主任 刘卫华

提案工作委员会主任 朱宏志

提案工作委员会副主任　刘　燕

经技科技工作委员会主任 周晓毅

经技科技工作委员会副主任　苏必红

文化教育卫生体育工作委员会主任 曾佳灿

文化教育卫生体育工作委员会副主任　李　耘

社会工作委员会主任 刘力

社会工作委员会副主任　周惠军

学习文史工作委员会主任 彭祖尧

学习文史工作委员会副主任　李　军

人口资源环境工作委员会主任 刘国荣

娄底市中级人民法院

院　长 高　鑫
副院长 成　灿 刘一荣 梁飞跃 肖继强 范　林
政治部主任 夏自卫

娄底市人民检察院

检 察 长 李芳芳
副检察长 黄　劲 张干军 李旭娇 邹图华 邹利民(挂职)
反贪局局长 朱纪文
纪检组组长 肖　春
政治部主任 朱石牛
党组成员 梁巨热

中共娄底市委办公室

秘 书 长 向世聪
第一副秘书长 吴德华
副秘书长 刘小龙 童成功 康　俊 朱贵阳 杨建春 周继业 刘小辉 王小勇 刘　亮
纪检组组长 曾鹏程

中共娄底市委督查室

主　任 罗新吾
副主任 陈　波

中共娄底市委组织部

部　长 华学健
常务副部长 彭展发
副部长 欧文安 谌铁辉 袁若宁(兼)
纪检组组长 曾志彦

中共娄底市委宣传部

部　长 吴建平
常务副部长 刘道阳
副部长 肖映华 王骥远 袁华荣 刘海云 曾常明
纪检组组长 邓　娟

中共娄底市委统一战线工作部

部　长 王　雄
常务副部长 王美成
副部长 童辉光 朱桂良 陈健庄 刘永中

市机构编制委员会办公室

主　任 李正华
副主任 颜继红 谢龙辉
纪检组组长 彭劲翔

市台办

主　任 朱桂良
副主任 毛健德

市委政研室(改革办)

主　任 张征澜
副主任 刘华东 杨九有 刘朝阳
改革办专职副主任 陈庆云 左　学

市委老干部工作局

局　长 袁若宁
副局长 李跃军

市军休所

所　长 彭再普

市保密局

局　长 彭晓宏

市委党校(行政学院)

校(院)长 何文君
常务副校(院)长 聂斌全
副校(院)长 罗桂夫 袁其谦 彭一伶 肖群章 陈许华

市委党史办

主　任 刘小辉

市委讲师团

主　任 肖映华
副主任 曾庆学

市委市政府接待处

处　长 吴小阶
副处长 龙国锋

市政府办

党组书记 胡忠威
副秘书长 罗光才 杨　维 杨建军 周小平 彭斌鹏 肖　寒 张宝忠 李腾云 罗志江
系统工会主任 杨　洁
副主任 周向红 刘岚平

市人民政府驻北京联络处

主　任　彭斌鹏

副主任　舒　展　赵爱群（兼）

市人民政府驻广州联络处

主　任　梁伍明

市人民政府驻长沙联络处

主　任　罗志江

副主任　刘建军

市信访局

局　长　周继林

副局长　康菊华　王永旭　肖本国　欧阳灼亮　陈颂飞

市政府法制办、娄底仲裁委员会秘书处

党组书记　何觉星

主　任　李利文

副主任　游永斌　敖　晖

纪检组组长　张学锋

娄底仲裁委员会副秘书长　陈　波

市电子政务管理办公室

主　任　刘绍业

副主任　廖坤鸿

市地方志办

主　任　杨建军

市政务服务中心

主　任　刘志升

市无线电管理办公室

主　任　张　健

市旅游外事侨务局

局　长　廖志理

副局长　王旭哉　罗雨发　刘建华　邓辅平

纪检组组长　陈应清

市归国华侨侨眷联合会

主　席　向国蓉

副主席　李迎春

市民政局

局　长　邓志洪

副局长　刘　琳　谢国光　刘建文　李红辉

纪检组组长　龚　颖

工会主任　龚存中

市红十字会

常务副会长　曾启明

副会长　徐和平

市人社局

局　长　李赛斌

副局长　邱胜平　曾跃良　梁子正　吴友元

纪检组组长　申战锋

市机关事务管理局

局　长　贺若红

副局长　易忠甫　陈永清　肖志坤

纪检组组长　吴龙清

市水库移民开发管理局

局　长　陈劲松

副局长　苏文明

纪检组组长　周志和

中共娄底市纪律检查委员会

书　记　徐　勇

副书记　苏　立　何一波　李建设

常　委　邓开如　张湘平　曾桂华　谢志明　曾晓燕　刘　辉　罗　灿

监察局副局长　朱鸿宾　肖志江

预防腐败局副局长　申　斌

市委直属机关工作委员会

第一书记　向世聪

书　记　刘福高

副书记　朱彩凤　王光华

市直纪工委书记　程晓卫

市工商业联合会

党组书记　童辉光

主　席　李德仁

副主席　姜永泉

民盟娄底市委

主　委　邵　瑛

专职副主委　羊小庆

副主委　肖扬（兼）　朱宏志（兼）　肖建泳（兼）

民建娄底市委

主　委　朱鸿宾（兼）

副主委　李湘辉（兼）　赵郁夫（兼）

农工党娄底市委

主 委　郭细军(兼)

副主委　陈跃进(兼)　戴治平(兼)　刘君怡(兼)

九三学社娄底市委

主　委　刘继清

副主委　梁卫平　彭淑媛(兼)　陈惠明(兼)

文瑾(兼)　.

市社会主义学院

院　长　段祖光

副院长　肖小红

市总工会

主 席　肖有胜

常务副主席　邓焕章

副主席　刘涛波　谭红卫　曾小尚

纪检组组长　易定兵

女职工委员会主任　谢晓明

经费审查委员会主任　邓江华

共青团娄底市委

书　记　肖　春

副书记　伍鹤群

市妇女联合会

主 席　李梯华

副主席　李 芸　何红梅

纪检组组长　苏跃凡

中国人民武装警察部队娄底市支队

支　队　长　邓云生

政治委员　石素军

副支队长　郑强辉

副政治委员　屠海春

参　谋　长　庞新颜

市人防办

主　任　彭谊贵

副主任　王　汪　李鸿明　肖光明

纪检组组长　吴全昌

市委政法委

书　　记　尹华凯

常务副书记　沈裕辉

副　书　记　向健勇

纪检组组长　刘付华

市委610办主任　陈晓林

政治部主任　李建湘

市综治办

主　任　向健勇

副主任　吴新建　刘连生

市公安局

局　长　王成良

副局长　陈恩杰　王浩海　卢韶华　王剑凌(兼)

政治部主任　刘明清

党委委员　陈开军　朱青春

纪委书记、监察室主任　陈　志

娄星分局局长　李　彦

市公安局钢城分局

局　长　王升平

政　委　曹季和

公安交警支队

支队长　梁长根

政　委　伍先庆

公安娄底消防支队

书记、政治委员　刘雪峰

支 队 长　黄荣浪

副支队长　庄 平　邹 勇

司令部参谋长　刘定明

市强制隔离戒毒所

所　长　李志铀

政　委　张永红

娄底市司法局

局　长　张喜群

副局长　杨时中　谭 波　周纯清　赵晚村

纪检组组长　王华光

湖南省娄底监狱

监狱长　刘冬生

政　委　赵　智

纪委书记　黄荣虎

副监狱长　向南斌　易恒志　颜运湘

政治处主任　王　操

市国资委

主　任　彭增光

副主任　李来其　刘志贤

总经济师 李跃飞
纪委书记 乔晓雄
工会主席 刘炳初

市发改委

主 任 方建荣
副主任 孙立平 贺 雄 吕余庚 朱蔚林 杨新康 王懂文
纪检组组长、监察室主任 刘小厅
总经济师 邓向东
市优化办主任 曾鹏翔
工会主席 刘锐进

市国土资源局

局 长 向乾勇
副局长 宗娟娟 罗忠平 谢爱群 谭 军 颜利军
纪检组组长 成永胜
执法监察支队支队长 曾海波
总工程师 熊 勇
总经济师 柳咏良

市审计局

党组书记 王洪江
局 长 彭淑媛
副局长 曾志伟 周海良 王志彪 殷革华
纪检组组长 许湘华
总审计师 刘 峰
经责处主任 邹国民

市安监局

局 长 刘瑞良
副局长 陈跃进 肖志成 刘正良 周伟 吴华容 毛煜春
总工程师 刘申平
纪检组组长 龙江泓

市工商行政管理局

局 长 邓敏炉
副局长 阳姣莲 申立新 谭向东 曹辉平 赵东平
纪检组组长 钟立吾

市质量技术监督局

局 长 邹定源
副局长 李赛鸿 刘 勇 聂小清
总工程师 李五兵

纪检组组长 肖星耀

市食品药品监督管理局

局 长 侯迪凡
副局长 戴小勤 邹涧 曾永平 唐孝礼 吴新建 易清贤
纪检组组长 彭书威

市食药检所

所 长 陈喜生

市统计局

党组书记 石 峰
局 长 陈惠明
副局长 柯初华 张正清
纪检组组长 邓德安
总统计师 秦金莲

国家统计局娄底调查队

队 长 陶慧孜
副队长 谭建新 杨 剑
纪检组组长 黄小峰

市公共资源交易中心

主 任 秦建华
副主任 姜志宏

市农业委员会

主 任 江克美
副主任 黄建明 邹洽初 刘明操 赵彩宏
总农艺师 唐正伟
市委农办副主任 刘石奇
纪检组组长 舒海燕

市畜牧水产局

局 长 禹云华
副局长 张德桂 熊玲玲 周庶舟 朱子义
纪检组组长 申忠凡

市农机局

副局长 周明志 罗文海
纪检组长 李超群

市林业局

局 长 龚洵胜
副局长 葛光建 邓建平 易建新
纪检组组长 罗湘斌

市水利局

党组书记　刘新文
副 局 长　刘诗育　范宜锋　钟江雄　罗松青
纪检组组长　颜世雄

市水文局

局　长　喻小平

市经信委

主　　任　曹 刚
副 主 任　刘克明　罗一鸥
纪委书记　聂东平
总工程师　刘国樑

市住建局

局　　长　陈国光
党委副书记　吴景祥
副　局　长　李群欢　刘良明　李湘辉　邱林海
工 会 主 席　易荣成
总 工 程 师　彭砥如
纪 委 书 记　王德文

市城投办

主　　任　钟芝兰
副 主 任　龙　志　张善平
党组成员　周孟冬　杨海波

市城投集团

董事长兼总经理　梁巨伟
副总经理　彭希勇　阳文林
监事会主席　杨柏林
总会计师　罗　斌
纪委书记　刘伟群

市城管执法局

局　　长　谢万春
副 局 长　张湘平　胡春庚　杨朝晖　刘海军
纪委书记　李孟桂
工会主席　安洪波

市城管执法支队

支队长　朱文斌

市政维护管理处

主　任　周汉明

市环卫处

主　任　朱坤初

市风景园林管理处

主 任　陈 辉

国网娄底供电公司

党委书记　李 军(副总经理)
总 经 理　邓志勇
副总经理　肖什云　刘金海　何奕华　彭荣华
总会计师　陈 赛
纪委书记、工会主席　易松华

市自来水公司

经　　理　朱满四
党委书记　周　军

市公交公司

党委书记　王江平
总 经 理　李铁梅

市规划局

党组书记　陈伟志
局　　长　朱昌美
副 局 长　刘志新　黄晓华
纪检组组长　李思远
工会主席　黄小平

市住房公积金中心

主　任　王良志

市房地产管理局

局　长　吴景祥

市环保局

局　长　刘时东
副局长　刘文波　袁卫国　刘建辉　邓有武
总工程师　梁红日

市交通运输局

局　　长　朱忠义
副 局 长　吴亦雄　刘继军　扶 林　周新辉
纪检组组长　刘光芝
总工程师　孙泽仁
工会主席　李永辉

市交通工程质量安全监督管理处

党委书记　左许泉
处　　长　曾垂柳

市道路运输管理处

处　　长　李明辉

市公路管理局

局　　长　刘文伟
副局长　吴术根　刘登章　李小文
纪委书记　周武星

市农村公路管理处

处　　长　袁特权

市地方海事局

局　　长　肖卫华
总支书记　杨跃辉

中国电信股份有限公司娄底分公司

总经理　龙佩涛
副总经理　朱盛成　邹振武　李瑜
副总裁　杨　辉

中国移动通信集团湖南有限公司娄底分公司

总经理　唐青山
副总经理　薛俊斌　朱　韧　颜少雄

中国联合网络通信集团有限公司

总经理　肖　双
副总经理　周胜文　袁泉　王新绩

中国铁塔股份有限公司娄底市分公司

总经理　朱志斌
副总经理　李志威

市邮政管理局

局　　长　尹宗秀
副局长　彭跃辉

市商务粮食局

局　　长　苏　旻
副局长　刘先玺　覃章荣　易加玉　刘飞跃
纪检组组长　刘　瑛

中石化娄底公司

党委书记　张海涛
经　　理　肖晓红
副经理　尹文明　蔡昌盛

市供销社

理事会主任　龚卫民
监事会主任　谭平贵
理事会副主任　张建军　阳文胜　钟　萍
纪检组组长　陈　丽

市烟草专卖局(公司)

局长、经理　何爱军
副局长　周汉凡　侯　水　唐世明
纪检组组长　梁旭光

市盐业公司

党委书记　张建春
总经理　龚　文
副总经理　杨登攀

市投资促进事务局

局　长　周永东

市贸促会

会　长　段大长
副会长　陈家杰

市财政局

局　　长　曹育明
副局长　李春蕊　邓卫平　旷凌云　贺文胜　聂肖亚
纪检组组长　王铁芳
工会主席　王友贵
党组成员　赵爱群

市国税局

局　　长　张诗东
副局长　李意华　康立新　周才华　肖跃平
纪检组组长　罗少宇
总经济师　刘国贤
总会计师　阳吉国

市地税局

局　　长　陆文勇
副局长　王光明　王洪飞　单琳琳
纪检组长　朱　毅
总经济师　罗正晖
总会计师　周良初

市政府金融办

主　任　李文洪
副主任　董美春　陈文朴　龙新建　禹立东

人民银行娄底市中心支行

行　　长　李志扬
副行长　彭　青　李泽军
纪委书记　谢志成
工会主任　彭冠军

市银监分局

副局长　胡润生　石锻成

纪委书记　聂德华

中国银行娄底分行

行　　长　滕小明

副 行 长　曹洪波　方胜　张政(挂职)

党委委员　陈桂强

建行娄底分行

行　长　阳毅军

副行长　康俊卿　王中魁　曾琪　唐铁祥

工商银行娄底分行

行　　长　胡　浩

副 行 长　方　纲　宋建华　伍卫星

纪委书记　胡达元

农业银行娄底分行

行　长　钟海泅

副行长　梁宏群　彭　勇　吴文革　罗孟章

农发行娄底分行

行　长　袁军民

副行长　谢中书　陈红梅　周文年

湖南省农村信用社联合社娄底办事处

主　任　朱韶光

副主任　唐耀国　陈国祥

邮储银行娄底分行

行　长　刘清干

副行长　龚汉标　王循楷　尹尧军

市兴娄融资担保有限公司

董事长　肖旺立

总经理　蔡建雄

监事会主席　戴自力

涟源钢铁集团有限公司

党委书记　成沛祥

总 经 理　肖尊湖

副总经理　张　毅　汪庆祝　谢集祥　严立新
　　　　　蔡焕堂　马建伟

总会计师(财务总监)　党航

湖南省煤业集团涟邵实业有限公司

党委书记　黄海清

总 经 理　刘东红

副总经理　谢规伶　马孝富

顾　　问　袁于胜

金竹山火力发电分公司

党委书记　高福国

总 经 理　吴晓斌

副总经理　张正坤　万　方　仇新利

工会主席　李　翼

总工程师　赵国光

总会计师　张启葵

闪星锑业

党委书记　张夫华

总 经 理　刘跃斌

副总经理　金贵忠　彭世金　李成华(财务总监)
戴勇俊(总工程师)　刘绍军

纪委书记、工会主席　晏华忠

华达汽车空调(湖南)有限公司

董事长、总经理　曹志惠

副总经理　王奇桂

纪委书记　刘金锡

工会主席　周志进

党委委员　黄　斌

湖南长城机械有限公司

党委书记　谭晓鸿

总 经 理　王双云

副总经理　李向才　肖群日

纪委书记、工会主席　贲广军

市科技局

局　长　胡绍华

副局长　孟原原　方向东　彭逢林

知识产权局局长　胡铁轩

纪检组组长　吴虹丽

中共娄底市科学技术协会

主　　席　毛抚敏

副 主 席　陈亿春　王鹏文

纪检组组长　邓采艺

市气象局

局　　长　肖　清

副 局 长　曹正清　刘志雄　谢友文

纪检组组长　王广锋

湖南省地质矿产勘查开发局四一八队

党委书记　许云舟

队　长　李晴日
副队长　毛龙光　邵卫文　龙立民　彭坤玲
　　　　刘新建　温　伟　陈仕龙
纪委书记　王粤湘
工会主席　黎海波
总会计师　蒋安元

市社科联

主　席　刘海云(兼)
副主席　张智倩

市教育局

局　长　李耀文
副局长　黎吾松　张怡南　高　静　姜永红
纪检组组长　肖志治
主任督学　王贵升

市第一中学

党委书记　曾佑平
校　长　范彦江
党委副书记　罗保南

市第五中学

党委书记　肖细宏
校　长　肖少和

湖南人文科技学院

党委书记　郭　军
院　长　刘和云
党委副书记　刘铁铭
副院长　蒋建初　石潇纯　周发明　陈志国　刘铁峰
纪委书记　杨鑫铨
组织部部长　金志方

冷水江工业中等专业学校

党委书记　李珊初
校　长　严　武
党委副书记　方兴明
副校长　段　炼　张建军　谢新祥
纪委书记　李铁光

市第一职业中学

党委书记　刘福其
校　长　李世杰

娄底职业技术学院

党委书记　李文莲
院　长　雷立成
党委副书记　王健龙
副院长　颜彩飞　龙　伟　周意坚　刘自斌
　　　　金建雄　周志和
纪委书记　邹松建
组织人事处处长　梁凌洁

娄底广播电视大学

党委书记　李国平
校　长　卢再新
副校长　杨遂生　刘希贤　戴晓晨
纪委书记　杨朝晖

娄底幼儿师范学校

党委书记　刘国良
校　长　李振兴
副校长　吴　麟　游　涛
纪委书记　李　娟

娄底市高级技工学校

党委书记　黄迪军
校　长　谢高云
副校长　朱　宁　潘　忠
纪委书记　毛伟红

市文体广新局

局　长　魏志军
副局长　任晓阳　卢华文　梁征强　范晓平　戴固军
纪检组组长　肖光华

市文化市场综合执法支队

支队长　何勤俭

市文物管理处

主　任　贺国华
党支部书记　曾克勤

市新华书店

总经理　吴高强

市档案局

局　长　杨　萍
副局长　毛春韶
纪检组组长　周志忠

娄底日报社

社　长　谭清华
副社长　李曙辉

总编辑　肖 洲
副总编辑　彭竹文　龙红年

市广播电视台

台　　长　谢福兴
副 台 长　刘道荣　胡贤文　吴耀华
总工程师　梁小辉
纪检组组长　刘尚群
副总编辑　金明正　彭永忠

市电视发射台

台　长　肖佳波

市文联

主　席　王骥远
副主席　肖佳文　彭虎初

市卫生计生委

主　任　罗　琳
副主任　刘新平　郭细军　王健云　龙志和
　　　　谢雪英　赵芳萍　刘兆宏　何旭辉
　　　　刘时禄
纪检组组长　吴小平

市卫生计生执法监督局

局　长　陈　强

市计生协

会　　长　李金才
常务副会长　张旺夫
秘　书　长　李　军

市疾病预防控制中心

书　记　朱跃国
主　任　杨　纲

市中心医院

党委书记　李劲松
院　　长　肖　扬
党委副书记　晏锦波
副 院 长　谭华清　黄绍华　邓志刚　刘宏军
　　　　　龚铁逢
工会主席　戴芳英
总会计师　刘小明

市妇幼保健院

院　　长　方玉平
党总支书记　彭欣辉

市第一人民医院

党委书记　左建辉
院　　长　易军波

市第二医院

党委书记　罗建国
院　　长　朱华江

市中医医院

院　长　陈福如

市体育学校

校　长　邓俊良

市全民健身服务中心

主　任　刘　涛

市残联

理 事 长　曾晴川
副理事长　袁若冰　陈军生

市救助管理站

站　长　刘雄军

娄星区

区委书记　彭健初
区委副书记、区长　黄大生
区人大常委会主任　李彦文
区委副书记　徐长青
区政协主席　刘中生
区委常委　邓伟谋　刘　杰　颜新和　曾祥文
　　　　　王寄忠　林承鸿　禹丽君　邹　华
区人大常委会副主任　刘召书　戴建民　黄国平
　　　　　龙晓涛　徐迪仁
副区长　邓伟谋　赵　焕　李　彦　刘　建
　　　　王　谦　杨铁贞　熊　鹏(挂职)
区政协副主席　周群义　李志鸿　王文成　聂永红
　　　　　童松间
区人民法院院长　郭超群
区人民检察院检察长　王理丽

冷水江市

市委书记　李建华
市委副书记、市长　曾伯怡
市委副书记　刘　杰

市委常委　陈创业　阳卫龙　康　一　姜海燕
　　　　　曾晚生　戴志雄　段平屏　胡振国
市人大主任　易　振
副主任　杨　清　胡年玉　罗亚莉　肖新樵
　　　　段一飞
副市长　陈创业　肖海文　金　波　陈卫红
　　　　伍龙光　周建设　王建农　刘　波(挂职)
市政协主席　罗中秋
副主席　朱卫平　陈庆元(兼)　曾广俭(兼)
　　　　胡启明　赵郁夫
市人民法院院长　龚新连
市检察院检察长　伍国军

涟源市

市委书记　谢学龙
市委副书记、市长　宋建明
市委副书记　康昊宁
市委常委　谢永东　梁小兵　段德学　梁育清
　　　　　王　澍　孙纬辉　李南新
市人大常委会主任　梅国华
副主任　童建华　傅德贤　童春秀　曾建功　罗康升
副市长　梁小兵　梁　毅　罗宜秋　邓文旦
　　　　李冰玉　谭付民　刘志刚
市政协主席　贺顺清
副主席　谭秋姣　邱超文　李海日　邱正松
　　　　谢湘和
市人民法院院长　曾文彬
市人民检察院检察长　胡志泽

双峰县

县委书记　禹　敏
县委副书记、县人民政府县长　彭石清
县委副书记　李铁雄
县委常委　龙燕青　倪志铭　彭云辉　曾春谷
　　　　　陈　群　陈家齐　屈伟洋　曹科识
副县长　龙燕青　左娅丽　黄祥光　李兴魁
　　　　尹　超　杨　斌　彭石平
县人大主任　朱常健
副主任　朱富田　李仲乔　李勤　赵准剑
县政协主席　阳雄绪
副主席　朱新桥　罗革文　朱尧丰　肖晓琳(兼)
　　　　刘君怡(兼)
县人民法院院长　谭志强
县人民检察院检察长　黄文辉

新化县

县委书记　朱前明
县委副书记、县人民政府县长　左志锋
县委副书记　周海强
县委常委　林　波(挂职)　王文红　王　勇(挂职)
　　　　　王凯(挂职)　曾小坤　邓　伟　刘迟辉
　　　　　李　力　李笃成　曾令斌
副县长　王文红　林　波(挂职)　王　勇(挂职)
　　　　王凯(挂职)　周晋　徐静飞　李典芝
　　　　邹红清　谢　聪　赵谭华　张岳林(挂职)
县人大主任　姜世星
副主任　李劲柳　段绍斌　张陆林　刘晓英　曾欣华
县政协主席　杨韶红
副主席　李旭伟
副主席　马世雄　陈永松　彭　盛
县人民法院院长　彭志业
县人民检察院检察长　李加新

娄底经济技术开发区

党委书记　梁立坚
主　任　陈奉文
党委副书记　聂建平
副主任　李应泉　胡增明　谢玉敏
纪委书记　周泰安

万宝新区

党委书记　伍　鹄
主　任　肖雄杰
党委副书记　刘松涛
副主任　杜清辉　肖新国　梁养贤
纪委书记　张建中

党政群团

中国共产党娄底市委员会

【市域经济趋稳向好】2016年，中共娄底市委坚持“加速转型、奋力赶超”战略，着力创新引领，铺开“三大战役”，实施七个“三年行动计划”。全市主要经济指标呈现“逐步回升、总体趋稳向好”态势。GDP同比增长7.6%，增幅居全省第13位，比2015年前移1个位置；规模工业同比增长6.7%，增幅居全省第六位，比2015年前移7个位置；固定资产投资同比增长14.4%，增幅居全省第五位，比2015年前移8个位次；财政总收入同比增长9.7%，增幅居全省第5位，比2015年前移8个位置；地方财政收入同比增长13.9%，增幅居全省第三位，比2015年前移10个位次；社会消费品零售总额同比增长11.9%，增幅居全省第3位，比2015年同期前移10个位次。

【项目建设】2016年，中共娄底市委“实施工业提振、文化旅游及健康养老产业发展、中心城区提质扩容、脱贫攻坚、财源培植、天蓝水净地绿、综合交通提升7个“三年行动计划”。扭住项目建设“牛鼻子”，推进“项目建设大比拼”，围绕项目建设“比规模、比进度、比效益、比后劲、比机制、比资金争取”，实施项目集中签约、集中开工竣工、集中调度，举行全市园区经济发展和项目建设现场观摩活动。全年新开工项目2036个，竣工项目1939个，项目建设对全市经济增长贡献超75%；14个省重点项目完成投资为年度计划的140%，投资进度居全省前列；696个重点建设项目累计完成投资740.6亿元，超年度目标20.3个百分点。

【供给侧结构性改革】2016年，中共娄底市委坚持以供给侧结构性改革统揽经济发展，扎实落实“三去一降一补”任务，发展质量效益有效提升。做好“除法”提质量。去产能方面，关闭整合煤矿425家，压减煤炭产能870余万吨，将原来的80多家小锑矿、小冶炼厂整合成8家，高污染企业基本关停。六大高耗能行业占比下降15.43%。去库存方面，出台房地产去库存、促发展的实施意见，开展房地产业“解难题、促发展、保稳定”专项行动，化解商品房库存281.62万平方米，全市商品房去化周期从36个月减少至15个月。去杠杆方面，根据不同特点，把握去杠杆的节奏和速度，有序降低杠杆率，防范化解各类债务风险。政府性债务规模与经济发展水平和偿债能力总体适应，还形成一批优质国有资产。突出创新驱动，

以创新培育新动能，改造传统动能，塑造发展新优势。钢铁、水泥、有色金属价格环比持续小幅回升，传统支柱产业呈现生产回暖、量价齐升态势。培育新兴产业，发展汽车、新能源、新材料、文化旅游、健康养老、电子商务等新兴产业。引进战略投资者，引进三迅电子、电将军、上海星珂实业等一批高新产业和项目。出台重点行业税收减免、优惠和奖励政策，确保所有行业税负只减不增，降低企业税费成本2亿元。逐步清理规范政府部门行政审批中介服务，建立涉企收费目录清单制，取消市本级涉企收费项目22项，免征6项，减免率高达38.4%。企业用工、用地成本同步下降。做好"加法"补短板。紧盯薄弱处、关键处、紧要处，全力补民生事业、金融经济、城市经济、县域经济等短板。密集出台园区简政放权、工作考核、"623" 工程奖补等促进园区发展的重大政策，全市园区发展综合排名从上年的全省第十名跃升到全省第五名。共建3个国家级、19个省级、20个市级技术平台或技术中心。建设3个院士工作站。2016年，全市申请专利1576件，授权1093件，同比增长9%，其中发明专利授权91件，同比增长75%，增长率创历年新高。

【深化改革】2016年，中共娄底市委落实中央、省委明确的改革任务，推进8大类53项重点改革任务，人民群众获得感明显提升。自主探索突破重点专题性改革和国家、省级试点均取得成效，领导干部自然资源资产离任审计工作、双峰县深化涉农资金改革、支农惠农的经验做法等试点改革被新华社、《人民日报》、中央电视台《焦点访谈》专题深度报道。商事制度、行政审批制度改革成果巩固并释放发展活力，新增企业、新增注册资本分别同比增长55.23%、100.7%。改制城投集团，成立创投、交投、文旅投、国资投、兴娄融资担保、百通中小企业服务有限公司；组建城市发展基金、金融机构参与民间融资风险补偿基金；设立重大项目投融资服务中心；成立中小企业"助保贷"融资平台。在全省率先出台PPP项目商务条件、工作流程和工作标准，设立专项财政引导基金和城市建设投资基金50亿元，开发PPP项目53个，总投资超过1000亿元，引进一批"国字号"战略投资者，其中6个已开工或即将开工建设，总投资超过100亿元。成功举办第七届湘博会，企业参展涵盖60多个国家和地区，与90多个国家建立贸易往来合作关系。

【民主法治】2016年，中共娄底市委坚持党的领导、人民当家做主、依法治国有机统一，健全民主制度、丰富民主形式、拓宽民主渠道，走中国特色社会主义政治发展道路。加强市委对人大、政协工作的领导，定期召开市委常委会议研究人大、政协工作，帮助解决实际困难；严肃换届纪律，确保人大、政协换届风清气正。支持人大、政协依法依章程履行职能、开展工作。市人大及其常委会发挥地方国家权力机关职能作用，建立宪法宣誓制度；完善立法职能，牵头起草娄底第一部地方性法规《娄底市孙水河保护条例》；依法履行对重大事项的决定权、对"一府两院"重要人事的任免权、对重点领域和重大工作的监督权，法治化水平明显提升；通过开展执法检查、专项工作评议、专题询问和听取审议专项工作等方式，议大事、作决定、出实招，对保持经济增速大幅提升发挥巨大作用。推进协商民主广泛、多层、制度化发展。在全省14个市(州)率先转发《政协娄底市委员会关于政治协商、民主监督、参政议政的规定》，两办联合下发关于加强政协提案办理工作的实施意见。支持政协组织开展产业、改革、民生、生态等多种形式的专题协商、对口协商、界别协商和提案办理协商，落实"三个协商在前"，加强民主监督，增强参政议政实效。坚持"长期共存、互相监督、肝胆相照、荣辱与共"的方针，扎实做好统战工作。出台《关于进一步加强和改进党的群团工作的实施意见》，召开市委群团工作会议，充分发挥工会、共青团、妇联等群团组织作用，做好民族、宗教、侨务、对台、科协、红十字会等工作。

【主动推进思想文化建设】2016年，中共娄底市委贯彻落实习近平总书记系列重要讲话精神，把握意识形态工作的领导权，做好文化宣传工作。制定《娄底市落实党委(党组)意识形态工作责任制实施方案》。开展"讲话精神进基层"等活动，策划组织"转型发展看湘中""项目建设大比拼""市党代会" 等系列经济宣传、主题宣传、典型宣传，推出署名"楼迪新"评论文章11篇，在中央、省级主流媒体发表正面宣传稿件3300多篇。及时处置敏感舆情，网络问政走在全省前列。颁布《娄底市民文明公约》，印发《娄底市民文明手册》，开展文明评选活动，全国文明城市创建得以推进。加强社会主义核心价值观宣传教育，"五下乡"、送戏下乡等面向基层的文艺活动受到群众欢迎，《烧车御史》作为全省唯一剧目晋京参加全国基层院团戏曲汇演，21 名先进人物上榜“全国好人”“湖南好人”。实施“文化及相关产业发展三年行动计划”，文化及相关产业增加值突破 100 亿元，占 GDP 比重达到 3.78%，市级“四馆一中心”投入使用。

【脱贫攻坚】2016 年，中共娄底市委实施“脱贫攻坚三年行动计划”，开展“万名干部下基层，解难惠民促发展”进农户精准扶贫推进活动。全年减少建档立卡贫困人口 92054 人，超出省定减贫任务 5577 人；18 个贫困村成功摘帽，完成省定任务。改造建档立卡贫困农户危房 6945 户，完成 10247 余人的易地搬迁任务。22 个重点民生实事项目完成。公共财政预算支出中的民生事业支出增长 8.2%，占全市财政支出比重达 77.5%，城乡居民人均可支配收入分别增长 8.4%、10.1%。

【城乡面貌】2016 年，中共娄底市委实施“品质中心城区、秀美县城、特色小镇、美丽乡村”建设。行政区划调整取得进展，中心城区面积由 430 平方公里增加到 600 平方公里，发展空间不足的问题得以解决。全域纳入全省新型城镇化战略布局，编制完成《智慧娄底建设五年行动计划》。利用废弃铁路进行城市综合开发项目取得积极进展。长沙—娄底—新化低空旅游观光航线成功试飞。高速公路沿线 8 个特色小镇建设试点全面启动。创建全国文明城市、禁燃与殡改集中整治、城乡环境整治、美丽乡村建设成效明显，城乡面貌显著改观。

【生态环境治理】2016 年，中共娄底市委坚持把生态保护摆在重要位置，把发展建立在生态安全基础之上，注重生态建设规划，守住生态保护红线，实施环境保护与监管，落实生态保护责任制。推动湘江流域污染防治“一号工程”和“九大环保工程”，大气、水、土壤污染防治获得进展；水府庙进入保护、利用、开发阶段；锡矿山生态环境治理取得成效；全市森林覆盖率达 50.21%。

【社会大局稳定】2016 年，中共娄底市委落实安全生产工作责任制。生产安全、食品药品安全、金融安全、交通安全、生态安全、校园安全等齐抓共管，创建全国社会管理综合治理优秀城市，化解民间融资风险工作取得成效，没有出现经济崩盘、社会崩溃、族群撕裂情况，没有发生一起因民间融资而引发规模赴省进京上访事件，没有发生不可控群体事件，守住不发生区域性、系统性金融风险的底线。国务院打处非联席会议办公室向全国推介娄底分类处置和风险治理机制的做法，先后有 4 个省（直辖市）、34 个地级市到娄底学习考察。

【基层组织建设】2016 年，中共娄底市委开展党员组织关系集中排查，1254 名党员重新取得联系，1095 名党员纳入组织管理，383 名党员按程序做组织处置，建立标准党员档案室 748 个，规范完善档案 5818 份；排查和处理应当终止党代会代表资格、停止执行代表职务人数 94 名；全市有 9092 名党员共补交党费 250 余万元；539 个建档立卡贫困村实现第一书记全覆盖。推行加强非公企业党建“三六工作”法，投入近 500 万元建设 20 余个高标准的园区党群活动阵地，862 家规模以上企业建立党组织，非公企业党组织整体覆盖率达 71.18%。92 家市直机关党委制定专项整治方案，市直机关“巡回微宣讲”活动，被中央国家机关工委评为“最佳案例”。

【党员干部队伍】2016 年，中共娄底市委以换届为契机，坚持好干部标准，端正选人用人导向，使得地域观念强、“官二代”多等历史问题解决，市县乡领导班子实现换届，组织提名人选满票或高票当选。开展基层党组织标准化建设，部署“党员队伍秋冬季集中教育整治行动”，健全基层治理机制，落实“四议两公开”和村级财务“零接待”制度。862 家规模以上企业全部建立党组织。特别对全省基层党建述职中杜家毫书记点评的问题和调查核实的问题，建立台账，集中力量在一个月内全部整改到位。谋划推进村（社区）“两委”换届，对村（社区）党组织书记人选，由县（市区）委组织部进行审核和考察。

【党风廉政与反腐倡廉】2016 年，中共娄底市委注重党性党风党纪教育，运用好监督执纪“四种形态”，经常性地开展廉政约谈提醒、新任领导干部任前谈话，培育党员干部健康的从政心态，抓早抓小抓防范。始终将纪律挺在前面，执行中央“八项规定”和省委“九项规定”，抓好《廉洁自律准则》《纪律处分条例》和《问责条例》的学习贯彻。保持惩治腐败的高压态势，开展“雁过拔毛”式腐败问题和“纠四风”“治陋习”专项整治，查处冷水江市部分党员干部涉赌案件。出台《关于在全市公职人员中实行禁赌限牌的规定》，从禁赌限牌等“小事”“小节”抓起，抓平时而正作风。

【“两学一做”暨责任心教育】2016 年，中共娄底市委按照中央、省委统一部署，抓“两学一做”教育，结合娄底实际，启动全市领导干部“履职尽责、攻坚克难”责任心教育，作为全市开展“两学一做”教育的“娄底行动”。市委班子坚持以身作则，在专题学习研讨、以考促学、上党课、办好学习教育联系点等方面走在全市前头，带动全市 9839 个基层党组织、21 万余名党员主动投入到学习教育中，有效推动学习教育入脑入心、见行见效，基层党组织战斗堡垒作用、广大党员先锋模范作用得到强化。书记、市长带头“默写入党誓词”，以考促学，以学促做，《人民日报》、新华网、《湖南日报》等中央、省级主流媒体对此作报道。

中共娄底市委办公室

【概况】2016 年，市委办公室围绕中心、服务大局，开展“两学一做”教育暨责任心教育活动，补短板、改作风、立规矩、建制度、强队伍，在出谋献策、发号施令、推动落实与后勤保障等方面，发挥“坚强前哨”“核心中枢”“巩固后院”的作用。计划生育、文明创建、综合治理、安全生产等 14 项工作被评为全市先进。

【自身建设】2016 年，市委办公室开展“两学一做”教育暨责任心教育活动，做好“规定动作”，创新“自选动作”，特别是在市委五届一次会议后，瞄准省委办公厅，对照“三个服务”，从政治标准、工作要求、精神状态、纪律规矩等方面认真对标，查找差距，提出“四个带头”“四个绝对”要求，打造忠诚机关、责任机关、效能机关、廉洁机关。征求市直单位和县市区意见，改进机关作风，在全市带好头、做好表率，力争建成“机关之首”。优化内部科室设置，按照科学、精干、高效的原则，明确职能职责，恢复启动一些基础性工作；优化班子分工，减少职能交叉，做到事有人管、责有人担，班子团结干事氛围浓；优化工作流程，提高办文办会办事效率，对 20 多项业务工作流程进行梳理和优化再造，确保各项工作无缝对接、精准到位；优化人员配置，实行大科室协同作战，倡导“首问制”“马上就办”和“工匠精神”。“三服务”工作主动、规范、精细、高效。要求每个干部，谨言慎行，令行禁止，按规定办事，按程序运作，绝对忠诚、绝对服从；要求每个岗位，责任上肩，干事在先，勤勉敬业，甘于奉献；要求每个职工，跟上领导节拍，练好基本功，做个多面手，成为“老把式”，把住细节、精益求精，雷厉风行、“马上就办”；要求班子成员，心存敬畏、知足感恩，战战兢兢、如履薄冰，把握分寸、守好本分。凡要求他人做到的，班子成员带头做到，有制度的按制度执行，没有制度的建立制度执行。领会中央、省委和市委精神，明确干什么、怎么干、重点在哪、关键在哪？通过与干部谈话谈心、警醒教育、责任心主题演讲比赛等形式，层层传导规矩规则意识、忠诚担当意识、效能效率意识、廉洁守法意识。

【参谋服务】2016 年，娄底市委办公室把参谋辅政作为工作的重中之重，把文稿起草、信息处理、文件审核、调查研究等作为准确传达上级指示精神、准确体现领导工作意图、准确反映基层真实情况的载体，提前想、深入谋，很多成果进入市委决策。围绕全市经济社会发展重大问题、广大群众关心的热点难点，发现、调度各地各部门好经验、好典型，提炼总结、向上推介。全年编发《市委通报》8 期、《综合与调研》12 期。其中《全力打造全国资源型经济转型发展示范城市》刊发在省委《内参》，《关于娄底市旅游产业转型升级的调研报告》等 10 余篇文章在省政府发展研究中心《研究与决策》和新华社《湖南领导专供》选登。发挥信息“快、准、全”优势，以小信息服务大决策。拓宽信息收集渠道，加强信息综合分析，为领导掌握情况、指导工作、决策部署提供“对路”信息。全年编报《今日要情》40 期 300 余篇（条），编报调研信息 30 余篇（条）。全年上报省办信息 1000 余篇（条），被采用 200 余篇（条）；上报中办信息 30 余篇（条），被采用 10 余篇（条）。全年起草《娄底市领导干部参加会议活动及外出规定》《提高市委常委会质量和效率的规定》等文稿 60 多个。

【牵头抓总】2016 年，娄底市委办公室把握重点工作、重要事项、重大会议活动安排的节奏，发挥综合协调中枢作用，减少中间环节，照应各方关切，带动全市各级机关有序运转，工作效率和水平得以提升，做到“立即办、零停留、零差错”。特别机要密码电报第一时间签收、第一时间办理。全年办理公文 4200 余份、密码电报 900 余份、明传电报 900 余份，发出通知 2.2 万余份，送审文件 5200 余人次，收发机要文件 2.1 万余份，收发电子公文 20 余万份。对会议活动服务做到：思之在前、谋之在后，立足早介入、早谋划、早准备，环环相扣、周密部署。全年承办市委经济工作会议、第五次党代会等全市性会议活动 130 余次。健全四大家秘书长联席会议制度，每月初召开联席会议，沟通情况、协调矛盾、解决问题，确保四大家忙而不乱、协调有序、运转高效。加大对党政机关、军工企业等重点单位、要害部门的保密执法和监管力度；把保密责任落实到单位、到岗位、到个人，确保业务工作发展到哪里，保密工作就延伸到哪里；在全国率先建成“四大平台”（市级重要涉密单位互联网接入口监测、涉密计算机违规外联监控、机关单位门户网站保密检查、三合一监控系统），投资新建市涉密载体销毁中心。全面实施公务用车改革，把重点保障和日常保障、政务保障和事务保障有机结合起来，明确时间、质量、责任等要求，提升后勤服务管理水平。

【推动落实】2016年，娄底市委办公室围绕脱贫攻坚、转型发展、生态环境治理、全面小康建设、底线工作等派出督查组，对市委主要领导交办涉及发展战略、工作思路、重大决策部署和人民群众反映强烈的问题，雷厉风行、紧抓快办。先后牵头组织重点项目建设、优化经济发展环境、全面小康推进等重大决策督查13次，实地开展党风廉政建设、中央八项规定落实、安全生产、党委换届、县乡人大代表直选等督查调研10余次。积极配合省委、省政府开展全省作风建设督查、全省绩效评估和重点民生实事考核等实地督查、调研、考核活动。以年初制定的市级领导中心工作任务清单为基础，对36位市级领导挂点33家工业企业、82个重点项目、24个建扶村、22家民间融资风险企业、5个新农村建设点、7个创文社区等中心工作任务清单落实情况，定期督查并全市通报。对领导批示件的办理，实行“专人负责、台账管理、限期办结、跟踪落实”，坚持批必查、查必清、清必办、办必果，确保件件有回复，事事有结果。出台全面小康考评方案。多次赴省直有关单位对接全面小康推进工作，争取省直有关部门指导和大力支持。通过上门督导等方式，主动帮助各县市区、市直单位解决小康推进工作中的困难，向省全面小康办推介娄底典型经验。（罗雪娟）

表2　2016年中共娄底市委办公室先进集体和先进个人登记表

获奖单位、先进个人	奖励名称	颁奖单位	颁发时间
伍大维	2016年度全省党委信息工作先进个人	中共湖南省委办公厅	2017年5月
李　红	2016年度全省党委督查工作先进个人	中共湖南省委办公厅	2017年1月
王瑰琳	2016年度全省党内规范性文件备案工作优秀个人	中共湖南省委办公厅	2017年2月
王光廷	全省党政系统先进机要工作者	中共湖南省委办公厅	2017年1月

督查工作

【概况】娄底市委督查室为市委办内设科室，为副处级配置，主任高配正处职，科室现有7人。主要负责市委重要会议、重大决策部署贯彻落实情况的督查，党内法规、市委重要文件贯彻执行情况的督查，中央、省委领导和市委书记重要批示、重要指示精神贯彻落实情况的督查；全面建设小康社会领导小组办公室的日常工作，全市考评、考核事项规范管理和综合协调工作，市委领导交办事项的督办工作，有关人大代表建议和政协委员提案的办理和市重点建议、提案的督办，全市党委办公室系统督查工作的业务指导和业务培训。2016年，市委督查室紧扣“加速转型、奋力赶超”工作总基调，围绕市委、市政府决策部署贯彻落实，履职作为。

【决策督查】2016年，娄底市委督查室聚焦重点工作，先后牵头组织重点项目建设、优化经济发展环境、全面小康推进等重大决策督查13次，实地开展党风廉政建设、中央八项规定落实、安全生产、党委换届、县乡人大代表直选等督查调研10余次。配合省委、省政府开展全省作风建设督查、全省绩效评估和重点民生实事考核等实地督查、调研、考核活动。

【专项查办】2016年,娄底市委督查室坚持问题导向,抓好市委常委会议、书记办公会议和专项查办事项落实。列为市委督查室常态化重点工作,实行“专人负责、一会(一事)一督、台账管理、限期落实、季度汇总”的工作方式,对重大紧急事项采取“特事特办、专项督查、专题汇报”的办法,坚持批必查、查必清、清必办、办必果,确保件件有回复,事事有结果。全年承办省委交办事项24件,市委主要领导批示件100件,“两代表一委员”建议提案14件。印发《市委督查专报》《市委督查通报》15期,发出督查公函或督办函86件(次)。

【小康督查】2016年,娄底市委督查室优化工作机制,强化督查考核。10月10日,市全面小康建设领导小组会议明确将市小康办由市统计局调整至市委督查室,配齐配强专门工作力量。出台小康考评方案,加大小康工作宣传、督查、考核力度。针对短板指标和短板工作,加强督查协调,加大推进力度。多次赴省直有关单位对接全面小康推进工作,争取省直有关部门指导和支持。（罗新吾 张文全）

组织工作

【概况】中共娄底市委组织部为市委主管党建、干部、人才工作的综合职能部门,截至2016年12月31日,部机关编制61个,实有在职人员50人,退休人员12人,党员61人。设办公室、研究室、基层办、非公办、组织一科、组织二科、干部一科、干部二科、干部三科、干部四科、公务员管理办、人才办、干部教育科、考试与测评中心、任期审计办、干部监督科、举报中心、远程教育管理中心、干部信息中心、党代表联络办、绩效考核办等。2016年,全市组织工作以落实全面从严治党要求为主线,围绕中心、服务大局,突出重点、狠抓落实,为加速转型、奋力赶超提供组织保证。全省市州组织工作评议考核中名列第四位,基层党建综合排名晋位升级,获评省级文明单位。

【“两学一做”暨责任心教育】2016年,中共娄底市委组织部按照市委统一部署,履行牵头抓总责任,以党支部为单位开展党员组织关系排查,与3795名失联党员重新取得联系,确保学习教育全覆盖。抓住领导干部这个“关键少数”,采取认真学、扪心问、自觉改、扎实做、公开评的方式,在县处级干部中同步开展“履职尽责、攻坚克难”责任心教育,作为“两学一做”教育的“娄底行动”,既突出问题导向,又提振干部干事创业精气神。通过以考促学、以讲领学、以宣带学、以赛竞学等方式打牢学的基础;巡回“微宣讲”活动,被中央国家机关工委评为“最佳案例”。先后选树李贝、周海涛、王宇等一批先进典型;李贝还被中组部考察组列入中央候补委员考察人选。从党支部及时换届、党员按时足额交纳党费等具体问题改起,从落实岗位职责清单、中心工作任务清单做起,推动学习教育落到实处。要求党员干部在项目建设、精准扶贫、防汛抗旱、服务群众等工作中身先士卒、苦干实干,以实际行动彰显学习教育效果。

【换届工作】2016年,中共娄底市委组织部坚持把党的领导贯穿换届工作全过程,抓细抓小换届各环节。坚持全局“一盘棋”,谋定而后动,采取先调研、再考察的方式,在反复分析、比对筛选的基础上,形成班子配备方案,落实选优配强目标。会同人大、政协、纪检机关和统战等部门,把好“两代表一委员”的考察关、提名关、程序关,严格执行“凡提四必”等监督制度,防止“带病提拔”“带病提名”的问题。结合换届,对市直领导班子进行深度考察。换届选举之后,又将市直领导班子特别政府组成单位主要负责人调整配备到位。全市共消化超配干部1252人,完成全部整改任务的80.8%。出台《推进领导干部能上能下的若干规定》《市管领导班子和领导干部“三位一体”综合考核评价办法》等制度。

【基层党建】2016年,中共娄底市委组织部以基层党组织标准化建设为抓手,按照“一年打基础、三年上台阶、五年创先进”的思路,开展基层组织建设先进市创建活动。从基础工作入手,开展基层党建“四个动态清零”行动,即对软弱涣散基层党组织整顿转化、乡(镇、街道)“五小”设施和便民服务中心建设、村(社区)活动场所和便民服务站点、基层党建信访问题实现动态清零。对基层党建8项重点任务实行“挂图作战”和项目化管理。建立标准党员档案室748个;取消党代表资格、停止执行代表职务94人;年内排查225个软弱涣散基层党组织全部整顿到位;选派734个扶贫工作队、1042名“第一书记”驻村帮扶,全年减少建档立卡贫困人口92451人。推进基层党建“一县一品”战略,基层党建信息化管理、“党建提质促脱贫提速”等项目取得成效。全省发展党员和党员教育管理工作座谈会及全省党建工作现场会在娄底召开。

【人才工作】2016年，中共娄底市委组织部贯彻落实深化人才发展体制机制改革的意见，围绕“十三五”规划，会同有关部门制定出台《引进高层次人才实施办法》，设立1亿元的高层次人才引进专项资金，对引进高层次人才发放“娄底市引进人才绿卡”，建立娄底市外籍专家和高层次人才医疗保健服务制度，打造娄底人才聚集“小高地”。在娄底市中心医院建立省级院士工作站。盘活本土人才资源，评选享受市人民政府特殊津贴专家人才18人，表彰宣传40名“扎根农村基层优秀人才”和“中小微型企业创新创业优秀人才”。文昌科技和冷水江三A新材被推荐评为全省企业科技创新创业团队，组织20名专家代表到云南等地休假考察。统筹开展各类人才教育培训，选派75名经济部门负责人到北京大学开展专题培训，选派9名优秀中青年干部赴上海跟班学习。

【自身建设】2016年，中共娄底市委组织部以“树立标杆、走在前列”为要求。实施“双十”(邀请名师讲十堂课、评选表彰十名优秀业务骨干)工程，提升组工干部专业化能力。坚持重点工作一周一预报、一月一盘点、一季一调度，每个季度带着问题，到一个县市召开一次现场会，推进基层党建“一县一品”战略。推行精细化管理、百分制考核，强化“先进不是评出来，而是考核出来”的理念。重视和加强调研宣传工作，完成中组部和全国党建研究会的两个重点课题，“中国特色党建智库建设实践经验研究”获重大调研成果奖，“以优良的党内风气引领营造良好政治生态研究”获优秀调研成果奖。还涌现出肖蕾、黄银枝、王新中等一批爱岗敬业、默默无闻、甘于奉献的组工干部。

(李梦贞)

表3　2016年娄底市委组织部先进集体和先进个人登记表

获奖单位、先进个人	奖励名称	颁奖单位	颁发时间
中共娄底市委组织部	湖南省2016届文明单位	湖南省文明办	2017年2月
袁送荣	2011-2015年全国法制宣传教育先进个人	中共中央宣传部 中华人民共和国司法部	2016年5月
吴昌前	全省优秀党务工作者	中共湖南省委	2017年6月

宣传工作

【概况】中共娄底市委宣传部为市委主管意识形态工作的综合职能部门。2016年在职人员31人，离退休人员12人，有42名党员。内设办公室、理论科、新闻出版科、文化艺术科、宣传教育科、政策研究与舆情信息室、干部科、市委对外宣传办公室(加挂市政府新闻办公室牌子)、市委精神文明建设指导委员会办公室(加挂文明单位建设指导科牌子)、文化产业发展办公室、市国防教育委员会办公室。全市宣传思想战线以习近平总书记系列重要讲话精神为指引，贯彻落实中央、省委、市委重大决策部署，为娄底“加速转型、奋力赶超”提供思想保证、精神力量、道德滋养和文化支撑。

【理论武装】2016年，中共娄底市委宣传部以党委(党组)中心组学习为龙头，学习党章党规、习近平总书记系列重要讲话以及十八届六中全会、省第十一次党代会、市第五次党代会精神，组织“学讲话用讲话”心得录交流活动，开展“两学一做”暨“履职尽责、攻坚克难”责任心教育学习研讨，全年组织11次市委学习中心组(扩大)学习。以“百姓微宣讲”活动为重点，开展“讲话精神进基层”“五中六中全会精神进基层”“全国‘两会’精神进基层”百姓微宣讲3000余场次，受众10万余人次；在市直单位开展“两学一做”暨责任心教育巡回微宣讲10多场次，受众5000余人；在全市开展十八届五中、六中全会精神专题宣讲800余场次，受众12.3万余人次。以开展“献计献策”活动为抓手，出台《关于进一步繁荣发展哲学社会科学的实施意见》，激发和调动全市哲学社会科学理论工作者围绕“转型创新”等课题调研，推出一批高质量调研成果；组织“对接大长沙，推进新发展——我为转型发展献计策”研讨会，结集出版研讨成果。

【意识形态】2016 年，中共娄底市委宣传部贯彻落实意识形态工作责任制要求，出台《娄底市落实党委（党组）意识形态工作责任制实施方案》，召开全市落实党委（党组）意识形态工作责任制会议，层层细化分解意识形态工作责任，形成一级抓一级、层层抓落实的工作格局。在市委党校、市公安局等市直单位建立 8 个意识形态领域情况分析研判工作联系点，各县市区分别成立分析研判小组和建立联系点。强化理论、新闻、文艺、出版、网络等阵地的导向管理，加强各类社科类论坛、讲座、研讨会、课堂、学术沙龙及社团组织的管理，开展“扫黄打非”和文化市场专项整治和监管，“5·17” 非法政治读物侵权案等案件的侦办得到全国“扫黄打非”办高度评价。

【舆论引导】2016 年，中共娄底市委宣传部开展“加速转型、奋力赶超”“项目建设大比拼”“七个三年行动计划”“转型创新进行时”等经济宣传活动，组织“‘两学一做’ 和责任心教育”“创建全国文明城市”“党的十八届六中全会”“省第十一次党代会”“市第五次党代会”“万名干部下基层、解难惠民促发展——四进活动”等主题宣传，精心策划全国优秀共产党员李贝、“全国岗位学雷锋标兵”郭远红、见义勇为的餐馆老板李勇、跳入粪坑勇救 3 岁儿童的教师杨文利等典型宣传，推出娄底“全国好人”4 名、“湖南好人”17 名。在《娄底日报》《娄底新闻联播》同步刊播署名“楼迪新”重要评论文章 9 篇；在中央、省级主流媒体发表正面宣传稿件 3326 篇（条），其中在人民日报等重点央媒刊播 152 篇（条），“娄底每名党员都要交答卷”等报道在《人民日报》头版或要闻版刊登；在湖南日报发头版头条 11 个、在湖南卫视《湖南新闻联播》上稿 152 条、湖南经视《经视新闻》上稿 117 条。重视网络宣传，3000 多篇（次）涉娄正面报道在人民网、新华网等主流新闻网站、商业门户网站转载，200 多条新闻在新华网、人民网等网站发表或转载，策划正面网评专题 50 多个，130 多篇评论文章在中央和省内重点新闻网站推送，有效协调处置“干部忙早退”等 20 多起网络舆情，红网“问政湖南”频道“书记市长留言”和市政府门户网站“书记市长信箱”办理回复及时有效；在全省网宣工作会议上娄底作典型发言。

【文明创建】2016 年，中共娄底市委宣传部推进核心价值观建设，在市直媒体开展社会主义核心价值观和创建全国文明城市专题专栏宣传，利用娄底文明网、“文明娄底”微信公众号等新媒体进行宣传，颁布《娄底市民文明公约》，印发《娄底市民文明手册》。出台工作考评办法、问责办法和目标管理考核评分细则，常态开展六大专项整治，创文电视问政等舆论监督得到强化，“文明家庭、文明市民、文明院落、最美娄底人”评选和“弯腰行动”等系列活动铺开，调动群众创建积极性，增强获得感。中心城区社区学雷锋志愿服务工作站实现全覆盖，市慈善志愿者协会获得“全国百佳志愿服务组织”殊荣，“娄底志愿现象”在湖南产生影响。

【文化娄底】2016 年，中共娄底市委宣传部推进文化体制改革，制定《娄底市文化体制改革工作要点》，项目化推进 66 项重点改革任务，得到省委督查组肯定。出台《关于加强公共文化服务体系建设的实施意见》，年内建成社区文化活动室 106 个、乡村文体小广场 286 处、农村广播“村村响”409 个，抓好新化、涟源第一批 21 个贫困地区村级综合文化服务中心示范村建设，启动第二批 24 个综合示范村建设。群众文化活动蓬勃开展，层层组织“欢乐潇湘·文化娄底” 群众文艺汇演并在全省决赛中获 2 金 3 银 3 铜的佳绩，开展樱花季·文化节暨全民阅读大型公益活动、“唱红色歌曲·传清廉正气”纪念中国共产党成立 95 周年合唱比赛等活动。出台《中共娄底市委关于繁荣社会主义文艺的意见》，召开全市繁荣社会主义文艺工作座谈会，《烧车御史》作为湖南唯一剧目晋京参加全国基层院团戏曲会演，邀请著名作家王蒙、书法名家包俊宜等主讲“娄底文化大讲堂”。编制完成《娄底市“十三五”文化产业发展规划纲要》，启动实施 “娄底市文化旅游及健康养老产业三年行动计划”，成立市文化产业协会。全市入统规以上文化企业新增 54 个达 158 家。全年文化及相关产业增加值突破 100 亿元、占 GDP 比重达 3.78%。8 个项目在第 12 届深圳文博会签约，引进资金 51.58 亿元。

【工作责任制】2016 年，中共娄底市委宣传部按照中央《党委（党组）意识形态工作责任制实施办法》和省委有关文件精神，4 月 22 日，召开全市落实党委（党组）意识形态工作责任制会议，贯彻全国、全省党委（党组）意识形态工作责任制座谈会和宣传部长会议精神，部署全市落实意识形态工作责任制及全年宣传思想工作。市委副书记何文君出席并讲话，市委常委、宣传部部长伍美华作工作报告。印发《娄底市落实党委(党组)意识形态工作责任制实施方案》,提出各级党委(党组)领导班子对本地区、本部门、本单位意识形态工作负主体责任,党委(党组)书记是第一责任人，要把意识形态工作摆上全局工作的重要位置,纳入重要议事日程,纳入党建工作责任制,纳入纪律监督检查范围,实行领导班子、领导干部目标管理。

【参加文博会】2016 年,中共娄底市委宣传部组团参加第十二届中国(深圳)国际文化产业博览交易会。选送“大美湖南,神韵湘西”非遗展的梅山傩戏、双峰溪砚、双峰永丰辣酱、涟源牛山棕编、新化渠江薄片等产品,受到参会领导好评和参展游客喜爱。在非遗馆举办欧美和东南亚采购商洽谈会上，双峰溪砚、文田砚等非遗产品与欧美等国客商签订购销合同 1123 万元。在湖南文化旅游湘商推介会安排 15 个重大项目现场签约仪式上，娄底有新化龙凤山竹海生态旅游区、新化龙湾风情小镇、涟源杨家滩仿古文化商业街、新化吉庆牡丹产业园 4 个项目签约,金额 17.58 亿元。

【学术研讨】2016 年,中共娄底市委宣传部、娄底军分区政治部、市社科联、市委党史办在新化县奉家镇上团村举行“红军长征在娄底”学术研讨会暨“心系国防情 重走长征路”活动。与会领导和专家对红军第二、第六军团途经娄底史实进行论证,对其历史影响和现实意义开展分析。为追寻红军长征足迹,举办单位及各县市区党员干部代表、湖南人文科技学院师生及市国防教育协会代表、当地群众代表近四百人参加“心系国防情 重走长征路”活动启动式。参与人员集体徒步穿越崇山峻岭,行程 6 公里,通过模拟当年红军长征场景,感受红军长征不畏艰险、坚持到底、乐观向上的革命精神。《光明日报》《湖南日报》湖南卫视等主流媒体以及新浪、网易等门户网站对活动做报道。

(梁鹰)

表 4　2016 年中共娄底市委宣传部先进集体和先进个人登记表

获奖单位、先进个人	奖励名称	颁奖单位	颁发时间
中共娄底市委宣传部	好声音讲坛——“三新”进基层百姓微宣讲活动优秀组织奖	中共湖南省委宣传部	2016 年 8 月
中共娄底市委宣传部	重大事件舆论引导优秀案例奖	新华网	2016 年 11 月
中共娄底市委宣传部	2016 年度《湖南日报》发行先进单位	中共湖南省委宣传部	2017 年 1 月

纪律检查工作

【概况】2016 年,中共娄底市纪律检查委员会坚持“一案双查”,严肃问责,履行“两个责任”(党风廉政建设和反腐败工作,党委负主体责任,纪委负监督责任)不到位的情形,倒逼责任落实。全市共办理追究两个责任案件 16 起,问责 39 人。督促涟源市纪委处理中纪委交办的 7 起侵害群众利益的问题，对 52 名责任人员予以问责,其中 14 人因履行两个责任不力被追究,6 人被给予党内严重警告处分,3 名乡镇纪委书记被调整岗位。释放“有责必问,问责必严”强烈信号。

中共娄底市纪委班子成员合影

【遏制“四风”】2016 年,中共娄底市纪律检查委员会出台深化作风建设监督检查实施方案、党风政风明察暗访暂行办法,采取“单位自查、部门联查、县市区交叉查、市纪委重点查”方式，加大查处力度。牵头协调职能部门，在重要节点和时段，开展明察暗访和“点穴”式专项检查。市本级办结涉嫌违纪违规的问题线索159起，问责党员干部212人。查处违反中央八项规定精神问题73起，问责135人（其中党政纪处分120人）。查处娄星区黄泥塘街道办事处公款旅游、公款高消费等问题，给予14人党纪政纪处分，其中1人被撤销党内职务、行政降级。开展“三公经费”专项监督检查，涉及问题单位262个，立案48起，问责83人。针对公职人员打牌赌博等突出问题，出台“禁赌限牌令”，开展集中专项整治，严查公职人员打牌赌博行为。全市查处党员和公职人员打牌赌博问题88起，问责党员干部93人，其中党政纪处分91人。严肃查处违规操办的典型案件，市城投办副调研员付和平因违规为其子操办婚宴，被给予党内严重警告处分。公款吃喝、公款送礼、公款旅游、公车私用、违规操办等不良风气得到有力整治，“四风”问题得到遏制。

【纪律审查】2016年，中共娄底市纪律检查委员会共处置问题线索3398件，立案1135件，结案1165件，给予党政纪处分1208人，其中县处级干部29人，移送司法机关59人。查处一批严重违纪涉嫌违法要案窝案。冷水江市部分党员干部打牌赌博案，给予26人（其中处级干部2人，科级干部17人，一般干部5人，普通党员2人）党政纪处分，问责3人（市委书记、纪委书记、公安局局长）；娄底白马灌区管理局、涟源白马水库管理处违纪违法窝案，涉案人员26人（其中处级干部2人、科级干部15人、一般工作人员9人），7人被移送司法机关处理。

【治理不正之风和腐败】2016年，中共娄底市纪律检查委员会开展治理“雁过拔毛”式腐败和集中化解基层涉纪信访积案专项行动。交办问题线索239件，直接查办和督办村干部违纪案22起。查处涟源市蓝田街道办事处光明山社区侵占集体资金、失职渎职、公款旅游系列案，涉案人员全部被开除党籍，移送司法机关处理。查处新化县温塘镇枫树村套取、挪用、截留专项资金、失职渎职窝案，处理党员干部28人，给予19人党纪政纪处分，3人移送司法机关处理。专项工作开展以来，全市纪委共立案451件，问责601人，其中党政纪处分441人开除党籍，35人，移送司法机关47人；集中化解基层涉纪信访积案228件。

【改进纪律审查方式】2016年，中共娄底市纪律检查委员会按照“五类标准”处置问题线索，运用监督执纪“四种形态”，执行谈话函询实施办法，扩大谈话函询、诫勉谈话范围，全年全市提醒谈话216人次，函询115人次。坚持多用“走读式”谈话开展纪律审查。发挥反腐败协调小组作用，完善成员单位之间案件及问题线索的通报、移送制度，凝聚办案合力。增加案件剖析力度，发挥纪律审查警示震慑作用，规范案件审理，案件优良率保持90%以上。

【监督市县乡换届工作】2016年，中共娄底市纪律检查委员会坚持“三在先”原则，出台“七个一”措施，推进换届风气监督工作。按照“四必看”“四个凡提”要求，全市各级集中观看警示教育片3803场次。党委换届期间，对201名县处级领导干部个人有关事项进行核查，批评教育58人，取消12人提名资格。审核县处级换届提名人选档案77份，对128名换届提名考察对象进行全程纪实。对960人次提出廉政情况意见。对61名换届考察对象及公示对象信访举报进行查核，取消2名提名人选资格。审查“两代表一委员”资格，取消12人推荐资格。强化现场督导巡查，共开展5轮换届风气巡回督查，县（市、区）党代会期间，联系县（市、区）的5名市委常委分别带队全程驻会监督，市第五次党代会期间，组建13个会风监督工作组24小时驻团驻会监督。畅通“四位一体”举报受理平台，对换届风气实时监测。

【注重基层信访举报】2016年，中共娄底市纪律检查委员会坚持强化责任，把实劲用在基层，将纪检监察信访举报工作纳入党委落实党风廉政建设责任的重要内容，把主体责任压实到基层和相关市直职能部门。对纪检监察业务内越级上访问题突出的县市区实施重点管理。对重点管理县市区党委、纪委主要领导和分管领导进行约谈和诫勉谈话；全市各级纪检监察机关共受理各类信访2946件，与上年同期相比下降6%。

【规范工作程序】2016年，中共娄底市纪律检查委员会出台《纪检监察信访举报件办理工作规程》《纪检监察业务外信访件转办办法》《纪检监察信访举报件办理问责暂行办法》。建立健全“三月一对账、半年一查账、一年一清账”的工作机制和信访督办台账，对领导批示件、交办件和重要转办件、打击报复举报人信访件办理情况进行跟踪督办。核实督办双峰县石牛乡双新村等一批村级信访案件。

【集中化解积案】2016年，中共娄底市纪律检查委员会对十八大以来重信重访、越级上访和疑难信访进行集中清理，开展专项行动，解决一批积案，取得良好纪律与社会效果。对全市历年未结遗留228件案件，通过线索清理、分类处置、现场指导、跟踪督办等方式进行集中化解。

【腐败预防】2016年，中共娄底市纪律检查委员会把政治纪律和政治规矩摆在首位，作为党规党纪教育首要内容。开展《廉洁自律准则》《纪律处分条例》《问责条例》学习宣传活动。各级领导干部带头宣讲纪律条规。把党章党纪党规纳入党委(党组)中心组学习内容，坚持以考促学。围绕"两学一做"暨责任心与廉政教育。邀请专家学者进行主题宣讲。组织7万人次观看警示教育片，组织2000余人次赴娄底监狱开展警示教育。印发典型案例摘编5.5万本。印发换届"九严禁"卡片7万余张、宣传挂图2600余套。举办"清风颂"原创廉政文艺晚会，指导创作长篇历史小说《烧车御史谢振定传》和大型历史湘剧《烧车御史》。加强党政正职"三个不直接分管"、任前廉政监督、个人有关事项报告、经济责任审查审计等制度执行情况的监督检查。开展县(市、区)和市直单位党政主要负责人"四述"，接受市纪委全会评议，督促党政领导班子主要负责人执行民主集中制，落实"三重一大"集体决策。与检察、公安、国安部门紧密配合，成立精干追逃小组，开展对肖某某案和朱某某案的追逃工作。

【自身建设】2016年，中共娄底市纪律检查委员会推进纪检体制改革，深化"三转"。纪检监察机关不再从事与主业无关的工作，纪委书记、纪检组组长不再分管纪检监察以外的业务。职能不清、主责不明等问题得到较好解决。市县两级纪委人员力量进一步向执纪监督一线倾斜，占比分别达到73%、60%。落实纪委书记、副书记等"四个提名考察办法"。完善纪检监察干部选拔任用、轮岗交流、挂职锻炼等机制。规范线索处置、纪律审查、执纪审理等纪检监察业务办理，管理机制逐步完善。以"零容忍"态度查处"灯下黑"，处置纪检干部问题线索87件，立案16件，给予党纪政纪处分16人，组织调整12人。

【巡察监督】2016年，中共娄底市纪律检查委员会成立巡察领导小组及办公室。出台《中共娄底市委巡察工作办法（试行）》《娄底市2016年度巡察工作实施方案》，向市委提出巡察组组长、副组长建议名单。从财政、审计等市直相关单位和基层单位抽调11名专业人员，建立起巡察工作队伍。9月22日，巡察办举行揭牌仪式。9月底开展对6个市直单位首轮巡察。发现问题线索56件，移交问题线索28条，提出整改建议37条。（李罗颖）

统一战线工作

【概况】中共娄底市委统一战线工作部，是市委主管全市统一战线工作的职能部门。设办公室、干部党派科、经济联络科、民族宗教工作科、海外联谊会办公室、非公有制经济组织工作委员会办公室，在职干部18人。成立统战系统机关党委，设6个机关党支部(包括1个老干支部)，有党员70人。2016年，市委统战部获全省统战信息工作先进单位、全省统战宣传策划奖、全省统战工作实践创新成果奖及全市综治工作先进单位等多项荣誉。

【贯彻落实重大决策部署】2016年，中共娄底市委统战部成立统一战线工作领导小组，出台《关于加强新形势下全市统一战线工作的意见》《贯彻落实市委统战工作会议精神和〈意见〉重点工作规划(2016-2017年)》。督促指导各县市区党委相继成立统战工作领导小组，建立健全涉及统战工作的各类联席会议制度。通过立体式、全方位、多层次的学习宣传和调研检查，推动中央、省委的决策部署贯彻到位。

【凝心聚力"十三五"】2016年，中共娄底市委统战部立足娄底实际，发挥统一战线人才荟萃、智力丰富这一特点，从凝心、汇智和聚力3个方面，拟定共识大提升行动、智慧大汇集行动、力量大比拼行动及14项具体工作任务，制定下发五年规划和各年度工作要点，建立运转和推进机制。以"三三五"党外人才培养计划和民主党派、工商联领导班子政治交接为重点，加大党外代表人士的培训力度，强化政治引领。建立16名党员市级领导与32名党外代表人士联谊交友机制。赴岳阳开展3天异地谈心谈话活动。召开年度课题协商会和成果汇报会，14项专题调研成果汇编成册。全年有3条建议意见被中央统战部采录，其中娄底市农工民主党主委郭细军提交的"脊髓灰质疫苗剂型设计不合理导致巨大浪费"获中央政治局委员、国务院副总理刘延东批示。紧扣全市"脱贫攻坚三年行动计划"，组织全市各级统战部门、统战系统和统一战线广大成员力量参与脱贫攻坚，打造一批“一家一”就学就业、民企联村、明眸工程等特色品牌。实施“同心工程”，做好全省第二届“十大同心人物”和省级“同心工程”示范点推荐工作。民建会员、湖南东灏集团董事长姜东兵获2016年度“同心人物”提名奖，娄底眼科医院“明眸工程”、新化县建材协会公益慈善项目成为第三批授牌的省级“同心项目”。

【完成换届工作】2016年，中共娄底市委统战部指导市县两级工商联和市本级两个民主党派顺利完成换届，实现政治交接。参与市、县两级党委、政府、人大、政协的换届工作。根据省委和市委的安排，建立市人大、政协换届工作联席会议制度，严格按要求做好党外代表、委员的推荐提名和组织考察工作。坚持“凡进必评”原则，对1826名非公经济人士进行综合评价。同时，切实履行加强换届工作风气监督工作小组成员单位责任，全程参与市、县两级换届风气监督和有关考察。此次市、县两级人大、政协换届，党外政协委员、常委全部达到政策规定的比例要求。在人大选举后，市本级非中共党员人大代表达到35%，非中共党员人大常委达29%。在5个县(市、区)中，非中共党员人大代表占比绝大部分达到或超过要求，非中共党员人大常委占比达33%。

【各领域统战工作】2016年，中共娄底市委统战部协助市委出台《关于加强政党协商的实施意见》，制定政党协商年度计划，召开各类协商会议9次，政党协商更加规范，协商质量明显提高。民族宗教领域保持和谐稳定。学习贯彻中央、省委民族工作会议精神，在娄少数民族流动人口服务管理得到重视，民族团结进步事业得以推动。传达贯彻全国、全省宗教工作会议精神，支持宗教团体加强自身建设，及时妥处一批信访矛盾，协调有关部门集中解决一批历史遗留问题。拓展港澳台海外联络联谊，承办“情牵两岸·月共一轮”娄底籍陆配欢喜回娘家和台湾基层民意代表、村(里)长到娄底参观访问活动，组织娄底市农业考察团赴台交流考察。举办湖南·两岸中华文化交流活动；成立香港娄底联谊会的筹备工作组，启动成立澳门娄底联谊会的有关事项。

【自身建设】2016年，中共娄底市委统战部落实从严治党主体责任，实现由同级党委常委专职担任，各乡镇党委都配齐统战委员，开展“两学一做”暨“履职尽责、攻坚克难”责任心教育，加强统战系统思想、作风、制度和领导班子建设，统战系统党的建设明显加强。实行统战干部教育培训、轮岗锻炼和对外交流，其政治素质、业务能力得以提高。全市统战系统调研信息、统战宣传取得成效，信息工作保持全省先进。

（付嘉名）

【谈心谈话】2016年，中共娄底市委常委、统战部部长王雄与各民主党派市委、市工商联主要负责人在岳阳开展谈心谈话活动，相互交流意见、共话娄底发展。民盟娄底市委主委邵瑛，民建娄底市委主委朱鸿宾，农工党市委主委郭细军，九三学社娄底市委主委刘继清，市工商联主席李德仁等参加座谈。王雄指出，开展谈心谈话活动，加强联系交流，及时了解工作情况、干部心态，坚定发展信心，形成发展共识，凝聚发展力量。各民主党派要坚持和完善中国共产党领导的多党合作和政治协商制度，加强合作共事，同心同德，同向同行，做成事，出成果。座谈期间，王雄与各民主党派、工商联负责人还到岳阳县羊楼司镇考察学习集“竹、酱、瑶”文化于一体的省级“同心·生态旅游产业开发实践基地”和“同心·美丽乡村”西长村的建设。他表示，岳阳利用统一战线优势开展“同心”品牌建设工作，有特色，有成效，值得学习和借鉴。

表5　**2016年市委统战部先进集体和先进个人登记表**

获奖单位、先进个人	奖励名称	颁奖单位	颁发时间
娄底市委统战部	全省统战信息工作先进单位	省委统战部	2017年2月
娄底市委统战部	全省统战宣传策划奖	省委统战部	2016年12月
娄底市委统战部	全省统战工作实践创新成果奖	省委统战部	2017年2月
李　静	全省统战信息工作先进个人	省委统战部	2017年2月

机构编制工作

【概况】娄底市机构编制委员会办公室是市机构编制委员会的常设办事机构，负责全市行政管理体制和机构改革以及机构编制日常管理工作。既是市委工作机构，又是市政府工作部门。设综合科、行政机构编制科、事业机构编制科、机构编制督查科和行政审批制度改革科等5个内设机构，有行政编制16名，后勤服务事业编制1名，实有人员16人。下设副处级事业单位登记管理局、正科级机构编制信息中心等2个二级机构。2016年，全市机构编制工作以深化改革、强化管理、优化服务为抓手，解放思想、开拓创新，严控机构编制，紧扣服务发展，为全市经济社会发展提供体制机制保障。

【市县区政府机构改革】2016年，娄底市机构编制委员会办公室以“释政策、解难题、催进度”为抓手，组织专门力量赴各县(市、区)推动政府机构改革工作，针对改革中发现的问题，采取及时通报、上报每周进度和纳入绩效考核等方式实施督促，并跟踪指导。至年底各县市区政府机构改革工作如期完成——职能得以转变，职责关系理顺，组织结构优化，形成“权责一致、分工合理、决策科学、执行顺畅、监督有力”的行政管理体制。

【行政审批制度改革】2016年，娄底市机构编制委员会办公室按照中央、省里部署，围绕“放、管、服”做文章，推进行政审批制度改革，确保该放的权力放到位，该管的事管得好。为配套省直管县经济社会管理权限，下发《关于取消和调整一批行政审批事项的通知》《关于承接和下放部分市级经济社会管理权限的通知》，承接省级经济社会管理权限41项，向新化县下放市级经济社会管理权限111项；下发《关于推广随机抽查规范事中事后监管的通知》，与市审改办联合法制办、优化办、政务中心对市本级44家单位上报的事中事后监管方案进行审核备案，建立健全以随机抽查为重点的市场主体常态化监管机制；推进“互联网+政务服务”。按“让信息多跑路，让群众少跑路”的要求，全市投资项目在线审批监管平台与中央和省对接，实现网上受理、办理、监管服务。

【事业单位分类改革】2016年，娄底市机构编制委员会办公室经与相关部门沟通协调，全市全年事业单位分类改革取得进展，清理规范和分类工作取得成效，完成事业单位改革阶段性任务。市本级386个事业单位明确类别，其中划入行政类事业单位20个，公益一类事业单位257个，公益二类事业单位33个，经营类事业单位24个，暂缓分类有18个，暂不纳入本次事业单位分类范围的事业单位34个。部分划入生产经营类事业单位已撤并，尚有部分事业单位也明确转企改制方向，各县(市)事业单位分类改革工作得以推进。

【娄底经开区体制机制改革】2016年，娄底市机构编制委员会办公室会同市政府法制办、开发区等相关部门多次会商研讨、分析论证交流、反复征求意见，根据问题导向原则，针对34个子课题，组织人员研究，起草《娄底经济技术开发区体制机制改革调查研究报告》，形成以“改权限、改审批、改执法、改服务、改机构、改人事、改考核、改薪酬”为核心内容的总体方案，并拟发《关于公布娄底经济技术开发区权力清单的通知》《关于娄底经济技术开发区体制机制改革方案》《关于娄底经济技术开发区党委、管委会主要职责、内设机构和人员编制规定》等政策文件，提交市编委会议研究，全市经开区自主发展空间得以扩展，简政放权落地生效，园区干事创业积极性和主动性得到激发。

【重点领域专项改革】2016年，娄底市机构编制委员会办公室把涉及土地登记、房屋登记、土地承包经营权登记、林权登记、水域滩涂养殖权登记等职责实行整合，由新成立市不动产登记中心承担，实现一个窗口审批、一站式办理。按照职能整合、编随事走、人随编走原则，从娄底市房地产管理局机关及二级机构、市国土局系统、市林业局等部门单位职能实行整合，人员编制实施调整，组建市不动产登记中心，出台“三定”规定，全市不动产登记工作已进入实施阶段。结合事业单位分类改革要求，对国有林场属性和级别进行明确，督促县市区围绕保护生态、保障职工生活两大目标，推进政事分开、事企分开，实现管护方式创新和监管体制创新。且配合做好法院、检察院人财物省垂直管理工作，对全市两级法院、检察院人员编制、领导职数和机构设置进行梳理，确保体制调整后不遗留问题。按照管办分离、事企分开原则，调整市直城投体制。重新组建市城市建设投资管理办公室和市城市建设投资有限公司，市城投办为政府直属事业单位，不再加挂娄底市城市建设投资管理有限公司牌子，市城市建设投资管理有限公司为企业法人，按国有企业方式运行。

【机构编制】2016年,娄底市机构编制委员会办公室完善实名制管理系统建设,实现实名制数据库,更新数据,推进实名制数据库"清零和零差错",给全市机构编制各项管理提供准确基础数据。出台《关于进一步加强市直机关事业单位编制使用管理的意见》等多个机构编制管理规范性文件,助力有效管理模式和运行体制的建立。采取用编实施年度计划管理、周转编制制度等办法,使全市机构编制调控平稳有序。新建机构均按"撤一建一"或通过挂牌方式解决,新增编制均在总量内调剂解决,新进人员亦在编制限额内解决,守住机构编制总量和财政供养人员2个"只减不增"底线。

【机构编制监管】2016年,娄底市机构编制委员会办公室完善举报电话受理制度。通过"12310"举报电话、信访系统举报、网络举报、专人接访4个渠道,全年受理信访举报件(网络举报)5件。以"控编减编"为抓手,做好日常监督工作。下发《关于开展全市控编减编方案执行情况自查工作的通知》,采取市直、县(市、区)单位自查和联合督查相结合方式,对全市党政群机关行政编制、政法专项编制、事业编制总量执行情况,机关使用其他编制、新增事业编制、原有工勤编制问题消化解决情况等开展督查,对发现问题进行及时处理与纠正。开展机构编制责任审计工作,拓展机构编制监管领域。全年对市老干局、市机关事务管理局等26个市直单位和县(市、区)主要领导实施任中或离任机构编制管理审计,并参与省审计厅对邵阳市隆回县主要领导经济责任审计。

【事业单位登记管理】2016年,娄底市机构编制委员会办公室推进机关、群团统一社会信用代码赋码工作。自年初市编办承接此项职能后,克服人手不足的困难,按照中央、省、市统一部署,通过加强组织领导、学习培训和业务指导,自觉提升业务能力,新增职能实现无缝对接。截至年底,机关、群众团体统一社会信用代码赋码取得阶段性成效,市本级共办理机关、群团统一社会信用代码46个。并做好事业单位日常登记管理和统一社会信用代码赋码换证工作。全年全市事业单位法人新设立登记88个、变更登记465个、注销登记9个,其中市本级新设立登记29个、变更登记156个、注销登记1个。且对255家事业单位法人年度报告进行公示,公示率达98.6%。对事业单位法人统一社会信用代码赋码258个,换证222个。印发《关于印发〈娄底市市直事业单位法人公示信息抽查实施方案〉的通知》。

【网上名称管理】2016年,娄底市机构编制委员会办公室多次召开党组会议专题研究措施,确定各县(市、区)编办工作责任和完成时限,把中文域名注册经费纳入财政预算,统一支付,协助县(市、区)编办向当地财政争取专款;采用"三统一"服务模式,落实专人,统一向各单位收取资料、统一办理网上注册、统一上缴注册费,全市网上名称管理工作有序开展。全市全年中文域名注册覆盖率从年初不足5%到年底的90%以上,得到省编办肯定。

【整合机构编制资源】2016年,娄底市机构编制委员会办公室完成市住建局、市国土局、市水利局、市规划局、市科技局、市审计局、市司法局、市环保局、市国资委、市旅游外事侨务局等"三定"工作,使部门之间职能职责明确,关系理顺。并按"只减不增,总量平衡"原则给相关单位调剂增加编制。制定并以两办名义印发《关于娄底市卫生学校整合到娄底职业技术学院实施方案》,平稳推进两校整合工作,使全市高、中等职业教育协调发展。在严格控制机构编制前提下,把机构编制资源向教育领域倾斜。根据每年班级数和学生数的变化对教职工编制进行动态调整,对市直部分义务教育学校在省下达教职工编制总额内调剂增加教职工编制654名。市直中小学校班额降到60人以下,部分学校班额达到50人标准,实现市委、市政府化解城区大班额4年行动计划目标。 (肖凯)

对台工作

【概况】2016年,全市对台工作贯彻落实党的十八大精神和中央对台方针政策,把握两岸关系和平发展主题,围绕市委、市政府中心工作,推动娄台两地交流交往与经贸合作,做好基层基础工作,各项工作稳中有进。全年组织非公团5个赴台开展商务考察和交流,接待来娄考察台胞超300人次。承办"情牵两岸·月共一轮"娄底籍陆配回娘家活动和全国重点对台交流项目"台湾基层民意代表、村里长来娄参访"活动,让台湾同胞感受大陆经济与社会发展进步,助力开展娄台两地民间和基层交流。落实省台办涉台投诉案件办理有关精神,按照省、市综治委工作要求,妥善处理一批涉台投诉及求助案件,全市全年处理求助涉台信访案件7起。

【对台经贸工作】2016年,娄底市对台工作办公室多次组织招商引资工作人员赴省内对台经贸先进市州学习交流，吸取经验。安排专人对全市范围内台资企业调研，制定表格、台账按月进行统计，撰写专题调研报告。邀请台湾海峡两岸农业协会14名台湾农业企业负责人及农业专家、学者对新化县农业考察交流，探讨品牌创立、模式创新、市场开拓、环境保护及合作发展。10月底，应台湾产业规划发展协会邀请，市委常委、统战部部长王雄率团赴台进行为期7天农业考察。全市全年新增台资850万美元，实现产值超1亿美元。

【对台宣传教育】2016年，娄底市对台工作办公室在各级报纸、网络发表政策文章110余篇。报请市委同意，确定娄底市职业技术学院、娄底一中、娄底一小、娄底市星星实验学校、娄星区乐坪街道办事处街心社区、娄星区大科街道办事处小科社区等6家单位为娄底市首批涉台教育基地，连续9年被评为全国对台宣传工作先进单位。（赵杰）

政策研究工作

【概况】2016年，娄底市委政研室成功创建市级“文明单位”和“平安单位”，获评市直机关“先进基层党组织”、“六五普法先进单位”，社会治安综合治理、人口与计生、信访、非税执收等工作均被评为市先进单位与全市绩效优秀单位，《娄底工作》获授“全国十佳城市党刊”称号。

【参谋服务】2016年，娄底市委政研室全年撰写各类文稿340余篇132.3万字，每个工作日平均写稿1.3篇5000余字。全部文稿都能准确领会和贯彻市委及市委主要领导意图，所提建议直接进入决策层面。为市委领导起草讲话稿、署名文章、汇报材料196篇。完成市委四届十次全会、市第五次党代会、市委经济工作会议、全市“两学一做”暨责任心教育、全市七个“三年行动计划”动员大会、全市换届工作会议等事关全局工作的文稿起草；总撰娄底市向杜家毫、许达哲、李微微、孙金龙等省领导的综合汇报材料；市委常委班子对照检查、贯彻落实中央和省有关重要会议精神情况自查报告等系列专项汇报材料；写就市委主要领导在《人民日报》《湖南日报》发表的《用心做事是一种责任》《发扬长征精神，打赢“脱贫”和“转型”两大攻坚战》《尽心尽责解决好群众合理合法诉求》等署名文章或采访材料。组织开展市第五次党代会、房地产去库存、对口帮扶涟钢等专题调研，参与赴台湾考察学习农业发展。做好2016年度市直各部门和各县市区有关调查研究的指导、组织、协调和联络工作，编写2015年《决策之基》；协助出台《关于加强市委常委会自身建设的七条规定》《关于在全市公职人员中实行禁赌限牌的规定》《中共娄底市委关于贯彻落实党的十八届六中全会精神推进全面从严治党落地生根的若干意见》《中共娄底市委关于贯彻落实省第十一次党代会精神奋力建设富饶美丽健康祥和新娄底的实施意见》《湖南省第十一次党代会娄底代表团全体代表忠诚履职承诺书》等文件。撰写“楼迪新”评论员文章，在《娄底日报》和娄底广播电视台同步刊发9期。

【深化改革】2016年，娄底市委政研室（市委深化改革领导小组办公室）年初确定53大项300项具体改革举措，除因上级政策尚未出台而未完成以外，其他均按时序实现年度目标，在全省绩效评估中获123分（满分为120分），改革工作获得额外加3分。自然资源资产离任审计《人民日报》头版做专题推介；涉农资金整合工作中央电视台《焦点访谈》专题报道，获省委、省政府“十大管理创新奖”。出台《关于实施改革工作项目化管理的通知》，做好项目入库、项目明责、项目月考、项目督察、项目评估等各环节工作。所有改革项目逐一明确年度任务、阶段任务、牵头单位、责任领导、完成时限，实行全过程监测，定期开展通报。年终总结评选一批具典型经验的优秀改革项目，一批有示范带动效应的优秀个人受到表彰奖励。通过月度自评、改革例会、改革通报、电话调度、上门走访等多种方式，推动重点改革项目按时间节点推进。接受省委深改组中期督察，获省政府副秘书长张银桥等领导肯定。由市委改革办牵头，各专项小组、各县市区各司其职，对促进非公经济发展、不动产统一登记等20个项目开展专题督察，对进度滞后与存在问题的及时会商，推动有关地方和部门明确责任，落实整改措施。把改革工作纳入全市绩效评估内容，制定计分细则，照单对账考核，引导各地各部门聚焦任务，抓实工作举措。针对李荐国书记所提制约娄底经济社会发展问题，各专项小组组长牵头答题，市委深改组会议集中研究，开展具娄底特色改革，研究和推进人才引进机制、组建文化旅游投资集团等重大专题性改革12个。树立争资金、争项目、争先进的理念。全市全年开展农地抵押贷款、自然资源资产离任审计等国家级、省级试点40余项，创造出一批管用的改革经验。通过建立改革激励机制、容错机制，鼓励基层大胆创新，各地各部门主动谋划和推进近20

项自主改革项目。双峰县涉农资金整合、娄星区被征地农民“养老贷”等改革，均取得政策与社会效果。

【《娄底工作》】2016 年，娄底市委政研室全年出版发行《娄底工作》12 期、4 万余份，修改、编排稿件 400 余篇。围绕市委战略部署和中心工作，根据工作重心，开辟精准栏目，宣传党的路线、方针、政策及市委的重大决策，反映娄底市在推动经济社会发展中的新情况、新问题、新经验和新举措。从 4 月开始，开辟“高层言论”栏目，将中央、省委主要领导指示精神进行摘录，以供广大读者学习贯彻。把《娄底工作》电子期刊推送娄底机关党建网，方便读者对期刊的阅读。编辑《娄底工作简报》9 期，发挥及时传达上级精神、传递娄底声音的作用，增进中央有关部委、省委省政府及省直相关部门对娄底工作的了解和关心。

（康跃辉）

表 6　**2016 年市委政研室先进集体和先进个人登记表**

获奖单位、先进个人	奖励名称	颁奖单位	颁发时间
市委政研室（改革办）	《娄底工作》全国城市十佳党刊	全国城市党刊研究会	2016 年 12 月

老干部工作

【概况】2016 年，娄底市委老干部工作局落实离退休干部政治生活待遇，推进离退休干部工委建设，聚焦“展示阳光心态、体验美好生活、畅谈发展变化”主题开展系列活动，引导广大离退休干部在服务大局中发挥作用，开创全市老干部工作新局面。设办公室、保健安置科、组织宣教科，下设市老干部活动中心、关心下一代工作委员会办公室和市委、市政府地市级老干部工作办公室 3 个二级机构。

【学习贯彻中央、省市委有关文件精神】2016 年，娄底市委老干部工作局落实中办发〔2016〕3 号、湘办发〔2016〕21 号文件精神，组织开展多层次学习与宣讲，市委常委会、市委老干部工作领导小组会议专题学习两个文件精神，组建 4 个调研组深入各县市区、市直机关和老干部当中开展深度调研，起草《认真贯彻中办发〔2016〕3 号文件精神，推进全市老干部工作转型发展》通稿，通过集中学习、专题辅导、自主学习、送学上门等方式把中央和省委有关文件主要精神传达给老干部和全市老干部工作者。在《娄底日报》《娄底广播电视报》开辟宣传专栏，将中央、省委有关文件要求及学习贯彻情况进行及时有效的宣传报道，营造老干部工作浓厚氛围。12 月 28 日，以市委办、市政府办名义印发《关于进一步加强和改进离退休干部工作的实施办法》，成为今后一段时期全市老干部工作的行动指南。

【“两项建设”与“四个意识”】2016 年，中共娄底市委离退休干部工作委员会成立。全市离退休干部党员均纳入党的基层组织管理。落实在职领导干部联系指导离退休干部党支部工作制度，定期举办离退休干部党支部书记培训班，离退休干部党支部“三会一课”、组织生活会等制度全面落实，场地和经费有保障。离退休干部各项政治待遇得到有效落实，党代会报告、政府工作报告等重要文件、市委市政府各项重大决策部署以及市委常委班子民主生活会等都征求老干部意见建议；向老干部通报县（市）乡换届和全市经济社会发展等情况；定期组织老干部参观城市建设、工农业生产重点项目。部署组织离退休党员干部“两学一做”活动，对行动不便老党员送学上门，做到不漏一人，不落一课。

【增添正能量】2016 年，娄底市委老干部工作局以“展示阳光心态、体验美好生活、畅谈发展变化”为主题，围绕市委、市政府中心工作，依托离退休干部党支部和涉老机构两个平台，开展“重温党章、永不褪色”“我看娄底发展新变化”“我看从严治党新气象”“金秋助贫、精准扶贫、科技助贫”“互助关爱、传递温暖”“老干部讲党史、讲党课四进（进机关、进企业、进社区、进学校）”等活动，引导老同志结合亲身经历感受美好生活，点赞市委、市政府决策，为娄底改革发展提建议、献良策、做贡献。市关工委、市老科协、市老促会、市老干部书画家协会等涉老群团组织把老同志的兴趣爱好专长与市委、市政府中心工作结合起来，在关爱留守儿童、精准扶贫、弘扬传统文化、传承优良家风和促进社会和谐稳定等方面发挥作用。市老年大学获授“第五届全国老年书画展优秀组织奖”称号。袁若宁、曹章明被评为全省关心下一代工作先进工作者。

【离退休干部服务管理】2016年，娄底市委老干部工作局落实“三个机制”，离休费及生活补贴按时足额发放，医疗费实报实销。开展“满腔儿女情、温暖夕阳心”亲情服务活动，完善离休干部服务管理措施，提供更多个性化、亲情化服务，老干部满意度高。离退休干部健康体检、春节慰问、生日祝寿、住院探望、过世吊唁等制度逐一落实到位，离退休干部享受年终慰问金。对特困老干部的帮扶机制得以加强，为老干部办实事、做好事、解难事。帮扶资金纳入财政预算，市本级每年不低于30万元，县(市、区)每年不低于20万元。 （周红）

表7 **2016年市委老干部局先进集体和先进个人登记表**

获奖单位、先进个人	奖励名称	颁奖单位	颁发时间
娄底市老年大学	第五届全国老年书画展优秀组织奖	中国老年大学协会	2016年5月
袁若宁	湖南省老干部工作先进个人	湖南省人力资源和社会保障厅、中共湖南省委组织部、中共湖南省委老干部局	2016年1月
袁若宁	湖南省关心下一代工作先进工作者	湖南省关心下一代工作委员会	2016年6月
曹章明	湖南省关心下一代工作先进工作者	湖南省关心下一代工作委员会	2016年6月

保密工作

【概况】2016年，娄底市保密局围绕领导干部和涉密人员保密意识、保密宣传教育、保密要害部门、涉密网络管理与保密检查监管，提升保密监管能力，确保国家秘密绝对安全。

【宣传教育】2016年，全市有3000多名党校学员在党校接受保密法治宣传教育，累计在机关单位发放《保密工作概论》《保密知识简明读本》《党政机关工作人员保密须知》等保密常识图书5000多册；抓住《保密工作》学刊订刊工作不放松，全市《保密工作》征订数量继续实现4~5份/万人目标，征订数保持在1600份，连续11年评为《保密工作》杂志发行先进单位。在全市播放组织观看《全国失泄密案例警示展》《手机背后的谍网》等失泄密案例警示教育片100多场次。在全市开展学习违反保密法律法规查处情况通报活动。通过举办涉密人员培训班、涉密服务行业从业人员培训班、保密知识测试等形式组织涉密人员开展保密法制宣传教育，受教育人员超5000人次。

【督查检查】2016年，娄底市保密局开展涉密人员分类确定和上岗审查。指导各单位对照所在部门国家秘密范围规定进行逐条梳理，先确定涉密岗位再确定涉密人员；要求各单位成立(调整)保密工作机构，履行自查自评职责，将保密自查自评工作纳入年度保密工作目标管理考核内容，适时启动“湖南省保密检查管理应用系统”配备工作。培训2家具涉密资质的企业对机关单位涉密计算机户籍化管理提供技术支持、技术服务。在全国范围内率先建成市级重要单位互联网接入口保密监测、涉密计算机违规外联监测、单位门户网站保密监测、三合一保密技术监管平台四大平台，将常规性现场保密检查与远程日常监测结合起来，构成横向到边、纵向到底的保密监管网。保密部门现场核查三个特种木马病毒入侵报警单位，排除失泄密隐患。投资40万元建设涉密载体销毁中心，要求各机关单位遵守《国家秘密载体销毁保密管理规定》，将报废涉密计算机、复印机和涉密载体等设备移交市局，统一销毁硬盘200多片，内部文件资料10多吨。对市县区重要涉密单位、测绘成果使用单位、机关单位周边文印室等100多处涉密、非涉密计算机、上网信息发布等情况进行普查，对发现失泄密隐患进行处理。通过监管平台对全市近400家机关单位网站进行24小时不间断检查，手工复查上万有关键字的网页，未发现网上失泄密隐患；市内湖南长城公司、旭升科技顺利通过省军工保密资格审查认证复查。多次对市、县级领导办公室、要害部位等场所提供保密技术服务，排除窃照、窃听等失泄密隐患。

【队伍建设】2016年，娄底市保密局强化涉密人员培训和激励机制，定期开展涉密人员岗前培训，签订保密工作承诺书。坚持每年在全市党委办公室工作会议上表彰一批先进集体和先进个人。将保密工作纳入全市社会管理综合治理考评范围。指导全市7家公司申报乙级涉密信息系统集成资质，有4家通过省认证委现场审查认证；在全市实行涉密服务行业保密条件备案证书认证制度。11月，市委副秘书长朱贵阳带队，对县市区及娄底经开区、万宝新区开展保密工作检查、考核保密队伍机构人员编制，对人员力量不足、保密管理业务水平不高、机构不健全单位督促落实。 （阳一涛）

市委党校（娄底行政学院）工作

【概况】2016年，中共娄底市委党校（娄底行政学院）举办各类培训班26期，学员1500余人次。其中主体班19期，培训各级各类干部944人，创近5年培训新高，完成年计划99.4%；举办计外培训班4期，培训学员399人；省委党校在职研究生班3个，学员172人。组织教师外出宣讲100余场次，受众6000余人次。申报并立项省委党校课题3项；课题结项5项，其中省情决策咨询中心1项、省委党校4项。出版专著1部。公开发表学术论文32篇。其中在CSSCI引文来源期刊上发表2篇，重点大学学报2篇，一般本科院校学报、省级党校行政学院学报10篇，被“中国知网”全文收录刊物上发表18篇。参与市级以上学会和全省党校系统学术研讨会优秀论文评奖19人次，获得一等奖4人次；二等奖7人次，三等奖8人次。参与市社科成果获奖4项，特等奖1项，二等奖2项，三等奖1项。对校园卫生保洁、园林绿化、门卫值班、校园巡逻全部实施市场化改革；编制校园改造提升设计方案；新教学培训楼主体工程封顶，累计完成投资4000万元；在校园内安装更新部分路灯，开通校园广播，新建宣传橱窗，维修校园部分主干道，对6号学员宿舍楼实施维修改造，更换陈旧破损健身器材。

【教学提档】2016年，中共娄底市委党校在班次设置上，在对全市应训未训干部进行摸底的基础上提出培训模式，增设全市中小学校主要负责人党性和师德教育培训班、全市精准扶贫工作专题进修班、全市医院主要负责人党性和医德教育示范培训班等主体班次。在课程安排上除落实主课主业份量外，还注重结合娄底实际，把市委、市政府重大决策部署、全市重大现实问题纳入教学内容。开设《强化领导干部的责任担当》《推进实施娄底“七个三年行动计划”》等联系娄底实际的专题；在主体班传达省第十一次党代会和市第五次党代会精神等。将党性教育贯穿教学全过程，构建以“入学教育＋理论武装＋党性体验＋警示教育＋日常养成＋党性分析＋民主生活会”为主要内容的“七个一”党性教育模式。并组织课堂讨论、演讲比赛、微型党课比赛、辩论赛、学员论坛、歌咏会等。在主体班推出“扪心三问”主题党性教育活动，通过理论授课、专业辅导、撰写党性分析材料、开展班级党性分析活动、全校经验交流等五个环节，强化党性教育效果。为增强教学效果，主体班应用情景模拟式、研讨式、体验式、答疑式、访谈式、项目式等多种教学方式，还组织开展拓展训练、“静下心来读好书”“切实改进我们的作风”课堂讨论、“两学一做、责任心教育暨我为党校增添光彩”演讲比赛与微型党课比赛、“能力大于责任还是责任大于能力”辩论赛、“做一名有责任心的领导干部”学员论坛、纪念红军长征胜利80周年新年文艺演出等多种活动，组织趣味运动会。选派部分骨干教师到省委党校业务进修，举办全市党校系统教师专题培训班；选好聘优兼职教师队伍，先后邀请省直有关部门领导、市委领导、省委党校教授、市直有关部门领导来校（院）授课，提高课堂吸引力。启动名师名课工程，对全市党校系统的名师名课进行摸底。修改《绩效考核办法》，把教学专题开发和科研课题任务分解到各教研室，将任务完成情况与绩效考核奖励挂钩；修改《教学管理办法》，实施教师授课满意率测评，将满意率和超课时补助挂钩。通过以上措施，教学效果和学员满意率得以提升，授课水平“有明显进步”与“有进步”的从原来94.5%上升到97.8%；对总体授课水平认为“满意”的从原来52.3%提升到74.1%。

【科研提质】2016年，中共娄底市委党校修订出台《科研管理制度》，明确科研工作坚持为教学服务，为资政服务，为市委、市政府中心工作服务的方针。建立教研人员科研工作的约束措施，为科研工作的推进和健康发展提供坚实保障。建立校（院）委领导联系教研室制度和课题招标制度，组织教研室人员开展科研攻关，提高教研人员开展科研的积极性，为科研人员开展调查研究创造条件；针对课题申报、提交论文、调研报告评比等重点科研工作，组织开展科研点评研讨活动。为提高教学质量服务，按照“教学出课题、科研出成果、成果进课堂”的要求，鼓励教师把科研成果写入讲义、带进课堂，形成教学与科研相辅相成、互相转换的格局。

【管理提效】2016年，中共娄底市委党校组织各委（处、室、馆）对各自相关制度开展梳理，修订出台28项制度，通过抓实制度的立、改、废工作，做到用制度管人、管事、管钱、管物。由纪检牵头相关部门参加的定期和不定期检查制度落实情况，校（院）重点工作月度例会，学员上下课指纹考勤、上课期间由教务处定期和纪检组不定期检查考勤，学员到课率约谈和劝退，学员在校情况反馈等。对各种违规、违纪和违反制度的现象，坚决依规、依纪、依制度实行惩处，对一名严重违反校（院）规者给予降低一个岗位等级和扣发全年绩效奖的处罚。（易定锋）

表8　2016年市委党校（行政学院）先进集体和先进个人登记表

获奖单位、先进个人	奖励名称	颁奖单位	颁发时间
中共娄底市委党校	在职研究生教育管理先进学区	中共湖南省委党校	2017年1月
阳春喜	在职研究生教育管理先进个人	中共湖南省委党校	2017年1月
江泳辉	在职研究生教育管理优秀班主任	中共湖南省委党校	2017年1月

党史研究工作

【党史编撰】2016年，中共娄底市委党史办坚持“一突出”“两跟进”制度，在全国率先出版《中国共产党娄底历史》第三卷后，推进编纂党史正本第二卷工作，拿出讨论稿征求意见。除新化外，其他县（市、区）均完成现阶段党史正本编撰出版工作，并跟进十八大以来的党史研究。出版《娄底党委工作纪事》2015年卷和《峥嵘岁月》（回忆录）第8辑，《娄底党委工作纪事》2016年卷审稿后即将出版。做好《娄底党史人物》资料收集和完善工作。结合社会主义核心价值观培育，开展“娄底党史人物优良家风家训”研究，编写《国之贤母——开国少将姜齐贤母亲刘太夫人传略》，做到“请身边的人讲身边的事，用身边的事教育身边的人”。涟源市委党史研究室编撰《涟源党委工作纪事（2016卷）》和《中共涟源市委大事记》。至年底收集整理建市以来市委下发文件与关于真理标准大讨论等专题资料。指导冷水江市编纂《冷水江市党的文献选编·市委卷（一）》。

【宣传教育】2016年，娄底市委党史办开展党史宣讲活动。发挥市、县两级党史宣讲团优势，继续组织老党员、老干部和党史专家到学校、乡镇等基层单位宣讲，把“最好的教科书”和“最好的营养剂”送给党员干部和青少年，发挥党史资政育人作用。利用娄底革命遗址和爱国主义教育基地，推动党史进校园、进机关、进社区、进企业，进行地方党史和革命传统教育，推动党的优良传统和红色文化入脑入心。按照市委、市政府要求，为前总理朱镕基曾就读的新化楚怡工业学校修复和布展提供史料支撑，多次派人参加相关评审会和调度会，把新化楚怡工业学校旧址打造成全市重要的“爱国、求知、创业、兴工”主题教育基地。配合省委党史研究室筹建“赴法勤工俭学博物馆”，为博物馆提供上世纪初蔡和森一家赴法时期所使用的笔墨纸砚、绣品、酱缸等展品29件。7月，就蔡和森等赴法勤工俭学等史实接受红网记者采访，提供相关史料，并在湖南红网时刻新闻刊发；抓住与党史有关的社会热点，通过组织正面宣传，开展舆论斗争，澄清模糊认识，批驳错误观点，揭批故意歪曲党的历史的不法行径，反对历史虚无主义，把歪曲党的历史、抹黑党的形象的错误思想“挤压”出来，主动回应社会关切，推进“四个全面”提供历史支撑和精神动力；建设“以史铸魂”平台，全年全市先后发行和发送中国共产党历史、湖南简史和地方党史书籍8000多册。党史宣传工作综合排名全省第一名，获全省“以史铸魂”平台建设组织奖一等奖。作为娄底市“两学一做”电视知识竞赛成员单位，负责知识竞赛党史部分内容的出题，选派专家作为评委全程参与竞赛与节目录播，组织全办干部收看每周三湖南经视播出的全省“两学一做”电视知识抢答赛。

【党史纪念】2016年，娄底市委党史办与市委宣传部、娄底军分区政治部、娄底电视台等单位联合主办“娄底市国防教育军事模型展”，展出纪念红军长征胜利80周年相关图片。8月在娄底技工学校原校址院内正式开展，市委常委、宣传部部长伍美华出席开展仪式并致辞。与娄底电视台合作摄制并集中播出纪念红军长征胜利80周年特别报道《信念》，自10月11日起在娄底电视台综合频道连续播出8期，在湖南红网时刻新闻转发，受到社会好评。与市委宣传部等单位主办“红军长征在娄底”研讨会，党史部门提交论文8篇，组织编写红二军团司令部旧址解说词1篇。10月21日，参与组织开展“心系国防情，重走红军路”活动。同市委宣传部、湖南省邮政分公司等单位举办《中国工农红军长征胜利80周年》纪念邮票首发式暨“弘扬长征魂·同筑中国梦”专题集邮展。10月22日，市委、市人大、市政府、市政协相关领导参加首发式；10月22日，在《娄底日报》发表市委党史办文章《红军长征在娄底》；10月24日，在《娄底日报》发表市委副秘书长、党史办主任刘小辉《弘扬伟大长征精神，建设富饶美丽健康祥和新娄底》署名文章，被湖南红网时刻新闻和《娄底工作》转载。

【服务中心工作】2016年，娄底市委党史办全年为党政机关、企事业单位、重大项目建设提供党史咨询和党史资料查阅700多人次。撰写《湖南改革开放实录》《娄底市行政审批改革纪实》稿件。对全市范围内革命遗址遗迹进行普查，建立档案，分类进行保护利用。支持涟源市委党史研究室筹建湘中一支五团陈列馆，筹备修复李聚奎上将故居。支持双峰史志办参与利用蔡和森等重要党史人物及相关红色资源进行红色旅游开发工作。市党史联络组组长陈春林，市委副秘书长、市委党史办主任刘小辉到县市区调研党史联络工作并帮助解决相关问题。

（吴爱军）

表9 **2016年市委党史办先进集体和先进个人登记表**

获奖单位、先进个人	奖励名称	颁奖单位	颁发时间
娄底市委党史办	全省党史工作先进单位	中共湖南省委党史研究室	2016年12月

讲师团工作

【概况】2016年，娄底市委讲师团以用科学理论武装人为使命，各项工作鲜亮出彩。全年组织市委中心组集中学习11次17天，按年度计划超量完成学习任务。采取大范围辅导+小范围讨论与全程小范围学习研讨相结合学习方式，收到良好学习效果；采取外请专家和本地学者讲与中心组成员自己讲相结合的辅导方式，提升专题辅导实际效果；采取“规定+自选”相结合的学习书籍资料选购方式，对中心组成员拓宽知识面，增强领导能力，提高工作水平发挥作用，中心组成员自学效率得到提高；改编制作电视专题片一部，创新学习载体，受到市委主要领导肯定。

【理论宣讲辅导】2016年，娄底市委讲师团配合市委宣传部开展“党的十八届六中全会精神”“学习贯彻习近平总书记系列重要讲话精神”“两学一做”暨责任心教育等10个重点专题宣讲辅导，采取“送单点菜、服务上门”和联合办班等方式，在全市范围内宣讲236场次，亮出“讲师团品牌”。

【课题调研与教研成果】2016年，娄底市委讲师团选送的两篇文章分别获得一等奖和二等奖；在省团主办的多媒体教学比赛中获得二等奖，是全省获得一、二等奖的6个单位之一；在省团主办的理论宣讲优秀网络课程征集评选活动中，参评作品获得4个优胜奖，得到省团表扬；并有6篇理论文章和调研报告在省级以上报刊、网页发表或登载，另有10多篇文章在市级报刊发表。

【"两微"活动】2016年，娄底市委讲师团全年制作"微宣讲"课件6个，开展"微宣讲"20多场次，派出一位同志参加省团组织"三新进基层"全省巡回宣讲活动，到长沙、益阳、衡阳、永州等地开展"微宣讲"活动。并与市中医医院等医疗单位联合开展以"送政策理论、送健康知识、送医疗药品"为主题的"三送下乡"活动，获得群众积极评价；与市委宣传部、市社科联联合向全市各地各单位发出《关于开展"学讲话用讲话"微心得交流活动的通知》，收到"微心得"137篇，经筛选，向省团推荐报送12篇，向市内各报刊推荐发表26篇。

【平台建设】2016年，娄底市委讲师团编发《中心组学习导读》。全年编印4期4000余册，并编发"两学一做"暨责任心教育和学习贯彻党的十八届六中全会精神两个专辑；采取服务外包方式，外请专业团队负责其理论宣传网站和微信公众平台的日常运行维护，使信息更新及时、维护管理规范有序。配合市委宣传部构建以督查、指导、旁听为主要抓手的党委（党组）中心组学习长效机制；与市委宣传部、市直党工委联合发出《关于做好党委（党组）中心组和干部政治理论学习年度考核准备工作的通知》，将中心组学习纳入全市宣传思想工作和意识形态工作重点考核项目。全年开展旁听21场次，通过旁听学习加强对中心组学习的督促、指导和服务。在加强自身建设、完善工作保障机制方面，取得两项成果：新争取理论宣传经费10万元，纳入每年预算，其中《中心组学习导读》编辑印刷费6万元，理论宣传网站和微信公众平台运行维护费4万元；市编委发文批准增设教研科，并改办公室为综合科。（杨金）

接待工作

【概况】2016年，中共娄底市委、市人民政府接待处贯彻落实中央八项规定，执行《党政机关厉行节约反对浪费条例》《党政机关国内公务接待管理规定》，围绕全市经济建设和提升全市重要接待工作水平主线，统一思想认识，规范服务管理，提高队伍素质，完成全年接待任务。

【公务接待】2016年，娄底市委与市政府接待处接待各类来宾177批次1000余人次，其中副国级1批次，正部级3批次，副部级领导20批次，少将以上将军11批次，厅级领导62批次，商务类80余批次，做到按中央和省委要求实施接待。从"控"字入手，控制接待标准，反对奢侈浪费。在住宿安排上，一律不用豪华套房等高档住房，客房内不摆放鲜花和食品，不免费提供一次性易耗生活用品。在用餐安排上，取消宴请，注意节俭安排；一律不上高档食材，不上香烟、洋酒和高档白酒，中餐不饮酒；除来宾和陪同领导外，其他工作人员用餐一律按照规定安排工作餐，杜绝"舌尖上的浪费"。按照制度规定，在公务接待中实行定点宾馆接待。所有接待活动安排均以本地菜肴为主。公务接待不安排与工作无关的娱乐活动，不赠送纪念品和土特产，全年接待费比上年下降18%以上。

【落实党风廉政建设】2016年，娄底市委接待处贯彻落实中央八项规定、省委九项规定精神以及市委党风廉政建设的要求，持之以恒纠治"四风"。处领导多次组织学习《党政机关国内公务接待管理办法》《党政机关厉行节约反对浪费条例》等文件规定，还将廉政建设24个文件汇编成册，分发给全处人员进行学习，做到从思想筑牢作风建设和党风廉政建设堤坝。尤其是针对上级纪检、审计、财政等部门单位检查时发现的问题，采取措施加以整改。做到坚持厉行节约，所有接待服务必须严格贯彻落实中央八项规定、省委九项规定和中央、省、市关于国内公务接待一系列文件精神，按流程、按规定开展接待服务。所有国内公务接待落实公函接待要求，无公函的公务活动和来访人员一律不得纳入国内公务接待范围。对没有公函但受邀到娄底进行商务考察、洽谈等商务类接待，由接待科根据市领导和对口联系部门电话通知或书面通知拟制接待单，报处领导审批，按审批意见执行,落实接待"一支笔审批"制度。执行财经纪律，按财经纪律要求加强报账管理。凡明确禁止报账的发票（如烟发票、土特产发票等）不得报销入账。接待类发票报账时应附有接待公函和接待方案、《国内公务接待（商务接待）申报单》、接待详单和结算清单，未附有上述报账资料的不得报销入账。明确接待所需物资以及接待处日常工作所需大宗耗材和物资采购均实行事前审批、统一采购与监管。

（周成喜）

机关党建

【概况】2016年，娄底市委直属机关工作委员会坚持“走在前列、树立标杆”和“从严从实”总目标，落实从严治党要求，按照“一二三四五”工作思路，有序推进各项工作，基层基础更扎实，特色工作更亮眼，取得较好成绩。在全省市州工委综合考核中排名第二，连续两年被省直工委评为优秀等级。

【“两学一做”暨责任心教育】2016年，娄底市委直属机关工作委员会通过以讲领学、以赛助学、以考查学、以督促学，并将教育落实作为重点纳入年度党建工作考核，推进各关键环节环环相扣、步步落实。在全市“两学一做”电视知识竞赛中，其代表队获得第一名。开展“岗位做贡献、合格见行动、共建幸福娄底”为主题的系列活动，做到规定动作不折不扣，自选动作有声有色。举办通讯员培训班，培养党建宣传骨干120多名；刊发各类原创信息4000多条，点击量在娄底各政府门户网站中排名靠前。在中直党建、紫光阁杂志及网站、新湖南网、湖南机关党建网和娄底主流媒体发稿80余篇次。组织开展巡回微宣讲、微党课竞赛、微心得交流、全面倡导微创新等“四微”品牌创建活动。其微宣讲被中央国家机关工委和紫光阁杂志社评为“全国‘两学一做’最佳案例”，获湖南省委宣传部颁发“全省基层理论宣讲先进集体”称号。

【组织建设】2016年，娄底市委直属机关工作委员会修订完善标准化建设考评指标体系，建立健全导向机制，将党建标准化考核结果纳入先进基层党组织评选、纳入党组（党委）书记履行党建工作责任述职、纳入绩效考核。3月，市中级人民法院机关党委代表市直党组织接受全省基层党建工作现场观摩，得到与会代表好评。制定《市直机关抓严抓实领导机关党员干部学习教育专项整治方案》，举办入党积极分子、“两学一做”学习教育暨责任心教育骨干、市直机关党务干部等各类学习培训4个班次，累计培训400多人次，市直党务干部和党员队伍素质得到提升。

【党建创新】2016年，娄底市委直属机关工作委员会修改完善《机关党建创新激励办法》，鼓励、支持和推动市直机关各基层党组织积极探索新形势下机关党建工作新思路、新方法、新途径。把2015年获奖16项党建创新成果整理汇编成《大道常新》一书，发放市直各单位学习参考。申报创新项目72个，立项62个，申报创新成果51个，分别比上年增长42%、55%和65%。跟进督查指导、项目推进、成果评审、经验交流，让党建工作既有意义，又有意思；既有实效，又有新意；既有深化，又有拓展，有效激发机关党建活力，浓厚创新氛围。在坚持标准化和党建创新“两手抓、同推进”做法得到省直工委、市委主要领导的关注和肯定，株洲、湘潭等市分别组队到娄底考察调研。

【正风肃纪】2016年，娄底市委直属机关工作委员会组织党员干部学习上级党风廉政建设文件和会议精神，抓好《准则》《条例》学习贯彻，邀请市纪委、党校专家党纪辅导和警示教育，开展廉政谈话。组织市直机关党务、纪检干部积极参加全省机关党建业务和党纪条规知识竞赛，娄底参赛人数和获奖人数均名列第一，被评为“优秀组织奖”。通过抓教育重引导，切实筑牢拒腐防变的思想防线。积极倡导和推动党支部加强党员教育管理，规范党内政治生活，让抓早抓常、批评和自我批评，咬耳扯袖、红脸出汗成为常态。结合元旦、“五一”、国庆开展多轮作风督查，对发现有违反工作纪律现象的市直单位纪检组组长、监察室主任进行集体约谈。开展“严肃工作纪律、整顿工作作风、提升工作效能”和“纠‘四风’、治陋习”两大专项整治，对市直机关“禁赌限牌”执行情况进行专项督查。对作风督查、专项整治中发现的问题，及时通报情况，抓好整改跟踪督办，起到警示震慑作用。

【服务中心】2016年，娄底市委直属机关工作委员会组织3000多名党员志愿者参与中心城区文明劝导活动，“红马甲”成为娄底创文一道风景。抓好中心城区“文明院落”创建和控烟禁燃、健康教育、帮扶社区等工作。拍摄制作8集电视新闻片《创文进行时——中心城区文明院落展播》。倡议市直党员志愿者参与“慈善一日捐”、扶贫济困等慈善事业，市直工委被评为全市禁燃工作先进单位，市直工委志愿者协会被评为全市“最佳慈善组织”。协办娄底纪念建党95周年大型歌咏比赛，与市文体广新局成功举办市直机关乒羽比赛，推动机关全民健身运动。

【巡回微宣讲】2016年，娄底市委直属机关工作委员会“两学一做”暨责任心教育巡回微宣讲活动在娄底星星影剧院启动，市委常委、宣传部部长伍美华出席启动仪式并讲话。在市直机关工委组织下，巡回微宣讲小分队先后到市直基层单位开展微宣讲14场次，累计听众达5000多人。

【召开市直属机关代表会议】2016年，中共娄底市直属机关代表会议在娄底华天大酒店召开。根据《中国共产党章程》《中国共产党基层组织选举工作条例》和中央、省、市有关规定，选举产生市直机关出席中共娄底市第五次代表大会代表59名。市委常委、市委秘书长、市直机关工委第一书记王雄出席会议并讲话。会议由市直机关工委书记刘福高主持，市直机关工委全体班子成员及来自市直机关的119名代表参加会议，市委组织部、市纪委分别派出会议指导组、会风会纪监督员。

【“两学一做”微党课竞赛】2016年，娄底市委直属机关工作委员会“两学一做”学习教育暨责任心教育微党课竞赛决赛在娄底一中举办。“微党课”竞赛自2015年在市直机关开展以来，受到市直各基层党组织和广大党员干部的欢迎与喜爱，成为娄底机关党建工作的一大品牌。7月，各市直单位广泛开展初赛、复赛选拔活动，通过层层选拔评比，最终9名选手进入决赛。9名选手运用PPT等现代手段，通过简练平实语言、感人事例和直观画面，为600多名机关党务干部和基层党员奉上一场精神大餐。经过角逐，来自市教育局的杨瑰和市公安局的张鑫获一等奖。

【党建创新项目评选】2016年，娄底市委直属机关工作委员会召开创新成果集中汇报评审会。省直工委委员、省直纪工委书杨勇权，省直工委委员余卫星，省直工委组织部部长谭国湘，省直工委办公室主任王光，以及娄底市纪委、市委宣传部、市直机关工委等领导出席，市直机关500余名基层党组织负责人参加会议。2016年市直各基层党组织共申报51项创新成果。市中心血站党支部《党员积分制管理》、市纪委机关党委《党建促扶贫，扶贫先扶志》2项成果获一等奖；另有20项成果分别获评二等奖、三等奖和优胜奖。

（彭彤）

表10　2016年娄底市直机关工委先进集体和先进个人登记表

获奖单位、先进个人	奖励名称	颁奖单位	颁发时间
娄底市直机关工委	全国“两学一做”最佳案例	中央国家机关工委	2016年9月
娄底市直机关工委	全省基层理论宣讲先进集体	中共湖南省委宣传部	2016年10月
娄底市直机关工委	全省市州机关工委2016年度综合考核“优秀等次”	中共湖南省委直属机关工作委员会	2016年12月

娄底市人民代表大会

【概况】2016 年，娄底市人大常委会组织召开人民代表大会 2 次，人大常委会会议 8 次，主任(党组)会议 14 次，听取和审议“一府两院”工作报告 22 项，作出决议决定 6 个，完成换届选举工作。市四届人大五次会议审查和批准娄底市国民经济和社会发展第十三个五年规划纲要，常委会及时审议市本级 2016 年政府投资计划，批准市人民政府将娄底市政府与社会资本合作(PPP)项目财政引导基金优先级合伙份额的收益与本金退出兑付、娄底市涟水河综合治理工程(神童湾段)PPP 项目政府付费纳入财政预算。支持审计部门进行审计监督，着手起草审计指出问题整改情况向人大常委会报告制度。

【娄底市第四届人民代表大会第五次会议】2016 年，娄底市第四届人民代表大会第五次会议在娄底召开。依法听取和审议各项工作报告，批准娄底市国民经济和社会发展第十三个五年规划纲要（草案），决定设立娄底市人民代表大会法制委员会。5 月 12 日至 13 日，娄底市第四届人民代表大会第六次会议在娄底召开，依法补选杨懿文为市人民政府市长。

【专项工作评议】2016 年，娄底市人大常委会组织 9 个审议调查组，对人力资源和社会保障、民政、发展和改革、财政、卫生和计划生育、食品药品监督管理、农业、国土资源、环境保护 9 项工作开展专项审议，实现届内对市政府 31 项工作审议、评议“全覆盖”，并跟踪督办 2015 年度市政府 9 项工作评议后整改。

【民生发展监督】2016 年，娄底市人大常委会针对娄底中心城区大班额化解、饮用水源保护、安全生产等问题，组织市区两级人大代表，采取明察暗访方式对《市人大常委会关于娄底中心城区义务教育阶段最大班额控制目标的决议》落实情况进行检查，对水污染防治法执法检查中发现的 30 个污染点源和问题清单逐个督办。

【地方立法工作】2016 年，娄底市人大常委会举行四届人大五次会议，表决通过关于“设立娄底市人民代表大会法制委员会”的决定。3 月 30 日，省人大

娄底市第四届人民代表大会第五次会议

常委会批准娄底市行使地方立法权，可对城乡建设与管理、环境保护、历史文化保护等事项制定地方性法规。为适应新形势下立法工作的需要，市人大常委会组织人员到省人大常委会跟班学习，参加全国人大立法培训，举办全市地方立法工作专题培训班，建立地方立法工作联系点，选聘立法咨询专家，健全立法工作系列制度规定。6 月，报市委常委会议批准，确定《娄底市孙水河保护条例》为娄底拟出台第一部地方性法规。

【换届选举】2016 年，娄底市人大常委会按照省委、省人大常委会统一部署，市、县、乡提前一年换届。常委会党组先后 5 次就市县乡人大换届选举工作向市委常委会汇报。在征求代表意见基础上，依法作出调整换届时间的决定。从 3 月开始，遵循“党委总揽、依法依规、挺纪在前”的原则，依法选举产生 408 名市五届人大代表。其中，领导干部代表 165 名，占 40.4%，比上一届下降 4 个百分点；基层代表 243 名，占 59.6%，比上一届上升 4 个百分点；基层干部 102 名，占 25%，比上一届上升 0.8 个百分点；非公经济人士代表 57 名，占 14%，比上一届下降 2.3 个百分点；妇女代表 119 名，占 29.2%，比上一届上升 5.2 个百分点；非中共党员代表 142 名，占 35%，比上一届上升 8.1 个百分点；连任代表 150 名，占 36.8%；少数民族代表 3 名，归侨侨眷代表 4 名，新社会组织代表 3 名，宗教界代表 2 名。

【代表工作】2016 年，娄底市人大常委会把支持、服务、保障代表依法履职作为一项基础性工作来抓，促进代表主体作用的发挥。人大代表联系群众工作站建设运转有序，实现乡(镇、街道)全覆盖、各级代

表全参与的目标，成为人大代表履职、联系选民和服务人民群众的重要平台。以“常委会组成人员联系代表、代表联系原选举单位和人民群众”为主要内容的“双联”活动有序开展，帮助代表和选民解决工作生活中的实际困难和问题。

【履职能力】2016 年，娄底市人大常委会始终把市委领导贯穿于人大立法、监督、重大事项决定、人事任免、代表工作、自身建设等工作；坚持党管干部与人大依法任免相结合，依法依程序搞好选举任免工作，省委、市委研究、“一府两院”和人大常委会主任会议提请人事任免事项都得以通过；推进“学习型、责任型、清廉型”机关创建活动，开展“两学一做”暨责任心教育，党组及各党支部组织学习研讨会 20 多次。

（陈桂元）

娄底市人民政府

【概况】2016年,娄底市人民政府贯彻落实中央、省委政府和市委的各项决策部署,以供给侧结构性改革为主线,坚持"加速转型、奋力赶超"总基调,以"项目建设大比拼"活动为抓手,实施工业提振、文化旅游及健康养老产业发展、中心城区提质扩容、脱贫攻坚、财源培植、天蓝水净地绿、综合交通提升等七个"三年行动计划"。经济呈现企稳回升、稳中向好的运行态势,经济结构优化,运行质量提高,民本民生改善,实现"十三五"良好开局。全市实现地区生产总值1400.14亿元,同比增长7.6%。其中:第一产业增加值206.07亿元,同比增长3.6%;第二产业增加值676.34亿元,同比增长6.3%;第三产业增加值517.73亿元,同比增长11.3%。按常住人口计算,全市人均GDP 36058元,增长7.1%。完成固定资产投资1199亿元,增长14.4%;完成社会消费品零售总额485亿元,增长11.9%;一般公共预算收入、地方收入分别达104亿元、68亿元,增长9.7%、13.9%;城镇居民人均可支配收入23669元,增长8.4%,农民人均可支配收入9529元,增长10.1%。

【政府常务会议】2016年,娄底市人民政府召开常务会议21次。1月19日,审议《娄底市国民经济和社会发展第十三个五年规划纲要(草案)》《政府工作报告(讨论稿)》《关于娄底市2015年国民经济和社会发展计划执行情况与2016年国民经济和社会发展计划(草案)的报告》《关于2015年全市及市级财政预算执行情况与2016年全市及市级财政预算(草案)的报告》,研究全市健康产业发展、众一国际健康城项目补充合同及优惠政策、娄底五中科教楼拆除重建等工作。2月23日,传达贯彻省委副书记、省长杜家毫在当天上午市州长视频会议上的讲话精神,研究"项目建设大比拼"活动、众一国际健康城项目优惠政策、代持有关县市区投融资平台公司股份和市保安公司引进市外企业合作发展等工作,审议《关于娄底市公立医院改制试点指导意见》。3月29日,审议《2016年市本级政府投资项目计划》,研究涟水河综合治理PPP项目投融资及建设模式、娄底市创业创新公共服务平台建设、市劳动就业服务局回购业务用房、设立娄底市政府与社会资本合作(PPP)项目财政引导基金、万宝新区标准厂房等资产转让有关工作。4月18日,审议《娄底市交通运输"十三五"发展规划》,研究审计、食品药品监督管理、娄北连接线及万宝大道景观工程增绿提质有关工作。5月10日,研究"加速转型、奋力赶超"行动计划、涟钢周边环境综合治理、设立娄底市城市发展基金、第七届"湘博会"筹备及市妇幼保健院整体搬迁项目(市儿童医院项目)等相关工作。5月25日,研究旅游工作、招商引资工作和潇湘职院有关问题,审议了《娄底市国有资本投资运营公司组建方案》。6月22日,审议《娄底市乡村教师支持计划(2016—2020年)实施细则》《娄底市集体土地征收与房屋拆迁补偿安置办法》,研究组建娄底市交通建设投资开发有限责任公司、取消娄底城区出租车特许经营权有偿使用费等工作。7月5日,调度上半年经济社会发展情况,研究2015年市人大常委会专项工作评议整改落实情况、更新娄底中心城区基准地价相关问题、甘桂路上跨

中共娄底市委　娄底市人民政府

沪昆铁路立交工程涉铁费用和铁路防护棚费用等工作，审议《娄底中心城区第五批街道命名方案》。7月20日，审议《娄底市帮扶工业企业十五条》，研究安全生产、市自来水公司高位水池处山体滑坡重大安全隐患治理、娄底市第一中学南北校区分离办学、公车改革和娄底通用航空机场建设等工作。8月4日，研究市中小微企业"助保贷"融资平台建设、娄底中心城区中长期综合交通运输规划编制与实施、被征地农民社会保障、市城投集团非公开发行20亿元公司债券等工作，审议《娄底市城市公立医院综合改革试点实施方案》。8月23日，研究市本级PPP项目物有所值评价、财政承受能力论证和实施方案、市文化旅游发展投资控股有限公司组建、市食品药品检验实验室项目规费减免、2016年中心城区基准地价更新、市创投集团回购市服务外包大楼、市创投集团投融资权限、涟邵建工集团增发上市个人所得税纳税奖励等工作，审议《关于进一步加强金融信用建设的意见》。9月5日，传达学习中央、省有关文件精神，研究落实国务院第三次大督查、煤炭行业化解过剩产能和烟花爆竹生产企业关闭退出工作，审议《娄底市转型发展规划》和《娄底市产业发展规划》。9月7日，审议《娄底市央企对接合作工作考核奖励办法》和《娄底市旅游业"十三五"发展规划纲要》，研究出租汽车行业改革、编制自然资源资产负债表试点工作、长铁房开公司（月塘大厦、新星家园等）项目及金碧文苑小区有关问题。9月22日，研究安全生产工作、实施娄底城区居民用水阶梯水价和调整污水处理费等收费标准、新农村建设亮化工程、消防工作、集中清理"三欠"（欠缴税收、欠缴规费、欠缴土地出让金）专项行动有关问题，审议《娄底市开展光伏产业扶贫工作指导意见》。10月8日，审议《娄底市校车安全管理实施细则》，通报娄底通用航空产业推进情况，研究娄底大型城市综合体项目建设和财税工作。10月26日，研究引进社会资本参与村级卫生室建设运营、市城投集团近期融资计划、娄底中心城区亮化提质工程等工作，通报市城投集团、市创投集团共同投资入股涟源农村商业银行有关情况。11月7日，研究市级储备油项目库贷差问题、PPP项目开工建设、安全生产工作，审议《关于进一步加快现代物流业发展的意见》。11月23日，研究国家卫生城市管理、禁毒、公路货车违法超限超载行为治理、全市公共资源交易平台整合、国家开发银行湖南省分行参与全市"十三五"普通公路建设地方自筹资金融资、沪昆高铁娄底南站综合交通枢纽项目建设等工作，审议《关于支持薄板深加工及汽车零部件产业发展的若干意见》《全市主要经济指标完成情况考核和奖惩方案》《2015年度科学技术奖励评审情况》。12月20日，传达贯彻中央经济工作会议精神，研究2017年全市经济社会发展思路及项目谋划、湖南鸿冠食品有限公司代储市级储备油项目有关问题、行政区划调整等工作，审议《娄底市市长质量奖管理办法》暨第二届市长质量奖评选、娄底创业投资基金及基金管理公司组建方案。12月21日，研究《政府工作报告》（讨论稿）、宗教、中心城区房产办证遗留问题、市城市生活垃圾中转站提质改造暨运营管理特许经营项目、娄星区福源小区天然气管道重大安全隐患处理等工作，审议《娄底市孙水河保护条例》《娄底市法治政府建设（2016—2020年）实施方案》和《关于加快发展现代职业教育的实施意见》。12月29日，传达贯彻省委经济工作会议精神，研究"智慧娄底"PPP项目建设、2016年全市及市级财政预算执行情况与2017年全市及市级财政预算、组建娄底市湘中金融投资集团公司及参股设立湖南南华含弘资产管理公司等工作，审议《"智慧娄底"规划（2016–2020年）》《"智慧娄底"建设五年行动计划》《娄底市"十三五"科技发展规划》和《娄底市"十三五"环境保护规划》。

【市长办公会议】2016年，娄底市人民政府召开45次市长办公会议。3月10日，专题研究市创投集团有关工作。3月23日，专题研究湖南资江煤业集团发展有关问题。3月24日，专题研究我市创建全国文明城市工作。3月25日，专题研究2015年省、市人大常委会开展《中华人民共和国水污染防治法》执法检查发现的问题整改落实情况和有关环境保护工作。4月19日，专题研究市创投集团相关工作。5月10日，专题研究中心城区控违拆违和征地拆迁安置工作。5月30日，专题调度信访维稳和市委市政府机关秩序维护工作。5月23日，专题研究全市统计工作。5月30日，专题研究中央省属驻娄企业分离移交"三供一业"工作有关问题。6月1日，专题研究湖南三泰新材料股份有限公司"双金属复合新材料"项目建设有关问题。6月3日，研究PPP项目商务条件、工作流程和《娄底中心城区建设引领型服务业项目的土地扶持政策》。6月7日，专题研究财政经费审批有关工作。6月12日，专题研究促进商贸服务业发展工作。6月24日，专题研究“五洲富隆”房地产开发项目“两证”办理问题。7月1日，专题研究华润涟源电厂集中供热项目建设有关问题。7月2日，专题研究精准扶贫脱贫工作。7月13日，专题研究众一健康城项目建设有关问题。7月19日，专题调度娄底中心城区重点PPP项目进展情况。7月22日，专题研究部署我市推进智慧城市建设相关工作。8月4日，专题研究娄底市政府与南方医科大学医院管理有限公司“湘中医院”项目有关工作。8月1日，专题研究市城投集团体制改革工作。8月4日，专题研究娄底中心城区娄邵废弃铁路综合利用和娄底铁路建设有关问题。8月9日，专题研究娄底经开区改革发展有关工作。8月11日，专题研究市广播电视台建设与发展有关问题。8月18日，专题研究湖南华润煤业利民煤矿临时闭井所引发的有关问题。8月22日，专题研究规划工作有关问题。9月9日，专题调度财税收入工作。9月8日，专题研究新化县荣华乡龙湾村新农村建设有关工作。8月31日，专题研究全市“创客经济”发展有关问题。10月13日，专题研究娄底大道建设有关工作。10月14日，专题调度部署全市PPP项目有关工作。10月20日，研究湖南浙商商会来娄投资半挂车项目、废旧金属回收项目、与湖南省金华车辆有限公司合作项目和我市“总部经济”有关工作。10月25日，专题研究支持湖南人文科技学院发展有关问题。11月1日，专题研究市公共交通总公司运营发展有关问题。11月21日，专题调度众一健康城项目建设有关情况。11月21日，专题研究大型城市综合体项目建设有关工作。11月25日，专题研究全市易地扶贫搬迁和安全生产工作。12月7日，专题研究原市计生技术服务大楼处置和市青少年健康人格工程项目建设有关工作。11月30日，专题调度娄底市中心城区路网完善工程、娄底市中心城区道路提质改造及风貌整治工程建设情况。12月7日，专题研究我市部分行政区划调整工作。12月9日，专题研究湖南省新天地集团下属企业神斧民爆169化工有限公司棚户区改造项目有关问题。12月8日，专题研究全市高速公路沿线特色小城镇建设有关工作。12月20日，专题研究娄底中心城区废弃铁路综合开发利用工作有关问题。12月22日，专题研究公安工作。12月27日，研究《娄底市马拉松赛道线路规划方案》《娄底大道自行车道慢行系统设计方案》和《娄底大道沿线景观优化概念设计方案》等3个方案。

娄底市人民政府办公室

【概况】2016年，娄底市人民政府办公室围绕“加速转型、奋力赶超”总要求和市委、市政府的决策部署，抓好市政府重要工作部署落实情况、经济社会发展主要指标完成情况、绩效评估与重点民生实事项目情况、市政府各类会议决定事项办理情况、七个“三年行动计划”实施情况、市重点项目建设情况、领导批办交办事项、城乡环境整建及创文工作的督查。全年组织决策督查24次、专项督查25次，编发政务督查通报15期(不含会同市委督查室联合发文的督查通报)、政务督查专报和督查调研报告20期(篇)，按时完成领导批示、交办事项107项，办理省长信箱8件，按时办结率和及时反馈率100%；高效率、高质量完成领导交办其他任务。

【文电会议】2016年，娄底市人民政府办公室审核公文702个，制发公文638个。处理各类文电5862件。承办市政府全体会议1次、市政府党组扩大会议2次、市政府常务会议21次，承办或协助组织市长办公会议45次，起草、审核、呈送、印发市政府常务会议纪要21个、市长办公会议纪要45个、专题会议纪要131个。协助组织市人大会、“湘博会”等重大活动，以及省领导来娄考察汇报会、央企来娄项目洽谈会等重要会议。

【综合调研】2016年，娄底市人民政府办公室围绕发展大局，积极建言献策，充分发挥智囊作用，高标准、高质量、高效率各类文稿写作以及调研任务。全年共拟写领导讲话、工作汇报、典型发言、领导署名文章等各类综合材料258篇，结集出版《内部参阅》28期，《娄底经济》12期。组织市长专项调研52次，综合调研12次，撰写《水洞底双季稻示范经验》等调研报告6篇。

【信息工作】2016年，娄底市人民政府办公室完善政务信息报送体系，建立信息员跟班制度。全年编辑《娄底快讯》225期,《决策参考》16期,《信息专报》12期,国办采用我市信息21条,省办采用信息109条,连续7年被省政府评为全省政务信息工作先进单位。

【建议提案】2016年,娄底市人民政府办公室全年办理建议议案239件,其中省人大代表建议1件、省政协提案2件;市人大代表建议136件、市政府提案100件。省人大代表建议和省政协提案已在网上及时回复,并将会办意见书面报送相关主办单位。市本级的建议提案所提问题得到解决或基本解决的81件,占34.3%;被采纳列入计划逐步解决132件,占56%;因受客观条件制约暂时难以解决,已作解释说明或留作参考23件,占9.7%。

【"12345"求助】2016年,娄底市人民政府办公室接到各类社会求助热线有效电话296702件(市本级"12345"社会服务热线受理市民来电4579件),其中咨询类187758件,占63.28%;投诉类34893件,占11.76%;救助类31633件,占10.66%;其他类42418件,占14.30%,均在承诺时间内办结,做到答复及时、准确,办结率98.78%。

【应急管理】2016年,娄底市人民政府办公室做好日常值守应急和信息汇总工作,不断提高信息报送效率和质量,严格执行重大事项报告制度和值班登记、交接班制度。全年编辑《值班快报》149期,《今日值班信息》25期,向省里汇报信息99条,没有发生误报、迟报、漏报、谎报突发事件信息现象。开展应急宣传和演练,精心组织5.12应急知识宣传日的集中宣传活动,经常性地开展了应急演练。全年发放各种宣传资料及应急手册22多万册,播放应急管理知识及新闻稿件60余件,刊出宣传展板830余块,开展应急知识讲座90余场,组织相关部门先后开展道路交通事故应急救援演练、应急疏散演练、煤气泄漏应急演练。 (刘杰)

表11 **2016年市政府办先进集体和先进个人登记表**

获奖单位、先进个人	奖励名称	颁奖单位	颁发时间
胡忠威	学习贯彻党的十八届五中全会精神优秀论文全省一等奖	中共湖南省委干部教育工作领导小组办公室	2016年12月
周向红	全省政府系统政务信息工作目标管理先进个人	湖南省人民政府办公厅	2017年2月
杨 洁	全省建议提案办理工作目标管理先进个人	湖南省人民政府办公厅	2016年12月
肖鉴亮	全省政府系统政务信息工作目标管理先进个人	湖南省人民政府办公厅	2017年2月
杨北林	全省民宗系统信息工作先进个人	湖南省民族宗教事务委员会	2017年3月

驻京办工作

【概况】2016年,娄底市人民政府驻京联络处按照市委、市政府的要求,以维护人民群众合法诉求为宗旨,以"维护首都稳定和娄底形象"为中心,坚持依法接访劝访,确保整体态势平稳可控,完成市委市政府交办的工作,促成北京娄底企业商会的组建工作和天津娄底商会组团回娄开展投资洽谈与扶贫助学工作,推动中钰资产管理(深圳)有限公司迁址娄底经开区,于12月25日在深圳签约。协助娄底有关部门开展与央企对接,项目报批,争取投资。并在做好招商引资、维稳劝返、联络联谊、经营管理等工作,发挥着驻京机构的"窗口"与"桥梁"作用。根据市政府授权,联络处利用综合楼空余用房,建立国有独资北京娄底宾馆,开辟餐厅经营场所,把餐厅实行对外公开租赁招标经营。秉着"宾客至上、规范有序、依法经营、高效有序"原则,遵从市场经济效益,优化升级宾馆的电视、电话、网络、监控等设备设施,维修更换部分老化的电梯部件，并做好消防安全防范工作，为首都繁荣和娄底市经济社会发展做出应有贡献，获评2016年度全省单项工作先进单位。

市人民政府驻京联络处成立于2003年10月，前身为“娄底地区行署驻北京办事处”。正处级参公管理单位，编制8名，下设2个科室。2016年有处级领导干部5名（兼职1名），正式工作人员8人，各县市区派驻工作人员17名，临聘人员10人。

（杨辉）

驻广办工作

【概况】2016年，娄底市人民政府驻广州办事处围绕全市中心工作，衔接重点项目考察。1月9日，市委书记龚武生一行到广州考察。3月21日到23日市委书记龚武生在深圳、惠州、东莞等地考察深圳三讯电子公司、惠阳清泉城市广场等企业。5月3日至5日，接待市委常委、常务副市长周纯良到广东地区考察番禺宝丛物流公司、中国物流公司、东莞味菇坊生物科技有限公司、惠州碧桂园、众一控股集团总部等企业。6月15日至17日副书记何文君率队赴深圳、东莞、惠州、广州考察广汽本田公司、惠阳清泉城市广场等多个项目。10月14日至17日，市委常委、组织部长华学健带队到广东考察广东华晶光学电子科技有限公司、河源巴伐利亚庄园等项目。承办参与珠三角地区经贸合作对接会。12月15日，娄底市扩大对外开放珠三角地区经贸合作对接会在深圳阳光酒店举行。成立于1990年，为娄底市对外联络的重要窗口。26年来，在推动招商引资、沟通联络老乡、服务各级领导等方面做出贡献。办事处现有干部职工7人，办公地址设广州市天河区广州大道中新达城广场28楼。

（赵炜）

驻长办工作

【概况】2016年，娄底市人民政府驻长沙办事处围绕全市中心工作，以宣传推介娄底、服务促进投资为己任，在强化对娄在长商会的指导、参与社会公共管理、做好信访维稳工作、调解纠纷化解矛盾、协助处置突发事件和维护社会稳定等方面竭力工作。并为流动党员提供组织关系接转、组织生活、教育培训、关爱帮扶、权益保障等提供服务。建立起健全流动团员团组织，协助做好流动团员的管理服务，以及与长沙政务联络，收集、研究、传递长沙经济发展政策、经验等信息等工作。

【信访维稳】2016年，娄底市人民政府驻长沙办事处按照市委、市政府的要求，针对全市赴省上访总量历年来在全省排列前4居高不下的状况，把对赴省上访群众的接访劝返作为工作的重中之重，与省、市信访部门配合，做到及时沟通、信息畅通、行动迅速，协助市政府和有关部门做好接访劝访工作，让娄底市信访工作进入良性循环。加强与市联席办、市信访局、市驻长办的联络，使接访劝返工作调度力度和情报信息反馈渠道井然有序。对赴长重大疑难信访问题，通过有效化解群体性捆绑上访，及时劝离缠访闹访老户，分担省局接访压力，获2016年省驻长信访维稳综治考核第二名。

【促进经贸合作】2016年，娄底市人民政府驻长沙办事处接待驻长成员达2600多人次，其中在职厅级以上领导80多人次，离退休厅以上领导200多人次，娄底籍在长企业家2100多人次，学术文化艺术界人士200多人次。成立“长沙涟水文化研究会”“长沙市新化经促会”“长沙市冷水江经促会”“长沙市双峰经促会”。协助指导成立“长沙市娄底商会”，发展会员200多人；长沙市涟源商会，发展会员400多人；长沙市新化商会，发展会员300多人。在长沙开创一个以经促会为中心、各个商会组织多点开花的新局面。组织策划大型活动，包含公益、慈善、学习、项目推介等，宣扬娄底“坚韧、勤奋、尚德、自强”的城市精神，传递亲情、乡情、团结、互助人文情怀。全年先后2次组织娄底籍企业家、文化艺术界知名人士举行“回娘家”活动，到娄底开发区、县（市、区）各个经济园区进行项目实地对接、宣传推广。开展“娄商大讲堂”“娄商走进大型企业学习”“投资税法宣传”活动。带领爱心企业赴娄开展公益助学，对困难企业进行对口帮扶。对接、陪同中冶建设有限公司、中泰建设有限公司、中艺投资有限公司负责人到娄底进行实地考察。走访市经开区，万宝新区，城建投，市创投，娄星经济开发园区等单位，就多个项目与相关部门负责人进行洽谈，了解项目选址、项目内容等相关情况，为帮扶企业高盛板业引进资金500多万元。

（胡军）

信访工作

【概况】2016年，娄底市信访局接待群众到市上访1257批13331人次，办理群众来信2767件次，办理省联席办交办信访积案100件，办理中央、省通过来信和网上信访途径交办信访案件57件，开展信访案件核查8件。被评为湖南省"2010—2015年度信访工作先进集体"、市绩效考核优秀单位、市文明单位和"好班子"；党组书记、局长周继林获评"湖南省最美信访干部"。

【落实信访工作责任制】2016年，娄底市信访局参与全市"万名干部下基层、解难惠民促发展"活动，配合市委常委会成员、市人大常委会主任、市政协主席、市政府副市长等18名市级领导带头示范活动，下基层开展信访积案大化解，处理信访案件18件次；到市人民来访接待中心接访25次，接访批示信访事项78件。

【信访矛盾排查与化解】2016年，娄底市信访局建立矛盾化解机制，在市、县、乡、村四级落实矛盾纠纷排查调处工作例会制度，市、县（市、区）每月由党委、政府分管领导召开一次例会，乡镇每半月由党工委书记召开一次例会，村（社区）每周召开一次例会。6月，对信访矛盾突出的领域，由行业主管部门牵头，建立劳动人事、医疗卫生、建设物管、民间融资、征地拆迁、道路交通6个行业性专业性调解组织，分类处置信访诉求，推动问题系统性解决。全年共排查矛盾纠纷37695起，化解37372起，调解率达99.1%。

【网上信访】2016年，娄底市信访局推动全市482家市直单位、乡（镇、街道办）、县直部门接入政务外网；在市、县陆续开通信访网站、微信公众号，拓展群众诉求表达渠道，提升信访信息化水平。市、县信访部门组织开展集中培训13批1900余人次，以"4·28"网上信访宣传日和"12·4"宪法日宣传活动为契机，采取上街集中宣传等方式和电视、报纸、电台等平台在全市开展网上信访宣传，发放各类宣传资料57000余份，全市网上信访及时受理率、按期办结率、群众满意率、参评率、网信占比率分别为95.1%、80.9%、98%、12%、43.4%。

【积案化解】2016年，娄底市信访局在全市开展"万名干部下基层、解难惠民促发展"下基层信访积案大化解和"千案化解促和谐"两个专项活动，把信访积案化解作为信访工作"一号工程"，作为全市四大专项活动推进。成立"娄底市中心城区房地产业解难题、促发展、保稳定专项行动领导小组办公室"，开展房地产领域集中整治活动，化解一批"交房难、办证难"问题。全年按期办结省联席办交办100件信访积案；全市"千案化解促和谐"活动中各县市区排查交办积案436件，办结388件，办结率88.9%。

【法治信访】2016年，娄底市信访局运用法治思维和方式，推进信访制度改革。在全市推行初访100%发放《逐级走访手册》，落实依法逐级走访工作。推进法定途径分类处理信访投诉请求工作。市人社局、市民政局、市国土局、市教育局、市住建局等单位率先出台通过法定途径分类处理信访诉求相关制度文件。实行诉讼与信访分离，调整充实驻涉法涉诉联合接访中心工作力量，贯彻落实《湖南省信访事项复查复核办法》，推进信访事项依法终结；6月，针对涉军群体、民间融资利益受损群体、征地拆迁群体以及房地产开发领域等群体到市集访频繁等情况，到非指定场所集访联合处置力度增强。（杜东义）

表 12

2016 年市信访局先进集体和先进个人登记表

获奖单位、先进个人	奖励名称	颁奖单位	颁发时间
娄底市信访局	2010 年—2015 年度全省信访工作先进集体	省人力资源和社保厅 省信访局	2016 年 10 月
双峰县信访局	2010 年—2015 年度全省信访工作先进集体	省人力资源和社会保障厅、省信访局	2016 年 10 月
周继林	全省最美信访干部	湖南省信访局	2017 年 5 月
许春阳（女）	全省信访工作先进个人	省人力资源和社会保障厅、省信访局	2016 年 10 月
阳跃书	全省信访工作先进个人	人力资源和社会保障厅、省信访局	2016 年 10 月
黄庆丰	全省信访工作先进个人	人力资源和社会保障厅、省信访局	2016 年 10 月

政府法制

【概况】2016 年，娄底市人民政府法制办围绕娄底城乡建设与管理、环境保护、历史文化保护等事项，制定《〈娄底市孙水河保护条例〉立法起草工作实施方案》《立法调研项目工作方案》，健全立法体制机制，完成《娄底市人民政府制定地方性法规草案和规章办法》前期准备工作，推进《娄底市孙水河保护条例》出台，组织起草单位与专家学者对草稿进行 5 审。

作为政府工作部门，内设秘书科、规范性文件管理科、立法科、行政复议科（加挂娄底市人民政府行政复议办公室牌子）、行政执法监督科、市人民政府应诉室 6 个科，行政编制 12 名，全额拨款事业编制 4 名，机关后勤服务全额拨款事业编制 1 名。娄底市仲裁委员会于 2001 年 11 月成立，下设正处级办事机构——娄底仲裁委秘书处，为全额拨款事业单位，负责处理仲裁委日常工作，与市政府法制办合署办公，设仲裁庭（加挂仲裁委员会调解中心牌子）。核定娄底仲裁委员会秘书处全额拨款事业编制 6 名，后勤服务全额拨款事业编制 1 名。有人员 28 名。其中，从事政府法制工作人员 20 名，从事仲裁工作人员 8 名。

【规范发文】2016 年，娄底市政府法制办按照制定主体合法、权限合法、程序合法、内容合法、形式合法的要求，严把规范性文件合法性审查关。全年审核市委规范性文件 19 件，审查市政府（政府办）规范性文件 96 件，“四统一”（统一审查、统一登记、统一编号、统一公布）规范性文件 66 件；审查政府合同文本 53 件，审查市政府各类会议纪要、市政府批复件、市领导批示件等 225 件。向省政府报备市政府（政府办）规范性文件 68 件，报备率 100%，省政府备案率 100%；备案县（市、区）政府（政府办）规范性文件 217 件，在规范性文件网上动态有效期公布系统，将市本级政府和部门印发的规范性文件均予以录入和公布，并自动显示文件效力状态。

【履行法律职责】2016 年，娄底市政府法制办参加 PPP 项目相关会议 17 次，政府合同谈判 16 次（包括 PPP 项目谈判和特许经营谈判），审查政府合同 21 个。参与市委、市政府组织的一些疑难复杂问题处理——新建住宅电力设施建设与管理、少数民族流动摊贩占道经营整治、违法建房整治、招商引资等影响全市经济社会发展的热点、难点涉法事务等，在维护社会稳定中凸显政府依法行政的权威。

【行政执法监督】2016 年，娄底市政府法制办按照省法制办有关两证换发和行政执法考试工作文件精神，组织召开全市行政执法人员执法资格考试工作部署会议，有序推进全市执法资格考试，落实《娄底市行政执法监督办法》，推进行政执法监督工作制度化建设。以常态化工作机制助推行政执法规范化，受理群众举报50余起，现场纠正违法执法行为20余件，做到“件件有结果，件件有落实”。联合株洲市政府法制办在武汉大学举办一期法治政府建设培训班，两地有关政府部门法制骨干共计80余人参加培训。聘请25名行政执法特邀监督员，对25名特邀监督员进行岗前专题培训，借助社会力量，延伸执法监督触角；并通过监督纠正不作为、乱作为等行为，确保文明执法不走样。

【行政复议应诉】2016年，娄底市政府法制办在全省率先设立行政复议案件接待室、审理室，在接待室及门户网站公布行政复议申请条件、申请书格式、审理流程及复议工作职责等内容；出台《关于规范行政复议和行政诉讼事项有关办理工作的通知》《娄底市行政机关及其负责人出庭参加行政诉讼管理办法》等规定，对复议工作、行政机关负责人出庭应诉等具体事项予以规范。推行“案前听证，窗口前移”的审理方式，推进以听证方式审理方式常态化，实行法制办复议科初审、法制办内审委员会集体二审、市政府行政复议委员会三审“三审制”等。全年收到行政复议申请124件，受理107件，审结94件。以市人民政府名义发布《娄底市人民政府行政复议、行政应诉白皮书》，推进着依法行政、行政复议与行政应诉水平的提高。

【仲裁工作】2016年，娄底市政府法制办共受理各类民商事案件1126余件，年结案率在90%以上，所做裁决无一被法院裁定撤销或不予执行。开展仲裁“两化”试点工作，落实《全国仲裁工作案件受理多样化、纠纷处理多元化试点实施意见》中各项要求，形成《娄底仲裁委员会仲裁案件受理多样化纠纷处理多元化试点工作实施方案》。多次受邀参加全国性或区域性的仲裁“两化”工作座谈会，针对“两化”工作提出富有创新性的思路，受到国务院法制办的肯定。

（黄洋）

电子政务

【概况】2016年，娄底市电子政务管理办公室发布行政权力运行、财政资金信息、公共资源配置、公共服务信息、重大建设项目和公共监管信息等30项政府重点信息9994条。开展在线访谈7期，网上民意调查8次，答复各类咨询投诉485条，受理“书记市长信箱”群众来信947封，办理回复864件，回复率91.24%，满意率100%。受理湖南红网“问政湖南”频道市长留言244条，办理回复231封，回复率为94.67%。把12个市直及中央、省驻娄底单位业务系统与市本级政务服务系统互联对接，实现政务服务工作多业务协同、多部门联动、多角度监管。市、县两级行政审批系统实现100%的部门、事项、流程全覆盖。其中娄星区、涟源市完成审批系统向乡（镇、街道）延伸工作。组织对106家直属单位212人次一对一现场办网上办事项加载、事项流程规范技术培训，累计排除系统故障350次。市本级网上政务服务与电子监察系统共受理办结市直60家单位740项29622件政务服务事项，办结率98%。

【政府网站群】2016年，娄底市电子政务管理办公室按照《湖南省政府网站管理办法》要求，秉持“一级政府建设一个门户网站，一个部门建设一个子站”原则，整合现有各级各部门政府网站资源，建立健全网站建设和运维管理机制。至年底，市本级建设完成以市政府门户网站为主站、53家局、办、委网站为子站的“娄底市政府门户网站群”。督促各县市区整合搭建起包括县市区直属部门、乡镇政府网站在内的5县市区政府网站群，整合政府网站145家。政府网站群的建立极大地节省财政在网站建设上的支出。以市本级部门网站宽带租赁、设备更新、运维管理和电费费用计算，每年节省经费达500万元以上。10月完成包括政府门户网站微博、微信和移动客户端三个新媒体网络平台建设，与市政府门户网站实现无缝对接。

【网上政务】2016年，娄底市电子政务管理办公室根据国家、省、市有关政务信息公开要求，主动、及时、全面、准确发布政务信息。全年市政府门户网站群共发布各类政务信息132818条，向省政府门户网站报送信息985条，转载国家、省政府各类重要政务信息2917条，各县（市、区）政府门户网站群共发布各类政务信息72000余条。5县（市、区）政府门户网站和市直大部分局办委子站也按照要求设置网络问政栏目，并形成一套按时受理、办结和回复的管理机制。市政府门户网站建设在全省14个市州政府网站绩效评估二类地区中排名第1名。5县（市、区）政府门户网站在全省122个县（市、区）网站绩效评估进入前40名，其中，娄星区政府网站连续3年被评为“湖南省优秀政府网站”。

【平台建设】2016年，娄底市电子政务管理办公室投资200多万元建成“娄底市数据中心机房搬迁扩建”，项目机房由原来50平方米增加至200平方米，置换或升级部分软硬件设备，达到国家二级机房标准，政务资源整合应用、数据交换存储备份和应用系统业务托管等能力得以升级。完成市直106家单位电子政务外网线路联网工作，外网接通率达100%。各县(市、区)部门和乡(镇、街道办事处)便民服务中心电子政务外网接通率均达95%，其中娄星区接通率达100%。联通市县部门和乡镇(街道)530多家单位，承载着省网上政务服务和电子监察系统、娄底市综合治税、卫生信息和市国土地理信息数据交换平台等20多个应用系统的运行。（曹晓晓）

政务服务

【概况】2016年，娄底市政务服务中心秉承“精简高效、阳光规范、便民利民、务实廉洁”原则，以“建体系、优服务、增效能、促发展”为主要内容，以“提升行政效能、提升管理水平、提升队伍素质、提升服务水平为目标。开展全市乡镇便民服务中心和便民服务点建设，市、县、乡、村四级政务服务体系建设提前完成任务。办理各类政务服务事项255191件。县、乡、村各级政务服务中心和便民服务中心(点)办理各类事项200万余件，打通服务群众“最后一公里”。6月28日，不动产登记首证颁发仪式在市国土局窗口举行，市委副书记、市长杨懿文，省国土资源厅党组成员、副厅长金勇章分别给权益人邓伟华、曾友平夫妇和刘迪红、付美和夫妇颁发不动产权证书。9月6日，娄底市环保局行政审批科5名工作人员进驻，实现环境保护行政审批许可事项一站式办理。9月20日，又颁发全市首张“五证合一”营业执照。

【信息公开】2016年，娄底市政务服务中心遵照《娄底市政府信息公开制度》要求，健全政府信息主动公开、依申请公开、发布协调、保密审查、受理举报、年报公报等制度，按“公开为原则、不公开为例外”的宗旨，对进驻单位、项目、投诉方式、投诉地点、问责规定、运行模式、星级评比结果、重要改革文件等信息及时公开公示，保障群众知情权、参与权和监督权。完善政府信息依申请公开受理、办理、答复和监督制约机制，处理政府信息依申请公开事项。全年累计发布各类政务信息141条，其中政务服务政务公开工作动态39条。市本级收到各类政务公开咨询电话1500余次，邮箱回复公开信息71件，现场受理公民依申请公开16件，网上受理24件，做到依法予以答复。

（黄斌）

无线电管理

【概况】2016年，娄底市无线电管理办公室根据《中华人民共和国无线电管理条例》依法行使无线电管理工作的政府职能。在全国频谱使用评估专项活动中，完成1230个新建基站数据的上报和2929个基站“扇区标识码”等重要数据的补充。利用台站数据库对频率台站进行事中事后监管，发现非法使用频率3起。全年开展日常监测5800小时、专项监测2000小时。通过监测比对，发现并查处3起“黑广播”案件，检测移动通信基站32个、伪基站45个，出具检测报告186本。并按要求完成频谱评估专项工作，测试数据量达120G，辖区城市和主干道30~3000MHz频段内公众移动通信频率使用情况得到掌控。

【干扰查出】2016年，娄底市无线电管理办公室全年查处无线电干扰7起，查获非法无线电发射设备6套，收集“无线电干扰回访调查表”12份，排查率和满意率均为100%，履行“电波卫士”维护空中电波秩序的职责。开展考试无线电安全保障15次，出动监测设备102台次，出动人员165人次，压制可疑信号32起，查处利用无线电设备实施考试作弊人设备4套，维护公平公正考试环境。开展元旦、春节、两会、国庆以及抢险救灾等重点监测值班6次，保障重要时期、重要活动、重要频率的无线电安全。打击PS及通讯网络新型违法犯罪，专项监测1800小时，专项督查8次，绕城巡查19次，查获“黑广播”3套，鉴定“伪基站”45套，遏制娄底市“黑广播”、“伪基站”违法犯罪势头。全市公众移动通信基站数量增至3000多个。

（孙慧）

表 13　2016 年娄底市无线电管理处先进集体和先进个人登记表

获奖单位、先进个人	奖励名称	颁奖单位	颁发时间
娄底市无线电管理处	湖南省无线电管理工作先进单位	湖南省经济和信息化委员会	2017 年 3 月
张　健	湖南省无线电管理工作先进个人	湖南省经济和信息化委员会	2017 年 3 月
陈萍萍	湖南省无线电管理工作先进个人	湖南省经济和信息化委员会	2017 年 3 月

港澳事务和外事侨务

【概况】2016 年，全市外事工作按照“高举旗帜、围绕大局、服务人民、改革创新”的总要求，强化对外交往合作，构建对外工作新格局。服务“三侨”，服务经济发展。5 月，召开市委外事工作领导小组会议，明确对外工作总体思路，审议通过《关于进一步规范全市国家工作人员因公临时出国的实施细则》，原则通过《因公出国（境）审批流程》和《娄底市拟与国外友好交往城市对象》。完善外国人管理(涉外案件处理)协调机制。外事部门在市域内继续积极推广 APEC 商务旅行卡，助推全市实施“走出去”战略。根据《关于申报下一年度因公出国计划的通知》，申报计划 114 人次，受理出访团组手续 30 批 53 人次，实际批准 25 批 48 人次，其中党政领导干部 45 人次，企事业单位 4 人次。6 月，市委书记李荐国率团，就共建友好城市，开展经济合作，促进产业转型升级等问题，对美国、加拿大访问考察。10 月，市委副书记何文君率团赴德国、法国进行工业化升级、园区建设及城市服务配套考察。接待日本千叶商科大学校长岛田晴雄博士率“岛田村塾”代表团一行 14 人和比利时埃诺省省长托米·勒克耐率团一行 15 人到娄底访问。做好 70 多个国家、100 多位部长级贵宾、25000 多名中外客商参会的第七届“湘博会”外宾接待工作。根据《湖南省外事侨务港澳工作“十三五”发展纲要》要求，将德国乌尔姆市、澳大利亚霍巴特市、美国奥罗拉市等纳入全市“十三五”友好城市交往对象城市。6 月，经湖南省外事侨务办公室牵线，对美国科罗拉多州奥罗拉市进行访问。加强对全市外事侨务工作服务新农村建设基地的建设和管理，其中涟源市解决侨属就业达 100 余人。邀请德籍华人地质学家、AAA 国际矿业公司总裁刘光华夫妇到娄底考察指导文化旅游。美国华侨联合总会、美国湖南商会主席王铁夫一行到娄底投资考察文化教育生态新城和谢冰莹文化旅游与健康养生项目。

【港澳工作】2016 年，娄底市港澳侨联合会协调和联络做好港澳同胞在娄底市捐赠公益事业有关工作，依法维护在娄底的港澳同胞及其眷属的合法权益。通过牵线搭桥与协调，香港基金会为娄底市希望学校与爱心卫生院直接捐资 275.6 万元。（张语良）

机关事务管理

【概况】2016 年，娄底市机关事务管理局巩固办公用房清理整改成效，把控市直党政机关、领导干部个人办公用房面积，不定期开展督查，防止问题反弹；加强资源整合，提高办公用房使用效益，先后完成市路灯管理处、市城管行动队执法支队、市农业委、市政法委、市扶贫办、市委巡视办等单位办公用房调整。完成市直单位公务用车制度改革，减少公车 475 台，安置司勤人员 279 人；统一喷涂“公务用车”，“行政执法”或“应急专用”标识，加强督促检查，防止违规使用公车行为；建立公务用车服务平台，确保应急处突、重大活动工作用车和市直参改单位公务出行；县市区公车改革有序推进。强化机关大院安全监管，完善制度、人防、物防体系建设，开展专项安全检查整治，抓好春节、“五一”、国庆等节日期间安全保障工作；维修维护消防系统，补充、更换消防设备和器材，消除安全隐患；配合做好信访维稳工作，协助处置突发性事件、群体性上访事件 510 批次，协助处置疏导、接待上访人员达 11250 人次，其中 20 人以上的群访 169 次，实现可防性案件的零发案。会同市公安、环保、交通、财政等部门，淘汰整治黄标车及老旧车 8400 台，提前完成省下达整治任务。全年大小维修 1200 余次，完成市委、市政府 1 号楼、市人大市政协3号楼屋面防水工程，完成“两个中心”（市政务中心、市人民来访接待中心，下同）地下停车坪、市委视频会议室和市委常委会议室维修改造、市人大市政协2号办公楼二楼会议室改造，更换大型LED显示屏，完成煤改气置换和“两个中心”的电力增容工作。承办各类会议1075场次；种植大小灌木乔木500多株，完成6000多平方米绿篱升级改造，连续多年被评为“园林式院落”“最洁美院落”；为重要会议及重大活动提供医疗服务；创建国家节约型示范单位3家，省节能示范单位8家，市节能示范单位30家；组织开展“节俭有德 全民节约”节能宣传周系列活动，与娄底电视台合作推出“公益娄底——节能专题”，制作上百期节能公益广告在黄金时段播放；推广新能源、新技术节能产品应用，优先采用光伏、新能源汽车项目，强化节能日常管理，人均能耗下降5.19%，超额完成年度节能目标。获省“文明卫生单位”市“信访先进单位”“法治政府建设先进单位”“消防工作先进单位”“招商引资先进单位”“全市优秀改革项目”“保密工作先进单位”等荣誉称号。市机关事务管理局在职人员65人，退休人员62人，党员87人，内设科室10个，二级机构1个。

（李吉斌）

移民工作

【概况】娄底是全省最大的移民市，共有纳入后期扶持的大中型水库移民人口319636人，其中新化县231047人，冷水江市14972人，涟源市32530人，双峰县24207人，娄星区5116人，市经济开发区11764人，涉及全市96个乡（镇、场、办事处、区）2435个村。2016年，娄底市移民工作坚持稳增长、打基础、抓关键、惠民生，取得新的成绩。库区移民人均纯收入达6992元，较上年增长13.9%。全市接访109批次449人次，处理来信8件。库区及移民安置区社会大局稳定。

【移民民生】2016年，娄底市移民局落实后扶直补资金和项目扶持资金3.14亿元，完成年度移民扶持人口自然减员核减1347人。全年新开和改造提质茶叶1000亩、油茶5000亩、水果11300亩、蔬菜5200亩。支持水府庙库区网箱（拦网）退养渔民科学转型发展。开展移民转移就业技能培训定点院校认定工作，确定11所院校为娄底市定点院校。全年培训移民5733人，其中实用技术4703人，转移就业技能培训1028人，组织移民劳务输出6万人。完成在涟源市开展第二批（1825人）大中型水库移民避险解困试点任务，累计投资41825.7万元，惠及移民18366人，实施各类项目3000余个，全市全年改造和硬化公路510公里、兴修改造渠道171公里、解决移民安全饮水人口32525人。实施一批教育、文化、卫生等公益事业建设项目。全市8个省级重点民生实事项目美丽乡村示范村有4个设在库区。

【搬迁安置】2016年，娄底市移民局组织召开移民管理部门、业主、设计单位参加的资水冷水江浪石滩电站工程竣工移民安置验收前期协调会。先后完成对冷水江浪石滩电站移民安置的自验、市级初验。11月10日至11日，省级终验会议在冷水江市举行，确认浪石滩水电站工程竣工移民安置（冷水江部分）验收合格，确认搬迁安置农村移民16户92人，生产安置人口4250人，实现移民安置规划目标。

【项目资金监管】2016年，娄底市移民局建立和完善移民资金内审、稽察、监测评估、绩效评价和纪检监察“4+1”监管机制，完成对新化、涟源、经开3个县（市、区）年度内审；配合省移民局对涟源、经开2个县（市、区）开展后扶稽察、对全市后期扶持工作开展监测评估工作；开展对全市2015年度移民困难扶助专项资金的绩效评价工作。开展移民资金管理使用专项治理活动和“雁过拔毛”式腐败问题专项整治活动。对全市2013—2015年移民资金分配、拨付、管理使用和项目实施等问题进行清理排查和整改，发现腐败线索5个，联合立案调查4件，给予党纪政纪处分7人，移送司法处理3人。推进后扶政策政务公开，资金安排和项目实施做到“县上网、村上墙”。在新化县油溪乡中联村和曹家镇娘家村开展后期扶持项目民主化建设管理试点工作，推行村民自建与政府监管服务的后扶项目监管机制、村组项目推行“四自”民主化监管模式。建成移民后扶项目的信息库，实现计划项目信息化、动态化管理。8月、9月和11月，冷水江市人民政府、娄底市移民局和省移民局三级分别组织对冷水江浪石滩水电站工程竣工移民安置进行验收认定，项目总体实现移民安置规划目标，确认该工程竣工移民安置自验、初验和终验合格。

【第二批大中型水库特困移民】2016年，娄底市纳入湖南省第二批大中型水库特困移民避险解困试点工作，对涟源市1825名特困移民进行避险解困搬迁。项目总投资9028万元，其中省级补助3650万元，涟源市配套3660万元，移民自筹1718万元。（钟青峰）

表 14　2016 年娄底市水库移民开发管理局先进集体和先进个人登记表

获奖单位、先进个人	奖励名称	颁奖单位	颁发时间
娄底市水库移民开发管理局	全省移民资金内部审计工作先进单位	湖南省水库移民开发管理局	2017 年 2 月
周志和	全省移民资金内部审计工作先进个人	湖南省水库移民开发管理局	2017 年 2 月

中国人民政治协商会议娄底市委员会

市政协主席姚兵主持召开市政协党组民主生活会

【概况】2016 年，政协娄底市委员会秉承“团结”和“民主”两大主题，围绕娄底市第五次党代会决策部署，在政治协商、民主监督、参政议政上展示政协作为，贡献政协力量。6 月 23 日，湖南省政协主席李微微在娄底调研时指出：娄底市政协的工作要“抓得实、抓得新、抓得活”。中国人民政治协商会议娄底市第四届委员会第四次会议于 2 月 23 日至 27 日召开。参会全体政协委员履行职责，协商讨论，建言献策，完成各项议程。会议审议批准市政协主席姚兵代表政协娄底市第四届委员会常务委员会所作的工作报告和市政协副主席刘继清所作的提案工作报告。会议听取并学习市委书记龚武生在四届四次全会开幕大会上的讲话，听取并讨论娄底市委副书记、市人民政府市长李荐国所作的政府工作报告和其他报告，协商娄底市国民经济和社会发展第十三个五年规划纲要（草案）。听取市委常委、市人民政府常务副市长周纯良代表市人民政府向大会通报市政协四届三次会议委员大会发言办理情况。大会通过政协娄底市第四届委员会第四次会议关于人事任免的表决和选举办法，通过总监票人、监票人名单，以举手表决方式，补选曾福泽为市政协第四届委员会副主席。

娄底市政协有委员 338 名，界别 21 个。设办公室、研究室 2 工作机构，有提案委员会、经济科技委员会、人口资源环境委员会、文教卫体委员会、社会工作委员会、学习文史委员会等 6 个专门委员会。机关在职干部职工 41 人，离退休人员 34 人，中共党员 70 人。

【政治协商】2016 年，政协娄底市委员会坚持把政治协商作为履行政协职能、汇集各方智慧、服务发展大局的重要途径。在广泛征集选题基础上，与市委、市政府协商确定“1+5+3+10”（1 次专题协商、5 次对口协商、3 次界别协商、10 件重点提案办理协商）年度协商计划，由市委办公室、市政府办公室、市政协办公室联合发文，确保协商议题集中于“党政所重、发展所需、民生所盼”；把抓实协商调研作为精准建言、务实献策的基础和前提，选择调研人员，制订调研方案，了解多方情况，确保对协商议题政策明、底子清、情况准、数据实。关于“发展娄底足球运动”的协商，课题组历时 3 个多月，到市内 5 个县（市、区）进行调研，赴益阳市、长沙县和广西北海市等地考察学习，调研报告获杨懿文市长肯定。《光明日报》、《人民政协报》等媒体多次推介娄底市政治协商工作。

【专题协商】2016 年，娄底市政协主席会议经多次研究协商，决定将“充分发挥高铁优势，助推娄底经济转型”课题作为市政协2016年专题协商课题。调研工作历时一年多,查阅大量资料和数据,到铁路部门和相关企业了解情况,召开多个座谈会,赴省内怀化、郴州、长沙、湘潭和省外的山东枣庄、德州及河北石家庄等8个高铁沿线城市学习考察,向省内知名经济专家学习请教。召开4次专题协商会,形成4个专题调研报告,1个综合调研报告。6月2日,召开“充分发挥高铁优势,助推娄底经济转型”专题协商会议。市委书记李荐国,市委副书记、市长杨懿文,市委副书记何文君出席,与各位委员当面沟通、交流与协商。市委常委、常务副市长周纯良,市委常委、组织部部长兼统战部部长华学健,市委常委、市委秘书长王雄,市政协副主席易南斌、刘继清、邵瑛、李德仁、肖扬、吴合群、席伏应、曾福泽及市政协秘书长李和平出席。李荐国、杨懿文称赞协商成果有价值,认为对娄底市“十三五”规划纲要落实,对开启7个“三年行动计划”具有推动作用。

【电商对口协商】2016年,市政协就“娄底市电子商务发展”与各县(市、区)政协联合开展调研,邀请部分政协委员和市直相关单位参与。从1月份开始,调研组到各县市区、电商企业开展实地调研;赴省内外全国电商发展综合示范点考察学习;以发放调查问卷、召开座谈会等方式征求意见、建议。形成《顺时势促转型强力推进我市电子商务发展》调研报告。8月24日,市政协组织召开“强力推进全市电子商务发展”对口协商会议,副市长向世聪出席会议,要求商务部门采纳市政协调研成果和建议,完善机制,引进人才,培育龙头,让电子商务成为娄底加速转型的助推器。

【交通拥堵协商】2016年,市政协以“缓解娄底城区交通拥堵”为课题组织调研。于3月初出台调研方案,明确调研内容,从市公安局、规划局、住建局、城管局、交警支队等单位抽人组成调研小组,采取实地走访、调查问卷、查阅资料、座谈讨论等方式进行调研,到株洲等地学习取经,在此基础上撰写调研报告。7月13日,就缓解城区交通拥堵问题召开对口协商会议,形成协商意见,得到市委、市政府主要领导高度重视,市委书记李荐国批示:“请志雄同志牵头,组织交通、城管、交警和文明办研究综合施策,切实解决好这一难题。”9月8日和11月2日,市委常委、副市长谢志雄召开会议专题研究缓解娄底城区交通拥堵有关问题,成立领导小组和治堵办专门解决城区交通拥堵问题,明确各单位工作职责和任务,将拥堵重点砍土分方,排出治理时间表。

【健康养老协商】2016年,市政协就“发展我市健康养老产业”开展对口协商,组织调研组到市内各县(市、区)和长沙、湘潭、浙江省杭州市、金华市等地区机构、社区、企业走访与召开座谈会、听取汇报等方式调研,取得第一手材料。于8月3日与市民政局等单位协商,副市长刘益丈、市政协副主席刘继清出席会议。达成“规划引导、政策扶持、加大投入、提高保障标准”的共识,认为娄底健康养老服务业发展取得些许成效。但与全市目前人口老龄化和养老服务需求相比,娄底市健康养老服务业才刚刚起步,现有服务内容、设施条件和保障机制都难以满足老年人养老服务需求。一些领域市场开放程度偏低,监管机制不健全,专业人才缺乏,健康观念相对落后,供给不足与资源浪费现象并存,需要引起高度重视并着手加以解决。

【足球发展协商】2016年,市政协把“加快娄底足球发展”作为对口协商课题,历时3个多月,先后到各县(市、区),对全市足球发展基本状况进行调研,赴益阳市、长沙县和广西北海市等地考察学习,结合娄底实际,形成《加快娄底足球发展》调研报告。8月4日,召开对口协商会议,提出“加强组织领导,建立健全领导机构和管理体制”等5条前瞻性与可行性的建议意见。市委政府提出“探索建设娄底足球城项目”“足球特色小镇”等举措,还出台《娄底市足球改革发展规划纲要(2016—2020年)》。

【民主监督】2016年,市政协第二轮委派民主监督小组与监督单位由第一轮16个调整为8个,监督重点聚焦民生。较第一轮内容与问题,老百姓关注度高。各委派民主监督小组在基层开展扎实有效调查研究,收集民情民意、发现存在问题、找准监督重点,通过口头沟通,发出民主监督意见函等形式向受派单位提出监督意见。4月12日,召开全市委派民主监督工作会议,对上年度委派民主监督工作进行总结,委派民主监督工作提出意见和要求。本年度民主监督工作因上年度确定监督重点大部分尚在完成过程中，只对两个单位监督重点做调整。一是城管局改渣土管理为重点，二是卫计委改大病医保为重点。驻城管局监督小组为掌握渣土管理情况24小时蹲守，多次明查暗访了解情况，发出“同城同管”的监督意见函。驻人社局、教育局、民政局的监督小组进入乡镇，进入基层调研了解情况，驻市环保局监督小组监督重点企业排污，督促相关企业改进排污治理设备，确保达标排放，治污状况得到改善。驻建设局监督小组重点监督保障性安居工程建设完成情况，民主监督小组工作获得各单位肯定。

【课题调研】2016年，市政协为落实市委“将娄底建成全国转型发展示范城市，打造成为大长沙拓展区”的决策部署，把娄底市中心城区东扩发展作为2016年重点调研课题，组织课题调研组，多次到市规划局等相关部门和双峰、市经开区、万宝新区等县市区调研、座谈，听取意见，了解情况。赴省外广东东莞市松山湖、山东济宁市微山湖，省内常德市柳叶湖等地学习考察，形成《加快东扩进程建设东部新区》调研报告。

【自身建设】2016年，市政协为给省委、市委政协工作会议提供决策参考，8月以来，组织5个调研组，以“加强政协自身建设”为主题，由主席会议（党组）成员带队，分赴市域各县（市、区）及市外先进地区调研。围绕政协委员提名、推荐、考察和确定程序，委员规模、组织结构、提名及换届留任标准、留任比例原则、名额分配原则，委员履职管理专门机构、管理平台建设、管理模式，委员辞免、增补的办法和机制，政协委员日常履职组织名称及个数、设置原则、规模、履职活动要求，各地党委重视政协工作的做法等17个方面展开讨论，提出加强政协自身建设的对策与建议。起草《委员履职管理办法》《关于进一步加强和改进界别工作的意见》《委员述职报告制度》《政协委室设置及与市直单位及活动小组联系方案》等9项制度意见。

【提案办理】2016年，娄底市政协四届四次会议收到意见建议152件，经审查立案111件，并案32件，立案率73%，其中，集体提案19件，占提案总数的17.1%。所有提案均按时办复，其中：所提意见和建议解决或基本解决的A类提案25件，占22.5%；所提意见和建议正在解决或列入计划准备解决的B类提案70件，占63%；受条件限制或其他原因留作参考C类提案15件，占13.5%。市政协还筛选10件与党政中心工作相吻合，与群众期盼相一致，如《打造国家级精细陶瓷产业基地》《强力推进我市电子商务发展》《加快发展学前教育事业》等提案，分别由主席、副主席领衔督办。将重点提案办理责任分解到相关副市长，市政府、市政协领导共同参加提案办理协商座谈会，进行高层协商。

【政协宣传】2016年，市政协坚持把加强政协宣传报道作为推进政协工作、树优政协形象、展示委员风采的重要举措来抓。通过建强工作队伍、沟通联络、完善奖励制度等举措，构建齐抓共管、上下联动、多轮驱动的宣传工作机制。编辑市政协机关刊物——《政协之窗》，提升刊物栏目丰富性、内容可读性、插图鲜活性。利用市政协门户网站、宣传橱窗，宣传政协工作，提升市民对政协工作了解度、认同度与美誉度。在《娄底日报》开设“团结与民主”专版，每月一个版面；在娄底电视台开设“政协之声”专栏，每周一期节目；在娄底新闻网开设“政协之声”专栏。在《光明日报》《人民政协报》《新华社人大政协专供》《湘声报》《文史博览·人物》等省级以上媒体刊发娄底市政协工作宣传稿件100余篇，《湘声报》先后3次在头版头条报道全市政协工作，在《人民政协报》《湘声报》发稿篇数居全省14个市（州）政协前列，获全省政协系统宣传工作先进单位。

【文史编撰】2016年，娄底市政协编辑出版《此复神州第一功——辛亥革命中的娄底人》，共30多万字，记述139位娄底人在中国近代史上那场伟大革命运动中的英勇事迹；《娄底市政协志（第一卷）》，此书约40万字，以事实为依据，系统客观地记述娄底政协产生、发展历程及履职史实。（刘卫华）

民主党派·人民团体

中国民主同盟娄底市委员会

【概况】2016年,民盟娄底市委通过规范工作程序,形成政治把握能力和有工作活力的领导集体。全市统战系统民主测评,盟市委领导班子优秀票率100%。开展“坚持和发展中国特色社会主义学习实践活动”“不忘合作初心,继续携手前进”“两学一助”等专题教育活动,选派盟员参加中央、省、市学习等方式,组织全市盟员学习中共十八届六中全会精神、习近平同志在庆祝建党95周年大会上的讲话精神,《中国共产党统一战线工作条例(试行)》等文件精神,全市盟员“四个自信”“四种意识”增强。在省“两会”期间,娄底盟员代表、委员共提交建议提案6件。邵瑛在省政协十一届四次大会作《加大农村改厕力度,推进美丽乡村建设》发言;在市两会期间,民盟娄底市委提交党派集体提案6份;童大志代表民盟娄底市委在娄底市政协四届四次会议上作“严格保护水资源,促进发展可持续”的大会发言,市委书记李荐国对童大志的发言作出批示。娄底民盟及盟员获省政协优秀提案奖1个,娄底市人大优秀建议奖1个,市政协优秀提案奖5个。市政协“我为‘十三五’规划献一策”优秀建议奖12个,占获奖总数的1/4,获得唯一一等奖。完成7个省、市课题调研。市级重点课题“积极推动破产重整,助推企业有效脱困”,在2016年娄底市各民主党派工商联无党派人士调研成果汇报会上,得到市委副书记何文君等市领导的肯定。理论研究《地方政党协商保障机制建设探讨》论文荣获“2016年度湖南省人民政协理论研究优秀论文二等奖”、省委统战部“2016年统战理论优秀论文三等奖”、娄底市政协优秀理论文章第一名;《创办群策学校 迎接湖南解放——民盟在涟源蓝田早期革命活动回顾》获民盟省委理论研究优秀论文三等奖。获评民盟中央“开展坚持和发展中国特色社会主义学习实践活动先进单位”“社会服务工作先进单位”“群言杂志社发行工作先进单位”,获民盟省委先进集体奖4项、娄底市政协、中共娄底市委统战部等单位多项集体奖。全年盟市委有42条社情民意信息被全国政协、民盟中央、省政协、中共湖南省委办公厅、中共湖南省委统战部、民盟省委、娄底市政协等上级单位采纳,获“2016年民盟湖南省委反映社情民意信息先进单位”“娄底市政协2016年社情民意信息工作一等奖”“中共娄底市委统战部宣传信息工作先进单位”等奖项。为涟源市斗笠山镇惠民学校等农村学校捐助达40万元,盟员扶助贫困学生40多名。8月16日,民盟中央“超天使工程”向娄底市贫困乡镇医院捐赠23台B超机,总价值1千万余元。截至12月底,民盟娄底市委有盟员511人,县级委员会2个,市属支部15个。

【召开民盟娄底市委第四次代表大会】2016年7月10日至11日,中国民主同盟娄底市第四次代表大会在娄底市华天大酒店召开。来自全市机关、文化教育、医卫科技、经济界及其他界别代表的89名盟员代表,聚集娄底。省政协副主席、民盟湖南省委主委杨维刚等省市领导出席,会议选举产生民盟娄底市第四届委员会,全体市委委员高票当选;在民盟娄底市委四届一次会议上,主委班子全体成员全票当选。邵瑛当选为第四届委员会主委,肖扬、羊小庆、朱宏志、肖建泳等当选为第四届委员会副主委,王红贵任秘书长。会议一致通过邵瑛代表民盟娄底市第三届委员会所作《同心同行 凝心聚力 为建设小康幸福娄底努力奋斗》的工作报告,完成领导班子人事更替与交接。

【“超天使工程”走进娄底】2016年8月16日,民盟中央“超天使工程”启动仪式暨影像培训(湖南站)在娄底市中医医院举行。民盟中央社会服务部部长郭勇,中共娄底市委书记李荐国,民盟湖南省委专职副主委胡颖,中共娄底市委常委、组织部部长、统战部部长华学健,民盟湖南省委副巡视员邹卫,市人民政府副市长甘跃华,市政协副主席、民盟娄底市委主委邵瑛等出席启动仪式并讲话。此次“超天使工程”为娄底市贫困乡镇医院捐赠23台B超机,总值超1000万元。

【编印《大道同行》画册】2016年,民盟娄底市委在娄底华天大酒店举办《大道同行——中国民主同盟娄底市第三届委员会工作剪影》画册首发式。该画册由民盟娄底市委编印,以图片方式回顾5年来,民盟娄底市委与中共娄底市委同心同德、大道同行,共建幸福娄底的美好历程,展示中国共产党领导的多党合作制的优越性。

【实施“明眸工程”】“明眸工程”系由民盟中央倡导,社会爱心机构和爱心人士参与,为广大贫困白内障患者实施免费复明手术的慈善活动。为帮助贫困白障患者复明，恢复劳动能力和生活能力，早日脱贫致富，2016年其承担单位——爱尔·娄底眼科医院完成白内障免费复明手术2960例，减免手术费296万元。娄底民盟“明眸工程”项目获中共湖南省委统战部省级“同心项目”授牌。

【开展“烛光行动”】2016年，民盟娄底市委对“烛光行动”定点学校涟源市斗笠山镇惠民学校实施扶持。为该校争取省级项目经费20万元，指导建成惠民学校青少年活动中心，联合娄底市科协、娄底天天向上文化培训学校等单位，到惠民学校开展科普知识宣传，组织民盟娄底市中医医院支部、民盟娄底眼科医院支部，为惠民学校师学生免费健康体检；向惠民学校捐赠教师办公桌椅18套，学生课桌椅30套，总价值3万元。联合民盟长沙矿冶研究院支部，捐赠惠民学校9名贫困学生9000元（每人1000元）。全市盟员参加“烛光行动”，捐赠30万元建成新化槎溪镇中纵联联横江希望小学捐赠10万元，资助40多名贫困学生就读。（羊小庆）

表15 2016年民盟娄底市委先进集体和先进个人登记表

获奖单位、先进个人	奖励名称	颁奖单位	颁发时间
民盟娄底市委	民盟中央群言杂志社2016年优秀发行单位奖	民盟中央	2016年12月
民盟娄底市委	民盟社会服务工作先进集体	民盟中央	2016年11月
民盟娄底市委	坚持和发展中国特色社会主义学习实践活动先进集体	民盟中央	2016年11月
民盟娄底市委	2016年反映社情民意信息工作先进集体（二等奖）	民盟湖南省委	2017年1月
民盟娄底市委	“湖南民盟”图像性标志征集活动优秀组织奖	民盟湖南省委	2017年1月
民盟娄底市委	2016年参政议政工作先进集体	民盟湖南省委	2017年1月
民盟娄底市委局	2016年组织工作先进集体	民盟湖南省委	2017年1月
民盟娄底市委	理论研究优秀论文三等奖	民盟湖南省委	2017年1月
邵瑛	湖南省政协优秀委员	湖南省政协	2017年1月
邵瑛、羊小庆	2016年度湖南省人民政协理论研究优秀论文二等奖	湖南省政协	2017年1月
邵瑛、曾芝红	2016年度省政协优秀社情民意信息稿件	湖南省政协	2017年1月
羊小庆	2016年度反映社情民意信息工作先进个人	民盟湖南省委	2017年1月
王红贵	2016年省政协社情民意信息工作先进个人	湖南省政协	2017年1月
王红贵	2016年民盟省委宣传工作先进个人	民盟湖南省委	2017年1月
王红贵	2016年民盟省委社会服务工作先进个人	民盟湖南省委	2017年1月
王红贵	2016年民盟省委反映社情民意信息工作先进个人	民盟湖南省委	2017年1月

中国民主建国会娄底市委员会

【概况】2016年，民建娄底市委履行参政议政职能，投身社会服务，团结引领全市民建会员凝心聚力"十三五"。全年上报民建省委、市政协《完善低保制度需关注的几个问题》《营改增全面铺开落地难，六大问题须解决》等20余篇聚焦社会的热点、难点问题的高质量社情民意，被省民建采稿12篇，《关于加快中小企业征信体系建设的建议》等被市政协采用，投稿率和采用率在民建湖南省委和娄底市政协排名居前，为全市民生改善、经济发展出谋划策。全年获2016年度民建省委反映社情民意工作二等奖、社会服务工作先进集体、组织管理信息系统建设工作三等奖、"身边的榜样"主题征文三等奖等多个奖项。于2015年4月10日成立，下设民建市直支部、娄星支部、企业支部、中心医院支部和冷水江总支(总支设有一、二、三支部)，截至12月底，全市共有会员180人。

【思想建设】2016年，民建娄底市委开展"两学一助"(学系列讲话、学优良传统，助力新娄底)活动，专题讨论制定《民建市委"两学一助"学习教育实施方案》《娄底民建凝心聚力"十三五"行动实施方案(2016—2020年)》。组织支部主委参加井冈山培训班，接受红色教育，传承优良传统和参加"建华讲堂""非公论坛"等活动，了解经济形势；传达学习娄底市"十三五"规划、娄底"加速转型奋力赶超"7个三年行动计划和第五届党代会精神等市委、市政府文件，把握全市重大决策部署。组织市委委员等骨干会员参加网上社院学习近百名会员参加"两学一助"知识竞赛等活动。

【组织建设】2016年，民建娄底市委紧抓人大代表、政协委员推荐工作，结合会章和新时期多党合作的要求，坚持与经济界密切联系的特色，坚持进步性与广泛性相统一的原则。经多方沟通、走访、座谈、推荐、考察等工作，民建会内担任县以上人大代表、政协委员37人次，其中省政协委员1人、市人大代表2名、市政协委员13名。全年新发展会员共10名，总数达180人。完善会员组织信息系统，连年被民建省委评为组织建设先进单位。8月，新成立民建娄底市中心医院支部，基层组织不断强化。市委会主委朱鸿宾参加中央社院全国市级组织主委培训和省委组织部、统战部市级组织民主党派主委培训，娄星支部主委参加会中央基层组织主委培训班，4名支部主委参加会省委基层主委培训班，6名骨干会员参加市委统战部组织的"娄底市2016年党外科级干部凝心聚力'十三五'培训班"，10名新会员均参加市委统战部组织的新会员、骨干会员培训班，秘书长梁彦喜完成在民建省委半年跟班学习。

【参政议政】2016年，民建娄底市委围绕中共娄底市委政府中心工作，抓住经济社会发展热点、难点和人民群众普遍关心的问题，开展调查研究，反映社情民意。全年完成"落实公交优先发展，助力文明城市创建""大力发展政府性融资担保机构，破解娄底中小企业融资难困境"两个调研课题，公交建设调研在民主党派调研成果汇报会上获中共娄底市委副书记何文君肯定，做强政府性融资担保调研作为政协发言材料，得到杨懿文市长的批示。冷水江总支、娄星支部各就《加快发展农村电子商务，促进农村经济转型升级》等开展调研，为地方政府建言献策。提交《依托高铁对接大长沙，加快我市融城发展》《营造招商引资良好环境》等提案，承担民建省委集体提案的调研和撰写，《进一步发挥政府性融资担保机构作用，支持实体经济健康发展的建议》按时交稿。其中集体提案《依托高铁对接大长沙，加快我市融城发展》和朱鸿宾提交的《帮扶支持非公企业走出困境》等提案，获评优秀提案，《民主党派市级组织政党协商能力建设》获市政协优秀理论文章。与农工党市委承担"娄底校园传染病防治"的界别协商课题，通过实地调研、座谈、走访、问卷等方式完成协商课题调研工作。在界别协商会议上，副市长甘跃华批示要求"市卫生计生委、市教育局、市财政局、市编办、市药食监局和市疾控中心等相关部门，吸纳协商成果，推动娄底市校园传染病防治工作迈上新台阶"。

【参与社会服务】2016年，民建娄底市委制定《民建娄底市委教育帮扶活动实施方案》，组织50名民建会员结对帮扶冷水江工业技术学校50名贫困学生，实现一对一结对教育扶贫，推动"一家一"同心项目实施、助力全市教育扶贫事业发展。10月，市委会一行前往冷水江工业学校，就学校"一家一"助学就业结对教育帮扶工作进行走访座谈，与帮扶学生交谈，送慰问金13500元与近百本图书。娄底民建参与娄星区街心社区，冷水江总支在渣渡镇侯家村、红日社区开展"同心社区"创建活动，巩固省级和市级"同心社区"示范点、省级"同心乡村"示范点项目成果。制定《开展脱贫攻坚民主监督工作的实施方案》，了解冷水江市贫困状况和扶贫工作开展情况，聚焦脱贫攻坚中的重点难点问题和政策落实中的薄弱环节。作为慈善分会，组织会员参加“国际志愿者日”志愿服务活动启动月启动仪式，穿上红马甲参加环保、法规、政策宣讲、弯腰行动、文明劝导等志愿服务活动。娄星支部前往娄星区双江山区看望慰问困难户送温暖。企业家会员姜东兵担任冷水江市慈善总会名誉会长，常年为教育和扶贫捐款，其中单笔捐款最高达100万元。会员李丽英创办手拉手网络科技公司，关注关心农村留守儿童，开发“学安宝”互联网+产品，提供远程信息化教育智能服务，呵护留守儿童心理健康等。（刘俊霞）

中国农工民主党娄底市委员会

【概况】2016年，农工党娄底市委会尽责履职，各项工作稳步推进，获农工党湖南省委参政议政、社会服务先进单位，“百场宣讲”优秀市级组织，市委统战部统战信息宣传工作先进单位，市政协社情民意二等奖等多个省、市奖项。有专职干部3人。下辖农工党双峰县委1个县（市、区）委，3个市直支部，2个学习小组，全市有党员182人，其中市直82人、双峰100人。

【学习教育】2016年，农工党娄底市委会组织引导全体党员学习中共十八届三中、四中、五中、六中全会精神和习近平总书记系列重要讲话精神；开展“两学一助”学习教育，部署学习教育活动，全市各基层组织先后进行专题学习，组织党员参加“两学一助”知识竞赛。组织开展宣传工作，开办农工党娄底市委网站，作为宣传阵地。注重开展日常宣传，采取多种形式，宣传党的方针政策，报道市委会及基层组织参政议政等重大活动，全年在市级媒体发稿70余条次，在中央、省级等媒体宣传报道40余条次。

【参政议政】2016年，农工党娄底市委会在县（市、区）两会期间，农工党界别各级代表、委员提交集体提案4件，个人建议提案20余件。在市政协四届四次会议上，市委会作题为“加强校园传染病防控 保障学生身体健康”的大会发言，得到市长李荐国的现场批示；《加快我市电子商务发展的建议》《统筹协调涉农部门 有效整合涉农资金》获优秀提案。收集上报社情民意信息20余条，其中1条被中共中央统战部采用、2条被省政协采用、4条被市政协采用、1条被《娄底信息》采用。主委郭细军提交《脊髓灰质炎疫苗剂型设计不合理导致巨大浪费》被《零讯》2016年专报第286期采用，获中共中央政治局委员、国务院副总理刘延东批示。

【课题调研】2016年，农工党娄底市委会完成4个调研课题，“大力发展我市景观体育产业”被选为市政协五届一次会议大会发言材料。“关于湖南新生代农民工继续教育培训问题的调研”“土壤污染防治调研—以工业废渣情况为例”分别获农工党湖南省委会调研报告三等奖，“加强校园传染病防控 保障学生身体健康”获市政协2016年度优秀调研报告。配合农工党湖南省委会开展“因病致贫返贫”入户调研，为农工党中央提出“聚焦精准扶贫、重视健康扶贫”提供参考。

【界别协商】2016年，农工党娄底市委会承担“娄底校园传染病防治”的市政协界别协商课题，调研组先后到娄底市城乡各中小学校、幼儿园开展专题调研，寻求解决问题的对策。协商成果得到副市长甘跃华肯定——“市卫计委、市教育局、市财政局、市编办、市药食监督和市疾控中心等相关部门，认真吸纳协商成果，推动全市校园传染病防治工作迈上新台阶”。

【组织建设】2016年，农工党娄底市委会全年发展新党员12名，平均年龄37岁，其中男党员6人，女党员6人。全市党员中有副高以上职称61人，研究生以上学历18人。4月成立市直综合支部，5月成立市直娄星区支部，7月成立市直娄底市中心医院支部。选送骨干党员、机关干部参加中央、省、市举办的学习培训班；举办全市农工党界别政协委员、人大代表参政议政培训班，开展农工党“走进基层、贴近党员，培育和践行社会主义核心价值观”百场宣讲活动；以各基层组织为单位开展学习活动，提高党员政治素养，开阔眼界，增强履职能力。开展“三八”妇女节联谊踏青拓展活动，参加统战系统纪念中国共产党成立95周年大型合唱比赛等活动。综合支部、中心医院支部开展调研活动和素质拓展训练；双峰县委开展慰问老党员，参观党员艺术家工作室等活动。

【社会服务】2016年，农工党娄底市委会开展“同心助医工程”“‘一家一’助学就业·同心温暖工程”和“同心三下乡工程”等系列社会服务活动；赴双峰县职业中等专科学校和娄底职业技术学院医学院开展“一家一”助学就业·同心温暖工程活动，70余名贫困学生得到资助；农工党双峰县委会组织党员中的书画家、医护人员及农科专业技术人员，在甘棠镇等乡镇开展医卫、文化、科技三下乡等活动。组织农工党中心医院支部专家赴娄星区石井镇松江村开展“义诊活动”,为村民送药、送健康、送温暖,助力健康扶贫。农工党双峰县委会组织党员中的农学专家,多次带着农资深入田间指导农民科学防治病虫害的方法,帮助贫困农民脱贫致富,开展科技扶贫。7月成立农工党娄底慈善志愿者分会,市委会组织党员中的志愿者积极参与“慈善日”专题宣传、慰问抗战老兵、关爱孤寡老人、快乐彩跑、帮助大学生就业、义务献血等活动,传递正能量。（李晓茜）

九三学社娄底市委员会

【概况】2016年,九三学社娄底市委按照“注重政治素质,发展与巩固相结合,有计划稳步发展”的方针,全年发展新社员24名,平均年龄38.5岁。其中,男12人,女12人;具高级职称5人、中级职称13人。全市有社员483人。社市委被九三学社中央、省委评为组织建设先进集体。辖娄星区、冷水江市2个基层委员会和湖南人文科技学院、娄底职业技术学院、娄底卫校、娄底市中心医院、涟钢、新星、友谊、同兴等8个市直支社。

【提案议案】2016年,九三学社娄底市委提交集体提案4件,社员中人大代表、政协委员个人提案15件。社员陈惠明、刘华盛代表社市委在市政协四届四次会议上所作发言得到时任市委重视,当即对发言材料作批示。社员何衡平所撰《抓住机会,抓住关键,打造国家级精细陶瓷产业基地》观点创新、论证科学,对策建议可操作性强,符合湖南、娄底产业升级的发展方向,被确定为重点提案,所提建议被吸收到《湖南省工业新兴优势产业链行动计划》。

【课题调研】2016年,九三学社娄底市委围绕全市精细陶瓷产业发展主题,确定“试行金融分类扶持政策 支持精细陶瓷产业发展”为2016年度重点调研课题。制定方案,成立调研组,组织专家、企业、行业主管部门在生产一线召开现场研讨会,赴山东淄博先进陶瓷产业园、江西宜兴工业园陶瓷产业园、中科院苏州纳米技术与纳米仿生研究所等产业发达地区考察学习,形成高质量调研报告;在2015年重点调研课题“培育壮大钢板深加工产业,力推娄底工业转型升级”的基础上持续发力,与经信委、发改委等部门再度联手,提交“关于加快建立我市薄板深加工园区的建议”,得到市委政府重视。围绕重大项目开展课题调研,抓住“娄邵铁路废弃后娄底中心城区地段再利用项目”启动初期的时机,开展调研与论证,形成再利用模式可行性分析报告,为市委市政府最终决策提供依据和建议。

【组织建设】2016年,九三学社娄底市委以指导支社换届为抓手,推动支社活力与凝聚力提升,促进支社工作有效开展。完成职业技术学院支社和卫校支社的换届调研协调工作,提高基层组织班子领导力、执行力和凝聚力,推动“人才强社”战略在基层组织的落实。市人大、市政协换届,社市委统筹安排,结合相关政策要求和实际工作情况,对社员中历届人大代表、政协委员进行摸底调查,对骨干社员基本情况进行分析判断,制定社员推荐工作方案、推荐原则。全年先后选送40余人次赴北京大学、武汉大学、中央社会主义学院、湖南省社会主义学院、娄底市党校、市社会主义学院参加培训。

【社会服务】2016年,九三学社娄底市委发声呼吁、上引下联,推动水府庙国家湿地公园的建设与保护工作向纵深发力。完成水府庙湿地公园保护利用总体规划编制,推动娄底城区“东进”,启动滨湖新区建设;推进水府庙湿地生态修复工程,扭转水府湿地水质恶化,大幅提高度湿地植被覆盖率。参加“同心工程”,落实“一家一”助学就业同心温暖工程,对口援助新化县职业中专学校的贫困学生,先后到学校和贫困学生家里访困问需与访贫问苦。

【召开社市委第四次代表大会】2016年7月22日,九三学社娄底市委召开娄底市第四次代表大会。学习贯彻习近平总书记系列重要讲话精神和中国共产党统一战线工作条例(试行);听取和审议九三学社娄底市第三届委员会工作报告,选举产生九三学社娄底市第四届委员会,审议通过九三学社娄底市第四次代表大会各项政治决议。社省委专职副主委、省人大常委王仁祥,社省委副主委、省供销社副主任李云才,社省委副主委、全国人大代表、长沙医学院院长何彬生,中共娄底市委书记李荐国,中共娄底市委常委、组织部长、统战部部长华学健,市领导易南斌、刘继清、邵瑛、李德仁等出席会议或讲话,肯定工作成绩,寄予殷切希望。编辑印制《科学为桨,同向同行——“九娄合作”五周年工作图片集》,展示党派社会服务工作亮点。

（姚丽智）

娄底市工商业联合会

【概况】2016年,娄底市工商业联合会围绕市委、市政府中心工作,服务主题,结合实际,发挥职能作用,精心组织非公经济人士理想信念教育,在全市非公经济人士中开展以"守法诚信、增强发展信心"为主题的理想信念教育实践活动。先后组织400余名会员参加"习近平总书记在全国政协民建工商联界别联组会上的讲话精神专题辅导""财税传承与管理讲座""赢向未来——2016新春创业报告会""关于供给侧结构性改革解读讲座"的学习,向省工商联推介刘若桥、李达长等2名创新创业典型,参加巡回演讲。7月13日,娄底市工商业联合会(民间总商会)第四次会员代表大会召开,市委书记李荐国、市政协主席姚兵,湖南省工商联副主席吴曙光等出席会议,市委常委、组织部长、统战部长华学健主持会议,市政协副主席、市工商联主席李德仁作工作报告。会议选举产生市工商联领导班子,李德仁当选市工商联主席。获全市优秀领导班子、省工商联优秀组织工作奖等荣誉。

【非公经济】2016年,全市非公有制经济实现增加值639.51亿元,同比增长8.1%,占全市GDP的45.7%。实缴税金43.08亿元,同比增长2.9%。企业数量1.1万户(不含个体工商户),其中规模以上中小工业企业743户,吸纳就业人数近100万人,占全市城镇就业人员60%以上。

【参政议政】2016年,娄底市工商业联合会围绕创新创业组织召开市政协工商联界别协商会议。组织市政协工商联界别委员提交提案32件,配合省工商联开展"万企帮万村"精准扶贫行动、民营企业法治宣传培训、上规模民营企业、湖南省百强企业等系列调研活动。先后完成"全面推进创新创业,支持小微企业发展""加强诚信体系建设,全力打造诚信娄底"等5个课题调研,其中"加强娄底异地商会建设""关于关爱民营企业家健康成长的建议"获市主要领导批示。

【经济服务】2016年,娄底市工商业联合会召开"娄商兴娄"暨首届异地娄底商会会长秘书长会议,邀请娄商参加京津冀招商引资座谈会,组织娄商参与湖南招商引资上海周洽谈会和珠三角招商引资活动,接待包头市铝业产业园区领导抵娄考察,安排天津市娄底商会赴各县市区商务考察,支持湖南给力集团电气项目落户娄底,协助深圳娄底商会、福建商会等赴新化奉献爱心,指导天津市娄底商会和泉州市湖南商会成立,帮助陕西省娄底商会(筹)、娄底市衡阳商会(筹)和娄底市永州商会(筹)组建工作。牵头起草并以市委办、政府办名义下发《关于加强娄底异地商会建设支持娄商发展的意见》,对娄底金联商贸物流等7个项目重点帮扶,与市检察院建立服务非公经济联席会议制度,与市经信委建立共同合作机制,与市委统战部开展"访民企、强信心、解难题"活动,与太平人寿保险公司启动"企业家关爱行动"。

【组织建设】2016年,娄底市工商业联合会以换届为契机,配齐配强县(市、区)工商联的领导班子,优化县市区工商联领导班子结构;以"五好县级工商联"建设为牵引,全市5个县(市、区)均获"全国五好县级工商联",成为全省所有县级工商联获此荣誉的唯一地级市;以改革为动力,组织4家直属行业商会脱钩试点,指导邵阳商会按时换届,引导商协会以团体会员身份加入工商联,理顺工商联与行业商协会隶属关系;以会员发展为基础,扩大会员规模,夯实工商联组织基础,全年发展直属企业会员58个,会员总数达9152个。

【扶贫济困】2016年,娄底市工商业联合会要求全市非公经济人士参加"万企帮万村"精准扶贫行动,组织村企结对234个,带动建档立卡贫困户720余户,帮助2500余名贫困人口逐步实现脱贫。组织近50家非公企业参与"大学生就业招聘周"创新创业活动,现场提供就业岗位100余个。在会员企业中开展"凝心聚力'十三五'"行动,发动会员企业围绕市委、市政府中心工作,攻坚克难,为娄底经济社会发展贡献力量。

(吴实清)

表16 2016年市工商联先进集体和先进个人登记表

获奖单位、先进个人	奖励名称	颁奖单位	颁发时间
市工商联	优秀调研报告	政协娄底市委员会	2016年12月
市工商联	优秀组织工作奖	省工商联	2017年6月

社会主义学院

【概况】2016年，娄底市社会主义学院立足于人才培训基地、理论研究基地、方针政策宣传基地，抓好培训教育主业，全年举办党外代表人士培训班3期，培训学员300多人次；改进教务教学，选派2名干部参加上级社院的培训，选派两名教师参加省级教学比武，获好成绩；全年申报省级课题一项，发表论文3篇，开发课程4门；开展对外文化交流，举办“湖南两岸中华文化研讨交流活动”，两岸几十名学者专家参加活动，几十家媒体予以报道。

【培训教育】2016年，娄底市社会主义学院举办培训班三期，培训学员300多人次。市委常委、组织部部长、统战部部长华学健和市委常委、统战部长王雄两任部长多次听取培训班筹备工作汇报，为培训班做动员讲话。省社院副院长周述杰、黄自荣，副市长甘跃华等领导和专家亲自作专题讲座；市委统战部常务副部长王美成多次为办班进行指导和做有关协调工作。针对全市党外干部培训，安排统一战线理论、中国特色政党制度、民主党派参政议政等课程和讲座。对于中央统战工作会议精神专题研讨班，则集中抓好中央统战工作会议精神和十八届五中全会、六中精神学习，提升学员对统一战线的认识，开设演讲、国学、群众工作等，提升学员素质。

【理论研究】2016年，娄底市社会主义学院推荐段祖光、刘雄业参加省社会主义学院为期一个月的师资培训，其“新社会阶层的政治资源与阶层关系和谐研究”在全省社院系统中标，获全省重点招标课题，这是娄底市社院教学科研工作首次在全省中标；院长段祖光，市委党校严旭参加全省社会主义学院系统教学大比武，市社院院长段祖光“构建大统战格局”讲课，获全省社院系统教学比武特别奖，市党校严旭“提升领导干部的法制思维能力”讲课，获全省社院系统教学比武三等奖；李朝录“发展社会主义协商民政关键在于正确开展政党协商”论文，被评为全省社院系统科研成果论文类一等奖；开发“构建大统战格局”“深刻领会习近平总书记关于统一战线新论述新思想和《条例》凝心聚力‘十三五’”“传承和弘扬多党合作的优良传统”“中国特色政党制度”等主题课程。

【政策宣传】2016年，娄底市社会主义学院自觉主动承担中央、省委、市委重要法规的宣传解读和贯彻责任。组织县(市、区)委统战部正、副部长，市直副处以上党外干部，大专院校统战部部长、民主党派市委委员，市开发区、万宝新区党群工作部分管统战工作的负责人，市直统战系统全体干部，市非公有制经济代表人士220多人，举办全市学习贯彻习近平总书记在全国政协联组座谈会上的讲话精神和湖南省委关于贯彻《中国共产党统一战线条例(试行)实施意见》辅导报告会。并在《湖南日报》、三湘统战网、《娄底日报》、娄底电视台等媒体上稿几十篇。

【对外文化交流】2016年，娄底市社会主义学院承办由湖南省中华文化学院、台湾中华两岸交流协会和娄底市委、市政府共同举办的“湖南·两岸中华文化研讨交流活动”这一全省性大活动。2天会期，来自台湾20多名同胞和大陆学者举行开幕式、娄底第二届艺博会考察、两岸中华文化交流研讨会、欢迎晚宴等活动。省政协副主席刘晓出席开幕式并讲话，市委副书记、市长杨懿文致辞。台湾中华两岸交流协会会长刘宗明，省委统战部副部长、省中华文化学院党组书记邓焕生，市政协主席姚兵、市委常委、统战部部长王雄等出席相关活动。《湖南日报》《娄底日报》、娄底电视台、娄底新闻网、湖南红网、长台连线、湖南会展网、新浪、网易、新民网、新华网、狐易网、豆丁网、光明网、解放网、环球网、华声在线、凤凰资讯、华夏经伟网等数十家新闻媒体。报道娄底“湖南·两岸中华文化研讨”系列活动。 （刘雄业）

娄底市总工会

【概况】2016年，娄底市总工会围绕娄底“七个三年行动计划”，选准载体，创新方法，在夯实基层基础中求突破，在维护职工权益中谋实效，在推进转型发展中显作为。抓实“两学一做”和责任心学习教育，提升工会系统党员干部履职尽责、攻坚克难思想认识与行动自觉。开展“中国梦·劳动美”系列主题教育活动、劳模宣讲和工人阶级宣传月与丰富多彩文体活动，在《娄底日报》等主流媒体开设专栏，对劳模先进事迹和“千名工匠培养工程”进行集中宣传报道，引领全市职工和工会干部不断增强对党中央治国理政新理念新思想新战略的认识，把思想和行动统一到中央精神上来，打牢思想根基，把握正确方向，履行政治使命和责任担当。职工之家建设、金秋助学等品牌工作得到市委、市政府和省总工会的一致认可。

【打造新品牌】2016年，娄底市总工会实施“千名工匠培养工程”，工会干部主动结对联系服务企业工匠培养。弘扬劳模、劳动和工匠精神，召开“娄底市劳模表彰暨劳动竞赛动员大会”，开展“践行新理念，建功‘十三五’”重点工程（项目）、工业企业、服务行业、女职工芙蓉杯竞赛等“四位一体”劳动竞赛和重点工种（行业）职工职业技能大赛，选树95名“娄底工匠”。组队参加全省“十行状元、百优工匠”技能大赛，娄底市选手摘取奖牌13枚，13人荣获“湖南工匠”称号，其中长城公司刘建伟一举夺得钳工状元，团体总分跻身全省第四，营造尊重劳动、尊重工匠、尊重技术、尊重师傅的氛围，“娄底工匠”已然成为品牌。

【依法维权】2016年，娄底市总工会参与深化改革背景下的企业职工劳动就业、收入分配、社会保险等方面政策法律的制定和监督实施。抓好信访维稳工作，全年信访案件办结率100%。参与市人社局等部门开展“两节”期间农民工工资支付专项检查用人单位1037家，涉及职工人数6.28万人，为6400名职工补发工资及支付赔偿金6039万元。推进“工资集体协商质量提升三年行动”，促进职工共享经济社会发展成果，全市建立工资集体协商制度企业3529家，覆盖职工274921人。指导全市建筑、民办教育行业开展工资集体协商，推广湖南海螺集团工资集体协商做法与经验。开展“安康杯”竞赛活动和“查隐患、堵漏洞、保安全”监督检查，参与职工工伤事故认定和伤残等级、劳动能力鉴定，市总工会参加60余起安全生产伤亡事故调查处理，连续6年被市委、市政府评为安全生产目标管理先进单位。

【精准帮扶】2016年，娄底市总工会推进帮扶中心（站、点）建设，建立乡（镇、街道）、社区帮扶站99家，规模以上企业建立维权帮扶点408个，五级维权帮扶体系形成。职工医疗互助活动受好评，5328名生病住院职工领取医疗互助金723万元，50名女职工领取特殊疾病保障救助金50万元。“金秋助学”活动圆梦学子筹措资金619.6万元，资助困难职工（农民工）子女2574人走进大学。“一户一产业工人”培养工程初见成效，完成新型农业产业技术推广、电子商务、对外贸易、职工职业技能提升等培训10000余人次。元旦、春节“两节”送温暖活动传递真情，各级工会筹集资金260余万元，慰问困难企业156家，困难职工7500余户。在娄底火车站和娄底高铁南站开展“温暖回家路”暖冬行动，向近万名返乡农民工发放便民手册、维权资料和生活物资，新华网以“坚守春节，湖南娄底有一条温暖回家路”为题进行报道。

【基层组织】2016年，娄底市总工会推进“建会、建家、建队伍”活动，全年新增基层工会312家，工会会员23204人，其中农民工会员17296人。推动涟源市和新化县总工会完成换届工作，督促全市90余个乡（镇、街道）和开发区（工业园区）工会健全组织机构、设立独立账户，按省总公会1∶1配套的要求向其拨付工作经费100余万元。开展模范职工之家、“六好”乡（镇、街道）工会创建活动，安排以奖代投专项经费，指导建设娄底市模范职工之家（小家）27家，省级模范职工之家（小家）9家。加强工会干部队伍建设，安排近200名工会干部参加全总、省总举办的业务调训，组织60余名市、县工会和基层工会干部赴四川大学参加培训和学习交流，建立64人社会化工会工作者队伍。

（邓　亮）

中国共产主义青年团娄底市委员会

【概况】2016年，共青团娄底市委围绕“七个三年行动计划”、创文工作、开展青年志愿者活动和“暖冬行动”。市县两级团组织举办创新创业大讲坛80场、巡回报告会49场。组织评选“农村致富带头人”“十大杰出创业青年”“乡村好青年”。举办4期电子商务高峰论坛、5期网商菁英培训班。成立青年创业者协会和“娄底创客空间”，开展第三届“创青春”创新创业大赛，在全国大赛上勇夺金牌，重点面向新化困难青少年开展精准扶贫工作，整合资源投入经费120万元，帮扶困难儿童434名，结对帮扶困难青年215名。新建希望小学2所。开展专题宣讲会、主题座谈会、主题队日活动、演讲比赛、征文比赛等活动，开展“社会主义核心价值观”“学党史、知党情、跟党走”“三观三热爱”“我与祖国共奋进”等主题宣传教育活动；组织“高举团旗跟党走、实现中国梦”主题团日活动。进行“与人生对话——我的中国梦”“彩虹人生——我的中国梦”“创业——我的中国梦”等主题宣讲，发挥“三微一网”的作用，增强舆论引导能力。市本级微信平台共有粉丝116064名，新浪微博上有粉丝40159名。官方微博转载发布博文2963篇，官方微信发布相关图文信息共262期1048条。出台《市委关于进一步加强和改进党的群团工作的实施意见》。建成“青年之家”14家，市级“青年之家”19家，县级“青年之家”35家。举办少先队鼓号技能培训班。在全省团系统“两学一做”知识抢答赛中获第二名，推进“1+100”工作，改进团干部作风，建立健全“常态化下沉基层”、向基层服务对象报到等团干部直接联系青年机制。举办各类培训班4期，培训团干165人。开展“共青团与人大代表、政协委员面对面”活动2场，向市人大、市政协提出重点提案议案4件；评选出“娄底市杰出青年卫士”10名、“娄底市优秀青年卫士”25名。推进中国青年志愿者助残“阳光行动”和关爱农民工子女志愿服务行动，以“娄底希望工程公益服务套餐”为平台争取项目资源，募集资金600余万元，帮助特困青少年4000余人；开展“茅台学子”“华融学子”“芙蓉学子”“嘉多宝学子”资助行动，资助贫困大学新生689人，资金450万元。制定《共青团娄底市委2016年重点推进改革措施实施方案》，确定四项改革措施与《关于建立团干部直接联系青年制度、开展“向基层服务对象报到”和团市委机关干部驻点工作的通知》，市、县两级团干部100%完成“1+100”工作，全市376名团干部，联系12800名青年，开展线下活动594次，线上活动1101次，下发《关于做好2016年全市发展团员调控工作的通知》，下达发展计划、重点领域推动、实行发展团员编号制度及督导检查等，按照所分配发展团员数量发展团员。

2016年1月至10月，书记空缺，副书记2名，10月至12月，书记1名，副书记1名。机关内设办公室、组织部、宣传部、学校部、娄底市希望工程领导小组办公室，下辖娄星区、冷水江市、涟源市、双峰县、新化县、市经济技术开发区、万宝新区7个县级团委、1个市直团工委和4个驻外团工委，直管企业团委10个，学校团委、少先队组织18个。辖71个乡镇团委和13个街道办事处团委，1181个行政村、社区团支部，2008个乡镇直属团组织。全市共有专兼职团干部3336人。其中县（市、区）机关团干部编制数34个，实有干部29人，全市团员近18万人，7~35岁以下青少年152万人。

【举办第二届青少年乒羽大赛】2016年5月28日至29日，来自各县市区、学校、企业355名选手参加在娄底市体育馆举行的娄底市第二届青少年乒羽大赛，市委常委、宣传部部长伍美华亲自参加大赛并与青少年选手打球交流，有60余名选手获得相关奖项。

【志愿者行动】2016年，共青团娄底市委开展“暖冬志愿服务活动”。春运期间，组织100余名青年志愿者在火车站、高铁南站、汽车南站、娄底南高速路口等地为返乡和出城游子提供志愿服务。在“湘博会”“彩跑”等全市大型活动中，志愿者敬业精神风貌得到全市各界好评，全年组织青年志愿者开展各类志愿服务6800人次。

【娄底青年创业者协会和青年创客空间成立】2016年，共青团娄底市委推动成立青年创业者协会和农村青年致富带头人协会，成立“娄底青年创客空间”，秉承“咖啡搭台，创客唱戏，携手共进，互补共赢”理念，为青年创业者提供创业指导，对创客项目开展孵化。

【创新创业大赛】2016年，共青团娄底市委开展第三届“创青春”创新创业大赛，推报10个选手参与全国和省级大赛。在第三届“创青春”中国青年创新创业大赛（现代农业和农村电子商务组）全国赛中娄底市新化县三联峒冰泉旅游开发有限公司董事长黄乐摘金。团中央书记处书记徐晓观摩决赛为获奖选手颁奖。在第三届“创青春”湖南省青年创新创业大赛中湖南秦发电器服务有限公司胡优生获二等奖，湖南味茹坊生物科技有限公司陈军和、湖南新源机械有限责任公司秦永昌获三等奖。

【“湘中青年英才”与帮扶计划】2016年，共青团娄底市委联合市委组织部、市人社局、市科技局评选第二届“湘中青年英才”10名，分别评选出5名创业英才和5名创新英才。每人资助支持资金2万元，总计资助资金20万元。以“娄底希望工程公益服务套餐”为平台争取项目资源，募集资金600余万元，帮助特困青少年4000余人；资助贫困大学新生689人，资金450万元。“12355”青少年维权网站（http://www.ld12355.com/）运营有序，注册成立娄底市未成年人成长研究会，有专家、心理咨询师、律师、医生等爱心人士41人，接待来访312人。组建娄底市青少年维权专家服务团队，有律师19名，心理辅导专家5名。

（刘新红）

表 17

2016 年团市委先进集体和先进个人登记表

获奖单位、先进个人	奖励名称	颁奖单位	颁发时间
共青团娄底市委	湖南省共青团工作红旗单位	团省委	2016 年 1 月
共青团娄底市委	第七届湖南省少儿才艺大赛最佳组织奖	团省委、省文化厅、省体育局、省文明办	2016 年 12 月
彭　雅	湖南省优秀团干部	团省委	2016 年 5 月
肖璧徽	第七届湖南省少儿才艺大赛优秀工作人员奖	团省委	2016 年 12 月

娄底市妇女联合会

【概况】2016 年，娄底市妇女联合会围绕中心、服务大局，改革创新、积极作为，各项事业都取得新发展。获“湖南省妇女宣传工作先进单位”“巾帼创新创业工作优秀单位”“妇女技能培训工作优秀单位”“市绩效考核工作优秀单位”“市综治工作先进单位”，“市直机关党建标准化先进基层党组织”等称号。至 12 月底，全市有县级妇女组织 5 个和娄底经开区、万宝新区妇联。

【参与经济社会发展】2016 年，娄底市妇女联合会主动适应经济新常态，拓宽妇女创业平台、有的放矢开展创业就业技术培训、推动小额担保贷款落地。全市 80 多个乡镇(办)电商培训实现全覆盖，种养、农家乐培训走乡入村，各级举办电商、月嫂、女大学生、职业女农民等培训 36 期，5.3 万人受益，助推女性创业就业 1.5 万人。出台小额担保贷款支持种养植业的实施方案，省、市妇联合力培养、扶植一批女性创业企业，新化县罗朝辉、双峰县曾海兰、涟源市黄艳辉创办企业成为省、市优秀企业。曾海兰“水果鸡”成功申请湖南省著名商标，特色养殖经验连续多年被中央电视台专题报道。参与市 7 个“三年行动计划”工业提振，扶助实体企业祥福防雷、通达金属材料公司，年新创产值 960 万元和 287 万元。小额担保贷款扶持发展种养大户、百货零售商(电商)、女大学生 1933 人创业兴业，获贷 3021 万元。在湖南人文科技学院、娄底职院、响莲实业等构筑电商平台、女性创业孵化基地 7 个。

【民生实事】2016 年，娄底市妇女联合会争取项目帮扶资金 895 万元，贴心为妇女儿童送温暖，提升妇女儿童获得感。农村妇女“两癌”普查全面铺开并超额完成年度检查目标任务，年内免费检查妇女 84463 人。市级层面将妇女“两癌“救助纳入民政救助范畴；双峰出台专门文件，在基本医疗费用报销外将妇女“两癌”患者救助纳入到县民政重特大疾病救助范围，且不设自负线予以全额救助。面向留守儿童、寒门学子、贫困家庭开展“圆梦”助学、“牵手帮扶”活动，发放慰问金 218 万元、爱心邮包 1.9 万余个。20 辆母亲健康快车为山区 4.5 万名妇女儿童、老人提供义诊、免费体检、健康咨询服务。精准扶贫工作落在妇女身边。全市帮扶发展 50 亩规模以上妇女种养基地 5 个，巾帼专业大户(巾帼家庭农场)10 个，筹资 31 万元为建扶村建立儿童家园和图书室。推动市、县、乡三级关爱留守儿童体系纳入县(市)党政工作绩效考核内容。全市村留守儿童工作站实现全覆盖，农村中小学校留守儿童活动室、图书室全覆盖。娄底市创建国家级留守儿童示范家长学校 10 所、申报儿童快乐家园 10 个。《湖南省双峰县创新农村留守儿童管理机制》在《中央综治动态》刊发。在全市组织开展以“我的成长故事”为主题的“乡村少年秀”留守儿童征文活动，征集 303 篇作品，经专家评审，评出获奖作品 60 篇，其中一等奖 10 篇、二等奖 20 篇、三等奖 30 篇。向省妇联推荐的作品中，涟源长郡蓝田中学阙嘉梁《那时花开》获全国一等奖、全省一等奖。市妇联获评湖南省“乡村少年秀”征文活动组织奖。联合市人社局开展春风行动，有 200 余家企业提供就业岗位近 10000 个，收到求职登记表 6352 份，达成就业意向书 2582 份，女性求职人员达 1000 余人，当场签订劳动合同近 1000 份。

【参与文明创建】2016 年，娄底市妇女联合会举行“垃圾不落地，娄底更美丽”弯腰行动万人签名活动 15 场；与市文体广新局联合开展“全民阅读·书香家庭”活动；举办“倾城之恋·缘来是你”活动，打造“缘分娄底”网上公益交友平台；联合市纪委开展“培育廉洁清正家风，创建五好文明家庭”活动。开展好家风好家训征集、家庭教育公益巡讲 100 场次。评选推介各类先进典型、最美家庭、最美湘女等 170 个，3 个家庭荣登全国“最美家庭”、第十届全国五好文明家庭光荣榜。锑都女性大讲堂、加油吧少年形成有娄底特色的文化品牌。累计投资 200 多万元家庭心理关爱中心正式运营，与长沙紫竹轩合作培训 100 名专业心理咨询队伍，年内提供心理咨询 300 余次。全国“乡村少年秀”征文活动成果丰硕，全市征集到好作文 307 篇，向省推报 10 篇文章有 5 篇获奖，其中获全国一等奖(是湖南省唯一一篇)1 个，市妇联获全省优秀组织奖。推动巾帼志愿者注册；全市新注册人数 1.38 万人，她们在文明劝导、卫生清扫、植绿环保及扶贫帮困等公益慈善活动中发挥独特作用，成为娄底文明城市创建的一道亮丽风景线。

【妇儿维权】2016 年，娄底市妇女联合会坚持源头维权、实事化维权、社会化维权三位一体，推动信访积案化解，维护社会平安稳定。全年接受妇女维权信访 983 人次，办理法律援助案件和社工服务案件 186 件。妇联干部担任人民陪审员、检察监督员，共参与陪审案件 265 件次。反家暴法进入市、县两级党校常规培训课程，市、县、乡、村四级开展反家暴专题讲座 60 多场、公安机关发出人身保护令等，推动《中华人民共和国反家庭暴力法》实施。家庭心理关爱工作、婚姻家庭纠纷调解纳入政府买单项目，接受调解咨询 968 人次，调解率为 63.3%。

【妇联组织建设】2016 年，娄底市妇女联合会推行一线工作法，干部队伍活力增强，工作作风更加务实。女干部培训常态化纳入市委党校主体培训班，年内举行一期两个月的基层妇干培训；“妇女之家”示范创建，新创建一批省、市示范“妇女之家”，基本实现妇女之家有人干事、有阵地做事、有经费办事；常态化下基层、访妇情、办实事，推动解决一批事关妇女儿童利益的实际问题；妇联组织改革行动快、效果好，乡一级妇联组织改革全部到位、村妇联改革试点先行，有 40 个村全面完成改革，聚集一批能人到妇联，扩大妇女工作资源。举办妇联系统“两学一做”演讲赛，全市 100 多人报名参赛，19 位选手角逐决赛。

（黄菲）

表 18

2016 年娄底市妇联先进集体和先进个人登记表

获奖单位、先进个人	奖励名称	颁奖单位	颁发时间
市妇联	湖南省首届家政服务职业技能大赛团体三等奖	湖南省首届家政服务职业技能大赛组委会	2016 年 5 月
市妇联	湖南省妇联系统宣传工作先进单位	省妇联	2016 年 9 月
市妇联	妇女技能培训工作优秀单位	省妇联	2017 年 4 月
市妇联	巾帼创新创业工作优秀单位	省妇联	2017 年 4 月
兰娥嵋	全国巾帼建功标兵	全国妇联	2017 年 4 月

归国华侨联合会

【概况】2016年，娄底市归国华侨联合会履行“群众工作、联谊联络、维护侨益、参政议政”职能，凝聚侨心，发挥侨力，推进工作。牵线引进侨资项目2个，到位资金5400万元。湖南省蓝马车业集团在娄底经济开发区投资建设五菱汽贸城，总建筑9700平方米，一期占地6628平方米，投资总规模8000万元，一期投资1300万元开展基础建设；北京中农保健品集团在娄底经济开发区投资建设的侨字号学校楚英学校原址扩建，总建筑面积16600平方米，投资4100万元。帮助对接新项目3个：法国巴黎同乡会会长舒卫星拟投资建设水府国家级旅游度假区娄底段项目；澳门台湾总商会理事长、澳门君天集团有限公司董事长叶惊涛拟在新化投资城市综合体项目；ITEP国际英语水平测试中国区总代理、美国南加州同乡会会长黄晓菲拟在娄底建ITEP测试中心。

【公益事业】2016年，娄底市侨联发挥侨务资源优势，结合中央和省侨联“千侨帮千户”计划开展精准扶贫工作，争取各类资金200余万元。项目有4个：湖南省侨联华侨公益基金会在娄底一中设立“树人班”的精英学子工程，助学规模150人，每期发放助学金37.5万元。10月，首届“求知班”开班；涟源市侨联兼职副主席刘兆社发起成立培兰教育助学工程启动，设立助学金13万元，助学50人；争取中国华侨公益基金会基金20万元，援建娄星区双江乡新庄侨心小学危房改造；全年走访慰问全市特困归侨侨眷家庭及侨务工作者家庭90余户、侨资侨属企业6家，发放慰问金9万余元；为刘福年、谌建球2户特困侨眷家庭争取专项帮扶资金3万元。

【侨务宣传】2016年，娄底市侨联开通侨联组织微信群、QQ群，改进娄底侨联网站，互联网＋侨联的海外联谊工作有声色。在元旦、春节等重大节日发出慰问信、电子贺信等1000余封。全年在三湘统战网、省侨联网、《湖南侨联》杂志、娄底市委统一战线、娄底市直机关党建、《娄底日报》、《娄底晚报》、娄底市侨联网等各级各类传统媒体、新型媒体上稿260余篇。

【交流往来】2016年，娄底市侨联接待海内外客人10多批80多人次。指导娄底市留学生及家属联谊会更名并筹备成立娄底海归协会，组织留学人员及家属召开“迎春茶话会”，为娄底海归适龄男女举办“当归”复古主题吧——“七夕”单身派对、圣诞假面舞会等活动。与中国银行娄底市分行联合举办“放眼世界，梦想启航”留学移民金融展会，80多名留联会会员、准留学生家长及部分侨眷参会。参与接待日本同乡会会长、日本侨报出版社总编辑段跃中率领日本知名人士访湘团。邀请加拿大华侨葛艳女士到娄底四中讲学。举办“亲情中华·李丽主题演讲娄底行”公益演讲活动，为娄底监狱2300多名服刑人员作题为“青梅煮酒论英雄”励志演讲。促成娄底一中60多名师生赴美开展留学互访活动。组建娄底侨界中老年人女子业余篮球队，参加11月底在浙江举行的全球华人篮球邀请赛，获亚军。举行中国侨联成立60周年暨纪念孙中山诞辰150周年，并开娄底发展座谈会。

（赵检群）

法　治

政法工作

【概况】2016年,娄底市政法委围绕全市改革发展稳定大局,坚持"抓重点、攻难点、补短板、创品牌"的理念,抓社会稳定、促社会正义、保障人民群众安居乐业。推进平安娄底、法治娄底和政法队伍三大建设,勇于担当、主动作为,实现社会大局持续稳定、社会治安向好发展、公众安全感和满意度提升。

【营造发展环境】突出第一责任,强化组织领导。市委、市政府重视维稳工作,市委书记李荐国、市长杨懿文多次听取维稳工作情况汇报,逢会必讲维稳工作,对一些事关全市大局稳定的重大问题亲自研究、亲自部署、亲自调度。市委常委、政法委书记吴建平和副市长、市公安局长尹华凯对各类重大维稳事项做到亲自指挥、亲临一线、亲自督办,为维稳工作开展提供有力组织保障。全市各级各部门主要负责人都履行维稳第一责任,敢于担当、敢于面对,真正做到守土有责、守土负责、守土尽责。

掌控第一要件,强化信息研判。整合公安、国安、网宣、综治、信访等各方面情报信息资源,延伸维稳情报信息触角。按照市、县、乡、村四级分层分类、分条分块、综合研判,建立情报信息"一纵一横一圆圈"全覆盖研判工作机制。坚持平常时期一周一会商、维稳特护期一天一会商、重大节日综合会商,做到"一事一研判、事事有研判",及时掌握行动性、预警性情报信息,及时做出应对和部署。

把住第一关卡,聚焦化解矛盾。坚持一事一评估、一事一备案,将稳评工作纳入党委决策、政府工作规则和绩效考评体系,健全评估责任追究机制和决策责任追究机制。全年全市开展社会稳定风险评估75起,评估后准予实施74起,暂缓实施1起。抓矛盾纠纷大排查,健全排查、化解、稳控、处置"四位一体"机制,实行滚动排查、分类登记、动态管理,完善交办、承办、督办、销号制度,确保社会矛盾和稳定隐患发现得早。按照"属地管理、源头控制、分级管控"原则,加强对重点人员和重点群体的疏导教育、帮扶救助、管理控制、依法处理,将排查化解矛盾纠纷和防范处置个人极端事件结合起来,防止出现脱管漏控现象和个人极端行为。

打牢第一保障,稳妥应急处突。坚持"先处置、后协调",妥善处理各类群体性苗头事件710余起。针对农民工讨薪的问题成立联席会议,定期调度、强化督查,综合采取行政、司法、教育等手段解决讨薪问题,处理农民工工资的经验做法得到杜家毫书记的充分肯定。针对民间融资问题,明确"党政统领、属地管理、一线担责、企业主体、分类处置、平稳过渡"的总体思路,建立民间融资风险处置工作联席会议制度和处置工作巡查机制,出台民间融资风险处置工作要素保障办法。针对处置"僵尸"企业、出租车行业改革,加强调研、因地制宜,出台专门工作方案和应急预案,稳妥推进。针对非正常死亡遗留问题,上半年在全市范围内开展为期两个月专项整治活动,确保非正常死亡事件得到妥善处理。

【提升平安水平】统筹推进基层网格化管理,城区和乡镇所在社区(村)网格化管理试点工作启动;电子监控"天网工程"建设实现娄底中心城区和各县市城区公共区域全覆盖,向农村乡镇和社区村居复杂部位延伸,市、县、乡三级视频监控互联互通,高铁沿线及村(社区)监控设施完善;推进综治信息化建设,市、县两级和部分有条件的乡镇开通对接"湖南综治信息系统"管理平台;基层治安巡防、重点场所安全保卫、内保单位和小区防控、"三实"信息清查录入、肇事肇祸精神病人排查救治管控、吸毒人员排查管控、刑满释放人员安置帮教、社区矫正人员管理、重点青少年群体帮扶教育等基础工作得到加强;乡、村两级综治工作力量、经费保障明显加强,明确乡

娄底市政法委组织党员干部收看习近平总书记重要讲话

(镇、街道)党(工)委专职副书记分管政法综治工作,乡镇综治维稳中心基本上实现实体化运作,村级综治中心建设及综治专干配备得到加强。

出台《关于加强社会治安防控体系建设的实施意见》,统筹推进社会面防控网、重点行业防控网、重点人员防控网、内部单位防控网、社区和农村防控网、信息网络防控网等"六张网"建设。逐级建立矛盾纠纷排查调处例会制度和排查、交办、督办、通报等工作机制,吴建平、尹华凯等市领导自2015年8月起按月召集工作例会,调度全市矛盾纠纷排查调处情况,分析研判形势,交办督办重大复杂矛盾纠纷。出台《关于在全市建立行业性专业性调解组织 推进矛盾纠纷多元化解机制建设的实施意见》(娄办发〔2016〕27号),推动劳动人事、医疗卫生、建设、民间融资、征地拆迁、道路交通等矛盾纠纷较为突出领域的行业主管单位建立矛盾纠纷调解中心并实体化运作,全市多元化解、综合治理格局形成。

对社会治安重点地区和突出治安问题的滚动排查、动态挂牌、常态化整治,摸排管控一批涉稳、涉访、涉邪、涉恐等敏感群体和高危人员。打击非法集资、打黑除恶、打击"两抢一盗"、打击整治"三强"、禁毒禁赌和双峰县打击整治PS图片敲诈和电信诈骗、娄底城区打击传销等一系列专项行动,力度大、效果好,公共安全形势向好发展。

市综治委(办)就综治民调工作到县市区开展多次专项督查,4月在冷水江市召开现场会,推广冷水江市近年来紧扣"察民情、顺民意、解民难"关键环节,夯实综治民调基础工作所采取的一整套好经验、好做法。全市各级各部门狠抓民调宣传措施落实,特别政法系统切实转变作风、提升服务管理水平,队伍形象明显改善,全市在全省综治民调中排名明显提升。

【促进公平公正】推进案件集中管理、流程管理和质量管理,健全监督管理、执法考评和责任追究机制,落实执法办案信息公开制度,提升执法办案水平和执法司法公信力,政法各单位多项业务工作在全省进入先进行列。

加强涉法涉诉联合接访中心建设,畅通信访接待渠道,把领导定期接访、重点约访、带案下访等方式有机结合起来,多措并举化解群众诉求。开展涉法涉诉信访集中整治专项活动,排查交办涉法涉诉信访积案125件,分别交办到相关责任单位,按"五包一"方式包案化解。推进律师参与化解和代理涉法涉诉信访案件试点。5月开始,委派律师参与信访接待,为当事人提供专业法律咨询和帮助,引导信访人依法正确表达诉求。大力推进国家司法救助工作。全市为困难群众解决救助资金709.82万元(含省级拨付救助资金254.92万元,市、县本级救助资金454.98万元),救助案件240件,惠及群众441人,做到救助急难,化解矛盾,收到良好社会效果。

出台《娄底市法制和社会体制改革工作要点》,及时协调、督促各成员单位推进各项改革任务落实。贯彻中央、省里关于司法体制改革会议的精神,召开全市司法体制推进会,积极协调组织、人事、财政、编办等部门,为推进司法责任制、司法人员分类管理、司法人员职业保障制度、省以下法院检察院人财物省级统管等改革奠定基础。

抓公职人员学法用法,建立完善普法教育机制和"谁执法、谁普法"责任制,健全"党政统一领导、人大加强监督、司法行政部门组织、部门分工负责"的法治宣传教育体系,"六五"普法进入全省先进行列。按照省法学会的要求,将市法学会从市司法局整体移交到市委政法委,落实人员编制,经费保障、办公场所等各项工作。

将打处非作为政法机关中心工作来抓。坚持情报主导、提前介入、多方稳控,建立"五线联动"情报信息沟通机制,把维权与维稳、政府统一处置与政法机关依法处置有机结合起来,做到分类应对、依法处置、从严打击、教育劝导多管齐下。处置中心城区债权人围聚堵门等群体性事件160余起,立案查处非法集资案件154起,涉及金额180亿元,抓获犯罪嫌疑人249人,逮捕118人,移送审查起诉68案230人,进入法院审理阶段76件169人,判决11件13人。

【加强队伍建设】完善与高校联合办学培训教育

机制，在中南大学举办全市政法系统中青年干部培训班，从全市政法系统、信访系统选派100名优秀干部到中南大学专题培训研修，提升政法干警综合素能。政法各家积极开展岗位练兵和参加远程教学，推进轮训、随岗训练、实战演练等培训教育活动，提升政法队伍整体素能厚度与广度。

推进传统媒体与新兴媒体多管齐下，长安网阵地、微信公众号管理建设得以强化。以“我身边的好党员”为主题，在各县市区开展政法系统优秀共产党员巡回演讲，牵头举办全市政法系统庆祝建党95周年“诵传统经典 唱法治新篇 弘政法荣光”诵读与合唱文艺晚会。既反映全市政法系统精神文明建设的成果，又展现全市政法干警的精神风貌，社会影响很好，人民群众对政法工作的理解和支持得到强化。

根据市委安排在政法系统扎实开展“两学一做”暨责任心教育。制定活动方案，一项内容一项内容地抓落实，一个节点一个节点地抓到位，做到内容不缺、人员不漏。按照市委市政府要求，还发动政法机关干部到建整扶贫村等帮扶点开展“万名干部下基层，解难惠民促发展”活动。每名干部都结交1~3户不等穷亲戚，真心实意帮助贫困群众出主意想办法。配合组织部门做好换届工作，加强市、县政法系统领导班子建设，落实市、县法检两长担任同级党委委员和成为上级人大代表的措施，提高政法干警提名和担任“两代表一委员”比例。树立正确用人导向，加强政法系统干部管理，市直政法机关严格按干部选拔任用程序完成中层干部调整，政法系统风清气正。

抓政法机关各项禁令条规执行落实，建立健全党风廉政建设责任制检查考核机制。在全市政法系统中深入开展“雁过拔毛”式腐败问题和“纠四风、治陋习”专项整治活动，推动明察暗访制度化、常态化，全年开展4次明容察暗访，通报40余个政法基层单位，处理违纪违规政法干警20人次。开展损害群众利益行为的专项整治，依法严惩有法不依、执法不严、徇私枉法、办关系案人情案金钱案的违法违纪干警，依法查处利用职务影响破坏司法公正的政法系统内部人员，全市政法系统立案查处违法违纪政法干警57人，其中：受到党政纪处分7人、党纪处分13人、政纪处分37人。　（刘誉荣　王建红）

表22

2016年市委政法委先进集体和先进个人登记表

获奖单位、先进个人	奖励名称	颁奖单位	颁发时间
娄底市维稳办	2016年度维护稳定工作先进市州	湖南省维护稳定工作领导小组	2017年2月
尹华凯	2016年度全省维护稳定工作先进个人	湖南省维护稳定工作领导小组	2017年2月
	2016年度全省维稳调研一等奖	省维稳办	2017年1月
刘雄辉	2016年度全省维护稳定工作先进个人	湖南省维护稳定工作领导小组	2017年2月
	2016年度全省维稳调研三等奖	省维稳办	2017年1月
周　浩	2016年度全省维稳调研三等奖	省维稳办	2017年1月

社会治安综合治理

【概况】2016年，市综治办贯彻中央、省委和市委、市政府的决策部署，按照“破难题、补短板、强基础、创品牌”工作思路，以健全落实综治领导责任制为抓手，以综治年度考评为指挥棒，不断完善社会治安防控体系，从严管控公共安全等领域，群众安全感和满意度大幅提升，推动平安娄底、法治娄底建设向纵深发展。

贯彻落实中办国办《健全落实社会治安综合治理领导责任制规定》，完善社会治安综合治理目标管理责任制，市委书记李荐国、市长杨懿文与各县市区党政主要负责人、56个市直综治委成员单位主要负责人签订2016年度综治工作责任书，执行严格考核奖惩制度。在推进“三实”信息采集录入工作中，市综治办先后对5个乡(镇、街道)的乡(镇)长(主任)、派出所所长等进行集体约谈。7月，对上半年进京非正常上访问题突出的7个乡（镇、街道）实行挂牌整治，对其党政主要负责人进行集中约谈。根据年度考评结果，对综治工作成效突出的2个平安县市区、2个先进县市区、59个市直综治工作先进单位、32个市综治工作先进乡镇(办)进行表彰奖励，对2个乡镇实行综治工作“一票否决”、对4个乡镇实施“黄牌警告”。

出台《关于加强社会治安防控体系建设的实施意见》，统筹推进社会面防控网、重点行业防控网、重点人员防控网、内部单位防控网、社区和农村防控网、信息网络安全防控网等“六张网”建设。启动城区巡逻警务站建设，街面巡逻防控、内部单位和小区自防自控、农村“995”十户联防联控等措施进一步落实，探索推进“技防+人防+保险”的市场化、社会化防控模式。

出台《关于在全市建立行业性专业性调解组织推进矛盾纠纷多元化解机制建设的实施意见》，推动全市劳动人事、医疗卫生、城乡建设、民间融资、征地拆迁、道路交通等矛盾纠纷突出领域的行业主管部门建立矛盾纠纷调解中心，人民调解、行政调解、司法调解对接联动、实体运作，形成矛盾纠纷多元化解、综合治理格局。市、县每月，乡每半月，村(社区)每周由党政领导召集矛盾纠纷排查化解工作协调例会，层层研究交办、督办重点问题，形成长效机制。

开展打黑除恶、治爆缉枪和打击严重暴恐犯罪、“两抢一盗”、涉毒涉黄涉赌、拐卖妇女儿童、危害食品药品安全、非法集资、传销、PS图片敲诈、电信网络诈骗等专项行动。完善公交、铁路、高速公路、供水、供电、供气、供油、信息网络等领域的安保联防机制，在旅馆、网吧、寄递物流、金融、通信、交通等行业全面推行实名制登记。开展校园安全及周边环境综合整治，优化教学环境。救治救助重性精神障碍患者，改进刑释人员安置帮教工作。

起草《娄底市社会治理体系创新“十三五”规划》，报市委、市政府批准实施，推动建设一批社会治理重点项目。建立“政府负责、综治牵头、公安为主、部门配合、社会参与”工作机制，推进“实有人口、实有房屋、实有单位”信息采集工作。建设市、县、乡、村(社区)四级综治中心及网格化服务体系，整合资源力量，提高实战能力，结合合乡并村工作，充实配强乡、村综治中心领导力量和工作人员。推进综治信息化建设，市、县两级开通综治信息系统及综治视联网系统，60%以上乡镇开通综治信息系统。

市、县、乡、村及各行业系统机关企事业单位围绕平安创建总体目标，层层细化量化平安创建时间节点与责任体系；涟源市继续保持省级“平安县(市、区)”，冷水江市创建省级“平安县市区”，49个市直单位、30个乡(镇、街道)创建市级“平安单位”和“平安乡镇”。

（彭晗　谢新庆）

公　安

【概况】2016年，娄底市公安局围绕公安部“四项建设”和省厅“三个一流”“两加强两提升”战略部署，开展“保稳定保民安促发展”比拼活动，聚焦风险防控，突出主责主业，提升能力素质，公安工作和队伍建设呈现强劲发展态势，省委常委、政法委书记、公安厅长黄关春批示“娄底公安整体工作进步很大”。处置化解各类群体性事件293起，预防消除各类隐患苗头113起，确保敏感时期、重要节点平安稳定。开展反恐怖大排查专项行动，没有发生暴恐案事件。排查矛盾纠纷，建立信访事项办理联合审查机制，全市公安信访总量同比下降6%，省、市交办信访案件办结率达到90%以上，涟源市局信访工作在省公安厅做经验介绍。开展打击“盗抢骗”、打击电信网络诈骗、缉枪治爆、打黑除恶、命案侦破和“两保一促”等专项行动，剑指各类违法犯罪。全市破现行刑事案件3589起，破案率为25.77%，上升3.8个百分点；立命案24起破23起，新化、娄星、双峰、钢城、冷水江实现命案全破；打掉恶势力团伙47个288人，人均打击处理数名列全省第一；破获侵财案件1581起，同比上升7.62%，移送起诉人数960人；破获电信网络诈骗案件522起，同比上升67.7%；协外办理PS案件下降93.6%，相继侦破部督特大电信网络诈骗案5起。破获各类经济犯罪案件63起，破获毒品刑事案件505起，11起部督省督目标案件成功告破。打击食药环犯罪案件78起，起诉142人。开展打击电游赌博、打击黄赌“断链行动”、缉枪治爆、护校安园等专项行动，全市受理行政案件264616起，下发黄赌督办函19份，督办黄赌问题42处，跟踪督办查处落实到位40处。在全国率先出台娄底市国家公职人员吸毒检测工作方案、工作流程和处理办法等一系列规定，全市有51537名共产党员、公职人员接受吸毒检测，有效净化治安环境和社会风气。破获涉枪涉爆案件107起，抓获嫌疑人110名。开展情报平台重点人员“一体化”管控机制改革，管控九类重点人员4.4万人。加强肇事肇祸精神病人救治救助和管控工作，全市未发生漏管失控危害社会行为。出台《娄底市公安机关社会治安防控体系建设实施方案》，建设社会面、重点行业和重点人员、乡（镇、街道）和村（社区）、机关和企事业单位内部、信息网络“五张社会治安防控网”。推行“安防＋保险”等防控模式，丰富群防群治实践。全市立刑事案件13929起，同比下降18.64%，八类案件同比下降28.69%。围绕危化品、交通、消防、大型活动等重点领域，对各类重点人、重点物、重点场所开展“拉网式”排查，发现、整改安全隐患2500余处，全市发生火灾事故556起，同比下降14.59%，死亡4人，同比上升100%，无人员受伤，经济损失1041万元，同比下降12.52%。全市发生道路交通事故337起，同比上升0.6%，死亡48人，下降29.41%，受伤350人，下降10.71%，直接经济损失138.8万元，同比上升12.89%。完成户籍制度改革任务，省厅确定“社会治安视频监控城乡一体化应用机制”“建立禁毒情报研判机制”两个重点改革项目，按期完成任务并通过省厅专家评审。抓好微改革微创新工作，双峰县石牛派出所农村实有房屋信息采集“一图清”项目在微改革微创新大赛中荣获银牌。持续开展打处非工作，市、县两级公安机关领导牵头负责，确定一批涉非重点案件，组织专案班子全力攻坚，全市共受理非法集资案件26起，立案23起，抓获犯罪嫌疑人73人，移诉23案77人，涉案金额3亿余元。办理非法集资类刑事案件工作得到市委、市人大、市政府肯定。制定《全市公安机关优化经济发展环境打击整治“三强”行为专项行动实施方案》，出动警力20000余人次，办理“三强”案件197起，抓获违法犯罪人员243人，化解矛盾纠纷125次，经济发展环境持续好转。推进省厅30项便民利民举措落地见效，涟源市斗笠山派出所和桥头河派出所荣获全省公安派出所示范户籍室。超常推进“三实”信息集中采集专项行动，争取市委、市政府重视，市委副书记、市长杨懿文亲自担任“三实”信息采集领导小组组长，出台奖惩办法，助推“三实”信息采集落地落实，全市录入信息7938921条，采集率、准确率、率先进入全省先进行列。出台《加强全市公安派出所建设10项重点工作意见》，推进派出所警务资源整合，提升派出所综合实战能力。全市派出所总警力达1021人，设置警务室104个，配备民警123人，初步实现社区民警专职化。14个城区城关派出所建成集“指挥调度、视频监控、情报研判”一体的综合警务指挥室建设。建成全省一流的禁毒情报研判中心，升级网上禁毒三维实景馆，完成全市监所医疗专业化建设，市局机关室外训练场、室内打靶场投入使用。信息网技达二级标准,公安信息网实现派出所、社区警务室全覆盖。天网工程完成终验,外部视频联网摄像机6692路,实现市、县中心城区及重点乡镇全覆盖。开展“雁过拔毛”式腐败问题和“纠‘四风’、治陋习”专项整治,组织观看警示教育片,全市立案查处民警违法违纪案件27案43人。狠抓编制挖潜,实行编制动态调整机制,全市公安机关新增警力122人。开展“实战训练年”,举办培训班60期,培训民警4644人次。5名民警被纳入省厅“专家库”。成立娄底公安文联,举办首届警察文化艺术周,文化育警经验被公安部、省厅推介。拓宽宣传渠道,与《湖南日报》建立战略合作关系,在《娄底广电报》《娄底日报》《娄底晚报》推出公安专刊专版,与娄底电视台合作开办“记者逛警营”“平安娄底”栏目,宣传公安工作成效和先进典型。争先创优氛围日渐浓厚,涌现全国优秀共产党员李贝、全省十大青年卫士颜荣等一批担当、奉献的典型模范。

【首届警察文化艺术周】4月28日至29日,娄底市“忠诚奉献·精彩警营”首届警察文化艺术周活动浓情启动,召开娄底市公安文学艺术联合会成立大会,举行文化艺术周开幕式晚会暨第四届全市“执法为民好警察”“模范拥警好市民”颁奖典礼,举办第二届“铿锵警魂”全市公安机关书法美术摄影作品展和公安文化大讲堂等系列活动。全国公安文联副主席安铁军,省厅党委委员、副厅长、政治部主任吴巨培,市领导何文君、周纯良、伍美华、吴建平、欧友生、尹华凯、席伏应、周仁友、肖新平等出席活动。

【禁毒宣传活动】市禁毒委员会出台《娄底市国家公职人员吸毒检测工作规程》等规范性文件,强力推进公职人员吸毒检测。娄底市禁毒办牵头会同中共娄底市委组织部、娄底市社会管理综合治理委员会办公室、娄底市公安局、娄底市财政局、娄底市人力资源和社会保障局、娄底市卫生和计划生育委员会联合制定出台《娄底市国家公职人员吸毒检测工作规程》,会同中共娄底市委反腐败协调小组办公室、中共娄底市委组织部、娄底市公安局、娄底市人力资源和社会保障局联合制定出台《娄底市党员和国家公职人员吸毒行为处理办法》。

5月25日,娄底市“手拉手共筑禁毒长城参与争创文明娄底”禁毒宣传巡回演讲活动启动仪式暨首场演讲在市体育中心篮球馆举行。市委常委、政法委书记、市禁毒委第一副主任吴建平,市委正厅级干部、市禁毒协会会长肖新桃,市人大常委会副主任陈明华,副市长、市公安局局长、市禁毒委常务副主任尹华凯,省禁毒办副主任、省公安厅禁毒总队副总队长唐纯杰,娄底市政协副主席、市工商联主席李德仁等出席活动。市直机关企事业单位和大中专院校、中小学校学生代表共5500余人参加活动。

【短信报警服务开通】举行“娄底市公安局110宣传日暨“12110”短信报警服务开通仪式”,副市长、市公安局局长尹华凯,市委政法委常务副书记沈裕辉,市公安局党委委员陈开军出席。

【“天网工程”终验】根据承建方中国电信娄底分公司的申请,市“天网工程”建设领导小组办公室主任会议研究,报市“天网工程”建设领导小组领导同意,娄底中心城区“天网工程”终验会召开。市委副书记、市“天网工程”建设领导小组组长何文君,市委常委、政法委书记、市“天网工程”建设领导小组常务副组长吴建平,副市长、市公安局局长、市“天网工程”建设领导小组副组长尹华凯出席会议。市公安局党委副书记、副局长、市“天网工程”建设领导小组办公室主任王浩海主持会议。会议特邀公安部科技信息化局原副局长(正局级)、中国通信学会理事牛晋,省政府发展研究中心巡视员、教授级高级工程师,国防科技大学信息中心高级工程师、工学博士张光胜,湖南大学教授、公安部视频人才库专家钟翔,省公安厅科信总队总队长周杰组成专家评审组对中心城区“天网工程”进行终验。

【侦破六起公安部督办特大刑事案件】

1. 破获公安部督办的特大销售假冒注册商标的商品案。2016年3月29日,娄底市公安局经侦支队破获公安部督办的特大销售假冒注册商标的商品案(督办号〔2016〕22号)。该系列案件共捣毁假酒制售窝点4个和销售窝点9个,抓获犯罪嫌疑人17人,缴获大量假冒的茅台、五粮液、湘窖、国窖1573等注册商标的高档品牌白酒,扣押制假设备一批,假酒市值2000余万元。

2. 摧毁“4·11”特大电信诈骗犯罪团伙。2016年6月18日,市局刑侦支队、网技支队经过近两个多月的缜密侦查和连续作战,成功摧毁代号为“4·11”特大电信诈骗犯罪团伙,抓获犯罪嫌疑人杨某华、秦某日等14人(均为双峰籍人),其中银行工作人员3人,当场缴获假身份证400余张、银行卡700余张,涉案资金500余万元,破获涉及诈骗、盗窃、伪造、变造居民身份证、非法获取公民个人信息、妨害信用卡管理、抢夺、寻衅滋事等6个罪名80余起案件。

3. 娄底、涟源两级公安机关成功侦破"7·11"特大电信诈骗案。2016年8月22日，在省公安厅的直接组织指挥下，在贵州贵阳和广东深圳两地警方的全力支持配合下，娄底、涟源两级公安机关侦办的公安部督办的"7·11"特大电信诈骗案点成功收网，共抓获以张某超(男，27岁，湖南永州市宁远县人)、张某浩(男，汉族，31岁，湖南永州宁远县人)、张某浪(男，汉族，24岁，湖南永州宁远县人)等违法犯罪嫌疑人151人，缴获电脑210余台，手机3000余部，银行卡20余张，以及涉案车辆3辆等大批作案工具，扣押、冻结资金140余万元破获涉及全国多地电信网络诈骗案件上千起。

4. 双峰县公安局侦破"2016.3.6"特大电信诈骗案。2016年9月13日，双峰县公安局破获部督"2016.3.6"特大电信诈骗案，抓获王弼琴(男，31岁，双峰县走马街镇同裕村十字村民组人）团伙犯罪嫌疑人32人，摧毁犯罪团伙6个，抓获端掉窝点15个，缴获电脑26台、手机232部、手机卡313张、银行卡456张等大量作案工具和账本。

5. 侦破地下加工烟草制品网络案。11月3日，市公安局抓获张某忠等地下加工烟草制品网络案(即"10·13"专案)9名主要犯罪嫌疑人。现场查获现金28.485万元，烟叶16267.5公斤，烟丝18924公斤，烟梗16549公斤，烟沫1300公斤，发电机组一台，卧式锅炉(2吨)1台，土制八刀切丝机1台，打叶机3台，带电机振槽4段，带蒸汽管大型滚筒1台，炒锅1台。查扣账本2个、报账单据38张、涉案车辆6台、手机19台。

6. 新化县公安局成功侦破"5·16"特大电信诈骗案。11月3日，新化县检察院决定对部督"5·16"特大电信诈骗案刘某勇等21名犯罪嫌疑人批准逮捕，2名犯罪嫌疑人取保候审。该特大电信诈骗案共破案208起，涉案经额达218万元，受害人涉及全省14个市州和四川、江西、重庆等10余个省(直辖市)。

11月14日，系列流窜盗窃移动基站设备案成功告破，破获系列移动基站设备盗窃案14起，涉案金额上百万元。重大作案嫌疑人张某、廖某被抓获。经审讯，犯罪嫌疑人张某和廖某均为某智能工程公司技术安装人员，利用工作便利，两人先后在娄底境内盗窃移动基站设备，共作案14起，所盗赃物均以极低价格通过物流中心销往外地。　(廖建梅)

表23

2016年娄底市公安局先进集体和先进个人登记表

获奖单位、先进个人	奖励名称	颁奖单位	颁发时间
市局巡特警支队	2015—2016年度全国青年文明号创建活动成绩突出单位	公安部	2017年6月
市局巡特警支队	全省公安机关"210工程"建设先进集体	省公安厅	2016年7月
市局巡特警支队	2016年度全省反恐怖工作先进基层单位	湖南省反恐怖工作领导小组	2017年3月
市局国保支队	全省打击收缴"法轮功"反宣币专项行动先进单位	中共湖南省委防范和处理邪教问题领导小组	2017年4月
市局纪委	全省公安机关审计业务竞赛优秀集体奖	省公安厅	2016年12月
市局人口与出入境管理支队	全省公安机关户口登记管理清理整顿工作成绩突出集体	省公安厅	2017年8月
市公安局	全省保密工作先进集体	省公安厅	2017年2月
市公安局	2016年度市州公安局绩效评估先进单位	省公安厅	2017年2月
市公安局	社会治安视频监控城乡一体化建设应用机制获2016年度全省公安机关成绩突出改革项目组	省公安厅	2017年2月
警令部	全省公安大数据比武团体奖	省公安厅	2017年2月

续表 23

获奖单位、先进个人	奖励名称	颁奖单位	颁发时间
政治部	全省公安系统第五届围棋比赛团体第六名	省公安厅	2016 年 5 月
政治部	《供给侧改革打造活力警营》被《湖南公安简报》第 29 期(总第 114 期)推介全	省公安厅	2016 年 11 月
政治部	省公安系统曲艺器乐大赛一等奖小品《承诺》	省公安厅	2016 年 10 月
政治部	全省公安系统第五届围棋比赛高级警官组第四名	省公安厅	2016 年 5 月
警保处	省级文明卫生单位	省爱卫会	2016 年 8 月
纪委	2016 年度全省市州公安机关党风廉政建设优秀单位,省厅通报〔2017〕17 号	省厅党委	2017 年 2 月
治安支队	全省卷烟打假工作先进集体	省烟草专卖局、省厅	2016 年 5 月
治安支队	全省保安服务业优秀先进单位	省公安厅	2016 年 10 月
治安支队	湖南省空军招飞政治考核先进单位	省厅、南部战区空军政治工作部	2016 年 7 月
治安支队	2016 年度全省公安机关收缴整治枪爆物品先进单位	省公安厅	2016 年 12 月
监管支队	全省公安监管工作先进集体	省公安厅	2016 年 4 月
刑侦支队	有组织犯罪侦查大队获评 2015 年度省级“青年文明号”	团省委	2016 年 5 月
巡特警支队	全省公安机关治安巡特警工作成绩突出集体	省公安厅	2016 年 3 月
入境支队	2015 年度湖南省文明窗口单位	省文明办	2016 年 3 月
入境支队	2016 年度全省“三实”信息集中采集专项行动成绩突出单位	省公安厅	2017 年 2 月
经侦支队	全国知识产权系统和公安机关知识产权执法工作成绩突出集体经侦支队	国家知识产权局、公安部	2016 年 3 月
禁毒支队	2016 年度全省公安机关成绩突出改革项目组	省公安厅	2017 年 2 月
禁毒支队	首届全国青少年学生禁毒主题文艺作品征集大赛优秀组织奖	《中国禁毒报》	2016 年 8 月
李贝(治安支队)	全国优秀共产党员	中共中央	2016 年 7 月
吴文兴(巡特警)	雷锋式人民公仆	湖南省文明委、湖南省直工委	2016 年 12 月
龚健(巡特警)	2016 年湖南向上好青年	团省委	2016 年 12 月
杨小林(警令部)	全国两会安保维稳工作先进个人	省公安厅	2016 年 3 月
颜荣(经侦)	湖南省 2016 年“寻找最美青年卫士”	省委联合发文	2016 年 5 月

续表 23

获奖单位、先进个人	奖励名称	颁奖单位	颁发时间
肖银锄(交警)	2016 年湖南文明交通好交警	湖南省道路交通安全委员会办公室	2016 年 9 月
王艳萍(纪委)	全省公安机关审计业务竞赛二等奖	湖南省公安厅	2016 年 12 月
谢君红(人口)	全国公安机关深入推进户口登记管理清理整顿工作成绩突出个人	公安部	2017 年 3 月
王昭(人口)	全省公安机关户口登记管理清理整顿工作成绩突出个人	省公安厅	2017 年 8 月
张鑫(警培)	《110 接处警艺术》获全省公安系统优秀实战训练专题	省厅政治部	2016 年 9 月
匡洁平(入境)	2016 年第一季“湘警之星”	省公安厅	2016 年 7 月
曾峰(政治部)	全国公安机关纪念长征胜利 80 周年书法展优秀奖	全国公安文联	2016 年 12 月

公安钢城分局

【概况】2016 年，娄底市公安局钢城分局围绕“平安钢城”建设目标，以“平安钢城”建设为中心，以“2016 年娄底公安七大实事”为抓手，以提升人民群众安全感和满意度为目标，遵循“两加强，两提升”“五标准五工程”警务战略部署，推进“四项建设”，强化管防控打，夯实基层基础，提升警务实战效能，通过强化措施，细化责任，推动各项公安工作全面开展，在维稳保安、打击整治、治安防控、服务群众、规范执法、队伍建设等方面取得新成绩，创造新经验，实现新跨越，钢城公安工作和队伍建设呈现出全面发展、整体推进良好态势。获评“全省公安思想政治成绩突出集体”、“全市县级公安机关绩效评估先进单位”“全市公安机关‘保稳定、保民安、促发展’大比拼活动维护稳定成绩突出的单位”等称号。

敏锐感知，主动作为，严防密控，切实维护社会和谐稳定。排查调处矛盾纠纷 848 起，妥善处置因企业改制、环境污染、医疗纠纷、非正常死亡等引发的各类群体事件 29 起。加强信访责任追究、信访工作绩效考核等长效机制建设，开展信访积案清理，未出现涉法涉诉信访案件。

坚持以打促防，始终保持对刑事犯罪的高压态势，以“全市公安机关侦查破案大比拼”为抓手，全力开展破案攻坚，严厉打击各类刑事犯罪活动。共破获刑事案件 276 起，刑事拘留 139 人，逮捕 96 人，抓获上网逃犯 85 人，移送起诉 143 人，有效维护钢城辖区社会治安持续稳定。破获“7·5”、“11·11”两起命案，自从 2006 年以来，连续 11 年实现“命案全破”工作目标。全年摧毁恶势力团伙 2 个，刑事打击处理涉恶团伙成员 10 人。破获侵财案件 156 起，刑事拘留 35 人，举行退赃大会，共向群众返还总价值 90 余万元的财物。侦破“1·08”特大网络赌博案，抓获犯罪嫌疑人 19 人，查封房产 10 套，扣押涉案的宾利、法拉利、玛莎拉蒂等各类高级轿车 11 辆，该案总计涉案金额达 3 亿元。将涉企经济犯罪案件和信用卡诈骗案件侦破列为经侦重点工作，侦破相关案件 40 起，挽回经济损失 110 余万元。开展“飓风扫毒”专项行动，共破获涉毒类案件 76 起，打击各类涉毒违法犯罪人员 86 人。

树立“多破案不如少发案”“少发一起案，百姓多份福”等治安防控理念，集聚民智民力参与社会治安，结合辖区实际创新完善立体化社会治安防控体系建设，打造“社会治安防控升级版”，辖区刑事发案在前 4 年连续下降的基础上再度大幅下降（下降 40.1%）；不定期开展集中清查，减少案件、事故发生；查处整治休闲娱乐场所“黄、赌、毒”，净化社会环境；大力清理整顿废品收购站点，堵塞销赃渠道；开展“三实”采集，录入各类信息 13 万余条；加强危爆物品管理和消防安全检查，确保生产和工程建设安全；强化检查指导，积极做好学校和幼儿园安全工作。共查处行政案件 680 起，行政处罚 215 人，调解处理纠纷 848 起。

以执法规范化建设为契机，以执法质量检查和警务调查为抓手，推进执法设施建设和完善执法制度体系建设。成立执法管理委员会，完善全局《职责任务（权力）清单》，出台《执法办案积分试行制度》；提升执法硬件现代化水平，消除执法安全隐患；建成青山派出所警务综合指挥室；一线勤务机构执法民警全员配备单警装备和执法记录仪，分局在 2016 年度全市公安机关执法质量考评中排名第二位。

开展“进农户，精准扶贫大推进”活动，定期进村入户开展工作，切实帮助农户解决实际困难和问题，全年开展入户帮扶活动 13 次，帮扶困难家庭 54 个。创新行政管理服务方式，在小长假等节假日和一年一度的高考办证高峰期，户政民警主动放弃休息时间，在节假日为居民提供办证服务，为高考学生开辟办证绿色通道，全年共办理身份证业务 6120 人次。积极开展防范知识宣传及法制宣传，各派出所所领导兼任学校法制副校长，经常到学校开展法制讲座，提升学校师生法律知识储备和防范能力；防控办移动宣传平台在各社区、村组轮流宣传防范知识。

创新队伍分析研判机制。将民警心存侥幸、容易触犯的 41 种违纪违法行为，制定“自我预警及队伍分析研判表”下发民警，每季度进行对照检查警示，开展“雁过拔毛”式腐败问题和“纠‘四风’、治陋习”两个专项整治工作，及时收集掌握民警思想动态，对队伍中存在的倾向性和苗头性问题，做到早发现、早报告、早解决。建立民警基本情况、工作业绩、纪律作风、身体状况、家庭生活、心声愿景六本台账，对民警进行全过程、全方位的教育、管理、监督。采取现场督察、视频督察、网上巡查和执法考评等多种形式，全方位对民警的值班备勤、接警处置、执法办案和服务群众等工作情况进行监督。打造关爱优待暖心工程。落实升国旗、入警宣誓、记功受奖等 6 个仪式；始终坚持每周一晚全局民警学习制度，采取多种形式开展教育培训，邀请专家、学者来局授课和组织本局业务骨干讲课 25 堂次；成立警员职务套改专项工作小组，完成警员职务套改有关工作；成立民警维权专门委员会，为民警维权，保障合法权益；为民警购买人身意外伤害保险，免除后顾之忧。

【破获“1·8”特大网络赌博案】1 月 8 日，娄底市公安局钢城分局刑侦大队接到辖区居民张某、李某报案，其中张某被一网友推荐进入互联网一非法彩票网站，在该网站上进行非法彩票投注，在随后 5 天时间内输掉 8 万余元。警情经刑侦大队受案初查后，发现该案情特别重大，随即向省、市两级公安机关作专题汇报，得到市公安局、省公安厅高度重视，省公安厅随即将该案列为 2016 年全省打击黄赌犯罪“断链”行动督办案件，特向公安部作有关汇报。立案后，专案民警攻坚克难，循线追踪，奔波于广东、福建、北京、四川、湖北等多个省市，在当地警方配合下，对“资金流”“信息流”“人员流”等开展详细调查，利用传统和现代侦查手段，最终查明“1·8”网络赌博案件犯罪团伙层级关系、人员身份、网络架构、运作模式、结算方式、行为规律等违法犯罪事实。4 月 18 日，娄底市公安局及钢城分局在省公安厅具体指导和福建、四川等外省警方支持配合下，出动警力 160 余人，组织“1·8”特大网络赌博案件集中收网行动。使该案从受案到集中收网抓捕整整历时 100 天，先后抓获犯罪嫌疑人 19 人，所有主要犯罪嫌疑人均系外省籍人员，全部抓获归案，依法冻结犯罪嫌疑人 200 多个银行账户，查封一批涉案财产，扣押涉案宾利、法拉利、玛莎拉蒂、保时捷等各类高级豪车 11 辆，查扣用于作案的电脑 100 余台。总计涉案金额达 3 亿元。

（邓治）

表 24 **2016 年娄底市公安局钢城分局先进集体和先进个人登记表**

获奖单位、先进个人	奖励名称	颁奖单位	颁发时间
刘雄波	第五届全国公安系统“卫士之光”美术书法摄影作品展优秀奖	公安部、政治部	2016 年 2 月
李 勇	湖南省雷锋式志愿者； 向上向善湖南好青年	湖南省文明委、湖南省直工委；团省委、湖南日报社、湖南网宣办	2016 年 12 月 2016 年 4 月
曾育城	全省公安机关“湘警之星”	省公安厅	2017 年 1 月

交警支队

【概况】2016年，全市公安交警围绕“保安全、保畅通、促稳定”的总体工作目标，坚持安全第一、生命至上，坚持交通安全与疏导保畅为重，服从服务大局，加强协调共治，推进依法治理，确保全市交通安全持续平稳。获全省交警部门绩效评估先进单位。

【交通安全管理】2016年，娄底市公安交警支队整治交通安全管理秩序，交通安全“四项指数”稳中有降，保持多年无特大交通事故。获全省春运和国庆交通安保工作成绩突出集体、全市安全生产先进单位。先后开展“保秩序、压事故”“大排查、大整治、大管控”等专项整治行动，对重点交通违法行为实施常态化“严管重罚”。全年查处交通违法行为10.2万余起，重点违法行为查处力度加大，查处客车超员146起、货车超载1227起、超速44880起、酒后驾驶397起、无证驾驶1718起。积极开展道路交通安全隐患点排查，联合安监、交通、公路等部门开展道路交通安全隐患排查整治，整改道路交通安全隐患43处。深入开展重点车辆道路交通违法清零行动，清零任务完成超过全省平均值。实行警校联动，强化校车监管与交通安全宣传教育，开展学校和幼儿园周边交通安全整治护学活动，校园周边交通安全环境进一步改善。对重点车辆实行“一车一档”“一人一档”管理，重点车辆管理逐步规范。春运、国庆期间，全市公安交警部门取消民警、辅警休假，全警上路，有效开展交通管控，确保春运期间交通安全，全市没有发生长时间、长距离、大面积交通拥堵和重大交通事故。完成清明、“五一”、端午、高考、G20峰会等重大节假日和重大活动期间交通安保任务。全市全年发生交通事故262起，其中致人死亡事故35起，同比下降23.91%，致37人死亡，同比下降27.45%，未发生特大交通事故。

【交通管理服务】2016年，娄底市公安交警支队服从服务大局，主动作为，优化交通管理服务环境。推行警力下沉，将警力投放路面执勤，有效缓解高峰时段交通拥堵。提请市政府对缓解城区交通拥堵问题进行专题研究，成立集中整治行动办公室，部署开展城区交通拥堵集中整治行动，缓解城区交通拥堵工作取得初步成效。创文迎检期间，支队全警动员、全力以赴，疏堵保畅工作力度大、反响大、效果好，得到“国检组”和市委、市政府的充分肯定以及广大市民的普遍赞誉。支队全力推进人大政府建议提案办理，全年共办理人大、政协关于交通安全管理的建议提案31件，建议提案办结率、见面率、答复率和满意率均达到100%，推动娄底城区交通拥堵、驾驶考生积压等诸多疑难问题解决。推进便民利民措施落实，开通车管微信微博和驾考互联网自主预约考业务，推行交通管理短信告知服务，出台科目二、科目三一次性预约，连续考试、异地补换领驾驶证、邮政EMS服务和电话服务平台等便民利民措施，提高服务群众水平，提升人民群众的满意度。在全市优化经济发展环境测评中获执法监督类先进单位第一名，获创全国文明城市先进单位。

【交通信息化建设】2016年，娄底市公安交警支队争取党委政府支持，加大交通信息化建设，交通实战效能和保障能力提升，支队经费保障创历史最好水平。推进城区智能交通和公路监控卡口建设，完善卡口查缉布控平台的建设和应用，强化联网布控，提高监控水平和效率。完成娄底城区主要路口的信号控制及闯红灯自动记录系统、违法抓拍系统和重点路段禁停违法自动抓拍系统的建设工作。交通指挥大楼建设稳步推进，内部装修与设备安装进入收尾阶段。交通实战指挥中心设计方案通过评审。改革勤务运行机制，推行交通安全网格化管理，进一步提高见警率和管事率。开展农村轻微交通事故快处快赔工作试点，直属一大队建立道路交通事故快处快赔江龙滩服务点，提高交通事故处置效率。车管所启用机动车安全技术检验监管系统，提高机动车安全技术检验工作实效。驾管所建立机动车驾驶人考试监管系统，对驾考全过程实施视频监控，提高驾考科学性和公正性。按照“服务机关，服务基层”要求，开源节流，提升经费保障水平。争取政府财政支持，逐年增加经费预算，提高经费保障水平，削减“三公”经费，提高经费使用效能。

【从严治警】2016年，娄底市公安交警支队坚持从严治警，加强过硬交警队伍建设。全年无民警职工受党纪政纪处分，获全市公安机关政治工作先进单位。坚持政治建警，开展“两学一做”和党员评先评优活动，激励全体党员干部争先创优，4个基层党支部和41名党员受到表彰奖励。开展“雁过拔毛”式腐败问题和“纠‘四风’、治陋习”两个专项整治，加强党风廉政建设与警务督察，通报批评58人次、记C类35人次，有效预防违法违纪案件的发生。坚持素质强警，开展经常性教育训练活动，全年举办各类培训班36期，强化辅警队伍培训，队伍履职能力提高。坚持典型励警，选拔6名副科职干部，6名民警近期转正，队伍整体活力增强。坚持从优待警，落实从优待警措施，加强警营文化建设，推荐和宣传先进典型，队伍整体形象和队伍精气神提升，民警工作热情高涨，争先创优蔚然成风，全年有96人次受到表彰奖励。

（李隽武）

表25 **2016年交警支队先进集体和先进个人登记表**

获奖单位、先进个人	奖励名称	颁奖单位	颁发时间
直属一大队	2016年全省春运交通安保工作成绩突出集体	省公安厅	2016年3月
肖银锄	文明交通好警察	省道路交通安全委员会	2016年9月

消防支队

【概况】2016年，娄底消防支队创新工作理念，破解机制难题，形成以现役消防部队为主体、乡镇兼职消防队为补充、社区志愿消防队伍为基础，覆盖城乡的消防安全网络。全市除现役消防部队外，按照“四有”标准（有人、有房、有装备、有保障）建有乡镇兼职消防队44支，队员450人，执勤消防车50辆，消防摩托16辆，构建“布局合理、功能完善、服务当地、辐射周边”的消防力量格局。提请政府拨付专项资金60万元，对全市5个县市区和市本级逐一进行消防安全评估，提出翔实分析报告。7月29日，市委书记李荐国在《关于2016年上半年消防工作情况的报告》上做出重要批示；9月22日，市长杨懿文主持召开市政府第14次常务会议，专门听取消防工作专题汇报。11月5日，国家公安部消防局王沁林政委到娄底支队双峰大队指导消防工作和部队建设；省总队万志祥总队长、卢安生政委等陪同调研。

截止12月31日，全市消防部队接警1465起（其中火灾556起），出动车辆2205台次，出动警力15007人次，抢救被困人员215人，疏散被困人员2489人，抢救财产价值1356.5万元；共检查单位7529家，发现整改火灾隐患5435处，临时查封93家，责令“三停”单位109家。全市农村火灾起数下降34.25%，伤人数下降76%，直接财产损失数降低77.16%。支队党委被省总队党委授予“2016年度先进党委”班子，获“全省执法质量考评先进支队”；获“市级文明单位”“安全生产先进单位”称号；在全省条令条例知识竞赛中，娄底支队获得三等奖；政务窗口连续7年评为“优秀窗口”。11月9日，新化县水车兼职消防队获“第三届全国119消防奖”。

【军事业务】2016年，娄底消防支队按照“竞技性训练、适应性训练、应用性训练、指挥能力训练”4步走战略实施组训，开展为期4个月的特勤比武集训。制定《娄底市公安消防部队执勤业务训练奖惩规定（试行）》，实行官兵评先评优训练成绩一票否决制，把“周测试、月考核、季度比武”练兵考核机制落到实处。遵循“一站多点、以站管点、一队多能”开展联训联勤和比武竞赛，把部队“正规化达标验收年”活动作为支队党委重点工作来抓，打造“执勤训练攻关队”“灭火救援战斗队”“管理教育示范队”3支品牌队伍；构建“警民兼容、资源共享”灭火救援体系，加快战斗力生成模式转变；10月初，在双峰大队召开全市消防部队正规化管理现场会，全市5个大队100%

通过支队达标验收。以“六熟悉”为基础，以G20杭州峰会、东盟博览会、省党代会等重大安保活动为契机，对高层、地下、化工、大跨度厂房等重点场所进行实战化合成演练；全市消防部队修订重点单位预案600余份，“六熟悉”训练比率达100%，实战演练率达100%，灭火救援预案更新率稳步推进。

【警营文化】2016年，娄底消防支队以“一队一精品”活动为载体，把廉政文化深度融合到警营文娱活动中，举办“清风立警魂”主题文艺晚会，打造娄底警营文化品牌，获总队郭改芳书记好评。开展廉政文化建设“六个一”活动（一套学习读本配发、一次调研文章评比、一部廉政微电影拍摄、一本漫画手册印制、一次廉政主题书画展展示、一次廉政建设知识竞赛），先后邀请国防科大、清华大学、湘雅医学院等专家教授开展“两学一做”暨责任心教育活动，强化娄底“廉政消防”文化建设。

【消防宣传】2016年，娄底消防支队协调公安、安监、林业、交通运输等部门，建立五大部门的宣传协作平台，形成“资源共享、良性互动、集约高效”宣传格局；启动“千村万户”培训计划。按照层级管理原则，创立乡（镇、街道）、村组（社区）、村民（居民）三级立体培训模式。按地域、分网格开展消防宣传7进活动，实现消防宣传全覆盖。坚持每日定时推送喜闻乐见的消防安全知识与安全提示。截至12月31日，“娄底消防”双微平台关注用户超14万人次，跻身“全国双微排行榜——消防系统分榜”前20名；全市共开展消防培训1300余场，培训人数超过10万人，乡镇和街道办培训107场次，参训人员达9000人次。

【后勤保障】2016年，娄底消防支队以“开源节流、建管并举”战勤保障体系为旨归，落实《湖南省地方消防经费管理办法》，保障人员与车辆经费达标。投入400余万元采购个人基本防护装备1065件（套）、常规器材装备688件（套）、特种器材装备23件（套）。冷水江、双峰分别购置8吨、12吨水罐消防车；投入103万元建成“两室一站”配齐相关设备，购置一台70米曲臂云梯消防车。实施进口消防车辆“强制保养”与国产消防车辆“集中维修”制度。10台进口底盘消防车及时得到维护保养，国产消防车辆上装部分完成检修。地方消防经费总量达4278万元，娄底支队本级为2388万元，各大队级达1890万元。行政消耗性开支较去年下降22%，市本级及各基层大队三公经费零增长。实施“交钥匙工程”，万宝新区消防站动工，双峰二站完成建设土地使用审批手续，涟源二站完成规划选址、土地报批工作；娄星、新化大队营房改造与扩建工程完工；特勤消防站、战勤保障消防站及训练基地“三合一”工程全部纳入“十三五”重点项目库。　　（黄修斌）

2016年11月9日，公安部消防局政委王沁林（左一）给新化县水车镇兼职消防队队长杨同慧颁发“119消防奖”

表26

2016年各县（市、区）火灾发生起数一览表

县市区	火灾数	亡人	伤人	直接损失（万元）	过火（平方米）	受灾户	人数
娄星	224	1	0	348.27	1905.7	233	0
双峰	164	0	0	8.73	1691.0	0	0
新化	73	2	0	221.76	2425.5	62	27
冷水江	33	0	0	79.30	823.0	44	1
涟源	62	0	0	400.09	2875.8	60	0

检 察

【概况】2016年，娄底市人民检察院贯彻落实上级决策部署，主动作为，忠诚履职。获全国检委会规范化建设示范单位、省文明卫生单位、省人民满意的公务员集体等荣誉；被娄底市委评为“好班子”；绩效考核、综治、维稳、禁毒、信访、党建、民间融资风险处置及打处非等工作被评为市级先进单位。有1件案件入选全省检察机关十大优秀案件，有1篇文稿获评全省检察机关优秀文稿。在全省检察工作年度条线考核中，侦监、民行、刑事执行检察、公诉、纪检监察、反贪、反渎、网络、技术、控告、申诉、法警等12个条线工作进入全省先进行列。5个基层院获得全国先进基层检察院、省先进基层党组织、省模范职工之家、省文明卫生单位、检务保障工作先进集体、信息化建设先进单位、检察文化活动先进单位、读书风气最盛检察院等省级以上集体荣誉。（谭华伟）

【服务保障大局】2016年，全市检察机关围绕市委重要决策部署，推行“除虫护花”和“依法容错”机制，把服务娄底经济发展贯穿于执法办案始终。建立“亲”“清”新型政商关系，出台保障和促进非公有制经济健康发展实施方案，推出“五项活动、十项措施”。开展民间融资风险处置及打处非工作，批准逮捕集资诈骗、信用卡诈骗、非法吸收公众存款犯罪案件25件40人，涉案金额12.3亿元。针对人民群众关注的食品药品安全问题，开展危害食品药品安全犯罪、破坏环境资源犯罪专项监督活动，批准逮捕生产销售有毒有害食品、生产销售假药劣药等犯罪案件8件18人。联合娄底市工商联、市优化办等单位，调研、走访重点企业、重点项目29家，了解企业需求和困难，及时提供法律支持。忠实履行审查逮捕、起诉等职能，运用法治思维和法治方式防控风险，化解矛盾，保障人民安居乐业。全年批准逮捕各类刑事犯罪案件1675件2285人，提起公诉2354件3281人；依法不批捕560件795人，不起诉346件450人，办理刑事和解案件141件157人。其中突出打击电信网络诈骗等新型犯罪，对公安部督办的“7·11”特大电信诈骗案中涉案的101名犯罪嫌疑人批准逮捕。化解社会矛盾，坚持领导包案、联合接访、检调对接、以案释法，突出风险评估预警，引导和支持当事人在法治轨道上表达诉求、

娄底市人民检察院检察长李芳芳作工作报告

化解纠纷。受理举报、控告申诉等来信来访370件，开展司法救助案件6件。

【职务犯罪侦查和预防】2016年，全市检察机关坚持有腐必反、有贪必肃。立案侦查贪污贿赂、渎职侵权犯罪案件82件113人。先后查办省院交办的湘电集团31人贪贿系列案和怀化市政法委原书记易某贪贿系列案等；办理冷水江农机补贴贪贿系列案、涟钢原社会事业部副部长王某贪污案等。结合办案开展警示教育66场次、预防调查14次、犯罪分析16次，受理行贿犯罪档案查询2770次，助推全市诚信体系建设。

【诉讼法律监督】2016年，全市检察机关围绕人民群众反映强烈的执法不严、司法不公等问题加强诉讼活动法律监督，守好司法工作最后一道底线。纠正漏捕48人、漏诉205人次。监督立案43件、督促撤案37件。办理刑事抗诉案件17件41人。办理各类民事行政监督案件171件。审查减刑、假释、暂予监外执行案件1150件，监督纠正提请“减假暂保”不当132件；纠正各类刑事执行违法行为36件，开展羁押必要性审查11件。

【司法体制改革】2016年，全市检察机关贯彻落实中央、省、市关于司法改革的部署和要求，召开全市司法改革工作推进会，制定改革实施方案。两级院牢牢把握“两个独立”遴选标准，高质量地遴选出224名检察官。《娄底市院精准把握“两个独立”标准优质高效完成首批员额检察官遴选考核工作》材料被省检察院转发。双峰县检察院积极探索内设机构改革试点，效果良好，在全省检察工作会议上做经验介绍。在全省综合工作表彰中，市检察院、双峰县检察院被表彰为司法改革工作先进集体。积极适应以庭审为中心的诉讼制度改革，出台《重大疑难案件公安机关听取检察机关意见和建议工作办法》，促进从源头上提升案

件质量，省院对该做法予以推介。

【规范司法行为】2016年，全市检察机关开展规范司法行为整治工作，建立案件质量定期点评通报制度，对不规范案件进行剖析，严肃整改。坚持阳光执法，邀请特约检察员、人民监督员、律师和群众代表来院评议检察工作80余人次。建立检察联络短信平台，定期向人大代表、政协委员发送检务公开短信。两级院通过“两微一端”平台发布各类信息2200余条，在案件信息公开网上发布案件信息493条。规范执法、阳光执法助推执法形象提升，全省2次综治民调满意率均居全市政法机关第一。

【机关队伍建设】2016年，娄底市检察机关开展“两学一做”，坚持把纪律和规矩挺在前面，持续推行治理“懒散庸浮”精细化管理。成立检察官文联，开展检察官宣誓、读书达人评比、检察文化讲坛、篮球比赛、文艺联欢等活动。坚持教育培训提升素能，市检察院坚持自主培训与派员参训相结合，自主举办业务培训班12期，选送500余人次参加各种业务培训，有效提升干警业务水平。坚持比武竞赛激发活力，组织精品案件评选、优秀法律文书评比、观摩评议庭审等活动。在高检院、省检察院组织的业务竞赛中，有1人获得全国“业务能手”称号，有17人获得省级“业务标兵”“优秀办案能手”等称号，取得娄底检察历年来最好成绩。

【基层基础建设】2016年，娄底市检察机关完善、落实市检察院联系指导基层院建设工作制度。梳理对各基层院存在的问题，逐一督办整改。支持办案任务繁重的基层院招聘检察辅助人员，选派3名优秀中层骨干到基层院挂职副检察长，下派年轻干警到基层院锻炼，挑选基层院干警到省、市检察院跟班学习。推进办公办案基础建设，经过三年多努力，市检察院新技侦大楼建成并正式启用，办公办案条件改善。制定科技强检三年规划，投入800余万元购置手机取证系统、手机定位系统等科技装备，建设集远程视频会议、案件讨论、侦查指挥、视频接访于一体的高清视频会议系统和侦查指挥平台等信息化体系，实现办公办案向现代化、科学化和规范化迈进。

（陶元军）

表27 **2016年娄底市人民检察院先进集体和先进个人登记表**

获奖单位、先进个人	奖励名称	颁奖单位	颁发时间
娄底代表队	全省检察机关司法警察业务技能比武获得团体总分第一名	湖南省人民检察院	2016年1月
孙青青	湖南省2016年“最美青年卫士”	共青团湖南省委等	2016年7月
陶元军、魏益辉	全能十佳	湖南省人民检察院	2016年1月
黄庆明	全省检察机关司法警察业务技能比武获得射击个人第二名	湖南省人民检察院	2016年1月
唐　伟	全省检察机关信息化网上轻用开发活动“三等奖”	湖南省人民检察院	2016年
唐　伟	获湖南省人民检察院“十二五”时期信息化工作先进个人	湖南省人民检察院	2016年
李　双	获第一届湖南省检察机关案管理业务竞赛标兵称号	湖南省人民检察院	2016年1月
蒋才荣	全省检察机关民事行政检察业务竞赛标兵	湖南省人民检察院	2016年1月
曾刚全	优秀侦察兵	湖南省人民检察院	2016年
吴白其	优秀侦察兵	湖南省人民检察院	2016年

强制隔离戒毒所

【概况】2016年，娄底市强制隔离戒毒所围绕"以抓住队伍建设关键点，打造一支高素质队伍；以场所规范管理为基础，确保场所持续安全稳定；以教育戒治为中心，提高教育矫治水平；以发展为动力，加快场所扩容建设"的目标，确保场所的安全稳定。经娄底市委政法委、省戒毒管理局同意，完成戒毒人员调遣分流工作，全体戒毒人员被分流至省坪塘强戒所、白泥湖强戒所、邵阳强戒所，继续接受教育戒治。参加由湖南省司法厅主办、45个监狱与戒毒单位的600多名民警参加的省司法行政系统警体技能比武，其代表队凭着决不放弃的信念与顽强拼搏精神，经2天激烈角逐，获优秀组织奖，成为5个获奖市州所之一。执法状况考评得"优秀"等次。

【构建场所安全稳定长效机制】2016年，娄底市强制隔离戒毒所收治戒毒人员162人，解除331人，9月13日调遣分流215人。制定完善安全隐患排查整改、等级风险评估等20多项安全制度，修订《2016年戒毒人员计分考核办法》。下发《2016年管理方面相关基础材料规范》，对基础资料进行规范；全面整理规范警戒护卫基础资料，修订各种应急演练预案，提升场所应急处置能力。制定实施《行为养成和安全排查整治活动方案》《构建场所安全稳定长效机制实施方案》。先后8次组织民警学习上级安全工作指示精神，邀请省局领导举办构建场所安全长效机制专题讲座。建立"安全隐患治理台账"，将安全隐患细分为执法、管教、生产、生活卫生安全四大类，做到第一时间整改到位。定期召开所情研判会，消除不稳定因素。每季度召开一次戒毒人员集中处置治疗研讨会，制定患病人员治疗方案和重点人员的处置方案，杜绝所内病亡事故和重大违规违纪事件发生。出台《场所安全稳定风险等级考核评估及分类管理的规定》，各科队安全稳定等级评估实行月考核，风险等级评估与绩效考核挂钩。

【完善"大戒毒大矫治"运行机制】2016年，娄底市强制隔离戒毒所借力"湘中文化"、德育文化和礼孝文化，结合开展中华传统美德教育、文化墙、艺术节、与外单位举办联谊活动等方式，营建文化氛围，帮助戒毒人员树立正确的世界观、人生观、价值观。举办两期亲属培训班，先后6次邀请亲属来所参与重大活动，与51名爱心志愿者签约，邀请14位教师来所爱心讲坛授课。开办免费职业技能培训班、创业班4期，培训200人次，获证率100%。开展实地帮扶工作，加强与乡镇、社区、民政部门对接，实现10多户家庭经济情况困难的回归戒毒人员的帮扶救助。做好戒毒人员出所前的衔接。双峰县、娄星区籍强戒人员，解除强戒时均由县(市)禁毒委牵头组织戒毒人员所在单位、社区、派出所、戒毒人员家属到所领回，实现戒毒人员后续照管无缝对接。加强社区戒毒(康复)指导站的工作。站点在册涉毒人数达到300人，全年开展个体心理辅导40次、团体辅导培训2次、大型活动3次，实现吸毒人员动态管控400人次。探索"回访帮教工作"。全年实地重点跟踪帮教20人次，以信函形式，向2016年回归社会的180名戒毒康复人员所在地禁毒办发出调查函。经近年探索，总结形成反馈机制和"跟踪帮教—检验—改进—跟踪帮教"工作闭环，促进教育矫治水平提升。

【推进就地新建项目建设】2016年，娄底市强制隔离戒毒所就地新建项目，是国家"十三五"政法基础设施投资与娄底市重点工程，设计收治规模1550人，总建筑面积48081平方米，总投资估算20987.16万元。项目得到市领导重视，1月27日和8月4日，市委常委、政法委书记吴建平，市人民政府副市长、市公安局局长尹华凯2次主持召开协调会，专题研究项目开工建设、征地拆迁等有关问题。4月，省发改委下达该项目2016年中央预算投资计划2000万元，市政府决定地方配套资金由市财政预算1000万元。6月，该项目勘探设计由市城投集团委托招标，湖南省建筑设计院中标，到年底完成初步勘探、方案设计、初步设计和施工图设计，方案设计、初步设计通过评审。8月，娄星区政府成立征地拆迁指挥部，到年底完成征地拆迁工作。11月，原有建筑物拆除，场地清整完成。相关人员5次到省内其他新建和在建的强制隔离戒毒所学习交流。

【队伍建设】2016年，娄底市强制隔离戒毒所坚持政治学习制度，开展"雁过拔毛"式腐败问题和"纠四风，治陋习"专项整治工作以及"正观念、严规矩、讲担当"专项整治活动，增强民警廉政意识和规矩意识；开展业务知识培训和警戒护卫技能比武活动，提升民警业务水平；开展争先创优优活动，评选出先进个人11人次，营造比学赶超的良好范围。制定《民警值班值勤活动行为规范》《严明工作纪律改进机关作风监督检查办法》，严格落实督查制度，用好指纹考勤、督查、视频监控三大系统，推动落实队伍管理和各项工作。严格执行部、局有关规定，对场所安全隐患与安全事故、执法工作中的乱作为和不作为等失职渎职行为进行责任追究，发现一起、报告一起、查处一起、问责一个与警醒一片的目的。　（张滔）

表28　**2016年娄底市强制隔离戒毒所先进集体和先进个人登记表**

获奖单位、先进个人	奖励名称	颁奖单位	颁发时间
谢永强	湖南省2016年最美青年卫士提名奖	省预防专项组、团省委、省高院、省检察院、省公安厅、省司法厅、省卫生和计生委、省国税局、省地税局、省工商局、省质量技术监督局、省食品药品监督局、省政府金融工作办、长沙海关、省武警总队15个部门	2016年4月

法　院

【概况】2016年，娄底市中级人民法院围绕“努力让人民群众在每一个司法案件中感受到公平正义”目标，忠实履行宪法法律赋予的职责，刑事审判、民商事审判、行政审判、法学理论、涉诉信访、党建等多项工作取得成绩。全年受理各类案件4754件；全市法院受理各类案件43959件，审、执、结案件4727件，诉讼案件法定审限内结案率97.37%。刑事审判获“全省禁毒工作先进集体”，机关党委被省委评为先进基层党组织，理论调研工作获“全省法院第十四届理论研讨会组织奖”。获市以上集体奖24项，市以上个人奖26人次。

【刑事审判】2016年，娄底中院审结各类刑事诉讼案件524件，同比增长10.32%；全市法院审结各类刑事诉讼案件2738件，判处罪犯3320人。审结故意杀人、抢劫、抢夺、盗窃等案件101件170人，全市审结631件880人。获评“全市打黑除恶工作先进单位”。全市法院审结毒品犯罪案件587件，判处罪犯693人。审理以方春林为首的贩毒数量达4公斤特大毒品犯罪案件和以曾江华为首的贩毒数量达10公斤的特大毒品犯罪案件，一审判处方春林死刑。审理常德学院原院长杨文明受贿案、新化县国土资源管理局原党组书记、局长崇洁郁受贿、挪用公款、滥用职权案。全市法院审结职务犯罪案件43件75人。

【民商事审判】2016年，娄底中院全年审结各类民商事案件1831件，全市法院审结各类民商事案件20075件。服务全市重大战略实施，密切关注娄底市

娄底市中级人民法院院长肖新平作工作报告

产业转型升级、城镇化建设、新型工业化建设中出现的矛盾纠纷，依法审结房地产、建设工程、股权纠纷、重大项目合同纠纷等案件376件。高质高效审理民生案件，审结婚姻家庭、损害赔偿、医疗纠纷、农村土地承包等案件379件，全市法院审结4458件。强化维权力度，平等保护妇女、儿童、老年人及农民工权益。贯彻实施国家知识产权战略，通过司法手段鼓励支持智力创新，审理知识产权案件34件，召开全市知识产权司法保护新闻发布会，开展知识产权司法保护宣传活动。公正稳妥审理涉港澳台案件，优化娄底招商引资法治环境。

【行政审判】2016年，娄底中院加大行政诉讼案件收案力度，同比增长30.45%。履行法定监督职责，保护公民、法人和其他组织的合法权益，妥善审理一批工伤保险待遇、房屋拆迁补偿安置及出租车经营许可等行政案件。依法审查非诉行政执行案件2590件，依法保障赔偿请求人合法权益，审查国家赔偿案件18件，审结行政诉讼案件823件。

【处理非法集资、民间借贷及金融借款案件】2016年，娄底中院强化司法审判力量，形成打击和规范合

力，维护娄底市金融秩序和人民群众财产权益。严惩集资诈骗犯罪、非法吸收公众存款犯罪及其他相关犯罪。自2015年以来，娄底市非法集资刑事案件大量出现，呈现案件事实多、案卷材料多、受害人数多，矛盾集中的特点，极易引发过激行为和群体性事件，审理难度极大。及时高效审理被告人伍某某、游某某非法吸收公众存款、集资诈骗案（非法集资近3亿元，涉及2400余名社会不特定公众，案卷100余册），被告人肖文求等5人集资诈骗、非法吸收公众存款案（债权人1792名，涉案金额17.8亿元，案卷462册）等多起大案要案。依法审理民间借贷案件10743件，同比增长48.63%。组织开展金融借款案件审判执行专项活动，审结金融借款案件2814件。

【破解执行和信访难题】2016年，娄底中院破解案件执行难，建立执行指挥查控平台及执行指挥中心，防止被执行人转移财产，提升执行工作效率。开展"假日执行"等专项执行活动，开通涉民生案件处理绿色通道。重拳惩戒失信行为，依法曝光失信被执行人2000余人、数百个法人单位，移送公安机关立案侦查70余人，依法采取司法拘留措施800余人，开展"集中打击拒不执行判决、裁定等犯罪行为"专项活动。全年执结各类案件403件；全市法院执结各类案件11510件，同比增长58.95%。建立"一站式"诉讼服务中心，推进立案信访窗口规范化建设。开展联合接访工作，市中院共接待来访群众429人次，处理来访110件次，组织院领导集中接访活动近50次。推行视频接访方式，开展视频接访200余件次。

【打造法院铁军】2016年，娄底中院坚持"抓党建、带队建、促审判"，按照中央、省委、市委的要求，开展"两学一做"教育活动，抓好机关党建"组织体系、制度建设、阵地设施、教育管理"4个标准化建设，机关党建工作得到省、市直工委、市委组织部的肯定，市直工委将市中院列入全市机关党委标准化建设示范单位，获授"全省先进基层党组织"称号。在全市法院开展"清理会所"专项活动，对法院干警违规经商进行清理，开展公务用车集中整治专项活动，针对上下班纪律、庭审规范、警车管理等情况开展明察暗访。畅通信访举报渠道，坚决查处违法违纪行为，共受理举报投诉信件90件次，接待来访126人次，受理网络举报15件次，电话举报19件，对举报问题逐一进行调查核实，给予党纪政纪处分7人。组织全院干警组织参加各类业务培训220多人次，邀请中国社会科学院著名法学专家、市委党校教授等前来授课，提升法官法学理论和政治理论素养。

【推进司法体制改革】2016年，娄底中院根据省委、市委统一安排部署，在省法院指导下，完成娄底市首批法官入额遴选，分别遴选出66名和235名员额法官，确保优秀司法人才集中到审判一线。确立"以点带面、渐进推进、全面推广"总体工作思路，部署和推动以"五个办法"为重点的责任制改革，指导各基层法院推动司法责任制改革，娄星区法院大刀阔斧，率先发力启动司法责任制改革，获得上级领导的充分肯定；新化法院建立案件速裁机制，出台《错案责任追究办法》，推进司法责任制改革；冷水江市法院积极推动家事审判改革试点；双峰法院积极落实裁判文书简化改革。

【接受监督】2016年，娄底中院坚持党的领导，执行中央、省委、市委决策部署，坚持重大事项、重要工作向市委汇报，遵守政治纪律和组织纪律，确保正确政治方向。增强接受人大监督、政协民主监督意识，认真落实人大及其常委会的决议、决定，健全接受政协民主监督工作制度，配合开展专题调研和执法检查。创新联络机制，邀请人大代表观摩点评法院庭审活动，做好每一件建议、提案的办理工作，办理满意率100%。举办庭审直播40场，网上公开裁判文书2587份，接受全社会监督。（陈家傲）

表29　2016年娄底市中级人民法院先进集体和先进个人登记表

获奖单位、先进个人	奖励名称	颁奖单位	颁发时间
娄底市中级人民法院	全省法院第十四届理论研讨会组织奖	湖南省高级人民法院	2017年1月
娄底市中级人民法院机关党委	湖南省先进基层党组织	湖南省委	2016年6月
陈友红	2016年"全国法院办案标兵"荣誉称号	最高人民法院	2017年1月

司法行政

【概况】2016年，娄底市司法局在医疗纠纷、交通事故等领域成立行业性专业性人民调解组织140个。全市排查矛盾纠纷40923起，化解40583起，其中村居调委会共排查矛盾纠纷34324起，乡镇调处中心受理纠纷5592起，县级调处中心受理纠纷426起，调解成功率99.16%。1—12月防止因民间纠纷转为自杀案件87起。完成省重点民生实事项目：社区矫正中心建设，获评2016年社区矫正中心建设优秀市（州）。娄星区购买心理咨询、手机定位等项目，新化县财政预算64万元用于购买社区矫正岗位32名。刑满释放人员重新犯罪率长期控制在2.8%以内。市县两级共建涟源中途之家安帮基地，依托涟源市诚鑫汽修厂建立集教育、培训、救助和临时性安置为一体的过渡性安置帮教基地，累计接收220名刑释解教人员和社区服刑人员。市强戒所扩容建设被列入娄底市“十三五”时期市本级重点建设项目和全市2016年“项目建设大比拼活动”项目，开工建设。完成全市县级公共法律服务中心建设。全市指派办理法律援助案件1771件。全市682人报名参考国家司法考试。举办2016年度市直处以上单位领导班子成员法治培训班。开展网上学法考法工作。落实“谁执法谁普法”工作责任制。成立娄底市“七五”普法讲师团。以娄底中心城区“二园一带”（珠山法治文化公园、龙眼法治文化公园、孙水河南岸法治文化风光带）建设为重点，大力开展法治文化阵地和项目建设，促进法治文化建设大发展大繁荣。

【司法所规范化建设】2016年，娄底市司法局开展司法所规范管理年活动，制定具体实施方案，下发《关于进一步加强司法所规范管理的通知》，明确全市司法所的工作职责，对司法所队伍建设、外观标识、业务用房设置、工作台账和所务管理标准化建设进行统一。通过合并、政府购买服务、力量下沉等方式。全市8个“一人所”整改到位，基层司法所人员编制达到平均每所3人。

【专项调解活动】2016年，娄底市司法局结合每月由市委常委、政法委书记（或分管副市长）主持召开全市矛盾纠纷排查调处工作协调会议，针对改革中出现的社会热点、难点以及可能引发风险的矛盾纠纷开展分析研判，化解影响社会稳定和民生重大复杂矛盾纠纷，全年全市对72起复杂疑难矛盾纠纷进行交办督办，调处25起，稳控47起。全市排查矛盾纠纷40923起，化解40583起，调解成功率达到99%以上。防止民转刑案件184起，集体上访案件390起、群体性械斗案件239起，没有发生一起因调处不当或不及时而引发矛盾激发事件。

【政府购买社区矫正社会服务】2016年，娄底市司法局娄星区分局购买心理咨询、手机定位项目，涟源市、冷水江、双峰县根据工作需要，采取政府购买岗位形式，分别聘用社区矫正辅助人员21名、5名、2名，新化县财政预算64万元用于购买社区矫正岗位32名，全年累计接收社矫对象9014人，解除6765人，在册2249人；累计开展调查评估806件，采信率98%。全市累计撤销缓刑41人，撤销假释9人，暂予监外执行收监执行30人，警告759人，有效增强社区矫正执法严肃性和威慑力。

【安置帮教基地建设】2016年，娄底市司法局对县市区曾建立的基地进行一次全面清理，对不具备条件的基地予以取消，对运行良好的予以指导和扶持。市县两级共建涟源中途之家安帮基地，依托涟源市诚鑫汽修厂建立集教育、培训、救助和临时性安置为一体的过渡性安置帮教基地，总投资500万元，占地面积8000多平方米，2016年累计接收220名刑满释放人员和社区服刑人员。全市安置帮教累计接收1197名刑满释放人员和社区服刑人员，衔接安置帮教刑释人员2491人，安置帮教率达90%以上。4月，司法部基层司副司长王学泽到娄底调研，对娄底市安置帮教工作给予肯定评价。

【建成市县乡村四级法律平台】2016年，娄底市司法局按照省厅要求，全部完成县级公共法律服务中心建设，6月中旬，娄星区、涟源市的3家街道（镇）公共法律服务站、3个社区(村)公共法律服务点通过省厅验收，率先在全省建成市、县、乡（镇、街道）、村（社区）四级公共法律服务实体平台，做到普法宣传、法律咨询、矛盾排查及调处一站式服务。

【服务经济社会发展专项活动】2016年，娄底市司法局开展"万名律师乡村（社区）行"专项法律服务活动。采取分期分批、先易后难的方式开展"乡村行"活动。向5个县（市、区）派遣结对律师421名，联系村、社区1800余个。针对民间融资矛盾纠纷频发，维稳压力增大的情况，有针对性地开展"中小微企业法律体检"专项活动。组织律师事务所对接中小企业519家，开展法律体检活动507次。开展司法鉴定机构规范管理年活动，2016年，全市共办理司法鉴定案件4739起。加大公证服务力度，全市共办理国内公证3480件、涉外公证1120件，收费189万元，全年无错假证，公证案卷合格率98%以上。

【完成国家司法考试考务工作】2016年，娄底市司法系统共682人报名参考，报名审核工作平稳有序。制定《2016年国家司法考试娄底考区考务工作实施方案》和应急预案，组织考务工作培训动员和安全系统操作业务培训。考试组织平稳、安全、顺利，未发生漏装答题卡和试卷失泄密的事故，未出现考生投诉或上访事件。同时，在年初完成2015年司法考试成绩合格的93名，和2016年应届本科毕业生54名共147名考生的资格审核、证书颁发等工作。

【公职人员学法用法工作】2016年，娄底市司法局完善干部学法用法考试制度，采取中心组学法、副处（科）级领导干部法制培训、自学自修，上网考试与平时学法相结合等方式，推进领导干部和国家工作人员学法用法工作。通过与组织、人社部门协调，出台"不合格或未参考人员暂缓评定年度考核等级"措施，学法考试从"软指标"变成"硬任务"。8月，举办2016年度市直处以上单位领导班子成员法制培训班，开展网上学法考法工作，完成省规定指标要求。

【选任人民监督员上岗】2016年，娄底市司法局联合举行人民监督员宣誓颁证仪式暨初任培训班。35名由市司法局选任人民监督员面对国旗庄严宣誓，标志着娄底市人民监督员制度改革完成。娄底市人民检察院为选任35名市人民检察院人民监督员颁发证书。

（丁杏芬）

表30　2016年市司法局先进集体和先进个人登记表

获奖单位、先进个人	奖励名称	颁奖单位	颁发时间
市司法局	记集体三等功	湖南省司法厅	2016年5月
张喜群	2011—2015年全国法治宣传教育先进工作者	中央宣传部、司法部	2016年9月
市法律援助中心	全国法律援助工作先进集体	司法部、省委法制办、省委宣传部	2017年4月
市依法治市办	全省"六五"普法先进普法依法治理办公室	省司法厅	2017年4月
市司法局	省级文明单位	省文明委	2017年4月

湖南省娄底监狱

【概况】2016年，湖南省娄底监狱以确保安全稳定为中心，以维护公平正义为己任，围绕确保监管安全、提升改造质量，补齐短板，着力打造法治、规范的现代化文明监狱，实现内涵式发展。获得省级现代化文明监狱、省司法厅文明单位、省总模范职工之家、省直机关文明单位、省直机关文明标兵单位、湖南省人民满意公务员集体等称号。以依法治监为主线，以提升改造质量为中心，着力管控风险、补齐短板，确保安全稳定。连续18年实现"四无"，做到"十个不发生"，监管改造秩序良好，罪犯改造质量稳步提升。在全省监狱系统率先建成物流仓储安检中心从源头上截断违禁物品入监的通道，降低罪犯接触违禁物品几率；投入200多万元建成消防喷淋系统，改造自来水供水管道，建设监管区室外消防管网。将AB门纳入领导带队巡查重点部位，发挥AB门女警安检作用，运用电话查岗、视频截图检查等手段，对清缴查禁中发现的问题，逐级制定问题清单、整改方案，确保整改到位。制定《关于加强AB门管控的实施意见》《三重一大监督管理实施办法》等5项制度，落实警察值勤制度，形成监狱总监控室、基层单位分控室的两级管理模式，确保警力到位。全力降低监内病亡率，争取省市两级疾控中心专家和药品支持，将监狱医院列入娄底市第二人民医院的合作医院，对全狱肺结核病犯实行集中关押治疗，全年病亡人数同比下降50%。借力地方政府，完善狱地维稳联席会议机制，与公安、检察、法院、司法局等部门形成定期联系沟通机制，与武警完善“三共”联络机制，AB门管控互相配合到位。

【树立公正执法新形象】2016年，娄底监狱创新教育手段，增强改造效果，强化对罪犯心理矫治，罪犯心理健康档案建档率达100%，对顽危犯等重点对象心理疏导、危机干预270余人次。在一监区试点“阳光心态 健康改造”心理运动会，受到上级主管部门的高度肯定。举办娄底监狱第八届监区文化艺术节，通过电教系统向全狱罪犯全程直播。采取“请进来＋走出去”的方式，特邀湖南省道德模范、感动中国人物候选人李丽举办“亲情中华”主题演讲，邀请社会专家学者举办讲座20余场，邀请书法、音乐等专业师资教学20余次；与新化县司法局共同合作建设的刑释人员帮扶安置基地正式揭牌，帮助刑释人员顺利回归社会。

【罪犯权益保护】2016年，娄底监狱与娄底市中院、娄底市检察院联合下发《关于规范减刑假释工作的会议纪要》，统一办案标准。全年呈报减刑假释案件6批，裁定减刑1128件，假释62件，办理暂予监外执行9人，案件办理合格率100%，申诉、控告、检举受转率100%。对历年超期保外罪犯全面核查清理，送达协捕函27份，核实重新犯罪1人，死亡2人。全力推进网上办案平台软件建设，提升办案效率。加大罪犯劳动报酬管理力度，罪犯劳动报酬实行专户存储、专卡管理，除不能直接提现外没有其他限制，劳动报酬发放覆盖面达91%，同比增长7%，调动罪犯改造积极性。

【强化内部管理】2016年，娄底监狱面对经济发展新常态，化解矛盾风险，克服诸多困难，确保监狱经济工作稳步发展。规范现场管理，公司做到各个生产车间民警值班室统一、生产车间保管室统一、标识系统统一、定置管理统一、设备工具管理统一、看板管理统一、生产现场文件管理统一的“七统一”。投入200多万元在车间安装安全隔断门，更换货梯2台，建设物流仓库雨棚，安装A栋车间成型机冷却系统，提高车间的安全生产保障水平，车间规范化管理水平在全省名列前茅。坚持产成品入库和带款提货制度，实现货款回收100%，有效防范资金风险。连续14年实现安全生产“零事故”工作目标。

【打好党风廉政牌】2016年，娄底监狱坚持正确用人导向，对全狱任现岗位5年以上27名正科实职和20人次一般民警进行岗位交流，选拔14名正副科实职领导干部。抓好执纪问责，发挥监控中心网络督察和政工部门警务督察作用，实行每天1次网络督察，每星期1次监狱、公司领导带队现场督察，每月1次专项督察。走访慰问困难警察职工、困难党员、老党员及家属177人次，发放慰问金37万余元；对因车祸受伤的职工杨红玉，多次向省局系统工会、集团公司以及地方民政、医保等部门争取政策和资金支持，解决解困资金达12.8万元，协调娄底市残联落实重度残疾人护理费50元／月，解决实际困难。警察职工队伍稳定，通过省总模范职工之家复查，未发生负面舆情。

（张群）

军 事

中国人民解放军娄底军分区

宣布娄底军分区领导班子成员调整命令大会

【概况】2016年，娄底军分区学习贯彻习近平系列重要讲话精神和上级决策部署，把握国防和军队改革这个大局，以领导管理和作战指挥体制转隶为牵引，科学谋划、积极探索、主动作为，部队建设呈现稳步推进、协调发展态势。抓住党员领导干部这个“关键少数”，强化以上率下，以自身稳定带出部队稳定，在军队改革的特殊时期交出合格答卷。把握党委班子建设这个龙头，抓好习近平系列重要讲话精神特别是政治建军、改革强军、依法治军战略思想的学习贯彻，抓实“两学一做”和经常性教育管理工作，在强化思想理论武装中提高党委班子看齐追随、把关定向的政治能力。把担当任事、履职尽责作为党委班子建设的重中之重紧抓不放，引导各级保持稳心定神的良好状态，在战备执勤、训练考核、基层建设、关停工作等重大活动任务面前，挑起重担，攻坚克难，发挥党委的领导核心作用。涟源市人武部党委被省军区表彰为先进团级单位党委。

【军事训练】2016年，娄底军分区重视军事训练，坚持以军委国防动员部《省军区系统军事训练问责暂行办法》《省军区军事训练工作指示》为指导，贯彻上级党委首长决策意图，认真筹划、周密组织、狠抓落实，领导带头参训、机关科学组训、合力依法抓训，较好地完成年度军事训练任务。各类人员均按要求完成训练任务，合格率均在97%以上。

【民兵整组】2016年，娄底军分区整组工作以“编为战、编为用”为指导，精细搞筹划、精准定规模、精力打基础，民兵预备役建设呈现持续稳步发展势头。始终遵循一季度主抓整组备案的总体部署，从深入一线问计、凝聚思想共识和确立整组思路这3个方面筹划、推进整组中心工作落实。按照“谋划发展思路向基层问计，查找发展问题听基层意见，改进发展措施向基层请缨，落实发展任务靠基层努力”的基本思路，并对照习主席强调要重温《党委会的工作方法》指示要求，建强基层武装机构、着力稳定专武干部队伍、加大基层规范化建设力度。

【征兵工作】2016年，娄底军分区贯彻习主席关于加强和改进兵役工作的指示，围绕强军目标，坚持问题导向，开展征兵工作调研，科学筹划，开展征兵宣传，强化责任，制定廉洁征兵措施，对照“五率考核指标”精准发力，推进征兵各项工作落实，完成征兵任务。

【后勤保障】2016年，娄底军分区按照“到期一项停止一项、谈妥一项停止一项”的要求，坚持“先易后难、先小后大、到期先停”方法步骤推进实施，避免矛盾问题激化，稳妥完成第一阶段40个项目的关停任务。针对第二阶段关停任务的实际，军分区向市委、市政府主要领导报告，争取支持成立娄底市支持驻娄部队全面停止有偿服务工作领导小组。坚持与剩下5个项目承租户保持常态化联络沟通，确保上级一声令下，能完成关停任务。开展审计准备和发现问题的整改。党委班子成员经济责任审计是军委审计署驻南部战区审计局到省军区开展审计第一站，坚决服从上级的安排，在短时间里尽一切努力做准备，支持和配合审计。军分区在职和已转业待安置的师团班子成员全部在位接受审计，做到态度端正、工作配合。对暴露问题，分区党委旗帜鲜明，不回避、不推诿，实事求是地针对问题展开整改。

【武装工作质效提升】2016 年，娄底军分区召开专题议军会，聚焦职能定位、双拥共建、军转安置、涉军维稳等大事要事难事。围绕军民融合深度发展、湘军文化旅游开发、争创全国双拥模范城等热点问题，组织驻娄部队"两代表一委员"参政议政，为建设富饶美丽健康祥和的新娄底建言献策。执行党中央关于精准扶贫的政治号令，军分区机关和各人武部分别挂点帮扶一个贫困村，师团两级党委常委先后 3 次深入一线现场办公，帮助解决道路硬化、光伏发电、危房改造等一批实际问题，对生活贫困户采取"责任到人、一户一策、跟踪问效"的办法实施精准扶贫。筹建娄底市国防教育协会，5 个先进单位和个人受到全省通报表彰。先后组织出动官兵 1960 余人次，完成抗洪抢险、扑灭山火等急难险重任务，保护人民群众生命财产安全。

【"两学一做"】2016 年，娄底军分区开展"两学一做"，学习贯彻党章、《准则》《条例》等党内法规和习主席系列重要讲话精神，投身改革强军实践中。由政治部门牵头负责，组织专题调研，制定下发教育方案，统筹推进各项工作，指导各个党支部认真抓好计划拟制、专题讨论等工作。

【国防教育】10 月 21 日，娄底军分区联合娄底市委宣传部在新化县奉家镇上团村红二军团司令部旧址开展"心系国防情·重走长征路"主题远足活动。介绍红二军团在上团村历史，观看文艺汇演，号召社会各界人士代表追寻革命先辈的光辉足迹，从新化县奉家镇上团村红二军团司令部旧址出发，追寻红军长征足迹，途经飞水洞，到达分水界，行程 3 公里。

【学生军训】2016 年，娄底军分区协调驻军和指导人武部组织教学骨干到各高等院校和中学帮训，完成全市新生军训任务，组织 3 所高校新生进行实弹射击。通过训练，学生国防观念增强与综合素质得以提高。湖南人文科技学院和涟源市工贸中专在全省学生军训抽查中或检查组肯定，做法被省学生军训办转发。

（龚细军）

中国人民武装警察部队娄底市支队

军分区官兵开展执行操练

【概况】2016 年，中国人民武装警察部队湖南省总队娄底市支队（简称娄底支队）以习近平主席系列重要讲话精神为统领，贯彻总部、总队党委决策部署，紧跟改革强军新形势、紧盯履行使命新标准、紧随正风肃纪新常态，在稳住思想、稳住中心、稳住基层、稳住底线上用劲发力，部队建设呈现出向上向好向强态势。在双峰蔡和森纪念馆建立"娄底支队革命传统教育基地"，开设网上专栏，制作学习教育简报，开展手抄党章和承诺践诺展评活动，培树"四种精神"。加强政治环境和特色文化建设，建立支队微信公众号，制作微广播《寻梦记》和微电影《不忘初心》分别获全军微课创作二等奖和三等奖，微党课《小战士也有大作为》获总队评选第二名。30 余篇理论文章在《人民武警报》《中国武警》《武警政工》和总队政治工作信息网刊发，支队政治处被总队表彰为先进政治机关。贯彻"广西会议""湖北会议"精神，推进娄星和新化中队为试点单位执勤方式优化改革。贯彻总部、总队关于打赢"三场维稳战役"指示要求，配置到位 7 台轻型防暴运兵车。

【教导队建设】2016 年，武警娄底支队完成 116 亩土地调规，协调市政府拨款 2000 万元，推进"五防一体化"建设；投入 60 余万元，增设更换监控探头 12 处，购买助勤犬 23 条，制作移动犬舍 23 个。先后投入经费 100 余万元，按照营区"武化"要求，新建训练设施 10 余项，为娄星区中队、新化县中队、二中队修建 400 米障碍场，为双峰、涟源、冷水江中队购置移动式障碍，给所有执勤中队制作模拟勤务训练场，训练场地建设逐步完善。贯彻武警部队教练员千人大集训精神，分两批次严密组织支队教练员集训，1 名教练员被总队评为“优秀教练员”。组织“卫士 -16”演习、冬季野营拉练、“魔鬼周”极限训练等重大训演活动，支队特勤排 AB 队参加总队特战分队轮训考核竞赛分别获第六名、第八名，两名特战队员荣获“训练标兵”；全年支队完成赴益阳抗洪抢险任务和春运执勤、城市武装巡逻、疏散娄底火车站滞留旅客、武装押解，市县“两会”“党代会”安全保卫，湘博会等临时性勤务。

【互联网进警营】2016 年，挖掘娄底支队投入 6 万余元购置 4G 屏蔽仪、警示标牌、手机存放柜，规范手机的使用管理。倾听基层呼声，把解难帮困作为解决思想问题有效途径，拿出 6 万多元专项资金救助特困官兵和困难党员；实现连续 26 年安全无事故，被武警部队评为“安全工作先进单位”。

【推进后勤专业兵】2016 年，武警娄底支队强化“一专多能、一兵多用”建设。对 12 名炊事员进行初级厨师培训，推荐 4 人参加中级培训。开展“伙食精细管理年”活动，落实“1126”“6211”标准，伙食满意率达 98%。开展农副业生产，联系市蔬菜局，争取各类蔬菜秧苗 15 个品种，约 1 万余株，所有伙食单位农副业生产收益达 30 万余元。完成干部士官公寓楼主体工程建设，投入 20 余万元对基层营产营具维修，组织医疗巡诊 4 批次，配发药品 1 万余元，为机关和院内单位安装直饮水机 15 台。

【新兵野营拉练】2016 年，武警娄底支队组织新兵野营拉练。支队长邓云生、政治委员石素军、副支队长郑强辉、副政治委员屠海春、后勤处处长龙军以及部分机关干部、机动分队官兵和新训队全体官兵参加，行程 269.3 公里。拉练主要开展战备基础、徒步行军、紧急避险等内容，穿插开展战术基础动作、卫生与救护、执勤基础、处置突发事件基础等课目训练，提高首长机关组织指挥能力，增强新兵军事行动感知，培养吃苦耐劳的意志品质和敢打必胜的顽强作风，锻炼部队“走、打、吃、住、藏”能力。

（郭卓）

表 19 **2016 年武警娄底支队先进集体和先进个人登记表**

获奖单位、先进个人	奖励名称	颁奖单位	颁发时间
武警娄底市支队	安全工作先进单位	武警总部	2016 年 12 月
武警娄底市支队政治处	先进政治机关	武警湖南省总队	2017年 3 月
彭龙龙	士官优秀人才奖三等奖	武警总部	2016 年 3 月
彭龙龙	娄底市优秀青年卫士	娄底市委	2016 年 4 月
罗　暾	抗洪抢险先进个人、三等功	武警湖南省总队	2016 年 8 月
汤治国	嘉奖	武警湖南省总队	2017 年 3 月
刘平元	三等功	武警湖南省总队	2017 年 3 月

人民防空

【概况】2016年，娄底市人防办以完善警报控制为抓手，调整布局，项目有序推进。完成市人防基本指挥所暨广州军区人防技能培训(娄底)基地主体工程及外墙装修，人防疏散基地正进行详规设计论证。年内新安装防空警报3台，警报覆盖率达到100%；开展“11·1”警报试鸣工作，鸣响率达100%。抓已建人防应急指挥中心、人防机动指挥所日常运行管理，完成人防指挥中心互联互通、机动指挥所卫星组网训练10余次。8月组织市本级带县市人防的跨区域综合拉练，9月参加省人防办组织的带实战背景的拉练演练，11月初完成湘防2016演习任务，增强指挥通信保障能力。

【依法行政】2016年，娄底市人防办陪省办对双峰县和新化县贯彻落实“一令一文件”情况进行人防行政执法稽查，针对稽查中发现的问题，提出整改要求。11月3日，省办法规处对两县整改情况进行回头看，肯定两县整改态度和决心，对整改给予肯定。

【人防宣传】2016年，娄底市人防办出台《娄底市人防应急预案》，开展经济目标统计，完善《娄底市防空袭方案》，对全市早期人防工程进行排查，对市本级已验收人防工程悬挂标识标牌，对地下停车位进行统计。开展人防宣传教育“五进”工作，完成市、县(市)党校主体班学员人防教育1100余人、城区学生人防教育7000余人；利用“国际民防日”、“5·12”防灾减灾日等开展防空防灾知识集中宣传活动2次，惠及市民逾10000人；向全市城区初级中学免费赠送《人防小博士》30000余册，建成市人防宣教中心。

(谢红云)

表20　2016年市人防办先进集体和先进个人登记表

获奖单位、先进个人	奖励名称	颁奖单位	颁发时间
市人防办	全省人民防空先进集体	省人防办	2016年12月
彭谊贵	全省人民防空先进个人	省人防办	2016年12月
肖光明	全省人民防空先进个人	省人防办	2016年12月

军休所

【概况】2016年，娄底市军休所秉承“创老干部满意的好所、做老干部满意的好人”的宗旨，结合军休工作实际，围绕军休人员现实的利益问题开展工作，提高军休服务水平，落实军休干部政治待遇和生活待遇。不管经费如何紧张，确保军休干部退休生活费按时、按标准发放。每月组织军休干部开展一些有益于社会又力所能及的活动，充实他们的休养生活；定期组织老干部学习文件，传达各级各部门相关文件精神，让老干部真正实现“老有所学”。免费为每名休干征订《文萃报》，对参加老年大学的休干报销一门课程学费。组织工休人员，到娄底市心医院开展健康体检，让军休干部老有所医。投入10万余元改造院内绿化，移栽数棵桂花树与大小盆景等。争取资金13万余元对第4栋老楼北面墙维修进行改造，对活动中心装修亮化。投资9万元，将新办公楼4楼重新规划，改造成一个可容纳80多人的大型多媒体会议室。还投入15万余元在活动中心及院内和办公区设立休闲、孝老、职场文化为主要内容的军休墙；全年开展军休老干活动30多次，组织12次门球赛，钓鱼9次，看电影8次，外出参观学习2次，健康知识讲座1次，征文比赛、书画比赛、棋牌比赛各2次。被省民政厅评为“五星级军休所”。

该所成立于1986年，系娄底市政府接收安置军队离退休干部的场所，为全额拨款事业单位。2003年7月升格为副处级单位，配一正两副。设办公室、计财、服务管理、医务室4个科室，编制17人，现在编15人。从1986年始至现在接收安置军队离退休干部85人，其中离休干部24人，退休干部48人，军休职工13人，现有离退休人员47人。 （江映贵）

表21 2016年娄底市军休所先进集体和先进个人登记表

获奖单位、先进个人	奖励名称	颁奖单位	颁发时间
娄底市军休所	五星级军休所	湖南省民政厅	2017年5月

经济综合管理

发展与改革

【概况】2016 年，娄底市发展和改革委员会按照“党委政府参谋部、项目实施指挥部、宏观调控实施部、部门关系协调部、国防力量动员部”的工作职能，适应经济新常态，坚持“加速转型、奋力赶超”的总基调，以供给侧结构性改革为主线，以“项目大比拼”活动和七个“三年行动计划”为总抓手，全年争取各类资金 176.15 亿元，全市 696 个“四个一批”建设项目完成投资 720 亿元，完成“十三五”规划编制并发布实施，牵头或组织编制 34 个重点专项规划。《“十三五”规划纲要》于 2 月 25 日经市四届人大五次会议审议通过，34 个专项规划全部完成评审，娄底市被省表彰为全省十三五规划编制工作先进单位。编制《娄底市“十三五”重大项目册》，开发包装项目 1557 个，总投资 8983 亿元（“十三五”期间计划投资 7907 亿元），比“十二五”增长 41.1%。编制完成《娄底市转型发展规划》，规划内容包含 5 个专题研究、1 个总体规划、3 个专项规划。5 月完成规划评审，市政府常务会议、市委常委会议均审议通过，为娄底转型发展提供规划引领。

【开展“项目建设大比拼”活动】2016 年，娄底市发展和改革委员会出台《关于推进市重点建设项目的意见》《娄底市项目建设大比拼考核办法》等文件，先后牵头组织 2 次“项目集中开工、竣工活动”，每月定期对“项目建设大比拼活动”重点项目和省重点项目进行调度。全年全市 696 个“四个一批”建设项目完成投资 720 亿元，完成年度计划任务 115%。纳入全省 55 个重大项目完成投资 140 亿元，占年度计划 110%。在全省率先创造性地提出 PPP 商务谈判条件，出台《娄底市本级政府与社会资本（PPP）项目商务条件（暂行）》《娄底市推进政府和社会资本合和作（PPP）项目评估审查联席会议机制》等规范性文件。先后 2 次召开 PPP 工作推进暨项目发布会，发布 83 个项目，总投资 1725 亿元。涟水河神童湾段、娄底中心城区路网提质及风貌改造、娄底中心城区路网完善 3 个 PPP 项目开工建设。围绕国家、省、市相关政策和战略，谋划开发储备重大项目 536 个，其中电将军纳米陶瓷智能储能电源产业化基地建设、植保无人机等 37 个项目开工建设，湖南富佳钢瓶等项目于年内竣工投产。

【完成重大改革】2016 年，娄底市发展和改革委员会牵头起草印发《关于娄底市 2016 年全面深化经济体制改革重点工作及责任分工的通知》《关于娄底市 2016 年生态文明体制改革重点工作及责任分工的通知》，部署涉及经济体制改革 10 类 77 项改革任务（不含 3 项自主探索改革任务）和生态文明体制改革 6 类 33 项改革任务。制定《关于深化投资项目审批制度改革的实施方案》；扎实推进投资项目在线审批监管制度；出台《娄底市发展和改革委员会行政许可裁量权基准》，共梳理出行政权力清单 80 项、主要职责清单 17 项、事中事后监督事项 20 项、服务事项

7项。出台《娄底市公共资源交易监督管理办法实施细则》《娄底市公共资源交易评标专家现场管理办法》《娄底市公共资源交易重点项目监委库管理办法》3个文件。积极推进公共资源交易平台整合工作，《县公共资源交易机构整合并入市公共资源交易平台工作实施方案》报省政府批复。研究起草《娄底市供给侧结构性改革基本思路》，建立健全“1+7+X”供给侧结构性改革制度体系，“三去一降一补”重点任务扎实推进。稳步推进两型改革试点。“娄底市大中型企业周边生态与民生综合整治创新模式”入选湖南省首届生态文明改革创新案例名单，“娄底市创新城乡环境整治及建设机制”列入两型改革试点项目。

【推进转型发展】2016年，娄底市发展和改革委员会制定《关于建立落实〈湖南省人民政府办公厅关于娄底市资源型城市转型发展的实施意见〉调度制度的通知》，成立精细陶瓷与粉体材料湖南省重点实验室（人文学院）、省双金属钢基复合材料工程技术研究中心（三泰新材）、中药材繁育与种植技术湖南省工程研究中心（回春堂药业）和周宏灏院士娄底中心医院院士专家工作站，新增1家国家企业技术中心和3家省级企业技术中心，培育20余家高新技术企业，全年高新技术实现增加值130亿元以上，同比增长12%以上。确定娄星工业集中区、涟钢（VAMA）、冷水江锡矿山、桥头河现代农业产业园、现代服务业转型发展5个具体服务行动作为2016年推进转型发展的重要抓手。

【推进园区工作】2016年，娄底市发展和改革委员会召开全市项目投资园区招商工作会议，成立市产业园区工作领导小组，出台《娄底市产业园区工作考核办法》《推进创新创业园区“623”工程奖补办法（试行）》，下发《关于将部分市级行政审批事项及管理职能下放给娄底经济技术开发区的实施意见》，把娄底市8个方面41项行政审批事项或管理职能下放给娄底经济技术开发区；开展开发区审核公告目录修订工作，全市所有开发区列入全国开发区目录。全年全市“135”工程标准厂房开工建设面积198.09万平方米，竣工119.76万平方米。在全省产业园区综合评审考核中娄底市排名全省第五位。

【两型社会建设】2016年，娄底市发展和改革委员会推动娄星工业集中区管理委员会申报“娄底市大中型企业周边生态与民生综合整治创新模式”入选湖南省首届生态文明改革创新案例名单，市农业委申报“娄底市创新城乡环境整治及建设机制”列入省两型改革试点项目。全年成功申报省级两型创建单位9个，争取省级两型建设专项资金5批次共计508万元。评审通过娄星区石井镇人民政府等7个市级两型创建单位。总结推广娄底一小省级两型学校创建模式的经验，把冷水江市铎山镇光华村打造成一个创建省级两型村庄的样板村。完成2015年度省政府对娄底市两型社会建设绩效考核工作，考核计满分，全市评估为优秀。

【帮助企业降低成本】2016年，娄底市发展和改革委员会落实中央经济工作“三去一降一补”五大任务之一，也是推进供给侧结构性改革重要内容。根据《国务院关于印发降低实体经济企业成本工作方案的通知》和省政府办公厅关于印发《湖南省降低实体经济企业成本工作方案》通知等文件要求，帮助企业降低成本减轻负担。通过落实企业所得税税收优惠政策，纳税人向市申报备案减计收入优惠1.9亿元、加计扣除优惠5.3亿元、减免所得税额优惠2340万元。通过取消收费项目、降低收费标准，按照国家、省发改委及相关部门公布的取消、降标、市场化经营性服务收费103项；行政事业性收费项目由原来的90项减少到现在的33项，其中涉企收费项目由47项减少到18项。全市减少各类行政事业性收费近8.4亿元。兴娄融资担保有限公司累计担保项目46笔，累计担保发生额2.7828亿元，为企业减轻负担500万元。向全市120家企业发放稳岗补贴1293万元。全市减免企业养老保险缴费2320万元；减免企业失业保险缴费近2000万元；工伤保险费率调整后减轻企业负担近1000万元。通过严格执行中央、省、市相关文件，娄底市国网娄底供电公司为企业减负7244万元。推进中央、省驻娄企业的“三供一业”分离移交。全市9家企业有供电分离移交任务35794户，目前完成17286户，完成计划48.3%；供水分离移交任务有36909户，已完成13741户，完成计划37.2%；供气分离移交任务有17793户，已完成2363户。

（邓荣华 刘春波）

国有资产管理

【概况】2016年，娄底市国资委坚持正确方向和市场导向，激发企业主体活力，推进国资国企改革。出台《娄底市市属企业负责人经营业绩考核与薪酬管理办法(试行)》《新组建国有企业初创期间负责人薪酬管理暂行规定》《娄底市市属国有企业领导人员管理办法》，逐步改变原来国企自定薪酬并无严格考核状况。新修订业绩考核与薪酬管理办法已在自来水公司、公交公司、华达汽车空调公司、市创投公司和兴娄担保公司推行。按照政府引导，市场运作，完善制度，保护产权，严格程序、规划操作，宜改则改、稳妥推进的原则，推进混合所有制工作。从市自来水公司利源电梯公司开展混合所有制试点开始，推动市创投公司参股湖南三迅电子有限公司、手拉手网络科技发展有限公司和乐开口实业公司等，市国投公司与星珂科技公司成立新能源合资公司等一批混合所有制企业逐渐成长。国企职教幼教退休教师待遇补差，按省国资委要求完成职教幼教退休教师待遇补差资金测算，已由社保发放到位。供电移交完成12332户，供水移交完成9157户，供气移交完成2333户。

【国资监管】2016年，娄底市国资委推进企业“三供一业”分离工作，全市有央(省、强)企对接项目48个，实际落地项目30个，其中在建项目16个，投产项目14个；30个落地项目计划总投资353.33亿元，累计投资130亿元，完成项目计划总投资的36.8%。投产项目完成销售35.43亿元，实现利税5.6亿元。在长沙举行的娄底与中央企业战略合作签约暨重大项目推介会上，娄底市与中铁投资集团等17家央企签订战略合作重点项目达20个。11户监管企业累计实现营业收入68976.88万元，同比增长26.38%；累计实现利润7388.39万元，同比增长19.05%；实际缴纳税费6626.14万元，同比增长65.17%，截止2016年底，监管企业资产总额达321501.90万元，净资产252639.63万元，全年收缴国有资本收益1266万元，超额完成全年任务。做好各监管企业2015年度财务决算审计工作，出具审计报告；推进《2017年市级国有资本经营预算建议草案》编制工作，出台《娄底市国有资本经营预算支出管理实施细则》。获省国资委“国有资产统计先进单位”称号。（朱吾建）

娄底市国资委举办扶贫工作讲座

表31

2016年市国资委先进集体和先进个人登记表

获奖单位、先进个人	奖励名称	颁奖单位	颁发时间
娄底市国资委	国有资产统计先进单位	省国资委	2017年10月
娄底市保安公司保安员周建兵	全国优秀保安员	公安部、全国总工会、共青团中央	2017年10月

经济发展环境

【概况】2016年，娄底市优化经济发展环境领导小组办公室得以调整和充实，由市委书记任顾问，市长任组长，常务副市长任常务副组长，政法委书记、副市长兼市公安局长任副组长，市中级人民法院、市检察院、市政府办、市发改委、市公安局、市财政局、市编办(市审改办)、市国土资源局、市环保局、市规划局、市住建局、市城管执法局、市交通运输局、市商务粮食局、市审计局、市安监局、市食药监局、市政府法制办、市政府金融办、市工商局、市质监局、市信访局、市政务服务中心主要负责人为成员。在全省率先印发《中共娄底市委 娄底市人民政府关于进一步优化经济发展环境的指导意见》，将优化环境的职能职责、考核办法、问责手段、部门协作等问题进行明确。长沙、株洲及邵东县与山东省维坊市等地优化部门专程到娄底学习交流。

【日常监管】2016年，娄底市优化经济发展环境领导小组办公室印发《关于开展2016年度涉企常规检查备案工作的通知》，30个市直职能部门上报年度涉企检查计划，16个市直单位对748次涉企检查进行登记备案。下发《娄底市市直单位办理行政审批事项回访办法》，要求各窗口单位开展政务服务回访。联合市政务服务中心开展明察暗访活动和半年政务服务回访座谈会。全年全市网上政务服务办件98789件，办结98046件。核查整改黄牌165张、红牌16张，在全省实现红黄牌零通报，绩效考核零扣分。年初确定2016—2018年度236名监督测评员，发《娄底市优化经济发展环境监督测评点、监督测评员管理办法》。组织开展年度全市优化经济发展环境工作测评。对综合管理类、执法监督类、公益服务类后三名9个单位负责人进行集中约谈。

【两项改革】2016年，娄底市优化经济发展环境领导小组办公室会同市编办(审改办)清理规范市政府部门行政审批中介服务事项，印发《娄底市人民政府关于公布市政府部门行政审批中介服务事项第一批清理规范结果的决定》，清理规范后予以保留(含合并)37项中介服务事项、取消12项中介服务事项。成立市脱钩联合工作组，建立联合工作组工作规则，经市委全面深化改革领导小组第八次会议审议，发《中共娄底市委办公室与娄底市人民政府办公室关于印发〈关于推进行业协会商会与行政机关脱钩的实施方案〉的通知》。娄底市民政、财政、机关事务、编办等分别制定相应配套政策支持脱钩工作。市本级23家、县(市、区)39家第一批试点行业协会商会全部完成与主管单位的脱钩。

【两项整改】2016年，娄底市优化经济发展环境领导小组办公室针对国务院第三次督查反馈湖南“关于一些县市企业减负政策未完全落实到位”的意见，娄底市立行立改，开展落实国家、省减负降本政策专项督查检查。查处价格违法案件40余起，没收违法所得53.4万元，对未落实减负政策的违规收取资金进行清退；组织4个督查组赴各县(市、区)和市直单位开展专项督查，对省督查组通报5个项目、市督查组发现12个项目抓好整改落实与责任追究。

【打击“三强”】2016年，娄底市优化经济发展环境领导小组办公室实地调研考察企业（项目)196次(个)，发出交办函19件，自办、交办、转办或督办投诉举报31件；县(市、区)优化部门督办环境不优案件60余件。发《全市经济发展环境大优化活动实施方案》，从9月起在全市开展优化环境专项整治行动。下发《关于整治和优化项目建设环境的通告》到全市各乡镇重点项目建设现场。全市公开通报安邵高速涟源段李新平“6·2故意伤害案”等12起典型案例，5名党员领导干部被问责。协同公安机关办理“三强”案件251起，摸排案件线索385条，抓获违法犯罪人员383人、刑事拘留47人、治安拘留322人、移送起诉14人，训诫“三强”行为人员1020人次，调处矛盾纠纷412次。（曾正群）

国土资源管理

【概况】2016年，娄底市国土资源局紧扣目标任务，履行部门职责，各项工作稳步推进，为全市经济发展提供有效保障和优质服务。不动产统一登记改革顺利推进，实现不动产登记发证全市域覆盖；地灾防治取得实效，冷水江市铎山镇石坑村26人全部安全脱险；全域永久基本农田划定工作进入全省先进行列；全市14个商业性煤炭探矿权得到妥善处置；形成基准地价更新成果，创造基准地价更新的“娄底速度”。特别是以“两学一做”为总抓手，开展全市国土资源系统“大地情怀·泥土精神”主题演讲比赛和“书香国土?学法用法”等活动，有效加强队伍建设。以提高发展质量和效益为中心，适应经济发展新常态，履行部门职责，推进改革创新，服务七个“三年行动计划”，为娄底市经济发展提供保障和优质服务。获评“2016年度中心城区房地产业解难题促发展保稳定专项行动工作先进单位”“2016年度建议提案办理工作目标管理优秀单位”等荣誉称号。

【保障发展】2016年，娄底市国土系统完成市、县(市、区)土地利用总体规划实施评估报告编制工作，把好土地预审关。全市使用新增建设用地计划项目62个、面积221公顷；市本级预审项目24个，面积245.2公顷。市本级经省国土资源厅批准建设用地17宗，用地面积86公顷，同比2015年下降85%；市本级划拨供应土地22宗，用地面积84.7公顷，同比下降98%；审查高速公路、铁路建设用地545.2公顷。出台《娄底市集体土地征收及其房屋拆迁补偿安置办法》文件，执行征迁丈量登记数据资料与征迁补偿安置情况“三榜公示”制度。依法实施征迁项目20个，征收土地2600多亩。规范土地市场。完成市本级及全市供地计划编制和审查、城市建设用地节约集约利用年度评价、耕地质量等级调查更新及监测等工作；开展去存量土地专项行动，全市供地率稳步提升。2016年，市本级招拍挂出让土地3宗，面积23.12公顷，成交金额2.29亿元。按时保质完成年度土地变更调查任务，数据成果一次性通过验收。完成自然资源资产负债表试点工作。开展不动产权籍调查，市本级完成地籍调查60宗、房地一体的不动产权籍调查118宗。推动城镇地籍变更调查试点工作，启动城乡一体化土地调查数据整合及数据库建设示范工作。推进地籍管理基础工作，调处各类土地权属纠纷。

【资源保护】2016年，娄底市国土资源局将耕地保护目标纳入市绩效考核体系，建立领导干部耕地保护离任审计制度。市、县(市、区)永久基本农田划定方案全部编制完成，进入全省先进前列。全市验收并确认土地开发项目30个，新增耕地面积374公顷。市本级项目建设占用耕地面积32.5公顷，实现先补后占。申报土地整治项目19个，规模4228.7公顷，投资9415.2万元；验收往年项目16个，规模6751.9公顷，总投资2.05亿元。全市耕地保有量、基本农田保护面积均超额完成湖南省政府下达的目标任务。市本级和各县(市、区)第三轮矿产资源总体规划编制工作完成市级审查。全年办理各类采矿权登记手续120多宗，收取采矿权价款90多万元。全市保留煤矿拟扩矿区范围实地核查工作基本完成。配合地勘单位申报国家地勘项目2个，各勘查区秩序良好；政策性关闭矿山价款退返工作有序推进，退返价款1318.4万元。持续推进矿山资源整合。关闭新化县九条槽铜钨矿业有限公司大一铜钨矿、新化县古台山林场铜砷矿和新化县古台山林场白岩硅石矿，新化县杨家山铜钨矿区矿山布局明显改善。全年协助国家级矿产督察员督察矿山1个、省级矿产督察员督察矿山6个。开展石膏矿山专项整治，会同技术单位对全市7家石膏矿山企业进行调查。帮扶锡矿山闪星锑业有限责任公司，减免矿产资源补偿费60万元，协商电力部门允许其通过承兑汇票方式缴纳电费。加强矿山地质环境管理。2016年度湖南省国土资源厅下达锡矿山地区“矿山复绿示范”工程资金300万元。市本级立案查处违法案件27宗，收缴罚没款102万元。开展去存量土地清理、省域督察整改和卫片执法检查。市本级闲置土地整改到位率达95.5%，省域督察问题基本整改到位。

【服务民生】2016年，娄底市国土资源局加强地质灾害防治，全市发生地质灾害679起，直接经济损失21457万元，预警预报22起。加强地质灾害防治项目管理。争取地质灾害综合防治体系建设、重大地质灾害治理专项资金1874万元；湖南省国土资源厅下达搬迁避让指标220户，资金980万元。积极组织干部职工学法用法、参加普法考试和行政执法资格考试，提升法律素养。全年举行听证会5次，办理行政诉讼、复议、非诉案件61件。推进信息化和政务公开。整合基础数据资源，实现一张图与电子政务深度融合，确保国土资源业务联网审批、政务信息公开及时有效、网上交易顺畅规范。电子政务共办理案卷6629宗，发布各类信息24601条，全年未发生信息网络安全事故。10月对办事群众的回访满意率达100%。精心组织、强力推进，确保不动产登记职责整合、机构设置、人员划转等工作有序推进。

【测绘管理】2016年，娄底市国土资源局加强基础测绘。市本级落实基础测绘经费200万元，完成1：1000全数字化地形图测绘50平方公里；更新中心城区272平方公里1：1000航摄影像及路网、地名地址等数据，升级“天地图·娄底”平台版本，拓展在人口网格化管理、数字地下管线等多方面的专题应用，市地质灾害预警平台应用项目获省级测绘地理信息铜奖。全年新增丙级测绘资质单位1家，丁级晋升丙级1家。全市完成27家测绘资质单位的诚信体系建设，对13家测绘资质单位进行资质巡查与质量监督抽检，合格率达100%。开展测绘法宣传日活动，联合市教育局开展市第三届国家版图知识竞赛和少儿手绘地图大赛活动，8幅作品获省级奖励，4幅作品入围国家赛，获省级组织奖。全年免费为市内各单位及重点工程建设项目提供各种地形图数据资料658平方公里、各种纸质地形图168件、成果控制点275余点。

【不动产统一登记】2016年，娄底市国土资源局按照湖南省国土资源厅部署，依法依规、科学整合，精心组织、强力推进，6月底核发第一本不动产权属证书，9月底实现不动产登记发证全市域覆盖。根据《娄底市不动产登记中心主要职责内设机构和人员编制规定》要求，娄底市不动产登记中心为市国土资源局管理的副处级公益一类事业单位，核定事业编制130名，内设机构13个，下设娄星区、娄底经济技术开发区2个不动产登记分中心。成立以市长为组长的不动产统一登记制度改革领导小组，多次组织相关部门专题研究，出台《娄底市不动产统一登记工作实施方案》，确保职责整合、机构设置、人员划转顺利推进。6月2日完成人员交接工作以来，多次组织中心人员集中培训和系统测试，工作人员的业务能力得到整体提升。秉着高效便民的服务宗旨，科学设置不动产登记工作流程，制作不动产登记办事指南，切实方便群众。特别由于相关部门登记资料没能及时移交至不动产登记机构、不动产数据整合落宗不能及时办结等原因，导致业务办理缓慢。面对问题，通过加强调度，强化举措，化解难题，确保不动产登记平稳进行。

【地灾防治】2016年，娄底市国土资源局地质灾害应急中心和指挥中心建成，按照"以防为主，防治结合"的原则，健全群测群防、预警预报和应急处置机制，尽最大努力确保人民群众生命财产安全。是年汛期娄底经历12次集中降雨期，全市发生地质灾害679起，直接经济损失21457万元；预警预报地质灾害22起，转移2万多人次，避免经济损失1593万元。特别7月5日，冷水江市铎山镇石坑村因持续强降雨引发山体滑坡，该村巡查员陈带财发现屋后坡体移动加快的险情，动员周贵等5户26人迅速离开现场，虽然3栋民房被摧毁埋压，但26人全部安全脱险，《中国国土资源报》、《娄底日报》、娄底新闻网等主流媒体相继进行专题宣传报道。

【全域永久基本农田】2016年，娄底市国土资源局重视永久基本农田划定工作，靠前指挥，全市永久基本农田划定工作进入全省先进前列。娄底市根据耕地实际情况以及未来城镇发展需求，结合七个"三年行动计划"实施及土地利用总体规划调整完善，科学制订基本农田划定方案，既刚性保护基本农田，又给城镇建设发展留足空间，实现质量、数量、生态"三位一体"保护。截至2016年年底市本级及各县（市、区）永久基本农田划定方案全部完成编制，通过省国土资源厅和省农业委员会联合审核。

【煤炭探矿权处置】2016年，娄底市国土资源局将13个煤炭探矿权实行补偿退出，省级补偿退出资金全额拨付至县（市）人民政府；1个保留转采。经娄底市政府批准，与市财政局联合下发《关于加快商业性煤炭探矿权补助退出扫尾工作的函》，对2005年以来通过挂牌出让，但因政策原因不能转采14个商业性煤炭探矿权补偿退出作出规定：简化补助资金拨付方式。将省级退出补助资金，市级财政按规定应退付的探矿权价款全部拨付至县（市、区）财政专户，连同县（市、区）财政应退付的价款，由县市区财政一个口子按程序拨付到探矿权人手中。明确领取省级退出补助资金的简易程序。探矿权人与县（市、区）人民政府签订省级商业性煤炭探矿权政策性退出补偿资金补助协议；探矿权人持补助协议及相关资料先申请办理探矿权注销手续，凭注销通知单及县（市、区）国土资源局同意退付补助资金的意见到县（市、区）财政领取省级退出补助资金。做好稳控善后工作。探矿权人需提供法定代表人身份证明、个人身份证、最新工商登记资料或全体股东共同签订的同意补助退出的会议纪要，确保全体股东的知情权和受益权。

【城区基准地价】2016年，娄底市国土资源局针对娄底市土地市场变化，及时调整中心城区基准地价。自2016年7月中旬至8月中旬，形成基准地价更新成果，8月22日召开成果听证会，8月23日经娄底市政府常务会议研究通过，比原来的半年，甚至一年时间大幅缩减，创造基准地价更新的"娄底速度"。根据中央统一部署，娄底被选定为全国编制自然资源资产负债表5个试点地级市之一。完成2011年

至2015年的各年度娄底市土地资源存量及变动表。（肖敏）

表32 2016年娄底市国土资源局先进集体和先进个人登记表

获奖单位、先进个人	奖励名称	颁奖单位	颁发时间
肖 敏	2016年度优秀特约记者	中国国土资源报社	2017年3月
肖 敏	《湖南国土资源年鉴（2016卷）》编纂工作先进个人；《娄底市国土资源工作》被评为《湖南国土资源年鉴（2016卷）》优秀文稿	湖南省国土资源厅	2016年12月
肖 敏	2016年湖南国土资源新闻宣传工作优秀个人	湖南省国土资源厅	2016年12月

国有土地上房屋征收中心

【概况】2016年，娄底市国有土地上房屋征收中心坚持发展与稳定并重，管理与创新并举，启动国有土地上房屋征收项目16个，发布征收决定3份，拟征收房屋建筑面积6.35万平方米，征收户数413户，发放补偿金额5680万元。启动16个安置小区的建设管理工作，累计完成工程建设总投资约2350万元。金谷大市场管理处在创文宣传上下功夫，在完善配套上抓投入，在维护市场经营秩序上推举措，在环境卫生管理上常检查，在食品安全监督上严把关，市场管理进入常态化，月评均在前三名内；钢城安置小区加快投资，完成电力改造招标工作；甘桂拆迁安置小区办理建筑方案设计和审批手续；南垅安置小区完成一期约50亩土地征地拆迁工作，甘桂安置小区迁坟159冢，泉水安置小区1栋房屋进入司法强拆阶段。完成中心城区被拆迁人自行选购新建商品房作为安置房工作，中心城区3793个符合条件被拆迁人有2698人领取房票，实际安置到位2370人，占总安置人数62.5%。

【国有土地上房屋征收】2016年，娄底市国有土地上房屋征收中心坚持规范程序、完善机制，拟征收房屋建筑面积21080平方米，征收户数218户，发放补偿金额2500万元。春檀路、华菱安赛乐米塔尔汽车板铁路专用线发布拟征收公告和前期调查工作，第六中学校园改扩建及湘中国际物流园奥特莱斯小镇项目正提请市人民政府作出征收决定。涟源市坚持依法依规，阳光征收，发布房屋征收决定2份，启动红旗路配套改造工程、国师路改造和一中广场建设项目征收，拟征收房屋建筑面积9943.1平方米，改造户数54户，完成协议签订6户3048平方米，补偿金额2620万元。新化县坚持转变思路，落实举措，共发布房屋征收决定1份，启动梅山古镇保护与建设项目一期综合改造、北塔区综合改造、资江一桥廊桥建设项目征收，拟征收房屋建筑面积2.8万平方米，改造户数141户。双峰县坚持完善政策配套，规范征收市场，出台《双峰县国有土地上房屋征收补偿实施办法》，启动艺芳街、娄衡高速、县农机局、湾田学校、县经开区5个项目征收，征收房屋建筑面积4500平方米，发放补偿金额560万元。

【安置小区建设管理】2016年，娄底市国有土地上房屋征收中心细化目标管理考核和绩效管理考核机制，形成质量、安全、进度、投资"四位一体"安置房建设管理机制，累计完成工程建设总投资约2350万元。其中钢城小区完成小区一期电改的设计、财评及施工的政府采购招标工作，二期完成电改工程的施工任务；檀山湾小区一期完成道路硬化1250平方米，路缘石安砌430米。小区二期完成下水道安装480余米，完成栋间道路砖渣填铺1300平方米；甘桂小区完成土石方回填工程约40000立方米，完成北侧挡土墙的政府采购招标工作；江溪小区完成一期360套安置房的分配工作，完成室外排水及部分附属工程结算的政府审计，配合审计部门完成边坡支护的初审工作；涟北新村完成基坑土石方、边坡支护、人工挖孔桩结算的审计初审任务；泉水小区完成土石方挖运约50000立方米。

【安置房购买】2016年,娄底市国有土地上房屋征收中心提请市政府出台《被拆迁人自行选购新建商品房作为安置房操作办法》,通过"一对一"宣传和在"入项目入村入户"调查基础上,全面动员,高效推进,中心城区3793个符合条件的被拆迁人有2698人领取房票,实际安置到位人数2370人,占总安置人数的62.5%。应到位资金5.9亿元,实际到位资金4.1亿元,可扣缴各项税费约1亿元。

【信访维稳与安全生产】2016年,娄底市国有土地上房屋征收中心在接待来信来访上,规范程序,简化流程,统一答复,坚持把矛盾化解在基层,把问题解决在当地;在特护维稳上,全面排查,逐案研究,包案稳控,严防死守;在处理信访积案上,坚持"千案攻坚"行动"四个重新"的原则,强化协调,依法处置,确保从根本上解决问题,以实际行动取信于民。2016年,共排查信访案件10件,出具信访处理答复意见书3份,网上办信2件,转批信访件5件,息诉息访1件,信访答复率达100%,无一例赴省进京上访和群信群访事件。同时,按照"网格化"管理模式,采取季度巡查和不定期抽查的方式,分区域、定责任、明职责,发挥行业自律和全社会参与监督作用,建立行政执法,行业自律,社会监督和群众参与的综合监管机制。2016年,监管和拆除房屋建筑面积1.95万平方米,连续12年实现安全生产"零事故"。（向建）

不良资产处置

【概况】2016年，娄底市不良金融资产处置公司受市政府委托，回购工商银行、农业银行、中国银行、建设银行四大国有商业银行资产经营公司的"打包"债权，归口市商务粮食局管理。各项工作稳步推进，多次被评为全市先进单位。形成不良资产处置工作"娄底模式"，得到时任湖南省副省长徐宪平的肯定。现累计从省长城、信达、东方、华融4家资产管理公司中接管处置260家企业12.7亿元不良金融资产，为娄底财政和企业减少损失4亿多元，确保娄底市国有资产不流失，防范与化解金融风险，优化经济结构。（熊炬）

审 计

【概况】2016年，娄底市审计系统完成审计项目235个，其中组织实施审计项目226个，参与实施审计项目9个。审计出主要问题金额834975万元，其中违规金额114419万元、损失浪费金额19890万元、管理不规范金额700665万元、损益（收支）不实3488万元；审计发现非金额计量问题631个；审计促进整改落实有关问题资金60940万元，其中增收节支15559万元、调账处理金额29642万元、审计促进拨付资金到位37726万元，审计后挽回（避免）损失59771万元；审计移送司法机关、纪检监察机关和有关部门处理事项32件。审计出具审计报告和专项审计调查报告341篇，被批示、采用8篇；提出审计建议658条，提交审计信息628篇，被批示、采用503篇，向社会公告审计结果11篇。获全国模范职工之家、湖南省"六五"普法依法治理工作先进单位、湖南省"三八红旗集体"、湖南省省级文明卫生单位、娄底市中心城区"文明院落"。

【重大跟踪审计】2016年，娄底市审计局采取"上审下"审计模式，对冷水江"两供两治"设施建设、娄底市垃圾填埋场建设、双峰县水利资金和基础设施建设、涟源市园区建设和省市重点工程等开展跟踪审计，着重关注重大项目落地、重点资金保障、重大政策落实情况，针对政策执行中的偏差和问题，审计提出对策建议，促进重点园区加速发展和重大产业项目建设进展。

【财政审计】2016年，娄底市审计局突出政府预算管理、政府债务、专项资金、税费成本、财税收入征管等重点领域和关键环节，开展2015年度市本级预算执行及其他财政收支情况审计，向市委政府递交《"以馆养馆"与全民健身的博弈》《市人防建设工程项目急需整肃》等《审计要情》，为堵塞监管漏洞、防范国有资产流失、提高财政资金使用绩效发挥"参谋"作用。市本级预算执行及其他财政收支情况审计整改被列入市政府常务会议固定议题。

【经济责任审计】2016年，娄底市审计系统共完成对129个单位165名领导干部的经济责任审计，其中任中审计56名，离任审计109名，查出问题金额13.1亿元，助推增收节支1264万元。配合搞好审计署领导干部自然资源资产离任审计扩大试点工作。娄底自然资源资产离任审计试点经验在全国扩大试点。中央深改办对娄底试点经验进行专题采访，《人民日报》进行专题报道。

【固定资产投资审计】2016年，娄底市审计局完成固定资产投资项目结算审计342个，送审金额22.92亿元，审定金额20.15亿元，核减1.04亿元，核减率15.4%。推行竣工决算审计项目“必审制”“二审定审制”和“三级复核制”，引入社会力量参与政府投资审计。

【专项资金审计】2016年，娄底市审计局共完成保障性安居工程审计、医疗保险基金审计、农机购置补贴专项资金审计等民生审计（调查）项目6个，查出主要问题金额1.32亿元，向检察院、纪检监察部门移送案件线索24起。

（曹阿乔）

表33 2016年市审计局先进集体和先进个人登记表

获奖单位、先进个人	奖励名称	颁奖单位	颁发时间
娄底市审计局	全国地方表彰审计项目	审计署	2016年1月
娄底市审计局	2016年度市州审计机关工作目标管理考核一等奖	湖南省审计厅	2016年3月
娄底市审计局	湖南省三八红旗集体	湖南省妇联	2016年3月
娄底市审计局	湖南省优秀审计项目	湖南省审计厅	2016年3月
娄底市审计局	2016年度湖南省优秀内部审计项目	湖南省审计厅	2016年5月
娄底市审计局	2016年度湖南省经济责任审计优质项目	湖南省审计厅	2016年7月
娄底市审计局	湖南省“六五”普法依法治理先进集体	湖南省人民政府	2016年10月

安全生产监督管理

【概况】2016年，娄底市安全生产监督管理局以强基固本为抓手，以促进企业落实主体责任为着力点，强化安全生产工作，全市安全生产形势总体平稳。全年全市发生各类生产经营性伤亡事故83起、死亡78人，没有发生较大及以上生产安全事故，事故起数、死亡人数在全省各市州中最低。尤其是煤矿事故从最高年份的88起死亡244人减少到2016年的2起3人，煤矿百万吨死亡率下降到0.35人，创历史最好成绩，危化品、烟花爆竹、水上交通等多个行业连续多年实现安全生产，被评为“全省安全生产工作先进单位”。

【强化组织领导】2016年，娄底市安监局把安全生产作为“第一责任”来抓，连续11年农历新年后上班的第一天就召开全市安全生产电视电话部署会。全年召开6次市委常委会议、4次政府常务会议、3次安委全会暨全市安全生产电视电话会议、3次安全生产形势分析会等16次全市性专题会议进行研究安全生产工作。书记李荐国和市长杨懿文带头履行“党政同责，一岗双责”，多次带队明查暗访安全生产工作，多次组织召开专题会议专题研究安全生产工作，解决一批影响娄底市安全发展的难题。从前年开始，由常务副市长分管安全生产，定期召开由市直单位、县（市、区）、乡镇和企业参加的形势分析会，坚持问题导向，解决一批突出问题和多年积累的隐患。市人大常委会从2012年开始组织开展“安全生产保障行”主题活动，先后组织道路交通、矿山和特种设备“安全保障行”活动。市政协就职业卫生、城市消防安全等重点工作开展专题调研，推动安全生产工作落到实处。所有市级领导带头践行安全生产“一岗双责”，督促分管行业和联系部门落实安全生产责任。全市还设置交安委、消安委、特种设备安委，建立校园与校车、煤矿、非煤矿山、危化品、烟花爆竹等10多个联席会议制度，由分管相关工作的市长担任主任或召集人，由相关主管部门单位牵头，体现管行业必须管安全。研究解决淘汰落后产能、烟花爆竹关闭退出、农用变型拖拉机等一批久拖未决难题。

【安全体系建设】2016年，娄底市安监局明确企业安全生产投入5项具体要求、加强教育培训4项具体规定，督促落实企业主体责任。把监管着力点放在基层，细化乡镇、村级联络员的工作职责，将示范创建积累的工作经验予以固化，对照省级示范乡镇的标准对乡镇进行考核评比。坚持源头管控，强力推行企业安全标准化向规模以下工矿商贸企业延伸。纳入安全标准化管理的骨干企业达到500家，新增80余家。对非法违法行为保持高压态势，对重大安全隐患进行专项治理，对72余家企业停产整改，对超深越界开采11处煤矿立案查处。采取内部通报、警示谈话、“一票否决”和责任追究等措施，率先出台《预防安全生产事故责任追究暂行规定》和《谎报瞒报生产安全事故调查处理有关规定》，将重大隐患、重大工作未落实比照事故进行挂牌督办和责任追究，彻底扭转个别地方瞒报谎报陋习，对68名相关人员进行问责，构建“党政同责、一岗双责、失职追责、事前问责、事后追责”大安全责任体系。

【整治专项行动】2016年，娄底市安监局开展安全生产“监管执法年”和“百日安全竞赛”活动。坚持“两月一行动”，组织开展部门计划执法、交叉执法、联合执法、集中行动、专家会诊、购买服务等方式，开展安全生产监管执法，全市共开展集中监管执法行动2573次，出动执法人员6339人次，检查生产经营单位2861家，下达执法文书3764份，暂扣或吊销许可证26个。推进大排查大管控大整治“三大”专项行动。围绕安全生产重点行业领域，组织开展道路交通、煤矿、危化品、校车、建筑施工、公共场所安全、尾矿库治理、煤矿和烟花爆竹关闭退出等安全生产大排查大管控大整治“三大”行动。自6月底以来，全市组织督查组403个，参加检查人员3483人次，督促检查经营场所1384家，责令改正、限期整改、停止违法行为3094起，责令停产企业57家，暂扣或吊销有关许可证18个，关闭非法违法企业4家，排查并整改重大隐患354处。推进高危重点行业安全专项整治，全市关闭落后小煤矿143处，制定实施方案，明确扶持和奖补标准，决定用2~3年时间，再淘汰落后小煤矿40处左右，46家烟花爆竹企业在2017年年底前全部退出，还在矿山、危化品和烟花爆竹、交通运输、建筑施工、油气管线、粉尘防爆、校园校车、消防火灾、防雷减灾、特种设备、职业卫生、食品药品、涉氨制冷、民爆物品、旅游、农机及汛期安全等行业，针对突出问题，抓住薄弱环节，开展专项检查和整治，建立健全安全生产长效机制。

【强化要素保障】2016年，娄底市安监局增强人员力量。专门拿出一定数量编制，用于增设安全监管机构，壮大安全监管队伍。同时新设立安全生产保障与发展基金，增加周转编制建立安监干部良性流转与干部轮换机制，推行安监人员风险抵押金制度，参照公安标准下拨工作经费，按照人均每月500元落实安全奖励政策和安全岗位津贴。推进保留矿山“四化”建设、安全避险“六大系统”和尾矿库在线监测系统建设；先后投入7000多万元，建设矿山应急救援基地、乡镇应急救援消防站，建设矿山、危化品、烟花爆竹应急救援基地15个。利用广播、电视、报刊、宣传牌和微信广泛组织安全生产宣教活动，组织开展文艺下乡、安全大讲堂，建设“安全在线”等宣传阵地，推进安全文化进社区、进企业、进工地、进校园、进家庭。推进安全示范创建。创造性开展市级领导挂点、部门帮扶、项目带动、全民参与的示范创建工作，全市创建省级示范县1个，省级示范乡镇43个，其他示范窗口单位870个。开展应急救援演练。建设安全生产应急救援体系，多次组织开展消防、电梯和危化品泄漏应急疏散等演练。（刘晓林）

表 34　　2016 年娄底市安监局先进集体和先进个人登记表

获奖单位、先进个人	奖励名称	颁奖单位	颁发时间
娄底市人民政府	全省安全生产先进单位	省人民政府	2017 年 2 月
伍建飞	全省安全生产先进个人	省人民政府	2017 年 2 月

工商行政管理

【概况】2016 年，娄底市工商行政管理局围绕经济社会发展大局，履行职能职责，整风肃纪，服务发展，强化监管，把工作重点转移到补齐短板与强弱项上来。推行工商登记制度改革，企业办照由 10 个工作日缩短到 1~5 个工作日，名称登记、备案登记、股权出质登记当场办结，与“首问责任制”“一次性告知制”“免费登记制”等便民措施一同实行；落实信用监管，建立“双随机”“双告知”、联合惩戒、大数据监管等新型监管机制，全市“双随机”抽查企业达 2500 多户，企业、农民合作社、个体户年报率分别达 86.2%、90.06%、90.69%，均超过全省平均水平。注销、吊销“僵尸企业”4130 户。开展“五证合一”和个体工商户“两证整合”改革，新登记企业 7016 户，个体户 20919 户，新增注册资本 486.48 亿元，分别同比增长 46.67%、13.45%、100.7%，增加就业 8 万多人。注册商标达 1326 个，新认定著名商标 37 个，拥有 2 个以上商标的企业达 2000 多家，有 154893 户市场主体申请注册商标。其经验在《湖南日报》头版头条刊发，获 2 项省先进、9 项市先进。

【监管执法】2016 年，娄底市工商行政管理局开展“八项专项整治”执法行动，落实企业信用监管体系，探索网络市场监管，维护市场秩序。累计公示 13 万多户市场主体的注册登记信息，列入经营异常名录 12848 户次，移出经营异常名录信息 3171 条次。全市公示抽查信息 2354 条，公示行政处罚案件 1021 起，公示率达 100%。扫描企业档案 19 万页，向有关部门提供信息 1 万余条。完成 114 户市级“守合同、重信用”企业公示，推荐评定 44 家省级“守合同、重信用”企业。开展网络交易监管，立案查处 1120 件，结案 1021 件，清查无证无照经营户 3651 户，引导办证 5570 户，督促 19 家公用企业开展自查自纠。在中心城区构建“政府牵头、属地管理、部门负责、齐抓共管”的打击传销格局，捣毁传销窝点 73 个，遣返传销人员 1000 余人次，解救受害群众 59 人，移送公安机关 59 人，行政拘留 15 人。

【职能履行】2016 年，娄底市工商行政管理局撰写品牌建设、打击传销调研论文与工作总结获工商总局《工商行政管理》《中国市场监管研究》、中新社湖南分社推介 5 次，受到市委书记李荐国关注批示。指导企业注册商标 200 余件，续展著名商标 60 余件，驰名商标达 11 件，著名商标 87 件，有效商标 7400 多件。为中小企业办理动产抵押登记 41 份，抵押物价值 7.532 亿元；发展农村经纪人 1528 人。受理消费投诉 8969 件、举报 1190 件、咨询 4855 件，为消费者挽回经济损失 1132 万元；抽检商品 312 组，查处消费侵权案件 112 件。

【消费者权益保护】2016 年，娄底市工商行政管理局紧扣年主题、贴近消费者，开展“红盾质量维权行动”，加大流通领域商品质量监管和消费维权力度，营造公平竞争的市场环境和安全放心的消费环境。“3·15”国际消费者权益日期间，组织开展“新消费，我做主”消费维权体验活动，发布全市“十件消费维权典型案例”，在《娄底晚报》《娄底广播电视报》等媒体组织“3·15”消费维权专版，开展集中宣传等 9 项内容丰富、形式新颖的“3·15”主题活动，扩大消费维权影响力。

【市场主体】2016 年全市新注册各类市场主体 27517 户，同比增长 20.99%，注册资本（金）549.13 亿元,同比增长 100.38%。截至 2016 年年末,全市各类市场主体总量 138695 户,注册资本(金)总量 2206.51 亿元。其中,内资企业实有 2283 户,注册资本(金)411.13 亿元。私营企业实有 22383 户,注册资本 1408.15 亿元。外资企业实有 205 户,注册资本(金)5.77 亿元。个体工商户实有 110177 户,申报资金 275.44 亿元。农民专业合作社实有 3647 户,出资总额 106.02 亿元。按行业划分,第一产业 6146 户,占各类主体总量的比重为 4.42%;第二产业 8780 户,占各类主体总量的比重为 6.33%;第三产业 123769 户,占各类主体总量的比重为 89.25%。

【商标品牌】据国家工商总局商标局数据统计,截至 2016 年年底,全市有效注册商标达 8526 件,是"十二五"以前的 1 倍多;全市注册商标达 1326 个;新认定著名商标 37 个;拥有 2 个以上商标的企业达 2000 多家。全市全年 154893 户市场主体申请注册商标 8526 件,平均每 100 户生产经营者拥有 5.5 件注册商标。 (罗达意)

质量技术监督管理

【概况】2016 年,娄底市质量技术监督局贯彻《质量发展纲要》,推进质量强市战略。综合协调 26 个成员单位和新化县政府做好湖南省政府对娄底市首次质量工作考核,启动第二届娄底市市长质量奖申报评选工作;开展娄底市重要工业产品质量提升行动,提升质量管理水平和供给侧质量改革。培育娄底品牌,指导帮助 7 家企业的 7 项产品荣获湖南名牌产品,全市湖南名牌产品达到 38 项,有 5 家企业通过 A 级以上质量信用等级评审。全年全市湖南名牌申报工作正在有条不紊进行。落实国家产业政策,淘汰落后水泥生产线 20 条,产能 150 万吨。推进重点能耗企业节能减排和锅炉节能改造,防治大气污染。停止审批娄底中心城区新建 10 蒸吨以下燃煤锅炉,淘汰能耗高、污染大的燃煤锅炉 9 台。累计为企业减负 165 万元,实行零距离零收费服务,纳入目标管理绩效考核。对娄底市 196 家加油站的加油机与 18 家生产企业 50 个批次定量包装商品净含量开展监督抽查,还对 148 家乡镇(社区)卫生院医用强检计量器具和娄星区 20 个农贸市场的电子公平秤实施免费检定。构建具有娄底特色的循环经济标准化工作模式,得到省"两型办"的肯定与奖励;有 6 个第 8 批国家和省级农业标准化示范区通过考核验收,获第 9 批省级农业标准化示范区 3 个、国家级农业标准化示范区 1 个。连续 8 年特种设备安全"零事故"及连续 8 年获"市安全生产先进单位",获评全省质监系统"特种设备安全工作先进单位""特种设备安全保障先进单位",获授娄底市"双打"工作先进单位称号,治超工作二等奖。

【特种监管】2016 年,娄底市质量技术监督局按照市人大要求,开展"特种设备安全保障行"活动,构建起"人大牵头、政府主导、部门负责、全民参与、上下联动,齐抓共管"的特种设备安全共治机制,解决多个特种设备安全重大安全隐患。得到省质监局的肯定,中国质量报对此进行长篇报道。推进特种设备安全工作大排查、大管控、大整治、大督查行动,实施电梯、锅炉、压力容器、起重机械、气瓶、大型游乐设施专项整治,强化落实特种设备安全责任,排查整治安全隐患。领导多次一线督查,安全监察人员连续作战,确保全市特种设备的安全运行。

【执法打假】2016 年,娄底市质量技术监督局开展"质监利剑"专项整治和侵犯知识产权、制售假冒伪劣"双打"行动,重视重点工业产品生产质量安全。推进农资、特种设备、民生计量、"地条钢"等专项执法打假行动,查处加油机和出租车计价器作弊等典型案件。针对危险化学品、电线电缆、成品油等重要工业产品质量监督开展抽查 976 个批次,合格率达 94.1%,不合格产品后处理率达 100%。按市政府要求牵头开展打击非法改拼装运输车辆行为,从源头上持续治理车辆超限超载。根据市政府安排,开展烟花爆竹"打非治违"专项行动和大清剿行动。对冷水江和娄星区烟花爆竹清剿工作进行督查。开展"3·15"维权宣传活动,全年处理举报投诉 113 起。(胡林卫)

表 35 **2016 年市质量技术监督局先进集体和先进个人登记表**

获奖单位、先进个人	奖励名称	颁奖单位	颁发时间
娄底市质量技术监督局	2016 年特种设备安全工作先进单位	湖南省质量技术监督局	2017 年 4 月

食品药品监督管理

【概况】2016年，娄底市食品药品监督管理局对食品流通与餐饮服务许可统一整合为食品经营许可，对酒吧等4类餐饮服务场所的卫生许可证与食品经营许可证实施整合，把保健食品、酒类食品纳入食品经营许可项目。开展“四品一械”专项整治30余次，取缔黑工厂、黑窝点、黑作坊25个，查扣不合格食品11530公斤；依法撤销药品零售企业GSP认证证书2家，收回28家，责令限期整改36家；立案查处食品药品违法案件719起，结案680起，移送涉刑案件(线索)10起，抓捕犯罪嫌疑人18人；国家总局挂牌督办案件1件，省局挂牌督办案件4件；开展食品安全宣传周、安全用药月等活动，开通“食品药品安全监管”微信宣传平台和“今日头条号”，发放宣传资料、科普读本10万多份(本)，在电台、电视、报纸开设专栏30余期。娄底市食品药品检验实验室项目开工，由中央及市政府共同投资建设。位于万宝新区静安街与太山路交汇处西北角，占地8亩，建筑面积约6000平方米，其中食品检验实验室4000平方米，药品检验实验室2000平方米，总投资3800万元，计划工期240天。对学校食堂进行标准化改造。督促城南中学等4家学校创建省级食品安全示范学校，有768家完成食品安全标准化建设，183家达到“明厨亮灶”要求。在省人大“一法一条例”执法检查中，《湖南日报》等9家省级媒体对全市学校食堂标准化建设经验做推广报道。

【监管执法】2016年，娄底市食品药品监督管理局受理各类食品药品投诉咨询1355件，处置各类舆情24起，督查指导各县(市、区)处置疑似食品安全事件12起，确认为食品安全事件1起。开展药品快速检验3218批次，报告药械和化妆品不良反应事件3604份。全年普查食品药品生产经营主体27089家，换发食品生产经营许可证3960户，创建省级食品安全示范学校4家；完成食品产品抽检1930批次，合格率99.7%；完成医疗器械、化妆品抽检635批次，合格率96.3%；对中心城区食品药品生产经营单位进行网格化、精细化、规范化管理，中心城区整改食品药品经营单位8573户，换发食品生产经营许可证3960户，督促9000余名从业人员办理健康证。（申珅洁）

【食品药品检验】2016年，娄底市食品药品检验检测所完成药品监督抽验386批，药品委托检验158批。其中省级药品监督抽验259批，市级药品监督抽验127批，食品监督抽验650批，食品委托检验164批；省级工业加工食品监督抽验350批，市级工业加工食品监督抽验80批，市级食用农产品监督抽验完成220批。参加国家认可委员会(CNAS)和省质量技术监督管理局组织实验室能力验证工作，包括溶液中PH值测定、乳粉中大肠菌群测定、米粉中镉测定、化妆品菌落总数计数、食品中蛋白质、沙门氏菌检测等。完成《婴儿保肺宁胶囊的质量标准研究》省局科研立项，获相关科研经费支持。全年发表《液相色谱——质谱联用技术在低温肉制品检测中的应用》《网络食品安全违法行为查处办法》论文2篇。（黄漓滨）

表36 **2016年娄底市食品药品监督管理局先进集体和先进个人登记表**

获奖单位、先进个人	奖励名称	颁奖单位	颁发时间
稽查支队	湖南娄底“11·16”潘某团伙利用互联网销售假药系列案为2016年全国食品药品稽查优秀案例	国家食品药品监督管理总局办公厅	2016年1月
	娄底“11·16”潘某团伙利用互联网销售假药系列案为湖南省2016年度食品药品稽查执法典型案例	湖南省食品药品监督管理局	2016年3月
	2016年度食品药品稽查工作考核第四名	湖南省食品药品监督管理局	2016年3月
	娄底市某化妆品店销售未经批准或检验的进口化妆品案为湖南省2016年度食品药品稽查执法典型案例	湖南省食品药品监督管理局	2016年3月
	娄星区某药房销售假药案为湖南省2016年度食品药品稽查执法十佳优秀案卷	湖南省食品药品监督管理局	2016年5月
申珅洁	2016年全省食药监系统政务信息工作目标管理优秀个人	湖南省食品药品监督管理局	2016年7月
邹瑞波	2016年度“食品药品安全守望者”先锋人物	国家食品药品监督管理总局新闻宣传司指导央广网举办的2016年度“食品药品安全守望者”活动中荣获先锋人物荣誉证书	2016年10月

统 计

【概况】2016 年，娄底市统计局根据湖南省统计局《关于落实“两个精准”要求 提高统计服务水平的实施方案》要求，出台方案，厘清任务，明确责任，建立应急服务机制，完善统计分析服务机制，加大基层和实地调研力度和对全市经济形势预判预警，为市委、市政府及时调度经济工作提供支撑，组织开展经济形势部门会商，在供给侧结构性改革、“三去一降一补”、七个“三年行动计划”、“项目建设大比拼”活动、“四上”企业申报入统工作等方面提出意见建议；在全省推出手机移动站点、统计微信公众号等新媒体服务，发布信息 500 余条，组织实施统计法治、第三次全国农业普查等重大专题宣传活动，发布统计数据和工作信息。采取技术甄别、质量评估、资料对比、现场核查和走访调查等方式，对全市联网直报企业和项目名录库及统计报表数据质量隐患开展大检查与回头看，工作得到省统计局肯定；多次组织对各县(市、区)、乡镇及企事业单位的统计工作行为、统计数据质量和统计行风建设等进行综合巡查；配合省统计局对娄星区、双峰县、冷水江市、娄底经济技术开发区等 4 个县(市、区)6 家单位进行“双随机抽查”执法检查。把住统计单位名录库“入口关”，对入库、出库项目和企业实地调查核实，提升源头数据质量。按照国家、湖南省统计工作部署，推进新常态下现代化服务型统计建设，统计信息化与统计法制等 6 个专项被湖南省统计局评为优秀等次，统计行风和贸易外经统计等 5 个专项评为良好等次；获全市绩效考核优秀单位、全市小康建设先进单位、全市社会管理综合治理“平安单位”等称号。 (谢正华)

【农业普查】2016 年，娄底市统计局根据《全国农业普查条例》规定，在全市范围内组织开展第三次全国农业普查，完成机构组建、经费保障、“两员”(普查指导员、普查员)选聘、培训试点、清查摸底、宣传发动等工作。印发《关于做好第三次全国农业普查的通知》，成立由市人民政府副市长刘益丈任组长的“娄底市第三次全国农业普查领导小组”及办公室，部署全市第三次全国农业普查工作。8 月，各县(市、区)、乡镇克服县乡两级政府换届、县市统计局撤并、合村并乡等困难，按时组建各级农普领导小组及办公室。10 月，普查宣传用品、培训教材、“两员手册”、PDA、数据处理设备等农普物资配备到位。10 月，娄底市第三次全国农业普查方案培训班在 418 华天大酒店举行。各县(市、区)、乡镇农普办主任、业务骨干，试点村普查指导员、普查员共 260 余人参加，市农业普查领导小组组长、副市长刘益丈出席会议并讲话。11 月，全市各级农普办对选聘的普查指导员、普查员 12345 人，组织开展普查方案、试点方案和 PDA 操作培训与试点。12 月 1 日，娄底市农普办与市委宣传部联合召开会议，部署农普宣传工作。开设农业普查专题网站，组建农业普查信息报送队伍，在市内多家媒体开展农普专题宣传。

【统计改革】2016 年，娄底市统计局按照国家统计局的部署，完成自然资源资产负债表全国试点工作。遵循国家《试点方案》《编制指南》要求，牵头组织市直相关部门推进试点工作，各项报表资料已经省直相关部门联审认定和国家试点工作指导小组最终审核认定，得到国家、省、市领导肯定。开展国家统一核算地区生产总值与固定资产投资统计方法制度改革，组织 5000 万元及以上投资项目统计联网直报，推进能源、服务业等的统计改革。开展“新产业、新业态、新商业模式”专项统计，组织旅游相关产业消费结构调查、电子商务零售统计与产业园区统计。与工商、国税等职能部门协作，夯实法制保障，梳理“五证合一”登记制度改革涉及统计登记证的地方性法规、政府规章及规范性文件。

【调查监测】2016 年，娄底市统计局做好农业、工业、能源、建筑业、房地产、服务业、投资、贸易、人口、就业、劳动力、劳动工资、社会科技、文化产业等统计调查及地区生产总值与能源消费总量统计；在全市绩效考核、全面小康考核、“七个三年行动计划”暨“项目建设大比拼活动”及新型工业化、重点民生实事、节能减排、保障性安居工程建设考核与妇女儿童“两纲”监测工作中，进行及时、准确、全面统计数据认定。全年开展“社会管理综合治理”民意调查、全市“优化经济发展环境”民意调查、全市“基层党建”调查和娄底市“娄星区义务教育基本均衡发展满意度”调查等。全市综合治理满意度在全省居第七位。

【依法治统】2016 年，娄底市统计局举办统计法治教育培训 10 余次，参加人员 600 余人次，开展科普宣传周《中华人民共和国统计法》巡展活动，发放统计法宣传资料 800 余套。推进统计法律法规进党校，将《统计法》《统计违法违纪行为处分规定》纳入党校主体班课程。全市各级统计部门共检查统计调查单位216家，责令整改轻微统计违法行为单位28个，统计执法检查形成常态化。加强与各县(市、区)党委、政府的沟通联系，开展综合和专项统计巡查，推动基层统计机构依法独立设置，争取解决统计基层基础经费和各项调查经费，确保基层统计工作有人管、有人抓、有人做，致力形成能管到位、能抓落实、能做成功的新格局。定期与发改、经信、商务、住建、财政、人社、国调等部门召开联席会研究统计工作，联合开展工作调度；与市纪委、市委政法委、市委组织部等联合开展社会管理综合治理、优化经济发展环境、年度绩效考核、为民办实事项目公众满意度等民意调查；牵头组织市直部门开展全面小康建设、重点民生实事、文化产业发展等统计考核监测。

【自身建设】2016年，娄底市统计局把学习教育与治理"数字上的腐败"、服务型统计建设、深化统计改革、干部人事档案专项审核等结合起来，实现学习教育与干部管理和业务工作相互促进、相互提高。先后开展系统骨干专题研修培训与统计知识讲座30余次，提升统计队伍素质。按照"管行业必须管行风"的要求，明确县乡行风建设具体责任，组织开展统计行风巡查和专项整治。 (谢正华)

表37 **2016年娄底市统计局先进集体和先进个人登记表**

获奖单位、先进个人	奖励名称	颁奖单位	颁发时间
娄底市统计局	2016年度市州统计工作优秀单位	湖南省统计局	2017年2月
娄底市统计局	2016年度全省统计信息化建设工作优秀单位	湖南省统计局	2017年2月
娄底市统计局	2016年度全省统计行风建设工作良好单位	湖南省统计局	2017年2月
娄底市统计局	2016年度全省统计法制工作优秀单位	湖南省统计局	2017年2月
娄底市统计局	2016年度全省国民经济核算工作优秀单位	湖南省统计局	2017年2月
娄底市统计局	2016年度全省建设领域统计工作优秀单位	湖南省统计局	2017年2月
娄底市统计局	2016年度全省纪检(监察)信息报送工作优秀单位	湖南省统计局	2017年2月
娄底市统计局	2016年度全省信息安全工作优秀单位	湖南省统计局	2017年2月
娄底市统计局	2016年度全省贸易外经统计工作良好单位	湖南省统计局	2017年2月
娄底市统计局	2016年度全省统计财会工作良好单位	湖南省统计局	2017年2月
娄底市统计局	2016年度全省农村统计调查工作良好单位	湖南省统计局	2017年2月
娄底市统计局	2016年度全省民意调查工作良好单位	湖南省统计局	2017年2月

统计调查

【概况】2016年，国家统计局娄底调查队立足"两个服务(服务中央和服务地方党委政府宏观决策)"，业务水平和工作业绩全省领先，是全省国家调查队系统的先进典型，为娄底科学发展、后发赶超、全面建成小康社会、创建全国文明城市、党政领导提供决策参谋等方面做出贡献。在国家统计局湖南调查队系统17个专业年度考核评比中，娄底调查队有5个专业评为优秀，5个专业被评为良好。自主组织法制培训和专业知识培训各1次，选送9人次参加各种培训班。利用季度分析会，通过撰写季度分析、制作

PPT、分析解读点评，提高队员综合分析和撰写分析的能力。按层级组织29人参加国家统计局在线学习中心学习，29人参加法治在线学习，10人参加湖南省干部教育培训学院学习，全部达标。队党组共研究选拔任用干部2批次4人。

【规范调查】2016年，国家统计局娄底调查队出台《娄底市居民收支调查数据评估操作规程》等制度，工作流程更加规范化。通过开展"一月一户一评""季度＋年度"量化考核和基础工作检查，提高记账户配合度、辅助调查员和县（市、区）相关人员的责任心；通过规范样本落实，规范数据采集，规范编录过程，规范审核汇总，规范数据评估，确保数据的真实、准确。采取"三定一直""全员参与""多轮审核""规范台账"等措施，确保数据质量和基础工作扎实有效。完成基期网点轮换工作，加强采价员采价技巧培训，实施价格采集精细化管理；实行手机采价联网直报，严格审核流程。完善畜禽监测联席会议、电话抽查、实地回访、规模户日记台账等制度，扎实开展培训，加强数据逻辑审核，组织实地核查和数据质量专项检查，及时准确完成各项报表任务，做到全年报表数据零差错。

【信息化统计调查】2016年，国家统计局娄底调查队召开全市规模以下工业样本企业联网直报统计业务培训会，提高调查人员业务能力。对新设立小微企业及个体经营户跟踪调查、限额以下贸易行业抽样调查按报送时点坚持实地核查。发放统计义务告知书，所有样本企业都由调查人员直接调查。全年安排落实信息化专项资金30万余元用于更换、新增电脑和购置三农普遥感测量所需设备，强化网络信息安全管理和服务器"阵地"安全。配备标准化中心机房。全年共发布各类信息300余条，共对285个单位开展基层基础数据暨统计执法检查。以"12·4"宪法日暨法制宣传教育日和"9·20"统计开放日的契机，开展以"统计就在你身边"为主题的系列宣传活动。申报并获批2016年娄底市创建全国文明城市模拟测评、娄底市城区交通拥堵问卷调查和娄底市2016年县（市、区）领导班子绩效考核社会评价调查等专项调查项目。

【统计调查服务】2016年，国家统计局娄底调查队根据市委政府的中心工作和领导关心关注关切的热点、难点、重点问题，利用调查资料，反映娄底经济运行和社会民生情况，有针对性地开展专项调查、课题研究，发现新问题，凝练新观点，提出新建议。围绕党的十八大以来经济社会民生发展成就，开展专题研究，全队完成分析报告和重要信息107篇，3篇分析信息首次被国家统计局内网首页全文刊载。6篇被总队合编后上报获中央领导批示，1篇获杨懿文市长批示；在2016年国家统计局湖南调查总队开展的对湖南国家调查队系统2015年度招标课题和优秀分析报告评比中，招标课题获二等奖、1篇分析报告获一等奖、2篇分析报告获三等奖；在2016年市委开展全市优秀调查报告评比中，1篇获一等奖，1篇获2等奖。编辑印制《娄底统计调查快报》，发布单位统计调查数据，为社会各界提供咨询服务。采用《娄底国调咨询报告》《娄底国调重要信息》《娄底国调统计分析》3种刊物，作为载体向娄底市委政府及其相关部门报送调查信息和调研报告。两次完成娄底市创文办委托开展创建全国文明城市模拟测评，1次创建全国文明城市群众满意度问卷调查及市政协委托开展的娄底城区交通拥堵群众满意度调查。

（邓要东）

表 38

2016 年娄底市及各县(市、区)住户调查主要指标一览表

地区	全体居民人均可支配收入		城镇居民人均可支配收入		农村居民人均可支配收入		人均住房建筑面积	教育文化娱乐服务消费支出占消费支出的比重	居民人均教育文化娱乐服务支出	家庭人均消费支出	恩格尔系数	城乡居民收入比(以农村为1)
	绝对值	增速	绝对值	增速	绝对值	增速						
	元	%	元	%	元	%	平方米	(%)	元	元	%	
娄底市	15306	9.7	9.7	8.4	9529	10.1	61.1	15.1	1861	12324	33.6	2.48
娄星区	25673	8.8	8.8	8.7	14985	10.1	40.3	15.3	2721	17823	28.7	1.82
双峰县	11947	9.9	9.9	8.3	9702	10.1	61.7	14.3	1315	9194	37.6	1.85
新化县	10166	10.6	10.6	9.0	7174	10.8	56.2	14.1	1522	10816	35.8	2.49
冷水江市	27179	6.8	6.8	6.6	19614	7.5	50.1	16.6	2726	16377	35.7	1.50
涟源市	11486	11.2	11.2	9.5	8180	10.5	73.8	14.2	1610	11307	34.6	2.29

表 39

2016 年娄底市居民消费价格和商品零售价格指数一览表

指标名称	上年 = 100
居民消费价格指数	102.0
一、食品烟酒	105.4
二、衣着	101.9
三、居住	98.9
四、生活用品及服务	100.5
五、交通和通信	99.2
六、教育文化和娱乐	100.2
七、医疗保健	105.6
八、其他用品和服务	101.2
商品零售价格指数	100.8

农村经营管理

【概况】2016年，娄底市农村经营管理服务站按照履职尽责，集中人员，突出抓好农村土地承包经营权确权登记颁证工作，统筹兼顾惠农减负政策落实、农村集体“三资”与财务管理、新型农业经营主体培育发展，完成全年工作任务。全市有86个乡镇(办)、2755个行政村(居)、34296个村民小组，参与此次确权工作。有2721个村(居)、34105个村民小组完成调查摸底任务；2687个村(居)、33988个村民小组完成外业指界任务；2430个村(居)、30634个村民小组完成第一轮公示任务；759个村(居)、7064个村民小组完成第二轮公示任务；下发《关于引导农村土地经营权有序流转发展农业适度规模经营的实施意见》，全市耕地流转面积89.48万亩，占家庭承包耕地面积的34.7%，呈现出流转进程加快、流转主体多元、流转形式多样、流转价格提高、流转扶持力度加大、乡村组织在流转中的作用日益凸显六大特点。且建立健全乡村调解、县级仲裁、司法保障的纠纷调解仲裁体系。县(市、区)成立农村土地承包仲裁委员会，乡镇成立纠纷调解委员会，村级配备兼职调解员。全市共培训仲裁员311人，调处纠纷813件。双峰县、冷水江市、新化县以农业部西部地区农村土地承包经营纠纷仲裁基础设施建设项目为契机，高标准建设“一庭三室”，得到部、省领导肯定。

【经营管理】2016年，全市农民专业合作社达2701个，成员11.65万个，带动农户12.18万户，同比分别增长19%、18%、13%。申报国家级示范社1个、省级示范社5个、市级示范社10个，238个合作社获得财政资金扶持。以政策扶持为支撑，培育家庭农场，下发《关于促进家庭农场发展的指导意见》。2016年，全市家庭农场达1731家，同比增加679家。全市获国家补贴的家庭农场达516家，其中新增156家，补贴耕地面积2.82万亩，落实省财政补贴资金283.12万元。家庭农场发展模式不断创新，涌现出“合作社+家庭农场”“种植+养殖”“互联网+家庭农场”等多种经营模式。清理3153个村级财务，涉及金额33.21亿元，查处违规资金802.86万元，查处违纪人员402人，移送问题线索47条。全市村集体经济组织总收入7.8亿元，申报29个“湖南省2016年度村级集体经济发展进步村”项目村，争取扶持资金300万元。双峰县永丰镇镜坪村的农村集体产权制度改革取得进展，开展清产核资、成员界定。全市共举办村级财务管理知识培训班6期，培训人员600人。

【权益维护】2016年，娄底市农村经营管理服务站层层签订惠农减负政策落实责任书。从实监管“一事一议”项目，全年全市共审批“一事一议”筹资筹劳村1734个，涉及人口123.85万人，筹资225.75万元，筹劳122.75万个工日，争取省财政奖补资金1.15亿元。全市共立案44件，给予党纪政纪处分46人，补发各类补贴资金47.1万元，清退各类违纪资金75.78万元，收缴各类违纪资金262.82万元。全年未发生农民负担恶性事件，农民负担保持较低水平。

(梁爽)

公共资源交易

【概况】2016年，娄底市公共资源交易中心贯彻落实国家、省、市公共资源交易相关政策，按照场地建设标准化、管理体制合理化、进场交易有序化、交易流程规范化、运作模式科学化、经济效益最大化目标，相继开发出公共资源交易网、评标专家抽取、保证金自动缴退、电子评标、政府采购电子竞价平台、视频监控、土地矿业权网上招拍挂、电子澄清八大软件系统，加强公共资源交易平台建设，取得社会与经济效益。内设办公室、财务科、工程建设科、政府采购科、产权交易科、土地矿产交易一科、土地矿产交易二科、信息技术科8个职能科室和一个二级正科级单位“娄底市政府采购中心”，在岗职工35人。

【公共资源交易】2016年，娄底市公共资源交易中心自挂牌运行以来，统筹考虑现行体制特点，从改革管理权和监督权着手，实行“统一进场、管办分离、规则主导、全程监管”的运作模式，将市本级(含娄星区、市经开区、万宝新区)工程建设、政府采购、国有土地及矿产、国有资产、特种项目纳入公共资源交易中心交易（其中国有土地及矿业权招拍挂出让于2015年11月入场)。政府采取管理委员会、管理委员会办公室、交易中心3个层次管理形式，对公共资源交易活动实施监管。纪检监察、审计的专项监督、行政主管部门的职能监督、管委会办公室宏观监督检查、交易中心实行场内监督，构建完整监督体系框架。各项工作进入有序运行轨道。下半年，政府明确要求，全市公共资源交易平台必须整合。县(市、区)不得再新设公共资源交易平台，现有交易平台将停止运转。全市范围内凡属“应进必进”的公共资源交易项目要统一进入市公共资源交易中心平台。全年完成交易项目2760个，交易金额达262.3541亿元。其中工程建设项目750个，交易金额176.1856亿元；政府采购项目1902个，交易金额80.6566亿元；产权交易项目101个，交易金额2.7857亿元；土地矿产交易项目7个，交易金额2.7262亿元。

【自身制度建设】2016年，娄底市公共资源交易中心出台《市公共资源交易中心内部制度》，明确办事依据、办事时限、收费标准、工作程序等要求。配合市公管办制定《娄底市公共资源交易监督管理实施细则》《娄底市重点公共资源交易项目监委库管理暂行办法》《娄底市公共资源交易评审专家现场管理办法》，修订《评标专家抽取规程》，配套出台有关操作细则和交易流程，还就交易活动监管、评标专家抽取、流标后续交易活动处理、评标专家培训及交易活动投诉问题的处理等都做明确规定。对公共资源交易相关地方性文件、规定进行清理，明确要求所有公共资源交易项目招标除涉密项目外，取消报名、资格前审、购买招标文件等环节，都统一在网上下载，发布没有违法违规的招标文件除流标外不得作实质性修改。与纪检监察部门、公安部门建立联动机制，实施社会监督，公布投诉举报电话，完善投诉处理机制，确保职务行为“事事有依据，环环不脱节”。（伍岳）

娄底经济技术开发区新合作商贸城

园区经济

娄底经济技术开发区

【概况】娄底经济技术开发区2012年经国务院批准升级为国家级经济技术开发区，辖区76.5平方公里，开发建设22平方公里。下辖涟滨、大埠桥2个街道办事处，人口12万人，其中城镇常住人口6.51万人，城镇化率69.12%;人口出生率16.38‰，自然增长率12.41‰。

娄底经开区是国家高新技术产业基地、国家新型工业化产业示范基地、湖南省承接产业转移示范基地、湖南省汽车产业基地、湖南省"千亿园区"、湖南省电子信息产业园、湖南省最具产业影响力产业园区，薄板及深加工产业集群被列为湖南省十大"千亿产业集群"。

2016年，娄底经开区践行"五大发展理念"，建设"宜业宜居宜游经济强区和滨水新城"。"宜业"突出产业带动功能，营造"低成本运营、高效率回报、高速度成长"的一流营商环境，成为最适宜创业的高地；"宜居"突出城市服务功能，营造社会文明、生活舒适、安全有序的工作生活环境，成为最适宜居住的福地；"宜游"突出生态休闲功能，营造生态秀美、要素齐备、人气旺盛的旅游休闲环境，成为最适宜旅游的胜地。实施"三三战略"，强化平台载体建设、提升服务能力、政策保障支持"三大举措"；为薄板深加工、新材料新能源、先进装备制造三大主导产业发展提供优质配套和服务；定位国家先进钢铁材料智造产业中心、中部新材料新能源产业基地、湖南先进装备智造协作核心基地，建设"钢铁新城"、增强"绿色动力"、点亮"娄底智造"。

【综合实力稳健增长】2016年，娄底经开区完成技工贸总收入1171.97亿元，同比增长15.7%；完成规模工业总产值236亿元，同比增长12.18%；完成固定资产投资173.6亿元，同比增长21.09%；完成财政总收入7.72亿元，同比增长15.3%；完成地方公共财政预算收入4.92亿元，同比增长23.4%；农业生产总值为2.21亿元。主要经济指标保持"两位数"增长，高于全省全市发展水平。

【工业经济持续向好】2016年，娄底经开区全年新增规模以上企业18家，规模以上服务业企业3家。传统产业努力转型，25家园区企业大力实施技改

娄底经济技术开发区第一工业园

扩建，同比增长25%。推进“走出去”战略，外资备案企业达56家，有进出口实绩的企业达21家，新增境外投资企业3家，全年实现进出口总额4.9亿美元。园区企业科研水平、发展能力大幅提升，高新技术产值同比增长31.18%，高新技术产业增加值占规模以上工业增加值比例达56%，授权发明专利同比增长40%。

【招商选资有新成效】2016年，娄底经开区全年实际利用外资9515万元美元，合同引资139亿元，同比增长12.4%。其中投资规模超过20亿元项目3个，过亿元项目15个。三迅动力电池、电将军等旗舰优质项目相继落户，杭萧钢构等大批项目完成签约，广铁集团、香港奥特莱斯、麦德龙等知名品牌企业签约合作。

【项目建设加快推进】2016年，娄底经开区全年共谋划、包装和建设项目204个，其中工业项目109个，市级以上重点项目104个，新增投资过亿工业项目33个，大北农、电将军等39个项目开工，明德科技等19个项目竣工投产。大批项目实现达产达效，汽车薄板项目一期实现产能63万吨，完成销售收入22.3亿元。建设效率持续提升，上海星珂LED从签约到投产仅6个月，投资20亿元的三迅动力电池从洽谈到投产仅8个月，再创“开发区速度”。

【城市建设日臻完善】2016年，娄底经开区做优基础配套，伸展园区骨架。全年建设基础设施项目41个，完成投资15亿元。5条主干道路投入使用，8条道路加快建设，新星北路立交桥改造建设竣工，孵化园、湘中国际物流园水电气讯基本到位，涟水河防洪堤（二期）加快建设，公交线路、商业服务、银行网点逐步配套。征迁安置、控违拆违工作顺利推进。

【民生福祉不断改善】2016年，娄底经开区坚持共建共享，尽心惠民生，240户353人实现脱贫。全年实现就业、再就业3000人以上。累计投入财政资金172.5万元，帮助115户“危居”农户搬入新居。全年投入社会保障资金2336万元，教育资金5665万元，医卫事业资金1529万元，农林水利资金2721万元，社会民生财政投入占全区可用财力30%以上。村居活动场所建设有序推进，园区文化、社区文化、机关文化有声有色，全民健身广泛活跃，安全生产、综治维稳、城市管理、食药监管、市场建设等工作深入推进，平安园区、和谐园区氛围日渐浓厚。

【投资服务再创新】2016年，娄底经开区承接简政放权，出台《娄底市委、市人民政府关于下放娄底经开区部分市级经济管理权限和县级社会管理权限的通知》，拟定353项具体职能权限清单，理清行政审批“两集中两到位”的思路，推进“办事不出园”。坚持政策引领，出台《关于促进实体经济平稳健康发展的若干意见》等政策。推进两税融合试点，取消和放开涉企收费88项，帮助90余家园区企业成功申报各类项目资金。

【机构设置】2016年，娄底经开区根据园区经济特色，有序推进园区企业基层党组织建设工作。经报请市编委审批，专门设立园区企业党工委，由区党委副书记兼任园区企业党工委书记，另设一名正科级专职副书记。根据《中共湖南省委、湖南省人民政府关于市县政府职能转变和机构改革的意见》（湘发〔2014〕14号）文件规定，把娄底经济技术开发区人口计生局更名为卫生和计划生育局，将区社会事务局卫生职责划入卫生和计划生育局。全区公办中小学校8所。其中，普通高中1所、初级中学2所（含九年一贯制学校1所），小学联校2所、教学点3个，民办学校1所。在职职工327人，离退休教师186人。独立幼儿园19个，在园幼儿3020人，学龄儿童入学率100%。学生4791人，其中小学生3033人（民办74人），初中生789人（民办50人），高中生969人。

（李中声　杨军华）

表40　**2016年娄底经济技术开发区先进集体和先进个人登记表**

获奖单位、先进个人	奖励名称	颁奖单位	颁发时间
娄底经济开发区地税局	湖南省2016届文明单位	湖南省精神文明建设指导委员会	2016年12月
娄底经济开发区地税局办税服务中心	2016—2018年全省依法办事示范窗口单位	中共湖南省委法制湖南建设小组办公室	2016年12月
娄底经济技术开发区	全省节约集约用地先进单位一等奖	湖南省国土资源厅	2017年6月
娄底经开区管委会	全省档案宣传工作先进单位	湖南省档案局	2016年12月

万宝新区

【概况】娄底水府示范片万宝新区于2011年1月6日挂牌成立，是长株潭城市群“两型社会”建设“五区十八片”之一，处娄底城市扩容提质的核心地带。全年新区筹措各类资金15亿元，完成固定资产投资80.96亿元；实现社会消费品零售总额11.2亿元，增长17.5%；完成财税收入2.34亿元，增长15%；完成合同引资47.2亿元；实现到位内资59.99亿元，增长17.6%；到位外资5072万美元，增长20%，主要经济指标完成市里下达考核任务。规划范围北至涟水河，东至娄星区行政边界，南到双峰县洪山殿镇和杏子铺镇，西至水洞底镇，总用地约110平方公里。按照“建设国际化、现代化一流新城”的要求和娄底“十三五”产业规划明确新区“以电子商务、金融服务、现代物流、旅游休闲、健康养老等方面为主的服务业聚集区”定位，成为娄底“品质城市的示范区、新兴产业的聚集区、两型建设先行区”。

【交通区位】万宝新区内上瑞、娄怀高速从中穿过，益娄衡、长娄高速环新区而行；安张衡、洛湛铁路互通南北，湘黔铁路、沪昆高铁接壤东西，沪昆高铁与规划中呼南高铁“十”字交叉；株娄、益娄衡城轨通达省内，湘中大道、娄星南路、扶青南路连接市区中心，形成新区5条主要发展轴。旅游自然资源丰富，山水俊秀，佳景荟萃，自然景观与人文胜迹交相辉映。水府庙湿地公园放飞千行鹭，仙女寨生态公园种下万年松，孙水河、永昌河波光辉映，两型建设，相得益彰；为长株潭城市群“两型社会”建设水府示范片的核心区和主要承载区。

【重点项目】2016年，万宝新区纳入全市“四个一批”重点项目65个，其中建设项目45个。全年完成重点项目投资63.6亿元。引入知名风投机构，湘村股份、文昌科技相继登陆新三板，湘村股份进入创业板排队；味菇坊灰树花生态农业综合开发项目投产；百弘学府城近60万平方米、湾田和悦17万平方米、悦江山15万平方米地产项目竣工。娄底大道、中国物流诚通物流园、静安街等7个项目有序推进；文昌科技新品动车刹车片通过铁科院验收；洪山殿棚户区改造项目4栋房屋正在主体施工。早元西街、松山街、高铁南站停车场、波月路等项目开工；高铁南站北片区基础设施、孙水南路、静安街西延线等项目正在开展土地报批和征地拆迁。电商物流中心、文化创意产业中心、科技孵化中心等6个项目完成项目立项和土地报批工作；企业服务中心、娄底城市物流配送中心综合服务区等5个项目完成项目环评。

【生产要素】2016年，万宝新区共引进企业25家，引进产业项目22个，圆满完成年度目标任务。特色文化创意跨境园区、中国新型房屋集团有限公司湖南项目以及战信龙腾、美年信息、掌合天下等8家移动互联网企业相继落户。碧桂园一中城南校区西侧地块开发项目正式签约。借力“娄商返娄”战略，在湘博会上正式签约项目4个，合同引进资金4.2亿元。中科、中建、中冶、中核、中交等央企集团看好新区发展，与之展开多轮合作洽谈。健康养老产业、文化旅游招商来势看好。落实农发行10亿元项目贷款和国开行1.9亿元打捆贷款、1.2亿元专项基金，发行企业债券15亿元，正进行5亿元私募债券的前期工作。着眼国家政策支持时效空间，成立PPP项目领导

万宝新区一角

小组，完成保障性住房PPP项目社会资本方资格预审。支持文昌科技继续加强与北京有色总院战略合作，其轨道交通制动盘产品填补国内空白，获2016年中国新材料产业博览会金奖，实现订单生产；协助味菇坊通过技术改造，把产品价值高的灰树花、银耳等产品代替原杏鲍菇，打入香港市场；鼓励湘煤机进行产业转型，生产智能车库正在娄底中心医院进行建设；指导瑞奇电器通过"互联网+"技术，提高产品市场竞争力和技术含量。

【新区大局】2016年，万宝新区组建专门机构，采取有力措施，保持辖区大局稳定。按市委、市政府安排部署，成立11个专业小组，分头负责相关创建工作。累计投入经费1000多万元用于创文基础工作和高铁南站广场管理；投入100余万元制作宣传册和广告牌，覆盖全区范围，形成舆论氛围。开展拆违控违与环境整治行动，城乡环境好转。对民间融资问题严重的企业，采取"一企一策"方式分类处置，坚持一手抓帮扶、一手抓案件侦破，全年应对4个较大群体企业维稳，维护债权人权益。开展安全生产大检查，全年没有发生过一起较大以上安全事故。

（吴勇　谢亦男）

表41　**万宝新区2011～2016年主要经济指标一览表**

	2011年	2012年	2013年	2014年	2015年	2016年
固定资产投资总额（万元）	298970	441750	661890	812350	987299	809649
税收总收入（万元）	10295	15750	20537	19753	20355	23448
合同引资（万元）	158500	556000	1240000	165000	275000	472000
到位内资（万元）	203030	350000	350000	443800	510000	599853
到位外资（万美元）	2108	3403	3340	3980	4223	5072

表42　**2016年万宝新区管理委员会先进集体和先进个人登记表**

获奖单位、先进个人	奖励名称	颁奖单位	颁发时间
易彩华	记一等功	湖南省省委、省政府	2017年2月

农 业

总 类

【概况】2016年,全市农业系统综合施策、精准发力,农业经济健康发展,农民收入提升,农村大局稳定,农业规模化、品牌化、标准化、现代化水平提升。全年粮食播种面积416.73万亩,总产161.08万吨,完成播面400万亩以上,总产160万吨以上目标。全市流转耕地30亩以上种粮大户达3595家,同比增加922家,其中流转耕地1000亩以上大户达32家,同比增加23家。全年生猪出栏503.74万头,同比下降2.5%,降幅收窄。规模化养殖水平达70%以上,全市肉牛规模养殖场达3120个,山羊规模养殖场达292个。全年经济作物种植面积达100万亩,总产值22.83亿元,同比增长12%。蔬菜播种面积达80.22万亩,总产达157.6万吨。茶叶、中药材产业发展迅速,播种面积、产量均保持4%的增幅。全市农产品加工企业达1150家,同期增加20家,产值达233.5亿元,同比增长21.1%,实现销售收入228.7亿元,同比增长20.1%。

全市休闲农业和乡村旅游企业750家,年经营收入18亿元,接待游客600万人次。组织56家农业龙头企业参加中国中部(湖南)农业博览会,其中19个产品获得金奖。"互联网+"快速发展,市县两级电子商务产业园区建设开始起步。双峰县和新化县分别获批"全国农村电子商务综合示范县""湖南省电子商务进农村示范县"。全市农产品质量安全整体态势良好,经过省、市、县三级23119批次抽检,生产环节的蔬菜、水果、茶叶等大宗农产品农残合格率100%,流通环节农残合格率分别达到98.8%、97.7%、96%。"三品一标"产业持续健康发展,累计发展"三品一标"基地34个计25.62万亩,认证农产品达100个,其中,无公害农产品50个,绿色食品47个,有机食品2个,地理标志产品1个。市级"四个一批"农业农村组79个重点建设项目完成投资合计59.98万元,完成年度任务119.55%;17个开发储备项目5个提前开工,谋划储备重大项目38个。市领导挂点6大示范片8个重点民生实事项目投入资金6075万元,完成省委、省政府美丽乡村建设任务和12个村全省美丽乡村创建任务、376个人居环境重点整治项目顺利实施,村庄村容村貌得到改观。治理农业面源污染,推进重金属污染耕地修复性治理,推进化肥、农药两个"零增长"工程。总投资达1.08亿元的湘村高科规模化生物天然气工程建设项目,全年完成投资6000万元,完成户用沼气池建设734户,小型沼气工程152处,供气1423户,竣工验收大型沼气工程5处,新建大型沼气工程项目2处,推广太阳能热水器3576台,太阳能路灯1498盏,推广生物质节能炉灶11040户,7个分布式光伏发电站全面并网发电,总装机容量184千瓦。

2016年,全市减少建档立卡贫困人口92054人,超额完成省定86477人的减贫任务,18个贫困村退出,完成省定任务;整合投入建设资金17136万元,574个贫困村中,90%以上的村级公路达到通畅要求,94%农网低改到位,98%人畜饮水达到国家安全和保障标准。带动50%以上贫困农户参与特色种植业、养殖业、农产品加工业、光伏产业、乡村旅游业和"互联网+"等相关产业,新化县稻田养鱼、涟源市中药材、双峰县养鸡、娄星区苗木产业4个建档立卡贫困户直接参与的重点产业项目,带动15000个建档立卡贫困农户人均增收1000多元。

建成金融扶贫服务站281个,新增扶贫小额信贷4.136亿元。改造建档立卡贫困农户危房6945户,完成10247余人的易地搬迁任务;培训贫困群众16215人次,贫困群众自身素质显著增强。全市共对

娄底市农业委员会召开庆祝建党95周年大会

农民开展农业实用技术培训10.9万人次。全市开展建制村合并财务清查3153个村，涉及金额33.2亿元，查处违规资金802.86万元，查处违纪人员402人，确保合乡并村工作的顺利推进。全市1734个村列入财政一事一议筹资筹劳奖补范围，争取省财政奖补资金1.15亿元。全年实现农业增加值207.22亿元，农村居民人均可支配收入9529元，同比分别增长3.6%、10.1%，农业增加值排名全省第一，农村居民人均可支配收入排名全省第四位。

全市累计整合涉农资金20.63亿元，县级贫困县开发资金整合平台建设成效显著，双峰县扶贫开发资金整合经验12月29日在中央电视台焦点访谈栏目进行单条推介。农地抵押贷款余额1753万元，支持46户新型农业经营主体。农地抵押贷款试点工作被《金融时报》单条推介。完成第二轮农村土地承包经营权确权登记颁证公示任务。农村集体产权股份制改革试点进展顺利。土地流转市场运行不断规范，出台《关于引导农村土地经营权有序流转发展农业适度规模经营的实施意见》。制定鼓励工商资本进入林业政策及监管办法。供销合作社综合改革全面推进，制订改革方案，出台实施意见。农业供给侧结构性改革紧盯农业农村短板，在与脱贫攻坚结合、与农民增收结合、与新型城镇化结合、与产业融合发展结合、与发展现代农业结合中找准切入点，在“调结构、降成本、补短板”3个方面聚焦发力。产业链不断“调长”，产品质量不断“调优”，效益“调高”；物化成本、人工成本、管理成本明显降低；一、二、三产业失衡，资源环境，城乡发展失衡的短板得到“补齐”。市及县(市、区)机构改革完成，农业系统机构设置整体得到规范和优化，内部体制机制得以完善。

【粮油生产】2016年，全市农业克服5月低温导致早稻季节延迟、晚稻扦插推后及6月局部洪涝灾损等影响，化解农资、劳力价格不断攀升及种粮比较效益偏低等市场冲击，生产稳定发展。全年粮食播面积416.73万亩，同比减少0.29万亩，减幅0.1%；亩产387公斤，同比减产6公斤，减幅1.6%；总产161.08万吨，同比减产2.76万吨，减幅1.7%。全年油料播种59.40万亩，同比减少0.17万亩，减幅0.3%；亩产86公斤，同比增产6公斤，增幅7.3%；总产5.11万吨，同比增产0.33万吨，增长7.0%。其中全市水稻播面303.68万亩，同比减少1.07万亩，减幅0.3%；亩产434公斤，同比增产8公斤，减幅1.8%；总产131.75万吨，同比减产2.9万吨，减幅2.2%。水稻播面呈“双减一增”趋势，其中，早稻131.76万亩，减少1.02万亩；晚稻138.81万亩，减少1.05万亩；一季稻33.11万亩，增加1.01万亩。优质稻得到有力推广，全市播面190.05万亩，同比增加14.84万亩；占水稻总播面比重62.6%，同比上升5.1个百分点。全市旱粮播面113.05万亩，同比增加0.78万亩，增幅0.7%；亩产259公斤，同比减产0.5公斤，减幅0.2%；总产29.33万吨，同比增产0.14万吨，增幅0.5%。其中玉米播面67.91万亩，同比增加0.74万亩，增长1.1%；亩产330公斤，同比减产4公斤，减幅1.2%；总产22.41万吨，同比减产0.02万吨，减幅0.1%。旱粮中，杂交玉米播面调减，甜糯玉米、高粱、荞麦、豆类、薯类播面增加。全市杂交玉米播面58.95万亩，同比调减2.76万亩；占玉米总播面比重86.8%，同比下降5.1个百分点。全市油菜播面49.38万亩，同比减少0.15万亩，减幅0.3%；亩产68.4公斤，同比增产6.1公斤，增幅9.7%；总产3.38万吨，同比增产0.29万吨，增幅9.4%。双低油菜实现全覆盖，全市播面49.35万亩，同比增加5.16万亩；占油菜总播面比重99.9%，同比上升10.7个百分点。

【经济作物】2016年，全市经济作物种植面积接近100万亩，比上年增加4.20万亩，总产值22.83亿元，比上年增加2.58亿元，增加12.0%。其中全市柑桔种植面积19万亩，比上年增加0.5万亩，总产量11.26万吨。销售价格比上年略高，市场平均售价达2.5~4.0元/公斤。时鲜水果种植面积24.32万亩，淘汰部分劣质低产果园，比上年增加1.23万亩，产值1.02亿元，增加0.15亿元，时鲜水果中发展较快的主要有杨梅、葡萄、红肉脐橙等。茶叶种植面积12万亩，面积较上年增加0.75万亩，淘汰部分老化低产茶园。全年产茶约7000吨，比上年增加300吨，总产值

48940万元，比上年增加3000万元，增加8%。其中生产名优茶380吨，产值10160万元。中药材种植面积33万亩，比上年增加0.10万亩，产值101680亿元，比上年增加0.67亿元，增加7%。西甜瓜种植面积10.50万亩，比上年增加1.00万亩，总产10.01万吨，比上年增加1.00万吨。花卉面积1.92万亩，比去年增加100亩，产值15300万元，增加200万元。其他经济作物，如甘蔗、苎麻、棉花、桑蚕丝等等各有进退，蓝莓、玫瑰花在新化等地有一定面积的种植。

【农产品加工】2016年，全市农产品加工业围绕推进农业供给侧结构性改革作文章，实施“强龙头、拓市场、增效益、促增收”，全年农产品加工总产值达233.5亿元，比上年增长21.1%，可实现销售收入228.7亿元，比上年增长20.1%。重点发展粮油、果蔬茶、竹木、畜禽、中药材等主导产业和“三黑一菌”（黑猪、黑牛、黑茶、食用菌）等特色产业。全市农产品加工企业总家数达1150家，比上年增加20家；加工总产值达233.5亿元，比上年增长21.1%。全市现有国家级龙头企业1家、省级龙头企业31家、市级龙头企业142家。32家国家级、省级龙头企业资产总额达64.21亿元，其中固定资产达31.24亿元，实现销售收入达84.2亿元，分别同比增长12.2%、12.7%、21.9%。涟源、双峰、新化三县（市、区）设立农产品加工集聚园（园中园）4个（其中涟源2个，新化、双峰各1个），入园企业100家，其中正式投产企业67家、在建33家，入园企业中市级以上龙头企业43家（其中省级14家、市级29家）。全市农产品加工企业共建立或联系基地231.5万亩，带动农户41.78万户。32家省级、国家级龙头企业中，均通过ISO9001、HACCP等质量认证。共培育国家地理标志保护（认证）产品4个（双峰“永丰辣酱”、涟源“枫木贡茶”和“富田桥豆腐”、新化“紫鹊贡米”）、中国驰名商标3个、湖南省著名商标和名牌产品40个、有机食品认证12个、绿色食品认证47个、无公害农产品认证64个。全市有湘村高科农业股份有限公司等10家省级以上龙头企业，获得省现代农业发展“百企”扶持项目资金1291万元。争取省里农产品加工和休闲农业在职职工培训项目资金20万元。对双峰县湘军粮油有限公司等5家企业员工实施“蓝色证书”为重点的职业技能培训与鉴定工作，5家企业全年完成职业技能鉴定280人、培训“蓝色证书”1000人。

【农产品质量】2016年，全市生产蔬菜、水果、茶叶农残总合格率100%，流通环节蔬菜、水果农残合格率100%，茶叶农残总合格率90%（不合格茶叶样品为绿茶，属农药“乙酰甲胺磷”超标）。市、县两级主要农产品农残合格率达“农药残留检测合格率不低于96%”的指标要求。全市新增无公害农产品种植基地3个，面积1378亩；绿色食品基地3个，监测面积6170亩。全市“三品一标”有效认证登记主体33家，认证产品83个，其中无公害农产品34个，绿色食品46个，有机产品2个，地理标志农产品1个。全市农药经营（生产）、农产品生产环节均未发现有经营和使用5种高毒禁用农药的行为，实现农业部提出“杜绝在水果、茶叶、蔬菜生产过程中使用甲胺磷、对硫磷等5种禁用高毒农药行为”目标。

【新农村建设】2016年，全市围绕“规划科学、生产发展、生活宽裕、乡风文明、村容整洁、管理民主、宜居宜业”28字方针，新农村建设迈上新台阶。涟源市、新化县被评为全省新农村建设先进县市，娄星区双江乡洪山村、冷水江市铎山镇石坑村、双峰县洪山殿镇永红村、娄底经开区大埠桥办事处南阳村获得“湖南省美丽乡村示范村”授牌。双江乡洪山村成为大湘西旅游目的地精品，岩口镇石坑村肖家院子成为全省样板院落。娄星区杉山镇石垣村等8个村列为省委、省政府重点民生实事项目美丽乡村建设任务。农村安全饮水、通村公路硬化、通组公路绿化亮化、村级文化设施、产业扩面提质等66个项目如期完成。376个人居环境重点整治村庄巩固“城乡环境整治四年行动”和“绿化娄底四年行动”建设成果。

【农村能源环保】2016年，全市农村能源环保建设按照“创新、协调、绿色、开放、共享”的理念，以“因地制宜、建管并重、提质增效”为原则，布阵筑基，真抓实干。湘村高科规模化生物天然气工程建设试点，总投资达1.08亿元，为全省乃至全国农业单项投资最大的沼气深加工利用工程。新化、双峰能源办新建7处分布式光伏发电站并网发电。冷水江市铎山镇王家村日处理50吨农村生活垃圾气化项目于1月投入使用，完成对周边20户农户的供气。铎山镇石坑村日处理20吨农村生活垃圾气化项目于10月投入试运行。全市完成户用沼气池建设734户，小型沼气工程152处，供气1423户，竣工验收大型沼气工程5处，新建大型沼气工程项目主体完工2处，规模化生物天然气试点项目工程开工建设1处。结合新农村建设推广太阳能热水器3576台，太阳能路灯1498盏，推广生物质节能炉灶 11040 户,7 个分布式光伏发电站并网发电,总装机容量 184 千瓦,完成项目总投资约 1.05 亿元,其中完成中央预算内投资 4000 多万元,储备大型沼气工程项目 10 个,中小型沼气工程 283 处。实施农村能源环保 44 个示范工程建设,树立农村沼气深度开发、太阳能推广应用、秸秆能源化利用、猪—沼—菜(林、田)等绿色循环农业开发、生物质能开发利用、新能源新技术推广的典型。

【农村信息化建设】2016 年,全市加强农业农村信息化建设。对市场波动较大的蔬菜、油菜籽、早稻等品种开展重点监测,开展短期农产品市场预警分析。联合经信、商务粮食、供销、电信、邮政等多部门和单位顺势而为,推进娄底市“互联网 +”现代农业产业的发展。“12316” 三农服务热线网络建设完成,与中国移动协商,各县市区建立并升级农业短信发送平台,向农技人员、种粮大户等多个涉农用户发送农业信息。规划建设市县二级电子商务产业园区,冷水江、涟源、娄星 3 县(市区)电商产业园投入运营,入住企业 300 多家。与国内知名电商平台合作,建设地方特色馆,正在建设中的“淘宝·特色中国——双峰馆”“苏宁易购·冷水江馆”“苏宁易购·涟源馆”等县(市)特色馆。推进县(市区)电子商务产业(孵化)园及县域电子商务服务中心、乡(镇)、村服务站(点)建设。建成县级农村电子商务服务中心 4 个、乡镇服务站和村级服务点 1600 余个。引进阿里巴巴农村淘宝、京东、苏宁易购、中国电子商务网、麦光光等国内知名电商企业入驻,招引省内大型电商平台随手购、“86077”、网上供销、湖南邮政等快速加盟;培育本土农村电商龙头企业,娄底百蔬园科技发展有限公司、涟源市家利多电子商务有限公司、双峰县惠民供销电子商务有限公司等娄底市农村电商龙头企业迅速崛起。

【农业科教】2016 年,全市着力推进新型职业农民培育工程、超级稻示范推广、科教兴村示范村建设、知识产权保护、农业转基因生物安全监管和植物新品种保护、基层农技推广补助项目监管、现代农业产业技术体系建设、两型社会建设专项、送科技下乡、科普宣传、全民阅读等工作。培训新型职业农民 1910 人(其中生产经营型 850 人,专业技能型与社会服务型 1060 人,青年农场主 20 人,新型农业经营主体带头人 80 个),为全市现代农业发展提供科技人才支撑。示范推广超级稻 161 万亩,比上年增加 9 万亩,平均亩产 529.9 公斤。结合冬春农业科技大培训、新型职业农民培育、集中育秧员技术等进行超级稻种植技术培训,共办培训班 63 期,培训 2.46 万人次;印发宣传资料、技术资料 11.3 万份;利用电视、报纸等新闻媒体宣传 18 次;出黑板报 1.85 万期(次)。全市共兴办各类超级稻示范点(片)1681 个,示范面积 48.9 万亩,涉及 5 个县(市、区)、81 个乡镇、2631 个村,其中万亩示范片 25 个,千亩示范片 42 个,百亩示范片 118 个,示范面积达 38.97 万亩。推广超级稻“三定”高产综合栽培技术,超级稻病虫害综合防治技术,为促进全市超级稻(早稻 + 晚稻)成建制整体推进提供技术保证。出台《娄底市 2015 年转基因水稻、油菜和玉米执法监管方案》,加大转基因种子执法力度。举办实施科教兴村示范村的建设培训班 34 期,培训技术指导员 36 人,培训村民 227 人;建好 463 亩双季超级稻高产栽培示范基地,240 亩蜜柚基地和 68 亩中药材玉竹基地,发展养鱼专业户 8 户。

【农业双打】2016 年,全市按照湖南省农资打假工作方案和全国农资打假电视电话会议精神,坚持“着力治本、标本兼治、打防结合、综合治理”的原则,结合娄底市工作实际,严厉打击制售假冒伪劣农资和坑农害农违法行。针对重点时节、重点品种、重点区域,严厉查处一批重大违法制售假冒伪劣农资的大案要案,净化全市农资市场。充分利用“3·16”法制宣传日、“放心农资下乡进村宣传周”等活动,组织开展以打假维权为主要内容的各类现场咨询活动。“农资打假下乡”进入镇乡 21 个,入户 155 户,印发宣传资料 42.19 万份。检查水稻品种 400 多个、玉米品种 100 多个,抽检种子样品 300 个,种子质量合格率 100%,检查化肥 13 个,合格率 90%以上,查处未审先推水稻品种 4 个,没收违法水稻种子 313 公斤;4 月份,开展除草剂专项检查,共检查除草剂品种 26 个,抽检除草剂样品 26 个;5 月,开展农药专项检查,检查农药品种 1500 多个,抽查农药 150 多个。全年立案查处 51 件,其中种子 9 件,肥料 8 件,农药 34 件,目前办结 48 件,结案率达 94.1%。全年出动执法人员 1300 多人次,整顿市 364 个次,受理举报案件 19 件,挽回经济损失 90 万元。清查百草枯水剂和各种高毒禁限用农药。出动执法人员 500 多人次,印发各类宣传资料 6000 余份,收缴百草枯水剂 540

多件。将“12316”三农服务热线和执法大队办公电话作为举报热线，及时解答和回复人民群众的来信来访，调处各种涉农纠纷矛盾，依法维护农民利益。全市组织人员为农民调处涉农纠纷矛盾30多次，责令经销商赔偿农民直接损失20多万元，为农民挽回经济损失100余万元。

【菜篮子工程】2016年，全市扎实推进“菜篮子”工程建设三年行动计划。全市全年蔬菜播种面积达80.22万亩，总产达157.6万吨,总产值达28.21亿元。中心城区蔬菜基地生产形势稳定，蔬菜加工业发展较快，蔬菜加工企业达49家，年加工产值达15亿元。全市所有蔬菜生产基地开展无公害农产品产地认证，21个蔬菜基地、19个农贸市场、2个蔬菜配送中心均建立42个农药残留检测室。所有蔬菜生产基地建立生产记录档案，推广“频振式”杀虫灯等无公害生产技术。建立蔬菜直销网点72个与26家平价菜市。

【脱贫攻坚】2016年，全市农业贯彻《中共中央国务院关于打赢脱贫攻坚战的决定》《中共湖南省委湖南省人民政府关于深入贯彻〈中共中央国务院关于打赢脱贫攻坚战的决定〉的实施意见》《湖南省农村扶贫开发条例》精神，落实中央、省委关于脱贫攻坚工作的系列决策部署，按照“精准识贫、精准扶贫、精准脱贫”工作要求，以实现建档立卡贫困人口稳定增收脱贫为目的，全面推进脱贫攻坚各项工作。共减少贫困人口117354人，贫困地区年人均纯收入同比增加1200元，超额完成省里分给娄底市86477人的减贫任务。产业扶贫、电商扶贫、金融扶贫、易地扶贫搬迁、危房改造、医疗救助、劳务协作、教育培训、兜底保障等工作有序开展。

【素质教育】2016年，全市对农民开展农业实用技术培训10.9万人次。在冬春农业科技大培训期间，投入培训资金365.6万元，举办各类培训班186期，现场培训指导351次，建立联系村（点）63个发放各类资料28.1万份，培训农民4.75万人次。向农民发放各类资料12000余份。各地按要求聘请各类专业技术人员组建农业科技培训讲师团，根据当地农业发展和农民不同需求，到田间地头为农民解疑答惑。经省农广校批准，涟源市农广校成为湖南省第二批新型职业农民培育省级示范学校，湖南博盛生态农业技术开发有限公司等三家农业龙头企业和农民专业合作社成为省级新型职业农民培育实习实训示范基地（农民田间学校）。湖南忠食农业生物科技有限公司等5家农业龙头企业（农民专业合作社）成为市级新型职业农民培育实习实训示范基地（农民田间学校）。

【休闲农业】2016年，全市乡村旅游企业750家，年经营收入18亿元，接待游客600万人次。有国家五星级农庄2家，国家四星级农庄3家，国家三星级农庄3家；省五星级农庄19家，省四星级农庄30家，省三星级农庄40家。（龙略涛）

畜牧业

【概况】2016年，娄底市畜牧水产局围绕“稳生猪、壮牛羊、促家禽、强特色”的思路，推进生猪产业“稳量提质”，草食牧业、“两黑”（湘村黑猪和湘西黑猪、湘中黑牛）和名特水产发展等各项主要生产指标稳中有增。全年出栏生猪578.42万头、出栏肉牛20.30万头、出栏肉羊33.05万只，同比增长1.6%、4.31%、3.20%；出笼家禽2221.51万羽，同比增长3.20%。肉类总产量48.89万吨，同比增长5.98%；水产品总产量8.78万吨，同比增长6.33%。“一猪独大”格局在改善，规模化、标准化、产业化得以提升。

设办公室、人事科、计划财务科、政策法规科（质量安全科）、畜牧科、水产科（渔政监督管理站）、饲料管理办公室、纪检监察室8个内设科（室、站、所），下辖市兽医局（市兽药监察所）、市动物卫生监督所、市动物疫病预防控制中心、市畜禽水产品质量安全检测中心（市饲料产品质量安全检验站）、市渔业船舶检验管理站、市畜禽屠宰执法支队（市畜禽屠宰管理办公室）、市畜牧科学研究所（市畜牧技术推广站）、市水产科学研究所（市水产技术推广站）8个二级机构，有在职干部员工105人。

【污染整治】2016年，娄底市畜牧水产局开展禁养区生猪退养和非禁养区养殖污染综合治理。冷水江生态养殖推广，娄星区生猪退养，涟源、新化、双峰粪污综合治理及水府庙、柘溪水库水环境整治等都取得成效。全年关停退养禁养区畜禽规模养殖场285家，退养生猪11.68万头、其他畜禽

0.51万头，改造限养区和适养区规模养殖场1867家，改造率达85%；取缔网箱2万多口，迷魂阵199处，扳罾29个，拦网20道。落实非禁养区新建规模养殖场"三同时"（根据我国2015年1月1日开始施行的《中华人民共和国环境保护法》第41条规定："建设项目中防治污染的设施，应当与主体工程同时设计、同时施工、同时投产使用）制度，养殖废弃物综合利用逐步完善，养殖业环境逐步向好。"

【质量安全】2016年，娄底市畜牧水产局推动畜禽水产品质量安全监管工作由点到面整体展开，实现从产地到餐桌全程监控。全市畜禽水产品产地合格率100%，瘦肉精检测合格率100%，饲料产品抽查合格率98%。全年共查处生产、经营假劣或无证生产饲料、兽药案20起，动物卫生监督案24起，未建立养殖档案案4起。涟源市被评为全省"畜禽水产品质量安全监管示范市"，新化县被列入国家农产品质量安全示范创建县，双峰兽医监管在全省经验交流，市本级或评"全市食品质量安全先进单位"。

【两黑产业】2016年，娄底市畜牧水产局推进"湘村股份"实现新三板挂牌交易。湘村黑猪第一核心育种场获评"国家级示范场"。其品牌入选"2016年中国自主品牌百佳（行业十佳）企业"，成为国内唯一出口香港的黑猪品种。广益集团黑猪原种场和养殖基地呈稳步发展态势。湖南阳春科技新建安格斯一级种牛场验收投产，天华牧业牛肉产品销广州、深圳、上海等地，产值6.75亿元。形成以涟源、新化为主体的"育肥牛生产带"和"能繁母牛、架子牛生产带"以及一批"湘中黑牛"产业重点乡镇。肉牛人工冷配实现重点乡镇和规模场全覆盖，全市新投放安格斯种公牛70多头，累计黄牛冷配6万胎次，牛良种及杂交改良面达50%。"湘中黑牛"规模养殖场295家，存栏湘中黑牛15万余头，出栏5万头。

【动物防疫】2016年，娄底市畜牧水产局以春、秋两季集中免疫为重点，落实"免疫、监测、

娄底市畜牧水产局召开党的群众路线教育实践大会

监管"三位一体综合措施，做好强制免疫、疫情监测、产地和屠宰检疫、病死畜禽无害化处理和应急处置工作。全市高致病性禽流感、牲畜口蹄疫、猪瘟和高致病性猪蓝耳病四类动物强制病种免疫密度均达到100%；全年抽检血清学样品30225份、病原学样品9278份，群体免疫抗体合格率均超过70%，发现并扑灭2起山羊布鲁氏菌病疫情和8起疑似重大动物疫情；新建标准化动物检疫申报点8个，实现动物检疫A证（出省动物检疫证明）电子出证；全年无害化处理病死动物7.31万头。在全省动物防疫技能竞赛中总成绩全省第一，两名防疫员代表湖南参加全国动物防疫技能竞赛分获个人二、三等奖。有效控制境内出现H7N9流感疫情蔓延。

【屠宰监管】2016年，娄底市畜牧水产局屠宰职能移交工作全面完成，成立畜禽屠宰管理办公室和畜禽屠宰执法支队；落实屠宰场质量安全和生产安全主体责任，严格落实畜禽入场、宰前巡查、同步检验检疫、病死畜禽及屠宰废弃物无害化处理等全过程质量安全控制措施。全年完成11家定点屠宰企业升级整改和A类定点屠宰场的资格审核清理。娄底中心城区、双峰县、冷水江市机械化屠宰启动运行。打击私屠滥宰等违法行为，全年立案查处屠宰违法案件22起，端掉私屠窝点30个，在全省率先建立中心城区猪肉"城区+乡镇"统一配送模式。

（曾国洪）

表 43　**2016 年娄底市畜牧水产局先进集体和先进个人登记表**

获奖单位、先进个人	奖励名称	颁奖单位	颁发时间
娄底市畜牧水产局 全省动物防疫技能竞赛团体组织奖、优秀单位奖	全省养殖业目标管理综合考核先进单位(第三名)管理综合考核中被省局评为先进单位(排全省第三)	湖南省畜牧水产局	2016 年 12 月
娄底市畜牧水产局	全省重大动物疫病防控工作先进单位(第二名)	湖南省防治重大动物疫病指挥部	2016 年 12 月
娄底市畜牧水产局	全省动物防疫技能竞赛团体组织奖、优秀单位奖	湖南省畜牧水产局	2016 年 9 月
谢　辉	全国动物防疫技能竞赛二等奖	农业部	2016 年 10 月
刘林富	全国动物防疫技能竞赛三等奖	农业部	2016 年 10 月

农业机械化

【概况】2016 年，娄底市农业机械管理局推广育插秧类机械、耕整类机械、收割类机械、粮食烘干类机械、农产品加工类机械、植保类机械等 15206 台(套)，其中全喂入式收割机 358 台，轮式拖拉机 132 台，旋耕机 394 台，耕整机 2063 台，插秧机 229 台，其它机械 12030 台。使用国家补贴资金 2623.465 万元，受益农户 13263 户。全市拥有各种农用动力机械 53 万台套，农机总动力达到 361 万千瓦，比上年新增 15 万千瓦，增长 4.3%。完成机耕面积 255.5 万亩，机械植保 86.13 万亩，机电排灌 178.25 万亩，机械插秧 79.5 万亩。获国家农机购置补贴资金 4682 万多元。

【农机产业】2016 年，全市农机机电产业产值达 76.43 亿元，完成固定资产投资 3.7 亿元。举办各类培训班 26 期，完成拖拉机、收割机驾驶、农机维修、劳动力转移培训 3200 人。截至 12 月底，全市在册牌证管理机具保有量 11634 台。推广植保飞机 24 架，引进一家航空植保无人机生产商，水稻机械化植保作业水平提升。农机产品出口创汇 1500 多万美元，比上年同期翻一番。全市注册登记农机合作社 165 家，比上年新增 30 家，省级现代农机合作社 71 家；有 26 家农机专业合作社被评为省级现代合作社。“湘博会”有 150 家省内农机企业参展，近 10000 人到“一站式”服务现场咨询，购机 718 台(套)，使用国补资金 775 万元，发放市级累加补贴 129 万元，总成交额 3100 万元。

(刘贵铭)

表 44　**2016 年娄底市农机局先进集体和先进个人登记表**

获奖单位、先进个人	奖励名称	颁奖单位	颁发时间
娄底市农机局	湖南省农机化工作先进单位	湖南省农机局	2016 年
娄底市农机局	湖南省水稻育插秧机械化技术推广先进单位	湖南省农机局	2016 年
娄底市农机局	湖南省农机科教质量工作先进单位	湖南省农机局	2016 年
娄底市农机局	湖南省农机安全生产目标管理先进单位	湖南省农机局	2016 年
娄底市农机局	湖南省农机综合信息工作先进单位	湖南省农机局	2016 年

林　业

【概况】2016年，娄底市林业局围绕"健康森林、美丽湿地、绿色通道、秀美林场"四大主题建设，以绿色化为引领，以"加速转型、奋力赶超"为动力，实现"十三五"的良好开局。全市完成人工造林14.05万亩，其中重点工程长防林造林2.4万亩、退耕还林1.77万亩、石漠化造林0.9万亩、巩退造林1.63万亩、油茶造林1万亩、面上造林6.35万亩；全市完成油茶嫁接492.8万株；实行封山育林10万亩；完成中幼龄林抚育15万亩；完成低效林改造8.5万亩，完成"五边(路边、水边、城边、村边、宅边)"造林4.03万亩，新建村庄绿化面积0.96万亩，联村建绿村302个；完成通道绿化建设2060公里。全市新建义务植树基地147个，完成全民义务植树1004.4万株，全市适龄公民尽责率97%。各县市区全面开展古树名木普查登记及挂牌保护工作，全市森林覆盖率50.21%，林地面积616.95万亩，活立木蓄积量1505万立方米，林业总产值222亿元。

全市8个国有林场通过改革，有6个定性为公益一类事业单位，2个定性为公益二类事业单位，核定全额拨款事业编制人数270名，差额拨款事业编制数221名。改革后全市国有林场编制内人员和机构经费都纳入同级政府财政预算，编制外人员经费通过政府购买服务支付，职工社会保障问题得到解决。森林管护培育投入力度加大，森林旅游等一些富民工程得以实施。市委、市政府先后8次召开专门会议部署森林防火工作，出台《娄底市森林防火重点乡镇实施办法》全年发生森林火灾2起，无较大以上森林火灾和人员伤亡事故，共查处涉火案件29起，火灾发生率、受害率远低于省控指标。资源管理严格实施森林禁伐减伐三年行动，全市天然林、生态公益林、国家战略储备林、重要交通要道和河流沿线森林实现100%禁伐目标；开展"清网行动"、打击非法占用林地等涉林违法犯罪专项行动，全市查处林业行政案件111起，刑事案件78起，及时有效妥善处置双峰县坳头山地区五家砖厂非法占用林地案件。全市湿地保护率79.64%。全年林业有害生物成灾率0.5‰，防治面积17.36万亩，防治率78%，中短期测报准确率91%，种苗产地检疫率100%。

全市省级以上公益林管护349万亩，补偿资金5677万元；退耕还林0.95万亩，启动全市8个国有林场和涟源市、新化县天然林保护工程，选聘涟源市、新化县642名建档立卡贫困人口担任生态护林员，总计补贴资金超5000万元。有恒安、潮盛、大泽生、中南神箭、汇元5家企业成功申报2016年度全省林产工业(楠竹)加工专项实施单位。娄底市海人科技开发有限公司正式获批国家林业重点龙头企业，湖南中南神箭竹木有限公司获批国家电子商务示范企业，双双实现国字号零的突破。获评"全国绿化先进集体"，冷水江市资江村获评"全国生态文明村"，新化县大熊山"国家森林公园获评全国森林氧吧"，双峰县、涟源市、新化县被评为全市森林防火工作先进单位。（李丽文）

【绿化娄底四年行动计划】2016年，娄底市2012年实施的"绿化娄底四年行动计划"收官。全市完成人工造林面积61.3万亩，封山育林面积50万亩，总投资18.39亿元，绿化公路8792.33公里，绿化铁路118公里，河流绿化926公里；联村建绿村达848个，100个村庄获娄底市"绿色村庄"称号，市中心城区绿地率达35.02%，绿地覆盖率40.1%，人均公园绿地9.53平方米。实施"天蓝水净地绿三年行动计划"，全市完成人工造林34万亩，联村建绿村300个，义务植树2925万株，全市森林覆盖率达到52%。（蒋宏程）

【森林执法】2016年，娄底市森林公安局根据全市林区治安形势特点，把森林失火，非法狩猎，非法收购、运输、出售国家珍贵、濒危野生动物，滥伐盗伐林木和非法占用林地五类涉林违法犯罪案件作为重点，开展“春季火案查处”“候鸟保护”“打击非法占用林地”“国有林区辑枪治爆”等专项行动。全年接处警497起，查处各类涉林案件189起，其中刑事案件78起，行政、治安案件111起，依法打击处理各类违法犯罪人员210人，采取刑事强制措施61人，网上追逃5人，移送起诉22人，行政罚款158.6万元，收缴、放生各类野生动物3000余只(条)，收缴各类涉案猎枪猎具54把(套)，挽回直接经济损失450多万元。

(肖晖)

【松材线虫疫情】2016年，涟源石马山镇等地首发松材线虫病疫情，面积452亩，发病原因为外来高压电线电缆盘包装箱染疫传播。市政府分管副市长专门安排部署。涟源市启动林业有害生物灾害防治预案Ⅳ应急机制，成立除治指挥部，组建除治工作队，发布《涟源市人民政府关于加强松材线虫病除治和疫木管理工作的通告》，召开除治工作启动会议，制定《涟源市松材线虫病除治工作方案》，对因松材线虫病枯死11000株松木进行清理烧毁，悬挂200个诱捕器诱杀松褐天牛。

(蔡振华)

【大熊山林场获授“湖南省秀美林场”称号】2016年，大熊山林场坚持“生态保护优先，合理有序开发”的原则，连续14年实行封山禁伐，相继实施林相改造、森林抚育、优材更替、楠竹低改、国家储备林等重大生态项目，累计完成面积3.25万亩，林场森林资源得到有效保护和提质。林场拥有8个主类、20个亚类、46种基本类型216个资源单体，其中自然类旅游资源单体129处，人文类旅游资源单体87处，国家珍稀保护植物43种、动物27种。2016年投入1.16亿元，完成林路游道与电网改造升级，实现卫星电视、无线通讯全覆盖，有线电视、互联网、亮化绿化通达到所有核心景区。

(肖剑锋)

表45　**2016年市林业局先进集体和先进个人登记表**

获奖单位、先进个人	奖励名称	颁奖单位	颁发时间
娄底市林业局	全国绿化先进集体	全国绿委、人力资源和社会保障部、国家林业局	2016年8月
谭文红	全国绿化奖章	全国绿化委员会	2016年2月
龚洵胜	全省绿化先进个人	省绿化委员会、省人社厅、省林业厅	2016年6月

水　利

【概况】2016年，娄底市水利局在全市自然资源资产负债表水资源账户、自然资源资产离任审计、水资源报表、全国农业水价改革4项国家层面的改革试点工作取得进展，形成可供借鉴与复制的经验。涟源市被确认为湖南省农田水利综合改革试点，渡头塘镇的民兵灌区、桥头河镇农业产业园和白马灌区末级渠系灌区作为农田水利综合改革试点示范区；申报补充抵押贷款资金水利建设项目(PSL项目)，开展涟水、孙水河综合治理PPP项目。市域分布资江、湘江两大水系，境内有大小河流519条，有水府庙、柘溪两个大型水库库区，建成各类水库754座、水闸1975座、山塘13.57万处、固定电灌站4084处，蓄、

娄星区双江水库大坝

引、提水总量达到13亿立方米，农村水电站139处，总装机163兆瓦；10000亩以上灌区45个，其中白马灌区为大型灌区。被评为全省抗洪抢险先进集体、

水利建设"芙蓉杯"先进单位、全省水利财务报表编制工作先进单位。

【防汛抗旱】2016年，全市遭受7次强降雨袭击。新化县7月上旬遭受特大山洪灾害，柘溪水库出现建库以来最大入库洪峰。因强降雨致使全市6个县市区88个乡镇办受灾，部分地区重复受灾，农作物受灾面积68.5万亩，受灾人口79.1万人，转移人口4.52万人，倒塌房屋3189间，因灾死亡7人，累计直接经济损失21.36亿元，其中水利设施损失4.64亿元。先后启动防汛应急响应6次(4次Ⅳ响应，2次Ⅲ响应)，确保险情第一时间发现，第一时间处置，应对17次大范围暴雨或大暴雨天气过程。

【水利建设】2016年，全市累计完成中央水利投资计划29389万元，在全省中央水利投资计划执行情况考核中被评为优秀。争取投资5988万元，完成涉及58个乡镇190个贫困村安全饮水工程建设，解决9.64万建档立卡贫困人口饮水安全问题，全市农村自来水普及率从70.8%提高至75.6%。白马灌区、湄江灌区、炉观坝灌区等大中型灌区配套与段江泵站等灌溉排水泵站更新改造得以推进，实施小农水重点县(项目县)建设和五小水利建设。涟源市杨梓河(孙水)杨市段、双峰县四安埠河印塘乡河段和新化县油溪河、洋溪河河道治理工程等6个中小河流治理项目及涟源市城北防护圈等2个四水治理项目得以实施，双峰县何家水库、新化县高峰水库2处重点水源工程建设完成。作为全国农村小水电扶贫工程试点"新化县芭蕉园水电站"在国家发改委、水利部立项，安排中央预算扶贫资金2980万元，占全省水电扶贫资金52%，其建设模式、进度、扶贫方式等方面为全国试点创造可供复制的"娄底经验"，受到水利部和国家发改委来娄调研领导肯定。完成国家水土保持重点建设工程双峰九峰项目区石牛河生态清洁小流域与新化县坡耕地水土流失综合治理项目建设，新增水土流失综合治理面积21.9平方公里。涟源市杨家滩水利风景区获批国家水利风景区，涟源市城西河湖水系连通项目作为湖南省3个项目之一得以启动。

【水利管理】2016年，娄底市水利局抓好水资源开发利用控制、用水效率控制、水功能区限制纳污"三条红线"管理；完成湘江保护第一个"三年行动"计划任务，通过省政府对娄底市水资源管理绩效考核；起草《娄底市孙水河保护条例》。双峰县、涟源市被纳入全省水行政执法责任制建设县，被列入试点的新化县执法责任制建设经一年实践取得效果，在全省会议上推介经验。在建工程监管、水库安全运行、农村安全饮水工程管理、农村水电站运行、河道采砂整治等重点工作方面，开展水利安全生产大排查、大管控、大整治行动，安全生产监管，实现"零伤亡、零事故"目标。　(刘新文　赵婷)

表46　**2016年市水利局先进集体和先进个人登记表**

获奖单位、先进个人	奖励名称	颁奖单位	颁发时间
市水利局	2016年度全省水利财务报表编制工作先进单位	湖南省水利厅	2016年12月
市水利局	2016年度全省抗洪抢险先进集体	湖南省防汛抗旱指挥部、湖南省人力资源和社会保障厅、湖南省水利厅	2016年11月
市水利局	2016年度"芙蓉杯"水利建设考核先进单位	湖南省水利厅	2017年2月

水　文

【概况】2016年，湖南省娄底水文水资源勘测局(娄底市水文局)围绕"水信息采集现代化、水信息传输网络化、水信息处理智能化、水信息服务产品化"目标。贯彻省局绩效考核，责任分解考核指标；完善对机关、基层单位绩效考核制度；对考核形式、项目、结果及时反馈与跟踪；对基层水文单位职工的个人绩效考核与奖励性绩效工资挂钩。全年出动50多人次，完成应急监测任务；向省局发报1000余份，拦截错报1份，准确率100%，10分钟到报率99%。发布洪水黄色预警5次，提前发布洪水预报6次，合格率

100%，发实时预测预警信息300余条，答复各类咨询电话200余人次，编辑《水情简报》16期；每月编制《娄底市水资源质量监测状况简报》，对《孙水河保护条例》提出修改意见，做好农村安全饮水水质检测中心的建设和检测工作。现场设备维护68站次，95%达正常，完成29站设备改造。做好娄底站雷达水位计改造与涟源坝上水位计安装，以及冷水江、双峰站雷达波在线测流改造。完成冷水江、双峰、涟源站缆道主索加固处理工程，更换白溪、洋溪两站缆道；完成中小河流项目资料档案整理与固定资产清查。

【水文信息化建设】2016年，湖南省娄底水文水资源勘测局确立《娄底市水信息处理应用平台开发与应用研究》，获湖南省水利科技立项。通过建立实时数据库，利用同步软件5分钟同步一次，把省水文局实时数据库同步至娄底水文实时数据库；同步省水文局与县（市、区）水利局山洪预警站点数据；利用Google高清在线地图，经程序设计（WEB）来调用娄底实时及应用数据库数据，实现对整个水文信息的多重查询和管理，让数据查询移动化、设备维护管理与故障分析自动化和无纸化；实现中小河流任意预报断面的预警预报的在线与水质简报在线查询；完成双峰、娄底站方案分析和12个水文（位）站水位流量关系率定，开展雷达波在线测流系统的率定和双峰、冷水江两站的自动蒸发仪比测分析工作。

【水文基础管理】2016年，湖南省娄底水文水资源勘测局在抓好中小河流水文监测系统建设项目收尾工作基础上，完成新化水文站搬迁建设工程划拨土地使用手续办理与影响邹家滩站迁建选址和查勘等工作；完成3个地下水监测站的建设和177条10~50平方公里中小河流普查，对河源、河口、经纬度、地名与水系图进行详细调查，将成果上报省局，交南科院正式绘图。开展暴雨洪水调查。7月4日，新化县发生特大暴雨山洪灾害，组成调查小组赴实地进行暴雨洪水调查，编制《新化县西河、琅塘、天门等镇乡"2016.7.4"暴雨洪水调查分析报告》。且对市孙水、湄江河流域开展考察。在"娄底水文网"发刊200余篇技术资料，照片100余幅，"湖南水文网"刊登文章60余篇，照片30余幅；制作"娄底水文微信公众号"传递水文资讯。（刘宇飞）

表47　　2016年娄底市水文局先进集体和先进个人登记表

获奖单位、先进个人	奖励名称	颁奖单位	颁发时间
湖南省娄底水文水资源勘测局	2016届湖南省文明单位	湖南省精神文明建设指导委员会	2016年12月
喻小平	娄底市2016年优秀政协委员	政协娄底市委员会	2016年12月
喻小平	娄底市政协优秀委员学习活动小组组长	政协娄底市委员会	2016年12月
喻小平	娄底市政协我为"十三五"规划献一策活动三等奖	政协娄底市委员会	2016年2月
喻小平	2016年度考核嘉奖	湖南省水利厅	2017年1月
胡雪成	2016年湖南省优秀共青团员	共青团湖南省委	2017年4月

气象预报

【概况】2016 年，娄底市气象局坚持公共气象发展方向，以气象防灾减灾为主线，以促进经济社会发展和保障改善民生为宗旨，推进气象现代化建设。全市地面气象测报错情率为 0.00‰，农业气象测报错情率为零，全市自动土壤水分数据传输率平均 99.98%，地面测报传输质量为 99.94%，区域站传输及时率 98.77%。气象预报质量有较大幅度提高，24 小时天气预报准确率保持在 90%以上，48 小时天气预报准确率保持在 85%以上；晴雨预报（PC）83.02 分，高温预报（PC）69.87 分，低温预报（PC）84.64 分，风向风速（PC）97.53 分；暴雨、大风、雾等灾害性天气预报准确。探索建设“政府购买公共服务”，将区域自动站维护、人工影响天气、为农服务等纳入政府购买服务目录；与娄底高速管理处、市发改委、涟钢公共资源部开展气象科技服务新领域。获评全市安全生产与森林防火先进单位。娄底市气象学会获评 2016 年湖南省全国科普日优秀组织单位、2016 年度娄底市示范学会。娄底市气象局工会荣获“模范职工之家”。娄底市气象局机关党委获授 2016 年度市直机关“先进基层党组织”称号，娄底市气象局机关党支部被湖南省气象局授予“基层党支部示范点”。双峰县气象局获 2016 年度湖南省气象局重大气象服务先进集体表彰；1 人获 2016 年度湖南省气象局重大气象服务先进个人表彰；3 人获 2016 年度湖南省气象业务工作优秀表彰。

【气象服务】2016 年，娄底市气象局全年制作发布《一周预报》52 期，《专题天气预报》57 期，《重大气象信息专报》8 期，发布决策服务短信 126 次，服务 4.8 万余人次，发送各类气象灾害预警信号 268 期，服务 158.2 万人次。通过手机短信、“96121”预警外呼等方式服务 1500 余万人次。受超强厄尔尼诺现象影响，全市暴雨、高温、冰冻、雷电、霾、冰雹等灾害性天气频发。历经 17 次大范围暴雨或大暴雨天气过程，做好 1 月暴雪冰冻天气，6 月、7 月两次大暴雨天气过程等的气象服务。7 月 4—6 日全市特大暴雨洪涝期间，提供准确气象信息，为抗灾救灾赢得时间。创新“互联网 +”智慧农业气象服务模式，利用农业 APP 平台、惠农电商服务平台为全市农业企业、种养大户等新型农业主体提供直通式气象服务，全年发布气象为农服务信息 283 期，冷水江局完成“三农”服务专项。与环保部门联合推进大气污染监测预警体系建设，组织开展空气质量监测预警、空气污染气象条件预报并对外发布服务产品，实现大气污染气象条件综合评估业务常态化；与娄底市森林防火指挥部签署合作协议，制定《娄底市森林火险预警工作规范》。

【现代化建设】2016 年，娄底市气象加强 MICAPS、SWAN、县级综合业务平台本地化应用，推进县级综合气象观测业务平台（MOPS）业务运行，完成娄星区暴雨洪涝风险普查任务和全市人影装备更新，促成湖南省气象局与娄底市人民政府就共同推进气象服务娄底经济社会发展签署合作协议，气象工作纳入娄底市“十三五”规划，与市发改委联合编制娄底气象发展“十三五”专项规划。气象为农服务体系建设纳入“七个三年行动计划”。双峰、涟源气象台站整体建设推进顺利，娄底观测站、冷水江、新化综合改造项目获湖南省气象局批复。市级突发事件预警信息发布系统建设各项工作得以推进，新化县突发事件预警信息发布平台建设启动。

【依法行政】2016 年，娄底市气象局将防雷安全生产纳入市县乡三级地方政府安全生产年度综合目标管理考核；对全市危爆危化行业、重要公共设施、公共聚集场所等 528 家单位进行防雷安全检查检测，累计提出整改意见 2400 余条。落实领导带队检查安全生产工作制度；组织气象专家团队在《安全大讲堂》电台栏目，开展防雷安全知识宣传。按照法律规定开展行政审批工作，开展施放气球执法巡查 265 次，开展防雷安全督查 69 次，下发责令停止违法行为通知书 15 份，立案 1 起。核准防雷装置设计审核 21 项，防雷装置竣工验收 21 项，氢气球施放活动审批 96 项。参加宣传部“五下乡”活动，做好“3·23”世界气象日宣传，气象科普进校园讲座、三大新闻媒体宣传、“5·12”日、安全生产月宣传、科技活动周等宣传活动。共发放气象知识宣传单超 8000 份，防雷知识手册超 5000 份，手机短信宣传单超 2000 份。

（肖波 李志斌 肖清）

工　业

经济与信息

娄底市委经济工作会议

【概况】2016年，娄底市经济与信息化委员会坚持转型创新、攻坚克难，出台《娄底建设制造强市五年行动计划(2016—2020年)》《娄底市帮扶工业企业十五条》《娄底市企业帮扶工作实施方案》《娄底市精品钢材及薄板深加工发展规划》。通过实施“工业提振三年行动计划”和开展“项目建设大比拼”及工业企业(项目)帮扶活动，全市716户规模以上工业企业实现增加值430.41亿元，同比增长6.7%，在全省排名第六，比2015年进位7个名次。全年完成工业固定资产投资491.7亿元，其中技术改造投资372亿元，同比分别增长17.8%和26.2%，排名全省第二和第一。涟钢、冷钢、三一等传统骨干企业快速增长拉动全市规模工业的增长。医药食品业、通用设备制造业、专用设备制造业同比增长均超20%，快于规工增速，呈现传统、新兴并驾齐驱、两端发力态势。全市万元规模工业增加值能耗下降8.2%，高出省定目标3.7个百分点，规模工业增加值用水量降低7%，工业固体废弃物综合利用率达到85%以上。全市规模以上工业企业实现主营业务收入1728.99亿元，同比增长7.5%，实现利润(盈亏相抵后)71.12亿元，同比增长66.8%，增幅排名全省第一。全市新增入统规模工业企业131户，分别超出省市目标122%、31%，排名全省第五位。

【电力工业】2016年，全市电力装机总容量361.7万千瓦，比上年末增加7万千瓦。其中：水电27.55万千瓦，与上年持平；火电324.11万千瓦，比上年增加2.4万千瓦；风电9.98万千瓦，比上年增加4.6万千瓦，光伏发电747千瓦，比上年增加720千瓦。全市累计发电量126.79亿千瓦时，同比增长1.9%。其中，火力发电113.04亿千瓦时，增长0.8%；水力发电12.01亿千瓦时，增长4.7%；风力发电1.73亿千瓦时，增长118%。生物质发电、风力发电和光伏发电等新能源装机13.0547万千瓦，同比增加4.662万千瓦，全年发电量2.99亿千瓦时，同比增长82.13%，继续快速发展。涟钢、冷钢等8户企业拥有自备发电机组装机容量55.3万千瓦，全年自发发电量40.3亿千瓦时，同比增长16.5%。全市全社会用电量累计124.29亿千瓦时，同比增长1.7%，其中，一产业用电量0.45亿千瓦时，同比增长6.5%，二产业用电量90.45亿千瓦时，同比增长-1.7%(工业用电量89.56亿千瓦时，同比-1.7%)，三产业用电量12.55亿千瓦时，同比增长11.8%，城乡居民生活用电量20.83亿千瓦时，同比增长11.9%。通过落实下调工商业电价、取消公用事业附加费、电力直接交易等政策，为企业减少电费支出13700万元。

【原材料工业】2016年，全市原材料工业除有色行业外，其他行业运行平稳，稳中有进，整体效益回升。有色行业呈减亏增盈态势，冶金行业由于钢市价格上行，产量、效益有增长，建材行业继续保持稳定增长。全市原材料工业累计完成投资153.6亿元，同

市委书记李荐国(右四)、市长杨懿文(左二)赴娄底经开区调研工业经济发展情况

比增长 32%。

【冶金有色】2016 年,全市冶金行业呈现恢复性较快增长。完成工业增加值 82.12 亿元,同比增长 10.3%,实现产值 480.75 亿元,同比增长 14.4%。实现利润 7.58 亿元,比上年同期扭亏增盈 20.38 亿元。全市有色行业完成工业增加值 11.24 亿元,同比下降 11.3%;完成产值 65.85 亿元,同比下降 12.3%;亏损 1.23 亿元,比上年同期少亏损 0.31 亿元。

【石化建材】2016 年,全市石化行业完成工业增加值为 12.17 亿元,同比增长 2.1%;完成工业产值为 72.18 亿元,同比下降 5.6%。实现利润 1.46 亿元,同比下降 7.9%;全市建材行业呈平衡增长,完成工业增加值 34.40 亿元,同比增长 9.1%,完成工业产值 139.85 亿元,同比增长 7.6%。实现利润 10.25 亿元,同比上升 20.6%。

【新材料产业】2016 年,全市新材料产业完成产值 300.17 亿元,同比增长 50.18%。文昌科技、安地亚斯、创一电子、三泰新材、通达金属等一批高成长性企业产销两旺,呈现出创新能力强、市场前景广阔、规模快速扩张、生产与效益同步增长的良好发展态势,部分企业产品还填补国内空白,向国外市场扩展。

【医药食品工业】2016 年,全市食品工业完成总产值 149.1 亿元,同比增长 26.6%,增加值完成 29.2 亿万元,同比增长 30.1%;医药工业完成总产值 18 亿元,同比增长 19.8 %,增加值完成 4.97 亿元,同比增长 15.9%。制定《生物医药、保健食品及医疗器械制造业三年行动计划》实施。组织 2016 年度湖南省中药材基地示范县的申报、评审工作,引导全市中药材的规范化种植,新化县成为首批湖南省中药材基地示范县 8 个县市之一。组织全市有关重点企业参加 9 月下旬第二届吐鲁番国际干果交易会和湖南省与吐鲁番市举办的湖南—新疆(吐鲁番)产业合作对接会,引导和促进全市企业积极对接"一带一路"发展战略,加快走出去步伐,努力开拓西北及中亚销售市场。在全市范围内对白酒、食用植物油、肉制品、婴幼儿配方乳粉四类重点食品生产企业及其他重点企业开展追溯体系建设工作。

【电子信息产业】2016 年,全市抢抓国家推动新型智慧城市建设、实施"互联网 +"行动计划和《中国制造 2025》等战略契机,推进"智慧娄底"建设和电子信息产业发展。出台《智慧娄底规划(2016—2020 年)——娄底市国民经济信息化发展规划》《智慧娄底建设五年行动计划》2 个规划。完成项目可行性研究报告立项审批、专家评审和招投标工作。确定浪潮软件集团作为项目社会资本方,与政府出资代表市创投集团成立项目公司,统一推进智慧娄底各子项目建设工作。确定智慧娄底建设 PPP 项目预算总投资 70762 万元,资金来源为自筹资金 21762 万元,申请银行贷款 49000 万元,项目包括土建工程和"云上娄底"大数据中心和智慧城市运营管理中心,以及智慧政务、城市管理、民生服务、智慧产业等共 27 个智慧娄底重点信息化工程。

【移动互联网和软件服务业】娄星区移动互联网产业园(吉星金融广场金融大厦)2015 年 5 月正式竣工验收,主体工程如期交房并投入使用。目前浪潮集团娄底分公司等 10 家企业入驻。万宝新区移动互联网产业园 11 月 1 日启动建设,吸引 58 同城、湘飘天下等十余家企业入驻,运营平台达 14 个,涵盖移动电子商务、智能终端、平台服务、跨境电商、互联网 + 食品制造、互联网 + 精准扶贫等业务类别。娄底市金鑫电子科技有限公司建设的北斗卫星导航车载终端研发制造与应用平台项目位于娄底市娄星工业集中区(中小企业创业基地)。项目预计总投资 5.85 亿元,获得国家 5800 万元专项基金。娄底市手拉手网络科技发展有限公司在国内率先开发具有自主知识产权的“学安宝”项目，完成学校 87 所设备安装，用户数突破 50 万户。百蔬园生鲜服务平台依托自己的配送检测中心、加盟连锁门店与终端取物柜，利用互联网构建一个适应时代发展的以生鲜农副产品为主的配送体系，形成娄底首家生鲜电子商务服务平台，与华润涟源电厂、海螺涟源公司、雪花娄底啤酒厂、涟钢轧钢厂、娄底职业技术学院等 30 多家企事业单位签订长期配送协议，合作加盟服务点达 116 个。全年完成各项业务，营销收入 2571 万元，实现利税 44.81 万元。

【电子陶瓷产业】2016 年，全市现有陶瓷企业 150 家，规模以上企业 35 家（其中新化 29 家，娄底经开区 3 家，冷水江市 3 家），产业总产值超过 62 亿元，税收达 3 亿元。产品从单一电子陶瓷发展为结构陶瓷、电子陶瓷、功能陶瓷、保健陶瓷等大类 1000 余个精细陶瓷品种，在国内市场上，温控器瓷件在全国占有 80%以上市场份额，放电管用金属化瓷管、保险管瓷管在全国占有 70%以上的市场份额，水阀片系列产品占有国内市场份额的 90%以上。特别是国家电子陶瓷检验中心落户娄底运行，推动“产、学、检、研”的平台建设和成果转换。累计申请专利 370 件，通过省级科技成果鉴定 20 余项，与大专院校签订产学研合作项目 20 余项，申报国家及省部级科技专项 20 多个，争取项目资金超 2000 万元。（张杰军）

表 48　**2016 年市经信委先进集体和先进个人登记表**

获奖单位、先进个人	奖励名称	颁奖单位	颁发时间
娄底市电力行政执法支队	全省经济和信息化系统行政执法示范单位	省经信委	2016 年 12 月
张杰军	湖南省“六五普法”依法治理先进个人	湖南省委法治湖南建设领导小组	2016 年 9 月

涟源钢铁集团有限公司

【概况】2016 年，涟源钢铁集团有限公司从严管理，挖潜创效。实现“两个 100 元”目标（内部工序成本较预算降低 100 元 / 吨钢，供销两头创效 100 元 / 吨钢）。继而制定“三个 150 元”目标（内部工序成本较预算降低 150 元 / 吨钢，采购成本较年预算降低 150 元 / 吨钢，销售创效较年预算增利 150 元 / 吨钢）。全年矿石消耗、钢铁料消耗、吨钢综合能耗等主要技术经济指标分别较 2015 年降低 10.43 公斤 / 吨、4.2 公斤 / 吨、3.9 公斤 / 吨，自发电总量达到 30.72 亿公斤 / 吨，较 2015 年多发电 4.12 亿千瓦时，吨钢发电量达到 441 千瓦时。特色产品销量和市场占有率快速提升，入驻国内标杆企业采购平台新增 5 家，冷、热轧品种钢销量达 130 万吨、85 万吨，分别较 2015 年增长 42.6%、114.7%。内部工序、采购、销售制吨钢创效最好月份分别达到 133.6 元、162.9 元、164.1 元，实现创效 17.39 亿元。生产焦炭 151 万吨、铁 678 万吨、钢 696 万吨、材 680 万吨。实现总产值 195 亿元，增加值 32.19 亿元，全年营业收入 211.66 亿元，缴纳税费 10.15 亿元。产品结构以热轧、冷轧卷板为主，棒材为辅，其中热轧产品约占 52%、冷轧产品约占 22%、带肋钢筋约占 26%，板材重点产品进入中石油、格力电器、中联重科、东风汽车等国内一线品牌供应链，为拥有第三代高端汽车板生产技术的华菱安赛乐米塔尔汽车板公司（VAMA）提供基板，具年产钢 800 万吨以上综合规模，总资产 335 亿元，在岗职工 11916 人。

【科技创新】2016 年，涟源钢铁集团有限公司实施产品结构战略性调整。全年新开发重点产品 36 个，酸洗板、冷成型板、耐磨钢等拳头产品放量，热轧汽车结构用钢实现系列覆盖，高强薄规格和耐磨钢处于行业领跑者地位，进军南美等国际市场，冷轧镀锌无铬耐指纹产品应用于高端 3C 行业，品种钢实现创效 2.32 亿元。开展技术攻关，产品质量逐步提升，LG700T 获得冶金产品特优质量奖，LG510L、DX53(51)D+Z 获得卓越产品奖，75Cr1、LG510CL、NM300-500 系列等 5 个产品获得质量金杯奖，获评首批“产品质量监督（国家和省级）抽查连续 5 年合格企业”。研发经费投入加大，实施产品研发和工艺技术研究项目18个。

【节能减排】2016年，涟源钢铁集团有限公司开展重典治污，淘汰落后工艺和产能，削减各类污染物排放。投入环保专项资金1.04亿元，完成生产区域雨污分离、130和180烧结机脱硫后废水铊污染治理等项目，启动一炼轧转炉一次除尘系统湿法改干法除尘工程。定期公布涟钢区域环境空气质量、废水排放指标和有组织废气排放指标。自发电比例达到83.52%，较年计划提高1.62个百分点，年减少煤气散发达51.3亿立方米。加强环保设施管理，全年外排废水合格率达到100%，SO_2、COD等主要污染物排放量分别较计划减少4202吨、71吨，各项环保指标达到国家标准，环境污染事故为零；年内外销废渣70.61万吨，创效3823万元；厂区绿化面积达到265万平方米，平均降尘量较2015年每平方公里下降3.01吨，环境空气质量平均达良好天数比上年提高0.91%。

【企业管理】2016年，涟源钢铁集团有限公司通过深化体制机制改革，提升生产经营能力，完善组织绩效管理，推动激励向创效多、贡献大的关键岗位倾斜，累计发放项目制专项激励800万元。实施组织机构精简优化，二级机构、中层管理人员、基层管理人员分别精减25%、9.3%、12%。全年净减岗位劳动用工2180人，主业劳动生产率提高至650吨钢/人·年。通过TS16949体系年度监督审核，完善隐患自查自纠和内部风险防控体系建设，全年安全工作保持高压态势，工程技术业务走出国门，后勤服务推出绿色食品等创效板块，第三方物流业务持续增量，全年集团非钢产业累计创收56亿元，同比增长9.8%。（廖敏）

表49

2016年涟钢先进集体登记表

获奖单位	奖励名称	颁奖单位	颁发时间
湖南华菱涟源钢铁有限公司	湖南省科学进步奖二等奖（板坯连铸倒角结晶器及配套技术研究与应用）	湖南省人民政府	2016年2月
湖南华菱涟源钢铁有限公司	湖南省“守合同重信用”单位（2015年度）	湖南省工商行政管理局	2016年6月
湖南华菱涟源钢铁有限公司	建筑钢材产品在2011—2015年省级以上产品质量抽检中连续5年合格	湖南省质量技术监督局	2016年9月
湖南华菱涟源钢铁有限公司	产品质量监督抽查连续合格企业（2011—2015年度）	湖南省质量技术监督局	2016年9月
湖南华菱涟源钢铁有限公司	冶金行业卓越产品证书〔连续热镀锌钢带（DX53D+2）〕	冶金工业质量经营联盟	2016年10月
湖南华菱涟源钢铁有限公司	冶金行业卓越产品证书〔汽车大梁用热轧钢板和钢带（510L）〕	冶金工业质量经营联盟	2016年10月
湖南华菱涟源钢铁有限公司	金属协会2011—2016年度先进集体	中国金属协会	2016年10月
湖南华菱涟源钢铁有限公司	中国金属学会先进集体	中国金属学会	2016年10月
湖南华菱涟钢薄板有限公司	高新技术企业（2016.12—2019.12）	湖南省科学技术厅、湖南省财政厅、湖南省国家税务局、湖南省地方税务局	2016年12月
湖南华菱涟源钢铁有限公司	冶金产品实物质量认定证书金杯奖（工程机械用高强度耐磨钢板NM400）	中国钢铁工业协会	2016年12月
湖南华菱涟源钢铁有限公司	冶金产品实物质量认定证书金杯奖（锯片基体用热轧钢板和钢带（75Cr））	中国钢铁工业协会	2016年12月
湖南华菱涟源钢铁有限公司	冶金产品实物质量认定证书金杯奖（汽车车轮用热轧钢板和钢带（490CL））	中国钢铁工业协会	2016年12月
湖南华菱涟源钢铁有限公司	冶金产品实物质量认定证书金杯奖（钢筋混凝土用热轧带肋钢筋（HRB400））	中国钢铁工业协会	2016年12月

湖南省煤业集团涟邵实业有限公司

【概况】2016年，湖南省煤业集团涟邵实业公司围绕“一主两翼”核心战略，抓项目开发，推进棚改建设，平稳推进项目开发。先后在长沙开发“枫华府第”“华泰尚都”（湖南律政大楼）等房地产项目。在娄底市以万富东街拉通为契机，打造娄底火车站至洞新市场商业街；结合湘中园四期工程开发，开发华泰广厦商住楼项目；完成蛇形山一期、二期棚改，正开发洪山殿棚改项目。

公司前身为湖南省涟邵矿务局，始建1959年，2001年8月整体改制成国有独资大型工业企业——湖南矿业集团有限公司，系全国煤炭企业100强和全省工业企业100强之一。2008年9月矿区管理体制改革后更名为湖南省煤业集团涟邵实业有限公司，隶属于湖南省煤业集团。公司下辖长沙继善机电公司、湖南华泰广厦房地产公司及涟邵机关、机厂、涟邵总医院3个社区管委会，另参股企业娄底市联众置业发展有限公司。注册资本1.1亿元，员工200多人。以建筑工程施工、房地产开发，矿井建设、建筑工程设计为主营业务；兼营机械设备制造与维修、建筑材料、矿山机械、电气设备、办公用品的销售，电子通讯，矿山技术开发与服务等。（刘艳）

湖南省煤业集团金竹山矿业有限公司

【概况】2016年，湖南省煤业集团金竹山矿业有限公司推行“三个湘煤”（和谐湘煤、高效湘煤、廉洁湘煤）建设，保持战略定力，奋力攻坚克难，调整三矿井采掘部署，精心组织生产。原煤生产全年计划66.91万吨，实际完成58.13万吨，为计划86%，比同期减产13.85万吨；开拓准备进尺计划3630米，实际完成2237米，完成计划69%，同比减少825米；商品煤销售计划66.91万吨，实际销售59.14万吨，销大于产1.01万吨；平均售价330.39元/吨，同比降低16.50元/吨。原煤制造成本累计328.81元/吨，同比降低24.59元/吨；成本394.27元/吨，同比降低42.94元/吨。累计亏损2919万元，同比减亏3910万元。在岗职工月平均工资2838元，人均工资收入34063元。

安排专项资金1200多万元，完成三矿井6项系统改造工程，淘汰落后设备，更新自救器，配齐便携式报警仪。新建土朱矿东翼排水系统。配合涟邵管理局“支、帮、促”工作，深入开展“狠反三违、根除隐患、确保安全”、“大排查、大整治、大管控”和机运专项整治等活动，对未造成人员伤害的事故，按“四不放过”原则召开分析会，扩大警醒效果。一平硐连续实现第五个安全年，安全生产周期达2000天；塘冲矿连续实现第三个安全年；土朱煤矿连续实现第二个安全年。托山矿“去产能”工作到位，改变销售受制于本地电煤市场的不利局面，产品优势化为效益优势。抓住煤价回升机遇，实现稳产增产增收。“两供一业”移交工作分步实施，分别与接收单位签订水、电改造移交框架协议，完成城区小区、塘冲小区生活用电移交改造合同，一平硐、土朱、托山3个独立工矿区电力移交完成现场勘察进入项目设计阶段。（谢小玲）

表50 2016年金竹山矿业公司先进个人登记表

获奖单位、先进个人	奖励名称	颁奖单位	颁发时间
刘文毅	优秀共产党员	中共湖南省国资委委员会	2016年6月
田　斌	全国煤炭行业优秀共青团员	全国煤炭行业共青团工作指导和推进委员会	2017年5月

大唐华银金竹山火力发电分公司

【概况】2016年，大唐华银金竹山火力发电分公司全年完成发电量53.78亿千瓦时，居大唐集团公司在湘企业首位；日发电量3次刷新投产以来历史纪录，最高达4227万千瓦时。全年未发生人身、设备、火灾事故，实现安全无事故2364天。完成3号机组超低排放改造工程，二氧化硫、氮氧化物、烟尘含量同比分别下降57.02毫克/立方米、37.65毫克/立方米、11.17毫克/立方米，达国家和湖南省最新环保排放标准，实现连续4年经营盈利。获授"全国精神文明建设工作先进单位""全国模范职工之家""全国五四红旗团委""全国文明单位""全国电力工业环境保护先进集体"、中国大唐集团公司"基建工程样板工地""配煤掺烧先进企业""两型企业""文明单位"，湖南省"发电企业环保专业先进单位"等称号。（黄 彬）

表51 **2016年大唐华银先进集体和先进个人登记表**

获奖单位、先进个人	奖励名称	颁奖单位	颁发时间
大唐华银金竹山火力发电分公司	第二届全国设备管理创新成果二等奖：世界首台600兆瓦级超临界"W"火焰锅炉受热面膨胀治理问题的研究	中国设备管理协会	2016年7月
大唐华银金竹山火力发电分公司检修部	全国模范职工小家	中华全国总工会	2016年5月
大唐华银金竹山火力发电分公司	科学家论坛科技创新发明成果奖：世界首台600兆瓦级超临界"W"火焰锅炉受热面膨胀治理研究	中国未来研究会 中国高科技产业化研究会、 中国技术市场协会	2016年10月
大唐华银金竹山火力发电分公司	中国电力创新三等奖：低NOx高效燃烧技术在600兆瓦燃煤电厂"W"型锅炉上的研究与首次成功应用	中国电力企业联合会	2016年11月
大唐华银金竹山火力发电分公司	2016年度电力行业标杆化验室	中国电力技术市场协会 电力行业化学专业技术委员会	2016年7月
大唐华银金竹山火力发电分公司环保部除尘脱硝二班	湖南省电力安全生产示范班组	国家能源局湖南电监办	2016年2月
晏杰俊	中央企业技术能手	国务院国资委	2016年1月
陈习军、胡时波 赵韵奇、黄凯 刘顺贵	第五届全国电力行业设备管理创新成果一等奖	中国电力设备管理协会	2016年3月

锡矿山闪星锑业公司

【概况】2016年，锡矿山闪星锑业有限责任公司遵循"聚焦主业、分离辅业、盘活资产、创新机制、激发活力、分块突围"的指导思想，坚持"安全第一、预防为主""百年锑都、绿色发展"的理念，推进企业改革。举办各种培训32期次，培训岗位人员1000多人。按进度要求完成锑冶炼厂二氧化硫烟气治理改造和采选厂废水零排放项目建设。全年自产锑精矿含量8041吨，精锑11079吨，氧化锑22500吨，锌锭8213吨，销售锑品26044吨、锌锭8357吨，实现收入117818万元（含资产公司），降低各项费用达10000

万元,完成全年生产经营计划,实现年初预算目标。通过HSE矿山二级标准化体系复评审,杜绝工亡事故,实现平安年的目标。在五矿集团安全生产技能竞赛中取得第一名。获评五矿有色控股集团“安全环保先进单位”“娄底市安全生产先进单位”,川风坳废渣治理项目开工。

【改革转型】2016年,锡矿山闪星锑业有限责任公司确定“聚焦主业、分流辅业、盘活资产、创新机制、激发活力、分块突围”的改革思路,出台《改革实施方案》《富余员工分流安置及相关待遇管理办法》《特困员工经济救助办法》,妥善做好员工分流安置。优化产业结构,注销子公司2家,机关部室由原有18个压减到13个,精减中层管理35人,通过多种渠道分流安置富余员工2868名,分流比例达44%;“三项制度”改革取得积极进展,推行“一定二挂三考核”的工资总额考核办法,探索性推行职位体系管理;提质增效效果明显,吨锑精矿成本同比每吨降低7445元,锑冶炼厂综合加工成本同比每吨降低823元,精细厂综合加工成本同比每吨降低1291元;推进“三供一业”分离移交,完成供电、供水移交可研报告,移交电视转播工作。

【创新升级】2016年,锡矿山闪星锑业有限责任公司创新能力建设项目通过结题验收,“锑冶炼清洁生产新工艺”通过财务验收。全年共申请专利12项,授权专利6项,有7项专利被湖南省认定为重点发明专利。建成复合阻燃剂生产线,完善锑产品结构。完成26万吨地质找矿与飞水岩矿床边深部普查项目,探获333+334资源量1.2万吨金属量。与日本明和产业和明和产业铃裕化学联合举办20周年庆典,无尘氧化锑品环保型深加工达成三方合作协议。

(廖朝勇)

华达汽车空调(湖南)有限公司

【概况】2016年,华达汽车空调(湖南)有限公司按照TS16949质量体系文件实行管理。开发江铃汽车N352、北汽福田M4(2060)、东风裕隆LC 3个项目;正在开发项目有一汽解放J7、北汽福田M4(2200/1880)等3个。对活塞喷涂线进行改进,降低材料消耗,实际单台消耗成本降低0.9元,全年节约成本41.9万元。对产品包装进行重新设计,取消原有泡沫包装,采用环保纸资材料,全年节约包装成本35.4万元。全年销售汽车空调压缩机455193台,同比增长37.8%;实现销售收入2.59亿元,同比增长32.7%;实现利税6230万元,同比增长43.8%。市场不良品率为120PPM,远远低于同行业其他厂家,受到中国汽车行业客户好评。开展安全隐患排查4次、查处安全隐患20余起、下达整改通知10余份,督促整改到位、出安全生产知识专题板报4次、员工安全教育培训100余人次,参加上级组织的各项专业培训5人次、迎检超10次、编制应急预案4份、专项安全方案4份、绘制各种表格超10份。

(彭芳)

湖南兵器长城机械有限公司

【概况】2016年,湖南兵器长城机械有限公司围绕年初生产经营目标,抓经营、攻难关、稳质量。按照GJB9001B-2009要求,质量保证体系修订完善,通过配套专项管理制度以及组织开展内审等工作,在第三方质量体系综合评议中以高分通过专家的现场审查;实施实物质量控制,全年综合良品率达99.5%,一次交验合格率为100%;按照陆军装备的“五个精益”要求抓好“精品工程”的实施和QC小组活动,提高员工质量意识、产品实物质量和公司质量管理水平。综合技术改造项目通过现场竣工验收,安全生产标准化体系建设通过二级达标评审,二级保密资格通过省军工保密资格认证委复查。编制完成《管理制度汇编(新版)》,通过组织现场参观学习先进单位班组建设经验、确定试点班组、制订推进计划,明确各成员单位职责、班组班组建设推进流程、班组达标标准、考核与奖励办法。制定班组质量、安全、生产组织等7个班组建设制度;班组建设管理办公室成员帮助各试点班组制定各项班组管理制度、建立班组园地、设计班组管理所需各种图表及表格。对一线技能人才加强培养,刘建伟在湖南省“十行状元、百优工匠”竞赛活动中取得钳工组第一名的成绩,获湖南省“十行状元”称号;组织编制“岗位说明书”,从价格管理、改进工艺、提高质量等6个方面降低成本,规范采购询价、议价、比价等工作。全年无重大涉枪涉爆案件,因工死亡率、因工重伤率为零;事故隐患整改处置率100%;建设项目安全和卫生“三同时”执行率100%;一般事故频率3.6‰。

(李雅静)

表 52 **2016 年湖南兵器长城机械有限公司先进集体和先进个人登记表**

获奖单位、先进个人	奖励名称	颁奖单位	颁发时间
湖南兵器长城机械有限公司×××产品	湖南省国防科学技术进步奖 一等奖	湖南省经济和信息化委员会	2016 年 1 月
刘徐贞	湖南省优秀党务工作者	湖南省委	2016 年 6 月
刘建伟	湖南省 2016 年“十行状元、百优工匠”竞赛活动 十行状元(钳工)	湖南省 2016 年“十行状元、百优工匠”竞赛活动组委会	2017 年 4 月
刘建伟	湖南省五一劳动奖章	湖南省总工会	2017 年 4 月

地质矿产勘测

【概况】2016 年,湖南省地质矿产勘查开发局四一八队秉承“聚优秀人才、强特色产业、塑先进文化”理念，累计探明 332＋333 锑金属量 11.87 万吨，332＋333 金金属量 9.9 吨,332＋333 锡资源量 1.798 万吨。中标长沙地铁 6 号线 KC-1、KC-4 两个标段勘察项目,合同金额达 4908 万元,经专家评审,验收合格。国家地下水监测工程湖南地下水监测站第一口监测井在娄星区万宝乡开工建设。年内购置无人机一台，首次承担娄星区 270 平方公里航空摄影测量项目。418 华天大酒店实现经营收入 4185 万元,净回收投资 1020 万元。全队全年共实现经营总量 4.94 亿元,其中:预算内拨款 9243 万元,同比减少 20%。预算外实现经营收入 4.01 亿元,达到历史新高点,比上年增加 1194 万元,增加 3%。预算外实现经营收入中,地质勘查业全年承担各类国家地质项目 8 个，签订各类商业地质合同 480 个,实现结算收入 1.01 亿元;勘测施工业全年新签各类经济合同 313 个,金额 1.95 亿元,实现结算收入 1.83 亿元;多种经营业全年实现经营收入 1.17 亿元。获授“2016 届湖南省文明标兵单位”。

(李广明)

城乡建设·房地产·环境保护

城市建设管理

湘中大道

【概况】2016年，全市开工建设项目233个，完成投资145.81亿元。其中娄星南路、市生活垃圾填埋场、三库区扩建工程、经开区孵化园道路、经开区配套道路工程、经开区安置基地、道路配套工程、涟北新村、城西公租房二期、城西棚户安置小区等126个项目，完成投资84.48亿元。冷水江市开工建设群丰路二期工程、青园路改扩建工程、江南路二期延伸工程等23个项目建设，完成投资10.27亿元。涟源市推进娄底大道涟源段、梅亭东路及风光带、中心公园及彩龟湖、市二水厂、中心城区管道天然气、道路提质改造等19个项目建设，完成投资20.86亿元。双峰县加快湄水河东防洪堤综合治理工程、双峰县城污水管网完善工程、双峰县娄衡高速双峰连接线、双峰一中新校区等37个项目建设，完成投资13.4亿元。新化县加快白沙洲西路、农贸市场、物流园、古城路、五里亭路、科苑东路等28个项目建设，完成投资16.8亿元。全市小城镇基础设施建设项目共开工162个，完成投资9.29亿元。启动高速公路沿线特色小镇建设试点工作。双峰县荷叶镇成功列入第一批中国特色小镇。新化县天门乡土坪村获批全国美丽宜居村庄。至年底，娄底市城镇常住人口179万人，城镇化率达45.29%，比上年增长1.52个百分点。

全市完成污水处理设施建设项目27个，投资1.35亿元。全市6个污水处理厂污水总处理能力达30.75万吨/日，新增污水管网45公里。市本级完成娄底市涟水河北岸沿河路、甘桂路等8个污水管网建设，投资6500万元。冷水江市完成涟溪河、群丰路等5个污水设施建设，投资1600万元。涟源市完成城西污水管网等6个项目建设，投资1250万元。双峰县完成归朴街、城北排污干渠等5个项目建设，投资1500万元。新化县完成白沙洲西路、古城路等3个污水管网项目建设，投资1800万元。生活污水集中处理总量为9500万吨，生活污水处理率达90.05%，出水水质达国家一级B类标准，均实现达标排放，设施运行负荷率、COD减排率等指标均达国家要求，通过国家、省环保部门和住建部门联合核查。娄底市住房和城乡建设局先后获评全省安全生产先进单位、全省绿化先进集体、全省房地产开发行业信用信息管理工作先进单位，以及娄底市7个三年行动计划推进实施先进单位、重大项目谋划工作先进单位、安全生产工作先进单位、社会综合治理工作先进单位、信访工作优秀单位等称号。

【公用事业及水务】2016年，全市完成市政设施日常维护管理、市政抢修、市政道路施工投资9015万元。其中娄星北路、湘阳街、氐星路、新星路、长青街、乐坪街等道路路面、人行道、路缘石、下水道等市政日常维护维修等投入2800万元，完成娄星路、月塘街人行道大修，二大桥匝道及城区排水管网维修改造投入1025万元。完成娄底二大桥、娄星桥及一大桥部分维修加固、涟水河北岸截污干管工程、湘阳街燃气管沟、长青西街、娄星南路改造工程投入5190万元。制止违法破占道行为28起，审批临时占道、挖掘道路48起，收取城市道路占用费、城市道路挖掘修复费28万元。建成供水设施项目59个，投资7500万元。其中市本级开工建设秋浦街、娄连公路、娄星南路等11个管网铺设项目，投资1600万元。冷水江市完成柳溪桥、鑫达耐火移民区管网安装等6个项目，投资430万元。涟源市完成二水厂厂区建设、娄涟公路供水主管等8个项目建设，投资2000万元。双峰县开工建设归朴街、巨龙家园、城北建材市场等13个供水设施建设，投资2260万元。新化县完成梅苑路、城西路、富康路等21供水设施项目改造建设，投资1200万元。供水总量达9800万吨，销售水量达7500万吨，实现销售收入16800万元，全年水质合格率99.5%。

【风景名胜管理】2016年，娄底市住建局以《湖南省风景名胜管理条例》为依据，对风景名胜在详规编制、日常管理、环境保护、项目建设等方面提出要求。对冷水江市大乘山—波月洞风景名胜区的项目建设、管理提出整改要求；助力新化县加快紫鹊界梯田梅山龙宫风景名胜区周边道路的建设，使风景区接待游客能力大幅度提高，推动湄江风景名胜区申报全国第四批国土资源科普基地，让湄江国家地质公园国土资源科普基地申报顺利通过省国土资源厅的专家评审；启动景区立法保护工作，按照《娄底市人大常委会2016年度立法计划》，开展《湄江风景名胜区保护条例》立法调研；涟源市与湖南中惠旅体验式培训产业有限公司签订《湖南省涟源市湄江风景名胜区合作开发经营合同》。第一期到位开发资金3100万元，为湄江引进先进企业管理模式。

【建筑业管理】2016年，娄底市住建局一方面通过实施企业诚信评价、市优质工程在招标中加分的政策提升本地企业的市场占有率，另一方面加大培育外拓骨干企业力度，提升外拓产值比重，力保建筑业主要发展指标正增长。全市完成建筑业总产值252.68亿元，实现建筑业增加值75.8亿元，较2015年同期分别增长16.8%和8.1%，全省排名第一位。贯彻落实住建部《建筑工程施工许可管理办法》《住建部办公厅关于进一步加强建筑工程施工许可工作的通知》，对没有法律法规依据设置的施工许可条件和要求一律取消，在办理工程项目施工许可时，杜绝“搭车”增加施工许可条件和审核程序。在施工许可条件审核时，将建设、勘察、设计、施工、监理五方责任主体项目负责人终身质量责任作为审查重点。全年市本级核发施工许可证20个，建筑面积954417.05平方米，合同造价13.7137亿元。审核上报个人执业资格注册574人次，其中建造师464人次，监理工程师110人次。全年考核、初审企业资质99项，其中建筑业企业94项，工程监理企业3项，工程质量检测机构2项。对12个违法建设项目的相关责任主体立案和调查取证，提升监管水平。对全市建筑工程施工图审查、招投标备案、施工监理合同备案、开工安全生产条件审查、质监申报、施工许可、竣工验收备案各阶段的信息录入逐月清理，核查信息录入的及时性、完整性，及时将情况反馈给局属相关站办和县市住建局（分局），对整改情况跟踪督办。市建管处直接负责的施工许可信息、施工图审查备案信息均在核发施工许可证后及时录入。引导建筑业企业向外开拓市场，局级领导挂点联系企业17家，为31家企业办理外出施工证明220份。

【房地产管理】2016年，娄底市住建局以市政府名义出台《娄底市人民政府进一步去商品房库存促房地产业发展的通知》《被拆迁人自行选购新建商品房作为安置房操作办法》等政策文件，有2100余户享受财政购房奖励，被拆迁人领取房票3024张，消化商品房1980套。实行“两核一补”，消化库存800套。举办娄底市第七届房交会，成交商品房3868套，成交总面积49.5万平方米，成交总金额23.9亿元。各县（市）在促进房地产业持续健康发展方面采取许多有效的措施，同比增长22.8%；全市商品房可售面积减少343万平方米，商品房去化周期由23个月缩减为15个月。针对中心城区商品房“竣工扫尾难、库存消化难、交房办证难、税费清缴难”等问题，牵头继续开展房地产业“解难题、促发展、保稳定”专项行动，全年化解群体性上访事件77起1760人次，帮助70个已停工楼盘恢复施工，为7600名购房户办理房屋“两证”，中心城区清缴房地产业欠税 3.1 亿元。

【工程质量安全】2016 年，娄底市住建局通过开展工程质量治理两年行动、“特种设备安全保障行”“打非治违”“三化”工作，开展建筑起重机械、深基坑、高切坡、支模架脚手架、工程监理、预拌商品混凝土专项整治，落实主体责任，加强质量安全监督保证体系建设。全年工程质量一次验收合格率达 100%，共创建省建筑工程质量标准化示范工地 52 项，质量常见问题专项治理示范工地 2 项，市优质工程 38 项，省优质工程 9 项，芙蓉奖工程 1 项；全年创建市级安全质量标准化示范工地 30 项，无一起人员伤亡事故发生，无一起损失 100 万以上质量事故发生，无一起城市燃气安全事故发生。共对 16 家建设企业诚信体系评价申报资料的审查，并将结果上网公示；组织专家对 16 家建设企业完成现场核查、项目抽查和评价结果公布。

【勘察设计】2016 年，娄底市住建局强化科技项目立项、申报、评审、技术服务、组织协调与推广应用全过程管理。宣贯《湖南省绿色建筑评价标准》与装配式建筑系列标准实施指南。对建设科技新产品、新技术组织专家进行考察验证和登记备案公示。组织对高支挡结构和山地高大边坡方案设计以及事故拆除工程、地下暗挖工程进行技术论证。全年勘察设计行业市本级完成初步设计审批项目 18 项，总建筑 64.43 万平方米，投资 18.43 亿元；施工图审查备案项目 34 项，备案 97.96 万平方米，投资额 26.66 亿元。抽查项目 25 个，对问题项目下发整改通知书并督促整改到位。按技术标准和省市政策性文件要求，在使用功能、安全、投资、节能等方面把关。支持重点项目、城市基础设施、保障性住房建设，按建设部颁发的资质标准进行资质初审，工程勘察资质重新核定 1 家，设计资质首次申请 2 家，其中延续注册 24 人。对违反勘察设计有关规定以及违反建筑节能设计规定的设计单位进行约谈，完成湖南省勘察设计项目信息监管平台信息的录入工作。

【节能减排】2016 年，娄底市住建局开展可再生能源建筑应用示范，推动既有建筑节能改造，实施绿色建筑行动。全市新建民用（非工业）建筑施工图审查 381.78 万平方米(其中中心城区 93.66 万平方米)，施工监管阶段建筑节能面积为 319 万平方米（其中中心城区 98 万平方米），竣工 187.2 万平方米（其中中心城区 72 万平方米），设计阶段建筑节能标准执行率 100%，施工阶段建筑节能标准执行率为 100%。全市进行 2 次建筑节能专项检查，抽查 25 个项目，对违法项目发出行政执法建议书，对检查情况进行总结，提出整改意见。按时完成 2015 年度民用建筑能耗和节能信息统计 123 栋。7 栋列入省公共建筑能耗监测项目，可再生能源建筑应用示范项目不断增加。竣工应用建筑 145.74 万平方米，开工在建建筑 127.44 万平方米，落实未开工建筑 147.74 万平方米。一批学校宿舍进行改造，安装太阳能热水器，同时对屋面保温及防水、水电管线等进行适当改造和翻修。按照《娄底市绿色建筑行动实施方案》要求，从发改委立项开始，到设计招投标监管，再到方案审查、初步设计审批、施工图审查备案层层把关，凡是国有投资的公共建筑、保障性住房以及 2 万平方米以上大型公建，一律按绿色建筑标准建设。

【教育培训】2016 年，《娄底市住房和城乡建设局关于局系统事业单位绩效工资分配和绩效考核的指导意见》出台，对事业单位绩效工资分配进行具体指导。选送 13 名干部参加市委党校和全国高等院校培训、轮训和调训。有 3 名干部参加市委组织部举办党政干部理论基础知识考试，2 名合格。创建农民工学校 17 所，开展工人技能鉴定 3060 人次。参加技术培训和继续教育的住建系统专技人员和农民工达 7183 人。组织 5051 人参加各类考试。其中起重机械特种作业人员考试 219 人，延期换证 173 人；架子工新办证 43 人，延期 40 人；组织全省土建工程专业职称考试 272 人；参加“八大员”岗位资格考试 1737 人，延期办证 1892 人。举办娄底市“千名工匠培训工程”2016 年职工职业（砌筑工）技能大赛，选送 3 名选手参加全省砌筑工大赛，获第 4 名。

【城建档案】2016 年，娄底市住建局与 40 个工程项目签订“报送工程档案责任书”，对 172 栋房建工程档案和 25 项市政工程项目档案进行初验，核发“建设工程档案初验认可证”；收集工程竣工档案市政工程项目 11 项，房建工程档案 70 栋，共接待利用者 189 人次，提供档案资料 790 卷次，出版《娄底市城建档案馆利用实例汇编》。拍摄影像资料 95.7G，拍摄照片 3538 张，制作《聚力绘宏图》《沃土情深》电视专题片 2 部，记录娄底城市建设发展。实现与互联网内外互通，计算机著录 2180 卷，输入条目 36605 条，扫描档案 154 卷 17578 张。（李敏）

表 53

2016 年市住建局先进集体和先进个人登记表

获奖单位、先进个人	奖励名称	颁奖单位	颁发时间
市住建局	湖南省十佳“巾帼”文明岗	湖南省妇女联合会	2016 年 5 月
市住建局	全省绿化先进集体	湖南省绿化委、省人社厅、省林业厅	2016 年 6 月
市住建局	湖南省房地产开发行业 2016 年度信用信息管理工作先进单位	省房地产行业信用信息领导小组	2016 年 12 月
市住建局	建筑业增加值全省第一	省统计局	2017 年 2 月

娄底市城市建设投资集团有限公司（娄底市建设投资管理办公室）

【概况】2016 年，娄底市城市建设投资集团有限公司（以下简称市城投集团）根据娄底市人民政府市长办公会议纪要(〔2016〕21 号)精神和《娄底市机构编制委员会关于印发〈娄底市城市建设投资管理办公室主要职责内设机构和人员编制规定〉的通知》，按照“产权清晰、权责明确、政企分开、管理科学”的现代企业制度要求，市城投集团和市城投管理办实行管办分离，从“政府融资平台”向“专业化、市场化集融资、投资、建设、开发、经营于一体的市场主体”的方向改革，建立组织架构、岗位设置、薪酬体系等规章制度。至 2016 年年底，市城投集团承建城市基础设施项目总计 180 余个，完成投资超 100 亿元，使娄底中心城区面积从撤地设市时 26 平方公里扩展到现有的近 70 平方公里，注册资本为 6 亿元，信用等级为 AA 级，总资产 261 亿元，负债 141 亿元，负债率 54 %，是娄底市目前资产规模最大、信用等级最高的政府投融资企业，集团下属子公司 12 家、参股公司 4 家。获评“全市安全生产工作先进单位”“市直招商引资先进单位”“全市信访工作优秀单位”“创建全国文明城市先进单位”，在项目建设大比拼中得“一等奖”，获“优秀领导班子”称号。（陈婷婷）

【娄底市国家综合档案馆新馆开工】2016 年 3 月，娄底市城投集团启动“娄底市国家综合档案馆新馆”建设。该馆位于市体育中心西北角，北临秀石街、西临体育路，占地面积 8060 平方米，总投资 9811 万元（不含土地购置费），是全市“十三五”重点工程。新馆建设既体现公益性、经济性和实用性，又体现科学性、先进性。按照国家对档案馆建设“五位一体”（即档案安全保管基地、爱国主义教育基地、档案查阅利用中心、政府公开信息文件查阅中心、电子文档中心）的功能要求进行规划和建设。（谭韫玉）

【市食品药品检测室开工】2016 年 6 月，娄底市城投集团启动“娄底市食品药品检验实验室”建设，项目位于万宝新区静安街与大山路交会处西北角，占地 8 亩，建筑面积约 6000 平方米，其中食品检验实验室 4000 平方米，药品检验实验室 2000 平方米，总投资 3800 万元，计划工期 240 天，年底成完土建工程。（黄小凡 陈婷婷）

【涟水河北岸截污干管工程竣工】2016 年 6 月，娄底市涟水河北岸截污干管工程全面完工。项目北起涟钢大桥，东至娄底一大桥，全长 2891 米，工程总投资 5800 万元。于 2015 年 10 月 19 日开工，连接起已建成涟钢北大桥至涟钢大桥 2.2 公里截污干管与娄底一大桥至第一污水处理厂 3.4 公里截污干管，6 月 10 日建成通水，实现全线贯通，解决涟钢生活区污水直排问题。（黄小凡 陈婷婷）

【新星路下穿沪昆铁路段改扩建工程项目开工】2016 年 9 月，娄底市城投集团启动新星路下穿沪昆铁路段改扩建工程项目，在 1 号桥与 3 号桥两侧各扩建一孔框架桥，拆除原有 2 号桥扩建为 4 孔（宽 38 米）框架桥，框架桥间道路扩建至 40 米宽，总投资 9666 万元，至年底完成征地拆迁及部分基础工程。（黄小凡 陈婷婷）

【娄底市通用机场建设前期工作】娄底通用航空机场纳入《湖南省通用航空产业 2012—2020 年发展规划》近期实施项目，根据《娄底市国民经济和社会发展“十三五”规划》《娄底市十三五综合交通发展规划》，市发改委组织编制完成《娄底通用航空机场项目建议书》。根据2016年第9次市政府常务会议的明确意见，市城投集团作为娄底通用航空机场建设责任主体，高度重视，迅速组建工作团队，推进娄底通用机场建设工作，建成娄底通用航空航线的首个临时起降点（娄星南路与万宝大道交叉口西北角），该航线于10月底完成首飞。通用机场建设项目计划总投资约6.3亿元，预计2019年2月底完成验收并投入使用。（梁钜友 陈婷婷）

【中心城区道路提质改造和路网完善工程PPP项目开工】2016年11月11日，娄底中心城区道路提质改造和路网完善工程两个PPP项目正式开工，娄底市中心城区道路提质改造工程包括新星路等24条道路提质改造、新星路全线及南北两入口整治、乐坪西街与甘桂路马路停车场综合整治、旅游城市信号优化与城市美化工程，总投资22.5亿元。该项目采取PPP模式中的ROT(改建—运营维护—移交)运作方式。市城投集团作为政府出资方代表与社会资本方中建交通建设集团有限公司共同组建项目公司，项目合作期限为20年，其中建设期为3年，运营期17年。至年底，其子项目湘阳街(娄星南路—白塘街)完成提质改造并通车。娄底市中心城区路网完善工程包括娄星南路等23条新建城市道路及配套设施，总投资25.9亿元。该项目采取PPP模式中的BOT(建设—运营维护—移交)运作方式。市城建投作为政府出资方代表与社会资本方中国中铁股份有限公司共同组建项目公司，项目合作期限为20年，其中建设期为5年，运营期15年，至年底甘桂路(长宁街—双科街)、吉星路(建设街—湘中大道)、新科街(学院路—扶青路）等中心城区路网完善工程子项目完成部分路基排水。（黄小凡 陈婷婷）

【水河综合治理工程(神童湾段)PPP项目开工】2016年12月，娄底涟水河综合治理(神童湾段)PPP项目正式开工建设。该项目是娄底市实施“天蓝”“水净”“地绿”3年行动计划重点项目之一，为“四合一”工程(神童湾大桥、甘桂路、沿河路、截污干管)，项目用地总面积564.18亩，工程总投资7.5亿元。采取PPP模式中的BOT(建设—运营维护—移交)运作方式，引入社会资本，市城投集团与安石集团共同组建项目公司，计划2020年竣工验收投入使用，运营期12年，运营期满后，项目资产整体移交给娄底市人民政府。（黄小凡 陈婷婷）

【万宝新区消防站开工建设】2016年12月，娄底市城投集团启动万宝新区消防站开工建设。项目位于娄底市万宝新区芭蕉村，总建筑面积5600平方米，概算总投资7500万元，计划2017年12月底建成，至年底，完成征地拆迁及部分桩基础工程。

（黄小凡 陈婷婷）

【收购优质资产】2016年，娄底市城投集团根据娄政办函〔2016〕52号文件精神，于2016年8月23日成立资产收购小组，对全市金融机构及企业不良贷款中优质资产及法院诉讼资产进行调研摸底及部分资产的收购。通过对全市范围内40余宗资产摸底调查，至年底完成三宗资产收购，分别为南苑上和二期8栋6、7层、家和快捷酒店和铂金玫瑰园，总收购价为4526.2305万元，现有年总收益约为89.4万元。

（陈婷婷）

【支持房产企业办证与财政创收】2016年9月，娄底市城投集团为支持房产企业解困、调整拆迁安置政策等中心工作，作为娄底中心城区房地产企业办证抵押借款人和抵押权人，投入资金8亿元，拨付借款2.4亿元至财政、地税、国税等专户。通过这一专项行动，解决房产企业“办证难”问题，相关房产企业缴清所欠税费，盘活50亿元以上资产，扭转房地产市场和土地市场低迷局面，带动社会投资40亿元以上。（陈婷婷）

【融资工作多管齐下】2016年，娄底市城投集团到位资金近70亿元。涟水河综合治理工程(神童湾段)、中心城区路网完善、城区道路提质改造及风貌整治等PPP项目完成社会资本采购，引进社会资本57亿元。对接债券资金115.3亿元、银行贷款25亿元。到位九州证券承销的非公开发行公司债券15.3亿元、银行贷款到账19.1亿元；获批专项建设基金7.4亿元；与华融湘江银行成立城市发展基金融资20亿元，置换10.7亿元。（陈婷婷）

城市管理行政执法

【概况】2016年，娄底市城市管理行政执法局以实施加速转型奋力赶超七个三年行动计划为抓手，着力推进中心城区提质扩容和天蓝水净地绿行动计划，强化城市管理工作，开展集中执法日活动和“两

孙水公园

比三评”竞赛活动，实行领导带班跟班和工作日志制度，实施门店（车窗）垃圾与市容秩序、“牛皮癣”广告、户外广告（招）牌和校园周边环境等专项整治行动，市容秩序得以规范。环境卫生管理创新作业方式，由大清扫向大清洗转变，提高清洗质量，增加机械化作业面和频率，辖区主干道机械化清扫率提高到72%，实行常态化清扫保洁和网格化管理，建立快速处置突发性道路污染机制，始终保持街面的整洁卫生。中心城区每天500余吨生活垃圾实现日产日清，垃圾无害化处理率达100%。对娄北连接线、万宝大道和文艺路等开展增绿提质改造，对城区8座桥梁开展立体绿化，对城区街道和公园增植草花和花乔灌木，重大节日期间对城区重点地段和交通岛栽摆花卉，在孙水公园举办以“美丽娄底，幸福家园”为主题的花展。分别被授予创建全国文明城市、综合治理、信访、计划生育政务公开政务服务、应急联动、建议提案办理、无偿献血、环境保护执法先进单位称号，成功创建省级文明标兵单位。

【城市管理】2016年，娄底市城市管理行政执法局开展标准化、精细化管理，市容管理注重常态化管控与集中整治相结合，环境卫生着力提升清扫保洁力度，重点整治白色垃圾等突出问题，园林绿化全面开展增绿提质。公园广场全面开展常态管理、绿化管养、清扫保洁、设施维护等工作，为广大市民提供宜人的活动空间。路灯管理加强设备维护，实施绿色照明和节能改造，亮灯率与设备完好率达98%。强化渣土超载专项整治，注重渣土源头管控，为保障路面清洁、空气净化发挥作用。

开展以“垃圾不落地、娄底更美丽”为主题的“弯腰行动”，3月11日，娄底中心城区“弯腰行动”启动仪式在孙水公园举行，时任市委常委、宣传部长伍美华宣布活动正式开始。与市教育局联合开展“大手拉小手、弯腰行动进校园”活动。城管队员到城区43所学校向8万多名师生宣讲，推动“弯腰行动”进机关、进企业、进学校、进社区。全力以赴做好禁燃工作，对春节、元宵节、清明节等重要节假日期间，组织市区各级各部门采取“全员上阵、昼夜无休、严防死守”的举措。打赢娄底城区禁燃攻坚战。娄底市生活垃圾填埋场卫生防护区的拆迁安置进展良好，路灯车仓库建设施工快速有序推进，生活垃圾水泥窑协同处置中转站清运改造提质工程、餐厨废弃物资源化利用和无害化处理项目完成目标要求。

【城市创文】2016年，娄底市城市管理行政执法局以“四个看不见，四个看得到”为抓手，发扬“三个特别”的城管精神，全员上阵，全力以赴，把创建省级文明标兵单位与创建全国文明城市相结合，实行“黑加白”“5+2”工作制，以问题为导向，明确责任分解任务，以整治为手段，整改问题提升质量，以达标为目标，落实措施确保成效。在全市文明城市创建中发挥主力军作用，参加市直机关组织“文明劝导”“书香机关”“文明院落”创建活动。12月29日，在省文明委对省级文明标兵单位实地检查验收中，被评为“创建省级文明标兵单位杰出代表”。

【行政执法】2016年，娄底市城市管理行政执法局坚持依法行政，提升队伍素质，提高执法水平，在全省行政执法资格考试中及格率名列全市第一；规范执法程序，严格行政执法，加强执法监督，落实执法责任追究，确保阳光执法。行政审批严格执行首问责任制、服务承诺制、一次性告知制和限时办结制等制度规定，减少下放行政审批项目行政效能全面提升，市政务中心城管连续评为年度“优秀窗口”。

（江中和 韩雪春）

城管行政执法支队

【概况】2016年，娄底市城市管理行政执法支队以创建全国文明城市为重心，以“四个看不见，四个看得到”为工作标准，以规范化建设为目标，以精细化管理为抓手，坚持问题导向，突出行政执法。全年取缔占道经营46527处，拆除破旧及违规广告招牌19321块，清除破旧横条幅8744条，清除“牛皮癣”125870余平方米，规范庆典促销1871余处，收缴广告传单183710余份。开展以流动摊担、店外经营、马路市场为重点的整治行动，对流动摊担发现一起，处置一起，扣押人力和机动三轮车200余台，坚持顶格处罚不放松，对其中72台依法依规公开进行切割报废处理。经过两个月整治，共取缔流动摊担4200余起，规范门店店外经营6400余起。

【垃圾专项整治】2016年，娄底市城管行政执法支队联合环卫处开展生活垃圾和千家重点门店整治。一手抓思想引导，一手抓严管重罚，对行人乱丢垃圾、门店乱堆垃圾和车外抛物行为，坚持刚性处罚和教育惩戒并举，对重点门店进行挂牌整治，取得乱象治理与素质提升的双重效果。全年办理垃圾类执法案件4195件，处罚金额250722元。严格奖惩兑现，采取排名公示和流动红旗等方式，坚持每月一讲评、一调度、一通报、一奖惩，形成你追我赶工作局面。发扬“三特”（即特别能吃苦、特别能战斗、特别能奉献）城管精神，坚持人员、时间、精力三集中，动员会、督战会、誓师会一环紧扣一环，顾全面，抓重点，攻难点，解决城区“僵尸”车占道停放、扶青路车顶广告、新科街夜宵店乱搭乱建、福星路马路市场等难点问题，确保创文实地测评顺利过关。

【弯腰行动】2016年，娄底市城管执法支队响应市城管局党委号召，到门店、社区、学校、单位开展万人签名活动，市民签名达到5万余人次；在街路一线设立宣传点，发放宣传资料和倡议书10万余份；选拔优秀人员参加宣讲团，进校园、进课堂，传播文明新风；坚持每周五下午开展弯腰行动，到各个街区捡拾垃圾，在清潭社区开展大扫除十余次，以实际行动得到市民点赞。

【禁燃工作】2016年，娄底市城管执法支队建立日常巡查与群众举报相结合的常态监管模式，坚持重要时段重点把控，推进禁燃宣传，春节期间实行全员上阵，定人、定岗、定责进行值守，全天候不间断巡查，确保良好禁燃效果。全年发现制止和教育劝导24起，训诫处罚7起。

【行政执法】2016年，娄底市城市管理行政执法支队坚持依法行政，文明执法，惩防并举，教处结合，执法能力与水平不断提高。全年办理一般程序案件1887起，结案1882起，结案率99.7%；办理简易程序案件12213起，全年无行政诉讼和行政复议案件；市城管支队相继组织开展法律法规知识抢答赛、法律专题讲座、军事训练、案卷互评找茬等系列活动，结合普法与行政执法资格证换证考试，掀起学法、懂法、用法热潮。“七五”普法考试合格率达100%，执法证换证考试参加率达100%，合格率达92.8%，居全市前列，朝着“人人能执法，个个会办案”的目标迈进。清理执法项目、执法依据，厘清执法权限，明确执法范围，制定执法权责清单，完善执法制度，规范执法行为，提高办案效率，推行执法过程全记录，健全法律文书、执法台账、扣押物品等管理制度，落实裁量基准制度，做到刚性处罚与文明执法相结合，行政效率和办案质量得到提升。配备一批执法记录仪、置换执法用车、配置制式服装，提高执法装备保障水平，全年共行政拘留暴力抗法人员9人，树立城管执法权威。

【队伍管理】2016年，娄底市城市管理行政执法支队围绕“好平台、好队伍、好家庭”发展目标，抓队伍建设和规范管理，机构配置、干部任用、人员交流调整全部平稳高效地落实到位，人员交流面60%以上，调整中队长以上骨干60余人，调整副科以上干部近20人，机制活力得到激发。开展“雁过拔毛”专项整治，持续纠正“四风”，营造风清气正的工作氛围。全年下发作风督查通报2次，查办作风案件7起，诫勉谈话3人，通报批评1人。创建支队微信公众号，创办《工作简报》，开展城管宣讲进学校、进社区、下县（市）活动。全年在省级专刊上刊发理论性文章3篇，在创文办简报刊文6篇，在《娄底日报》《娄底晚报》等报刊发表新闻稿106篇，编办简报21期。举行工会换届选举，健全工会组织建设；建设职工之家，组织“三八”妇女节登山活动、拔河比赛、接力跑比赛等工会活动，组织参加市、局篮球比赛。

【执法为民】2016年，娄底市城市管理行政执法支队坚持“执法中服务，服务中执法”，推行“721”工作理念，在执法上注重人文关怀，突出为民服务。指导办理广告许可，主动协调有关部门进行一站式审批，在取缔福星路马路市场中，协调建设临时过渡市场，把管理执法与为民服务有机结合。坚持“及时、准确、高效”的服务宗旨，接访、处访80余起，处理回复率达100%，满意率达98.7%，城管110接处市民投诉1428起，处理回复率达100%，满意率达98%。及时解决群众反响强烈的热点、难点问题，如兴泽园小区20余人集体上访，不推诿不回避，主动揽责，高效跟进处理，获得该小区全体住户点赞；三元市场一市民持续5年反复投诉，城管110工作人员与万宝大队执法人员以诚恳的态度，持续一个月做思想疏导工作，处理投诉事项，当事人最终被感化，重复投诉问题得到解决。（肖治华）

市政维护

【概况】2016年，娄底市市政维护管理处以市政设施维护管理工作为重点，推进各项工作有序开展。先后组织对娄星北路、涟滨街、湘阳街、秀石街、氐星路、新星路、长青街、乐坪街、丽春路娄星南路等路面、人行道和路缘石、下水道等进行维护；维修处理路面坑洞16590.5平方米，维修人行道板18996平方米，修理、校正、更换路缘石16786.5米，疏通下水道69227米，管道清淤870米，清理疏通检查井、雨水井6456座，更换井(座)盖113套，新建检查井3800座，新建雨水口2座，安装、改造窨井防坠网1010套，路基补强注浆80420平方米，安砌树池锁边石2624米，完成日常维护及“创卫长效机制”管理项目产值2800万元。完成娄星路人行道、月塘街人行道大修、二大桥匝道及城区排水管网维修改造任务。全年共完成产值1.2亿元，其中：市政设施日常维护管理投资2800余万元，市政道路大修、抢险工程1125万元，桥梁维修加固投资3400万元，新建市政设施及道路施工工程项目5000余万元。完成二大桥、娄星桥及一大桥部分维修加固改造，投资3400余万元。（曾舜）

环境卫生

【概况】2016年，娄底市环境卫生管理处按照“创建全国文明城市”要求，以“巩卫创文”为奋斗目标，以“市容环卫转型提质”为要务，以马路大清洗作为提高环卫质量的重头戏，创新作业方式，实现由大清扫向大清洗转变。增加机械化作业面和频率，提高清洗质量。坚持先冲后洗，将洒水横冲改为直冲和横冲方式有机结合；安排专人跟班作业，实行人、机搭配清洗。狠抓清洗质量，辖区主干道机械化清扫率达72%，努力确保路面清洗现本色，无扬尘。以城区垃圾专项整治和“弯腰行动”为抓手，提升娄底中心城区环境卫生质量，完成娄底市第五次党代会、湖南省第七届湘博会、创文国检等活动期间的环境卫生保障任务。坚持“安全第一、预防为主、综合治理”的方针，将安全生产、社会治安综合治理等工作，列入处党委行政重要议事日程。与处属单位签订《安全生产责任状》，邀请省消防协会专家进行安全生产知识讲座；开展安全生产月活动，逢会必讲安全生产，保持安全生产意识警钟长鸣。先后开展安全生产隐患大排查6次。

【网格保洁】2016年，娄底市环卫处狠抓辖区605.8多万平方米道路常态化清扫保洁。实施辖区网格化管理，把辖区路段分为9个一级网格、26个二级网格，分块管理，责任到人，实施定人、定时、定岗、定责、定标准、定奖惩管理。抓住重点时段、重点路段、重点区域，实行保洁作业。建立三轮保洁车快速处置突发性道路污染机制，对车轮带泥带沙和运输洒落污染，及时发现处置，确保各网格内的环卫工作重点时段有保障，薄弱时段跟得上，管理区域无盲点，整改问题不放松。

【垃圾收运】2016年，娄底市环卫处根据各单位、门店生活垃圾量多少实际，合理调整线路、班次，增加收集频率。及时跟进临街门店垃圾上门收集工作，做好单位院落垃圾预约收集工作。垃圾收集点调整为背街小巷，普扫垃圾在早上8点以前收集清运完毕。对垃圾收集车内污水管道进行维修疏通，加装密封条，防止污水滴落，污染地面。市生活垃圾中转站克服车辆设施老化、故障多的困难，加强生产车辆、设备保养、维修，科学调度，做到生活垃圾报运及时密闭清运完毕，确保娄底中心城区生活垃圾日产日清。市生活垃圾卫生填埋场科学管理，对进场的生活垃圾实行分区分单元填埋，按照计量—倾倒—推平—压实—消杀—覆土—封场等程序规范化作业，覆膜雨污分流；在作业区设置安全栏杆，加强场内安全防护；做好暴雨期间应急抢险，防止渗沥液外溢环保事故发生；及时进行卫生填埋，日均无害化处理生活垃圾500吨，生活垃圾无害化处理率达100%。对渗沥液处理站设备加强管理维护，确保污水达标排放。

【精细考评】2016年，娄底市环卫处实行处领导、处纪委、市容考评办、环管所、路段长5级考评，采取联合考评、交叉考评、专项考评多种形式。制订《娄底市环卫处环境卫生精细化管理考评奖惩实施细则》，对处属单位实行百分制量化考核，根据当月考核排名给予奖罚。实行每天22.5小时同步考核，强化对职工劳动纪律、机扫车、洒水车等作业质量监管。把局、处考评结果与年终各单位绩效考核、评先评优和奖罚挂钩，用制度保障卫生质量。 （张伟）

风景园林管理

【概况】2016年，娄底市风景园林管理处以构建"绿荫之城、花园城市"为目标，开展城区街道绿化苗木残缺株清理和补栽补植工作；对乐坪西街、长青街等路段绿化带裸露地块撒播花种、栽植麦冬进行整治；完成湘中大道、城西加油站转盘等行政许可应恢复绿地的苗木移植和补栽任务。建设林荫道路系统，在乐坪街、孙水公园等地段新建9处林荫停车场。对城区主次干道沿线的围墙、围栏加强立体绿化建设，完成城区边坡地绿化。对娄北连接线、万宝大道（高铁南站段）和文艺路等增绿提质改造。对7座城区主要桥梁和孙水河隔离带开展立体绿化，形成永久园林景观，绿化、美化、花化桥梁。对处属3个公园和孙水公园开展增花提质，改善植物配置，栽植早樱、红梅、杜鹃、红千层等各类花木。新建绿地面积5.6万平方米。街道共移植乔灌木6万株，新（补）栽乔灌木164.4万株，草本花卉80万株，草皮等地被植物3516平方米，撒播花种6.7万平方米，公园增植花木41万株。接管城市道路60条，绿地面积160万平方米，管理石马公园、春园公园和早元公园3个公园，绿地面积共25.24万平方米。

【绿化管养】2016年，娄底市风景园林管理处做到绿地整洁、景观优美，新栽乔木成活率达95%以上，新栽灌木成活率达98%以上，街道行道树保存率达99%。全年新接管甘桂南路、长青西街、乐坪东街、内环线等8处绿化面积共20万平方米。对城区主次干道约5.5万株乔木、亚乔木和绿化带内花灌木及灌木球进行修剪；加强道路桩景及造型树的修剪造型和养护管理。结合"弯腰行动"，对城区街道绿化带进行清杂，清理绿化带垃圾、杂物、落叶等600多车次。以娄底大道、湘中大道、新星南路为重点，对城区各街道绿化带进行清洗，共计浇水4903车。对城区绿化带内的木桩刺丝进行全面维护，新设护栏加刺丝约1000米。针对性地开展苗木施肥工作，共施用有机肥、复合肥50吨。分阶段进行病虫害综合防治，喷洒农药604车次。实行15小时保洁制，垃圾日产日清；每天8点前完成普扫，公厕每天清洗2次；及时清洁和维护园桌园凳、垃圾箱、指示牌等公共设施。加强公园保卫工作，严格上下班交接班制度，加强巡逻，做到"岗不离人"，严防治安事件发生。加强对游乐项目在经营、安全、卫生等各方面的监管，做到文明卫生、舒适安全。

【圃地花木】2016年，娄底市风景园林管理处根据圃地实际情况，做好处属花圃、苗圃的基础设施建设工作和圃内花卉、苗木的精细管理工作。全年出圃金盏菊、石竹等草花70万盆，出圃吊兰、万年青等荫生花卉2.1万盆；播种草花32万盆，上盆草花、菊花、吊兰、万年青等50.2万盆；配制营养土100立方米，清理新场地2000平方米。苗圃出圃乔灌木62.2万株、小叶麦冬2500公斤，引进苗木1万株，移栽苗木0.2万株，扦插苗木、地被植物130万株，采种125公斤。

【行政执法】2016年，娄底市风景园林管理处对城区绿化带内已许可的施工行为进行跟踪监管，制定《后期养护管理技术工作意见》。开展对城区绿地内违规占绿、广告牌设立等的拆除整治行动；开展门店（车窗）垃圾专项整治。完成园林绿化一般程序案件145起，简易程序案件1383起，收缴罚款5.8万元，发放限期整改通知书188份，登记保存3件；处理因交通事故损坏苗木事宜的案件63起；配合政务中心办理行政许可28份，收回绿化赔偿费、补偿费、交通事故损绿费共192.7万元；处置园林"110"来电19起，向来电者回馈处理结果，处理率达100%。

【园林工程设计】2016年，娄底市风景园林管理处贯彻落实园林设计科学理念，完成经开区西阳河、高登河景观设计、娄北连接线、万宝大道（高铁南站段）、文艺路、甘桂路、娄星南路增绿提质设计、长宁街绿化设计、万宝隧道口绿化设计等道路绿化设计；完成石马公园和孙水公园"花海行动"提质、石马公园瞭望塔、珠山法制公园规划、孙水公园、石马公园应急避险场所配套设施方案设计等设计；完成万宝新区新办公楼、涟源国税、盛世华庭二期、市国税局办公区绿化提质设计等小区庭院设计。完成石马公园“御马湖”湖心岛及东岸防护栏安装建设、石马公园母婴关爱室改造工程、春园公园南面坡道维修工程、处属公园建筑物油漆翻新工程及万宝大道景观工程建设等。完成乐坪东街、月塘街、新星南路、吉星路、娄星北路等街道增花提质改造和处属3个公园及孙水公园的增花提质任务。

【美化城市街景】2016年，娄底市风景园林管理处对湘中大道、文艺路、娄北收费站、娄底南收费站、高铁南站、文化广场、腾飞广场、娄底华天等重点地段和军分区、步步高、中心医院等市区内10多个交通岛开展栽(摆)花工作。对孙水河大桥、新星路铁路桥、一大桥、二大桥等7座城区主要桥梁和孙水河隔离带开展立体绿化，通过在桥头放置花箱，栽植藤本植物和时令花卉，四季常绿的藤本植物对桥梁起绿化作用，时令花卉达到美化效果，全年共栽(摆)花卉约90余万盆。在孙水公园举办以“美丽娄底、幸福家园”为主题的大型花卉展。专设蚩尤脸谱、紫鹊界长廊、水车等大型板块造型，展示蚩尤故里及梅山文化，表达娄底“坚韧、勤奋、尚德、自强”城市精神，设立室内荫生花卉、组合盆景、园林器材等12个专题展区，60多个品种的菊花和180多个品种荫生花卉。

【园林科研】2016年，娄底市风景园林管理处重视生态园林新品种推广，对大花萱草、细叶芒、翠芦莉和青枫、南酸枣、无患子等开展观察记录和管理；建立品种园，完善基础设施；分别从浙江金华、河南南阳引进28个杜鹃品种和23个月季品种，对品种进行挂牌、除草、施肥、病虫害防治及物候观测，筛选适应本地生长的优良品种；与湖南人文科技学院启动校地合作模式，完成红掌组培初代培养工作。

（康文辉）

城市供电

【概况】2016年，国网娄底供电公司围绕全市经济发展目标，直面复杂形势和艰巨任务，拼搏有为，适应经济发展新常态，坚持依法从严治企，全面精益规范管理，各项工作取得新成绩，实现“十三五”良好开局。完成售电量72.82亿千瓦时，是全省5个创利地市供电公司之一，获评国网公司2016年度先进集体。

【安全生产】2016年，国网娄底供电公司把安全生产作为公司头等大事来抓，坚持严抓严管，深入开展“精益安全年”，安全管理日趋规范，未发生人身、电网、设备责任考核事件。截至年底，公司连续安全生产3419天，顺利实现第9个连续安全生产年，获评湖南省电力安全生产先进集体。率先在全省推行施工现场“6S”管理，实行作业现场“六个标准化”。“作业现场风险分级管控”入选国网公司“五位一体”典型案例。继电保护、电测、化学专业获评为省公司技术监督优胜专业。创新开展变电站整站检修新模式，完成220千伏豹南山变和上渡变整站检修，通过省公司PMS2.0验收。做好迎峰度夏、防冻融冰和防雷防汛防山火工作，应对22轮强降雨和干旱、冰冻等恶劣天气。

娄底中心城区夜景

【经营管理】2016年，国网娄底供电公司持续开展经营诊断分析，开源节支。完成电能替代电量3.7亿千瓦时，超额完成年度任务目标。突出台区降损，台区线损率同比下降0.6个百分点。推进用电秩序整治，双峰溪口库区、新化孟公用电混乱局面得到有效控制。实现营业普查收入719万元，平衡利库物资647万元。开展业务费用能效分析，清理规范劳务用工，组织车辆服务统一招标，成本费用进一步降低。

【电网建设】2016年，国网娄底供电公司完成电网建设投资4.7亿元，9项输变电工程全部通过国网公司和省公司优质工程创优复查。白溪、安平、桑梓110千伏变电工程获“国网公司优质工程”称号。白溪110千伏变电站新建工程获省公司项目管理流动红旗。全年完成571个中心村、贫困村和未改村建设改造任务。编制《娄底供电公司新一轮“十三五”农网改造升级县级规划》并通过评审。《娄底供电公司“十二五”配电网规划后评估报告》获湖南省设计咨询协会咨询成果二等奖。获省公司园区电力专项规划竞赛三等奖。促成娄底市政府出台《娄底市人民政府办公室关于进一步加强电力建设整顿供用电秩序的意见》，各县市政府相继召开“电力建设环境和用电秩序整治会议”。集抄建设全年安装上线36.1万户，集抄覆盖率超过70%。

【精益管理】2016年，国网娄底供电公司通过项目引领，全方位推动精益转型建设。建立以指标为导向的绩效评价体系，强化过程管控，形成公司、部门、基层单位、班组四级指标管控体系。全年完成公司级精益项目3个，部门级项目42个，微精益项目132个，评选优秀项目63个。其中配电室“双配变低压互联，减少配变空载损耗”项目在全省新建住宅小区中推广应用。多个管理创新成果获得省公司奖项，《农网台区降损精益管理实践》《农配网带电作业精益管理创新推广总结》分获省公司管理创新一等奖和创新成果推广一等奖，《供电企业基于客户需求的精益运营体系构建》获国网公司管理创新三等奖。

【供电服务】2016年，国网娄底供电公司全力推进现代营销建设，机构、人员、岗位得到优化，远程自动抄表实现市公司集约。常态开展反违稽查，全面覆盖34个营销班组和35个供电所，查处考核违章2302起。营销服务诊断工作获得省公司好评。全省率先建成配抢指挥中心，服务协同运作机制进一步完善，完成“多表合一”表计安装8400户，“掌上电力”APP注册客户数超过22万户，超额完成全年任务，获评省公司“四星级供电所”4个。规范营业窗口服务，实现窗口实时远程监控。加强供电服务投诉管控，大力推进“两降一保”，实行“一把手”负责制和说清楚制度，落实投诉管控预防为总要求，严肃投诉典型案例查处，服务投诉趋好。

【改革创新】2016年，国网娄底供电公司实施“五位一体”建设，构建管理指标分级评价体系，实施全面、全员、全过程的量化绩效考核。推进内部人力资源市场建设，引导人员正向流动509人次。强化检修公司、客户服务中心一体化建设，完成新化“一县两调”横向合并。完成7个省级及以上工业园区供电框架协议签订和电力专项规划编制。完成集体企业改革改制，压减集体企业3户。星源设计公司实现设计、咨询“双乙”目标。公司获专利2项、省公司群众科技创新项目三等奖一项、QC优秀成果三项；获国网公司优秀合理化建议1条，省公司优秀合理化建议3条；三项成果分获省公司职工技术创新优秀成果一、二、三等奖。

【依法治企】2016年，国网娄底供电公司重视普法宣传，获省公司2016年法治企业建设知识竞赛团体第二名。获评省公司“六五”普法工作先进单位和娄底市“六五”普法依法治理先进集体。办结案件53起，避免和挽回经济损失1900余万元，废止制度标准49项。完成工程审计209项，核减115.3万元。开展娄星区各单位“三公”经费检查，组织对所属6个单位开展离任审计，督促规范问题30余项。配合省公司开展姚志荣离任审计、电网项目和营销集抄项目竣工决算审计。“农电员工薪酬管理审计调查”获国网公司优秀审计项目，“一张工作票、一份作业卡揭示的真相”获省公司审计案例评比一等奖。

（杨晓雄）

表54　**2016年国网娄底供电公司先进集体和先进个人登记表**

获奖单位、先进个人	奖励名称	颁奖单位	颁发时间
国网娄底供电公司	国家电网公2016年度先进集体	国家电网公司	2017年1月
国网娄底客户服务中心	湖南省模范职工之家	湖南省总工会	2016年12月
国网娄底信息通信公司	湖南省模范职工小家	湖南省总工会	2016年12月
邓志勇	湖南省优秀党务工作者	中共湖南省委	2016年6月

城市供水

娄底市自来水厂

【概况】2016年，娄底市自来水公司总资产4.32亿元，自来水生产总量4627.06万立方米，销售水量3799.97万立方米，产销差率17.88%；全年铺设管网6000米，新建城北加压泵站缓解城北欠压区域用水难题，水质检测能力达到65项，水质综合合格率99%；水费回收率98.66%；管网抢修及时率100%；供水区域达60平方公里，服务人口44.5万人；处理污水1468万吨，日污水处理能力5万立方米，污水处理排放达标率100%。全年收入16019.31万元，利润2418.53万元。

【项目建设】2016年，娄底市自来水公司按照城市建设发展总体规划，全年投入资金600万元，完成管网铺设6000米；遵循省、市“两供两治”要求，三水厂建设正加紧推进，娄底中心城区供水安全得到保障，涟钢供水移交工程建设加快推进。

【智慧水务】2016年，娄底市自来水公司顺应“互联网+”发展要求，启动公司智慧水务平台建设投入使用，整体营运成本得到控制，使用水服务更加方便、快捷、明晰。水费收缴方式从公司营业大厅缴费、邮政代收、银行三方代扣代缴向ATM机收费、微信缴费、手机银行缴费、网上银行、电信翼支付等方式扩展。（李玲清）

公共交通

【概况】2016年，娄底市公共交通总公司推动城区公交一体化建设，三大桥公交枢纽站开工建设，购置新能源公交车50台，新能源空调公交车总数达到120台，提升公交保障水平。开通21路（经开区—高铁南站），走向为：经开区（中小企业公共服务平台）—新坪街—新星北路—二大桥—新星南路—汽车南站—高铁南站。该线路总长15公里，共投入6台新能源空调公交车，计划间隔时间20分钟。这是经开区开往市内第5条公交线路。新开17路新合作国际商贸城—火车站公交线路，线路走向为：新合作国际商贸城—华星路—东西二街—吉星路—娄涟公路—太和路—新坪街—新星北路—二大桥—月塘街—火车站。线路单边长13.2公里，间隔时间30分钟一趟。为配合全市公车改革，在原有通勤线路的基础上，增开2条公交通勤车线路，一条为南苑上和东门—市政府—扶青路（关家脑）—市人大、市政协；一条为南苑上和东门—市政府—新星路（八中）—市人大、市政协。开通22路火车站—市民政局新址的公交新线。共投入两台营运车辆，计划间隔时间30分钟，线路走向为：火车站—涟邵矿务局—新一佳—市新华书店—区政府、汽车站—区公安局—市交警支队直属大队—市公路局—关家脑—长青派出所—车管所—市司法局—星星实验学校—市民政局新址（市福利院福星公寓）。该线路填补早元街没有公交车的空白，解决星星实验小学、民政局、市福利院福星公寓等沿线市民的出行问题。

全年完成营运里程1237万公里，营运收入3956万元；无重大伤亡事故，万公里事故发生率仅为0.0925次车，经济损失率为万公里1250元每车，车辆完好率达98.6%，正点率达97%，趟数率达98%，整洁率达98.6%，服务合格率达98.5%。

（颜伟）

燃气供应

【概况】2016年，娄底华润燃气有限公司作为央企，承担央企义务，履行社会责任，把天然气推广置换作为大事来抓，成立工程指挥部，制定实施方案。具体分为城南新区、吉星路沿线、中心城区、涟滨街与涟水河以北、城西华达5个大区域29个小区分期分片实施，让娄底城区天然气置换工作稳步、安全、快速推进，较市委政府要求的置换时间提前3个月完成。按照集团安全输配岗位技能达标认证考核的要求，开展安全输配岗位员工达标认证考核，有员工29人参加考评，通过率达100%。公司全年实现营业收入8266万元，销气量1636万立方米，新增居民用户 10478 户。通气户数达 10.2 万户，开通使用燃气商业及公建用户 548 家；气体年销售规模 1636 万立方米，拥有中低压燃气管网 520 公里，次高压管网 9.2 公里，拥有区域调压站 7 个、调压柜 155 个、楼栋调压箱 20 个。完成特许经营权的维护与拓展、气源保障、气源结构改善、天然气置换和客户服务体系建设等工作。开展低保用户燃气费用减免工作，对低保人员每月按 4 立方米减免，小于 4 立方米的按实际用量减免，公司全年共受理低保用户 1231 户，减免气量 53370 立方米，减免金额 116968.86 元。（余超）

城乡规划

【概况】2016 年，娄底市规划局按照“政府组织、专家领衔、部门合作、公众参与、科学决策”原则，组织力量，编制规划，形成包括城镇体系规划、城市规划、镇规划、乡规划和村庄规划在内的城乡规划体系。完成城市总体规划修改，申请修改 2000 版城市总体规划，对规划用地布局、城市用地发展方向、产业发展政策、经济区划方案、城镇化水平预测、市域综合交通体系进行优化。完成水府片区规划编制，打造先进制造业配套服务聚集区、新材料研发区、文化体育与生态休闲旅游区和新型城市化建设示范区的战略定位；娄底中心城区控规覆盖率超过 90%，各县城（县级市）控制性详细规划覆盖率超过 60%，涟源市和冷水江市的总体规划编制完成，全市编制建制镇总体规划 47 个、乡集镇建设规划 6 个、林场规划 1 个。完成中心城区路网、排水、环卫、燃气、公共交通、商业网点等 20 多个专项规划。

【规划编制】2016 年，娄底市规划局围绕新型城镇化和融城战略，加强对上衔接，推进“娄底城镇带规划”报批进程。运用规划编制新理念，助推城市转型升级，完成中心城区近期建设规划、中心城区综合管廊规划、中心城区海绵城市专项规划等一批专项规划初步成果编制工作。开展中心城区城市消防规划和中心城区加油站、加气站、电动汽车充电基础设施专项规划编制。加强控制性详细规划的动态维护，完成乐坪片区、老街地段、百亩片区、娄底经济开发区起步区等区域控制性详细规划编制工作。完成方石公租小区安置房和社区服务用房、三板组城中村等民生项目的审批。推进两河综合治理工程方案设计和娄底市南北出入口景观形象提升工程方案设计；抓好环线路、主次干道及 PPP 项目的规划设计，完成新星路、氐星路、湘阳街、桃圃街等城市重要道路提质改造和 PPP 项目工程设计。推动城市东进，打造滨湖新城，完成娄底环水府庙地区总体规划、水府新城详规编制和审查工作。以娄底大道为发展轴的沿线乡镇和已纳入娄底城市规划区范围的相关乡镇为重点，推进镇（乡）域村镇布局规划、总体规划及其控制性详细规划和村庄规划编制。挖掘娄底山水与人文特色，推进娄底市高速公路沿线特色小镇规划编制。完成全市 2 个省级历史文化名镇和 4 个省级历史文化名村保护规划编制与报批。

【规划管理】2016 年，娄底市规划局出台《信访工作实施意见》《中层干部考核奖惩办法》《重大行政决策制度》《重大行政决策听证制度》《内部控制手册》等制度文件，修订完善《娄底市规划局党组会议制度》《娄底市规划局局务会议制度》，印发《关于进一步加强会议管理严肃会议纪律的通知》，规范行政决策、行政许可行为、行政管理行为，建立健全会议管理、信访管理、财务管理、干部管理等方面的制度建设。以行政处罚裁量权基准制度和案例指导制度为重点，修改完善《娄底市规划局行政处罚裁量权基准》，推动行政处罚裁量权的规范工作，促进行政处罚公平公正。开展规范性文件备案报告与清理工作，清理规范性文件 13 个，确认失效 4 个；备案规范性文件 2 个，报备率 100%。出台《建设项目行政审批及其他有关事项办理流程规定（试行）》，以例会集体会审和设立窗口内部审批流转制度为突破口，规范内部管理，简化办事程序，以便民利民和一站式服务为原则，按照一站式受理、并联审批、统一收费、限时办结模式，改革实施科审、局审、市审三级审批制度，规划行政审批办理总时限由法定时限 150 个工作日提速到不超过 50 个工作日。全年审批建筑方案 54 个、用地选址 60 宗、用地性质变更 10 宗，核发建设用地规划许可证 88 件，建设工程规划许可证正、副本 85 个，完成民房审批 1216 户。

【规划执法】2016 年，娄底市规划局举办全市规划系统执法培训班，培训县市规划局班子成员及工作骨干 400 余人，集中学习新修订《湖南省实施

〈城乡规划法〉办法》以及行政强制、诉讼等法律法规；邀请市法制办专家共同举办规划系统执法培训班，充实执法人员法律知识，提高规划执法队伍的整体素质。开展考察学习活动，牵头组织市规划执法支队、娄星区规划分局、经开区分局等单位，赴长沙市雨花区、宁乡县就拆违控违工作进行考察学习。落实中央、省、市控违拆违工作部署，建立违法建设台账制度，起草《娄底市建成区违法建设专项治理五年行动方案》《娄底市违法建设专项治理工作考核办法》《娄底市违法建设专项治理工作联席会议和执法联动机制》《娄底市违法建设专项治理工作责任追究办法》、"零违建"报告制度等一系列工作制度。坚持"以控为主、以拆促控、控拆并举"工作原则，以创建全国文明城市为契机，以城市主次干道两旁和城市临街面为重点，对违法建设实施巡查监管和清理整顿，组织开展国有土地上违法建设专项整治行动、高丰路沿线违法建筑专项整治行动，高丰路沿线违法建设全部拆除。全年市本级 3 个责任主体控违 644 处 22.4 万平方米，拆违 383 处 10 余万平方米，立案 46 件，结案 12 件，控违拆违工作取得阶段性成果。

【规划服务】2016 年，娄底市规划局推进测绘管理工作规范化、制度化建设。全年完成地形图和用地放线 50 宗，工程放线 24 宗，工程测量 7 宗，竣工验收 26 宗，民房选址 25 宗，违法建设项目测绘 24 次。转变规划设计理念，开展规划设计研究，加强与中规院、同济院、上海市政总院等优秀规划设计团队与知名专家的交流合作，规划设计实力不断增强。推进 2000 国家大地坐标系应用与转换，全面实现全市国土规划基础地形图的统一；整合网络、数据、应用系统等基础信息资源，夯实"智慧规划"建设工作基础。完善信访问题排查化解工作机制，接待上访人员 1100 余人次，受理各类信访事项 135 余件，回复率 100%。处理办结信访复查事项 9 件。按照市政府关于建议提案办理工作要求，加强与人大代表、政协委员的沟通衔接，有序推进建议提案办理工作，市政府交办 34 件建议提案办理面商率、办结率、满意率均达 100%。贯彻落实市委、市政府公务用车制度改革精神，按照要求在规定时间节点内完成改革任务，处置公务用车 10 辆，保留机要通信保障用车 1 辆，司乘人员全部妥善安置。全年报送市委信息、政府信息、改革信息等各类信息稿件 75 篇，刊发规划工作相关宣传报道 137 篇。 （张承程）

住房公积金

【概况】2016 年，娄底市住房公积金管理中心围绕"新型城镇化"主题，以"去库存"为主要目标，扩大制度覆盖面，提高使用效率，支持缴存职工自住性和改善性住房消费需求，助力娄底房地产去库存。全年归集住房公积金 176693.74 万元，完成年计划的 128.6%，归集总额 1097812.22 万元，归集余额 580175.84 万元。新增缴存职工 10775 人，提取住房公积金 42374 笔 150475.76 万元，历年累计提取总额 517636.38 万元。发放贷款 5067 笔 137381 万元，累计放贷 67826 笔，贷款总额 846354.51 万元，贷款余额 459465.05 万元。资金使用率为 89%，存贷比为 79.19%，贷款逾期率为 0.03%。实现增值收益 12551.07 万元，完成年计划 209.18%。提取风险准备金 2141.52 万元，风险准备金余额达到 13783.95 万元。上缴市财政 8053.78 万元，累计上缴市财政 27380.45 万元。冷水江市管理部被评为"湖南省 2015 年文明窗口单位"，娄星区管理部、双峰县管理部被评为"娄底市 2015—2016 年度文明单位"。

【资金归集】2016 年，全市 20.25 万人缴存住房公积金，正常缴存单位 2463 个，新增开户单位 155 个，新增缴存职工 10775 人。市直单位管理部新增 4962 人，娄星区管理部新增 740 人，双峰县管理部新增 1177 人，涟源市管理部新增 1374 人，冷水江市管理部新增 910 人，新化县管理部新增 1300 人，钢城管理部新增 312 人。全市归集住房公积金 176693.74 万元，完成年计划 128.60%，同比增加 43212.64 万元，增长 32.37%。其中市直单位管理部完成 51467.51 万元，为年计划 131.97%，同比增加 15260.26 万元，增长 42.15%；娄星区管理部完成 14454.84 万元，为年计划 122.50%，同比增加 2724.68 万元，增长 23.23%；双峰县管理部完成 19530.85 万元，为年计划 147.96%，同比增加 7072.04 万元，增长 56.76%；涟源市管理部完成 20144.44 万元，为年计划 136.11%，同比增加 6269.19 万元，增长 45.18%；冷水江市管理部完成 25842.94 万元，为年计划 118.55%，同比增加 4578.12 万元，增长 21.53%；新化县管理部完成 22853.74 万元，为年计划 143.85%，同比增加

7570.04 万元，增长 50.42%；钢城管理部完成 22669.47 万元，为年计划 107.44%，同比减少 261.64 万元，下降 1.14%。全市住房公积金缴存总额达到 1097812.22 万元，同比增加 176693.74 万元，增长 19.18%。其中市直单位管理部缴存总额 292025.59 万元,占 26.60 %;娄星区管理部缴存总额 80591.60 万元，占 7.34 %；双峰县管理部缴存总额 101670.21 万元，占 9.26 %；涟源市管理部缴存总额 110921.39 万元，占 10.10%；冷水江市管理部缴存总额 181525.90 万元，占 16.54%；新化县管理部缴存总额 110965.23 万元，占 10.11 %；钢城管理部缴存总额 220112.30 万元，占 20.05 %。归集余额 580175.84 万元，同比增加 26108.95 万元，增长 4.71%。其中市直归集余额 133019.65 万元，占 22.93%；钢城归集余额 104841.57 万元，占 18.71%；娄星区归集余额 40660.81 万元，占 7.01%；涟源市归集余额 65487.61 万元，占 11.29%；冷水江市归集余额 106068.24 万元，占 18.28%；新化县归集余额 70455.84 万元，占 12.14 %；双峰县归集余额 59642.12 万元，占 10.28 %。

【缴存比例增长】2016 年，全市所有财政供养人员津补贴全额纳入缴存基数。缴存比例根据规定控制在 5%~12%范围内。全市财政拨款单位职工缴存住房公积金基数和比例是：市直单位、冷水江市、娄星区、涟源市、双峰县、新化县分别是工资包含津补贴的 12%、10%、9%、8%、8%、8%，涟钢集团为工资总额的 10%。冷水江市、娄星区管理部提高 1 个百分点，新化县、涟源市、双峰县管理部提高 3 个百分点。缴存时间也得以规范，市直单位、娄星区、冷水江市、双峰县、市经济技术开发区、万宝新区财政拨款单位的住房公积金，实现单位部分和个人部分通过财政划拨形式按月同步缴存到位。

【还贷提取同比增长】2016 年，娄底市住房公积金管理中心提取住房公积金 42347 人次，同比增加 55.46%，提取金额 150475.77 万元，同比增加 75300.25 万元，增长 100.17%，占全年归集额 85.16%。其中：购建大修翻建自住房提取 10362 人次 58410.74 万元，占提取总额 38.82%；离退休提取 4937 人次 20663.04 万元，占提取总额 13.73%；对冲还贷提取 62763.73 万元，同比增长 3.35 倍，占提取总额 41.71%。解除劳动合同及离开娄底市提取 5086 人次 6080.55 万元，占提取总额的 4.04%；房租、大病及家庭突发事件提取 1379 人次 2290.64 万元，占提取总额 1.42%；其他提取 457 人次 267.07 万元，占提取总额 0.18%。至 2016 年 12 月底，累计提取住房公积金 200497 笔 517636.38 万元，占住房公积金归集总额 47.15%。

【贷款与个贷率提高】2016 年，娄底市住房公积金管理中心发放贷款 5067 户，贷款金额为 137381 万元，占年归集总额 77.75%，同比增加 20621.50 万元，增长 17.66%。其中：市直单位管理部完成 1128 户 36384 万元，同比增加 3503 万元，增长 10.65%；娄星区管理部完成 441 户 12846 万元，同比增加 714 万元，增长 5.89%；双峰县管理部完成 932 户 23645 万元，同比增加 7876.50 万元，增长 49.95%；涟源市管理部完成 561 户 15207 万元，同比增加 733 万元，增长 5.06%；冷水江市管理部完成 579 户 13856 万元，同比减少 2376 万元，下降 14.64%；新化县管理部完成 931 户 22699 万元，同比增加 13990 万元，增长 160.64%；钢城管理部完成 495 户 12744 万元，同比减少 3819 万元，下降 23.06%。累计发放个人住房贷款 67826 户 846354.51 万元，占归集总额 77.09%。贷款余额为 459469.64 万元，占归集余额 79.19%，同比增加 69532.53 万元，增长 17.83%。通过提取和贷款，为房地产市场注入资金 25. 95 亿元，全年支持职工住房公积金贷款购房面积 74.82 万平方米，住房公积金贷款占全市个人住房贷款总额 32.44%。资金个贷比为 79.19%，同比上升 8.81 个百分点，较年初目标超 4.19 个百分点，结存资金比年初下降 2.77 亿元。市直单位管理部存贷比 101.47%，超年计划 11.47 个百分点；娄星区管理部存贷比为 106.44%，超年计划 13.44 个百分点；双峰县管理部存贷比 108.38%，超年计划 15.38 个百分点；涟源市管理部存贷比 81.62%，超年计划 2.62 个百分点；冷水江市管理部存贷比 54.75%，差年计划 9.25 个百分点；新化县管理部存贷比 69.06%，差年计划 0.94 个百分点；钢城管理部存贷比为 53.80%，超年计划 3.80 个百分点。

【资金安全完整增值】2016 年，娄底市住房公积金管理中心发出《关于加强管理打击骗提骗贷住房公积金行为的通知》，资金整体安全完整，风险准备金余额 13783.95 万元。全年回收个人贷款

67849.05 万元，同比增加 16499.15 万元，增长 32.13%。个贷逾期率为 0.03%，同比持平，逾期金额 155.58 万元，同比增加 58.55 万元，逾期笔数 52 笔。其中，市直单位管理部 22 笔 108.75 万元，逾期率为 0.08%；钢城管理部 2 笔 0.86 万元，逾期率为 0；娄星区管理部 1 笔 1.61 万元，逾期率为 0；涟源市管理部 2 笔 0.78 万元，逾期率为零；冷水江市管理部 15 笔 10.43 万元，逾期率为 0.02 %；新化县管理部 2 笔 30.81 万元，逾期率为 0.06 %，双峰县管理部 8 笔 2.34 万元，逾期率为零。完成增值收益 12551.07 万元，同比减少 2658.21 万元，减少 17.48%，完成年计划 209.18%。

【服务水平上台阶】2016 年，娄底市住房公积金管理中心与职工签订《文明服务责任状》，推行规范、文明服务。完善住房公积金电子政务建设，开展网上政策咨询、个人查询、网上缴存和投诉举报等业务，开通住房公积金“12329”服务热线、短信平台，手机 APP，公布各管理部业务电话，为缴存职工提供数据查询、业务咨询、政策建议等服务。缴存职工足不出户即可随时了解住房公积金发展情况和自己账户信息。推行预约服务、延时服务、上门服务等举措，提高服务效率和服务质量。开展“一站式”服务，银行、房产等部门进驻服务大厅，2016 年上半年缴存职工在大厅内就可以办好所有业务。

【基础管理】2016 年，娄底市住房公积金管理中心发出《关于进一步加强住房公积金缴存信息管理的通知》，对全市 4 万多个静默账户进行排查处理。提高干部职工账户管理能力，鼓励全体干部职工认真学习，考取会计从业资格证书。落实省住建厅、省财政厅《关于进一步加强住房公积金廉政风险防范工作的通知》，规范资金调拨、使用程序，完善大额资金调动的集体决策机制。清理银行专户计息，规范账户开设和资金存储。督促单位缴存的住房公积金及时进入个人明细账。优化组合资金存贷，推进存款利率上浮 20%~30%。因政策利好，房地产去库存效果明显，缴存职工提取资金和贷款资金需求明显增加，管理中心加强资金实时运行监督，建立网上银行户存款余额日登记台账制度，为资金调度提供准确数据。建立逾期贷款台账，实施逾期贷款预警机制和催收机制，每月还款日前 5 天用短信提醒。对逾期贷款，代扣工资，对屡催不还贷借款人，依法起诉 19 起，执行完结 6 起。

【监督检查】2016 年，娄底市住房公积金管理中心接受审计监督。市审计局对全市 2015 年住房公积金工作进行全面审计，认为全市住房公积金运行健康平稳。接受由市监察、审计、财政、银监、住建等部门成立的住房公积金管委会监管小组监管。坚持稽核检查、业务检查、工作督查常态化，对每笔业务都逐一排查，审查会计凭证 2096 本，新增贷款资料 4478 笔。

【文明服务】2016 年，娄底市住房公积金管理中心把文明服务与娄底创建文明城市相结合，在服务大厅醒目位置张贴“社会主义核心价值观”“娄底市民文明公约”“娄底十不文明规范”“窗口服务文明用语”“机关礼貌用语”“电话礼貌用语”，落实《文明服务责任状》、一次性告知、限期办结、首问责任制等服务制度，整装挂牌上岗，文明接待、热情办事。强化考勤、业务服务、综合治理等工作督查。在市政府门户网站和管理中心网站公开服务内容、服务流程、限期办结时限、咨询电话、投诉电话，扩大缴存职工知情权和监督权。5 月在《娄底日报》、中心网站披露 2016 年度工作报告。注重投诉处理，做到有投必应、有诉必回。完善住房公积金卡、住房公积金网站、短信平台、手机 APP、“12329”服务热线功能，紧扣缴存职工需求，改进服务措施。（刘慧燕）

房地产业监管

【概况】2016 年,娄底市房地产管理贯彻供给侧结构性改革部署,创新思路、多管齐下,推进房地产业“解难题、促发展、保稳定”专项行动。出台《娄底市人民政府进一步去商品房库存促房地产业发展的通知》,对城乡居民购买新建商品房,由市财政按面积给予 5000~10000 元奖励;居民家庭首次购买普通住房的商业性个人住房贷款,最低首付款比例向下浮动到 20%;逐步将符合条件的农民工、个体工商户纳入住房公积金政策覆盖范围。制定《被拆迁人自行选购新建商品房作为安置房操作办法》,将拆迁实物安置转变为货币安置。被拆迁人领取房票 2334 张,消化商品房 1500 余套。9 月，举办“娄底市第七届房地产交易展示暨被拆迁人自行选购新建商品房作为安置房楼盘展示会”,总计成交商品房3868套,成交总面积49.5万平方米成交总金额23.9亿元。通过一系列新政策的实施,全年共完成房地产开发投资92.9亿元,完成商品房销售面积242万平方米,同比增长22.8%。全年协征房地产契税11389.1万元,比上年同比增长13.9%全年共办理房屋转移登记4023宗,新建商品房预告登记5378宗,预抵押登记5015宗,在建工程抵押登记286宗,金额115亿元。共出具测绘报告152份,其中:完成房产实测报告104宗,面积80.8万平方米,预测报告48份,面积58.7万平方米,布设房屋界址点246个。完成房屋白蚁预防180万平方米,完成房屋白蚁防治回访复查面积361万平方米,新建房屋白蚁预防率达95%以上。接收档案27137卷,其中产权档案7558卷,预告登记档案1929卷,合并业务档案6373卷,交易备案档案1800卷,其他业务档案255卷,抵押资料8601卷,查封登记档案621卷。办理各类房屋租赁登记备案4571份。配合住保部门办理申报公租房及廉租房货币补贴申领人房屋租赁备案347份。整理房屋租赁备案档案资料20863份。政务服务窗口被评为市政务服务工作年度“优胜窗口”,测绘中心因工作成效突出,被省房地产业协会房地产测量专业委员会评为“先进单位”,被省房地产业协会白蚁防治专业委员会评为“先进单位”。

【住房保障】 2016年,娄底市房地产管理棚户区改造目标任务21686套,开工21686套,开工率为100%。其中市本级开工704户,开工率100%;涟源市开工2210户,开工率100.00%;冷水江市开工2642户,开工率100%;新化县开工6862户,开工率100.00%双峰县开工2925户,开工率100%。全市保障性安居工程建设基本建成目标任务13606套(或户),建成27594套,竣工34199套。全年租赁补贴目标任务21247户,发放租赁补贴22706户,发放金额1630万元。公租房分配入住目标8994套,实际分配入住9510套,完成目标任务105.7%。其中市本级1474套,完成目标任务101.4%;涟源市2936套,完成目标任务100.0%;冷水江市653套,完成目标任务112.8%;新化县1054套,完成目标任务93.4%;双峰县3393套,目标任务完成117.2%。共筹集资金406831万元,其中争取上级补助资金82954万元,国开行和农发行贷款281500万元,地方配套资金42377万元。全市完成投资440000万元。省里下达娄底市危房改造任务两批共14500户,竣工13425户,占计划12660户的106%,为绩效考核6500户的206%,入住12274户,占计划任务12660户的97%。

【物业管理】2016年,娄底市房地产管理局归集物业专项维修资金11795万元,同比增长17.9%,累计归集物业专项维修资金8.5亿元全面推行中心城区社区物业管理市场化,出台《娄底市物业服务收费管理实施办法》《娄底市物业服务停车收费管理办法》《娄底市住宅专项维修资金管理办法》,机关单位院落及家属区物业管理覆盖率达到100%。先后组织特种设备安全管理行活动、设施设备管理年活动、学雷锋志愿者服务活动、“文明家庭”“文明院落”创建、禁止燃放烟花爆竹宣传等工作。全年回复和处理物业和装饰装修咨询投诉160余起,其中装饰装修100余起,装饰装修投诉处理满意率达100%,中心城区有38个物业小区被评为创建文明家庭一类小区,有35个纯物业小区被评为“文明院落”。

【不动产统一登记】2016年6月,娄底市实施不动产统一登记改革,市房地产管理局将房屋登记职能和114名工作人员划转至不动产登记中心,于6月初完成全部的划转工作,不动产统一登记改革工作基本落实到位。市不动产登记中心从6月28日开始颁发不动产权证书。

【举办第七届房地产交易展示会】2016年9月9日至11日,“娄底市第七届房地产交易展示暨被拆迁人自行选购新建商品房作为安置房楼盘展示会”,在市体育中心举办。本届房交会作为市委、市政府部署“房地产业解难题、促发展、保稳定专项行动”的一个重要环节,市住房和城乡建设局、市房产局精心组织,娄底日报社、娄底广播电视台、市房地产业协会协作。3天房交会参展人数达3万人次,总计成交商品房3868套,成交总面积49.5万平方米,成交总金额23.9亿元。其中被拆迁人购买新建商品房作为安置房441套5.7万平方米,成交金额2.1亿元;非住宅商品房成交383套4万平方米,总金额超6亿元。 (李刚)

环境保护

【概述】2016 年，全市环保系统踏实苦干、攻坚克难，推进“天蓝水净地绿”三年行动计划，全市环境质量主要指数稳步提升，完成省里和市委政府下达的目标任务。辖区内省控及其以上地表水断面和中心城区 3 个集中式生活饮用水源地水质达标率 100%；中心城区环境空气优良率为 85.1%，高于 2015 年同期 7.8 个百分点；环境空气中 PM_{10} 年均浓度为 71 微克 / 立方米，比上年同期下降 16 微克 / 立方米；PM2.5 年均浓度为 46 微克 / 立方米，比上年同期下降 9 微克 / 立方米，空气质量好于 2015 年。

【启动天蓝水净地绿三年行动计划】2016 年，娄底市环保局推进“天蓝、水净、地绿”三年行动计划。由 5 个县（市、区）政府、两个管委会和 27 个市直部门配合，计划实施环境保护重点工程项目 39 个，总投资 44.8 亿元，抓好污染物排放总量控制、污染源管控、重点区域环境保护与治理和城乡绿化和生态建设等工作，确保到 2018 年，大气、水、土壤、绿化和环保基础设施建设等方面指标达到既定目标。

【环境保护责任体系建设】2016 年，娄底市环保局出台《娄底市环境问题（事件）问责调查暂行办法》《娄底市重大环境问题（事件）问责调查工作方案》，明确问责对象、问责情形、问责组织调查实施等事项，构建发生重大环境问题（事件）问责系统。

【污染治理】2016 年，娄底市环保局制订和启动实施《娄底市贯彻落实〈水污染防治行动计划〉实施方案（2016—2020 年）》《娄底市水环境保护和治理第二个“三年行动计划”（2016—2018 年）实施方案》《娄底市大气污染防治专项行动方案（2016—2017 年）》。完成年度任务 50 个，娄星区、冷水江市农村环境综合治理整县推进项目通过验收。

【超额完成主要污染物减排任务】2016 年，娄底市环保局对辖区内 39 家国控重点企业开展监督性监测，监督性监测结果公布率 100%，数据传输率 98.83%，企业自行监测公布率 87.87%。全年二氧化硫、氮氧化物年度减排分别削减 11211 吨、4808 吨，削减率分别为 12.27%、8.2%，分别完成省定任务 272.7%、184.3%。全年氨氮、化学需氧量年度减排分别削减 237.25 吨、1191.73 吨，削减率分别为 3%和 1.7%；均超额完成省里下达娄底市的总量减排任务。（胡莹琦）

娄底市环保局举办党务干部培训班

交通·通信·邮政

总 类

娄底市交通局召开“两学一做”教育活动动员大会

【概况】2016 年，娄底市交通运输局围绕“办人民满意交通”的主题，克难攻坚，主动作为，全年累计完成交通重点项目投资 47.49 亿元，为年度计划 33.07 万元的 143.6%，其中高速公路项目完成投资 14.95 亿元，干线公路项目完成投资 20.5 亿元，农村公路建设完成投资 5.16 亿元，路网结构改造完成投资 3.25 亿元，站场港口码头建设及其他交通建设完成投资 3.63 亿元。安邵高速公路、娄衡高速公路竣工通车，新增通车里程 97 公里。益娄高速公路主线建设有序进展，娄底连接线开工。龙琅高速公路业主单位完成放红线挖沟和实物量丈量工作，征地拆迁包干协议谈判有序推进。干线公路计划新开工的 9 个项目全部开工建设，省道 334 双峰荷叶至梓门等 3 个项目竣工通车，通车里程达 46.2 公里。娄底大道建设累计完成投资 12.3 亿元，各路段进展正常，娄底至涟源段建成通车。农村公路提质改造任务 596 公里，为年度目标任务 588 公里的 101.36%，完成农村公路安保设施建设 632 公里、危桥改造 57 座、渡改桥 9 座。水运工程“一号工程”湘江航运污染防治“三年行动计划”工程进度全省第一。国道 60 醴陵至娄底扩容工程已启动工程可行性研究报告评审，国道 59 官庄至新化段完成设计招标。省道 238 新化温塘至金湾、省道 336 双江至七星街等 6 条干线公路全部完成设计工作，列入年度计划的其他 11 个干线公路项目如期进展。娄底城区环线（东、北段）及娄底大道体育功能、高铁南站综合交通枢纽 2 个 PPP 项目前期工作有序推进。

【运输市场】2016 年，全市交通运输全年完成公路货物运输总周转量 922000.07 万吨公里，同比增长 7.74 %；邮政业务总量完成 44452.09 万元，同比增幅 34.79 %。建成和在建三级以上客运站 14 个、物流园区 6 个，建成农村客运招呼站 200 个，提质改造双峰青树坪、新化梅苑 2 个汽车站。完成春运、黄金周等重大节假日应急运输及防汛救灾、煤电油重点物资运输工作。出租汽车行业改革实现平稳过渡，娄底城区出租车全部更新为环保节能的油气两用车。中心城区公交一体化工作全面铺开，全市公交车辆发展到 567 台，公交线路增加至 71 条，城市公交覆盖率达到 96.2%，城市公交出行分担率达到 24.38%。

【行业管理】2016 年，全市交通运输安全监管取得成效。共发现隐患 90 处，及时整改 62 处，查处危化品运输违章 6 起，处罚 6 万元，约谈问题较为严重的企业主要负责人 4 次，叫停非法改装车辆厂家 2 家；检查各类船舶 1850 艘次，纠正违章 60 余起，取缔餐饮娱乐船 13 艘，拆解老旧船舶 9 艘，确保道路、水上交通安全，道路运输各项安全指数控制在考核指标之内，连续 9 年未发生重大交通安全事故，辖区水域安全“四项指数”控制为零，连续 15 年实现水上安全零事故。全年未发生一起较大以上安全事故和质量事故。共检测货车 94735 台次，查处超限超载车 2842 台次，卸载货物 30279.67 吨，查处改拼装车辆 101 台，超限率控制在 0.3%以下，车货总重 49 吨以上的恶性超限超载现象基本消除。完成国道 207 等 9 条国养干线公路路产调查建档工作，全市普通国省干线优良路率达到 92.16%，公路工作综合排名全省

第一，干线公路建设、养护、路政、安防工程以及综合服务等工作进入全省第一方阵。（朱司权）

表 55　**2016 年娄底市交通运输局先进集体和先进个人登记表**

获奖单位、先进个人	奖励名称	颁奖单位	颁发时间
娄底市交通运输局	全省春运优质服务先进单位	湖南省春运领导小组	2016 年 1 月
娄底市交通运输局	2016 年省级文明卫生单位	湖南省爱国卫生运动委员会	2016 年 8 月
娄底市交通运输局	2016 年全省交通运输安全生产目标管理先进单位	湖南省交通运输厅	2017 年 3 月
曾特兴	全省政府法律工作先进个人	湖南省人力资源和社会保障厅 湖南省人民政府法制办公室	2016 年 3 月

交通质监

【概况】2016 年，娄底市交通工程质量安全监督管理处受监公路建设项目 28 个，受监公路里程 433 公里，总投资 53 亿元，各所受监农村公路建设项目 43 个，受监里 360 公里。开展质量安全综合检查 4 次，监理工作专项检查 1 次，工地试验室专项检查 1 次，农村公路质量安全综合检查 2 次，质量巡查 48 次，出动检查人数 217 人次，发现处理较大质量隐患 13 起，下发“督办函”“关于质量问题处理意见的函”6 份，分别下达 19 份“质量安全整改通知书”，1 份“不合格工程通知”和 3 份“停工通知书”，约谈施工企业法人和召开质量安全整改会议 4 次，发现处理较大质量安全隐患 27 起。办理质量安全监督手续 5 份，出具竣工验收质量鉴定报告 1 份，交工验收质量检测意见 6 份。省交通质安局对全市干线公路建设质量安全年度综合检查抽检 3 个项目，实体检测合格率为 95.1%，高于全省平均合格率（67.93%）27.17 个百分点。

【监督管理】2016 年，娄底市交通工程质量安全监督管理处完成国道 354 冷水江至新化公路冷水江段、国道 354 娄底至涟源公路改建工程第六合同段交通安全设施等国省干线公路项目，施工招标工程量清单最高限价审查 7 个，累计审查投资 22944.99 万元，累计核减投资 2096.07 万元。审查涟源七星至湄江公路一阶段施工图设计预算等 2 个项目，累计审查投资 8252.05 万元，核减投资 285.77 万元。审查完成中国物流娄底诚通现代物流园一期生活消费品商贸物流区初步设计概算 2 个项目，累计审查投资 61966.9 万元，核减投资 394.55 万元。（左忠伟）

道路运输管理

【概况】2016 年，娄底市道路运输管理处准确把握道路运输在“四个全面”战略定位。全市共有道路旅客运输业户 625 家、客运车辆 2510 辆、出租汽车 1758 台、道路货物运输业户 18499 家、载货汽车 21712 辆。综合运输保障有力，顺利完成春运、黄金周等重大节假日应急运输及防汛救灾、煤电油重点物资运输工作。编制完成娄底市“十三五”道路运输站场建设发展规划，完成 2017 年全市汽车客货运站项目建设投资计划和 2017—2019 年客运站、物流园区项目建设计划的申报工作。到 12 月底，完成投资 36330 万元。城乡公交一体化建设稳步推进，建成招呼站 200 个，全市公交车辆发展到 567 台，公交线路增加至 71 条，城市公交覆盖率达到 96.2%，城市公交出行分担率达到 24.38%。推进“绿色交通”建设，杜绝高能耗、高污染的车辆进入运输市场。推进 LNG 等清洁能源应用，目前娄底城区出租车全部更新为环保节能的油气两用车。开展全市道路运输行业三级协同信息技术应用。共受理行政审批事项 2587 件，办结率 100%。做到零投诉，受理投诉 2110 件，办结率达 100%，满意率达 98%以上，为群众挽回经济损失

8.7万余元。获全省道路运输管理机构综合目标考核二等奖、安全监督目标考核一等奖，获评“娄底市市直非税收入执收工作优秀单位”。

【运管建设】2016年，娄底市道路运输管理处履行“三关一监督”的监管职责，完善“一岗双责”安全监管制度，强化道路运输企业安全生产主体责任及行业监管主体责任，安全监管做到横向到边、纵向到底。严格执行营运驾驶员安全承诺制度，“五不两确保”安全承诺和安全告知逐车落实，落实率达100%。强化安全生产宣传教育，在《娄底日报》开辟专栏，与娄底电视台共同举办《安全生产大讲堂》12期，组织开展全市道路运输企业从业人员安全教育培训及效果测试，测试6000余人，合格率达90%，从业人员的安全意识和应急处置能力全面提高。对10个社会服务平台进行服务质量考核，淘汰2个不合格平台。对营运驾驶员的管理档案进行认真清理，建立营运驾驶员“黑名单”制度。深入开展“大排查、大管控、大整治”等专项整治活动，狠抓问题整改落实。加强危险品运输源头监管，采取驻点或巡查的方法实施监管。推进“互联网+安全监管”，强化“两客一危”车辆动态监管，对所有“两客一危”车辆一律安装使用实时监控设备，对两把大锤、消防设备、逃生出口全部落实到位，全市密闭玻璃窗营运车辆全部安装自动爆玻装置。

自湖南省道路运输两个专项整治“百日行动”开展以来，全市加大对道路运输企业“两客一危”车辆驾驶员违法违规行为查处和客运站源头治理力度，检查“两客一危”运输企业56家、道路客运站场18家、“两客一危”运输车辆950台次，发现违法违规经营行为26起，注销危货运输企业1家、危货运输车辆7台。

【行业改革】2016年，娄底市道路运输管理处根据市政府批准同意《娄底城区陆续到期出租车经营权特许工作实施方案》，按照政府主导、行业监管、企业负责、司机参与、依法依规、公开透明的原则，稳妥推进改革。班子成员到企业一线进行调查摸底，了解公司和驾驶员思想动态，采纳各方合理诉求，解决实际问题。通过建立出租车运价与油价的联动机制、调整出租车起步价、发放燃油补贴，化解油价上涨对出租车市场的影响。

【依法治运】2016年，娄底市道路运输管理处以监管服务标准化为手段，实施规范管理，坚持“依法治运”。开展“群众满意客运站”创建和客货运站质量信誉考核，重点对全市9家二级以上客货运站进行复核，评定三级以下客运站AAA级2家、AA级7家、A级6家、B级1家。组织开展道路客运企业、出租车企业质量信誉考核。全市共有5家客运企业被评定为AAA级，有17家客运企业被评定为AA级。全年开展联合执法800余次，检查企业数378家，检查车辆1600台次，检查从业人员1500人次，检查托运人30余次，复核危货运企业58家，发现非法营运危货车辆64台，查处从人员未持证上岗3人，清理异地营运危货运车辆36台，处罚金额39.9万元。开展驾培机构培训质量和教练员教学质量信誉考核。评选先进驾培机构12家，优秀教练员108个，对2家不合格的驾培机构通报批评，并予整改。在全市所有驾培机构安装驾驶员计时培训系统。开展驾培市场专项治理，严厉打击非法培训等行为。规范汽车维修市场，落实道路运输经营者的车辆技术管理主体责任。对全市131家一、二类机动车维修企业进行考核，共评选出AAA级企业28家、AA级企业64家、A级35家、B级4家，开展打击非法营运专项整治行动，查获各类非法营运车辆123台，遏制非法营运严峻势头。开展非法违法运输“严打严治”工作，组织集中执法行动938次，出动执法人员1865人次。

(梁莉 龙欣 刘长庚)

公　路

【概况】2016年，娄底市公路局完善路网结构，提升服务品质。目标管理考核综合排名全省第一，干线公路建设、公路养护、路政管理、安防工程建设以及综合服务等工作进入全省先进行列，“十三五”公路事业发展实现良好开局。全系统事业单位分类改革基本完成，市公路局机关和9个二级单位都明确为公益一类事业单位，人员分类、参公登记、岗位设置等工作全部落实，全系统包括离退休人员在内的1448名干部职工全部纳入市财政全额供养，实行工资统发。按照“适应公路长远发展、打造娄底信息品牌”的工作思路，推进“数字公路”建设，投资1500万元建设“满覆盖、全可视、可升级”的公路信息化系统，包括路网监测、养护管理、路政管理、治超执法、OA办公、视频会议等子系统，实现全市国省干线路政治超、公路养护、灾害预警、应急抢险救援和安全生产监控等日常工作的可视化管理。承办第八届全国交通运输行业职业技能竞赛湖南选拔赛暨2016年全省公路系统养护技能操作竞赛，发挥垂直管理优势，受到省总工会、省人社厅及省交通运输厅、省公路管理局肯定，获两个团体二等奖，一个优秀组织奖，新化县公路局陈代新和双峰县公路局江卫林获“湖南省五一劳动奖章”。涌现出以全市优秀共产党员、全市十大新闻人物、路政治超员王宇代表的一批公路先锋模范。市局及娄星区公路局、双峰县公路局分别获全省公路系统“文明建设先进单位”称号，新化县公路局获全国交通运输行业文明单位称号，全市公路系统7人获全省公路“十佳”。

【项目建设】2016年，娄底市公路局立足“干线办”平台，履行行业管理职责。干线公路建设目标考核排名进入全省第一方阵，全年新增通车里程9公里，年度新开工项目9个，开工里程136.7公里，完成投资8.8927亿元。

【日常养护】2016年，娄底市公路局探索和优化管养一体化工作模式，整合路政、养护资源，建立联合巡查机制，实现路政和养护信息互通、工作互融，形成管养合力，成为娄底公路新“名片”。通过日常养护稳定路况，推进大中修改善路况，加强预防性养护提升路况，全市普通国省干线优良路率达到92.16%；完成国道207等9条国养干线公路路产调查建档工作，为全省首创；“四新”技术得到推广，把智能融冰技术首次应用于拆除重建新化省道312线青峰桥桥面。日常养护考核排名全省第一。

【路政管理】2016年，娄底市公路局注重执法人员素质提升，培训新进人员46人，举办娄底市首届公路法制论坛，在双峰成立全省首个“公路法庭”，组建路政管理执法支队，创建省道210、省道217线等多条“路政管理示范路”。坚持以依法维护路产路权为核心，强化国省干线路域环境整治，把路域环境整治与城乡环境治理紧密结合，纳入县市区政府年终绩效目标考核。开展集镇路段、违法棚屋、非公路标志、摆摊设点等专项整治行动，全市国、省干线路容路貌得到提升。

【公路治超】2016年，娄底市公路局按照“思想不松、政策不变、力度不减、标准不降”的要求，发挥路面治超主力军作用，与县市区政府形成合力。在省治超办组织的超限超载率调查中，娄底市站点超限超载率均为零。全年检测车辆947435台次，查处超限超载车辆2842台次，卸载货物30279.67吨，车货总重49吨以上的恶性超限超载现象基本遏制，治超长效机制建立健全。

【安全生产】全年实施公路安全生命防护工程60公里，实施灾害防治5公里，改造危桥8座，常规检测桥梁139座；严格落实安全生产责任，实施安防设施隐患“清零”行动，全年督查单位和场所450余处，排查整改各类安全隐患330余处，挂牌督办道路交通隐患路段6处。（刘阳）

娄底市公路局召开治超专题会议

表 56　2016 年娄底市公路管理局先进集体和先进个人登记表

获奖单位、先进个人	奖励名称	颁奖单位	颁发时间
娄底市公路管理局	省级文明单位(保持)	湖南省文明委	2015 年 4 月
娄底市公路管理局	2016 年度全省公路工作目标管理红旗单位	湖南省公路管理局	2017 年 1 月
娄底市公路管理局	2016 年度全省公路系统养护目标管理红旗单位	湖南省公路管理局	2017 年 1 月
娄底市公路管理局	2016 年度全省公路系统综合服务目标管理红旗单位	湖南省公路管理局	2017 年 1 月
娄底市公路管理局	2016 年度全省干线公路建设目标管理考核红旗单位	湖南省公路管理局	2017 年 1 月
娄底市公路管理局	2016 年度全省公路路政目标管理红旗单位	湖南省公路管理局	2017 年 1 月
娄底市公路管理局	2016 年度全省公路系统安全生产工作优秀单位	湖南省公路管理局	2017 年 1 月
娄底市公路管理局	全省公路系统 2015—2016 年度文明建设先进单位	湖南省公路管理局	2017 年 1 月
新化县公路管理局	全国交通运输行业文明单位	交通运输部	2017 年 1 月
江卫林	湖南省五一劳动奖章	湖南省总工会	2016 年 12 月
陈代新	湖南省五一劳动奖章	湖南省总工会	2016 年 12 月

农村公路管理处

【概况】2016 年，娄底市农村公路管理处以建管养工作为中心，按照省人民政府下达娄底市农村公路建设提质改造目标任务是 588 公里，完成投资 35000 万元。普通公路安保工程目标任务是 547 公里，完成投资 14000 万元。娄底市农村公路管理处积极督促各县市区农村公路管理局、早计划、早动员、早安排、早实施，合理安排人员，有序调度进度，科学组织施工，确保按计划完成工程进度。截至 12 月底，全市完成农村公路建设 596.491 公里，为目标任务的 101%，完成投资 35428 万元。完成农村公路安保工程 561.5 公里，为目标任务的 103%，完成投资 14914 万元。全市农村公路列养率达 100%，超额完成省政府下达的各项目标任务。

【路政管理】2016 年，娄底市农村公路管理处通过开展路政宣传、路政巡查与查处路政违法案件。全年各县市区路政人员平均上路巡查达 210 天以上，发现和制止各类违法建筑 17 余处，查处路政违法案件 227 起，结案 223 起，结案率达 98%；收取路产赔(补)偿费和罚款 57.22 万元。各县市区全年都进行 2 次以上大规模路障清除行动，清除路障 2560 处，拆除临时摊位、厂棚 30 处，清除非公路标志 29 块。重要县乡道做到无路障、无马路市场、无非公路标志、无临时厂棚、无新建违法建筑，指路牌、警示标志、桥标志齐全，实行宅路分家，提高全市农村公路通畅能力。推进安全生产大排查和“严打严治”“打非治违”专项行动，协同 5 个县(市、区)研究制定专项行动实施方案，派出暗访组 140 个，检查人员达 430 余人次，监督检查单位和场所 155 处，查出各类安全隐患 277 处，整改 263 处，14 处正在整改，投入整改资金 800 万元。

【农路养护】2016 年，娄底市农村公路管理处在各县市区创建“群众性养护”示范乡镇，有娄星区的万宝镇、双峰县洪山殿镇、涟源市茅塘镇、冷水江市禾青镇、新化县大熊山林场。全市农村公路列养率达100%，县道优良率达75.3%，乡道优良率达74.3%，村道优良率达73.5%，PQI中等路以上比例达87.6%，实现对全市1732座桥梁的常年养护，县道、乡道上100%的桥梁、村道上100%中桥及以上桥梁落实“三个一”责任牌和限载标志牌。全年完成小修保养和清灌缝共计579公里；完成大中修里程71.878公里；开展文明示范路创建活动，创建10条线路119公里，达省里要求标准。全市多方筹集农村公路管理养护资金，改善农村公路养护工程及配套设施建设，完成43条线路458公里农村公路绿化任务，植树48000株，绿化率达82.2%；完成省厅下达危桥改造计划57座和渡改桥项目9座。（刘凤田）

水　运

【概况】2016年，娄底市地方海事局围绕水上交通安全监管工作，全面履责，文明执法，热忱服务，推进水运基础设施建设，确保全市水运平安有序运行与发展。全市境内资、涟两水系有通航河流14条和8座有船水库，通航里程计326公里。其中资水111公里（筱溪—苏溪）为Ⅵ级航道；涟水41公里（涟钢大桥—双峰江口）为Ⅶ级航道；渡口208道；登记在册船舶577艘，运力137464吨，其中，渡船255艘、客位5090个；客船124艘、客位2604个；货船145艘、功率37167千瓦、运力137324吨，其中，常年在外港（外省）参运货船近百艘，运力10万余吨。完成渡口码头标准化改造50道，全市第一道一类人行渡口即涟源市湄江寨背码头主体工程建设顺利竣工；省政府“一号工程”湘江保护和治理“三年行动计划”暨境内涟水、孙水、测水航运防污治理应急能力建设项目落地推进，娄星区涟水海事工作码头、趸船、海巡艇均开工在建；冷水江资水浪石滩电站通航设施通过省局验收。投入航道养护资金146万元，投放航标162座，疏浚碍航滩险14处；全年完成货运量544.57万吨、货物周转量132430.4万吨公里，水路客运量50万人；涟源湄江、双峰水府庙库区新成立水路客运公司2家；全市水路客运个体船户“单打独斗”格局破茧，水上景区客运跨入公司化集约经营阶段；执行船舶营运检验324艘、102780总吨、38638千瓦、115536载重吨，完成建造检验16艘，320客位，客、渡船检验率达100%；执行营运船舶年度核查364艘，合格322艘，核查合格率90%；办理客渡船安全责任保险205艘、客位3826个，执行各类船舶登记432艘次，培训船员250人。（李朝华）

表57　**2016年湖南省娄底市地方海事局先进集体和先进个人登记表**

获奖单位、先进个人	奖励名称	颁奖单位	颁发时间
杨跃辉	2016年全省交通运输行政执法评议考核先进个人	湖南省交通运输厅	2017年3月

通　信

电信股份有限公司娄底分公司

【概况】2016年，中国电信股份有限公司娄底分公司全年完成经营收入预算目标，利润超产278万元，年底净资产总值达8.5亿元。全年新建光网村915个，光网村总数达2648个；新增光网端口18万个，总数达到63万个，光网端口占比达到85%，率先建成“城市光网”；全年新建1.8G LTE城区基站128个，农村LTE 800兆基站549个，全市4G基站规模达到1400个，娄底主城区4G信号覆盖率达96%，农村4G信号覆盖率达90%，“4G信号王”品牌树立，移动网络质量持续提升。以“互联网＋应用”为抓手，打造占地近2000平方米的云大数据中心，在互联网＋、云计算、物联网业务发展上谋篇布局，围绕“百姓关心、政府关切、企业关注”，创新发展智慧政务、智慧医疗、智慧交通、智慧教育、云计算、大数据等信息化应用。获授“湖南省精神文明单位”称号。

【客户感知】2016年，娄底电信分公司树立宽带服务新标杆。5月17日，娄底电信中心旗舰厅新装开业，分公司宣布“提速降费”四公告与“宽带中国”服务四承诺，在提速降费基础上承诺全市范围内，城区客户可通过任何渠道申请宽带业务；在公司规定的时间内，客户可根据自己的时间预约装机；光网宽带可先体验后付款以及失约赔付。8月1日，分公司又一次推出服务升级举措：八小时装机、八小时修障，慢必赔；真宽带、真速率，低必赔；无条件受理、零拒单等6项服务承诺。通过提升装维服务质量，六项服务承诺得到全面落实，客户感知明显提升。

【网络转型】2016年，新化ZXJ10、双峰ZXJ10、涟源ZXJ10、娄底S1240、娄底EWSD5个传统交换端局设备关电退网，累计关闭传统语音端口28.9万个，DSLAM端口13.14万个，迁转用户7.65万户，娄底市迈入湖南省全光网城市行列。（卿星星）

表58　2016年中国电信娄底分公司先进集体和先进个人登记表

获奖单位、先进个人	奖励名称	颁奖单位	颁发时间
中国电信娄底分公司	文明单位	湖南省精神文明建设指导委员会	2016年12月
中国电信娄底分公司	湖南省精神文明建设标兵单位	湖南省人民政府	2016年3月
杨　彪	中央企业技术能手	国务院国有资产监督管理委员会	2016年3月
陈朝阳	芙蓉百岗明星	湖南省总工会	2016年3月

中国移动通信集团湖南有限公司娄底分公司

【概况】2016年，中国移动通信集团湖南有限公司娄底分公司以市场为导向、客户为中心、效益为目标，坚持“稳中求进、好中求快”的总体发展思路，聚焦价值增长，坚持“四轮驱动”与转型发展，完成全年各项目标任务，企业综合实力、运营效益、和谐发展实现新跨越。全年净增通话客户11万多户，全市移动用户总数达160多万户；全年完成通信服务收入13亿多元，实现净利润3.8亿元；全年建成开通LTE站点1000多个，建设有线宽带端口16万个、建设专线1000多条、城域网光缆20公里，网络覆盖能力得到提升。发展呈现“有速度、有质量、有活力、有后劲”态势。

【网络工程】2016年，娄底移动以客户感知为导向，以打造“质量更好、速率更快、体验更优”的领先网络为目标，巩固核心竞争优势。实施LTE4.1期、4.2期、4.3期工程建设，提前启动LTE农村专项储备工程。全年网络感知满意度领先值超强势对手近10个百分点；LTE全程呼叫成功率100%，城区路测覆盖率稳定在99%以上，下载速率维持在40兆以上；LTE室分MR弱覆盖小区数量下降至49个，弱覆盖比例下降至7%；区域内高速覆盖率全部达标；农村LTE MR覆盖率提升至90%。

【客户感知】2016年，娄底移动公司提升网络质量，开展“家庭宽带优+行动”、集客“满意2016活动”及“有线宽带超越大会战”等专项行动，完成全市184个小区集中整治，小区投诉量、故障率明显减少，有线宽带网络覆盖快速提升，城区家宽整体覆盖率达92.8%，乡镇家宽整体覆盖率达89.7%，行政村整体覆盖率达15%以上，集客故障处理及时率达100%，家客自动激活成功率达99.93%、投诉处理满意度91%、装机回访满意度92%、投诉处理及时率99.8%、家客故障处理及时率100%，各项指标均优于上级公司的挑战值。

【客户满意度】2016年，娄底移动公司创建标杆厅16家，投诉指标管控良好，升级投诉控制在目标值范围内；开发星服务APP二期，签订联盟商家300多个，系统承载能力达到200万个客户；两期标准满意度、网络满意度和移动客户整体NPS3项KPI指标达省公司年度考核目标。（贺石松）

中国联通娄底分公司

【概况】2016年，娄底联通以“客户信赖的智慧生活创造者”为愿景，牢记“联通世界 创享美好智慧生活”的使命，致力为用户提供优质通信服务及促进社会和谐。从2G到4G，突出以“用户感知为中心”，以建设“更快、更广、更好”的移动宽带领先网为目标，着力提升网络服务能力和网络服务质量。全市移动电话基站超4900个，移动电话交换容量达126万户，达100%的乡镇镇区网络覆盖，为4G时代的高速互联体验奠定基础。宽带网络建设全面实施光纤到户，FTTH项目覆盖达77%。形成市、县、乡(镇)三级管理模式，在全市各乡、镇、村都设有营销网络，全市一级网点550家，形成服务更到位、可持续性发展的渠道服务网络。完成通讯服务收入4.5亿元，缴纳营业税金及附加税近100万元，增值税764.2万元。(赵青)

【合作四通】2016年，娄底联通与娄底电信正式签署共建共享合作协议，双方秉着“积极推进、平等合作、利益共享、求同存异、先易后难、资产清晰”原则推进共建共享工作，在传送网建设、移网建设和存量共享等多个领域开展深度合作。

【校企合作】2016年12月15日，娄底联通“政校企合作研讨会”在湖南人文科技学院信息工程学院召开，公司党委书记、总经理肖双参加本次研讨会，与会领导与技术、市场专业人员就如何推进政校企合作进行探讨。以政校企合作为契机，寻找突破口，将科研力量就地转化为经济增长点。

【爱心图书捐赠】“捐一册书籍，留一份真情。”2016年3月26日至28日，为弘扬娄底文明精神，娄底市慈善总会举办樱花季——文化节暨全民阅读大型公益活动，娄底联通积极参与爱心图书捐赠。

【“企企通”信息化推进活动启动会】2016年3月30日，湖南省经济与信息化委员会、湖南联通联合开展的“企企通”信息化推进活动启动会在长沙召开，娄底同步推进“企企通”信息化相关工作，做到湖南企业“网络通、数据通、平台通、应用通”。

中国铁塔股份有限公司娄底市分公司

【概况】2016年，中国铁塔股份有限公司娄底市分公司以“开拓创新，务实高效，利益客户，成就员工”为核心价值，构建集约高效运维管理体系；在存量资产清查、站址建设和维护工作等方面取得可喜成绩，实现100%客户响应和100%服务保障”。完成资产清查上站3320个，站址资产盘点3233个，资产资源准确率达97.38%；运营商实际交接站址3142个，其中移动1741个、电信457个、联通944个。接到三家通信运营商站址建设总需求数1513个，其中移动507个，联通276个，电信730个；采取存量改造建设方案1073个，占比71.92%，新建站址440个，新建共享率达到29.08%。成立维护中心，建立统一监控系统，由代维单位和维护中心一起启动维护监控与统一派单机制；与3家运营商及代维单位组织维护对接，落实派单、上站流程及派单机制，承接3家运营商的维护管理工作。公司主导《娄底市中心城区移动通信基站布点规划(2015—2020)》经娄底市规划委员会审议通过，市中心城区193个道路景观塔及43个绿地广场景观基站，纳入市区整体规划。(娄铁思)

邮　政

【概况】2016年，全市邮政从业人员4000余人，业务总量达4.45亿元，同比增长34.79%，业务收入4.21亿元，同比增长24.93%；其中，快递业务量完成1164.60万件，同比增长69.77%；业务收入完成1.52亿元，同比增长40.75%。邮政普遍服务和快递服务满意度稳中有升，消费者申诉处理满意率达到95%。全市设置有信报箱43215个，智能包裹柜25组，邮筒(箱)68个、邮政报刊亭53处；完成全市28处补建空白乡镇邮政局所工作，移交、运营率100%；村邮站571个，三农服务站60处，便民服务站1966处，2016年新增767处；实现“村村通所、乡乡通邮”，充分发挥邮政优势做大农村物流，前瞻性地推动全行业服务农村的水平，为“邮政、快递业催化一、二、三产业融合互动”奠定基础。获授“全省邮政普遍服务监督和市场监管工作先进单位”称号。

【邮政服务能力】2016 年，全市共有邮政普遍服务营业场所 100 处。其中城市网点 15 个，农村网点 85 个；设投递段道 386 条，采取“自办 + 委办”相结合方式组织投递；城市段道 129 条（含委代办投递段道 2 条），单程里程 6063 公里，农村段道 260 条（含委代办投递段道 25 条），单程里程 15990 公里，通邮政行政村 3189 个，通邮率 100%。引进韵达、顺丰、申通、天天、中通、汇通、圆通等 20 多个快递品牌，发展快递许可及分支机构 78 家，邮政、快递寄递网点达 476 个。以“首家校园快递综合服务平台”为试点，推进全市中小学校园、生活小区快递服务中心建设，现全市共有 3 所高校实现“校园快递”全覆盖。建立小区快递综合便民服务试点网点 3 个，配备智能快递箱的小区 42 个，邮政快递布放职能包裹柜 18 个，企业自设城市快递服务网点 238 个。引导以快递超市的形式联合开办乡镇快递服务专营网点，设乡镇快递专营网点 135 个，乡镇快递网点覆盖率达到 100%。

【邮政行业治理】2016 年，娄底市邮政管理局完成快递网点整顿工作，推进网点标准化工程，对设备设施、人员着装等方面进行标准化改造，提升快递行业服务形象。全市 233 个末端网点提质改造达 100%，“许可分支机构” 营业网点数达 376 个。全市 376 个网点标准化率完成 70%，对外服务工号牌挂牌率达到 90%，快递配送车辆统一外观标识率达 90%。针对检查中发现的问题，全年检查 610 点次，出检 1331 人次，发放责令整改通知书 78 份，约谈企业相关负责人 6 次，关停违法经营快递业务网点 16 处，立案查处 22 件，通过通报、整改、约谈、处罚等一系列行政执法手段，实现“查处一批案件”、规范一个行业、净化一个领域”。（周晴芳）

表 59　**2016 年娄底市邮政管理局先进集体和先进个人登记表**

获奖单位、先进个人	奖励名称	颁奖单位	颁发时间
娄底市邮政管理局	2016 年度全省邮政普遍服务监管工作先进单位	湖南省邮政管理局	2017 年 1 月
娄底市邮政管理局	2016 年度全省邮政市场监管工作先进单位	湖南省邮政管理局	2017 年 3 月
娄底市邮政管理局	2016 年度湖南省邮政社会监督工作先进单位	湖南省邮政管理局	2017 年 5 月
方淑珍	2016 年度湖南省邮政管理系统优秀公务员	湖南省邮政管理局	2017 年 5 月
张荠普	2016 年国家邮政局系统统计报表工作先进个人	国家邮政局	2017 年 5 月

商贸·旅游

商务粮食

【概况】2016年，娄底市商务粮食局以推进供给侧结构性改革为主线，坚持创新、协调、绿色、开放、共享5大发展理念，构建商务粮食和开放型经济新格局。全年实际利用外资4.3亿美元，同比增长16.8%；内联引资515亿元，同比增长18.4%；完成进出口总额9.09亿美元，“破零”企业20家，“倍增”企业6家；完成加工贸易额4900万美元，同比增长14.4%；对外承包工程和对外劳务合作完成营业额8980万美元，同比增长25%；完成社会消费品零售总额485.3亿元，同比增长11.9%，增速排全省第二；托市收购粮食4万吨，增加农民售粮收入2200万元。获评“2016年全省市场秩序工作先进单位”“2016年全省商务行政执法优秀队伍”“2015—2016年全市先进基层党组织”“2016中国食品餐饮博览会优秀组织奖”，获全市2016年度信访工作、安全生产、招商引资、湘博会、食品安全、公共机构节能、计划生育工作先进单位等称号。

【招商引资】2016年，娄底市商务粮食局加强客商对接，开展委托中介招商，首次在北京、广州设立招商引资办事处；主动作为，瞄准重点产业、紧盯目标客户，针对汽车板及配套产业、新能源新材料、健康产业、文化旅游等重点产业项目开展精准招商；出台《娄底市鼓励投资创业的若干规定》系列文件，鼓励投资创业、发展总部经济；在北京、上海、深圳、长沙等地举办专题招商推介会7次，签订项目57个，总投资额457.2亿元；承办第七届“湘博会”，签订招商项目43个，总投资223.9亿元。全年签约项目100个，总投资681亿元，较2015年增加209亿元，引进中铁集团、中国五矿、利和集团、豪德集团、深圳三迅、东莞巨星等世界500强、国内500强、民营500强或央企与上市公司。

【外贸外经】2016年，娄底市商务粮食局分5个小组赴各县市区开展“稳增长、求突破、促开放”专题调研，找准商务粮食工作短板；调整外贸结构，培育优势企业和本土品牌，扩大出口产品种类。高新技术产品等商品出口总额不断增加，占比由2015年的30%提升至63.6%。举办外经外贸培训班，传知识、贯政策、长技能，开展“保姆式”“一站式”服务，协调解决企业在通关、物流、融资等方面的困难和问题。以开拓东盟市场为战略重点，以“湖南—泰国产业对接推介会”为契机，开展走进东盟系列活动，加强与欧盟湖南商会、全美中国工商会的协作，以举办第七届“湘博会”为契机，推进全市生态农业及农产品加工企业，农业机械、矿山机械及工程机械加工企业等特色产业、企业融入东南亚、非洲、南美等国际市场。发挥海关、商检机构服务作用，建设铁路口岸通关作业区和出口食品农产品质量安全示范区。

【商贸流通】2016年，娄底市商务粮食局加强调度分析，抓好企业入统，培育电子商务、会展经济等新兴业态，做好节日期间企业促销活动和专业展销活动，“社零”增速11.9%，全省排第二；参加“中国食品餐饮博览会”厨艺大赛获得全国团体冠军，参加湖南省2016年“十行状元百优工匠”比赛，有3名厨师进入“优秀工匠”前10名。出台《娄底市关于促进电子商务和创客经济发展的若干政策（试行）》《娄底市人民政府关于促进健康产业发展的实施意见》《娄底市物流业“十三五”发展规划》等文件。湘中国际、诚通物流园项目全年完成投资18亿元。娄底中小商贸流通企业公共服务运营中心正式揭牌运营，网上服务产品发布、对接和网上评价等完成情况排全省第二。3家企业申报湖南老字号，1家企业注册连锁经营。依托双峰“全国农村电子商务综合示范县”、新化“湖南省电子商务进农村示范县”创建活动，全市拥有各类电商主体 2.1 万家，其中电商企业 6000 多家，各类电商平台 20 多家。建立乡镇服务站(点)600 多个，全年农产品网上销售额达 4 亿元。构建“有信可查，守信激励、失信必究、市场规范”的商务粮食信用体系，抓实流通领域食品安全工作，牵头抓好流通领域“双打”工作；对 70 家监测样本企业，12 类 600 多种消费品，9 类 200 多种生产资料进行实时监测，发布监测信息 4505 条。

【粮食安全】2016 年，娄底市商务粮食局落实最低收购价托市收购，坚守“种粮卖得出”底线，准备仓容，抓好托市收购，完善市、县粮食储备粮应急体系，推进仓储规范化管理，坚守“吃粮买得到”底线，保障军粮供应，部队满意率 100%，增强粮食质量安全检测；落实粮食安全主体责任，加强粮食收购、入库、储存等环节监管，维护粮食市场流通秩序；开展粮食质量安全监测和库存粮食质量安全检查，提升粮食安全监管水平。(邓杰)

表 60　**2016 年市商务粮食局先进集体和先进个人登记表**

获奖单位、先进个人	奖励名称	颁奖单位	颁发时间
市商务粮食局	2016 年全省市场秩序工作先进单位	省商务厅	2016 年 12 月
市商务综合执法支队	2016 年全省商务行政执法优秀队伍	省商务厅	2016 年 12 月
市商务粮食局	2016 中国食品餐饮博览会优秀组织奖	省商务厅	2016 年 12 月
市商务粮食局	“金健杯”湖南省第三届粮食行业职业技能竞赛优秀组织奖	省粮食局	2016年 6 月

石油销售

【概况】2016 年，中石化娄底公司作为娄底市成品油供应主渠道，全年新建竣工加油站 1 座——娄底小碧加油站，于 12 月投营；歇业站复营业 1 座——新化狮子山加油站；完成综合治理改造 15 座(其中提量改造 7 座，安全隐患治理 4 座，配电系统改造 4 座)。总投资 8.6 亿元的湘潭—娄底成品油输油管道工程投产，实现岳阳长岭炼油厂油品直输娄底，现有在营加油站 78 座，便利店 78 座，在营管输油库 1 座，容量 4.9 万立方米。取得高速服务区加油站经营权 1 对——娄衡高速双峰服务区，取得高速服务区加油站经营权 1 对——安邵高速白马服务区超市。完成辖区 56 座加油站监控改造。完成公司中心监控机房建设，成立集监控中心、客户中心、售后服务中心功能于一体的客户服务中心。未发生安全、环保和数、质量事故，“国五”油品升级置换工作有序开展。完成液位仪应用系统、双涟油库发油系统安装改造两项重点工作。完成 68 座新装液位仪土建施工、液位仪安装、系统联调联试，升级改造原有液位仪 10 座，液位仪平台应用系统正式上线运行。成品油年销量过 34 万吨，其中零售 26.34 万吨，直批 8.05 万吨。年销售收入 30 亿元。非油品营业额 8024 万元，同比增长 2182 万元，增幅 37%。双涟油库被省公司评为 2016 年度“HSE 先进油库”。“易捷”连锁便利店(即非油品业务)，经营日用百货、副食品、粮油、烟草、酒类，以及中石化易捷专卖宁夏枸杞、茅台神舟酒、福建名茶等。年营业额达 10000 万元，获得全省非油品“比学赶帮超”年度进度红旗奖。开通“娄底公司微信公众号”，吸纳粉丝近 10 万人，发布图文信息 160 条，涵盖调价信息、汽车养护、油非互动、易捷商品、员工招聘、辟谣等，处理顾客微信投诉 10 余条，微信公众号吸纳粉丝超 30 万人，累计吸粉数量、关注数量完成率均排名全省第一，绑卡完成率全省第四。(陈威威)

投资促进

【概况】2016年，娄底市投资促进事务局以产业链招商为切入点，重点引进工业、基础设施、现代旅游、电子新能源等项目。全市内联引资到位资金515.2亿元，同比增长18.4%，完成目标任务100.43%；实际利用外资首次突破4亿美元，同比增长8.7%，完成年计划105.3%。4月开展招商引资项目大比拼活动，签约项目18个，投资额103亿元；5月组团参加第十二届中国（深圳）国际文化产业博览交易会，在文博会上推介项目65个，签约项目8个，总投资81.58亿元；娄底市重点项目（京津冀）招商引资座谈会5月18日在京召开，来自京津冀近100名知名客商欢聚一堂，聚焦项目对接，共谋合作发展，娄底推出七大项目，总投资50亿元；在长沙与中央企业战略合作签约项目20个，投资金额382亿元；8月“沪洽周”上，签约项目15个，合同引资107.3亿元，与上海黄浦区、徐汇区、长宁区旅游局签订“牵手沪昆高铁黄金旅游中轴线战略合作协议”，与上海黄浦区旅游局签订“促进全域旅游创建示范县（区）合作协议”；9月“湘博会”以“产业新引擎，创新增动力”为主题的湖南省第七届农业机械、矿山机械、电子陶瓷产品博览会在娄底市体育中心举行，签订投资项目43个，总投资223.9亿元，签订贸易合同136个，贸易总金额27亿元；12月，娄底在深圳举行扩大对外开放珠三角地区经贸合作对接会，签约项目17个，投资金额138.4亿元。

【招商引资】2016年，娄底市投资促进事务局开拓招商思路，创新招商方式，开展重大招商项目一对多、多对一专项推介服务，突出精准招商。重点围绕薄板深加工、装配式建筑产业、装备制造业及新能源新材料产业、互联网产业，先后引进益坤工程机械园、手机高端防静电材料项目；由市委书记、市长和分管副市长等领导带领小分队到北京中关村、广州、深圳、上海、长沙等地上门招商7批次，引进中铁集团、中国五矿、中山利和集团、豪德集团、碧桂园集团、北京神雾集团、深圳三迅、东莞巨星、格林美等一批世界500强、国内500强、民营500强、央企、上市公司等。签订招商项目100个，合同引资681亿元，比上年增加210亿元。其中工业招商项目50个，合同引资316.4亿元。在北京、深圳、长沙、娄底举办专题招商推介会6次，邀请客商共2190余人，推介娄底项目。引进中山大学达安基因股份有限公司投资福中医养中心项目、深圳市益思迪科技有限公司投资手机高端防静电项目、卓达集团投资装配式建筑；广西颐高电子商务产业园股份有限公司投资颐高互联网+梦想小镇项目。成立以分管副市长为组长的驻点招商领导小组，出台京（津冀）、穗（深）驻点招商方案。以驻京、驻广办为依托，开展驻点招商。着手探索发展娄底总部经济，陆续出台一系列政策。

【项目服务】2016年，娄底市投资促进事务局促进项目落地，引进杨州万宝集团IGBT世界领先技术，成立高成微电子公司落户娄星工业集中区后，全程优质服务，在一个月内办好注册手续，急客商所急，让客商满意。以网络为平台，对接联系互联网等新媒体平台的强大功能，更好地宣传娄底市优惠政策、发布招商项目，加强异地娄商联络和管理，打造集信息公开、项目发布、政策宣传、娄商联络于一体的招商网络信息平台，发布最新版娄底形象宣传片和娄底投资指南、招商项目书；创建“娄底投资促进”微信公众平台，发挥微信新媒体传播速度快、覆盖范围广、互动交流好优势，增加信息发布渠道，提高对外关联度与知名度。

(王忽晴)

贸促会

【概况】2016年，中国国际贸易促进委员会娄底支会、中国国际商会娄底商会秉承履行自身职能，强化国际交流的宗旨，引导企业走出去。先后邀请法国法雷奥中国区总裁毕诺、印度驻广州领事馆总领事唐施恩、美国联合总商会副主席林军、澳门绿色环保产业联盟理事长萧晋邦、台湾海峡两岸农业协会理事长蔡胜佳、韩国国会议员田夏镇、韩国观光协会会长张明善、越南湖南商会会长肖国平、泰国湖南商会会长刘纯鹰、印尼湖南商会会长罗春涛等共7批130余人次到娄底考察，与相关企业和职能部门负责人座谈交流。全年组织6批次20家企业100多人次参加省政府组织的重点招商活动，包括走进欧洲、美洲、东南亚、日韩招商等，涉及国家15个。新化电子陶瓷首次参加美国、墨西哥、古巴推介活动，开辟美洲市场。现有由市直各部门和县(市、区)政府负责人组成的贸促委员100余名,拥有县级贸促会、国际商会5个,会员企业100多家。走访出口和潜在出口企业76家共213次,形成《打造品牌,娄底农业转型发展的根本出路》《城市资本输入闲置土地,破解城乡矛盾的创举》的调研报告,并在《县域经济参考》杂志上发表。

【会展活动】2016年,中国国际贸易促进委员会娄底支会抓住全省全域旅游启动仪式在新化大熊山举行的机会,与新化县政府联合在大熊山组织蚩尤九福庙会暨湖南(新化)旅游商品展览会,推介全市旅游产品,参与组织第七届湖南省农业机械、矿山机械、电子陶瓷产业博览会,邀请200多家国外客商和专业采购商参展参会。把湘博会办成全国性专业展会,协调国家和省贸促会关系,两级贸促会大力支持娄底市"湘博会"成为专业展会。全年组织4批次共20余家30余人次参加国内和省内的各种活动,包括省农博会、东盟博览会、绥博会、中越(河口)边贸交易会,推介娄底农机机电产品和农特产品。

【国际服务】2016年,中国国际贸易促进委员会娄底支会鉴于外贸企业规模的壮大和进出口业务的迅速发展,各种涉外商事活动与涉外纠纷日益增多。为企业提供专业服务,经过协商,向中国贸促会申请设立"中国贸促会湖南商事调解中心娄底办事处",聘用2名专业资深律师坐堂提供咨询服务。做好出口产品原产地证签证工作。自该项业务开展以来,已签出2600多份原产地证,2016年出证220份,助推娄底市外贸经济发展。且建立娄底国际商会驻北欧、芬兰、泰国、越南、印度尼西亚等国代表处以及娄底国际商会德国代表处,已筹建丹麦、瑞典、印度代表处。针对许多企业因没有懂外语的专业外贸人才,每年举办一次外贸知识培训班,请国家和省贸促会的专家到娄授课,培养更多外贸人才。

【招商引资】2016年,中国国际贸易促进委员会娄底支会实施招商引资一把手工程,成立以会长为组长的招商引资工作领导小组,任务层层分解落实,奖罚分明。全年招商引资任务175万元,为娄底经开区投资建设集团引进资金2亿元。正在跟进由深圳尚荣医疗公司投资2.7亿元新化中医院PPP项目和北京遨你游集团投资3亿元双峰荷叶镇清泉文旅项目。举办娄底市重点项目(京津冀)招商引资座谈会,组织70多位京津冀地区央企和上市公司老总参加。(谢建胜)

供销合作

【概况】2016年,娄底市供销社落实中央、省委、市委关于深化供销合作社综合改革《决定》《实施意见》精神,适应农业供给侧结构性改革要求。成立娄底市深化供销合作社综合改革领导小组,构筑由市委、市政府主导的深化供销合作社综合改革工作格局;制定下发《娄底市贯彻落实省委〈实施意见〉工作安排的通知》,明确综合改革分工和具体要求;8月31日市委、市政府在全省率先推出《关于深化娄底市供销合作社综合改革的实施意见》;制定《娄底市供销合作社综合改革实施方案》,完善双峰综合改革试点县工作,强化县乡镇村三级惠民服务体系建设,目前该县供销合作社系统实现乡镇基层社全覆盖,村级综合服务社覆盖大部分行政村,9月双峰综合改革项目通过省财政厅、省供销社评估验收。全年完成商品销售总额60.69亿元,同比增长12.9%;实现利润8249万元,同比增长21.3%;完成农副产品购进额20亿元,同比增长8.7%。

【农村电商】2016年,娄底市供销社以"新供销资产经营管理有限责任公司"为投资主体,运营"娄底供销"微信商城,利用"七夕""双十一"为入社企业开展产品网上促销,以绿色、优质特色农产品为突破口,做活做实本地农村电商服务,打造服务"三农"新平台;8月与全国供销总社"供销e家"完成对接,筹建"供销e家"娄底地方平台;提出市社和5个县(市、区)社共同组建电子商务公司抱团发展的"1+5"模式,筹建"娄底市新供销惠农电子商务有限公司",开展本市三农信息服务和电商培训,设立"供销e家"娄底农产品展示平台,筹建大宗农产品、区域特色农产品线上交易中心,把娄底特色产品推向全国,建设农村电商"国家队"。

【项目建设】2016年,娄底市供销社推进项目兴社。涟源市盛达农业服务有限公司"土地托管申报2016年农业综合开发全国供销总社新型农业社会化服务体系项目"通过初审,"盛达农业专业合作社"成为全国供销总社"农村一、二、三产业"融合发展试点项目单位;冷水江市景宜果业有限公司投资360万元建设标准化冷库项目完成设备安装;涟源天柱山250万羽商品鸡苗繁育基地扩建项目和双峰湘军辣椒种植示范基地改建通过验收。

【农村新合作】2016 年，娄底市供销社按照省社基层组织建设重点由扩面转向提质的要求，开展基层社标杆社、专业合作社示范社、综合服务社星级社创建评比。全市系统发展全国总社示范专业合作社 7 家，国家农民合作社示范社 1 家、全国供销合作社基层社标杆社 2 家。遵循“农业社会化服务骨干力量”要求，在推进基层组织建设过程中创新为农服务方式。如双峰县供销社积极构建“农村专业社大合作、农村合作经济大联合”基层合作经济组织，牵头组建旭日农民专业合作社联合社、雄鹰种养农民专业合作社联合社等，在村级惠农服务社建设中，整合各方力量和资源，推行“惠农服务社、物流配送点、电子商务点、乡镇便民服务站、村级党建示范点”五合一模式。

（陈新颖）

粮食储备

【概况】2016 年，娄底市国家粮食储备库有标准储粮仓 10 栋，棚仓 2 栋，有效仓容 6.7 万吨，储备油罐 7 个。储备粮食 3.5 万吨，其中：市级储备粮 2 万吨，省级储备粮 5000 吨，最低收购价粮 1 万吨；储备食用油 1400 吨；储备市级应急防汛麻袋 3 万条。全年轮换市级储备粮 10085 吨，市级储备油 1400 吨，新增省级储备粮 5000 吨。执行国家发展改革委、国家粮食局等 6 部门 2016 年《小麦和稻谷最低收购价执行预案》，早籼稻按国家中等质量标准每 50 公斤最低收购价为 133 元，确保最低收购价粮食数量真实、质量良好；全年实现粮食仓储账物相符、无鼠雀、无霉变、无虫害、无事故。全库科学保粮率达 95%，连续 20 年安全生产零事故。

【设施管控】2016 年，娄底市国家粮食储备库按照省粮食局要求，由省粮食局、省财政、市政府和自筹资金 527.4 万元，对全库 5.8 万吨仓容进行“危仓老库”维修改造，重点对现有仓库地坪、屋顶、外墙以及场地进行改造，添置通风和运输等机械设备，提高劳动效率。按照“有仓必到、有粮必查、有账必核、查必彻底”原则，从数量、质量、账务、计划、补贴资金到位等方面逐项逐期进行全面核查。经省局复查，所有库存粮油数量真实、质量良好、计划到位、资金拨付及时。

【储粮管理】2016 年，娄底市国家粮食储备库重视粮油保管工作，是企业发展和生存的根本保证。重新制定和修订《储备粮规范化管理制度》四大章二十八条制度；制定《仓储管理预案》十一章，就粮库各个岗位职责，粮食出入库，质量管理，仓储日常管理，设备器材，安全生产，粮食收购等 11 个方面做详细分工。并在实际操作中督促落实，逐条将责任分解，夯实仓储日常管理，确保粮油储存安全。在储备粮存储企业规范化管理水平评价中取得 99.8 分成绩。在收购过程中遵循“五要五不要”收粮守则，执行以质论价收购政策，严把质量关，防止不合格粮食入库，全年收购早籼稻 10085 吨，与送粮户现收现结。

（陈瑞）

烟草专卖

【概况】2016 年，娄底市烟草专卖局优化内部管理、力破卷烟营销瓶颈，建立“两维三层”成本指标控制体系，实施精益课题 23 个，征集 QC 课题 15 个、“金点子”46 个，运营成本下降。全年客户满意度为 84.82 分，客户满意度提升；组织旁听法院审理 1 次，“法治讲堂”开课 8 次，开展教育培训 11 次，推进依法治企；互联网管理实现“零死角”全覆盖；开展“中层干部能力素质提升年”活动，出台县级局领导班子建设、科级干部选拔任用、非领导职务管理、任职试用期等制度，全市系统中层干部分 2 批次分别参加 7 天封闭式学习培训；完成 11 名新进大学生招聘录用入职工作。邀请清华大学王正教授等专家学者为干部职工授课，全年开展内训 23 场 992 人次、外培 54 场 86 人次，在全省系统第二届会计岗位技能竞赛中获团体第二名。全年销售卷烟 14.78 万箱，上缴税收同比增长 5.7%，连续两年居全市前列；开展“春雷”“铁尺”、真烟非流治理专项行动。全年查处涉烟案件 525 起，查获违法卷烟 1249.04 万支、制假原材料 11 万余斤、制假设备 9 台，破获网络案 10 起，拘留 48 人、逮捕 35 人、判刑 7 人。

【专卖稽查】2016 年，娄底市烟草专卖稽查支队根据省烟草专卖局专卖稽查总队交办的线索，会同娄底市公安对位于涟源市茅塘镇大方村的非法加工烟叶、烟丝“地下工厂”进行 26 天缜密侦查，破获一起 1950 余万元非法加工烟草制品网络案，查获烟叶、烟丝、烟梗、烟沫 11 万余斤，扣押现金 28.485 万元，涉案车辆 6 台，抓获犯罪嫌疑人 31 人(已刑拘 9 人逮捕 8 人)，捣毁制假工厂 1 个，仓库 1 个。该案为全市查获规模最大的一起非法经营烟叶、烟丝案，系全市首起公安部、国家局督办案件。（潘震球）

表 61　**2016 年娄底市烟草专卖局(公司)先进集体和先进个人登记表**

获奖单位、先进个人	奖励名称	颁奖单位	颁发时间
娄底市烟草专卖局	第二届湖南省烟草专卖局(公司)会计岗位技能竞赛团体第二名	湖南省烟草专卖局	2016 年 9 月
艾春明	第二届湖南省烟草专卖局(公司)会计岗位技能竞赛个人第六名	湖南省烟草专卖局	2016 年 10 月
娄底市烟草专卖局	第一届湖南省烟草系统人事政工监察岗位技能竞赛团体奖第三名	湖南省烟草专卖局	2016 年 10 月
杨　钦	第一届湖南省烟草系统人事政工监察岗位技能竞赛个人第三名	湖南省烟草专卖局	2016 年 10 月
郭启宇	第一届湖南省烟草系统人事政工监察岗位技能竞赛个人第四名	湖南省烟草专卖局	2016 年 10 月

盐　业

【概况】2016 年，湖南盐业股份有限公司娄底市分公司以国家《盐业体制改革方案》为根本，以调结构、强管理、实网络、抓市场、优服务、精品牌、转作风、重效益的工作结调促进企业创新发展。通过发布墙体媒体盐产品堆头陈列等推进湖南盐业“雪天”品牌建设，增强人民群众对“雪天”品牌认知度。完善宣传、访销、稽查、配送四位一体日常执法机制，保持盐政市场管理高压态势。以食盐普送为依托，加强市场日常监控，实现监管无缝隙。在全省盐业系统中率先成立电商事业部，增加电商网点 2000 多个，促进电商平台的销售。出台《关于加强全市食盐市场经营管理的通告》《320 系列小包盐食盐普送评比活动方案》《娄底盐业分公司资金支出管理办法》《资产租赁管理办法》《应收款项管理办法》《非盐经营管理办法》《2016 年挖潜增效实施方案》等制度。在日常工作中实施“零隐患”的安全管理原则，每季度开展安全工作大检查，实现安全生产零事故目标，实现销售各类盐 19767 吨，其中小包盐销售 14209 吨，新品盐销售 4445 吨，非盐商品实现销售收入 641 万元，实现利润 1032 万元。获评集团安全目标管理先进单位、湖南省消费维权先进单位称号。

（欧阳建华）

新化县渠江源无二冲茶园

旅　游

【概况】2016 年,娄底市旅游外事侨务局落实全市“旅游兴市”发展战略,密围绕“五大发展”理念,坚持“四个全面”战略布局,完成全年旅游产业工作任务。全年接待国内外旅游者 2856 万人次,同比增长 23.3%,旅游收入 201.1 亿元,同比增长 22.8%,实现旅游快速发展。

【政府引导】2016 年,娄底市旅游外事侨务局审议通过《娄底市旅游业“十三五”发展规划纲要》,批准成立旅游质量监督所(加挂“旅游执法支队”)和市文化旅游投资有限责任公司;旅游产业发展引导资金由 500 万元提高到 1000 万元;出台《2016 娄底市文化旅游及健康养老产业三年发展计划》《娄底市长三角旅游客源市场促销奖励暂行政策》等系列政策。新化、涟源被确定为全国全域旅游示范创建县,其中新化出台《关于加快全域旅游发展的实施意见》,获 2016 年旅游专项资金 2000 万元。涟源成立旅发委,专项资金 1000 万元。全省全域旅游工作启动仪式在新化举行,娄底旅游在全省影响力得到提升。

【项目建设】2016 年,娄底市旅游外事侨务局坚持项目带动,旅游产业实现提质。全市旅游发展以项目建设为主线,带动整个产业提质升级。“四个一批”重点旅游项目全年计划投资 9.38 亿元,实际完成投资 15.47 亿元,完成比为 164.9%。娄星区洪家山、冷水江资江旅游度假区、娄底经开区大埠桥乡村旅游、万宝新区筹建高铁南站旅游集散中心等项目建设也取得成效。新化、涟源各新创建 1 个国级 AAA 级旅游景区。全年新增签约项目 16 个,签约金额 70.8 亿元,其中在上海“沪洽周”签约 17.5 亿元。先后争取国家、省项目资金 2 亿多元支持龙山、湄江、紫鹊界、曾国藩故里等主要景区,杨市、水车、禾青等旅游城镇和双峰花之缘乡村旅游线路的基础设施建设及全市 68 座旅游厕所建设。全市争取到 209 个村进入全国旅游扶贫村项目范围,获得可观资金发展乡村旅游,实现旅游扶贫。

【旅游营销】2016 年,全市旅游部门以立体营销手段打造新兴旅游目的地城市形象。一是抓好特色节庆活动,如双峰第六届油菜花文化旅游节、涟源湄江“中国旅游日”娄底主题活动、武陵山片区山歌王大赛等。二是在上海举办娄底旅游专题推介会,中央电视台等近 30 家主流媒体, 及驴妈妈旅游网等著名旅游在线网站,中青旅等 50 多家旅行商参加。三是组团参加省第七届旅博会,市、县获得各项奖励,特别是涟源市委书记、市长和新化县有关领导登台推介旅游,反响热烈,得到省旅游局肯定。

【行业服务】2016 年,娄底市旅游外事侨务局坚持环境整治,旅游服务质量得以提升。以创建文明城市为契机,以文明旅游为抓手,全面整治旅游市场环境,提升旅游服务质量。全年开展 4 次大执法检查活动,依法吊销 1 家旅行社,整治旅游行业乱象。与市总工会、人社局联合举办娄底市“千名工匠培养工程”2016 年导游技能大赛,选拔和培养旅游行业优秀人才。开展文明旅游创建活动,举办文明旅游进社区暨 1000 名旅游志愿者招募大型公益宣传活动。组织旅游志愿者到娄底城区和全市主要景区进行咨询服务 5000 人次。通过开展安全“执法监管年”和百日竞赛活动,实行安全工作常态化管理,全年没有发生较大以上安全责任事故。　　（张语良）

紫鹊界八卦冲

财政·税务

财 政

【概况】2016年，娄底市财政局坚持“为民聚财、为民理财”宗旨。建立专业咨询机构库和评审专家库，设立PPP项目财政引导资金，国税、地税实现“营改增”改革得以落实。推进存量债务置换，向省财政争取置换债券资金92.54亿元，其中市本级30.28亿元，置换支出债券资金15.39亿元，结余14.89亿元。制定《娄底市本级政府购买公共服务指导目录》，推进保障性住房、法律援助、养老服务、公路养护等领域政府购买公共服务试点。全年完成一般公共预算收入104.59亿元，同比增长9.67%；地方收入完成68.25亿元，同比增长13.89%。全年一般公共预算支出271.1亿元，同比增长14%，其中民生支出210.1亿元，同比增长14.71%。

围绕落实省政府9号文件，累计争取基本建设、生态环境整治、水土流失等相关专项补助资金13.99亿元。累计投入开发资金1.29亿元，土地治理批复投资7366万元，建设高标准农田5.57万亩；安排产业化项目投资5579万元，扶持项目19个。累计争取县域金融机构担保贷款增量奖励、支持“三农”及小微企业融资担保业务奖励等项目奖补资金1087万元。落实购房奖励政策，对在中心城区购买新建商品住房房地产企业给予购房补贴。全年受理申报806户，补贴资金778万元。对购买商品房作为安置房给予奖励，资金达4480万元，商品房去化周期从36个月降到16个月以内。支持工业企业和移动互联网产业发展项目192个，投入煤矿整顿关闭奖补资金3.45亿元。通过“娄底重大招商引资项目签约仪式”“上海旅游推介会”“娄底重点项目招商引资座谈会”等渠道，邀请洽谈客商300余人，累计签约项目83个，总投资542.7亿元，到位资金457.7亿元。

制定《娄底市‘加速转型、奋力赶超’财源培植三年行动计划实施方案》及财源培植、财源建设考核奖励办法，着力培植骨干企业，推进园区建设，拓宽财源税源渠道。落实市级领导分片联系县市区抓收促收机制，加强财税部门和收入征管单位协调，全市一般公共预算收入再过100亿元大关。全市民生支出占比达77.5%，比2015年提高8.2个百分点。城乡居民基础养老金由75元/月提高到80元/月，企业退休职工待遇实现“十二连增”。全市城镇新增就业36000人，实现下岗失业人员再就业17400人、就业困难人员再就业6376人，新增农村劳动力转移就业40800人。城镇居民医疗保险和新型农村合作医疗补助由每人每年380元提高到420元，人均基本公共卫生服务补助由40元提高到45元；兑现2016年度城乡居民大病保险待遇3297万元，追补2015年度大病患者医疗费用5790万元。市级筹措资金5176万元，支持化解中心城区大班额。拨付家庭经济困难幼儿入园补助、义务教育阶段家庭经济困难寄宿生生活费补助、中职免学费补助、高中职助学金等7785万元。

前移投资评审关口，建立部门项目支出评审制度，市本级完成评审额15.35亿元，审减2.57亿元，审减率达16.7%。全市完成政府采购规模13.8亿元，节约预算资金1.69亿元,节支率达12.2%。强化财政监督检查，对165家行政事业单位进行财务检查，向相关单位提出整改意见；开展预算公开、新农合、城镇医保两项基金、非税收入收缴等专项检查。加强社会中介机构监管，全市8家会计师事务所完成验资、审计、评估项目1630个，其中45个评估项目、95个验资项目、1490个审计项目90%以上达《行业公约》最低收费标准。

举办全市会计从业资格和全国会计专业技术资

格考试，严肃考风考纪与考前培训，促进考试组织工作科学化、制度化、规范化，获全国会计专业技术资格湖南考区考试组织工作考核一等奖。根据实际需要，适当采取现场培训方式，全年培训财会人员6000人。

(阳伟书　李赐甫　梁霜)

【预、决算公开】2016年，娄底市财政局按照《预算法》《湖南省市县财政预决算公开考核暂行办法》规定进行预算公开，政府预算、部门预算、“三公”经费预算、举借债务情况、转移支付资金和专项资金使用情况都按要求公开，按支出功能分类细化到项级科目，按经济分类细化到款级科目。做到所有使用财政资金部门和单位都公开部门预算；所有使用财政资金安排“三公”经费支出部门和单位都公开“三公”经费预算。

【整合涉农资金】2016年，娄底市财政局落实涉农、小微企业贷款和担保业务奖补政策，引导金融企业对涉农、中小微企业金融支持。组织申报县域金融机构涉农贷款增量奖励、“三农”及小微企业融资担保业务奖励资金、改善中小企业融资环境资金和农村金融基层服务体系建设补助资金等项目，全年累计整合涉农资金20.63亿元。

【推广PPP(政府和社会资本合作)模式】2016年，娄底市财政局成立市PPP工作领导小组，建立项目评估审查联系会议制度。在全省率先出台PPP项目商务条件、工作流程和工作标准，建立咨询机构库与PPP评审专家库。有8个项目被纳入全省三批PPP示范项目，其中涟源市应急产业园纳入部级示范项目，与深圳金砖公司共同设立20亿元财政引导基金。邀请专业机构多次开展现场指导和系统培训，在省、市权威媒体向全社会发布项目信息，加强PPP政策宣传和知识普及。12月12日，全市推出PPP合作项目42个，总投资788亿元，涵盖交通、水利、医疗、体育、全域旅游、园区建设、生态环保等多个领域。

【财源培植三年计划】2016年，娄底市财政局以市政府名义出台《娄底市加速转型奋力赶超财源培植三年(2016—2018)行动计划实施方案》，建立多元化财源体系，出台《娄底市财源培植考核奖励办法》，确定100户重点税源企业精准帮扶，整合设立财源建设专项资金。建立产业园区、工业企业、制造业、建筑业、金融业、旅游业、交通运输业、批发零售业、房地产业9个重点行业主管部门和财税征管部门联席会议制度，定期召开专题会议，研究分析相关行业、产业财源建设及财税征管情况，督促项目建设和财税征管进度，定期分析研究财源培植、财税征管方面问题。

【非税收入管理】2016年，娄底市财政局规范广告收入管理，把市本级广告收入全额纳入财政预算，发挥广告收入资金使用效益，挖掘增收潜力，拓宽非税收入渠道。全年市本级累计完成广告收入1400万元。推进非税收入征管改革，强化财政票据源头管控，清理规范涉企收费，加强日常稽查监督，确保应收尽收。全市纳入公共财政预算管理的非税收入完成30.93亿元，市本级完成15.55亿元。

【化解大班额】2016年，娄底市财政局继2012—2015年实施“四年行动计划”后，2016年筹措资金5176万元，推进中心城区化解大班额行动计划，5年累计拨付化解大班额专项资金3.21亿元，市直学校新进人员1200余人，新建学校1所，改扩建学校7所，新增学位16199个，新增校舍面积218251.5平方米，中心城区中小学平均班额从80多人降至62人以下。

【政府采购】2016年，娄底市财政局按照循序渐进原则，扩大政府采购规模，确保应采尽采。对采购人使用财政性资金(即纳入预算管理资金)采购集中采购目录以内的或采购限额标准以上货物、工程和服务，全部纳入政府采购范围。根据社会管理体制机制创新需要，建立娄底市政府采购网上管理系统，取消纸质化项目审批，实行网上审批项目、网上抽取评审专家、网上保存采购资料、网上备案合同，提高政府采购工作效率。

【乡镇财政管理】2016年，娄底市财政局规范惠农补贴资金发放管理。扩大“一卡通”发放范围，提高补贴资金发放效率，全年发放各类涉农补贴资金13.36亿元。开展乡村级“雁过拔毛”式腐败专项整治，完善乡镇财政管理制度，印发《乡镇财政资金监管实施办法》，制定资金监管抽查巡查、信息公示制度等。做到监管工作日常化经常化，对所有财政性资金进行清理，分类整理，分别建立资金监管台账，对每项资金“收、拨、用”实行动态管理，保障村级财政资金安全。

【税制改革】2016年，娄底市财政局协调市地税局，向市国税局移交纳税人基础信息12526户，分析核算“营改增”对地方财力影响，督促国、地税部门采取联合建立办税服务厅、相互代征税费等方式，实现管理协同、征管互助和信息共享，堵塞税收流失漏洞，促进政策平稳过渡、无缝对接。根据《财政部 国家税务总局关于全面推进资源税改革的通知》精神，组织对资源税涉税企业进行摸底，核涉税企业及个体户 323 家，向省财政厅提出对于税率调整意见建议，全市纳入资源税改革列举 21 个矿产资源品目和其他未列举名称的金属矿、非金属矿全部实行“从价计征”。执行停征和取消涉及矿产资源收费基金的政策。对于中央、省级设立涉及矿产资源的收费基金项目，按规定公示征收范围与标准执行。

【工资调整和养老保险改革】2016 年，娄底市财政局按照上级部署，机关事业单位养老保险制度改革与完善工资制度同步推进，机关、事业单位人员全面建立与企业相同的基本养老保险制度，实行单位和个人缴费。市本级统发单位已按改革后新工资标准发放，预扣 8%的养老金和 4%的职业年金。对 2014 年 10 月至 2015 年 12 月工资改革调标和预发工资进行多退少补清算，总计补发改革调增工资 10805.01 万元，补扣个人养老金及职业年金 6437.33 万元。

【公务用车】2016 年，娄底市财政局对公车改革进行数据测算，出台《娄底市市直党政机关执法执勤用车制度改革实施细则》，规范执法执勤用车管理和改革；参与制定《娄底市市直党政机关公务用车制度改革车辆处置方案》《娄底市公务用车制度改革总体方案》。娄底市 11 个执法执勤部门（系统）严格执行省、市执法执勤用车制度改革实施细则，市本级按 60%、县级按 70%比例保留执法执勤用车，核定执法执勤用车编制 856 辆，实行全市总体调控。改革后，市直机关 10 个部门（系统）15 家参改单位核定 287 辆。

【资产处置】2016 年，娄底市财政局规范重大资产处置程序。对行政事业单位重大资产（房屋、土地）处置事项，必须先报市委、市政府审批，再进行公开处置。全年先后将原计生委办公楼、市戒毒所、市救助管理站等单位的房产处置事项及时报告市政府，当年实现娄底技师学院土地置换收入 1500 万元；以市公共资源交易中心为平台，实现市级行政事业单位国有资产处置场内公开挂牌交易。全年处置车辆 294 台，实现处置收入 1215 万元；要求单位制定处置方案、张榜公布，竞价参与者必须具备废旧物资回收资质。全年处置零星资产 47 起，实现收入 51 万元。

【国库管理】2016 年，娄底市财政局公务卡改革纵深推进。市本级刷卡比例提高至授权支付总额 60%；督促推进县（市、区）国库集中收付改革，所有县（市、区）启动国库集中支付上线运行和公务卡改革；娄星区、冷水江市、双峰县实施乡镇国库集中支付制度改革。开展支付系统升级及电子支付系统上线工作，优化支付程序，完善支付系统，提升支付工作规范化、标准化、精细化和信息化水平。全年累计办理支付 84993 笔，支付资金 33.92 亿元，其中财政直接支付 32.69 亿元，直接支付率 96.37%。

【农保工作】2016 年，娄底市财政局帮助农户化解自然灾害风险。全年承保水稻保险等品种 14 个，比上年增加 2 个，其中承保水稻保险面积 246 万亩，玉米 50 万亩，油菜 27 万亩，能繁母猪 20 万头，育肥猪 62 万头，公益林 348 万亩，商品林 15 万亩，肉鸡 1179 万羽，能繁母牛 1.56 万头，葡萄 1 万亩，茶叶 4 万亩，柑橘 4 万亩，蔬菜 1 万亩，生猪价格指数 10 万头。签单保费 11191 万元，比上年增加 1337 万元，增长 14%，其中中央财政补贴 4176 万元，省级 2845 万元，市级 103 万元，县级 1120 万元，农户缴费 2947 万元。

【农业综合开发】2016 年，娄底市财政局围绕“夯实农业发展基础、推进农业现代化”主题，建设高标准农田，支持产业化经营，改善生产条件，提高农业综合生产能力。全年全市农业综合开发投入资金 12944.39 万元（不含部门项目），财政资金 9404 万元、自筹 3540.39 万元。土地治理项目批复投资 7366 万元，其中财政资金 7346 万元、自筹 20 万元，建设高标准农田 5.57 万亩；安排产业化经营项目 19 个，计划投资 5578.39 万元，财政投入 2058 万元，项目单位自筹资金 3520.39 万元。在湖南省农开办组织的农业综合开发竣工项目验收和工作综合考评中，市农开办、新化县农开办获评全省农业综合开发工作先进单位。

【财政奖补】2016 年，娄底市财政局拓宽“一事一议”财政奖补范围，形成财政奖补“普惠制”、集中连村“特惠制”、美丽乡村“升级版”奖补格局。全市村级公益事业“一事一议”财政奖补覆盖 1464 个行政村，共修建村内道路 712 公里，水渠 210 公里，山塘水库 167 个 877 万立方米，其他小型水利设施 87 个，公共环卫及绿化项目 38 个，其他公共设施 288 个，196 万农民群众受益。项目总投资 21017 万元，争取上级财政奖补资金 12633 万元。

【社保制度】2016 年，娄底市财政局实行管理机构、职能、筹资政策、基金管理整合。对城乡居民大病保险实行市级统筹并由商业保险机构承办，兑现

2016年度城乡居民大病保险待遇3297万元，追补2015年度大病患者医疗费用5790万元。出台《娄底市城市公立医院综合改革试点实施方案》，设立公立医院综合改革专项资金，聘请第三方机构对药品零差价财政补助基数进行测算，于2016年10月1日零时启动试点工作。下发《关于进一步做好娄星区、娄底经开区被征地农民社会保障工作的通知》，明确保障对象、资金来源，细化保障内容和方式，推动被征地农民参保。（梁霜）

国家税务

【概况】2016年，娄底市国家税务局坚持“目标倒逼，精准预测，挖潜增收”原则。全年入库税收44.28亿元，同比增收6.28亿元，增幅16.54%。共登记注册纳税户54510户，全市征税户为11844户，占全市总登记户数的21.73%。其中：增值税一般纳税人4739户；全市有营改增纳税人13409户。新增营改增纳税人7045户，全年累计入库营改增税收65278万元，收入规模创新高。挖潜堵漏增收达3.04亿元。全年税收预测准确率达98.4%，保持全省一流水平。2篇分析材料得到娄底市委和省委政府领导肯定性批示。冷水江市被评为全国百佳国税地税合作县级示范区。累计培训试点纳税人12000余户次，税务干部1100余人次。

【税收执法】2016年，娄底市国家税务局突破政府融资平台管理空白，使企业所得税汇算清缴申报率和数据审核通过率100%。城区2家城投公司首次入库所得税1200万元。除营改增外起征点以上个体双定户占全部双定户比例10.84%，比上年提高2.74个百分点，超全省平均水平2.44个百分点。全市纳税人征税面26.59%，比上年提高4.55个百分点。大企业风险管理做法获省局领导表扬性批示；有色金属冶炼和压延加工业指标评估模型被国家税务总局采纳。冷水江市局创建全省唯一“全国法治税务建设示范基地”。全年税警联合办案14起55户，查实虚开发票4170份，虚开金额4.88亿元，采取刑事强制措施26人，移送起诉3起，判处实刑1人。

【国地税合作】2016年，娄底市国家税务局在全省首创“一窗一人双系统”办税模式，国地税合作走在全国税务系统前列。国地税合作工作得到许达哲省长表扬性批示。12月15日，全省优化办税服务工作推进会在娄底召开。娄底市综合治税信息管理平台于2016年3月正式上线，实现32个部门信息实时共享。全年采集信息320万条，撬动税收12569万元，同比净增3897万元，增长44.27%。建立起政府领导、市县互动执法合作机制，联合出台征管互助实施细则29项；联合上门走访纳税人活动3700户次，联合进户检查企业16户，查补入库收入2071万元。（阳平）

表62　**2016年娄底市国税系统先进集体和先进个人登记表**

获奖单位、先进个人	奖励名称	颁奖单位	颁发时间
娄星区国税局	湖南省文明标兵单位	湖南省文明委	2016年
娄底市国税局	老干部工作先进集体	国家税务总局	2017年6月
娄星区国税局	2016年度营改增试点工作集体嘉奖	国家税务总局	2017年7月
萧光盛	全国老有所为先进人物	全国老龄委	2016年12月
张诗东	全省政府法制工作先进个人	湖南省人力资源和社会保障厅、湖南省人民政府法制办	2016年3月

续表 62

获奖单位、先进个人	奖励名称	颁奖单位	颁发时间
娄底市国税局	绩效管理先进单位	湖南省国税局	2017 年 1 月
娄底市国税局	“互联网 + 发票有奖”活动推广先进单位	湖南省国税局	2016 年 12 月
娄底市国税局	金税三期推广工作先进单位	湖南省国税局	2016 年 1 月
娄星区国税局	2016 年度全面推开营改增工作先进区县单位	湖南省国税局	2017 年 9 月
双峰县国税局	2016 年度全面推开营改增工作先进区县单位	湖南省国税局	2017 年 9 月
娄底市国税局稽查局	国家电网行业检查优秀单位	湖南省国税局	2016 年 4 月
娄底市国税局	全省国税系统绩效管理工作标杆单位	湖南省国税局	2016 年 11 月
冷水江市国税局	全省国税系统绩效管理工作标杆单位	湖南省国税局	2016 年 11 月
冷水江市国税局	金税三期推广工作先进基层单位	湖南省国税局	2016 年 1 月
经开区国税局	金税三期推广工作先进基层单位	湖南省国税局	2016 年 1 月
陈　希	“互联网 + 发票有奖”活动推广先进个人	湖南省国税局	2016 年 12 月
易可可	“互联网 + 发票有奖”活动推广先进个人	湖南省国税局	2016 年 12 月
王周利	“互联网 + 发票有奖”活动推广先进个人	湖南省国税局	2016 年 12 月
金春来	国家电网行业检查先进个人	湖南省国税局	2016 年 4 月
贺建朋	国家电网行业检查先进个人	湖南省国税局	2016 年 4 月
夏　婧	2016 年度全面推开营改增工作记三等功	湖南省国税局	2017 年 9 月
罗　杰	2016 年度全面推开营改增工作记三等功	湖南省国税局	2017 年 9 月
廖林翔	2016 年度重大税收违法案件查处工作	湖南省国税局	2017 年 5 月

地方税务

【概况】2016年，娄底市地方税务局践行“三个地税”愿景，落实“一改两创”工作要求，抓挖潜、抓堵漏、抓清欠；明确“任务清单”，实行“挂图作战”，出台征管转型相关文件5个，召开推进交流研讨会5次，汇总意见建议65条，抽调专职风险管理人员9人，比对涉税信息4287条，推送可疑风险3858条，查补税款2700万元。收入质量提高并结构优化，全市系统全年累计入库各项税费37.82亿元，同比增长17.46%，增收5.62亿元，增幅排名全省第三，进度排名全省第五。解答税制改革咨询1357次，移交“营改增”纳税人信息12526户，清理营业税欠税3.6亿元；落实资源税改革政策，推进资源税从价计征工作，测算资源税纳税人328户。开展联合分析13次，组织联合培训17期，互相委托代征税费近7000万元，出台联合文件53个，出台《关于进一步加强国税地税部门合作强化税收征管的通知》和《关于进一步加强建筑安装房地产行业税收管理的通知》2个合作文件；获评2016年全省地税系统国地税合作工作先进单位。下辖6个县(市、区)局，22个税务分局，1个直属局，1个稽查局，市局机关内设19个科室。担负全市62980户纳税户地方税收征管任务，负责个人所得税、企业所得税、城建税、耕地占用税、契税、车船税、印花税、资源税、房产税、土地使用税、土地增值税、烟叶税12个税种征收。征收或代征代收教育费附加、地方教育附加、水利建设基金、社会保险费、工会经费、残疾人就业保障金6个费税征收管理。

【法治建设】2016年，娄底市地方税务局重视税收法治建设，举办国地税联合法制讲座和模拟税收处罚听证会，开展普法教育活动。娄星区和经开区办税服务中心、冷水江市地方税务局被命名为“2016—2018年全省依法办事示范窗口单位”；被市委政府评为“六五”普法先进集体；企业所得税自行申报户数同比增加951户，入库3580万元，增幅达60.65%，通过实地评估清缴户数30户，调增应纳税所得额9000余万元，组织人员起草湖南版耕地占用税法，参与总局耕地占用税法起草工作，“房土”两税实现“以地控税”，坚持税费同征同管，全年查办违法案件79起，结案67户，查补入库1.07亿元，稽查作用得到发挥。

【队伍建设】2016年，娄底市地方税务局举办各类培训班79期，培训人员3519人次；提拔3名副科和1名主任科员，完成2名副处实职、20名正科实职〔包括4名县(市、区)局局长〕和11名县(市、区)局副职交流轮岗；推广“工作月志”，在省局考核评比中排名第四；实施“人才强税”战略，多名优秀同志获得省市级荣誉，特别在全省“岗位大练兵、业务大比武”活动中，有5人入选省局集训队，取得入围总人数并列第三成绩；开展“创新管理、创优业绩”活动，制定创新方案42个，“互联网+税务”项目获省局二等奖。

【纳税服务】2016年，娄底市地方税务局推进“放管服”改革，出台服务举措31项，建立“私人定制”服务机制，为重点税源企业提供涉税咨询230户次，为一般税源企业推送涉税政策25000条。探索国地税“联合办税”，在全省率先推行“一窗一人双系统”“十统一”联合办税模式，得到总局、省局和市党政领导肯定。

（伍鸣）

表63　**2016年地税系统先进单位和先进个人登记表**

获奖单位、先进个人	奖励名称	颁奖单位	颁发时间
娄底市地方税务局	湖南省文明卫生单位	湖南省爱卫会	2016年12月
娄底市地方税务局	湖南省园林式单位	湖南省住建厅	2016年9月
娄底市地方税务局	全省地税系统党建工作创新成果二等奖	湖南省地方税务局	2016年12月
娄底市地方税务局	全省地税系统党建工作创新成果优秀组织奖	湖南省地方税务局	2017年1月

续表63

获奖单位、先进个人	奖励名称	颁奖单位	颁发时间
娄底市地方税务局	全省地税系统金税三期系统应用技能全员考试优秀组织奖	湖南省地方税务局	2016年8月
娄星区地税局办税服务中心	2016—2018年全省依法办事示范窗口单位	湖南省委法治湖南建设领导小组办公室	2016年10月
经开区地税局办税服务中心	2016—2018年全省依法办事示范窗口单位	中共湖南省委法治湖南建设领导小组办公室	2016年11月
经开区地税局	湖南省地税系统文化建设先进单位	湖南省地税局	2016年11月
经开区地税局	湖南省档案工作规范化管理省特级	湖南省档案局	2016年11月
冷水江市地税局	全国百佳国税地税合作县级示范区	国家税务总局	2016年11月
付 华	资源税全面改革工作先进个人	国家税务总局	2016年12月
陈势力	2015年度打击非法发票违法犯罪活动工作成绩突出个人	国家税务总局	2016年12月
姚 颖	湖南省“最美青年卫士”提名奖	湖南省团省委	2016年12月
陈毅宏	2016年湖南省地税系统业务大比武暨职业技能大赛三等奖	湖南省地方税务局 湖南省总工会	2016年12月
罗 旦	湖南省地税系统业务大比武暨职业技能大赛三等奖	湖南省地方税务局 湖南省总工会	2016年12月
罗 旦	全省地税系统第五届省级优秀办税服务员	湖南省地方税务局	2016年12月

金 融

金融办

【概况】2016年,娄底市政府金融工作办公室归入市政府职能部门。作为全市财税和金融系统牵头单位,统筹综合、协调服务和监管指导的单位和企业达100家,包括市财税3个局、17家银行机构、26家保险公司、8家证券营业部、2家期货公司,18家融资性担保公司和9家小贷公司与14家省重点上市后备企业等。现有在职人员18人,设综合、财税、金融3科。协调税费清缴、综合治税、组织财税收入与推进地方金融改革,引导金融机构主动参与政府与社会资本合作PPP模式,服务政府投融资模式创新。推动金融机构发展普惠金融,探索银担合作模式。培育后备上市企业20家,其中4家公司(三泰新材、湘村股份、高盛板业、文昌科技)在“新三板”挂牌融资4.7亿元。引导企业开展融资租赁等直接融资19.9亿元。推动市城投集团、经开投、万宝投、锑都投、新化、双峰、娄星区城乡投发行债券、信托融资,共发行债券融资30.3亿元、信托融资4.29亿元。成立兴娄融资担保、娄底创投集团、娄底中小企业百通转贷资金3个融资平台。兴娄担保共为23家企业担保贷款1.5亿元,百通转贷为114个企业解决过桥资金6.8亿元,娄底创投向7家企业开展股权投资2亿元。

【财税金融业】2016年,全市全年财税总收入突破100亿元大关,完成市委、市政府下达财税收入目标任务。全市银行业本外币各项存款余额1510亿元,同比净增242亿元,增长19%;各项贷款余额达850亿元,同比净增71亿元,增长9.1%;余额存贷比为61.59%,居全省第四位。全市保险业累计完成保费收入40亿元,同比增长30%。证券期货交易分别实现交易额2900亿元和1200亿元。全年小贷公司累计发放贷款8亿元,增长8%,年末贷款余额7.2亿元。

【制定现代金融业发展规划】2016年,娄底市政府金融工作办公室在分析娄底金融业“十二五”期间发展现状基础上,结合娄底经济发展实际与金融业发展新形势、新环境,制定《娄底市“十三五”现代金融业发展规划》,提出“十三五”加快娄底现代金融业发展的指导思想、基本原则、战略目标、主要任务、发展布局、发展措施和发展保障,把金融业打造成现代服务业龙头支柱产业,提升服务地方经济社会发展能力。

【出台金融业改革发展意见】2016年,成立由市委书记任顾问,市长任组长,常务副市长、分管副市长任副组长,市直相关部门为成员的娄底市金融改革发展领导小组。市委书记李荐国就任第一周就主持召开金融工作座谈会,提出把金融工作作为娄底市转型发展的一个主导产业来抓,要求抓紧研究制定支持加快金融产业发展、优化金融信用环境、支持娄底农商银行做大做强与吉星金融集聚区建设方面的政策措施和实施意见。市委副书记、市长杨懿文召集相关部门举行专题会议研究金融工作,到省有关金融机构拜访争取政策支持。市委常委、副市长陈蕾到任后,走访金融主管部门和金融机构,进行调研指导,督促做好相关工作,部署起草《关于加快金融业改革发展的实施意见》《关于支持和促进娄底辖内农村商业银行做大做强的方案》《关于加快吉星金融集聚区建设的方案》。

【开展财源税源调研分析】2016年,娄底市政府金融工作办公室谋划扩大财源税源培育路径。牵头组织市国税局、市地税局、市财政局参与,组成全市财源税源专题调研小组,赴各县市区和相关单位以座谈会、走访和问卷等方式,先后召开座谈会8次,走访企业24家,调查采集企业生产经营信息和税收数据10000余条,撰写调研报告,提出多项措施。针对财税收入进度和协税护税工作不定期组织各征管部门进行通报分析，总结经验、分析问题、创新做法，向市委政府报送财税分析材料，编发5期《娄底综合治税信息》。申报《娄底市加速奋力赶超财源培植3年（2016—2018）行动计划实施方案》。构建市综合治税信息管理平台：具涉税数据采集中心、整合涉税数据、一户式查询、预警疑似偷税漏税情况、防范税收跑冒滴漏与自动绩效考核6项功能。2月2日，市委常委、常务副市长周纯良主持召开市综合治税信息管理平台建设和使用动员大会，市政府副秘书长伍鹄，市政府副秘书长、市政府金融办主任左志锋以及各涉税信息责任单位和税控联管单位参加会议。8月5日，市政府副秘书长、市金融办党组书记、主任左志锋主持召开娄底市综合治税信息管理平台建设验收会议，要求发挥平台作用，堵塞税收漏洞。

【规划金融商务区】2016年，娄底市政府金融工作办公室先后做出万宝新区金融集聚区、吉星金融广场、双峰金融小镇等规划，着手起草鼓励引进金融机构入驻的政策措施。吉星金融广场形成集聚规模，进驻银行、保险、证券、小贷、担保等机构达20多家，将互联网+金融相结合，引导更多金融机构和其他金融元素及电商平台集聚，打造娄底“华尔街”。双峰县金融小镇启动规划设计，起草扶持政策、招商等工作，引进产业投资基金3个。万宝新区金融集聚区启动前期调研工作。

【处置非法集资工作】2016年，娄底市政府金融工作办公室制定《关于进一步优化金融发展环境促进金融经济持续健康发展的若干意见》，处置涉及民间融资企业的金融债权，建立授信激励和失信惩戒制度；建立银法协作机制，开展信用卡诈骗金融犯罪打击专项行动，帮助推动不良贷款催收、核销；建立公安、法院和银行协作机制，推进金融涉诉案件审理与执结进度，采取措施降低不良贷款比例，提升信贷资产质量。市委常委、副市长陈蕾带队赴江苏无锡、浙江绍兴、台州考察成立地方资产管理公司收购处置银行不良贷款的经验，组建娄底市资产管理公司，开展银行不良资产收购和处置工作。

【互联网金融风险整治】2016年，娄底市政府金融工作办公室根据省专项整治领导小组要求，全市印发《娄底市互联网金融风险专项整治工作实施方案》。分行业领域开展摸底排查，人民银行娄底市中心支行先后3次召开整治活动工作部署会、联系会、专项整治，开展动员，逐项落实；收集13家银行机构和7家支付机构的自查附表及报告；向娄底市工商局调取800多条数据，报告8条跨机构清算业务自查情况与8条无证经营支付业务自查及373条涉嫌无证经营支付业务情况。（陈远波）

人民银行

【概况】2016年，人民银行娄底市中心支行贯彻执行央行和上级行金融方针、政策，结合娄底实际，加强金融调控，改善金融管理和服务，区域金融稳健运行。运用金融工作座谈会、金融机构负责人联系会、专题汇报会等平台，向地方政府、职能部门和金融机构宣讲稳健货币政策，凝聚落实合力。按季召开货币信贷联席会议，先后邀请分管副市长、经信委、经开区等单位和创一电子等企业参会，强化政策横向传导。3次举办地方法人金融机构专题培训，落实存款准备金平均法考核、差别准备金动态调整等政策，保证区域流动性合理适度。以合格审慎评估为抓手，督导银行机构完善利率定价机制，冷水江农商行等4家农合机构成为全国市场利率定价自律机制观察成员。做好宏观审慎管理工作，按月监测、按季评估地方法人金融机构资产负债业务，对5家C类机构展开约谈。推进金融IC卡受理环境建设，对商户POS机终端进行抽查，积极参与村镇银行金融IC卡系统现场技术评估。精心组织，累计对853家金融分支机构开展检查，完成金融机构信息年检工作。加强科技检查，强化信息安全保障。参与编写《湖南省人民银行计算机网络IP地址规范》，有序推进支行综合布线清理改造、网络扁平化项目建设、娄底市金融城域网撤销等工作，维护业务系统稳定运行。

【助推供给侧改革】2016年，人民银行娄底市中心支行围绕娄底市《关于推进供给侧结构性改革的总体实施方案》，建立金融支持钢铁煤炭行业化解过剩产能工作监测制度；完善货币信贷“1+N”机制，发挥央行再贷款、再贴现等政策工具导向作用，对接市政府应急转贷基金、“助保贷”资金池、兴娄担保公司、创投集团等平台，形成助推区域供给侧改革资金导向，“央行票据小微通”模式被《金融时报》推介；落实个人住房贷款新政、“湘十条”，加强与住建、房产等部门政策协调对接，支持房地产“去库存”；深化

“两权”抵押贷款试点改革，出台《双峰县农村土地承包经营权抵押贷款试点管理办法》，协调财政出资300万元设立风险补偿基金，引入省农信担保公司提供担保，激活辖内农地抵押贷款市场供求，试点经验在《金融时报》推介。

【扶持脱贫攻坚】2016年，人民银行娄底市中心支行制定《娄底市金融精准扶贫三年(2016—2018年)工作实施方案》，建立人民银行、扶贫办等11个部门为成员的金融扶贫工作联席会议制；出台《贫困村金融扶贫服务站建设工作实施办法》，健全“县、乡、村三级联动，人民银行、扶贫办、县(市、区)政府统筹协调”工作机制。联合市总工会开展金融扶贫工作专项竞赛，在新化县双林村等15个贫困村开展示范建站，总结完善后，在全辖“两市两县一区”实施批量建站；探索“金融扶贫+”建站模式，推进“扶贫站+农村电商”“扶贫站+村级文化中心”等多功能站点建设。发放扶贫再贷款4亿元，推动辖内各级政府投入产业扶贫资金2566万元，设立扶贫小额信贷风险补偿基金1200万元，依托扶贫站精准撮合，采取“银行+扶贫经济组织+扶贫户”模式，为10.56万贫困农户授信21.4亿元；推动农发行与3个贫困县市签订《易地搬迁金融服务战略合作协议》，主动对接扶贫开发投资平台。中支金融精准扶贫做法被《金融时报》、《湖南新闻联播》等专题报道，受到长沙中心支行肯定。

【金融风险监测】2016年，人民银行娄底市中心支行建立出险企业及重点行业风险监测制度，共采集184户企业信贷融资、风险敞口、不良处置等数据，为区域金融风险形势研判提供支撑，中支金融稳定报告获全省二等奖。认真开展不良资产真实性评估工作，对8家银行机构贷款分类情况进行现场检查，摸清辖内银行业资产质量状况，评估报告获市政府陈蕾副市长批示。针对近年来辖内银行同业业务快速扩张、潜在风险日益上升态势，组织对7家地方法人银行机构开展现场评估，根据评估情况制定《娄底市地方法人银行机构同业业务风险管理指引》，建立包含同业业务非现场监测体系，做法获长沙中心支行副行长徐涌签批转发全省实施。

【金融生态建设】2016年，人民银行娄底市中心支行召开县域金融生态评估新闻通气会，在《娄底日报》、娄底电视台等媒体公布各县(市)金融生态评估排名，提出改善县域金融生态环境的措施建议，引起地方政府和社会各界高度关注。扎实推进存款保险评级工作，参与编写《投保机构风险评级指标释义及评分参考》，长沙中心支行发文通报表扬。深化区域社会信用体系建设，借鉴温州经验，联合市发改委提请搭建涵盖工商、税务、法院等部门的信用信息共享平台，受到市政府高度重视；全面推进农村信用体系建设；强化信用产品推广应用，在人大代表及政协委员资格审查、财政贴息、“重合同守信用”企业评选、房地产企业年检、食品行业诚信建设、纪检司法等领域使用信用报告0.49万次。

【金融管理】2016年，人民银行娄底市中心支行制订《金融消费群体性投诉应急预案》，采取“实战演练+场景摄制”方式，在全国首次开展金融消费群体性投诉应急演练，精心制作的应急演练光碟成为应急处置范本，弥补此领域应急处置工作空白，长沙中支予以肯定，在娄底召开应急演练观摩会议组织观摩学习，总行办公厅、消保局给予肯定；娄底市金融消保工作及应急演练两个经验在会上推介。在总结近3年来金融消费权益保护环境评估评估试点经验基础上，制定《金融消费权益保护环境评估管理办法》，经长沙中支组织论证后，以“人总行代拟稿”形式上报总行，得到总行消保局肯定。开展“支付市场整治年”活动，与市公安局成立“联合整治支付结算重大违法犯罪办公室”，排查涉嫌违规开展支付业务及利用互联网从事跨界金融业务企业1320家，破获电信诈骗案件221起，遏制地区支付结算违法犯罪多发势头。落实反洗钱“有重点、有差别”监管要求。

【支付结算服务】2016年，人民银行娄底市中心支行加强农村支付环境建设，印发《关于进一步推广银行卡助农取款服务的通知》。至2016年年末，全市助农取款服务点实现全覆盖；农村手机银行用户发展到82.2万户。电子商业汇票业务快速发展。落实“三证合一、一照一码”账户管理改革要求，核开单位账户3000户。

【拓展国库服务】2016年，人民银行娄底市中心支行创新开发《TBS单位代码格式转换系统》和《TBS额度文件转换系统》，提高TBS作为TCBS应急备用系统安全性和可操作性，被湖南省分库在全省推广。在全省率先启动凭证式国债到期资金约定转存工作，采取深入引导、广泛宣传、重点跟进等措施，推动约定转存业务顺利落地，为该项业务全省推广起到示范作用。深化国库管理与服务转型，《新常态下资源型城市的财税金融支持对策研究》《新形势下基层预算管理制度改革效应分析与对策建议》等报告，被《中国财经信息资料》《武汉金融》采用，被省分库确认为年度理论创新成果。

【外汇服务】2016 年，人民银行娄底市中心支行落实“控流出、扩流入”要求，加强政策引导、监测核查和分类管理，对 2 家未按规定履行报告义务企业予以风险警示，对 2 家出口少收汇企业进行监管降级处理，有效抑制辖内非理性购付汇行为，受到省分局通报表扬。编写《湖南省银行外汇业务风险防控指南》；采用“微管家”+“微信公众号”+“QQ”集成技术模式，创新开发出集政策传导、业务辅导、监管指导等功能于一体“微平台”，打通外汇管理与服务“最后一公里”，工作获省外汇局肯定。

【统计调研】2016 年，人民银行娄底市中心支行以“服务宏观审慎管理”为目标，探索开展金融统计数据质量评估，建立《娄底市金融统计数据质量评估指标体系》。制定娄底市中支《重点调研课题管理暂行办法》，召开课题中期报告会，强化全过程管理。完善金融统计数据解读例会制度、金融机构座谈会和企业座谈会“两会”制度，提高调查分析的全面性、敏锐性。多篇材料被《中国金融》《金融参考》《武汉金融》采用，《钢铁行业产能过剩情况调查》等报告获长沙中心支行专项评比一等奖。在中心支行和冷水江市支行布设个人信用报告自助查询机，为 800 多家企业 5.4 万名居民查询信用报告。大力推广应收账款融资服务平台，强化平台注册成功率和成交量两项核心指标考核，促成中小企业与银行完成融资 15 笔，金额 13.8 亿元。

【“大会计”管理】2016 年，人民银行娄底市中心支行做好 ACS 综合前置子系统上线、新版 ACS 专用凭证启用工作，专题学习《湖南省中央银行会计核算数据集中系统业务操作规程》，完善风险防范措施；制定《娄底市人民银行系统中央银行会计核算业务考评办法》，强化实时监督和事后监督，按月开展操作提示、通报考核结果，辖内会计核算质量再创新高。开展“财务规范化管理年”活动，将中支机关财务从后勤服务中心划归会计财务科，健全事权部门问责、财权部门问效的财务管理机制；践行“预算先行”理念，探索“会计科牵头、其他科室和县市支行参与”的预算编制机制，细化公用经费定额标准，提高预算分配的科学性；首次开展支行会计财务年终决算账表会审，中支系统财务行为得到规范。

【“大监督”管理】2016 年，人民银行娄底市中心支行完成对涟源市支行行长履职审计、冷水江支行预算管理专项审计、中支主管社团组织运行管理情况审计等 8 个审计项目，改进审计组织方式、报告形式及流程，被分行和长沙中支推介。探索内控管理清单化模式，梳理集体决策与民主监督、保密与计算机信息安全、重要物品与业务操作等 11 类问题清单，人、财、权、货币政策，金融服务，政治与廉政纪律等 7 类红线清单，重点业务领域安全底线清单，依据“三个清单”开展专项核查和突击检查，不定期对直接行为人、相关管理人和主要决策人进行风险提示。

【“大安全”管理】2016 年，人民银行娄底市中心支行借鉴武警部队军事化管理经验，开展守卫文化建设和“押运安全管理年”活动，出台押运安全管理办法，创建“五化”标准值班室，安全保卫文化建设经验得到长沙中支肯定；开展守押“岗位大练兵大比武”，长沙中支《金融简讯》予以推介；参加全省人民银行保卫人员安全监控系统基础知识测试和操作技能比武，获得全省团体第四名。修订完善中支《安全生产大检查制度》，试行将检查结果与年度考核评比、绩效工资奖罚、支行费用分配、干部选拔任用“四挂钩”，守住不发生案件、不发生重大差错、不发生责任事故的“底线”。编制安全生产指数指标体系，对辖内安全运行趋势、风险分布及影响因素进行定量分析，提升“大安全”管理水平。

【行政效能管理】2016 年，人民银行娄底市中心支行推进智能化办公管理，购置全自动智能化档案管理系统，借助 IC 卡、移动网络技术搭建智能办公、服务综合平台，促进中支机关办公、服务设备互联互通，实现门禁出入、出勤考勤、移动办公、会议管理、工作审批、电子公告、通讯录、就餐刷卡等“一卡通”。完善节能减排措施，在中支机关公共区改用沼气照明、大院路灯改用太阳能，扩建雨水收集池，打造绿色生态办公区，工作经验在全省节能减排工作会上推介交流。开展网络突发故障等应急演练，机关运行效能提高。

（魏仁义）

表 64 **2016 年人民银行娄底市中心支行先进个人登记表**

获奖单位、先进个人	奖励名称	颁奖单位	颁发时间
陈定知	中国人民银行优秀共产党员	中国人民银行总行党委	2016 年 10 月

银监分局

【概况】2016 年，娄底银监分局坚持服务实体经济，加强风险防控，提升监管效能，各项工作取得成效。全市银行业机构各项存款、贷款余额达 1508.4 亿元和 839.7 亿元，同比分别增长 17.4%和 6.2%；小微企业贷款余额 253.7 亿元，同比增长 12%，法人机构完成小微企业贷款"三个不低于"目标；县域贷款余额 462.2 亿元，同比增长 12.8%。全市银行业机构不良贷款余额 31.7 亿元，不良率 3.77%，比年初下降 0.84 个百分点，农合机构不良率 3.84%，比年初下降 4.04 个百分点，守住不发生区域性金融风险的底线。推进"一县两行"（每个县改制组建一家农商行，发起成立一家村镇银行）金融改革，实现"一县两行"县域全覆盖。倡导务实监管理念，查处贷款诈骗案件，对涉案机构、涉案机构董事长、行长、监事长及相关责任人进行问责。督促银行业机构讲"带娄底口音的长沙话、北京话"，召开银行业机构服务实体经济发展促进会议，支持娄底市"七个三年行动计划"重点项目建设，对工业制造、交通基础设施、文化旅游、绿色环保和脱贫攻坚等领域的给予资金支持，对全市实体经济支持力度提升。年度考核被评为先进分局，获湖南省银监会系统文明单位，获湖南银监局 2016 年信息工作综合考评一等奖，舆情跟帖排名全省第一。先后评为娄底市工会工作红旗单位、综治工作先进单位、平安单位与创文工作先进单位。办公室党支部被评为银监会系统先进党支部。4 人次获银监会级表彰奖励，15 人次获省银监局表彰奖励，1 人获市政府表彰奖励。

【金融改革】2016 年，娄底银监分局抓农信社股份制改革质量提升，化解农信社历史包袱。督促新化县、涟源市两地政府共变现注入土地 2 亿元，出具在 2 年内变现剩余土地承诺。督促双峰县政府变现注入双峰农商行土地 1.78 亿元，解决农信社改革历史遗留问题。涟源农村商业银行、新化星龙村镇银行相继开业，实现"一县两行"县域全覆盖。围绕增强县域银行服务供给和促进县域银行机构健康发展，倡导培育"娄底人自己的银行"。多次向市委市政府提出做大做强娄底市农商行的工作建议，得到市委、市政府主要领导重视，分局牵头起草《关于做大做强我市辖内农村商业银行的工作方案》获市委深化改革领导小组审议通过。年末，全市农商银行存、贷款余额分别达 330.3 亿元、187.7 亿元，同比增长 16.7%、22.8%。

【查处贷款诈骗】2016 年，娄底银监分局通过现场检查发现银行业机构贷款诈骗案件，对涉案银行机构罚款 30 万元，对涉案银行机构董事长、行长、监事长和涉案支行行长进行行政处罚，取消董事长高管任职资格 3 年，罚款 10 万元，对行长、监事长给予警告、罚款 10 万元，取消涉案支行行长高管任职资格 2 年，责令涉案银行对 9 名相关责任人给予纪律处分。 （吴照耀 刘杰 胡蕾 李姿频）

中国银行

【概况】2016 年，中国银行股份有限公司娄底分行实现本外币各项存款余额达 165.84 亿元，本外币各类贷款余额为 81.72 亿元。全行实现净利息收入 3.75 亿元、中间业务收入 9496 万元、业务净收入 4.82 亿元、拨备前利润 3.13 万元、净利润 4772 万元。当年不良贷款余额为 1.58 亿元，不良率为 1.93%。2016 年度，个人储蓄存款余额规模突破 100 亿元大关，新化支行成为全省中行系统第一家存款余额首破 30 亿元的县级支行。全行分别在汽车装备制造、火力发电、石油能源以及物流行业新投放贷款 1 亿元、7000 万元、2 亿元和 1 亿元。

【风险管控】2016 年度，中国银行股份有限公司娄底分行制定全年资产质量管控目标，举办支行行长、营销副行长及客户经理培训班。开展授信业务隐患排查，配合上级行业务条线管理部门和外管部门的各类检查。强化网点内控副职每月例会制度，加强“双十禁”、内控制度“五十一条”等制度落实检查，将风险管理纳入各机构全年绩效考核得分中。分行纪委、监察部对辖区各支行开展例行检查，与各部门“一把手”谈话，组织青年员工到娄底市监狱开展警示教育，落实好道德风险和员工思想排查工作。集中学习反洗钱业务，组织全辖在岗员工参加反洗钱业务考试，增强全行反洗钱业务能力。

【加强安全保卫工作】2016年度，中国银行股份有限公司娄底分行部署安全保卫工作，进行消防培训和灭火演练，增强员工安防意识和安防能力。每季度组织召开案防联席会议，每月召开银保联席会议，加强对外包公司监督管理。签订2016年“责任书”，完善《娄底分行反腐防案、安全保卫工作奖罚办法》和《娄底分行纪检监察、安全保卫工作检查考核办法》。开展全辖现金运营安全大检查，进行金库、凭证室应急预案、防电信诈骗和防抢劫演练。对全行安防设施进行盘点、维护和更换，进一步规范安防设施的管理。认真部署各类法定节假日安全保卫工作，完成4个县支行和27个营业网点安全保卫工作季度检查与考核。

【金融跨境】2016年度，中国银行股份有限公司娄底分行邀请娄底9家特色企业参加中国银行湖南省分行与湖南省政府共同举办“2016湖南·非洲国际产能合作暨工商企业跨境撮合对接会”，通过10场洽谈，有7家娄底企业同非洲政府、企业签订合作意向协议及备忘录。举办跨境金融展，吸引中高端到会客户165个。

【企业文化】2016年度，中国银行股份有限公司娄底分行娄星支行创建全国“千佳”服务示范网点，涟钢支行通过“四星”级网点年度复查。“职工之家”被总行和湖南省金融工会评为“模范职工之家”，工会工作先后在全省金融系统和省分行工会工作会议上作典型发言。精心组织“职工之家”全辖员工才艺展示比赛，组建新一届男子篮球队和气排球队参加全市比赛。组织开展“金融知识进万家”“金融知识万里行”和“2016年网络安全宣传周”等社会公益活动，向社会各界宣传货币知识和金融安全知识。

【“开门红”劳动竞赛】2016年度，中国银行股份有限公司娄底分行开展劳动竞赛，实现本外币存款余额162.85亿元，较年初新增12.37亿元，其中储蓄存款余额新增12.69亿元，日均新增9.31亿元；对公人民币公司存款时点较年初新增10.28亿元，存款日均较年初上升4.6亿元。人民币贷款余额为89.65亿元，较年初新增6.79亿元；其中人民币贸易融资余额较年初新增9588万元，票据贴现余额较年初新增6.3亿元，个人贷款余额新增2615万元。跨境人民币市场份额为76.36%。（罗浩）

表65 2016年中国银行先进集体和先进个人登记表

获奖单位、先进个人	奖励名称	颁奖单位	颁发时间
熊　灿	分期大咖	中国银行(总行)	2016年12月
涟源支行党支部	先进基层党组织	湖南省分行党委	2017年6月
胡　斌	优秀共产党员	湖南省分行党委	2017年6月
刘益之	优秀党务工作者	湖南省分行党委	2017年6月
欧阳红	工会工作积极份子(2016年度)	湖南省金融工会	2017年5月
娄星支行	2016年度中国银行业文明规范服务千佳示范单位	中国银行业协会	2016年12月
娄星支行	2016年度总行级巾帼文明示范岗	总行工会	2017年6月
娄底分行	“模范职工之家”	总行工会	2017年6月
娄底分行	“模范职工之家”	湖南省金融工会	2017年5月

建设银行

【概况】2016年，建行娄底分行一般性存款余额296.94亿元，四行占比为36.42%；比年初新增31亿元，四行占比为32.97%，余额和新增均排同业第一。各项贷款余额为172.1亿元，四行占比35.03%，排名第一。全年实现账面利润6.5亿元，四行占比47.62%，比上年增加2767万元。对公存款时点余额97.02亿元，较年初新增5.61亿元，四行余额占比37.7%，排名第一；新增四行占比21.24%，排名第二位。贷款余额112.25亿元，余额四行占比35.43%，排名第一。个人存款余额199.9亿元，较年初新增25.4亿元，同比增速达14.55%，全省排名第一；网均新增9071万元，全省排名第一。全年个人有效客户（折算前）345103户，比年初新增31045户；私人银行客户新增20户，增速33.33%，全省排名第一。个人贷款余额42亿元，余额四行占比36.49%，排名第一。全年个人贷款客户新增37451户，累计投放自营性个人贷款9.2亿元，公积金住房委托贷款7.2亿元。全行实现中间业务收入2.4亿元，市场占比42.39%，居同业第一，占比较去年提高6.59个百分点，比排名第二的工行多10344万元。实现贸易融资发生额52943万美元，全省排名第四，同比增幅67%，四行占比67.37%，四行第一；实现结售汇量22378万美元，全省排名第三；同比增幅106%，四行占比31.2%，四行占比排名第二。全行不良贷款余额28820.17万元，比年初减少12779.63万元；不良率1.67%，比年初下降0.54个百分点，累计化解不良资产5.78亿元。结算通卡新增97273张，全省排名第二；个人产品覆盖度实际数5.47个，全省排名第一；单位人民币结算账户新增1339户，全省排名第二；移动金融柜面替代率达71.10%，比年初提升11.49个百分点；信用卡分期交易额81668万，较上年同比增长17.8%，实现中间业务收入8745.86万元。

【内控合规】2016年，建行娄底分行推进“双基”管理，在全省二级分行中率先成立内控合规部，开展“一加强两遏制”专项检查，双基过程管理工作全省考核排名第一，反洗钱工作全省考核排名第一，审计发现问题整改率100%。开展188条等内控合规知识及有关案例学习，提升全行员工合规意识。通过合规特派员每月到基层网点进行双基内控全面检查，全年共检查发现问题338个，下发检查工作底稿112份。

【基础客户】2016年，建行娄底分行通过批量拓展新客户、“走出去”营销、丰富产品组合等方式发展个人有效客户。全年完成15000余户POS换签、清理、激活睡眠户等工作，新增活动收单商户1027户；全年累计开展外出营销453场，实现参与客户24000余人，手机银行客户签约新增91454户；微信银行客户新增73199户；信用卡客户净新增30169户，计划完成率120.6%。云闪付客户新增10737户，全省排名第一；黄金寄存客户新增5100户，全省排名第二；电话POS客户新增1882户，全省排名第四。

【银政合作】2016年，省分行与娄底市政府正式签署战略合作协议，确定一大批项目，对接娄底城市基础设施建设和产业转型。建立政府客户营销暨资管专家团队，牵头辖内政府类客户营销，通过“融资+融智”模式，把信贷资源投放到有利于促进地方转型发展领域。全年成功营销40亿元债券承销业务，实现理财资金直接投资17亿元、高资产理财配置7.61亿元，搭建助保贷平台3个，储备一批重点项目。

【渠道转型】2016年，建行娄底分行全年铺设111台智慧柜员机并投入使用，实现移动金融柜面替代率71.1%。拓展手机银行、微信银行、善融商务等电子战略产品，全年全行手机银行活跃客户网新增6201户，全省市行排名第一。实现金谷市场“智慧菜妈”、贝比熊结算系统、市直机关食堂改造、娄星区移动金融医院、新化农合卡等项目上线。通过对辖内国际收支客户信息采集和分析与创新产品营销等措施，国际业务全年实现外汇中间业务1446万元。

【改善收入结构】2016年，建行娄底分行通过挖掘理财资金置换政府债项目、发展资管业务等增长点。全年基础类中收较上年同期增加4992万元。以街心支行为首营销农商行理财资金，在全省树立理财销售标杆，全行全年实现投资理财业务收入4257万元，实现贷记卡业务收入7656万元（表外部分），同比增长1207万元，实现代客结售汇业务收入529万元，同比增长381万元。

【信贷风险管理】2016年，建行娄底分行对支行实行“红黄牌”警示制度，成立帮扶小组下沉一线，建立“一户一策”制度；通过每周一例会、半月一次推进会、每月一次总结会逐一分析客户情况及下阶段处置流程措施，着重做好上海振昌公司、冷水江市盛达

物资等客户风险化解处置。全年处置化解不良资产59619万元。（彭木兰）

工商银行

【概况】2016年，工行娄底分行以“双基双线”发展战略为指引，以质量效益为核心，以改革创新为动力，推动经营转型，各项存款余额167.98亿元，比年初增加18.65亿元，其中储蓄存款、对公存款分别增加14.57亿元、4.08亿元。规模排名四大行第三，贷款余额139.21亿元，比年初增加3.62亿元，票据贴现余额25.7亿元，累计贴现30.67亿元，同业占比30.13%，居同业第二。累计清收处置不良贷款57768万元，其中公司不良51273万元，个人不良6495万元。累计现金清收信用卡不良透支4812万元，重组6985万元。有效个人客户总量达到995330户，比年初净增67585户。实现中间业务收入13726万元。现辖9个一级支行、8个二级支行，共计27个物理网点和34个离行式自助银行。全行在职员工661人。

【负债业务竞争力】2016年，工行娄底分行各项存款与对公存款增量连续3个季度夺得同业第一，储蓄存款增量居全省系统第一；获得娄底市本级机关事业单位职业年金独家开户银行资格。市财政、新化县财政、市公积金、市烟草、市城建投、万宝新区等客户成为存款增长因素；引入“日进”理念与节点考核机制，与季度绩效挂钩考核并举，节点考核对同业占比第一，储蓄存款增量排名全省前列，获2016年度湖南省旺季竞赛一等奖。

【不良处置与风险管控】2016年，工行娄底分行多措并举提高信贷资产质量。按照“四见”“三定”“三严禁”总体要求，落实信贷资产质量管控职责。督促各支行和相关部门一把手切实履行本行信贷资产质量管理第一责任人职责，每月至少召开一次潜在风险融资调度会，制定清收转化工作预案；出台《娄底分行抵债资产、账销案存资产及受托处置资产管理实施细则》，制定统一《租赁维权告知函》，逐个项目上门进行抵债资产租赁维权，要求承租人承认对抵债资产所有权与收益占有权。

【资产业务转型与安全】2016年，工行娄底分行拓展重点项目信贷市场，从传统型贷款转向新型融资工具，从贷款营销到资金托管服务，从债券承销到股权融资服务等，拓展政府债、政府背景项目、政府采购项目、PPP项目、高速公路项目、短融、中融业务等业务；组建大客户信贷直营中心；全年完成审批项目5个，总融资29.5亿元；上报省分行在批项目4个，总融资20.2亿元；为不同类型客户提供分层、捆绑、差异化优质服务。通过培训、督导、整改与提高前台操作风险控制能力，全辖内部可控风险暴露水平万分之1.37，居全省第一。开展常规检查73次，突击夜查16次。发挥报警监控联网平台作用，全年成功堵截营业网点和自助银行攻击事件138次。

农业银行

【概况】2016年，中国农业银行娄底分行落实市委政府和上级行决策部署，发挥城乡网点联动优势。各项存款余额185.7亿元，比年初净增27.99亿元；各项贷款余额105.7亿元，比年初净增9.35亿元，增量居四大行第一。把服务“三农”作为首要社会责任和政治任务。从产业扶贫和带动建档立卡贫困户增收脱贫两方面着手，对辖内贫困县支行净增贷款6.1亿元，计划完成率居全省系统前列，新建金融扶贫服务站51个。“惠农通工程”布放“惠农通”机具2354台，全市覆盖100%乡镇和75%行政村，县域电子机具数量和交易量均占全市金融业80%以上，农民“足不出村”便可办理存取、缴费等需求。探索出政策性担保公司+农户贷款等多种增信模式和“油茶贷”“粮食贷”“富农贷”等九大特色产品，农户贷款比年初净增1.9亿元，计划完成率居全省系统第一。

【服务实体经济】2016年，中国农业银行娄底分行围绕全市“十三五”规划，对接政府购买服务和PPP项目融资需求，支持交通运输、棚户区改造、两供两治、城镇化等领域建设。其中，对龙琅高速、辖内4个县（市）交建投“娄底大道”项目总授信25.6亿元，投放6.6亿元。先后与涟源、双峰、娄星区人民政府签订全面合作协议，3~5年内累计意向投入50亿元以上信贷规模。

【金融产品创新】2016年，中国农业银行娄底分行在全国农行系统首创“农民养老贷”产品，为想参保但没有缴费能力的失地农民提供信用贷款，利率优惠，无需抵押，能解决被征地农民的养老之忧。10月14日，正式启动农民养老贷投放工作，开启商业银行与社会养老保险对接合作先河。全年累计投放养老贷款4500多户，金额2.36亿元，得到各级政府、主流媒体及社会各界肯定，被新华社《国内动态清样》等权威媒体刊发，入选湖南省2016年“十大金融创新奖”和娄底“十大新闻事件”。　（龚仲秋）

农发行

【概况】2016年，中国农业发展银行娄底市分行坚持以服务娄底“三农”建设为己任，强化支农职能，发挥支持新农村建设和脱贫攻坚上的支柱和骨干作用。以“五个全力服务”为主线，服务国家粮食安全、服务农业现代化、服务城乡发展一体化、服务脱贫攻坚、服务区域发展战略，贷款总量达34亿元。全年累放粮油贷款7.1亿元，投放最低价粮食收购资金贷款36223万元，收购入库粮食14299.5万公斤。累计发放储备粮贷款12笔，合计贷款金额23322万元，支持7家中央储备粮和地方储备粮企业轮换稻谷14064万斤；共营销3个贫困县贷款3个，金额12.4亿元，累计投放贷款2.4亿元，审批待放贷款5亿元。投放娄底锑都投资发展有限公司1.6亿元于冷水江群丰农民集中住房建设项目；投资万宝新区孙水河综合治理项目2亿元；发放农村路网及贫困地区公路建设2.4亿元贷款，修建农村路网13.12公里。获批新化奉家古桃花源旅游基础项目贷款5亿元，带动当地1518户贫困户、4561人口脱贫，改善15个自然村人居环境。全年获批投放11个项目7.49亿元。营销基金项目36个16.272亿元。

【风险管控】2016年，中国农业发展银行娄底市分行现金清收百雄堂不良贷款3.64万元。以债权转让方式清收新增不良贷款1700万元。截至年末，不良贷款余额3796.92万元，比年初减少3.46万元。收回约期还款77万元，累计现金清收存量项目贷款977万元。开展贷后管理年活动，成立领导检查小组，对各县（市）支行（部）活动开展统筹与监督检查，制定出台工作规则和活动实施方案。　（吴苗）

省农信社

【概况】2016年，湖南省农村信用社联合社娄底办事处坚持“服务三农，服务小微企业、服务县域经济”市场定位，以改革促发展，以改革增动力。全年全市农商行各项存款余额330.32亿元，比年初增加47.16亿元，增幅16.7%，完成年计划任务147.38%；市场份额21.9%，居市金融机构第一位；各项贷款余额187.72亿元，比年初增加34.86亿元，增幅22.8%，市场份额22.36%，居全市金融机构第一位。表内不良贷款余额7.21亿元，比年初下降4.84亿元；不良率3.84%，比年初下降4.04个百分点；到期贷款收回率94.5%，资本充足率12.96%，比年初增加6.17个百分点；贷款拨备覆盖率125.78%，比年初增加59.29百分点。全年实现总收入19.71亿元，其中贷款利息收入11.98亿元，金融机构往来收入3.61亿元，投资收益3.69亿元；实现账面利润4.13亿元，同比增加1.04亿元；经营利润6.72亿元，同比增加9309万元，完成任务118%。推进“自助银行百千万”工程，新增网上银行3307户、手机银行62799户、电话银行66382户，电子银行替代率达到47.81%。福祥卡品种和功能更加丰富，累计发行公务卡1458张、社保IC卡77.35万张。

【创新服务】2016年，湖南省农村信用社联合社娄底办事处坚持“做小做散做优”，以客户需求为导向，以便民卡为载体，开展“两扫五进”和评级授信，到农区、社区、园区、商区推广“公职贷”、“消费贷”、“住房按揭”、“股权质押贷”等信贷品种10多种，缓解客户融资难、融资贵的问题。全年发行福祥便民卡2.76万张，本年新增授信37.7亿元，累计发卡4.43万张，授信63.1亿元。通过开展“一进两访”“一对一”结队帮扶，新增金融扶贫站193个，评级授信13.3万户，授信金额32.6亿元，发放扶贫贷款6656笔，贷款余额28055万元。

【清收不良贷款】2016年，湖南省农村信用社联合社娄底办事处要求县市各行对500万元以上大额贷款落实管户责任，对网点负责人实行末位淘汰制、对未按时收回包收责任不良贷款的实行停岗收贷；积极开展不良贷款“户户清”“笔笔动”清收专项活动；借助行政、司法、市场等力量，加大清收处置力度。全年现金收回2.99亿元，呆账核销2.11亿元，股东购买1.72亿元，以资抵债1.67亿元，政府土地置换0.5亿元，资产打包2.1亿元。　（黄荣强）

邮储银行

【概况】2016年，中国邮政储蓄银行娄底市分行贯彻省分行“夯实基础，精细管理，转型升级，稳中求进”16字方针，立足服务娄底、坚守零售银行战略定位。全年全行各类存款达182.78亿元，个人存款余额160.73亿元，年净增27.11亿元，排全市同业第2位，自营储蓄存款结余41.64亿元，年净增5.51亿元，增幅达15.25%，公司存款结余22.05亿元；全市各类贷款余额23.67亿元，年净增6.13亿元，比2015年净增5.67亿元，市场占有率12.51%，增幅34.95%，其中零售贷款结余18.04亿元，年净增3.14亿元，增幅达21.07%。全年新增社保IC卡与惠农一卡通项目48个，代发资金2.86亿元；代销人民币理财15.13亿元，完成年计划270.12%，同比增幅210.01%。以电子银行服务提升为抓手，统筹物理网点与电子渠道功能，通过“亿路有你”、手机银行转账免费等系列营销活动，全市电子银行交易替代率较上年提高12.8个百分点，达79.99%，居全省第四位；手机银行激活率全年平均为88.3%，居全省第一位。

【零售信贷】2016年，中国邮政储蓄银行娄底市分行选拔26名优秀大学生充实到零售信贷条线，全市零售信贷客户经理达80人，于每周开展信贷夜校培训，练好信贷员“内功”。抓住“土地承包经营权抵押”贷款、“惠农易”贷款和“财银保”贷款试点契机，全年小贷净增2586万元，结余1.85亿元，排全省第8位。实行“地毯式”营销，加大楼盘开发商、汽车经销商的准入力度，全市新准入一手房楼盘10个，汽车经销商28家，上报二手房洽谈合作项目49家，有机整合一手房贷、二手房贷、汽车贷，为客户提供一站式信贷金融服务。全年消费贷款净增4.67亿元，结余11.93亿元。小企业贷款“推新品”。全年小企业贷款(含个商)共放款1.4亿元，结余4.33亿元。通过重点领域发力、重点产品聚焦，围绕传统金融、民生金融、政府金融、新兴金融四大项目创新产品，共发放医院贷、税贷通等新产品贷款3150万元，新产品净增贡献度高达17.36%。

【精细管理】2016年，中国邮政储蓄银行娄底市分行探索“改革深水区”，提高各项工作效能。对原营业部实行扁平化分类分级管理，推进市分行城区支行向现代化商业银行转型，人员结构优化，营销积极性得到调动。全年会议费、业务招待费、行政管理差旅费分别下降11.55%、6.46%和27.82%；出台2016年经营绩效考核办法和二级支行三强三优评选办法，在全市范围内通过5次公开招聘5人，充实到市分行相关部室和二级支行相关岗位，从优秀劳务工中公开转聘6名为合同用工。

娄底市兴娄融资担保有限公司

【概况】2016年，娄底市兴娄融资担保有限公司以服务“工业兴娄”为己任，共接洽申请担保项目118个，累计申请金额7.57亿元，累计实施担保项目27个，累计担保发生额1.885亿元，担保客户遍布制造业、批发和零售业制造业、租赁和商务服务业、教育交通运输、仓储和邮政业等行业。先后为湖南三泰新材料股份有限公司等26家企业提供担保，既促进担保企业自身的良性发展，又为全市新增新三板挂牌企业、引进“H&M”等国际品牌。通过担保融资企业新增产值约8亿元，新增税费约3000万元，新增就业500多人。公司与娄星工业集中区协作探索新型“政、银、担”业务合作，签订责任分担业务合作协议，引入交通银行作为战略合作银行，建立“担保业务分工负责、风险责任共担共管”的常态化合作机制，提高服务效率，有效控制担保业务风险。目前在该模式下，受理申保企业6户，承保放款2户，金额1500万元。公司还投资1000万元入股娄底市百通中小企业转贷资金服务有限公司，为中小微企业银行贷担过桥提供资金服务。截至12月底，百通公司提供转贷服务107户，金额8.652亿元，降低企业转贷成本3200万元，总收入410万元，实现利润180万元。

（李艳）

表 66　**2016 年娄底市兴娄融资担保有限公司先进集体和先进个人登记表**

获奖单位、先进个人	奖励名称	颁奖单位	颁发时间
娄底市兴娄融资担保有限公司	资信等级 AA 级	湖南圣晖投资服务有限公司	2016 年 7 月
娄底市兴娄融资担保有限公司	融资担保机构创新奖	湖南省中小企业信用与担保协会	2017 年 8 月

娄底市国有资本投资运营有限公司

【概况】2016 年 6 月，娄底市国有资本投资运营有限公司成立，注册资本 5 亿元。主要经营范围为归集已改制市属和省下放国企相关资产和资金；对政府投入有关企业的各种资金以股权持有方式进行管理；接收和管理“政资分开、政企分开”过程中“事改企”经营性资产及移交资产；金融投资与服务；其他与主营业务相关的配套产业经营与管理。公司现有 4 个部门，投资规划部、资产管理部、财务审计部、综合管理部。在职员工 21 人，其中硕士 3 人，占员工总数的 20.8%；本科学历 10 人，占员工总数 41.6%；大专学历 7 人，占员工总数 33.3%，大专学历 1 人，占员工总数 4.2%。成立全资子公司：娄底市农贸综合市场经营有限公司，注册资本金 350 万元。市国资委将娄底市国家粮食储备库全部股权划转为公司全资子公司（注册资本金 680 万元），现控股——娄底锑都投资发展有限公司（注册资本金 5.701 亿元，持股 57.07%）、华达汽车空调（湖南）有限公司（注册资本金 1 亿元，持股 55%）、娄底市国投新能源股份有限公司（注册资本金 1000 万元，持股 51%）等 3 家公司。围绕国有股权管理、辅业资产转化、改制剩余资产加工、混合所有制企业上市培育、高新技术推进中心等“五个”中心开展工作。以产业基金引领电陶产业等高新产业，引进 2 家有高新技术优势的电子陶瓷企业或上下游关联企业，为推进电子陶瓷产业集群发展打基础。完成该项目可研、环评、用地、规划、征地拆迁、勘察设计、三通一平、施工图审查等前期工作。建立起出资人代表授权董事会管重大决策、经理层负责日常运营、监事会负责监督机制；设置公司内部组织机构，以组织建设为中心，建立以董事会为核心的公司治理模式，修订公司章程，不断完善公司内控制度，设置“三会一层”权限，合理配置董事会、经营层、监事会职权。建立起适合公司实际的合理分权、有效监督、相互协同、相互制衡治理结构。

（邱汝慧）

保　险

【概况】2016 年，娄底市保险行业协会按照“抓服务、严监管、防风险、促发展”的工作思路，稳中求进，防范风险，调整结构，转变发展方式，助力全市保险市场平稳健康发展。全年全市有市级保险机构 28 家，其中财产保险公司 14 家，人寿保险公司 14 家；保险从业人员 23000 多人；设有道路交通事故快处快赔服务中心 1 家。全市保险业实现保费收入 40.92 亿元，比上年增长 8.01 亿元，同比增长 24.36%；全市保险赔付支出 15.87 亿元，同比增长 25.16%，据统计，全市保险深度为 3.1%，保险密度为 912 元，累计发放保单贷款 2.87 亿元，上缴和代收税费 2.26 亿元。

表 67　**2016 年市保险行业协会先进集体和先进个人登记表**

获奖单位、先进个人	奖励名称	颁奖单位	颁发时间
娄底市保险行业协会	湖南保险社团组织 2016 年度工作考核先进单位	中国保险监督管理委员会湖南监管局	2017 年 1 月
娄底市保险行业协会	2015—2016 年度消费维权先进单位	湖南省消费者委员会	2017 年 3 月

科学技术与服务

娄底市科学技术局

【概况】2016年,娄底市科学技术局组织“娄底市地方科研基础条件和能力建设基础”等10个项目申报中央引导地方科技发展专项计划，推荐娄底市金鑫电子科技有限公司“基于云计算北斗智慧城市位置云平台建设项目”等31个项目申报湖南省重点研发计划;推荐娄底市中小企业服务有限公司“娄底市中小企业众创空间孵化基地”等5个项目申报湖南省众创空间、星创天地、成果转移示范县专项计划。全年获立项支持42个;有序实施市级科技计划项目支持企业技术创新，全年实施市级计划项目95项。全年引进湖南圣世牡丹农业科技有限公司等科技型项目2项,注册资金达1.7亿元。全年实现社会R&D投入12.741亿元,占GDP比重为0.91%,科学技术支出7405万元。全市省级及以上园区规模工业增加值同比增长7.4%,高加工度工业增加值增长12.5%,高技术产业增加值增长16.4%。全年完成高新技术产业总产值713.4亿元,同比增长12.5%;高新技术产业增加值163.6亿元，增长7.5%。全市申请专利1576件，其中发明专利申请290件；全市专利授权1093件,同比增长9.1%,其中发明专利授权91件,同比增长75%。

【工业科技】2016年,全市推荐27家企业参加高新技术企业认定和复审，其中新认定或复审通过的企业达16家。涟源市经开区升格为省级高新技术产业开发区,实现全市省级高新区的零突破,规模以上高新技术企业和高新技术产品企业达104家，其中高新技术企业58家,实现高新技术产品产值同比增长12.5%,达713.4亿元;实现增加值163.6亿元,同比增长7.5%,占规模以上工业增加值比重达34%,在GDP中占比达11.7%。指导三泰新材成功组建“湖南省双金属钢基复合材料工作技术研究中心”，推荐2家企业创新团队成功申报全省十大科技创新创业团队。全市拥有国家级创新平台3个,省级创新平台30个,省级可持续发展实验区、科技成果转化示范县各1个。推荐“大口径钢塑砼复合管制造的关键技术扩产业化”等3项科技成果参与省科技进步奖评审,其中2项获奖;推荐6个项目参与省专利奖评审,其中1项获奖。完成市本级杰出贡献奖、科技进步奖项目评审工作,评选出市杰出贡献奖1人、市科技进步奖11项。

【农业科技】2016年,娄底市科学技术局派科技特派员42人开展助企兴农,接收“三区”科技人员65人深入企业或农村开展科技服务300余天（次),开展各类培训100余场(次),利用“12396”服务平台为农户解决技术难题58个,发布信息1895条。邀请省市有关专家、基层农技推广人员120余人为种粮大户和农村种养殖户开展新型农机、新农村建设、交安知识等培训，在青树镇举行水稻高产技术和生猪养殖技术培训。

【社会科技】2016年，娄底市科学技术局出台《娄底市引进高层次人才实施办法》《娄底市“大众创业、万众创新”五年行动计划实施方案》《关于在娄底中心城区实行创业经营场所补贴的通知》等政策性文件,扶持创业个人或小微企业,市财政在“十三五”期间安排1亿元人才引进专项资金，主要用于引进人才各项补贴、奖励及落实有关待遇所需经费。组织企业和个人参加国家、省创新创业大赛,3项获省优胜奖；其中娄底安地亚斯电子陶瓷在全国创新创业大赛新能源及节能环保业中获优胜奖。指导湖南人文科技学院组建娄底市首个省级重点实验室，指导市中心医院建立娄底市首家省级院士专家工作站。指导推荐6家“星创天地”建设和备案,4家被省科技

厅予以认定并获资金支持；其中正阳众创空间和娄底市中小企业众创空间孵化基地被省厅认定为首批省级示范众创空间，“湘中三和翠缘蔬菜星创天地”通过科技部审核成为638家科技部备案的“星创天地”之一，被纳入国家级科技企业孵化器管理和服务体系。

【学术交流与科普】2016年，娄底市科学技术局组织“科技下乡”、科技活动周等科普活动，展出宣传图片306幅，实物展览232件，发放宣传资料62540份，接受咨询13911人次，接受服务人数24845人次；举办首届娄底市青少年机器人竞赛，评选出一等奖48个、二等奖80个、三等奖84个、优秀组织奖5个、优秀教师指导奖10个，开展校园科普活动；组织娄底“疯狂博士玩转科学”讲师团一行到涟源市斗笠山镇惠民学校开展科普公益大讲堂活动，捐赠学校《娄底读本》100册，《科普超市》系列丛书100套，利用科普大篷车向学生展示光学、力学展品展具和科普影视；邀请湘潭大学、湖南师范大学、湖南省激光增材制造工程技术研究中心等高校和科研院所专家教授到娄底主讲“数学建模——机遇与挑战”“生态文明背景下环境法的新发展”“3D打印成型技术、设备的发展及应用”等专题讲座19场次。

【知识产权】2016年，娄底市科学技术局开展知识产权进校园、进社区、进企业活动，组织或参与“4·26”知识产权宣传周、质量宣传月等专题活动，举办知识产权“维权大讲堂”，开通“12330”维权援助热线。全市专利共申请1576件，授权1093件，同比增长9%；其中发明专利申请290件，发明专利授权91件，发明专利授权同比增长75%。强化知识产权保护，全年全市查处假冒专利案232件，行政执法共立案假冒专利案件136起，结案136起，结案率100%；全市调解专利纠纷案16起，专利处理专利纠纷立案5起，结案4起，无任何行政复议和行政诉讼案件。

【防震减灾】2016年，娄底市科学技术局创建省级防震减灾科普示范学校4所，市级示范学校13所。处置2起地震突发情况和2次井水异常现象，对4月20日在涟源斗笠山发生的2.3级地震和7月19日在涟源发生M3.0(ML3.8)级地震，均第一时间从震源深度、影响范围及危害程度等方面向当地群众作好解释说明；对7月5日双峰县甘棠镇香花村和7月22日新化县石冲口镇石冲口村井水异常情况进行调研，消除群众疑惑紧张心理。（康利民）

娄底市科学技术协会

【概况】2016年，娄底市科学技术协会履行服务科技工作者，服务创新驱动发展，服务全民科学素质提高，服务党委政府科学决策“四大职能”，动员和组织全市各级科协组织和广大科技工作者，开展经常性、社会性、群众性、公益性科技传播活动和学术交流活动，取得较好成绩。

【整合资源】2016年，娄底市科学技术协会探索全市企业与两院院士及其院士团队建立产学研用结合的长效合作机制，制定《院士专家工作站管理办法》《院士专家工作站建站指南》，走访重点企业，宣讲国家、省、市建立院士专家工作站的相关配套政策。巩固拓展涟钢与院士团队合作关系。指导市中心医院多次与中国工程院院士周宏灏及其团队友好协商，达成共识，签订合作协议，创建省级、市级院士专家工作站，11月10日正式挂牌营运，为市中心医院开展精准医疗提供帮助，为培养人才创造条件。配合市委人才工作领导小组办公室筹备娄底高层次人才联谊会。成立科学素质纲要实施办公室，健全理顺工作体系和工作机制，明确各成员单位的工作职责。督促各成员单位大力加强重点人群的科学素质教育培训，得到省督查组充分肯定与高度评价。新化县科协召开第三次代表大会，把基层优秀科技工作者、科普工作者吸收到科协队伍，为地方经济社会发展增添新鲜血液。

【扶助企业】2016年，娄底市科学技术协会把企业扶助工作列入重要议事日程，制订工作实施方案，成立企业扶助工作队，派专人脱产进驻娄底市安地亚斯电子陶瓷有限公司实施扶助。通过努力，该公司投资6000万元、12000平方米标准化厂房如期竣工，新生产线正式投产，实现利税比2015年翻一番。该企业作为娄底市唯一代表参加第四届中国创新创业大赛（湖南赛区）暨第二届湖南省创新创业大赛，获得三等奖。11月，该企业代表湖南省参加第四届中国创新创业大赛，以小组第一名的优异成绩入围14强，晋级决赛，获“优秀企业奖”。

【建言献策】2016年，娄底市科学技术协会组织广大科技工作者开展“为娄底改革攻坚、转型发展”为主题的决策咨询建言献策活动。共收到建言献策建议238条，有价值引起领导重视建言献策信息35条。市老科协创办建言献策专辑17期，刊登建言献策信息22条，其中，关于二次人才开发的建议得到市委市政府的高度重视和肯定。组织开展“讲理想、比贡献”金点子活动，超额完成市政府下达招商引资任务。

【主题科普活动】2016年，娄底市科学技术协会开展“深入人心。科技下乡、防灾减灾、食品安全、科技活动周”等活动，形式多样，深受欢迎。全市全年组织科技下乡活动100余场次，举办各类培训班60期，培训种养殖农民2000多人次，发放科普宣传资料7万余份，展示科普展板（图片）800多块，实物展览181件，悬挂应急知识宣传横幅120余幅，接受咨询人数7万余人次，接受服务人数4.7万人次。9月19日，联合市教育局、市科技局、市经信委、双峰县人民政府在双峰县体育中心主办“科技成就梦想，拥抱智慧生活”为主题的2015年娄底市全国科普日活动启动式，双峰县科协承办这次活动，组织1600多人参加太极拳表演赛和广场科普活动。全国科普日活动期间，基层科协组织广大科技工作者、科普志愿者进农村、进企业、进机关、进学校广泛开展形式多样、内容丰富的科普宣传活动，共发放科普宣传资料4.2万余份，实物展出125件，咨询义诊服务2.5万多人次，受益群众达7万人。双峰县科协、涟钢科协被评为湖南省全国科普日活动优秀组织单位。中国流动科技馆湖南巡展涟源站展出期间，共接待观众5.9万多人次，深受广大群众和学生的青睐，涟源站被评为湖南省先进巡展站点。5月5日，联合市教育局、市科技局组织开展首届娄底市青少年机器人竞赛。活动得到省科协、省青少年科技教育中心、娄底市四大家领导高度重视。全市8所学校，143名选手参加比赛，400多人观摩比赛。评选出一等奖8个、二等奖17个、三等奖16个、优秀教师指导奖10个。在第八届湖南省青少年机器人竞赛活动中，获得10金16银4铜的好成绩。在“2015国际奥林匹克智能机器人竞赛中国赛区选拔赛”中，娄底市获2金4铜，指导老师4人获奖。娄底市慧学慧玩机器人体验馆获全国优秀组织单位。科技创新大赛、高校科学营、科学调查体验活动独具特色。在第36届湖南省青少年科技创新大赛上，获6金15银4铜。选拔30名高中学生参加高校夏令营活动。娄星区科协联合环保、教育等部门在娄底三小举办“变废为宝，从我做起”——娄底三小2015年全国青少年科学调查体验活动。冷水江市科协发挥科普活动中心的展教功能，组织8批次18个班1300多名学生参观科普活动中心，锻炼学生实际操作与动手能力。

【基层科普行动】2016年，娄底市科学技术协会推荐上报25个项目入选省基层科普行动计划项目库，其中3个农技协、2个科普示范基地、3个科普示范社区、2个科普带头人，获得中国科协、财政部、省科协、财政厅表彰奖励，获奖补资金130万元。市本级从科普专项经费中安排35万元，奖补3个农技协、2个科普示范基地、5个科普示范社区、5个科普带头人。涟源市科协、新化县科协从有限科普经费中分别配套奖补资金。基层科普行动计划的实施，助推科普产业化发展。

【科普示范创建】2016年，娄底市科学技术协会重视科普与公共文化体系建设有机融合，培育和发展科普典型，督促指导县（市、区）开展创建全国科普示范县市区（涟源市、娄星区）、全国科普教育基地（2个）和省级科普示范社区（3个）、科普教育基地等活动（2个）；组织开展市级科普示范乡镇（4个）、科普示范村（4个）等活动。联合市科技局组织开展娄底市第六届十佳农村科普典型评选（8个），激发农村科普科技工作者的积极性和主动性。联合市委组织部、市人社局开展娄底市第八届青年科技奖评选。通过典型培养创建，发挥他们示范带动作用，促进全市科普工作传播与发展。

【营造社会化科普氛围】2016年，娄底市科学技术协会开辟“娄底科普”，“涟源科普”微信平台。搭建娄底科普、双峰科普短信平台，发送科普短信10多万条。在娄底广播电视报开设《科协园地》，主办40期，把科普知识送进千家万户。编印《科普超市》系列科普资料3册5万本，免费赠送给广大市民。娄底、涟源、双峰科普大篷车进农村、进企业、进学校、进社区，行程 6000 公里，放映科普电影 50 余场次，展品展出 50 场次 。“三农”科普网络书屋和科普活动中心展教功能得以发挥。实现自媒体和互联网悦读共享，营造社会化科普氛围。

【提升学会服务能力】2016 年，娄底市科学技术协会引导学会回归社团本位，引导学会组织优化内部治理结构，有计划地成为能负责、能问责、能担当的独立第三方组织。指导成立娄底市机器人协会，督促指导市土木建筑学会，市安全生产协会，市个体医师协会，市牲猪贸易协会按期换届。指导督促各县市区科协、市直学会大力开展学术交流、科技教育和科技培训等活动，活跃学术思想，促进学术繁荣与发展，收到良好效果。新化县科协邀请湖南大学、中国地市新闻网联盟秘书长朱浩仁教授为全县 150 多名电子商务从业人员传授当今科技发展趋势，移动互联网成果运用、电子商务发展等知识。冷水江市科协联合市科技局，邀请专家到铎山镇举办沼气池建设与合理应用知识讲座 2 期，120 多人参加学习。锡矿山闪星锑业有限公司科协积极组织论文参加“2015 年中西部第八届有色金属工业发展论坛证文”评选。涟钢集团有限公司科协组织技术培训讲座、技术交流活动，累计参加人员 1000 多人次。市中心医院、市医学会、市抗癌协会主办国际学术活动，邀请美国的专家参加学术演示和交流，400 名医务人员同步观看手术高清实况直播。娄底职业技术学院科协先后邀请中南大学、湖南工业大学、湖南城市学院等多名专家来院各系举办 8 场学术交流活动。市预防医学会、市个体医师协会、市生态学会、市煤炭学会、市电机工程学会立足本行业特点，邀请专家到娄底举办学术交流活动，有的还交流学术论文。全市全年共举办各种形式的学术交流活动 21 场次，参加人数达 5300 人次。主办行政公文业务培训班，市科协机关全体干部职工、县(市、区)科协分管领导，办公室主任、信息员等 30 余人参加培训。市科协主席、副主席分别参加省(市)委党校、北京大学培训班学习，5 个县(市、区)科协主席参加省科协干部培训班，分别到湖南师大、省委党校参加学习，提升干部职工综合素质和业务能力，推动科协工作开展。 (刘绍昌)

社科联

【概况】2016 年，娄底市社科联按照市委宣传部和省社科联工作安排，发挥社科联“桥梁、纽带”作用，以“服务大局、服务群众、服务基层”为宗旨，整合社科资源，加强业务创新。8 月，湖南省社科联系统工作经验交流会特意选定在娄底召开，市社科联做主旨发言，推介娄底社科工作经验。出台《中共娄底市委、市人民政府关于进一步繁荣发展哲学社会科学的实施意见》，将其作为谋划全市社科工作的总抓手和更好地贯彻落实《湖南省社会科学普及条例》的务实举措。4 月 13 日，省社科联党组书记宋智富来娄底调研，与娄底市就《湖南省社会科学普及条例》贯彻落实情况及社科工作开展情况进行全面的沟通与交流，宋智富对娄底社科工作成效给予肯定。学习贯彻习近平总书记“5·17”重要讲话精神推进会及半年工作经验交流会在娄底召开，省社科联主要会领导及处室以上负责人，各市州委宣传部分管副部长、社科联主席及部分学会负责人等 100 余人参加会议，做“以小见大 以实论虚 努力推进社科工作上新台阶”发言，得到省社科联、市州社科联及市委政府领导好评。

【申报社科理论课题】2016 年，娄底市社科联围绕全市发展大局，组织在娄高校共申报并立项市级课题 13 项，省厅级课题 56 项，省级课题 29 项，国家级课题 6 项，其中以社科联的名义申报并成功立项省级课题有张智倩“依托沪昆经济带，加快娄底产业转型的对策建议”、刘卫红“供给侧改革促进经济转型升级路径研究”。组织开展市第十届社科优秀成果评选，评选出优秀成果 29 项，出台《关于娄底市第十届社会科学优秀成果的表彰通报》。

【开展系列主题活动】2016 年，市社科联主动服务市委、市政府发展大局，主动策划、组织开展“对接大长沙、推动新发展——我为转型发展献计策”系列主题活动，被省社科联评选为 2016 年度全省 10 大社会科学创新活动优秀典型案例。围绕“对接大长沙、推进新发展”主题组织征文活动，对优秀文稿结集出版。1 月 26 日，组织召开“对接大长沙，推进新发展——我为转型发展献计策”专题研讨活动，省社科联副主席汤建军、省委宣传部理论处处长殷晓元到会指导，市委副书记何文君主持研讨会，市四大家分管领导、部分县市区主要领导及获奖作者参加研讨。会后，湖南社科网、“湘中论坛”、娄底社科联网站分别对获奖文章持续刊发，在《娄底日报》学与思栏目中开设“加速转型，奋力赶超大家谈——打造大长沙”的拓展区专题，对各位获奖者成果予以刊登推介，《娄底召开“对接大长沙”理论研讨会》等10余篇文章在《湖南社科动态》、湖南社科网等媒体刊发。广聚民意、汇聚民智的“转型、赶超”发展思路，成为娄底谋划发展共识，市委四届九次全会上，明确提出把“加速转型，奋力赶超”作为娄底市“十三五”规划总基调。

【促进社科事业发展专题新闻发布会】2016年，娄底市科学技术协会落实《湖南省社会科学普及条例》，5月中旬，举行新闻发布会，就《湖南省社会科学普及条例》在娄底贯彻落实等相关问题答记者问。

【举办科普宣传主题周活动启动】2016年，娄底市科学技术协会在娄星广场举行以“贯彻《社科普及条例》，促进社科事业发展”为主题的社科普及主题活动周启动式，市委常委、宣传部部长伍美华做讲话，市政协副主席吴合群主持启动仪式，省社科联党组成员、副主席黄建华到会指导。各县市区委宣传部分管副部长、理教组长，各市级学会主要负责人、社科志愿者等400余人参加。活动分别授予湖南人文科技学院、娄底职业技术学院“娄底市社科普及宣传志愿者分队”旗帜，全省社科普及基地市博物馆、蔡和森纪念馆正式授牌。

（李向红　刘优萍）

表68　**2016年市社科联先进集体和先进个人登记表**

获奖单位、先进个人	奖励名称	颁奖单位	颁发时间
市社科联	组织开展的“对接大长沙”征文研讨活动被评为全省社科工作创新案例	省社科联	2016年12月
张智倩	《哲学社会科学可以也应该大有作为——学习贯彻“5·17”讲话精神必须从五个方面主动作为》在“学讲话、谈感悟、促发展”主题征文活动中，获二等奖	省委宣传部、省社科联、《湖南日报》、湖南红网	2016年12月
张智倩	《赶考进行时》被评为“两学一做”党建征文优秀文章，并以此为范文的演讲稿在党建演讲赛中获全省第六名	省社科联	2016年7月
李向红	《左亭，两学一做学习教育的生动教材》被评为“两学一做”党建征文优秀文章	省社科联	2016年7月
李向红	《曾国藩家风及其在当今农村精神文明建设的价值研究》被评为第七届湖南省社会科学界学术年会优秀论文二等奖	省社科联	2016年11月

教 育

总 类

【概况】2016年，娄底市现有各级各类学校1849所，教职工4.9万人，学生73.6万人。其中，幼儿园763所，教职工1.2万人，在园幼儿12.3万人。小学770所，教职工1.3万人，学生33.2万人。初中247所，教职工1.3万人，学生14.1万人。普通高中38所，教职工6973人，学生7.7万人。特殊教育学校5所，教职工119人，学生353人。中等职业学校23所，教职工1574人，学生3.4万人。高等院校3所，教职工2484人，学生2.8万人。经教育部门批准的民办教育机构836所。全市落实资助家庭经济困难幼儿13951人，资助金额1395.1万元；落实义务教育阶段免费教科书费4882万元，资助学生81.26万人次；落实贫困寄宿生生活费补助3960万元，资助贫困寄宿生31500人次；落实大一贫困新生路费补助55万元，资助学生762人；为4210名贫困大学生发放助学贷款3346.65万元。加强大中专生就业指导，为7所大中专学校争取和发放就业扶持资金220万元；推进营养餐改善试点，涟源市、新化县安排中央专项资金14851万元，在827所学校实施试点，19万名学生受益。

推进“宽带网络校校通”建设，全市有公办中小1077所，网络覆盖875所，达到81.62%；加强“优质资源班班通”建设，全市中心小学以上班级数6385个，实现“班班通”班级数4290个，达到67.09%；加快“网络学习空间人人通”建设，市本级完成“人人通”云平台建设，搭建学校空间350个，搭建专任教师空间34652个，达到89.81%。教学点全部实现数字资源全覆盖。娄底九小等4所学校被省教育厅列入教育信息化试点学校，全市争取省教育厅以奖代补经费190万元。结合娄底创建全国文明城市契机，开展法治教育、安全教育、两型教育等德育主题教育。评选出42名美德少年，推行中小学生劳动教育，新增双峰县三塘铺镇朝阳中学基地。持续实施生态文明示范校创建活动。全市教育系统投入绿化经费1900万元，植树达18万株，学校增绿提质成效凸显。

【教育经费】2016年，娄底市教育局落实教育经费43.23亿元，比上年同期增加5.28亿元，增长13.9%。其中公共财政预算安排教育经费43.19亿元，比上年同期增长5.34亿万元，增长14.1%。城市教育费附加5648.91万元，安排职教经费1170万元、中职免学费1192.12万元，其余3286.79万元用于城市义务教育设施建设，占比达58.2%。

【义务教育】规划建设项目校共51所，其中实事项目校12所，备案项目校25所，自建项目校14所，规划建设农村公办幼儿园4所。娄星区、冷水江市、双峰县、经开区所有建设项目都已完成。在12月初评估中获省督导组肯定。“全面改薄”投入资金77447万元，其中中央资金42512万元，省级资金20430万元，市级资金2367万元，县级资金12138万元；校园校舍建设项目开工465个，开工建筑468006平方米，竣工446个，完成建筑457296平方米；341个项目学校完成设备设施购置任务，完成采购13809万元，受益学生209573人。全市教育装备经费5637万元，其中中小学理科实验室和教学仪器设备经费905万元；新建标准化实验室39间、计算机室30间、“班班通”教室837间。全年组织普通话水平测试13批次，3860人参加测试。双峰、涟源、新化三地方言列入到国家“语保工程”湖南省第一批方言保护目录，完成“语保工程”全市范围内3种方言语音采集工作。

【基础教育】2016年，《娄底市第二期学前教育三年行动计划（2015—2017年）》有序实施；学前教育3年毛入园率达75.5%，公办园及普惠性民办园占幼儿园总数60.2%；全市初二学生“信息技术”会考合格率达98%。高中阶段普及率达到90%左右；高考成绩稳居全省第一方阵,2016 年本科三批以上上线率居全省第 6 位;在第 37 届湖南省青少年科技创新大赛上,娄底市获得一等奖 15 项、二等奖 8 项,被推荐参加全国青少年科技创新大赛。全市适龄三类残疾儿童入学率达 91.8%;成立特教“送教上门”领导小组与特教送教上门服务队,举办全市“送教上门”教师培训班。

【职成教育】2016 年,娄底市教育局申报 2016 年省级重点项目,涟源市工贸职业中等专业学校立项省级卓越中等职业学校、娄底市第一职业中学和冷水江工业中等专业学校立项省中职示范性特色专业群、娄底幼儿师范学校立项省中职校企合作生产性实习实训基地,该 4 个项目争取省级项目经费达 1600 万元。在全国终身教育活动周中,娄底市被教育部评为全国社区教育优秀组织奖。在全国“文明风采”大赛中,共获得一等奖 1 个、二等奖 2 个、三等奖 3 个、优秀组织奖 2 个。在全国职业院校说课比赛中,获二等奖 1 名、三等奖 2 名。

【民办教育】2016 年,娄底市教育局扶持民办教育发展,在全省实现“六个走在前列”:市县在全部落实设立民办教育发展专项资金上走在前列,在全部足额落实民办义务教育“两免一补”及生均公用经费上走在前列,在全面推行民办中小学教师工资集体协商制度上走在前列,在推进教育类 PPP 合作项目上走在前列,在创办《娄底民办教育》杂志上走在前列,在成立娄底市民办教育协会学前教育、培训教育和基础教育分会上走在前列。坚持发展与规范并重,提请市政府下发《娄底市人民政府办公室关于进一步加强社会力量办学机构清理整治的通知》。承办第四届湖南省民办教育创新发展大会。

【校园安全】2016 年,娄底市教育局按照“一岗双责”要求,签订安全责任书,建立起横向到边、纵向到底的全员安全工作责任制。推进校园安全防范标准化建设,所有 D 级危房全部拆除,C 级危房得以维修加固;全市农村集镇以上学校都安装监控视频,各乡镇完全小学以上学校围墙建设到位。1371 家学校食堂完成改造,768 家达到标准化要求,183 家实现“明厨亮灶”。娄底一中、经开区一中、涟源三一学校等 5 所学校被评为省级食品安全示范校;学校食堂建设工作获湖南省人大常委会肯定并在全省推介。城区各学校都配备专职保安和专用安保器械。“平安校园建设先进县市区”“中小学安全文明校园”创建工作稳步推进。落实“谁排查、谁签字、谁负责”要求,实行安全隐患排查整治的网格化管理。对照市政府下发《娄底市集中开展学校安全隐患排查整治专项行动实施方案》所确立的安全隐患排查整治项目 41 条、重点项目 18 条,通过排查、记录、整治、销号、查找与整治安全隐患。成立常态化、专业化校车及校园安全工作督查组,按每月督查时间不少于 3 个工作日,全年不少于 36 个工作日要求,开展校车及校园安全督查工作。建立安全巡查暗访工作制度,规定班子成员定期带队督查校园安全,每学期暗访学校数不少于学校总数 5%;各县(市、区)教育局每学期对辖区内学校进行全面巡查一次以上,按照“四不两直”原则,突出对基层和现场的直接督查,突出暗访暗查。把安全知识的宣传教育摆在首位,各地各学校开展交通、消防、食品安全、预防溺水、禁毒等系列安全教育活动,实现安全教育知识进课表、进课堂、进考卷要求;全市学生意外死亡人数比以前同期减少 75%。在 5 月市州校园及周边综治工作会议和 7 月全省中小学暑期安全工作视频会上作典型发言,被推荐参加全国校园安全与校车安全工作会议,与会介绍学校安全教育案例和校车安全管理经验。

【教师队伍】2016 年,娄底市教育局开展师德师风建设,在全省率先表彰 100 名优秀乡村教师,评选表彰娄底市“最美教师”;双峰县被省教育厅列为师德师风联系县。面向社会公开招聘教师共计 667 名,今年引进高层次人才 32 名,为娄底一中免试录用部属师范大学计划 6 名、选调 17 名骨干教师。开展对边远山区、贫困地区农村学校支教活动,全市有 170 人参与支教活动,安排 2 名教师到新疆支教,接纳怀化等边远地区学校 5 名校长到娄底市挂职锻炼交流学习。全市 7796 名老师参加国培,1121 人参加省培;完成市直 82 名市本级骨干教师和全市 562 名市级骨干教师的评选,成立骨干教师管理办公室;全市有 60 名教师获得省级、国家级赛课一、二等奖;认定 1056 人高中教师资格。

【教育规划】2016 年,娄底市教育局经市委深改组、市委常委会、市政府常务会审定《娄底市乡村教师支持计划实施细则 (2016—2020)》,正有序实施。《娄底市教育事业发展“十三五”规划》编制工作完成,报市“十三五”规划协调领导小组审定发文。《娄底市教育综合改革方案》《娄底教育扶贫规划》目前起草完毕。按照关于统筹推进县域内城乡义务教育一体化改革发展要求,着手酝酿相应方案。

【教育改革】2016 年,娄底市教育局制定下发《娄底市深化中小学教师职称制度改革实施方案(试行)》,做好市直学校中小学教师职称过渡工作,推进中小学教师系列职称改革工作。有序推动教师轮岗交流,冷水江市试点推进顺利。按照任职年限规定,对部分市直学校校级领导进行调整。按照教育部、教育厅要求做好全市中小学教师资格注册工作,合格者 29960 人,暂缓注册 1024 人。开展适应“新高考”的课改活动,推进中考与高考对接,调整中考语文分数为 150 分,首次实施知分填报,完善特长生录取办法,由县(市、区)教育局统一组织专业测试,择优确定录取名单。组织 18 次大型考试,确保考试零失误。落实国家课程实施方案,按国家要求开足、开齐有关课程;各学校借助当地人文景观等内容,形成各地各校校本课程特色,形成综合实用的课程体系;执行省教育厅教材发行管理办法,规范教材目录。全市有省、市、县三级课改样板校建设学校 34 所。全市省级立项课题共 105 项。

【化解大班额】2016 年,娄底市教育局按照国务院关于化解大班额要求,采取“加减法”,秋季开学中心城区义务教育阶段起始年级班额控制在 60 人以下。4 年行动计划增加学位 30058 个。市本级娄底星星实验学校 3 期工程、娄底五中科教楼、娄底六中改扩建项目、娄底工贸中专实训大楼等项目继续推进。采取划片招生、就近入学、网上申报学位等阳光招生举措,实施年满六周岁入学政策;其做法受到国务院副总理刘延东和湖南省委书记周强的重视与肯定。

(王朝辉)

基础教育

娄底市第一中学

【概况】2016 年,娄底市第一中学秉承“办有思想的学校,做有信仰的教育”的理念,建立行政干部下年级、下教研组、下班级制度,校领导和中层干部参与听课、教研、班主任会议;每个年级设有主任、教学副主任及德育副主任,实现年级自主管理,发挥教师主观能动性,选拔优秀教师担任班主任;形成“学校—各科室—年级—班级”的管理模式;启动与长郡中学合作办学项目,以开设“长郡实验班”为切入点,开展实验教学。还成功申请到湖南省唯一一个受中国侨联、中国华侨公益基金会资助的项目——球知班,建立学科文化场工作室,每个班子成员负责一个学科发展。主动召开学生座谈会,听取师生对学校工作的意见,掌握教育教学指挥权、主动权。校领导和中层干部超过 2/3 兼课,每人每学期听课在 30 节以上,作为个人考核的依据。在教学实施、德育活动中,学校拿总计划,提总要求,各科室制定实施方案,各年级拿执行方案,落实学校要求,班主任具体组织实施。举行第七届教代会第三次会议,校长范彦江作题为《迈向新征程,适应新常态》工作报告,总结学校工作成绩,反思存在的问题。通过学校党委文件《娄底一中“十三五”改革与发展规划》。

【师资培训】2016 年,娄底市第一中学以备课组为单位,开展“同课异构”与“优质课竞赛”等活动。组织全体教师参加湖南省中小学教师信息技术提升工程,先后派教师前往衡水中学、美国明尼苏达州伊甸园市高级中学、美国明尼苏达州第四浸洗学校等外地考察学习;还组织全体教师开展暑期教育教学培训,邀请北京市育英中学特级教师刘丽娟、长郡中学教学校长陈来满以及来自长郡中学 15 位一线骨干教师来校开展交流。针对青年教师实施“青蓝工程”,采取师徒结对方式加强对青年教师的培养。对 124 位新教师进行业务考核,促进青年教师的专业发展,举行 2016 年高考试题分析会,

【课程改革】2016 年,娄底市第一中学开展“普通高中生本智慧大课堂整体构建的研究与实践”课题研究,实行教练进课堂的“体教结合”模式,践行音、体、美模块教学,创新学生综合实践活动和学生的社团文化活动、节日文化活动等;部分年级实施“分层走班制“教学模式,积极对接新高考,在教学进度,考试评价等方面实现因材施教。特别音体美实施走班制模块化教学,打破分行政班级上课的常规,采用学生选修课程、走班制模块化教学形式,激发学生学习热情。目前,音乐开设竹笛、葫芦丝、古筝、钢琴、舞蹈、声乐、键盘、音乐素质、音乐与律动 9 门模块课程;体育开设篮球、足球、乒乓球、羽毛球、排球、跆拳道、武术、健美操、田径 9 个模块课程;美术开设书法、剪纸、工笔画、水墨画、水彩淡彩、设计素描、风景速写、创意手绘、平面设计、抽象画、创意手工、服装绘画、陶艺 13 门模块课程。还承办 2016 年高考复习备考研讨会、娄底市 2016 年度“新高考,新课改”专

题研修活动。成立家长学校、家长协会，召开班级家长会，邀请全国德育专家到校为家长讲座等形式，构建科学德育网络。开展社团艺术节、田径运动会、爱心义卖、六十华里远足、篮球比赛、音体美教育开放周、军事训练活动、暑期素质拓展夏令营、学生书画展、主题班会等活动，组建师生合唱团、舞蹈队、管弦乐团，开展以艺术审美教育为主题的教育教学开放周活动。 （胡方良）

表 69　**2016 年娄底一中先进集体和先进个人登记表**

获奖单位、先进个人	奖励名称	颁奖单位	颁发时间
范彦江	湖南省优秀共产党员	中共湖南省委组织部	2016 年 7 月
娄底一中	中国中学生跆拳道锦标赛“道德风尚奖”	中国中学生体育协会	2016 年 5 月
娄底一中	2016 年度“希望之星”英语风采大赛杰出贡献奖	中央电视台	2016 年 7 月
娄底一中	2016 年度中国青少年英语能力大赛优秀组织奖	国家基础教育实验中心、外语教育研究中心	2016 年 11 月
娄底一中	2016 年全省学生军训工作先进单位	湖南省军区司令部、湖南军区政治部、湖南省教育厅	2016 年 9 月
娄底一中	湖南省首届中学生建制班合唱比赛高中一等奖	湖南省教育厅	2016 年 10 月

娄底市第五中学

【概况】2016 年，娄底市第五中学完成年度省示范性普通高中网上督导评估。专家对学校领导班子、教师队伍、教育教学等方面给予肯定，综合得分 80.5。在娄底市五所示范性高中中名列第三；获“2016 年娄底市工会工作目标管理先进单位”。学校占地 77256 平方米，建筑面积 32760 平方米。有教学班 69 个（其中高中 27 个班、初中 42 个班），在校学生 4142 人；在职教职工 285 人，专任教师 250 人，其中高级教师 165 人，全部达本科以上学历，其中研究生 25 人；全国优秀教师 2 人，国家级骨干教师 1 人，正高级教师 1 人，省特级教师 1 人，省级骨干教师 12 人，市级骨干教师 20 人。高考 600 分以上 11 人，一本上线 75 人，二本上线 193 人，本科上线率达 67.08%，高考娄底城区文科状元花落五中，理科综合排名全市第八名，文科综合排名全市第四名，文理综合排名全市第六名，其中文科前五名，在娄底城区独揽 4 席。高二九科正考合格率 90.33%；学生参加国家、省、市各级奥赛及征文、创新英语、CCTV“希望之星”英语风采大赛、体育等竞赛，有 140 人次获奖，其中国家级 22 人次，省级奖 101 人次，市级奖 31 人次。

【德育工作】2016 年，娄底市第五中学围绕娄底市创国家文明城市工作，结合学校教育教学工作实际，开展“创国家文明城市，建五中文明校园”系列活动，如“三爱三节”“阳光体育、健康校园”“传承与文明”主题活动等；组织高一新生 30 公里的军训拉练活动。利用清明、“五一”等重大节日，对学生进行爱国主义、集体主义、革命英雄主义教育。建立学校、家庭、社会三结合的教育网络，拓宽家校合作渠道，密切家校联系，形成教育合力；建立与公安、交警、文化、城管等部门的合作联系，为学校教育营造良好的校园周边环境。把德育活动化、系统化、课程化，形成五中德育课程体系和德育特色。

【课题研究】2016 年，娄底市第五中学有“生物科技创新活动促进高中学生‘科学探究’核心素养发展的行动研究”等 2 个湖南省教育学会课题；有“基于学考的高中英语校本教材的开发” 等 3 个湖南省教育科学研究工作者协会课题已经结题。在全校开展“一师一优课”竞赛活动，参加赛课人数达 173 人，听课评课人数达 2245 人次。教师参加省、市教学比武，实验技能比赛获省、市级奖 10 余人次；初一数学备课组作为娄底唯一代表队参加全省在线集体备课比赛，刘志红率初中数学教研组设计"三角形全等"教学案例获湖南省一等奖。龙伟华参加娄底市高中青年物理教师教学竞赛获一等奖。胡学芳、刘宇参加娄底市生物教学竞赛分获一、二等奖，胡学芳代表娄底市参加湖南省生物教学竞赛获二等奖。学校还承办娄底市物理竞赛活动和 2017 年娄底市高考英语复习备考研讨会，蒋菲菲、唐世敏老师先后承担示范课的任务。教师参加国培 11 人次、省培 136 人次、市培学习达 373 人次。

【体艺工作】2016 年，娄底市第五中学与恒大足球娄底分校合作，积极推进足球课堂教学；开设校园"足球专栏"，在初中班级每周开设一节足球课，高中开设足球模块教学课程。建立校园足球联赛制度，成立学生足球社团、班级足球队，组织班级联赛，积极组织参加校际之间足球交流、比赛等活动。高考音体美特长生二本上线 22 人，一本上线 6 人。学生参加省市中小学生"三独"比赛有 9 人获奖。参加娄底市中学生田径运动会，有 1 人获跳高第一名，5 人分获跳高、男子 100 米、200 米、铁饼、男子三级跳第二名。

（邱叶庄）

表 70 **2016 年娄底五中先进集体和先进个人登记表**

获奖单位、先进个人	奖励名称	颁奖单位	颁发时间
娄底五中肖细宏	湖南省教育系统优秀党务工作者	省教育厅	2016 年 7 月

高等教育

湖南人文科技学院

【概况】2016 年，湖南人文科技学院坚持"教学"工作中心地位，修订完善《湖南人文科技学院本科毕业论文（设计）多样化改革指导性意见》《关于进一步加强校企合作教育周工作管理的通知》等在内的 8 个文件制度，规范学院教学管理工作，举行 6 次校级公开课，邀请校外专家到校交流，加强教学巡查督导，全年组织教学巡查 15 次，学校督导团随堂听课 1000 余节，参加调研督导 20 次，组建学生信息员队伍，反馈有效信息达 1000 多条。组织学生网上评教，全年对 3225 个课堂进行网上评教，优秀课堂 1275 个，占总数的 39.53%；良好课堂 1905 个，占总数的 59.07.%；中等课堂 45 个，占总数的 1.4%。439 名学生获"勤奋奖学金"，举办"2016 青年教师课堂教学比武"；学生参加学科竞赛获得国家一等奖 4 个，国家二等奖 9 个，国家三等奖 12；省级一等奖 33 个，省级二等奖 39 个，省级三等奖 52 个，获奖总数比去年增加 64%。教改课题省级立项 23 项，结题 16 项；《地方本科院校优秀传统文化教育的探索与实践》获省级教学成果一等奖。获授"湖南省文明标兵单位""湖南省平安单位""湖南省园林式单位""湖南省依法治校示范学校"称号。

完成阳光公寓第 1、2 栋，学生宿舍 5、6、7 栋、校本部招待所、明德楼卫生间改造以及引进人才住房等大中型维修项目 60 余项，小型零星维修 800 余项。新建第八栋学生宿舍、学生新食堂、金工实训中心等基建工程项目稳步推进；教学仪器设备投入 1000 万元，全年订购数据库 11 个，采购纸本图书 3.4 万余册，报纸杂志 1247 种；2016—2017 学年学费收缴率达 99.21%，全年可用收入突破 3.4 亿元。学院现有 15 个教学学院，50 个本科专业，1 个硕士专业学位点，涵盖文、理、工、教、经、管、法、农、艺等九大学科门类。面向全国 28 个省市自治区招生，在校全日制学生 15079 人（其中硕士研究生 56 人），教职工 1142 人，其中专任教师 719 人，专任教师中正高职称 76 人、副高职称 283 人，博士 68 人，硕士 544 人，外籍教师 6 人；享受国务院、省政府特殊津贴的专家 3 人，全国优秀教师 1 人，湖南省新世纪 121 人才工程 7 人，省级学科带头人 4 人，省级青年骨干教师 43 人。

【转型发展】2016 年，湖南人文科技学院申报国家"十三五"产教融合发展工程试点高校项目和创新创业教育改革示范高校。根据应用型人才培养要求，以产教融合、校地校企合作为抓手，全面修订各专业人才培养方案，强化实践环节教学，实训课时增加到 30%以上。加强校企合作课程与教材建设，共立项 33 门校企合作课程，25 门 MOOC 课程，22 本校企合作教材。学校对接娄底市 7 个"三年行动计划"，从人才培养、科学研究、技术开发、咨询服务等方面进行无缝对接,有40多个项目达成合作意向;组建22个应用技术型服务团队;实地走访两市两县三区210家企业,服务地方所做工作得到市委、市政府肯定,杨懿文市长到学校现场办公,研究解决学校转型发展、创新创业及师资队伍建设等方面问题。学校与金蝶国际(中国)软件集团有限公司在应用技术型人才培养方面开展深度合作,“深圳铭基班”“理昂班二期”“法官助理培训班”“联通班”三期、“中软国际教育部合作项目”等行业冠名班相继组建。还与三一重工、隆平高科、中软国际、金蝶国际、肖老爷等40多家有影响力企业签约合作。

【科研立项】2016年,湖南人文科技学院出台《湖南人文科技学院科研项目奖励暂行办法》《湖南人文科技学院科研成果奖励办法》等文件,遴选出计算机科学与技术、植物保护、材料学科与工程、应用经济学、汉语言文学、艺术学等10个应用特色学科;能源与动力工程专业、农学专业、电子商务专业获湖南省“十三五”专业综合改革立项。全年获得国家自然科学基金项目立项1个、国家社会基金项目3个、国家艺术基金获项目2个;获得省、部级项目立项34个;科研进校经费716万元。省部级、国家级项目立项数量比2015年有较大幅度增加。全年专利(含软件著作权)授权数109件,其中发明专利授权3件,较去年提高50%,实用新型专利授权106件。首个省级重点实验室——“精细陶瓷与粉体材料”获省科技厅批准立项,获经费100万元;重点建设省级虚拟仿真实验室——现代农业与生物工程虚拟仿真实验中心;“娄底市地方科研基础条件和能力建设基础”平台项目,获中央财政支持地方实验室建设立项,获经费128万元;由成运教授牵头“信息科学前沿理论与关键技术应用”创新团队获省教育厅滚动支持;农田杂草防控技术“2011”湖南省协同创新中心召开3次推进会,完成中期检查材料的组织、整理与报送工作。全年举办学术报告101场,承办“第57届全国高校科研专题研讨会、“梅山文化研讨会”“纪念刘蓉诞辰200周年暨晚清湘淮人物”全国学术研讨会和第二届“曾国藩家教”论坛等活动。

【师资队伍】2016年,湖南人文科技学院重视高层次人才引进和培养,修改《高层次人才引进实施办法》《在职教职工攻读博士学位管理办法》《双师型教师认定与管理办法》《教师深入企业锻炼实施办法》等制度。全年新增博士18人,正高职称4人,机械工程学科引进学科团队1个。组织92名老师参加全国高校师资网络培训课程,送培2名青年骨干教师国外访学。全年共聘请常驻外教15人次,获批“海外名师”项目2个、省外专局引智项目3个,选派22名教师出国访学研修,新增国(境)外合作院校2所。

【学院管理与毕业就业】2016年,湖南人文科技学院以校院两级管理改革为抓手,印发《湖南人文科技学院校院两级管理体制改革实施办法》,下放14项权力,激发学院内生动力,拓展学院自主发展、自主调节与价值实现空间,实现人事、财务、资源的配置使用权、奖惩权、分配权和发展权的重心下移;清晰学校和学院的权利边界,做到激励与控制相结合。申报立项省级“特色成长辅导室”1个、省级“大学生心理素质提升示范校建设项目”1个、省级“高校网络文化精品建设项目”1个、省级“高校思想政治教育专项课题”1个、“湖南省大学生德育实践项目”2个。组织开展一系列心理健康教育特色活动;全年共发放奖学金和助学金1246.7万元,1747位学生申请办理生源地助学贷款,贷款金额1171.6万元,安排学生勤工助学岗位4400人次,金额91.6万元,帮助贫困优秀大学生继续学业。为整合全校创新创业教育资源,率先在全省建立实体性质创新创业学院,获娄底市政府大力支持,安排专项经费500万元,设立娄底创新创业学院,学校2016届毕业生初次就业率达到91.73%,年终就业率达到98%,全年新建实习就业基地20余个,举办大型招聘3场,中小型招聘会50余场,提供毕业生就业岗位2万余个;在“互联网+”大学生创新创业大赛中获国家三等奖1项,在挑战杯、创青春大学生创业计划竞赛中获国家三等奖2项,在中国创翼青年创业创新大赛中获银翼奖1项,研创计划获省级立项26个,被认定为湖南省高校首批大学生创新创业孵化示范基地。（彭正华）

娄底职业技术学院

【概况】2016年,娄底职业技术学院经上级批准,与娄底市卫生学校实施资源整合,形成两个校区,占地超900亩,校务建筑34万平方米,固定资产61218.9万元,教学仪器设备值7558.1万元。在职在编教职工967人,教授及正高级37人,副教授及副高级357人,省级教学名师2人,省级专业带头人9人,省级青年骨干教师15人。会计、模具设计与制造、软件技术3个专业教学团队被评为湖南省优秀高职教育教学团队，全日制大中专学生18000余人。开设涵盖装备制造、资源环境与资源、农林、土木建筑、文化艺术、电子信息、财经商贸、旅游、教育与体育、医药卫生等大类39个专业。其中机电一体化技术、煤矿开采技术、畜牧兽医3个专业为中央财政支持的国家级重点建设专业；建设工程技术、应用电子技术2个专业为国家级重点建设专业；应用电子技术、旅游管理专业获得教育部财政部"支持高职院校提升专业服务产业发展能力项目"专项资助；机电一体化技术、煤矿开采技术、模具设计与制造、护理4个专业为湖南省精品专业；煤矿开采技术、模具设计与制造、畜牧兽医3个专业为湖南省生产性实习实训基地建设项目专业；煤矿开采技术、护理、药剂3个专业为湖南省特色专业建设项目；煤矿开采技术为湖南省示范性特色专业建设项目；机电一体化专业为湖南省职业教育中高职衔接试点项目建设专业。建有全省一流的现代制造技术实训中心等12个实验实训室264个。有附属医院2所，其中一所为国家二甲医院，有病床500张。是湖南省办学规模最大的高职院校之一。在中国科学评价研究中心、中国教育质量评价中心联合科教评价网发布2016年中国专科(高职高专)院校竞争力排行榜中第135位，湖南排名第九位。

【办学条件】2016年，娄底职业技术学院积极推进数字化校园建设，完成校园网和档案信息化建设，对多媒体教室、电脑机房及教务管理系统进行升级改造，积极推进移动图书馆、微信图书馆等系列图书资源与信息化建设，建成移动图书馆和微信图书馆，在主教学楼、综合楼、图书馆楼的一楼大厅等，安装歌德电子借书机，充实馆藏数字图书资源和纸质图书资源；分别对学生公寓、风雨操场、医学院、五年制高职部等基础设施升级改造。

【教学改革】2016年，娄底职业技术学院坚持教学改革和规范管理相结合，优化教学质量标准体系。修订2016级人才培养方案，优化249门专业核心课程标准，完善《学院教学质量监控与保障体系实施方案》等教学管理制度。新增护理、助产、药学、工业机器人技术4个专业。举办首届信息化教学设计大赛，遴选13门课程为学校信息化课程，3门课程立项为湖南省职业教育名师空间课堂教学建设项目，在省职业院校信息化教学大赛中，推荐4件参赛作品获得1个二等奖、3个三等奖；畜牧兽医生产性实训基地顺利通过省级验收。申报立项省教育科学"十三五"规划2016年度立项课题9项。汽车技术服务与营销、计算机应用技术、商务英语3个专业合格率100%；参加全省技能竞赛获得2个一等奖、6个二等奖、12个三等奖。

【科研工作】2016年，娄底职业技术学院全年获省厅级科研课题立项26项，省科技计划项目1项、市科技计划项目10项、民盟湖南省委参政议政招标重点课题1项、省司法厅课题1项。农林实训基地被中国科协评为2015年度科普教育基地信息化工作优秀基地，组织申报中央引导地方科技发展专项资金"三年滚动规划之'十三五'"新农村建设科技综合示范项目。先后组织申报"湖南省两型产品技术咨询专家库专家""第十三届湖南省社会科学优秀成果评奖""省社科联学讲话·谈感悟·促发展"主题征文、"娄底市第十届社会科学优秀成果奖""娄底市第九届自然科学优秀学术论文"中，所推荐5项社科成果全部获奖。

【文化建设】2016年，娄底职业技术学院持续推进"铸魂工程"，开展青年学习节、文化艺术节等一系列主题教育活动、文明素养专项整治活动和心理健康教育活动。每月举办一期"娄底·职业文化大讲堂"，邀请省内外职业教育专家和知名学者讲娄底人文与职业文化；3个项目立项为湖南省大学生思想道德素质提升工程省级项目。

【师资建设】2016年，娄底职业技术学院全年引进硕士研究生12名，公开招聘专业技术人才21名，选派22人参与全国高校教师网络培训，遴选6名专业教师参与省专业骨干教师培训，组织一批专任教师暑期下企业实践，成功申报两名省级青年骨干教师。组织举办高校教师岗前培训与考试。做好职称评聘工作，6人晋升为正高职称，17人晋升为副高职称，8人晋升为中级职称。

【招生就业】2016年，娄底职业技术学院大中专到校新生6568人，其中全日制普招大专新生3565人，五年制大专、三年制中专新生3003人。文理科录取分数线均高出控制线40多分。学校重视就业创业工作，举办2016年全国人力资源市场高校毕业生就业服务周，积极组织学生参加湖南省"互联网+"大学生创新创业大赛，举行专场招聘会20余场，开展就业指导讲座10场次。

【社会服务】2016年，娄底职业技术学院组织开展创新创业、新型职业农民培训等11个社会培训项目，参培总人数达2500余人。农林实训基地被中国科协评为科普教育基地信息化工作优秀基地。对接农业产业化和现代化校村合作办学模式成效明显，境内外近20家媒体进行专项调研采访报道，获副省长李友志与副省长戴晋道肯定批示全省推广。

（曾怡华）

表71　**2016年职业技术学院先进集体和先进个人登记表**

获奖单位、先进个人	奖励名称	颁奖单位	颁发时间
获奖选手：廖诗婷 指导老师：刘燕	2016年湖南省职业院校技能竞赛高职组：英语口语（非英语专业组）三等奖	省教育厅、国土厅、交通厅、商务厅、文化厅等15家单位	2016年5月
获奖选手：谢娉婷 指导老师：刘燕	2016年湖南省职业院校技能竞赛高职组：英语口语（英语专业组）二等奖	省教育厅、国土厅、交通厅、商务厅、文化厅等15家单位	2016年5月
获奖选手：龙梦蝶、曾姣艳、周玲、资玖连 指导老师：危英、王威然	2016年湖南省职业院校技能竞赛高职组：会计技能（4人小组赛）三等奖	省教育厅、国土厅、交通厅、商务厅、文化厅等15家单位	2016年5月
获奖选手：陈泽刚、刘红云、伍康 指导老师：吴光辉、蔡娅	2016年湖南省职业院校技能竞赛高职组：工业产品造型设计与快速成型（3人小组赛）三等奖	省教育厅、国土厅、交通厅、商务厅、文化厅等15家单位	2016年5月
获奖选手：贺璇、雷洪宇 指导老师：孙年芳、向超	2016年湖南省职业院校技能竞赛高职组：汽车营销（2人小组赛）二等奖	省教育厅、国土厅、交通厅、商务厅、文化厅等15家单位	2016年5月
获奖选手：童泽川 指导老师：邹月香（娄底卫校）	2016年湖南省职业院校技能竞赛中职组：护理技能（个人赛）三等奖	省教育厅、国土厅、交通厅、商务厅、文化厅等15家单位	2016年5月
获奖选手：李智文、秦志华、帅株富 指导老师：曾东波、肖忠良	2016年湖南省职业院校技能竞赛高职组：信息安全管理与评估（3人小组赛）三等奖	省教育厅、国土厅、交通厅、商务厅、文化厅等15家单位	2016年5月
获奖选手：李庆 指导老师：吴少军	2016年湖南省职业院校技能竞赛高职组：动漫制作（个人赛）三等奖	省教育厅、国土厅、交通厅、商务厅、文化厅等15家单位	2016年5月
获奖选手：戴荣华 指导老师：谢巍	2016年湖南省职业院校技能竞赛高职组：动漫制作（个人赛）三等奖	省教育厅、国土厅、交通厅、商务厅、文化厅等15家单位	2016年5月
获奖选手：史玉洁 指导老师：雷晚蓉	2016年湖南省职业院校技能竞赛高职组：导游服务（普通话导游服务组）二等奖	省教育厅、国土厅、交通厅、商务厅、文化厅等15家单位	2016年5月
娄底职业技术学院	2016年湖南省职业院校技能竞赛高职组：组织奖	省教育厅、国土厅、交通厅、商务厅、文化厅等15家单位	2016年5月
娄底职业技术学院	湖南省巾帼建功先进集体	湖南省妇女联合会	2016年5月
娄底职业技术学院	湖南省首届高校武装干部、军事教师军用枪射击比赛团体一等奖	湖南省教育厅、中国人民解放军湖南省军区司令部	2016年6月
杨梦辉	湖南省首届高校武装干部、军事教师军用枪射击比赛优秀射手	湖南省教育厅、中国人民解放军湖南省军区司令部	2016年6月
娄底职业技术学院	2016年湖南省高校思想政治教育研究先进单位	湖南省高等学校思想政治教育研究会	2016年12月
娄底职业技术学院	湖南省第二届优秀教育史志类书籍一等奖《娄底职业技术学院校志》作者：周意坚	湖南省教育科学研究院	2016年12月
张　明	2016年度高校征兵工作先进个人	湖南省人民政府征兵办公室、湖南省教育厅	2017年3月

中等职业教育

冷水江工业学校

【概况】2016年，冷水江工业中等专业学校遵循“质量立校、文化兴校、特色活校、创新强校”的办学理念，坚持以德育为首位，以教学为中心，强化教育教学研究，树立师表形象。落实《冷水江工业学校绩效考核方案》《师德师风考核实施方案》，以数控技术应用专业为核心的现代加工技术专业群入围2016年湖南省职业教育省级重点项目——中职示范性特色专业群项目，争取专项资金300万元；对第二教学楼进行全面维修与改造，开工建设新学生宿舍楼，学生区域安装直饮水系统，整改食堂。研究制定招生就业方案，分解招生任务，分组分片招生，学校组招生就业科人员、学校中层以上干部、优秀教师深入各初中学校，向学生宣传职业教育政策，全校完成1200多新生注册工作。与娄底职业技术学院、湖南省安全职业技术学院等高职院校签订3+2联合培养人才模式合同，在学校完成三年中专学业毕业生，都可进入高职院校学习，成为湖南大众传媒职业技术学院优质生源基地；与德尔福汽车、阿里巴巴、博世汽车、苏州国际会展中心等10多家知名企业建立校企合作关系，选送400多名学生到企业顶岗实习与就业，对口就业率达95%以上。完成各级各类培训人数约1200人，培训资金170多万元。其中下岗失业职业培训3期，参加受训人员近百人次；农村剩余劳动力就业培训17期，参加受训人员900人次；总工会培训3期，培训人员200人次，上缴非税收入395多万元。

【教学管理】2016年，冷水江工业中等专业学校通过抓教改、实习和教学常规管理，成立对口升学部。75名对口升学班学生全部升入大学就读，其中有5人考入湖南农大就读本科，有26人被湖南省民政、湖南铁道等高职院校单招入学，49人参加全国高考后全部升入高职大专就读。通过听课、评课、教学检查、调查、教学研讨、经验交流，发现问题，解决问题，树立教学质量意识，优化课堂教学，提高课堂效益，总结出符合学校实际的教学管理办法。在省级信息化教学比赛中，李瑶老师获得省级三等奖；组织部分年轻教师参加说课比赛，余湘、谢丰牧两位老师获省级三等奖，获娄底市二等奖，王彧崑、谢斯、苏芳、李瑶老师获娄底市二等奖；叶三姣等6位教师参加省级微课制作比赛。在省、市级技能大赛中，有11人获娄底市一等奖，计算机检测与数据恢复项目获省级三等奖。在娄底市中学生田径运动会上，共有31人次获得奖牌，其中康岚同学400栏项目成绩破娄底市记录，学校获中职组团体总分第三名。在娄底市第二届艺博会上，学校工艺美术、电子商务专业的部分师生作品成功展出，取得良好社会口碑。学校组织学生参加等级证的考试，共110人参加，全部获证；两期电工、电焊上岗证考取，有40人获证。有15篇论文在省级以上报纸杂志上公开发表，老师参编著作6部，姜建忠老师主编《汽车检测与诊断技术》(由语文出版社出版)，吴开实老师副主编《基础会计》(由四川大学出版社出版)，胡秋初老师被评为“湖南教育科学工作者协会优秀会员”。学校获2016年度湖南省教育科研工作者协会优秀会员单位。

【校园活动】2016年，冷水江工业中等专业学校先后举办“青年教师演讲比赛”“汉字听写和书法比赛”“诗歌朗诵比赛”“英语单词竞赛”等活动，举办全校元旦文艺汇演，发挥校园文化育人功能，满足教师和学生的精神文化需求。组织部分志愿者参加3月学雷锋活动、滨江公园义务清扫活动、青山公园社会拓展活动、旅游酒店管理专业学生在张家界景区实习导游社会实践活动，在冬季募捐活动中，为贫困学生募捐善款9916元。

【学生工作】2016年，冷水江工业中等专业学校秉着安全、健康、文明、和谐的宗旨，完善提高物防、技防能力，增设14个摄像头，配备警帽、盾牌、警用手电筒等设施；开展平安校园创建活动，完善学校安全工作责任制，制定学校突发事件应急预案和“毒品预防教育示范学校”实施方案；从课间操、学生仪表、文明行为及宿舍内务进行检查与整顿，引导学生培养良好道德品质和遵纪守法意识。尤其对女生青春期教育，通过观看有关教育片及青春期知识讲座，普及心理健康知识，促进学生健康成长；利用班会、团会、法治讲座、法院现场审判等进行安全、普法教育，增强学生安全和法治观念。实施实习班主任制度，组织主题班会课、示范课，以提高教学整体素质。

(熊美华)

表 72 2016 年冷水江工业中等专业学校先进集体和先进个人登记表

获奖单位、先进个人	奖励名称	颁奖单位	颁发时间
李 瑶	2016 年职业院校信息化教学大赛三等奖	湖南省教育厅	2016 年 9 月

娄底第一职业学校

【概况】2016 年，娄底一职学校围绕“内涵发展、特色发展、创新驱动发展”的主题，强管理、重技能、扬特色、塑形象，强化“三得”教育，推行“三得”“绷带式”教育举措。对科室与工作个体实行全方位、全过程量化考核。实施《三得教育》2.0 版，下发《科室工作周考核方案》《四室“7S”规范》《师德师风专项整治活动方案》。投资 2300 万元建成理实一体化教学大楼，新建汽车实训车间 1 个、机器人实训室 3 间、形体训练实训室 2 间、电钢琴实训室 2 间(电钢琴 72 台)，新添置多媒体设备 23 套、学生健康体质测试仪器 1 套、财会沙盘实训室 1 个、机电车间添置 5 台车床、15 台焊机，优化实训环境。扩建男女学生宿舍，增加寝室 60 间，新建高标准大小会议室 2 个，自主研发学生信息管理系统与财务核算系统。

【教育教学】2016 年，娄底一职学校构建汽车制造与检修、电子与信息技术、现代服务 3 个专业群，突出以汽车运用与维修专业为核心的汽车制造与检修专业群建设，被评为 2016 年湖南省示范性特色在建专业群。招聘引进教师及专业人才 21 人，利用国家、省、市级培训机会，培训骨干教师，打造名师工程；有 56 名专业教师参加过专门培训，占专业教师总数的 80%。实行不间断循环巡查课堂、每周抽查作业等措施抓实教学常规。组织编写《三得教育行为规范》《中职生礼仪素养实训教程》《中职生行为规范实训教程》3 本校本教材；开发以题库为核心、紧靠教学实际的校本教辅资料，实现“理实一体化”教学。结合学生实际，将唱歌、写字、普通话、五笔输入、行为规范、礼仪素养、职业素养作为学生 7 项常训内容，做到有教材、有专职教师、有专门课时、有严格过程考核、有真实结果评价。先后与常德东亚集团联合开设汽车运用和维修专业，与汉迪机器人公司合作开设工业机器人运用与维护专业，与长沙海云集团合作开设海上乘务、海员专业，与江西赣西科技职业学院签订联合办学协议，与娄底华天集团、江西汉腾汽车、上海大众、上海德尔福派克、唐宫(香港)集团及娄底本地的机械设备生产、汽车制造与维修企业等 30 多家企业开展订单合作，培养比率达 80%，创新“岗位对接”教学模式。

【德育工作】2016 年，娄底一职学校组织开展“青年教师风采大赛”“创新创业规划大赛”“校运会”“文明风采大赛”“创全国文明城市知识竞赛”“文明就餐活动”等系列活动；确定授(规范讲解)训(规范实训)管(规范的严格管理)的学生行为习惯培养的“三步走”模式，按行为规范标准要求、管理与教育学生，及时发现并制止学生违规现象，及时对违规学生进行批评教育，及时对违规学生进行训罚管理制度。建立健全“党政同责、一岗双责、失职追责”的安全责任体系，充实安全管理人员，明确岗位职责，层层签订安全工作责任书。通过宣传栏、升国旗仪式、家长会、专题讲座等多种形式，加强学生安全教育和应急演练工作。设立文明监督岗，加强学校门卫管理、课间巡视以及节假日学校安全工作，落实整改措施，确保校园和谐平安。在学校操场上举行以“践行社会主义核心价值观、激扬职校生风采”为主题的“文明风采”演讲比赛决赛和以“职校美·学习美·劳动美”为主题的“文明风采”摄影比赛决赛。演讲比赛经过初赛从 81 名选手中选 17 名选手参加决赛。摄影大赛从 276 幅摄影作品中选 31 幅作品进入决赛，评出 6 个一等奖，10 个二等奖，15 个三等奖。

【后勤管理】2016 年，娄底一职学校对于事关师生切身利益的热点大事、焦点问题，都能通过党总支会议、行政会议民主讨论，民主决策；通过教职工会议或校务公开栏进行公开公示，接受广大群众监督。通过实行面试、设置分数线等方式，招生由量的追求转为质的提高，在校人数突破 3000 人。校工会参与学校议政、奖教等方面的过程监督，反映教工心声，把学校温暖送到教职工，做好校产登记、教学设备维修、环境卫生、校舍维修、办公室改建等相关工作。

(胡俊)

表 73

2016 年娄底一职先进个人登记表

获奖单位、个人	奖励名称	颁奖单位	颁发时间
刘 昆	2016 年度全国优秀共青团干部	共青团中央	2017 年 5 月
李望燕	湖南省“三下乡”社会实践活动优秀指导老师	省教育厅、共青团湖南省委	2016 年 12 月
聂日红	2016 年湖南省文明风采大赛征文一等奖	湖南省教育厅	2017 年 5 月
聂日红	2016 年湖南省文明风采大赛才艺展演一等奖	湖南省教育厅	2017 年 5 月
聂日红	2016 年湖南省文明风采大赛摄影类一等奖	湖南省教育厅	2017 年 5 月
聂日红	2016 年湖南省职业与成人教育优秀论文二等奖	湖南省教育厅	2016 年 12 月
胡 芳	2016 年湖南省文明风采大赛摄影类二等奖	湖南省教育厅	2017 年 5 月
李金湘	2016 年湖南省文明风采大赛摄影类三等奖	湖南省教育厅	2017 年 5 月
张振华	2016 年湖南省文明风采大赛摄影类三等奖	湖南省教育厅	2017 年 5 月
肖军耀	2016 年湖南省文明风采大赛摄影类三等奖	湖南省教育厅	2017 年 5 月

娄底幼儿师范学校

【概述】2016 年，娄底幼儿师范学校在编在岗教职工 196 人。其中高级教师 83 人，硕士研究生 21 人；在校学生 3999 人，秋季招收新生 1112 人。召开第七届大中专幼师学生顶岗实习供需见面会，省内外 157 家知名幼儿园到会，521 名学生全部签订合同，实现就业 100%；举办娄底市农村劳动力技能培训——育婴师第 5 期培训班；完成“省示范校、特色专业”建设任务，学校转型升专取得进展。成为湖南省农村幼儿园园长和幼师“国培计划”项目定点单位，娄底市农村劳动力转移培训定点机构；占地 220 亩，建筑 7 万平方米，固定资产 2.8 亿元。获“2016 年度全市综治工作考核先进单位”“ 2016 年度娄底共青团工作先进单位”“2016 年度职业教育与成人教育工作先进单位”“2016 年度全市教育系统市直学校纪检监察工作先进单位”“2016 年度禁毒工作优秀单位”“2016 年教育阳光服务工作先进单位”“2016 年度财务建设工作先进单位”“ 2016 年度招生工作先进单位”“2016 年度就业工作先进单位”“ 2016 年度普通话培训测试工作先进单位”“2016 年度学生资助工作先进单位”等。

【学校组织】2016 年，娄底幼儿师范学校原有 8 个内设机构调整为 12 个，举行中层干部竞聘演讲，调整中层干部；由 220 个人事编制、156 个财政编制转变为 196 个财政编制；8 月 10 日，学校党委书记陈欣荣调离，原校长刘国良担任党委书记，8 月 31 日，冷水江市原副市长李振兴任娄底幼儿师范学校校长。10 月 11 日上午，学校召开第十三届工会会员代表大会，大会选举产生新一届的工会主席、工会委员、女工委员、经审委员。12 月 1 日，学校召开第三次全体党员大会，进行换届选举：刘国良当选党委书记，李振兴当选党委副书记。

【机制管理】2016 年，娄底幼儿师范学校实行全体人员挂牌上岗，每天有校领导带队进行全校工作巡查；由人事、纪检牵头对管理人员出勤情况进行督查，听取教师意见，保证决策准确到位；对新生班级实行班主任聘任考核办法，学生科与每位新生班班主任签订责任合同，颁发聘书。对新班主任进行选拔培训，把评优评先、职称评定与工资待遇挂钩。制定“教师廉洁从教十不准”规定；严格执行“禁酒、禁烟、禁赌、限牌”令，在校园里树新风，治陋习，公共场所禁烟，餐饮禁酒，娱乐禁赌、限牌，取消学校俱乐部的麻将桌、各类牌类器具。

【教育教学】2016年，娄底幼儿师范学校修订《教师备课规范》《课堂教学规范》等4项方案、制度，规范教学进度和任务，按制度严格实施教学过程管理，重点加强对口班及毕业班工作；3名学生考入湖南师范大学；学校开设合唱、书法、文学创作等14个课外活动小组，组织各类讲座、竞赛、比赛共计18次，在湖南省职业院校技能竞赛（中职英语技能组）中荣获省二等奖2个。在“第十二届全国文明风采大赛”中，荣获全国一等奖1个，全国三等奖4个，全国优秀奖1个，刘婷园老师被评为“全国优秀辅导老师”，学校荣获竞赛优秀组织奖。在娄底市中学生田径运动会上，获中职组团体冠军，14个项目荣获第一名，6个项目破娄底市运动会纪录。在湖南省第三届青年文化艺术节中，荣获金奖1个、铜奖3个。

【教研教改】2016年，娄底幼儿师范学校修订《教研工作管理实行规定》等5项制度，制订教研活动管理实施方案，全校分7个教研组、17个学科组，每个学科组均有独立的活动场所；对近3年进校的17名青年教师均安排专业指导教师和行管干部各1名进行传帮带；进行试题库建设，编写教材出版1部，校本教材2部。完成省级科研课题2项，省级教育教学改革研究资助项目1项。成功立项3项省级教育教学改革研究资助项目，1项教育科研协会课题。派员参加省、市教学比赛，3人获省信息化教学设计比赛二、三等奖，6人获市“创新杯”说课比赛二等奖。18人次参加省市科研论文评比，获省级奖11项，市级奖7项。在《湖南教育》《教师》等杂志发表文章22篇。

【德育教育】2016年，娄底幼儿师范学校规范学生会干部队伍建设，根据管理需要设置学生会部门，所有学生会干部从全体学生中选拔并及时培训，精减人员，完善职能，提高学生会干部的素质和工作效率，改善学生会形象。结合实际开展“最美教室”“最美寝室”布置比赛，美化学校育人环境，改善学生生活环境，提升校园文化品位。坚持每期举行一次大型德育活动，先后组织全校学生开展毅行活动，拔河比赛，篮排球比赛，毕业班级系列活动等，围绕“师志笃行，不负韶光”策划和开展毕业生系列活动等。

【特色建设】2016年，娄底幼儿师范学校通过湖南省教育厅的验收检查，完成“省示范校、特色专业验收”目标。共投资1316.4万元，扩建食堂、实训一体综合楼，新建学生厕所，改造幼儿园等实训设施，建设文化长廊、文化休闲广场及制作楹联、铺设道路、绿化校园等，使得校园环境上新台阶；确立“以质量为核心，以就业为导向，瞄准市场，对接产业，培养优秀乡村小学和幼儿园教师，为娄底经济和教育发展服务”的办学思路，构建小学、幼儿园师资培养、商贸人才培养与劳动力就业培训于一体的多层次培养体系，形成“校企（园）合作、工学结合、订单培养和中高职衔接相结合”办学模式，树立书法、美术、文学等品牌特色，培养一批“一专多能”综合型人才。以校本培训为依托，外引内培，推进“双师型”教师队伍建设。

【转型提质】2016年，娄底幼儿师范学校正式完成中学教育任务，实施以小教、幼教为主体的师范类发展模式。从1月1日开始的教师资格证国考，让学校处在又一个转折点，在升、并、转、改、撤之间，学校果断选择转与升。“围绕升专这一核心”工作，积极向娄底市教育局、娄底市人民政府以及省教育厅、省政府汇报：向娄底市人民政府递交《关于娄底幼儿师范学校升格为幼儿师范专科学校的情况报告》《关于娄底幼儿师范学校升格为娄底幼儿师范专科学校的建议方案》《关于娄底幼儿师范学校升格为幼儿师范高等专科学校的情况汇报》；8月17日，娄底市人民政府向省政府行文“娄底市人民政府关于娄底幼儿师范学校升格创办娄底幼儿师范高等专科学校的请示”。坚持“国家标准、挂靠学校、用人单位”3个方面对接，做好“课程科学设定、教材相对固定、师资保持稳定、教研讲究恒定”4篇文章，实现“学生、家长、教师、学校、社会”5个方面的满意，采取“加大投入、加强培训、建立机制、完善制度、强化督导、统一思想”等6项基本措施。

（黄卉）

表 74 **2016 年娄底幼儿师范学校先进集体和先进个人登记表**

获奖单位、先进个人	奖励名称	颁奖单位	颁发时间
娄底幼儿师范学校	2016 年第十二届全国中等职业学校“文明风采”竞赛优秀组织奖	全国中职“文明风采”竞赛组委会	2016 年 5 月
刘婷园	第十二届全国中等职业学校“文明风采”大赛优秀指导老师	全国中职“文明风采”竞赛组委会	2016 年 5 月
刘　伟	获湖南省职业院校技能竞赛优秀指导老师	湖南省教育厅	2016 年 4 月
李振家	2016 年湖南省信息化课堂教学比赛省三等奖	湖南省教育厅	2016 年 9 月
吴小燕	2016 年湖南省信息化教学设计比赛省二等奖	湖南省教育厅	2016 年 9 月
王　敏	2016 年湖南省信息化教学设计比赛省二等奖	湖南省教育厅	2016 年 9 月
周乐娟	2016 年湖南省职业院校省级培训“省培优秀学员”	湖南省教育厅	2016 年 9 月
唐　二	2016 年度湖南省中职德育培训优秀教学设计方案	湖南农业大学	2016 年 7 月
王向东	2016 年湖南省职业院校省级培训“省培优秀学员”	湖南省教育厅	2016 年 9 月
彭逸群	2016 年度全国最美中职生	团中央学校部、全国学联秘书处、中青年报社	2017 年 2 月

高级技工学校

【概况】2016 年，娄底市高级技工学校暨娄底技师学院（筹），经劳动和社会保障部批准成为国家级重点技工学校，湖南省高技能人才培训基地，国家职业技能鉴定所。在校职工 137 人，党员 82 人，在籍学生 3186 人。新建 2 栋实习工厂钢构、2 栋实习工厂桩及 5 栋、6 栋学生公寓楼桩完成基础施工，校园绿化、亮化、道路等附属设施完成。建立专职招生和全员招生相结合招生模式；通过在重要媒体如《湖南日报》、

娄底技师学院

《娄底日报》等多平台、多方式加大招生工作宣传力度,扩大学校社会知名度;通过校企合作订单培养、企业资助学费、扶贫资助政策、“中国技师计划”等招生模式拓宽生源渠道,破解招生难题。全年共招收新生1862人,超额完成年初1200人的目标任务。参加全省数控技能大赛,组织数控车工等5个专业19名选手参赛,其中谭建华老师获得数控铣工教师组二等奖,入选湖南省代表队,代表湖南省于11月份参加全国数控大赛;教师张吕超与学生向桂平组队,获数控维修师生组三等奖。

【校企合作】2016年,娄底市高级技工学校暨娄底技师学院(筹)通过到企业细致考察,与发展前景好的新企业建立合作关系,给毕业生提供更多更好的顶岗实习与就业选择机会。2016届近500名毕业生上岗,就业率98%。与比亚迪等多家企业签订合作办学协议,建立学生、学校、企业的紧密对接实现三方共赢。

【拓展短期培训】2016年,娄底市高级技工学校暨娄底技师学院(筹)在短期培训政策日趋严格的形势下,利用政策拓展校外培训市场,开展下岗职工、农村劳动力、高技能人才培训、创业培训和全市考评员培训,完成各类人员培训2200余人次。

【承办全省数控技能大赛】2016湖南技能大赛·全省数控赛于10月13日和18日在学校举行隆重的开幕式和闭幕式,娄底市委常委、市政府党组副书记张希慧在开幕式上致辞,湖南省副省长蔡振红出席闭幕式,为获奖代表颁奖并合影留念。本次大赛是由湖南省人力资源和社会保障厅、湖南省总工会、娄底市人民政府主办,娄底市人力资源和社会保障局、娄底市总工会协办,娄底技师学院(筹)承办,省职业技能鉴定专家委员会提供技术支持的全省性数控技能竞赛,整个赛程5天,来自全省14个市州近330余名选手参加角逐。大赛设数控车工、数控铣工、加工中心操作工(四轴)、加工中心操作工(五轴)、数控机床装调维修工等5个竞赛项目。经过5天激烈角逐,共有103位选手获奖,17名选手获各职业组第一名,11名选手被湖南省人社厅、省总工会分别授予“湖南省技术能手”“湖南省五一劳动奖章”荣誉称号。娄底市人社局、娄底技师学院(筹)获特别贡献奖。

(赵蓉　宁谨)

远程教育

娄底广播电视大学

【概况】2016年,娄底电大以远程开放教育为中心,以发展继续教育、社区教育为两翼,采取多层次、多渠道、多形式的办学模式,以培养各级各类实用型人才为目标,创新办学思路,拓宽办学渠道,探索现代远程开放教育的新方法、新途径。开展社会调查,落实招生工作责任制,出台《娄底电大2016年招生管理办法》及招生激励机制,采取分任务、分片区包干负责和责任到人的办法,将招生工作纳入绩效考核管理目标。修订《娄底电大系统开放教育招生工作奖励办法》,加大奖励力度。招生工作与推进学习型行业、学习型企业和学习型城市建设相结合,2016年春、秋两季开放教育招生3167人,连续6年超额完成省电大下达的招生任务。

学校根据现实情况与具体条件,修订系列管理制度,推行岗位量化管理。成立专门领导小组和工作小组,制定新一轮内部改革方案,对每一个岗位工作内容、工作量、岗位职责和考核标准进行分析和核定,在此基础上开展新一轮干部竞聘上岗、双向选择和内部运行机制改革,为学校实现战略转型奠定坚实人力资源基础。以“农民大学生培养计划”为突破口,提升开放教育教学质量。坚持“质量立校”理念,完善教学教务管理制度,突出“农民大学生培养计划”,学风考风落到实处。全市电大先后开办农村行政管理、农业经济管理、乡镇企业管理、园林技术、畜牧兽医、法学等6个专业,累计招生8564人,毕业6088人,为全市新农村建设培养一大批有文化、懂技术、留得住、用得上、会经营的农村基层党员干部和新型农村实用人才。校本部考点组织教育部网络统考科目考试2000多人次。全市电大今年下学期组织行政执法资格电子化考试12983人次,其中校本部3837人次。主持课题获得立项的8个,其中省级课题1个,市厅级课题7个,获得经费资助10余万元,教师在省级以上刊物发表论文16篇,获得专利1项。

【新校区建设】2016年,娄底电大新校区建设争取市财政的贷款担保和贷款贴息150万元,获交通银行1500万元额度流动贷款,启动停滞已久的教师住宅楼扫尾工程与临街服务楼建设规划立项工作,协调处理相关遗留问题和工农矛盾。按照基本建设规范和程序抓好施工管理、安全管理、经费筹措等方面工作，加强经费监督和质量监控，实施阳光工程建设。

【创办幼儿园】2016 年，娄底电大积极探索国家大力倡导终身教育新路径和电大转型升级新模式，响应市委政府关于发展开放型经济文件精神暨招商引资 3 年行动计划，开发利用现有教育资源，引进香港理想教育集团为战略投资者进行办学合作，第一期投资 600 万元，创办理想幼儿园于今年春季开园招生，实现校企联合、优势互补，以引进先进幼儿教育理念和方法，改善和优化教育结构，创建学前教育专业的教学、科研和实训基地，实现办学渠道、办学形式多样化。

【继续教育】2016 年，娄底电大在稳定发展基础上，推进终身教育和学习型社会建设。娄底市干部教育培训网络学院在娄底电大挂牌成立，学习平台运行正常，学习服务、管理服务及时到位，全市干部在线学习热情得以激发。注册学习超 4600 人，人均 70 学时，在全省名列前茅。组织十八届五中全络知识竞赛、网上普法培训与考试。在小科社区开展试点实践，帮助小区建立电子图书室、电子阅览室、法律援助中心、书画室等，取得示范性作用。 （张朝晖）

文化事业

娄底市体育公园

文体·图书·档案

【概况】 2016年，组建娄底市文体广电新闻出版局，简称娄底市文体广新局，加挂娄底市版权局牌子，为娄底市人民政府工作部门。设机构18个：办公室、政策法规科（加挂行政审批科牌子）、文化体育产业发展科、文化艺术科、公共文化科、非物质文化遗产保护管理科、文化市场管理科（加挂市文化市场管理委员会办公室牌子）、群众体育科、青少年体育科、广播电影电视管理科（加挂安全播出管理科牌子）、新闻出版（版权）科（加挂市“扫黄打非”工作领导小组办公室牌子）、计划财务科、人事科、离退休人员管理科、机关党委、纪检（监察）室、体育总会办公室、老年体协办公室。局机关人员编制38名，领导职数为一正四副一纪检一总工。市直单位7个：市文化市场综合执法支队（副处级）、市全民健身服务中心（副处级）、市文物管理处（副处级）、市体育学校（副处级）、市电影发行放映中心（副处级）、市博物馆、市地域文化传承研究中心、市星星影剧院、市艺术馆。

【文艺创作】 2016年，涟源市湘剧传承保护中心新创大型湘剧《烧车御史》、娄底市地域文化传承研究中心新创大型花鼓戏《乡里乡亲》参加全省第五届艺术节优秀剧目展演，分别获“田汉大奖”“田汉新创剧目奖”。《烧车御史》剧入选国家艺术基金舞台艺术创作项目，获250万元资助。7月，湘剧《烧车御史》晋京参加中宣部、文化部组织开展全国基层院团戏曲会演活动，受到各界认同。推进创排及剧目复排工作，精心新编排优秀传统花鼓戏《补锅》和新排《组长扶贫》等反映具有时代特色、歌颂社会主义新农村建设成果的作品。恢复排练《刘海砍樵》《满妹子吵嫁》《懒煮饭》《送干妹》《喜荣归》《小姑贤》《三子争父》等10个传统经典花鼓戏，联合北京润木文化公司等文化企业合作打造一台周末儿童剧《锡兵多多》，5月21日正式开始演出。推荐《乡情》等3组美术作品创作项目申报国家艺术创作基金，向省文化厅推荐2台大型剧目、5个小型剧目，5个美术展览项目和2件美术获奖作品申报省级艺术创作扶持资金。

【社会文化活动】 3月26—28日，举办2016年“娄底市樱花季·文化节暨全民阅读活动”，组织开展观赏浪漫樱花、倡导全民阅读、品味高雅艺术（6场文艺演出）、优雅旗袍走秀、摄影美术采风、时尚婚纱展示、精彩茶艺表演、品尝美食小吃八大主题活动，参与群众15万多人次。4—7月，组织“欢乐潇湘、文化娄底”全市海选及县市区初赛。8月13日，举办“欢乐潇湘·文化娄底”群众文艺汇演全市复赛。8月25日，举办全省决赛娄底市专场演出，获2金3银3铜，其中新化县文化馆选送的表演唱《月光光海光光》和娄底市艺术馆选送的女声小组唱《你的手儿很温暖》获金奖，同时，女声小组唱《你的手儿很温暖》参加全省庆国庆“欢乐潇湘”优秀节目展演。8月5日下午，在市体育中心篮球馆举办“继承革命传统、弘扬清廉正气”纪念中国共产党成立95周年合唱比赛，市直和各县市区共25支代表队参加比赛，市文化系统合唱队获特别奖。9月，组织金音合唱艺术团参加湖南省庆祝中国共产党成立95周年“红旗颂”大型群众合唱比赛获得银奖。组织选送美术书法摄影作品各15件参加全省“民族魂中国梦”纪念中国共产党成立95周年暨红军长征胜利80周年美术书法摄影展，其中美术入展11件，书法入展13件，另有2

件摄影作品入展。10月21—23日，举办中国娄底第二届书画艺术交易博览会，组织开展书画作品惠民交易会、“墨韵金秋”首届花鸟画邀请展、书法讲座、“瑞奇杯”全市业余围棋比赛、“菁华杯”少儿书画比赛、全民阅读活动、美食文化活动、戏曲文艺表演等活动，吸引3万多名市民参与。

【樱花季·文化节暨全民阅读活动】 2016年，娄底市文体广新局组织200名旗袍美女展示旗袍文化，有艺术家在现场演绎钢琴、古筝、二胡、琵琶、扬琴、笛箫、吉他和萨克斯，连续3个晚上安排有综艺专场、民乐专场和戏曲专场3场舞台艺术盛宴，阅读活动方面有精品图书展销、免费品茶阅读、爱心图书捐赠、图书互动漂流、本土作家新书推介并签名售书，还特别邀请全国政协委员、著名儿童文学作家汤素兰教授举行“阅读点亮童年”讲坛。参与群众超15万人次。

【娄底市第二届书画艺术交易博览会】 2016年10月21日，以“看娄底书画、进百姓人家”为主题的大型文化惠民活动——娄底市第二届书画艺术交易博览会在娄底市文化体育中心开幕，开办全国书画名家邀请展、启动实施娄底文艺“双百工程”，举办北京宋庄画家娄底采风创作展，举办两期名家书法论坛讲座等丰富多彩的活动。特别是书画作品惠民交易活动作为书画艺术交易博览会重头戏，受到广大老百姓欢迎，真正让高雅书画艺术进入寻常百姓人家。这是市文体广电新闻出版局成立以来主办的第一次文化惠民活动，也是全省规模最大、时间最长的群众文化活动。省文化厅厅长李晖表扬娄底文化惠民走在全省各市州前列。

市政府同意建立娄底市公共文化服务体系建设联席会议制度，明确牵头单位为该局，明确联席会议主要职责、成员单位、工作规则、任务分工和成员名单。7月，《中共娄底市委办公室、娄底市人民政府关于加快构建现代公共文化服务体系的实施意见》（包括《娄底市基本公共文化服务实施标准（2016-2020）》）出台。新化县创建全省公共文化服务体系示范区工作全面推进。娄底市公共文化服务体系建设工作受到全国人大法工委、省全面深化改革督察组领导肯定。推进第一批贫困地区142个村综合文化服务中心乐器、音响配送工作，每个村配送乐器、音响2万元。以双峰县图书馆作为试点单位，启动图书馆总分馆制试点工作。加强乡镇、街道、社区公共电子阅览室管理信息平台建设，安装率94%。

【文体公园提质升级】 2016年，娄底市文体广新局投入近500万元，对文体公园进行全面绿化升级，提质改造，分别栽种樱花树280株、八仙花3600株、美国红枫32株、红花玉兰68株，新增广场休闲椅30条；投资80多万元用于体育场北面踏步“百姓大舞台”工程改造建设和樱花林亮化工程建设；9月投入近10万元在公园内主要道路上设置减速标线，增设减速标志牌和太阳能黄闪灯；10月，完成公园游客服务中心安装工程，为打造国家级AAAA级旅游景区和5小时时尚生活圈奠定基础。

【场馆免费低收费开放】 2016年，娄底市文体广新局加大体育中心各体育场馆开放力度。游泳馆实施儿童全免费，青少年半价，夏季周五、周六上午免费开放，同时对成人游泳票价实行低收费；体育场、体育馆免费开放项目有篮球、气排球、太极拳、柔力球、健身操等。在体育场建立国民体质检测站，为市公安系统、市党校处干培训班等单位检测人员达千人。2016年，全年场馆开放接纳健身人数达到80万人次。国家体育总局到娄底检查大型体育场馆免费低收费开放工作，对娄底中心各场馆的免费低收费开放工作给予高度评价，是全国所有例检单位中唯一没有被下发整改通知书的单位。全民健身服务中心作为市州唯一代表在2016年湖南省大型体育场馆免费低收费开放工作会议上做典型发言，成为全省免费低收费开放典型单位。

【体育惠民成效】 2016年，娄底市文体广新局制定“十三五”全民健身场地设施建设的思路和规划。省局计划下拨农民体育健身器材597套、健身路径64套，通过增加健身路径器材10套，自购2套，全部分发到各县（市、区）乡、镇（社区、单位、村委会）进行安装。2016年省局下拨健身路径器材210套，全部用于全市各社区；农民体育健身器材150套，全部用于新化、涟源拆换2017—2018年农民体育健身器材。

【赛事活动】 2016年，娄底市文体广新局精心策划和举办“公仆杯”乒乓球比赛、娄底市首届气排球比赛、2016年“我爱足球”中国足球民间争霸赛娄底分赛区海选赛、全民健身日展示活动、“跑起来，为娄底添彩”娄底市第一届彩跑活动、“科学健身·快乐同行”全省运动科学健身指导系列活动、第十四届全市县处级干部男子篮球比赛、全市中小学生校园足球联赛和全市业余足球联赛等一系列有创意、有规模、有特色、社会影响大的群众体育活动。参加和承办2016年长株潭娄“公仆杯”城市男子篮球友谊赛，积极组队备战和参加湖南省第九届老年人运动会，获最佳组织奖和团体总分第四的成绩，承办2016年全国老年人（女子组）气排球交流活动、湖南省青少年足球（甲组）锦标赛、第二届娄底全国体育舞蹈公开赛、2016年中国国际跆拳道公开赛、娄底国际男子篮球对抗赛和湖南省青少年蹦床比赛，都取得较好的社会效应和经济效应，尤其是全国体育舞蹈公开赛，参赛运动员3000多人，加上学生家长和裁判员、工作人员等达到近5000人，规模创娄底单项比赛人数纪录。

【竞技体育】2016年，娄底市文体广新局对各训练项目组别搭配进行补充选材，使娄底市参加省十三运会各项目队伍人数到位70%左右。加大校园足球推广力度，通过由市财政、市文体广新局以购买服务方式，与恒大足球学校合作，成立恒大足球娄底分校，下设7个基地学校，恒大足球学校在本部选派最精干的常驻训练总监及足球教练到娄底市，负责组织足球教练培训、组建各基地学校梯队，组织开展广泛的足球交流活动。先后组织篮球、足球、田径、网球等项目的爱好者600多人参加裁判员班学习培训，对近500名学员颁发相应项目的“二级裁判员”证书。对全市达到相应项目等级标准的24个运动员授予“二级运动员”称号。选拔组织全市近600名运动员参加包括田径、射击、游泳等16个项目的全省青少年锦标赛，除拳击比赛（比赛时间12月8日），共获金牌37枚，总分2175分。组队参加在怀化市举行的湖南省民族健身操比赛，组队参加在常德举行的湖南省第三届群众性龙舟比赛，取得200米竞速第二名，500米竞速第五名成绩。

【文化产业】2016年，娄底市文体广新局编制完成《娄底市“十三五”文化产业发展规划（送审稿）》，120多个有广阔前景、有发展潜力的文化产业项目进入“十三五”规划的“笼子”。“娄底市足球城建设”“娄底市体育中心提质改造建设”2个项目进入市重点项目库，入选市中心城区3P项目库。申报全省特色文化产业项目9个，全省特色文化企业11个；2016年中央文化产业发展专项资金重大项目娄底市有12个项目递交申请，经专家评审，市局推荐“文化金融扶持计划”“支持特色文化产业发展”和“促进文化创意和设计服务与相关产业融合”等3个重大项目3个，优秀基层戏曲院团奖励资金项目4个，积极组织申报国家体育产业示范基地2个，国家体育产业示范单位2个，国家体育产业示范项目3个。协助市创投成功申请东部新城户外运动中心专项建设资金1400万元；成功申请图书馆1000万元国家专项资金到位。确定“以赛事凝聚人气、以赛事带动产业”的文化体育产业发展思路。以文体中心为平台，将文体公园500亩土地进行绿化升级，打造湘军情景剧，开发红色旅游和植入其他文体休闲元素，将文体公园全力打造国家AAAA级旅游景区和5小时时尚生活圈，打造文化创意产业孵化器，引进南方文交所在娄底设立体验中心，组建菁华艺术培训学校，打造全市最高水平的专业艺术人才培训基地。全市体育彩票销量稳步上升，每年增长30%以上，全市完成销量2.5亿元，其中市辖区完成2亿元，同比分别增长50.6%和53.8%。全市完成“户户通”任务建设989961户，完成总任务94270户的95.43%。涟源市、双峰县“村村响”建设县进入启动阶段，新化县建成509个行政村，年底完成全部行政村建设；无线数字化覆盖按照省局规定及要求稳步推进。

【倡导全民阅读】2016年，娄底市文体广新局结合创全国文明城市工作，开展全民阅读活动，营造社会读书氛围，以“4·23”世界读书日、2016年娄底市樱花季·文化节暨全民阅读大型公益活动、第二届书画艺术交易博览会、“创全国文明城市、建书香娄底”全民阅读主题活动为契机，坚持以宣传引领活动，以活动促进阅读，先后组织开展精品图书展销、知名作家讲座、免费品茶阅读、爱心图书赠阅、图书互动漂流、本土作家新书推介签名售书等。2016年娄底市樱花季·文化节暨全民阅读大型公益活动吸引读者超26000人次,接受社会各界的捐赠图书达20000余册，在全市掀起倡导全民阅读、共建书香娄底热潮。农家书屋建设步入良性循环轨道，图书补充更新纳入财政预算投入，市财政安排 60 万元专项资金对第二批 40 家示范农家书屋予以重点支持，即每家增配 1 联书架、1 台电脑、1 块黑板、1000 元管理员奖金、4 条阅读凳子和价值 7000 元的图书。对管理规范、阅览人数多、老百姓满意示范性农家书屋进行奖励，以点带面，发挥农家书屋在精神文明建设中的主导作用。

【广电市场管理】2016 年，娄底市文体广新局突出抓好传输播出机构安全播出工作，查处 3 月 12 日娄底有线中心机房发生 1 小时 51 分电视信号中断的安全事故，加强传媒机构和广播影视行业管理，开展播出机构违规设置频道频率问题整治，有效开展卫星电视地面接收设施整治工作，对确定的 30 家星级宾馆进行逐一专项检查，对 153 家重点非星级宾馆等场所进行排查，开展非法电台清查治理，查处“黑广播”事件 3 起，查获全部违法安装设备。组织对市县广播电视播出机构开展换证检查审查和资料呈报工作。

把农村公益电影放映与“精准扶贫工作”和“美丽乡村建设”有机结合，纳入政府精准扶贫和美丽乡村建设计划，把农村公益电影放映与农村工作相结合、互促进，全年完成 39228 场农村公益电影放映任务。在全市范围内开展电影市场秩序专项治理活动，对省局规定的 25 项检查检测内容进行检查。

【文化市场监管】2016 年，娄底市文体广新局积极推进文化体制改革，形成“文化、体育、新闻出版、广播、电影、电视”融合的大文化发展格局，文化市场实现综合执法。以创建全国文明城市工作为引领，以整治网吧、娱乐、新闻出版、广电等市场为重点，全面规范审批工作，审批项目全部进入政务中心，审批流程切实纳入网上政务服务和电子监察监管；实施网吧审批新政策，在娱乐场所和网吧统一安装技术监管和服务平台，开展“扫黄打非”行动，把握正确舆论导向。坚持有案必查、有查必果，对淫秽产品、非法读物和侵权盗版始终保持高压态势，取得明显成效。3 月和 10 月，分别获得娄底市巩固国卫成果 23 家重点责任单位第 2 名和第四名，奖金共 4 万元；8 月，支队网络执法大队被列为娄底市第二批“青少年维权岗”；支队开通“12318”服务热线月月受到市政府值班室通报表彰；查处铁通公司播放境外节目一案获全国重大案件；获全国打击侵权盗版有功单位三等奖、“扫黄打非”有功集体。

【文物非遗保护】2016 年，娄底市文体广新局推进国保单位蔡和森蔡畅故居，省保单位李聚奎故居、贺国中故居、万宜堂、谢冰莹故居旧栋和锡山堂修缮工程保护规划编制、维修和消防安防建设工作，完成省保单位朱家大院违法建设整改方案和修缮方案编制，完成全市所有国保、省保单位（27 处）“十三五”规划消防安防工程项目报送省局项目库备案工作。全年争取省级文物保护专项补助资金 440 万元。全市博物馆、纪念馆在坚持日常免费开放的同时，经常性开展“送展进社区、进校园、进乡村”等活动 12 场次，接待观众 2.8 万人次。完成第一次可移动文物测量、拍摄、信息数据采集和登记造册工作。7 月，在新化县举行中国湖南新化傩文化国际学术研讨会，中国傩戏学研讨会会长刘祯、湖南省文化厅厅长李晖以及来自美国、韩国、新加坡和全国各地 200 多名专家、学者参加。在全市范围内组织开展第 40 个国际博物馆日和第 11 个文化遗产日宣传活动，让流动博物馆、纪念馆进校园、进社区、进广场。启动第四批市级非遗项目挖掘，推荐工作和建立市级非遗项目评审专家库工作，收到推荐项目 20 个。与住建、财政联合开展对镇村传统文化调研，形成调研报告。完成梅山傩戏国家级传承人苏立文抢救性保护记录拍摄前期工作。选送《永丰辣酱》

为迎接省运会召开，组织城区万人跑活动

《国藩溪砚》《梅山棕编》等3个项目参加益阳市首届非遗博览会。（邓志文）

表75 2016年娄底市文体广新局先进集体和先进个人登记表

获奖单位、先进个人	奖励名称	颁奖单位	颁发时间
娄底市文体广新局	全省文化作工作先进单位	湖南省文化厅	2017年1月
娄底市文体广新局	全省户户通工程建设优秀组织单位	湖南省新闻出版广电局	2017年1月
徐　淼	全省新闻出版工作先进个人	湖南省新闻出版广电局	2017年1月
娄底市文化市场综合执法支队	全省文化市场综合执法先进单位	湖南省文化厅	2017年3月
娄底市文化市场综合执法支队	2015年湖南省“扫黄打非”办案有功集体	湖南省“扫黄打非”工作领导小组	2016年1月
阳一明	湖南省“最美基层文化人”提名奖	湖南省文化厅	2016年12月

娄底市文化市场综合执法支队

【概况】2016年，娄底市文化市场综合执法支队贯彻落实省市宣传思想、文化、体育、新闻出版、广电有关文件会议精神，内强素质、外树形象，以创建全国文明城市工作为引领，以整治网吧、娱乐、新闻出版、广电、体育等市场为重点，创新管理模式，加强市场监管，取得明显成效：3月和10月，分别获娄底市巩固国卫成果23家重点责任单位第二名和第四名；8月，网络执法大队列为娄底市第二批“青少年维权岗”；“12318”社会服务热线月月受到市政府值班室通报表彰；查处铁通公司播放境外节目一案获全国重大案件；获2016年度全省文化市场综合执法工作先进单位；获全国打击侵权盗版有功单位三等奖、“扫黄打非”有功集体。

【宣传教育培训】2016年，娄底市文化市场综合执法支队为强化行政执法人员的行政意识，始终坚持把法律、法规学习培训作为提高行政执法人员依法行政、文明执法的关键来抓。4月，出台《文化市场综合执法人员培训考核办法（试行）》，制定在线培训考试工作实施方案和在线培训学习年度计划，建立全市文化市场综合执法人员信息库。5月，举办面向县市文化市场综合执法机构的在线培训考试系统培训班，在全市范围内扎实推广在线培训考试系统。11月，分别在新化宾馆和娄底市新华书店，组织全市文化行政执法现场会、举办文化行政执法冬季培训班。培训班以经验介绍、现场观摩、督查通报、专题讲座、业务考试、以案释法、案卷评查与研讨等形式，有针对性地开展，达到相互学习、相互借鉴、共同提高的预期目标，为完成全省“考评细则”各项工作任务、提高全市综合执法水平奠定坚实的基础。3月开始，分行业分批次组织全市网吧、歌舞娱乐场所、新闻出版经营业主和从业人员开展多期法律法规培训班。通过宣传培训，文化市场从业人员责任意识、法制观念、安全意识得到进一步增强，建立网络举报奖励机制，完善政务公开平台，主动接受社会监督，做到阳光执法、透明执法、公正执法。娱乐执法大队响应省文明办“公益广告进KTV”活动号召，大力宣传公益，于4月开始检查城区所有KTV场所开机片头是否按要求设置为公益广告，弘扬正风正气，激发奋进力量；新闻出版执法大队围绕“4·26”世界知识产权宣传活动主题，编印《中华人民共和国著作权法》知识简要，制作宣传漫画和宣传展版，在全市中小学校、公交车站、沃尔玛步步高超市、万豪广场、明珠电脑城、娄星区政府等人流密集区张贴，联合知识产权局、工商局、质监局、法院等单位，在娄星广场开展广场宣传活动，发放宣传资料2000余份。

【娱乐文化市场整治】2016年，娄底市文化市场综合执法支队依法取缔未经审批经营的电子游戏、歌舞娱乐、演出经营场所；查处歌舞娱乐、电子游戏、演出等经营场所违规经营行为。对校园周边娱乐经营场所整治宣传力度，宣传娱乐行业管理的各项方针、政策、法律、法规，营造良好社会氛围。对校园周边娱乐经营场所加大日常巡查力度和频率，依法查处违规经营行为，公布举报电话“12318”，实行24小时值班制，实行举报电话首问负责制，做到有报必查，查必有果。利用学校、家庭、媒体的平台优势，构建多元监管体系。全年检查巡查娱乐场所602家次，电子游戏厅25家次，演出场所4家次，查处违规经营歌舞娱乐场所6家，违规经营电子游戏厅23家，违规经营演出场所1家。

【网吧市场整治】2016年，娄底市文化市场综合执法支队以严厉打击“接纳未成年人”进入营业场所为重点，开展高考、学考期间网吧专项整治行动；对部分违规相对严重和不符合安全生产要求的网吧进行通报，责令其整改到位，确保灭火器材、通风设施、安全通道等设施齐全规范，彻底排除安全隐患；根据省文化厅的要求开展“清朗”行动、“利剑”行动与创文专项整治行动，净化社会文化环境整治行动和校园周边文化环境专项整治行动：

采取“一级对一级负责”“层层签订责任状”的办法，与所有经营业主签订《守法经营承诺书》，对城区180余家网吧实行分片包干、责任到人，做到家家有人管、人人有责任。凡因执法不严、行政不作为造成不良影响的，追究直接责任人和相关责任人责任。开展创建“文明网吧”评选活动和“黄牌警告”活动。实施评级管理兑现奖惩制度，按照网吧守法经营情况评定网吧A、B、C、D4个等次，对A类网吧在政策支持、舆论宣传方面予以扶持，年底予以奖励；对C类网吧实行重点蹲守与加重处罚相结合的办法，D类进黑名单，采取违规经营露头就打的高压态势。整治过程中，除抓好未成年人上网“顽疾”，执法人员还对网吧消防安全、环境卫生、禁烟情况进行检查和规劝，做到每检查一家不留死角。通过一系列整治行动与措施，规范网络文化市场以及互联网上网服务营业场所经营秩序。全年出动执法人员和协管员26342人次，车辆1152台次，检查巡查网吧13662家次，给予警告867家次，停业整顿67家次，行政罚款148家次，罚款金额570500元，责令整改165家。

【新闻出版市场整治】2016年，娄底市文化市场综合执法支队根据全市新闻出版、版权市场的新形势，组织协调各部门有重点、有选择地开展多项专项治理行动：根据2016年“扫黄打非”行动方案的部署，支队开展以打击政治性有害出版物及有害信息的“清源2016”专项行动；以打击网络淫秽色情的“净网2016”专项行动；以非法有害少儿读物及信息的“2016护苗”行动；以打击盗版、侵权为重点的“双打”行动；以打击假媒体、假记者站、假记者和侵权盗版活动的重点“秋风2016”专项行动。根据第29次全国、全省“扫黄打非”电视电话会议要求和2016全国新闻出版广播影视工作会议部署，开展2016年印刷复制发行监管工作。重点检查出版物印刷企业承印验证制度落实情况，其他印刷品企业、打复印店、图文广告公司超范围经营情况，立案查处4家无准印证承印内部资料性出版物的印刷企业，其中1家出版物印刷企业，3家其他印刷品企业。开展春、秋两季盗版教材教辅专项检查，查处1家发行非法教辅发行商；对“两学一做”学习读本征订发行进行重点检查，在第一时间发现一些单位使用习近平2016年读本等系列政治读物盗版书，收缴2739册盗版书。5月31日移送公安，对全市书店、报刊亭销售政治类读物和国家领导人著作等出版物进货情况进行检查。每次行动一把手亲自挂帅，分管领导具体抓，各有关执法科室依据职能参与，形成齐抓共管领导体制和工作机制，从组织上保证每次整治行动出成效。全年出动500余人次，车辆180余台次，清查印刷厂180家次，检查各类经营场所500余家次，查缴盗版图书等非法出版物8000余册，非法印刷制品300余册。

【广电市场整治】2016年，娄底市文化市场综合执法支队开展卫星电视广播地面接收设施、影院市场、艺术品市场整治行动。从4月至8月，开展“联合开展星级宾馆接收境外卫星电视节目专项清查整顿行动”，尤其对洞新市场、区政府机关周围非法安装、销售卫星地面接收设施的门店进行清理整治，收缴非法“耳朵”112个，与工商联合行动警告6家销售门店检查宾馆21家、警告6家，行政处罚4家，罚款3.5万元。从7月至11月，开展为期4个月的“娄底市打击网络侵权盗版‘剑网2016’专项行动”，检查电影院11家，警告6家，依法处理2家。开展艺术品市场清理整顿，检查书、画廊7家。

【体育市场整治】2016年，娄底市文化市场综合执法支队从体育执法大队组建以来，执法队员就主动把精力投入到体育行政执法业务学习和工作实践当中。全队成员熟练掌握业务知识，学习《中华人民共和国体育法》《中华人民共和国国务院令》《国家体育总局令国家全民健身条例》《湖南省经营高危险性体育项目健身气功管理暂行办法》等体育方面相关法律法规。先后和市文体广新局法规科、群体科、省体育局法规处进行对接，对高危体育项目经营业主和相关单位进行摸底。开展体育市场无证无照专项整顿和高危险性体育项目经营安全大检查。全年出动车辆256台次，出动执法人员686人次，检查游泳池10家，健身场所16家，气功、武术、瑜伽类场所21家，体育彩票经营门店105家。其中对5家未办证的游泳池进行处理，4家限期办理“高危险性体育项目经营许可证”。

【无证无照专项整治】2016年，娄底市文化市场综合执法支队根据《湖南省文化厅关于印发〈2016年文化市场查处取缔无证无照经营行为整治工作方案〉的通知》和市委市政府关于查处取缔无证无照经营行为的指示精神，把查处取缔无照经营工作作为社会综合治理一项重要工作来抓，营造良好社会文化环境。在查处取缔无证无照经营专项整治活动中，出动执法人员3400余人次，车辆600余台（含摩托车）次，检查经营场所1560家次，责令整改32家，与公安部门联合查处取缔春园路步行街名为“夜时尚工作室”的“黑网吧”1家，电子游戏室12家，取缔无证经营场所3家，罚款52000元。（戴子耘）

文物·考古

【概况】2016年，全市文物工作推进文物安全、可移动文物普查、文物保护单位保护规划编制和维修、文物保护宣传、博物馆免费开放等各项工作，取得明显成效。全市文物系统成立以市文物管理处主任为组长，分管副主任和各文博单位负责人为副组长的文物安全工作领导小组，形成文物安全管理由全市各文博单位“一把手”各负其责的文物安全监管体系。完善文物安全规章制度。市文物管理处制定《娄底市文物安全监管巡查制度》。各县（市、区）文博单位出台《藏品库房管理制度》《文物展厅管理制度》《文物消防安全管理制度》《博物馆纪念馆门卫制度》《博物馆纪念馆工作人员守则》等规章制度。把省绩效考核评估指标分解下达到全市各文博单位，县（市、区）文博单位将市文物管理处下达的文物安全绩效考核评估指标细化分解到乡镇、村组，形成市、县、乡、村四级完整文物安全绩效考核评估体系。与县市区文物部门、县市区文物部门与文物保护单位所在乡（镇）村组分别签订《年度安全管理工作目标责任书》，将文保单位安全责任层层分解，层层落实。县（市、区）文物部门每月向当地政府和市文物处报告本地文物安全巡查及文物安全隐患排查情况，市文物管理处每个季度向省文物局上报安全巡查情况，发现文物安全隐患及时查处、整改。每季度对全市4个国家级、23个省级文物保护单位和7个国有馆藏文物单位进行一次巡查。上半年和下半年分别开展两次专项消防安全检查。

【文物保护单位保护规划编制与消防】2016年，娄底市文物管理处启动蔡和森蔡畅故居维修工作，完成新化北塔消防、安防、防雷立项和红二军团长征司令部旧址消防、安防、防雷立项及陈列展示立项，得到国家文物局批复。省级文物保护单位完成红旗居民点、乐恺堂、谢冰莹故居旧栋、锡山堂、朱家大院、湘军名将故居群——存厚堂、老刘家修缮工程设计方案的编制工作并报省文物局审批。完成省保单位彭氏宗祠和娄星区博物馆消防工程设计方案并报省文物局审批。市、县级文物保护单位启动完成新化楚怡工业学校旧址修缮和消防、安防工程。委托湖南华凯文化创意股份有限公司制作陈列展示方案，目前方案正在完善。全年争取省级文物保护专项补助资金440万元。其中，新化县楚怡高级工业学校新化旧址（含陈润霖先生墓）保护维修补助资金310万元，娄星区贺国中故居消防工程补助资金40万元，冷水江市六房院消防工程补助资金40万元，涟源市世业堂本体保护工程补助资金50万元。

【“两馆”免费开放和新馆布展】2016年，全市博物馆、纪念馆免费开放工作有序推进，全市3个开放博物馆、纪念馆全年接待观众7.5万人次。与市博物馆和市美术馆联合举办纪念红军长征胜利80周年专题图片展览。组织参加省文化厅主办、省文物局承办的“服务‘两学一做’，讲好特殊党课讲解大赛”。蔡和森纪念馆讲解员黄彩莎荣获二等奖；涟源市启动涟源市博物馆建设筹备工作。

【文化遗产保护宣传】2016年，娄底市文物管理处在全市范围内组织开展第 40 个国际博物馆日和第 11 个文化遗产日宣传活动，携手市文体广新局、市住建局、市财政局、市文物处等部门对全市传统村落及文物、非物质文化遗产保护传承等工作进行调研，向市人民政府报送详实调研报告。开展首届湖南文物价值解读与传播大赛活动。组织对全市 77 处县级以上文物保护单位全部撰写解说词，全市撰写解说词 104 篇，其中有 13 篇入围省文物局评奖，1 篇获二等奖。全市 3 处第七批全国重点文物保护单位“四有”档案经过多次修改全部完成编制工作，立保护标志牌和界碑。

【文物考古】2016 年，娄底市文物管理处完成第一次全国可移动文物普查工作，各县(市、区)对辖区内国有馆藏文物进行重新清库登记；市里对全市重新登录的 8492 条文物数据进行重审；6 月底按时保质将审核数据汇总报送省普查办；9 月底编制《娄底市可移动文物收藏单位名录》《娄底市全国第一次可移动文物普查工作报告》。至此，历时 5 年的第一次全国可移动普查工作完成，配合省考古所完成涟源到新化龙琅高速建设项目考古调查勘探工作。

(潘芳珍)

表 76

2016 年市文物管理处先进集体和先进个人登记表

获奖单位、先进个人	奖励名称	颁奖单位	颁发时间
娄底市文物管理处 蔡和森纪念馆	全省文物工作先进单位	省文物局	2017 年 1 月
黄彩莎	全省“服务‘两学一做’，讲好特殊党课”讲解大赛二等奖	省文化厅	2016 年 11 月

图书发行

【概况】2016 年，湖南省新华书店有限责任公司娄底市分公司履行国有文化企业社会责任，发挥图书发行主渠道主阵地作用，坚持以服务教育事业为己任，创建优秀文化企业，打造读者精神文化家园，实现社会效益与经济效益双丰收。下辖涟源、冷水江、双峰、新化 4 个县(市)新华书店，设中心书城 5 个，有在职职工 221 人。市公司门店“娄底图书城”营业面积达 1900 平方米，现有在职员工 61 人，陈列图书品种数量达 2.6 万余种。

【教材教辅发行】2016 年，娄底新华书店发挥中小学教材教辅发行主渠道作用，做政策精神的宣传者与拥护者。教材发行以不断提高服务水平，优化服务质量为出发点，用心做好细节工作，维护教材发行，圆满完成“课前到书，人手一册”政治任务。教辅发行依托规范操作找立足点，遵循学生自愿原则，杜绝学校包办等违规操作现象。在收费过程中严格按政策要求，设立收费窗口，由代办员进行收费。通过手续完备的规范化操作，教辅资料征订、收费工作进行有条不紊。

【全面阅读工程】2016 年，新华书店通过精心组织和策划，开展众多大型活动。3 月 26 日，新体育馆“赏樱花美·阅书卷香”活动，在樱花区旁布置飘满浓浓书香的悦读吧。邀请著名作家汤素兰开展“阅读点亮童年”读书会，受到市民一致好评；8 月 1 日娄星广场 2016 年“创全国文明城市·建书香娄底”全民阅读主题活动，现场举行向涟源市斗笠山镇黄港小学赠书仪式，践行公益责任；10 月 2 日，在娄底市第二届艺博会上，举办全民阅读活动图书展销活动，提升文化氛围和社会形象；12 月承办娄底“2016 年首届湖南省青少年国学大赛”，在社会各界引起良好反响。以“两学一做”教育活动为契机，发挥政治类图书发行传统优势，协助及组织各部门做好时政类图书征订发行工作。上半年全市发行习近平读本 7 万册，计 161.53 万元，两学一做图书 102 万元。下半年全市发行《胡锦涛文选》2.5 万册，约 300 万元。

【校园书店建设】2016 年，新华书店坚持有序推进、市场运作、合法经营、惠及师生的原则，以省、市示范性学校，市、县市区直属学校，规模较大的民办学校为重点，建设校园连锁书店及代办点，全市预筹建校园书店 6 家。其中新化县分公司思源、西河两家学校校园书店筹备工作完成；冷水江分公司桃源学校校园书店建成青少年阅读示范基地。

（姜德源）

档案工作

【概况】2016年，娄底市档案局以“五大发展理念”（创新、协调、绿色、开放、共享）为引领，持续推进“四个体系”（档案资源体系、档案利用体系、档案安全体系、档案行政管理体系）建设，抓好档案信息化建设，发挥档案工作服务“四个全面”（全面建成小康社会、全面深化改革、全面依法治国、全面从严治党）总体战略布局作用，提高新常态下档案工作服务党委政府中心工作能力，提升满足人民群众对档案工作需求能力，实现档案事业新发展。市国家综合档案馆建设连续两年列入政府工作重点和全市重点项目建设范围。3月26日正式开工建设，投资约1.2亿元，总建筑面积约1.5万平方米。新化县国家综合档案馆5月18日完成主体工程建设。涟源市国家综合档案馆建设纳入涟源市政府重点项目投资滚动计划，进入选址规划和PPP项目论证阶段。

【档案开发利用】2016年，娄底市档案局在精准扶贫、机构改革、创建全国文明城市、七个“三年行动”等中心工作及市人大政协两会、娄底市第五次党代会、纪念红军长征胜利80周年等重要活动中，发挥档案工作存凭咨政作用。简化档案查阅利用手续和程序，全市档案部门接待查阅利用6054人次，查阅档案14106卷（册），出具证明3305份。打造“娄底老照片”《娄底抗日纪实》等“娄底记忆”系列档案文化精品，组织力量编写、发表《红军长征到娄底》《红军长征与毛泽东诗词——纪念中国工农红军长征胜利80周年》等论文。

【档案基础业务】2016年，娄底市档案局改革撤并单位档案全部接收进馆；冷水江市档案局接收党政机关到期档案2412卷（盒），接收撤销乡镇及下属机构公章42枚；涟源市档案局接收党政机关到期档案5016卷（件）档案，征集资料786册（本），照片270余张；新化县档案局接收白溪王氏上梅支谱正诚房卷60卷及其电子版进馆。市档案局落实24小时值班执勤制，构筑人防、物防、技防“三位一体”档案安全防范体系。县（市、区）档案局执行各项规章制度，完善档案保管保护条件，预防档案损毁和失泄密事件发生。3月至5月，分3个小组对47家涉改单位档案处置工作进行预验收和验收；10月，联合市农委对全市土地确权档案工作进行专项督查调研，了解全市土地确权档案工作进展情况；9月至12月，选派两名业务素质高、责任心强的人员对创建全国文明城市档案工作进行具体帮助和指导；安排业务骨干对市国土资源局等60多家单位进行业务指导，给娄底日报社等32家单位出具书面业务指导意见函。娄星区工伤保险管理局、双峰县国税局档案室晋升为省特级，市畜牧水产局、市食品药品监督管理局档案室晋升为省一级。市国家综合档案馆全年完成数字化加工100万页，县（市、区）档案局馆档案信息化工作有序推进。

【依法治档】2016年，娄底市档案局实现市县两级档案行政管理部门组织执法人员参加全省行政执法资格考试，提升档案行政执法人员法律素质。市、县（市、区）结合实际开展执法检查，做到亮证执法、公正执法、文明执法；双峰县档案局对全县136个单位档案工作开展执法检查，依法查处档案违法行为10起，下发限期整改通知书2份，维护档案法权威和尊严。

【档案宣传】2016年，娄底市档案局联合市人社局、卫计委、国土局、民政局、城建档案馆、娄星区档案局等部门以“档案与民生”为主题在娄星广场开展“6·9”国际档案日宣传活动，发放宣传资料5000余份，提供咨询800人次，向市民讲解民生档案问题，引导市民关注民生档案，同时对家庭建档工作进行宣传，提升社会档案意识。县市档案局围绕主题开展宣传活动。以“12·4”国家宪法日暨全国法治宣传日宣传活动为契机，设点宣讲档案法律法规，发放宣传资料3000余份。

【学会工作】2016年，娄底市档案局组织开展2016年娄底市档案学术论文评选工作，推荐9篇优秀论文参加湖南省档案学会第23次论文评选，全省评出4篇一等奖论文，娄底市2篇。

（谭清慧）

表 77

2016年娄底市档案局先进集体和先进个人登记表

获奖单位、先进个人	奖励名称	颁奖单位	颁发时间
冷水江市档案局	“十二五”期间全国档案系统先进集体	人力资源和社会保障部、国家档案局	2016年1月
左惠民	“十二五”期间全省档案工作先进个人	湖南省人社人力资源和社会保障厅、湖南省档案局	2016年1月
何　花	“十二五”期间全省档案工作先进个人	湖南省人社人力资源和社会保障厅、湖南省档案局	2016年1月
娄底市档案局	2016年度全省档案宣传工作先进集体	湖南省档案局	2016年5月
毛春韶	2016年度全省档案宣传工作先进个人	湖南省档案局	2016年5月
王玲珊	2016年度全省档案宣传工作先进个人	湖南省档案局	2016年5月
娄底市档案局	2016年度全省档案工作先进单位	湖南省档案局	2016年12月

新闻·出版·广电

娄底电视发射塔

娄底日报社

【概况】2016年，娄底日报社围绕市委、市政府中心工作，唱响主旋律，打好主动仗，开展新闻宣传工作，办报水平提升，采编质量走高，经营效益好转，党报事业稳中有进。

【主媒作用凸显】2016年，娄底日报社创新报道形式，内容注重针对性，贴近实际、贴近群众、贴近生活；运用消息、新闻故事、深度报道、图片等，出新出彩，写出有深度、有温度、有精度、有真度、群众喜闻乐见的报道。精写消息、通讯，精心编辑，精美排版，加重言论分量。在头版按照“六个一”(一个好标题、一条好消息、一篇好通讯、一篇好言论、一幅好图片、一个好版面)要求，鼓励记者多下基层；建立健全新闻采编岗位责任制度，写好稿、优稿，实行差错处罚制度，对优稿予以奖励；加强版面策划，围绕中心工作，突出主题报道。

【采编质量提升】2016年，娄底日报社弘扬社会主义核心价值观，做到“四个坚持”，即坚持采编审发稿件制度，坚持编务值夜班制度，坚持采编校差错奖惩办法，坚持新闻失实报道处罚规定，确保舆论导向正确，确保意识形态安全。改进新闻报道内容、报道体裁、版面设计、语言风格，把好采编关口。改革头版时事要闻报道，实行月办公会、周例会、日编务碰头会，力求“零差错、零失误”，年度内没发生新闻采编重大差错。开设“项目建设大比拼”、七个“三年行动计划”“创文进行时”“转型创新进行时”“楼迪新”等系列专栏专评。《娄底晚报》新开设“我身边的凡人善举”栏目和专版，新新网、《娄底手机报》改版，手机报可读性提高。

【经营效益提高】2016年，娄底日报社与70%以上的市直单位签订战略合作协议，对所有广告刊发严格实行“五审”制度，即广告责任人、广告部副主任、广告审查员、广告部主任、分管副社长都在广告单上签字，把住广告导向关、政策关、真实关和差错关。广告工作坚持“科学监管，积极发展”原则，以“策划为王，活动带动，软硬兼施，内外兼修”为导向，通过资源系统开发提升广告经营整体实力。巩固和扩大与县市合作关系，形成新的增长点。深化与移动、联通、金融等重点客户的长期战略性合作关系，重在为他们提供具有报社特色的增值服务。优化《财金专刊》办刊思路，扩大与市直机关的战略合作。与市纪委联合主办《清风》专刊，在全省纪检监察系统，成为一个优秀宣传案例。

【报社事业发展】2016年，娄底日报社启动市“十三五”重点项目报业中心项目建设，解决农行历史呆账问题。截至2016年年底，报社连本带息欠市农业银行1682万元，经多次协商，农行同意把这笔历史呆账与双峰县政府的呆账一并打包处理，以70万元价格一次性买断。争取支持解决扩版增期设备购置和文化产业扶持经费800万元。编排系统采用全省印刷系统通用CTP设备。对报社印刷厂进行改革，由过去包工包料改为来料加工，每年增收40万元。与财政部门合作解决D级危房维修经费120万元；与民政局等部门配合解决社区文化节经费；与文明办合作解决创文宣传经费。　　　(张长青)

电视广播

【概况】2016年，娄底电视台根据中央文化体制改革精神和湖南省机构编制委员会办公室《关于娄底市文化体制改革中有关编制调整事项的批复》(湘编办〔2011〕36号)，在娄底市文化局、广播电视局基础上，组建娄底市文化广电新闻出版局；在娄底市广播电视中心、娄底人民广播电台基础上，组建娄底市广播电视台。改革后的娄底市广播电视台为娄底市委、市政府直属的正处级事业单位，实行“管办分离、政事分开”的管理体制。娄底市广播电视台于2012年4月23日挂牌成立，为市委、市政府直属正处级事业单位，现内设办公室、人力资源部、财务结算部、监察考核部、宣传管理部、技术播控部、保卫后勤部、产业办和置换办等职能科室，下辖电视综合频道、公共频道、都市频道、广播新闻频道、广播交通频道、《娄底广播电视报》、娄底传媒网等媒体和娄底市电视发射台、湖南有线娄底网络有限公司、娄底天成广播电视传媒有限公司（“无限娄底”项目部）、天之成贸易有限公司和天成艺术培训中心等二级单位。到2016年末，员工（含聘用员工）474人，其中离退休人员62人，中级以上技术职称专业技术人员49人。

各套节目累计播出114100小时，转播中央、省、市广播电视节目5套，调频广播节目4套，地面数字电视20套，无线数字电视50余套。娄底电视台各频道合计播出27000小时，广播新闻频道和广播交通频道合计播出12396小时。湖南有线娄底网络有限公司数字电视前端播出8760小时；娄底广播电视报四开24版，全年刊发报纸52期；湖南有线娄底网络有限公司建设和经营的娄底中心城区有线电视网络2016年底有线数字电视注册用户13.9万户。因“三网融合”市场竞争加剧，有线数字电视用户呈现负增长，宽带数据用户有所增长。期末数字电视有效用户8.3万户，宽带数据用户1.1万户；新建楼盘全部实施光纤入户模式，网络双向化率达95%，有线电视入户率达95%，光缆主干线皮长1178公里，网内双向机顶盒9.1万台，高清机顶盒6.12万台，智能机顶盒（家盒）1.16万台，向全市有线电视用户提供高标清数字电视节目163套，其中基本节目71套，付费节目38套，高清节目53套，3D高清节目1套，试播4K超高清节目1套。

【基层党建和内部管理】2016年，娄底电视台推进基层党组织标准化建设，完成机关党委、机关支部、发射台支部换届，机关党委按要求配备专职副书记；“两学一做”学习教育和“责任心”教育整体推进，结合工作实际，开展“攻坚克难、党员在前”主题实践活动，开展“纠‘四风’、治陋习、强作风”专项整治；深入开展精准扶贫、结对帮扶活动，组织党员干部与帮扶对象结对子，为新化炉观镇九龙村贫困户捐资2.3万余元，为九龙村提供和争取建设资金40万元；完善劳动人事、新闻宣传、设备购置、财务内控、广告刊播、公务接待、公务用车等各项管理制度，完成对临聘人员录用清退和规范管理工作；开展资产清查和财务大检查。全年安全生产、综合治理大局稳定，“三实”信息采集受到好评，江龙滩院落水改电改顺利完成，物业管理有序推进，队伍建设获得丰收。综合频道记者黄黎明获评“中国好人”、省“十佳新闻工作者”、娄底市“十大新闻人物”，获湖南省“好记者讲故事”演讲比赛一等奖；党组副书记、副台长刘道荣被评为“全市优秀共产党员”，《娄底新闻联播》栏目组荣获市“五一先锋岗”，广播综合频道总监刘如兰获市“五一标兵”。

【新闻宣传】2016年，娄底电视台主题宣传开辟“回眸十二五，展望‘十三五’”、七个“三年行动计划”“项目建设大比拼”等专题专栏，先后推出《我们这五年》《行·竞》《基石》《突围》《转型创新进行时》等主题报道。围绕“创文迎检”开辟“创文进行时”“创文曝光台”“创文大讲坛”等专题专栏，启动“电视问政·创文专场”，推出“做通情达理、文明有礼娄底人”等主题报道，公益广告实现全媒体覆盖，营造全社会参与文明创建的浓厚氛围；围绕建党95周年，在《学习园地》开辟“纪念专版”；围绕纪念红军长征胜利80周年，推出《信念》等系列报道；围绕“两学一做”专题教育，推出《“两学一做”在娄底》专题报道，承办“两学一做”电视知识竞赛。开展精准扶贫、教育就医、社保就业、旅游休闲等重点民生宣传，推出《扎根基层优秀人物展播》、新春走基层特别策划《我爱这土地》系列报道《精准扶贫在路上》《凡人善举》《我是劳动者》《致匠心》《最美献血人》“讲好娄底故事，传承工匠精神”工人阶级宣传月特刊，按要求做好安全生产、综合治理、节庆旅游、计划生育、市县乡换届选举等服务宣传。在市党代会宣传中，首次对开幕式进行广播、电视和新媒体的同步直播，社会反响强烈。对传统栏目、版面进行改版升级，电视综合频道舆论监督栏目《大事小事》改版为《清风娄底》，广播新闻频道《政风行风热线》改版为《廉政之声》，助推全市党风廉政建设；与市安委会联合打造《安全大讲堂》，立足加强全民安全生产教育，普及全民安全生产知识；《翻盘大开奖》首开益智电视节目直播先河。全年台属媒体发稿20218条，自采稿件13169条，重点报道

281 篇，系列报道 149 篇，完成对上报道 434 篇(条)，其中中央电视台 3 条，中央人民广播电台 23 条，湖南卫视联播 186 条。推出《娄底：实施七个"三年行动计划"打造山水相融、宜居宜业、众人向往城市》《娄底掀起项目建设大比拼热潮》等有影响的稿件。有《四代村民守护无名战士墓》等 3 件作品获 2016 年度湖南新闻奖，有《回眸与展望——2016 两会特刊》等 11 件作品获得 2016 年度湖南广播电视奖。

【经营创收】2016 年，娄底电视台通过增强服务、转型挖潜，活动创收实现逆势增长，先后举办和承办湘博会、房交会、农博会、武陵山片区山歌艺术节、国防教育军事展、娄底好声音、"中国梦·劳动美"演唱比赛、广电车展、少儿才艺大赛、最美教师评选等 60 多场活动，扩大媒体影响，提升广电的良好声誉，实现社会效益与经济效益双赢；以拓展"广电＋"营销新模式的"农产品展销会""海宁皮草节"充分利用闲置场地，创收 60 多万元。全年经营创收 3201.25 万元(不含网络公司)。

【事业建设】2016 年，娄底电视台新址项目建设重启推进。争取市委、市政府对广电新址项目建设的重视与支持，与市城投集团达成初步合作协议，出让土地由市城投集团收储，广电传媒大厦由市城投集团代建，相关前期工作正有序推进。电视高清化改造和广播数字化升级改造作为基础工程纳入全台事业发展突出位置，升级改造方案修改完善，技改资金筹措到位；"无限娄底"项目(手机客户端)完成二期建设，发展用户 7 万余户。市政府对广播电视设备设施升级改造给予大力支持；利用国家对新闻宣传、文化建设的扶持政策，得到中央补助地方公共文化服务体系建设专项资金项目、"新闻资讯"云平台内容建设扶持项目、市移动互联网产业补助资金项目和娄底市 2016 年文化产业发展引导资金项目等 4 个项目，248 万元经费支持；市政府出台"推进文化惠民、实施减免有线电视收视费"的优免补贴政策，每年市本级财政为优抚对象和低收入困难群体减免有线电视收视费 100 万元(不含县市区财政优免)。做好省、市党代会、世界互联网大会、全国"两会"等特护期的安全播出工作，电视发射台改造机房，升级中央广播电视地面无线数字化设备与系统，提升安全播出保障能力和信号质量。

(汪伯雄)

电视发射台工作

【概况】2016 年，娄底市电视发射台有电视发射机 12 台，调频广播发射机 4 台，发射模拟电视节目 5 套(CCTV-1、CCTV-7、HNTV、HNETV、娄底电视台综合频道)，2 个公益数字电视频道(CMMB、国家公益无线数字)，发射电视节目 30 套；发射模拟广播节目 4 套(中央人民广播电台一套、湖南人民广播电台新闻频道、娄底人民广播电台交通频道、城市管理广播)，总发射转播功率为 17.9 千瓦，信号覆盖娄底大部分县市及宁乡、湘乡、邵东等周边县(市)部分地区，覆盖近 400 万人口。

【安全播出】2016 年，娄底市电视发射台把安全播出工作摆在首要位置，以"两学一做"和"履职尽责、攻坚克难"责任心教育活动为契机，把学习成果运用到实际工作中来，时刻紧绑安全播出之弦，做好各类设备系统日常维护和预检预测工作，将故障隐患消灭在萌芽状态，确保设备安全运行；切实抓好机房值班、设备巡查与台账记录及特护期应急保障工作，让日常安全播出与春节、党的十八届六中全会、省市党代会等节假日与特护期播出万无一失。实现中央、省、市各级广播电视节目安全播出 11.4 万小时无差错与台内停播率基本为零的工作目标。

【事业发展】2016 年，娄底市电视发射台投入资金 70 余万元，开展技术改造升级工作，提升安全播出保障能力。重新对机房进行规划和全新装修，对播出设备和系统进行重新布局，机房面貌焕然一新。把原会议室、职工活动室 2 处 70 平方米用房调整为机房和监控室，一并对原有机房进行装修改造；提升安全播出保障能力和信号质量，先后高质量地完成 10 余项主要技改工作：对发射铁塔进行防腐处理；对全台防雷接地系统进行系统升级改造与完善(新钻 4 口 30 米深接地井，新铺设 140 米扁铁带，机房铺设 100 多米接地铜带)；更换调频广播与数字电视的发射天线、多工器和 Φ80 毫米馈管；新增 3 组高标准机房配电屏；更换配电屏到机房的主供电电缆和到各发射机的分电缆；安装高标准的广播电视监控桌与电视墙；机房重新铺设 350 平方米防静电地板和高频接地铜带；新装 1 套价值 6 万余元调频广播监播系统。

(吴迪江)

文学艺术

文艺交流

【概况】2016年，娄底市文学艺术界联合会贯彻习近平总书记系列重要讲话精神，特别是北京文艺工作座谈会上的重要讲话精神，团结凝聚全市文艺工作者，围绕中心，服务大局，履行“团结引领、联络协调、管理服务、自律维权”职能，组织各类主题文艺活动，开展重点文艺创作，推动娄底市文艺事业发展。

【文艺创作】2016年4月，莫美长篇小说《墨雨》由作家出版社出版，《长篇小说选刊》2016年第6期部分刊登。9月28日，由作家出版社和湖南省作家协会在北京联合举办《墨雨》研讨会，中国作协副主席张抗抗，中国作协书记处书记、作家出版社社长吴义勤，省作协主席王跃文等与会领导认为《墨雨》为“一部全景式描写大革命时期农民运动的史诗作品”。吴中心短篇小说《出门捡金子》在《人民文学》(2016年第12期发表)；阳红光小小说《花染饭》、朱伟华小小说《旧书店》均被《小小说选刊》转载。张小牛小说集《三叫》获湖南省文艺人才三百工程重点扶持项目。2016年5月，游宇明荣获中国杂文学会举办首届鲁迅杂文奖，于8月入选中国文史出版社重点推出全国40位著名杂文家文选，2016年《作文与考试·高中版》第3期对他进行重点推介。谢晓晖诗歌《刀钺志》、《疾病志》在《人民文学》2016年第12期发表；龙红年长诗《水稻颂歌——献给杂交水稻之父袁隆平》入选2016年湖南省重点文艺项目。

【戏剧·民间文艺】2016年，涟源市新编历史剧《烧车御史》获第五届湖南艺术节“田汉大奖”，及剧作奖、导演奖等多个单项奖，和省廉政文化优秀作品一等奖；获国家艺术基金年度资助项目，在全省巡演18场次。大型戏曲《花落花开》获省第三届艺术节“田汉大奖”及编导演、表演等10个单项奖，赴中央党校演出，实现娄底市地方戏曲晋京演出的历史性突破，且被中组部列为全国农村党员现代远程教育教材荣获省“五个一工程”奖与省首届文学艺术奖。

【美术·书法·摄影】2016年，娄底美术创作出大量精美作品，先后参加国家级、省级和市级美术作品展，历次入展作品均居全省14个市州之首，为省文联、省美协所点赞，成为全省美术界一大亮点。

书法：举办“万水千山——纪念红军长征胜利80周年诗词书法展”，参加市文联组织的“迎新春、送春联进万家”文艺惠民活动及“创全国文明城市·书写美丽娄底”公益活动；在国展中入展5人次，新晋中书协会员1名，全市中书协会员人数增至62人。在“全国第八届新人新作展”中文开宁、毛旭春2人入展，在“全国第二届楷书展”中陈泽忠、毛旭春2人入展，在“全国第四届草书展”中曾宪良、曾文轩、刘命清、万一群、曾峰入展。

摄影：市摄影家协会自筹资金15万余元，完成娄底图像数字库的基本建设，将征集和收录娄底的原始图像，与人文科技学院美术系实行“产学研”合作，建立功能全面的摄影家基地。

【音乐·舞蹈·曲艺】2016年，娄底多次在全国各类大型文艺、音舞汇演比赛中获得金银铜奖项，在省市各项文艺活动中获得金银铜奖100多次。刘合庄、谢坚强创作的纪念红军长征胜利八十周年大型文艺晚会主题歌《红军精神放光芒》由阎维文主唱，多次在中央电视台播出，由解放军音像出版社出版发行。曾爱兵歌词《中华书画魂》，在中国大众音乐学会举办“唱响中国——2016首届大型音乐展演盛典”活动中，获银牌作品奖。

【艺术展览】2016年，娄底市文联组织文艺家举办形式多样的文艺活动，以活动为载体，推动全市文艺事业繁荣发展。1月8日，在市博物馆举办全市新化县农民画家伍玉喜工笔画展;4月23—25日在娄底书画院举办市摄影家协会常务副主席严伯霖《矿山·家园》摄影展。有千余人参观展览;7月26日在娄底书画院主办中央美院毕业生彭瑾慧回乡汇报展;8月16日指导主办“中华风情高振华澳洲之巡画展”8月28日,在北京举办“一个农民的耕读情怀——娄底彭勃诗书画晋京展”;10月28日在娄底市美术馆举办纪念红军长征胜利80周年书法诗词展;11月5日在长沙举办王桂升书法美术展;12月10日在娄底书画院主办“彩墨散步——苏国强作品展”。选送优秀作品参加国家级和省级的有关展览展赛,均取得好成绩。

【文艺交流】2016年,娄底市文联为扩大文艺影响力和提升各文艺家协会创造力,采取“请进来,走出去”的办法,有序推进全市文艺交流活动,先后邀请株洲市文艺界代表到娄底考察交流,中国作协副主席、省文联名誉主席谭谈和省作协主席王跃文率湖南省40余知名作家来娄开展“问道富厚堂·得稻紫鹊界”文学采风,当代文学大师、文化部原部长、国家作协主席王蒙到娄作“文化的期待”讲座,中国书协副主席、篆书评委会主任包俊宜等到娄考察交流和采风,主办书法艺术讲座,组团到衡阳市衡南县开展艺术创作交流,举办“宁乡·冷水江书法联展”等交流活动。

【文艺惠民】2016年,娄底市文联结合市委“五送下乡”公益活动,组织文艺家志愿者100余名,先后在万豪城市广场、涟源桥头河镇、新化西河镇、双峰印塘乡、娄星广场、社会福利院等地开展文艺惠民活动,创作书画作品2000多幅,春联、“福”字4000余幅,全部免费赠送人民群众,丰富人民群众精神文化生活。

【协会管理】2016年,全市各文艺家协会陆续届满。为更好地加强对各协会的管理,按照各协会章程,突出“优中选优”,选举出在各行业中个人成绩突出、年富力强、有一定影响力、政治素质过硬、愿意带领各自协会干事创业的拔尖文艺家为各协会的主席团成员。先后完成音舞协会、美协换届工作和书协主席推荐、作协主席调整工作。

【发展新团体会员】2016来,娄底市各项文艺事业发展提速,除现有书法、音乐舞蹈、美术、摄影、演讲、作家、戏剧曲艺、民间文艺8个艺术门类发展势头喜人之外,旗袍文化、奇石文化交流等多个艺术门类,公安系统、检察官系统等多个部门的文艺事业也有发展。先后批准成立市旗袍文化协会、市红颜雅韵旗袍协会、市奇石文化交流协会、市民族管弦乐学会和娄底市公安文联等。

【帮扶文艺家】2016年,娄底市文联经各方协调,减免费用,帮助农民画家邓兆凡、伍玉喜主办个人艺术展览各一次,组织作品拍卖,让他们艺术创作得到社会认可。词人火凤凰曾爱兵是涟钢一名下岗职工,其作品得到过文化部等上级有关部门认可,中央音乐学院特别邀请他前去进修,但其经济确实特别困难,经与涟钢进行协调,帮助解决学费问题,送他到中央音乐学院,让他安心进修。

【提供交易平台】2016年,娄底市文联通过多方协调和沟通,把南方文化产权交易所引入娄底,于11月3日设立娄底体验中心并运行,第一批与娄底市15名艺术家签订合同,将这15名艺术家的作品打包上市进行交易,利用“互联网+”模式扩大娄底文艺影响力和文艺产品交易市场,助力文艺家潜心创作,提高创作水平。出台《中共娄底市委关于繁荣社会主义文艺的实施意见》,为全市文艺事业发展指明方向。

(李飞兵)

卫生和计划生育

总 类

【概况】2016年，娄底市卫生计生系统有干部职工25633人，其中卫生专业技术人员18410人（含执业医师及执业助理医师7810人、注册护士6896人）。有疾控、卫监、血站等公共卫生机构13家，公立医院36家，其中综合医院17家（其中三级医院2家），中医医院7家（其中三级中医医院1家），妇幼保健院6家(其中三级妇幼保健机构1家)。乡镇卫生院83所，社区卫生服务中心14所，村卫生室3476个，个体诊所、医务室、门诊部1081家。市卫生计生委机关有内设科室18个，另设机关党委和纪检组。归口管理地方病防治领导小组办公室、公共卫生应急救援指挥中心、市医学会医疗事故技术鉴定工作办公室、计划生育三优服务中心和计划生育药具管理站5个正科级机构；有在职干部职工90人（其中处级干部18名）。除归口卫计委管理的市计划生育协会（正处级）以外，市直有医疗卫生单位9个，有编制数4569个，在编工作人员2683人，人事代理人员1059名，合同制人员1150名。市直单位中正处级单位1个（市中心医院），副处级单位6个（市卫生监督所、市疾病预防控制中心、市妇幼保健院、市第一人民医院、市第二人民医院、市中医医院），科级单位2个，分别是市中心血站（高配副处级）、市骨伤医院。

全市卫生计生工作保持平稳发展势头，禁烟工作位居全省第一，医疗纠纷治理“平安医院”创建工作排名全省第二，公共卫生工作被评为全省先进，全国幸福家庭全市榜上有名，公立医院改革、疾病预防控制等工作继续保持在全省前列。

【工作站位】2016年，娄底市卫计委把计划生育理论知识学习纳入党委中心学习小组重要内容。在年初全市计划生育工作大会上，市委副书记、市长李荐国发布督办令，就各县（市、区）加强和整改工作进行督办。市委市政府主要领导、四大家分管领导分别就计划生育工作带队开展调研和督查。把计划生育工作以倒扣分形式纳入对县（市、区）绩效考核。逐级签订人口计生责任状，年终进行考评，奖惩兑现。对年度计划生育工作全市考评中给予“黄牌警示”的两个单位由所在县市严肃追究责任，取消相关责任人员评先评优和晋升资格。

【净化生育环境】2016年，娄底市卫计委组织“市县直通乡村干部、乡村直通育龄群众”的计划生育大宣讲行动，提升干部责任意识，树立群众依法生育观念。各地继续为育龄群众提供免费环情孕情监测，开展上门服务，及时掌握育龄群众生产生活生育情况，指导育龄群众落实有效避孕节育措施，减少意外妊娠。对社会抚养费征收行为进一步规范，公开征收标准、征收程序、征收结果。规范审批程序，防止自由裁量，杜绝办人情案，加强依法监管，严格做到“收支两条线”。

【打击两非行为】2016年，全市各级成立打击“两非”工作领导小组，明确部门查处“两非”责任，建立“两非”联合办案机制，加强孕妇管理服务，落实住院分娩实名登记与信息共享、人工终止妊娠手术管理、B超使用管理等制度，向社会公开举报电话，发动群众提供案件线索，建立健全打防结合的长效工作机制。6月16日，召开有市直整治“两非”专项行动领导小组成员、县（市、区）分管领导、“两非”办主任参加的全市整治“两非”专项行动会议，安排部署全市整治“两非”专项行动。全市全年查处上报“两非”典型案件24例，且通过省里审核认定。

【落实奖励扶助】2016年，娄底市卫计委对两扶家庭奖励标准在国家发放基础上给予提高。娄星区农村奖扶每人每月增加10元；涟源市农村奖扶每人每月增加 5 元，特扶死亡家庭每人每月增加 100 元，特扶伤残家庭每人每月增加 80 元；冷水江市农村奖扶每人每月增加 20 元，特扶死亡家庭和伤残家庭均为每人每月增加 120 元；双峰县特扶死亡家庭、伤残家庭均为每人每年增加 1000 元；新化县特扶死亡家庭城镇户口每人每月增加 340 元，农村户口每人每月增加 170 元，特扶伤残家庭城镇户口每人每月增加 270 元，农村户口每人每月增加 150 元；开发区农村奖扶每人每月增加 25 元，特扶死亡家庭和伤残家庭每人每年均增加 1000 元。

【注重人口素质】2016 年，全面二孩政策放开后，娄底市组织妇幼保健专家举办针对高龄产妇的优生优育知识讲座，为群众提供优生优育咨询服务。开展出生缺陷干预行动。5 月 6 日，出台《娄底市人民政府办公室关于印发娄底市贯彻落实湖南省出生缺陷防治办法实施方案》（娄政办函〔2016〕33 号），建立市、县、乡、村四级出生缺陷防控网络，市及 5 个县（市、区）均有 1 所由政府举办的公益性妇幼健康服务机构。将婚前医学检查、孕前优生健康检查、增补叶酸纳入基本卫生服务内容，实施城乡全免费。开展产前筛查及产前诊断，扩大新生儿疾病筛查病种及健全新生儿听力筛查管理，预防出生缺陷。推进青少年健康发展工作。全市成立青少年健康发展专家委员会，聘请 32 名各界精英作为青少年健康发展工作的讲师，细化 2016 年至 2018 年娄底市青少年健康发展实施方案，召开全市青少年健康发展工作会议，举办全市青少年健康发展系列讲座。9 月，全市在全国青少年健康发展能力建设会议上作典型经验推介。

【注重优质服务】2016 年，全市各级营造“计划生育、人人有责”良好舆论氛围，卫生计生、宣传等相关部门运用电视、广播、报纸、网站、短信、微信平台、手机彩铃等媒体，全方位、立体化地开展计生宣传。推出人口健康大观园项目，建成并逐步向各县市区推进。采取进村服务和乡镇街道集中服务相结合方式，开展孕情环情检测服务。宣传避孕节育知情选择知识，倡导生育两个以上子女且不符合法定再生育子女条件的夫妇落实一项长效节育措施。自实施全面二孩政策以来，娄底市各级按照省要求取消对生育二孩的审批，实行生育登记服务制度，在生育服务证的办理过程中，实行一系列便民措施，优化办事流程，推行网上办证办事。

【严把生育审查关】2016 年，娄底市落实计划生育“一票否决”制，特别是组织、宣传、人社、统战、工商联等部门，在党政领导班子建设、干部选拔任用、评先评优、人大代表和政协委员推荐、招聘录用国家工作人员、文明单位评选时都征求卫生计生部门意见，对审查期限内有违法多生育者一律予以“一票否决”。市本级对非公有制经济代表人士计划生育审查时，有 4 人被“一票否决”；娄星区对一名跨市州人大代表候选人进行计划生育审查时予以“一票否决”。

【发展后劲】2016 年，全市争取中央投资卫生项目建设资金 4590 万元，市级项目本年度累计完成投资 1.25 亿元，县级项目年度投资完成 4510 万元；全年全市引进高层次卫生人才 95 名，招聘 237 人，加强基层卫生服务体系建设，开展基层卫生岗位练兵和技能竞赛活动和村卫生室能力提升工程五年行动计划（2016—2020 年），强化对口支援和科技特派员工作。

【改革效果】2016 年，娄底市卫计委按要求完成市、县、乡三级卫生计生整合的机构改革工作，做到班子、人员、办公场所、工作“四融合”，发挥 1+1>2 综合效应，特别加强基层技术资源和执法力量的整合，服务管理能力更强。市本级 8 家公立医院医院于 10 月 1 日零时正式启动以“药品零差率销售”为核心的综合改革，分级诊疗有序推进。

【服务民生】2016 年，娄底市卫计委按时间节点保质保量完成省政府重点民生实事“重性精神疾病患者救治救助工程”和“农村适龄妇女‘两癌’免费检查”工作。救治救助重性贫困精神病患者 626 人，完成省里下达任务数 105%，有 84463 名农村适龄妇女进行“两癌”免费检查，完成省定任务 109%。突出健康扶贫，开展建档立卡农村贫困人口因病致贫返贫调查工作，摸清 162791 名因病致贫人员数据，有针对性出台精准扶贫具体方案。

【重点业务】2016 年，全市未发生甲类传染病，未发生大面积传染病暴发流行，加强疫苗管理，处置 22 起突发公共卫生事件；创新健康教育方式，在珠山公园设立“人口健康大观园”。组织开展“医疗卫生领域损害群众利益行为”和“雁过拔毛”式腐败专项整治；推进“进一步改善医疗服务行动计划”，加强平安医院创建和打击涉医违法犯罪专项行动，娄底市医疗纠纷调处中心挂牌成立。推进基层老中医药专家学术经验继承工作，实施基层中医药服务能力提升工程，强化医疗废物和医疗废水等公共卫生监管。

（张业志 朱婷莎）

表 78

2016 年卫生计生委先进集体和先进个人登记表

获奖单位、先进个人	奖励名称	颁奖单位	颁发时间
娄底市卫生计生委	2016 年度全省出生缺陷防治工作先进单位称号	省卫生计生委	2017 年 2 月
娄底市卫生计生委	2015—2016 年度全省援外医疗工作先进单位称号	省卫生计生委	2017 年 7 月
刘兆梅	湖南省委省政府授予一等功	省委省政府	2017 年 1 月
张东红	2016 年度全省卫生计生宣传工作先进个人	省卫生计生委	2017 年 3 月

卫生计生执法监督

【概况】2016 年，娄底市卫生计生综合监督执法局贯彻执行国家卫生法律法规，组织实施全市卫生监督执法工作计划，负责公共卫生和医疗服务、母婴保健、疾病控制、采供血机构的卫生监督执法检查工作；对全市 54 家市直医疗机构进行放射卫生执法检查，组织娄底市疾病预防控制中心对 54 家医疗机构放射卫生防护进行现场检测。对 10 家违法情节较轻单位责令限期整改。对 11 家违法情节较重单位进行警告和罚款行政处罚。根据《放射工作人员职业健康监护技术规范》要求，联合市疾控中心职业病防治医院，组织全市放射工作从业人员 290 余人进行职业健康检查，未发现有职业危害和职业禁忌症，促进放射工作人员职业健康监护档案落实，保障放射工作人员健康权益，获得广大放射工作从业人员好评。通过公布举报电话、设立举报信箱和网上投诉举报等方式，主动接受群众监督，及时受理和查处群众投诉举报的各类卫生违法案件。全年受理投诉举报案件 19 起，办结 16 起。完成上级交办案件 2 起，办结 1 起。除匿名举报以外均将查处结果及时回复举报人，投诉举报处理率 100%。

现有在职干部职工 31 人，退休干部 7 人。其中内设办公室、行政后勤财务科、环境卫生监督一科、环境卫生监督二科、医疗卫生机构监督科、传染病防治与学校卫生监督科、职业卫生与放射卫生监督科、卫生监督稽查与信息科。

【公共卫生监督】2016 年，娄底市卫生计生综合监督执法局对市直管 19 家发证二次供水单位进行日常监督检查，下达卫生监督意见书；对市直管市自来水公司一、二水厂水源水、出厂水、管网末梢水进行水质卫生安全检测；监督指导市疾控中心对城区供水管网的梢水监测点，按月进行五大指标抽样检测，对检测结果进行网上公示。履行生活饮用水卫生监督职责，保障全市人民饮用水卫生安全。对住宿、美容美发、沐浴等公共场所单位进行量化分级等级年度审核。对管辖 433 家各类公共场所单位开展日常卫生监督检查，对 30 家违法事实较严重的单位开展卫生行政处罚，罚款人民币 4.99 万元。开展市直公共场所和生活饮用水等单位从业人员健康检查，健康体检 5000 余人，卫生知识培训 5000 余人次，从业人员体检培训率 100%，“五病”(痢疾、伤寒、病毒性肝炎、活动期肺结核、化脓性或者渗出性皮肤病)调离率 100%。

【医疗机构监督】2016 年，娄底市卫生计生综合监督执法局检查 43 家医疗机构传染病防治管理组织、制度、应急预案、发热门诊、预检分诊、传染病疫情报告、医院消毒管理、临床用血、医疗废物和医院污水处置等情况，把医疗废物和医疗污水作为重点监督检查对象，对医疗机构医疗废物分类、贮存等不符合《医疗废物管理条例》从严处罚。根据市卫计委要求，无医疗污水处置设备的单位必须在 6 月 30 日之前完成医疗污水处置设施建设，医疗污水应达到国家规定排放标准方可排入污水处理系；对医疗机构违法行为在限定期内进行整改并复查。针对检查中存在的问题，实施重整改、轻处罚，以解决实际问题为出发点，以解决当前问题为重点，结合各单位实际，下达切实有效整改意见书，得到被监督单位的理解和支持。对开展血液透析诊疗活动的 15 家医疗机构进行专项执法检查，重点检查各医疗机构血液透析场所布局与设施，透析用水及透析液质量，血透机和水处理系统的消毒，透析器复用操作规范，消毒隔离制度，医疗废物处置，人员资质等。对个别单位存在的血透用房布局不规范，清洗用盐、医疗废物处置不符合要求等下达监督意见书。对市直管二级以上医疗机构消毒隔离情况开展监督抽检，尤其对医疗机构的内镜诊疗中心、消毒供应中心、注射室、病原微生物实验室。开展全市病原微生物实验室专项监督检查，要求加强实验室生物安全意识，完善规范化管理，建立生物安全管理体系，编制实验室生物安全手册，制定安全管理制度以及安全保卫措施。对超范围执业、诊疗科目设置不规范、不符合资质人员从事诊疗活动等存在的问题，下达整改意见书56份，立案查处问题医疗机构21家。

【传染病防治】2016年，娄底市卫生计生综合监督执法局落实新修订《疫苗流通和预防接种管理条例》，4月对全市疫苗流通和预防接种工作开展监督检查，10月又对全市疫苗流通和预防接种工作进行专项督查。对疾病预防控制机构以购进疫苗时索证索票、疫苗存储运输时管理和突发事件应急处理等情况为重点内容，开展监督检查；对接种单位以疫苗购进、接收和分发、疫苗储存设施运转和接种单位人员资质以及疫苗接种、接种记录填写等情况为重点内容实施监督检查；对各县（市、区）卫生计生综合监督执法局以工作计划制订、日常监督开展、监督检查过程发现问题依法处理和预防接种单位本底数据建立和更新等情况为重点内容，对其依法履行职责、规范行使职权情况开展督查。检查各级各类预防接种工作相关单位1026家次，其中卫生计生综合监督执法机构10家次，疾病预防控制中心22家次、预防接种单位994家次。开展打击非法消毒产品专项整治，检查药店25家，大型超市3家，出动52台车次和153人次，发现12种消毒产品标签说明书存在明示或暗示宣传疗效情况。对8家销售卫生标准和要求消毒产品经营单位，责令立即撤离柜台落实索票索证制度。立案8起，没收销毁不合格产品51盒，罚款1.76万元。对餐饮具集中消毒单位实行监督管理。重点检查辖区5家餐饮具集中消毒服务机构，对个别餐饮具集中消毒单位索证不全、个别从业人员未持有效健康检查证明上岗、未如实记载生产过程的检验记录、留样记录和销售记录等问题，指导立即整改；出具卫生监督意见书11份。

【学校卫生监督】2016年，娄底市卫生计生综合监督执法局针对个别学校记录、资料收集不规范、反馈单未存档等问题，下达监督意见书，定期复查，防止学校各类公共卫生突发事件发生。对学校教学及生活环境卫生实行监督检查。重点对学校、幼儿园、各乡镇初级中学及中心小学的教室人均面积、噪声、教室采光、微小气候、教室照明、健康教育、学生宿舍、厕所、生活饮用水、学校食品卫生、传染病管理等12项开展卫生监督和现场快速检测，对学校卫生工作进行综合评价，将监督检查结果向各学校做通报。出动卫生监督人员257人次，车辆117台次。

【行政许可行为】2016年，娄底市卫生计生综合监督执法局按照《中华人民共和国行政许可法》要求，以书面审查为主要形式，以资料收集、许可程序、许可依据为客观依据。对实施所有卫生行政许可都认真审查，做到受理审查程序合法，审查许可有标准、有时限。对行政处罚案件分别开展事前监督、过程监督和事后监督。对处罚主体、依据和程序合法性、自由裁量权使用情况，以及文书制作情况开展审查，纠正文书书写不规范、证据链不完整等现象。所有行政处罚都做到事实清楚、证据充分、适用法律法规正确，程序合法，处罚适当，行政处罚文书完整、准确、规范。全年审查行政处罚案卷98起，无行政复议和行政诉讼案件。其职业卫生与放射卫生监督科制作的《** 市 ** 医院未给放射工作人员 ** 办理“放射工作人员证”》行政处罚案卷，获湖南省卫生计生监督执法优秀案卷，朱焱获省卫生计生监督行政执法微课大赛二等奖。（曾琼阳）

计生协会

【概况】2016年，娄底市计生协会围绕“争先创优，服务大局——关爱留守儿童·塑造健康人格”“塑造健康人格，创建幸福家庭”等主题，开展宣传服务活动。全年全市开展宣传服务活动580余场，宣传服务对象超100万人次，展出展板超900块，发放各类宣传手册40多万份。市、县、乡三级加大投入，新建一批计生文化宣传长廊、人口文化大院，完善一批村级“会员之家”宣传阵地。联合市卫生计生委在珠山公园建立起人口健康大观园，制作各种卫生计生宣传图标近100个，依托珠山公园原有基础设施为平台，打造长达3800米健康步道和1900米宣传长廊；

把计生协宣传融入民间文化，利用计生书画竞赛，改编山歌、傩戏，新编腰鼓词等，让群众在自娱自乐中自我宣传。众多理事会员利用田间地头、茶余饭后，面对面交流，把宣传教育工作做到户、做到人。还联合相关单位摄制人口文化电影《马东的假期》《爱上油菜花》，两部影片被列为全国农民工电影展映指定影片。编排全省第一部大型留守儿童情景剧《爱，永不缺失》。《中国人口报》《湖南日报》、湖南卫视、《娄底日报》等国家、省、市主流媒体，对娄底市计生协会工作的报道，开通自身新版网站。全市计生协宣传工作被省计生协唯一推评为全国计生协宣传工作先进单位，在中国计生协七届二次全国理事会上作经验介绍。全市累计筹措资金和物资3500多万元，帮扶救助计生困难家庭3万余户。各级计生协开展“三结合”“幸福工程”和小额贴息贷款项目等一批具有特色项目。创办“生育关怀——三结合”项目和“幸福工程”项目40个，实施小额贴息贷款项目160个，扶持360户计生家庭发展生产。计划生育保险工作实现全覆盖，为80多万人(户)办理计划生育系列保险，投入保费2700多万元。（王剑英）

表79　**2016年市计生协先进集体和先进个人登记表**

获奖单位、先进个人	奖励名称	颁奖单位	颁发时间
娄底市计划生育协会	全国计划生育协会(地级)先进单位	国家计生协会	2016年5月
娄底市计划生育协会	湖南省计划生育协会模范单位	湖南省计划生育协会	2016年12月

疾控中心

【概况】2016年，娄底市疾病预防控制中心谋发展、求突破，完成检验检测综合用房改扩建工程项目的申报，取得发改委可行性批复、规划局选址意见、建设局初步设计批复、环保局环境影响报告批复等手续。完成食品安全风险监测项目中央预算内资金510万元,市财政配套资金60万元仪器设备采购；利用2015年中央转移支付专项资金179.68万元采购体检车；自筹资金84.26万元采购数字化摄影系统(DR)等设备；中心筹资21万余元对部分科室业务用电脑打印机进行配备和更新；投资60余万元安装二部电梯；筹资建设中心局域网，启动钉钉移动办公软件，办公自动化程度大幅提升。全市无甲类传染病报告，没有发生大面积传染病暴发流行。乙类传染病中，传染性非典、脊灰、人感染高致病性禽流感、炭疽、流脑、白喉、新生儿破伤风、血吸虫病、人感染H7N9禽流感无病例报告。坚持24小时值班制，突发公共卫生事件报告网络和值班电话保持24小时畅通。全年共报告突发公共卫生事件31起，比2015年增加7起，无较大级别以上突发公共卫生事件发生，无死亡病例，均进行及时有效处置。项目经费按工作目标开支合理使用，接受和通过各级审计部门审计。

全年获得省级以上集体荣誉40项，市级以上荣誉7项，在市级以上部门团体组织的竞赛活动中获奖26人次。参加湖南省突发中毒事件卫生应急网络服务模式培训演练，获三等奖。获全国“十二五”地方病防治先进集体及全省2016年度流感监测先进单位、全省“十二五”病媒监测先进单位、全省结核病防治规划(2011—2015年)先进集体等称号；中心建筑面积8497平方米；核定编制137名，设有12个业务科室，5个职能科室。

【疫情防控】2016年，娄底市疾病预防控制中心设立重点传染病监测点8个。市本级承担登革热监测、流感监测等重点传染病监测项目，双峰县承担钩端螺旋体病监测、肾综合征出血热监测2个项目，涟源市承担钩端螺旋体病监测和人感染高致病性禽流感省级农村家禽散养户集中地区类监测2个项目，新化县承担狂犬病、发热伴血小板减少综合征监测2个项目。完成各项监测任务，预防H7N9禽流感、手足口病、登革热、布病等重点传染病。落实预防接种工作规范，确保各疫苗接种率均达95%以上；完成脊灰疫苗策略转换工作，回收并销毁三价口服脊灰疫苗24.8万余剂。通过省级验收；5月，涟源市蓝田镇社区卫生服务中心数字化预防接种门诊通过省级验收，10月启动冷水江市冷办社区卫生服务中心、双峰县永丰镇卫管所数字化预防接种门诊建设工作；全市108个乡镇及其接种门诊、51个产科门诊全部启用新的免疫规划信息系统；按照《疫苗流通与预防接种管理条列》及湖南省疾控中心和娄底市卫计委要求规范开展二类疫苗采购供应工作，连续8年获评省生物制品管理先进单位。

【地方病、寄生虫病、慢性非传染性疾病防控】2016年，娄底市疾病预防控制中心开展碘盐监测，结果显示全市碘盐覆盖率为99.8%，达国家控制标准，全市孕妇和8~10岁儿童碘摄入量符合标准；11月在冷水江市、新化县开展氟骨症、尿氟监测调查，达到燃煤污染型地方性氟中毒控制要求；对疟疾11病例按“六个”100%进行处置；通过省卫生计生委对涟源市、新化县和市本级疟疾防治现场考核验收；实施35岁以上人群首诊测血压，逐步开展血压、血糖升高、血脂异常、超重肥胖等慢性病高危人群的患病风险评估和干预指导，健全死因监测、肿瘤登记、心脑血管事件报告和慢性病与营养监测制度和精神障碍患者报告登记、服务管理、救治救助及心理健康服务等。全年检测常规样品14274份；上送国家疾控流感样毒株102株，远超国家规定的每年30株任务数量，被评为湖南省2016年流感监测先进单位；参加国家级和省级盲样考核24次，涉及49个项目，均达到优秀水准。

【性病艾滋病麻风病防治】2016年，娄底市疾病预防控制中心重视性病、艾滋病、麻风病防治工作。2016年，全市新报告艾滋病病例(感染者与病人)260例，死亡81例，疫情维持低流行散发水平，加强以感染者为中心的传染源管理与干预，开展涟源市第三轮国家级综合防治示范区和社会组织参与项目工作；加强梅毒诊断和报告管理，开展历年麻风病治愈存活者调查，做好性病、麻风病疫情处置、病例管理及项目工作，落实性病、麻风病规划措施。

【结核病与职业病防治】2016年，娄底市疾病预防控制中心按照年初工作计划，狠抓结核病转诊追踪管理工作，提高病人追踪到位率与转诊率，提高全民结防知识的知晓率和结核病人主动到位率；依法依规对17家医院新建机房职业病危害进行放射防护预评价与控制效果评价，对50余家放射诊疗机构开展射线防护检测，对双峰海螺等企业工作场所开展职业危害因素监测，推动市域用人单位职业病危害防控工作的有序发展。

【食品、水与空气监测】2016年，娄底市疾病预防控制中心按照《2016年湖南省食品安全风险监测方案》及实施细则监测要求，全年对17大类35种食品开展常规和专项监测工作；食源性疾病监测审核上报2744例病例信息和19起食源性疾病暴发事件；完成28份病原学检验阳性标本报送工作。协同华测公司完成全年$PM_{2.5}$现场采样工作；完成2016年1—11月雾霾特征污染物监测和成分分析结果的报送工作。全年监测公共场所单位154家，采集各类顾客用品用具1088件，完成各类场所730余点次微小气候、空气质量监测工作。根据《湖南省饮用水卫生监测工作方案(2016版)》要求，对娄底中心城区市政供水、自建设施供水和二次供水单位的水质进行监测，全年完成3200条数据的上报和5个县（市、区）城市、农村饮用水380个水样1.2万余条数据的审核上报工作，任务完成率100%；按照《全国病媒生物监测方案》和国家卫生城市标准开展病媒生物与消毒卫生监测，对36家市直医疗机构、4家市直托幼机构进行消毒监测，对17家医院进行透析用水监测，对22家医疗机构进行污水监测。

【健康教育】2016年，娄底市疾病预防控制中心全年举办重大卫生日等主题宣传活动31次；协同卫计委及有关单位组织举办“健康中国(湖南)行”娄底站主题宣传，展出宣传展板80余块、制作健康教育专栏8期、设计制作卫生宣传展板10块，自编印发健康教育宣传资料10万份，为城区各机关企事业单位、社区、行业、学校等部门统一设计健康教育专栏模板8期。

（吴炼）

表 80　**2016 年娄底市疾控中心先进集体和先进个人荣誉登记表**

获奖单位、先进个人	奖励名称	颁奖单位	颁发时间
	湖南省突发中毒事件卫生应急网络服务模式培训演练	省卫生计生委	2016 年 12 月
地寄慢科	全国“十二五”地方病防治工作先进集体	全国疾控中心	2016 年 4 月
地寄慢科	2015 年基本公共卫生服务工作先进单位	省卫生计生委省财政厅	2016 年 12 月
食环卫科	2015 年度全省食品安全风险监测化学污染及有害因子监测工作良好单位	省卫生计生委	2016 年 5 月
食环卫科	2015 年度全省食品安全风险监测食源性疾病监测工作良好单位	省卫生计生委	2016 年 5 月
性艾科	2016 年度全国 CD4+T 淋巴细胞检测能力验证成绩优秀	中国疾控中心性艾防控中心	2016 年 11 月
性艾科	2016 年度全国艾滋病检测实验室 HIV 抗体血清学检测能力验证成绩优秀	中国疾控中心性艾防控中心	2016 年 12 月
性艾科	2016 年度全国艾滋病检测实验室 HCV 抗体血清学检测能力验证成绩优秀	中国疾控中心性艾防控中心	2016 年 12 月
性艾科	2016 年度全国艾滋病检测实验室 HBsAg 血清学检测能力验证成绩优秀	中国疾控中心性艾防控中心	2016 年 12 月
性艾科	2016 年度全国艾滋病检测实验室梅毒抗体血清学检测能力验证成绩优秀	中国疾控中心性艾防控中心	2016 年 12 月
检验科	2016 年度全国地方病防治机构实验室氟、砷测定质量考核工作，尿中氟化物的测定考核合格	中国疾控中心	2016 年 12 月
检验科	2016 年度全国地方病防治机构实验室氟、砷测定质量考核工作，水中氟化物的测定考核合格	中国疾控中心	2016 年 12 月
检验科	2016 年参加全国质控网络并合格的盐、尿、水碘实验室	国家碘缺乏病参照实验室	2016 年
检验科	湖南省 2016 年蛋白质检测能力验证满意	湖南省质监局	2016 年 11 月
检验科	湖南省 2016 年沙门氏菌检测能力验证满意	湖南省质监局	2016 年 11 月

市中心医院

【概况】2016 年，娄底市中心医院主动适应公立医院改革新常态，坚持“以病人为中心”的服务理念，围绕公立医院改革，落实医疗核心制度，各项工作取得进步。医院主要领导和分管院领导带队开展大查房 50 场次，相关职能科室开展各种形式质量安全督查 200 场次，开展疑难病例全院大讨论、研究生文献阅读会、临床医技科室科主任和护士长会议等 270 余场次。开展抗菌药物临床应用专项整治和临床路径管理，加大药占比控制力度，遏制抗菌药物滥用现象，临床路径管理提升，医疗护理质量改进，全年没有发生一起医疗责任事故。全年接诊门急诊病人 126 万余人次，年出院病人 6.7 万余人次，完成住院手术 19572 台次。在严格规范收费前提下，全年实现业务总收入 12.0811 亿元，比上年增加 1.4185 亿元，增幅达

13.3%。通过中国医院协会“全国百姓放心示范医院”第五周期专家评审考核和百姓评议，获“全国百姓放心示范医院”称号。8月，在省卫计委组织的全省抗菌药物专项整治、平安医院建设和改善医疗服务行动计划专项督查中，相关工作得到省卫计委领导和专家组认同。获授“全国爱婴医院”和湖南省2014—2016年度流感监测“先进单位”“全市母婴安全保障工作先进单位”“全市综治工作考核先进单位”等荣称号。根据医疗业务发展需要，先后引进医学硕士65名。邀请清华大学、中南大学等国内著名的医学专家来院开展学术讲座50场次，选派500名业务骨干到国内外知名医院进修深造和短期学习培训，组织开展各级、各类学习培训和岗位练兵活动80余场次，经过考核，全年新聘副高以上职称25人，中级职称66人。更新专科知识，提高医院整体素质。

【科研教学】2016年，娄底市中心医院坚持“以教促学、以学促研”方针。召开娄底市第五届骨科国际学术交流活动，邀请美国著名关节外科专家Fred D. Cushner教授和世界关节软组织平衡大师、法国著名骨科专家Jean-Louis Briard教授来院进行手术交流和讲学，举办2016年LINK关节高峰论坛，邀请全国著名骨科专家、清华大学长庚医院骨科中心主任、硕士研究生导师蔡谞教授来娄交流讲学，与中南大学湘雅医院骨科专家团队共同举办全省骨科疑难病例研讨会，湘雅医院首次派出90余名骨科专家和技术骨干到娄底开展专科研讨会。承办省医学会耳鼻咽喉头颈外科学年会、省急诊医学年会、省血液肿瘤高峰论坛、省新生儿专科建设提高班、省“儿童腹泻病规范化诊治直通车”培训班、全省放射诊断质量控制中心地区巡讲以及市医学会心血管内科、普通外科、妇产科、呼吸内科、检验、超声学等省市学术活动近30场次；特别湖南省儿童遗尿诊治定点单位落户娄底市中心医院，市医学会急诊医学专业委员会、新生儿专业委员会、血液净化专业委员会及血液净化医疗质量控制中心相继成立挂靠。全年组织申报省科技厅科研计划课题5项、省卫计委科研计划课题4项、市科研课题20项。《副神经血供的应用解剖学研究》等3项科技成果顺利通过省市专家鉴定，相关技术达到国内先进水平；《Gemini MK Ⅱ微创技术在HTO患者膝关节置换术中的应用及临床研究》技术项目通过专家组鉴定，整体技术达到国内领先水平，获娄底市科技进步一等奖；全院在国家和省级专业刊物上发表论文152篇，其中SCI论文2篇，核心期刊论文17篇。《氨甲环酸用于创伤外科的研究进展》、《Mir-32靶向DAB2IP对前列腺癌放疗敏感性调控机制的研究》2篇论文被评为娄底市第九届自然科学特等优秀学术论文，6篇荣获一等奖，11篇获二等奖，27篇获三等奖；《指甲甲床缺损甲板缺失修复保护装置》《一种新型医用氧气袋》《一种气管切开患者专用的痰液收集装置》《气管切开套管固定装置》等发明获得国家知识产权局实用新型发明专利。且在全市率先开展CT、B超联合引导下肿瘤微波消融术，全腹腔镜下输尿管肿瘤根治术，药物球囊冠脉介入术，显微镜下微创髓核摘除术等新技术、新项目13项。全年招收和培养临床硕士研究生23名，带教南华大学麻醉本科生103名，培养基层全科医生、住院规培医生387名，带教各大医学院校实习医护人员620人。

【技术引进】2016年，娄底市中心医院引进尖端技术，保持学科领先优势。由中国工程院院士、中南大学临床药理研究所所长、中国遗传药理学和药物基因组学的开拓者、个体化医学奠基人周宏灏领衔的专家团队，设立全省首家三甲综合医院院士专家工作站，娄底市委书记李荐国、市委副书记何文君、市委常委、组织部长华学健及省科协党组副书记、副主席王玉立等领导出席会议并为院士专家工作站授牌。现专家工作站可开展乳腺癌患者HER2免疫组化检测、B细胞淋巴瘤CD20检测、无创DNA产前检测等高技术含量临床检测和科研工作，受到省卫计委领导作为亮点推介。特别湘中地区首家“3D医学打印”中心成立，设备安装到位；娄底首例试管婴儿诞生，其试管婴儿临床妊娠率达到55%~65%，高于全国平均水平，成为全省14家通过国家卫计委正式评审具备开展“试管婴儿”技术资质的医疗机构。还根据医疗业务发展需要，成立娄底首个核医学科，增设或分设耳鼻咽喉头颈外科、儿科、小儿骨科、手外科、产科等10个病室。

【公益医疗】2016年，娄底市中心医院适应城市公立医院综合改革，构建起市域医疗联合体。制定相关方案，与部分医疗机构签订协议，到青树坪镇、渡头塘镇、新化大熊山、杨市镇等地开展义诊、讲学、教学查房、疑难病例讨论等活动7场次，开通合作单位危重疑难病人转诊绿色通道。还开展12项便民惠民服务和改善医疗服务行动计划，推出志愿者服务在医院、开展大幅减免普通门诊诊查费等服务举措，全年为群众减免诊查费586万元，组织送医送药下乡义诊活动30余场次，免费发放药品10万余元，开展急救等健康科普讲座30余场次，发放健康科普资料9万余份；组织无偿献血2次，373名党员干部和医务人员无偿献血11.7万毫升。与麻阳苗族自治县人民医院签订长达5年对口帮扶协议，选派专家和技术骨干进行对口支援，选派23名医疗骨干到冷水江市人民医院以及双峰杏子铺卫生院、新化大熊山卫生院等基层医院开展医疗支援。被国家卫计委医政医管局、健康报社联合授予全国卫生系统“改善医疗服务示范医院”称号。

【硬件建设】2016年，娄底市中心医院依法依规购置德国西门子256层超高端双源CT、美国GE公司ECT、美国豪洛捷数字乳腺X线摄影系统等必需的医疗设备；在医疗区建立现代“风雨走廊”；对门诊相关诊室和临床部分科室进行重新规划和布局；在急诊楼前坪新建“娄底城区首座立体停车场”，院内“停车难”和交通拥挤状况得到改善；对住院部奇石园、住院部C区通道等区域作重点绿化和整治，院内环境明显改善；市重点工程——住院部E区竣工并投入使用，医院住院条件得到改善。

【行业作风】2016年，娄底市中心医院多措并举抓行业作风建设，召开专题会议动员部署。院长、党委书记、副书记、纪委书记、分管院领导与支部书记及各科室负责人层层签订党风廉政建设和行业作风建设责任书，全院党员及干部职工签订党风廉政建设和行业作风建设个人承诺书；按照省、市统一部署，从10月1日零时起，实施药品零差率销售，1000余种药品全部按进价销售，药价平均降幅达15%，CT、磁共振等大型设备检查降价10%。全年开展作风建设专项督查10场次，开展第三方满意度调查，根据调查结果实施奖惩；组织中层干部开展廉政警示教育6场次，对全院重点、关键岗位工作人员分期分批提醒约谈，把“四种形态”要求贯彻落实到监督执纪的各个环节中，坚持挺纪在前、抓早抓小、防微杜渐、教惩并举。全年对13名违反行业作风纪律工作人员分别给予全院通报批评、警告、记过、调离工作岗位等处分，视情给予相应经济处罚，起到很好警示教育作用。全年医务人员主动拒收红包礼金达180次，涉及金额10万余元，收到患者送来感谢信和锦旗超240封(面)。

(黄小红 董昉)

表81　2016年娄底市中心医院先进集体和先进个人登记表

获奖单位、先进个人	奖励名称	颁奖单位	颁发时间
孙增产	2015年度全省医疗服务价格和成本监测工作先进个人	省卫计委	2016年10月
李劲松	全省优秀党务工作者	中共湖南省委	2016年7月
娄底市中心医院	第八届全国优秀医院报刊	中国卫生思想政治工作促进会、医院报刊专业委员会	2016年10月
黄小红	第八届全国医院报刊优秀主编	中国卫生思想政治工作促进会、医院报刊专业委员会	2016年10月
谭华清	政府特殊津贴	湖南省人民政府	2016年7月
娄底市中心医院	湖南省学雷锋志愿服务百强社团	湖南省文明委、湖南省直工委	2016年12月

妇幼保健院

【概况】2016年,娄底市妇幼保健院创新服务机制,拓展服务领域。全市各项妇幼健康主要服务指标和效果指标得以提升:孕产妇死亡率控制在11.41/10万;婴儿及五岁以下儿童死亡率分别控制在4.03‰及6.9‰;产妇系统管理率92.1%;剖宫产率控制在34.78%;7岁以下儿童保健覆盖率90.52%;新生儿疾病筛查辖区筛查率106.36%,确诊遗传代谢性疾病患儿189例,均得到有效治疗和随访管理;新生儿听力筛查辖区筛查率105.34%;完成地中海贫血筛查3884例,确诊199人;婚检率88.89%。产前筛查率达84.12%,产前诊断率82.51%,确诊畸形胎儿45例,艾滋病孕期机构检测率88.46%,确诊艾滋病孕产妇17例,其中分娩12例,12例婴儿早期诊断结果均为阴性,梅毒孕期机构检测率87.73%,确诊梅毒孕产妇111人,均进行医学干预。4月与中国出生缺陷干预救助基金会合作开展娄底市健苗工程新生儿遗传代谢病检测项目和遗传代谢病患儿救助项目,获得国家卫计委妇幼司调研组领导肯定,将经验在全国推广;8月通过省卫生计生委三级妇幼保健机构评审验收;9月8日市妇幼保健院整体搬迁,项目综合楼一期奠基开工;28日挂牌成立"娄底市妇幼保健计划生育服务中心",对提升妇幼健康服务水平,全方位全周期保障妇女儿童健康发挥作用。

【医疗服务】2016年,娄底市妇幼保健院通过网络、微信、电话等方式实施预约诊疗,取消药品加成,下调400余种药品品规和85种耗材的价格,取消20多种耗材收费,实现药品零差价销售,全年全院药占比19.05%。不断增加院内临床路径入径疾病谱,切实降低群众就医负担。全年发行院报4期12000份,推送微信195条;更换宣传栏60期;制作展板22块、海报20张;编制新的宣传读物20种、健教处方31种计20多万册。全年开讲52场,深入社区举办健康讲座10多场,开展公众宣传日义诊活动15场,将健康送到老百姓身边。到社区、学校、乡村持续推进"守护成长、呵护花蕾"关爱留守儿童系列志愿者服务活动,先后为10所学校、6所幼儿园,5000余名学生进行青春期健康知识、防性侵知识、儿童保健知识、急救知识宣讲。为贫困病人减免医药费10余万元,扶贫义诊10余次。

【课题研究】2016年,娄底市妇幼保健院以《维生素A、E与小儿呼吸道感染的相关性研究》《维生素A、E与产前孕期子痫的相关性研究》,创建小儿遗传病专科及小儿生长发育科两个市级重点专科。新建基因扩增实验室,提质扩容不孕不育专科和产后康复科,优化医疗诊区布局,实现产前、产时、产后无缝连接;对儿科病区进行修缮改造;实现医院Wi-Fi全覆盖,开展护理质量改进"品管圈"活动,在全市二级以上医疗机构推广。引进开展新业务、新技术8项,其中:产前诊断中心引进DNA测序技术,在省内率先开展无创DNAplus检测3对染色体异常及100种染色体微缺失、微重复;产科创新采用阴道水囊助产与分娩镇痛技术提升自然分娩率,剖宫产率降至40%以下;产后康复科乳房手法穴位按摩及中药调理催乳,促进母乳喂养率。儿童保健科创新引进儿童生长发育门诊,科学指导孩子体格发育;新生儿科开展危重新生儿PICC置管术、新生儿换血术,抢救成功率达99.8%;乳腺外科引进乳管镜、乳腺微创旋切术检查治疗乳腺疾病。(潘德晟 辛满艳)

娄底市第一人民医院

【概况】2016年,娄底市第一人民医院围绕医院发展大局和中心工作,外科综合楼提前投入使用、内科楼和食堂改造升级、医院大门建设完工,改善群众就医环境。正式被省卫生计生委批准注册为国家三级综合医院;全年出院1.8万余人次,同比增加0.3万人次;挂号20万余人次,同比增加约0.5万人次。全年新开科室10余个,国家级和省级医学专业委员会委员人数增加至12人,学科建设加强,学科能力提高。是中国烧伤创疡娄底科技医疗中心、中国创面修复专科建设培育单位、湖南省娄底市全科医生转岗培训基地、3D打印湖南省工程研究中心娄底分中心、中南大学湘雅医院定点指导双向转诊医院、湘雅二医院医疗协作医院、湖南中医药大学第一附属医院湘中医医疗联盟单位、娄底市创面伤口修复中心。现有员工800余人,其中高级职称120余人,国家级和省级医学专业委员会委员12人。医院编制床位1200张,设有烧伤整形外科、泌尿外科、骨外科、呼吸内科、心血管内科、儿科等20余个临床重点专科。医院总建筑面积 6.6 万平方米，占地面积 4.1 万平方米，拥有一批国内、国际先进水平的高档医疗仪器设备。多次获评“省文明医院”“省文明卫生单位”“省园林式单位”“娄底市十佳医院”等称号。

【医疗水平】2016 年，娄底市第一人民医院围绕“请进来、走出去、制度化”培训模式。举办各种业务讲座 28 场次，完成 2150 人次内培任务；外派 20 名医护人员到上级医院进修学习。邀请中国工程院院士、烧伤学科全国和湖南省主委等专家到院会诊，外请教授来院授课 8 次和院内开展疑难危重病例会诊、死亡病例讨论 28 次。组织周巡查等各种形式检查 30 余次，开展医疗核心制度督查 18 次。制定《抗菌药物临床应用管理办法》等文件，从严控制抗菌药物使用，对各个临床科室进行 DDD 分配，抽查抗菌药物使用病例 15969 例次，点评一类切口病例 436 例次。在全省地级市中率先应用 3D 技术并通过市级科技项目立项，为 50 多名复杂骨科疾病患者实施手术，为 92 岁高龄患者应用微创技术进行钬激光碎石和前列腺电切术。开展其他新技术和检验项目 20 项。对 3500 名病人或家属进行满意度调查，收集整理近 400 余条意见和建议。开展徒手心肺复苏竞赛等护士节系列技能竞赛活动和“星级护士站”评选活动，提升护理和急救技能。完成体检 1.6 万人次。接待涟钢集团等 30 余家单位健康体检、健康报告分析及健康知识讲座。义诊活动 46 次，免费测量血压 9000 余人，免费发放药品 2 万余元，分发、邮寄院报约 3 万份，发放健康宣教资料 5 万多份。全院 118 名干部职工踊跃无偿献血 4 万毫升。救助优抚对象、困难病人 80 人次，费用 130 万元。发动爱心企业献爱心 15 万余元救治弱势患者。

【平安医院建设】2016 年，娄底市第一人民医院定期举办医疗纠纷防范及处理讲座、培训。完成 138 个医疗应急预案修订和整理，重新规范各种医疗质量管理记录本。定期开展全员应急培训和演练，组织医疗技能专项培训和考核，各临床科室医务人员“急救技能”考试合格率 100%。设立“四室三防”，配合公安等部门严厉打击涉医违法犯罪，维护医护人员和广大群众生命安全。实行保安固定岗和巡逻岗结合、24 小时值班巡逻制。各职能科室每周一次安全生产督导检查。开展消防知识培训和消防演练，全年投入 10 万余元改造和更换医院消防监控系统。

【推进医院改革】2016 年，娄底市第一人民医院根据城市公立医院综合改革精神，采取一周一总结、一周一调度、一周一整改，12 次组织会议研究，分医药、耗材和服务价格三大类测算数据 10000 余条。制定符合医院实际的方案。在院内、涟钢各社区等地方悬挂横幅、张贴海报、分发宣传手册和宣传单 2 万余份进行广泛宣传。从 10 月 1 日开始实行药品零差率，开展分级诊疗、定点指导工作，与桥头河等 7 个乡镇医院建立临床指导关系，派出专家 25 批次 160 余人次，到临床定点指导医院开展坐诊、查房、疑难病例讨论、教学培训等工作，开展专家门诊诊疗 3000 余人次，住院查房约 800 人次，参与急救 2 次，手术指导 3 次。完成进修轮训、技能培训、学术交流 80 余人次。建立转诊绿色通道，派专人 24 小时不间断服务，简化流程，完成转诊接待任务超 400 人次。

（张扬　鄢婷）

娄底市第二人民医院

【概况】2016 年，娄底市第二人民医院坚持“内强素质、外树形象、突出特色”的方针，围绕医疗中心任务、娄底“三创”责任目标、儿科综合楼项目建设和“创建二级甲等综合医院”开展工作。通过加强药品使用管理、推行单病种收费管理，规范抗生素使用管理，降低药品占医疗总费用比例等途径，减少病人负担。每周三由主要领导带队到科室加强医疗业务查房与病历质量管理，规范化治疗，推行出院病人定期回访工作；收到患者感谢信 30 封、锦旗 10 面，医务人员拒收病人红包 50472 元。全年收治病人 1504 人次，危重病人数 453 例，死亡率 1.1%，抢救成功率 98%，业务年收入 1054 万元，病床使用率 100%，平均住院天数 8 天。全年完成业务收入同比增长 8%；完成门诊总诊疗 6.3 万人次，同比增长 8.2%；出院病人 8209 人次，同比增加 3.4%。开放床位 291 张，比上年增加 16 张；病床使用率 78.4%，同比略有增长。完成手术 1342 例，同比增加 44 例。医院扭转业务指标停滞不前趋势。

举办个体医师三基技能培训班 2 期，全年发表论文 10 余篇，其中罗建国发表在核心期刊《中医药导报》论文《中医综合治疗的应用原则与推广》，获娄底市第九届自然科学优秀论文一等奖；举办医学健康科普讲座 30 场次。利用节假日、纪念日、重大节日，举办宣传活动、演讲比赛、技术比武、义诊等活动，通过“5·12”优秀护士表彰、职代会对先进个人和集体表彰等形式，增强全院职工爱院意识。该院现有职工376人，正、副高级专业技术职称人员50人，中级专业技术职称99人，初级专业技术职称169人，管理和工勤岗位58人。

【医疗技术】2016年，娄底市第二人民医院介入室引进美国GE大型血管机及心脑血管介入诊疗技术，成功开展血管造影44余例、冠状动脉支架植入手术治疗4例；外一科成功实施腹腔镜下超声刀结肠癌切除根治术、胆囊切除术、肠粘连松解术、阑尾切除术和输尿管软镜下钬激光碎石术治疗双肾、双输尿管上段结石等微创手术；外二科成功开展手外科邻指皮瓣覆盖手术；内二科新开展电子纤维支气管镜检查及镜下治疗，如纤支镜床旁吸痰，纤支镜辅助气管插管，完善纤支镜下活检、肺泡灌洗等新技术。加强与各社保局、医保部门协议单位的联系，维护与各协议单位部门协作良好的工作关系，在引导各临床科室执行好医保相关政策及协作单位协议要求作出努力。将监狱医院作为定点指导医院，为监狱医院开展医务人员培训进修、专家业务指导、重病人会诊分析、为服刑人员开辟“绿色通道”、为防止服刑人员逃逸装修特殊病室、为守护干警配备监管休息室等工作，开市内监狱医院与公立人民医院精诚合作先河，年内增加业务收入10万元。

【争创二甲综合医院】2016年，娄底市第二人民医院重视“创二级甲等综合医院”工作，成立专门工作机构，对创建工作做出精细与周密安排，层层分解任务。9月，召开“创二甲医院”动员大会，副院长陈学文具体负责，多次组织管理人员到外院学习考察，回院后研究工作方案。全体干部职工以“创二甲”为契机，促进规范管理，提高人员素质，确保安全质量，增强服务能力，让患者家属就医体验得到改善。

【项目建设】2016年，娄底市第二人民医院争取“儿科综合楼建设项目”，获中央预算内投资2900万元，娄底市政府将项目列为市级重点工程。年内完成可行性研究报告及批复、建设项目节能登记备案、建设项目环境影响评价报告批复、《建设项目选址意见书》、初步设计方案、地质勘探报告、场地搬迁、初步设计方案评审、施工图设计、办理规划许可证、招投标公司选定、监理公司招标等工作，建设各项准备工作有序推进。

【基础设施】2016年，娄底市第二人民医院新购36台急需设备，补齐前几年缺设备短板；添置1.5T核磁共振、大型血管机、全自动生化仪、人体组织快速处理仪等设备；斥资270多万元购买的设备还包括奥林巴斯电视腹腔镜摄像系统主机及冷光源、电子支纤镜、超声刀、利普刀、钬激光、输尿管软镜、瑞士弹道碎石机、体外碎石机、光学生物显微镜、等离子灭菌器、快速生物阅读器等。投资近100万元改造装修消毒供应中心，新的消毒供应设计完善、布局合理、流程科学、配置齐全，是市内医疗系统中装修价格最低、建成效果相对较好的消毒中心。斥资26万元完成双向电路电力增容改造，建好数字化医院网络平台，“互联网+”用于导诊、查询、挂号等医疗服务活动。

（赵维力）

娄底市中医医院

【概况】2016年，娄底市中医医院传承创新，通过医疗能力建设、“三合理”检查、医保信息化管理及处方、医嘱点评工作，医务科和药剂科组织每月开展一次处方点评和医嘱点评活动；发挥中医特色优势，提升中医品位，重视对口支援工作，选取思想素质好、业务技术高、中医特色较明显的医务工作到受援医院开展义诊、专题讲座，为基层医护人员开展业务培训。实施中西医临床路径的管理，病人医药费用得到有效控制。医务建筑达30000平方米，总资产超亿元，有病区9个、编制床位450张，其中针灸康复科为国家中华医药管理局医疗质量控制培育单位和省中医药管理局重点专科，骨伤科、推拿科为省级重点专科。全年总收入11554.46万元，同比增长10.37%；业务收入8094.07万元，药品收入3629.64万元。

【医院文化】2016年，娄底市中医医院利用门诊、住院部大厅、走廊等公共场所，悬挂、张贴反映中医药发展的历史文化、医家名言、中医药养生保健等含有中医药元素装饰字画及陈设，建造中医文化长廊，营造浓郁的中医药环境氛围；与电视台、广播电台、报纸等媒体建立良好信息互动关系，开办专题栏目，对医院中医特色、专科专病、专家、医疗科研新成果、便民服务措施等进行宣传；与娄底公共频道合办《中医与健康》栏目；与娄底交通频道电台合作每日定时播报医院工作动态。“中医医院网站”全新改版、升级，对医院微信平台进行调整，方便市民快捷了解医院信息。编撰《娄底市中医医院院报》，报道医院学科发展情况和医院特色，帮助患者看病就医。加大义诊范围与次数，让民众了解中医文化与中医特色治疗，多次到社区、乡镇开展中医体质辨识和中医药保健指导，普及中医药知识。

【学科建设】2016 年，娄底市中医医院针灸康复科、推拿科等传统特色专科，引进推广多种新技术：如龙氏正骨手法治疗颈、腰椎病；拉伸疗法治疗颈腰痛；丹炉灸疗法治疗软组织病；悬吊疗法治疗腰腿痛等。还与湖南省中医附一院签订合作指导协议书，建立长期稳定技术指导关系。建立疑难危重病人转诊绿色通道，带动微创外科发展。邀请湖南省中医药大学第一附属医院 13 位妇科专家定期到院坐诊，以传统中医中药为基础，采用先进科学的检测技术及现代医疗技术辅助，为每位病人制定个体化治疗方案。尤其刘波博士的经皮穿刺骨水泥椎体成形术治疗椎体压缩性骨折(微创技术)与欧阳治国主任的小儿骨折微创手术两项新技术，填补着娄底市骨科手术的空白。强化中医护理内涵，各科室均开展拔罐、艾灸等中医技术项目，在临床护理服务中凸显中医优势和特色。完善病房管理、基础护理、急救药品物品管理等考核标准。全年组织业务学习 30 多次，参加人数 4000 人次。

【医疗安全】2016 年，娄底市中医医院以转诊、会诊、危重病人和重大手术病例讨论制度落实为突破口，以加强医疗文书书写为重点，强化医疗安全管控，诊断准确率、治愈率和抢救成功率提高。利用每周二、周五行政和业务查房对医疗进行督查，及时处理、纠正和发现问题。向社会公示医院投诉处理流程，明确投诉接待科室和投诉电话，及时接待病人投诉。实行投诉责任追究，对在医疗服务活动中出现的病人投诉，相关责任科室第一时间作出反应，妥善进行处理，给投诉者满意答复，防止和化解医患纠纷。每月进行一次质控考核，每季度召开一次质控分析会议，对质控检查中存在的问题和缺陷进行整改，同时针对每月抽查病员满意度调查中存在问题，责令相关科室整改，以月为单位对整改情况进行通报，表扬先进批评后进。实行院领导及职能科室负责人总值班制度，值班人员 24 小时在院值班，随时处理突发事件，对当班发生不安全事件及医疗纠纷实行处理到底制度。

【临床服务】2016 年，娄底市中医医院遵照《湖南省药品集中采购管理办法》，药品挂网率 95%以上，按程序确保库存供应，掌握新药发展态势。自 10 月 1 日起药品实行零差价销售，在遵守用药合理性原则前提下，引导临床优先使用基本药物，在中药材购进使用上，严把饮片质量关，成立中药质量验收小组，开设饮片标本柜，增加阿胶糕等滋补膏方。把中医“治未病”观念植入百姓日常生活。“三伏贴”“中药膏方”推广显成效。还根据不同人群的不同需求，制定各种体检套餐，给予相应指导；完成全市公务员体检、公安系统招生体检、工伤鉴定、特门体检等任务，配合市残联办证中心开展残疾人鉴定工作，600 多名残疾人得到检查和鉴定。

【人才队伍】2016 年，娄底市中医医院作为三级中医医院，利用专家讲课、会诊、手术、学历教育、专业进修等方式，加强对在岗人员的三基三严训练，不断提高在职人员服务水平。选送到三级以上医院一年以上进修人员 5 名，短期培训人员 20 余人，参加住院医师规范化培训 3 人。引进高层次人才 6 人(高级职称 2 人，硕士研究生 4 人)，招聘临床医学专业人员 8 人(中医类别 6 人，研究生学历 6 人)，医技人员 3 人，药学 3 人(中药 1 人)，护理 10 人。现有在职职工 401 人，其中卫生专业技术人员 325 人，高级职称 45 人，中级职称 83 人，博士 1 人(娄底第一位骨伤科博士)，硕士研究生 20 余人。

【项目建设】2016 年，娄底市中医医院重视“矽肺病及癌症防治中心”和全科医师培训综合大楼建设，规模 12380 平方米，总投资 7422 万元。自 1 月施工以来，针对工期紧、任务重的实际，建立起监管、施工、业主和政府管理部门之间的质量管理体系，坚持自检、互检制度，及时发现、解决施工中出现的问题，对项目资金管理与使用，做到专款专用，设立专门基建账户，项目建设独立做账，按工程进度审批付款程序，并纪检监察全程参与监督与管理。

(罗春霞)

体 育

娄底市全民健身服务中心

体育学校

【概况】2016 年，娄底市体育学校有教职工 38 人,其中校班子成员 6 人,在编在训教练员 14 人,聘任教练员 3 人,专职科研人员 2 人,专职枪弹管理员 1 人,实行 24 小时值班。全校在训运动员 400 余人，开设有田径、柔道、摔跤、跆拳道、射击、羽毛球、游泳、乒乓球 9 个运动项目。隶属娄底市文体广新局,系全额拨款副处级法人事业单位,内设办公、训练科、学生科和科研所 4 个科室以及摔柔跆后备人才基地、射击后备人才基地。 （刘浩）

全民健身服务中心

【概况】2016 年,娄底市全民健身服务中心围绕健身场馆开放、科学健身指导、全民健身活动、体育产业发展等方面提供服务。根据全民健身工作计划，负责落实体育公园内全民健身器材装备配置及安装、维护等工作;提供优秀运动队训练竞赛等综合场馆服务;承办非经营性全民健身活动,开展体育产业开发经营等工作;完成国家体育总局和省体育局交办的其他工作。作为娄底市文体广新局二级机构单位，是一个集体育比赛、运动训练、全民健身、会展博览、文艺汇演、休闲娱乐、旅游观光于一体的综合性大型服务机构,有娄底城市形象标志性建筑,处娄底主城区东北部,占地 430 亩,建筑 89340 平方米,总投资 10.6 亿元,建有一场(主体育场)、四馆(体育馆、游泳馆、综合馆、乒乓球馆)、一公园(体育公园),以及室外篮球场、网球场、室外足球场、羽毛球场、乒乓球场、健身路径区等健身场所。4 月开始对免费低收费开放工作升级加大各场馆开放力度。游泳馆两个室外池、两个室内池,全年对身高 1.2 米以下儿童免费、1.2~1.4 米青少年半价优惠开放,夏季 6 月、7 月、8 月实行周五、周六上午免费开放,对成人游泳票价实行低收费，单次票价只相当于本市其他游泳场馆的八折。在夏季经营期内,每周周五、六两天上午分别将室外池向广大市民免费开放(每天 300 人)。体育场每天下午 3 时到晚上 10 时免费向市民开放(晚上提供灯光),8 月 8 日起开始增加免费开放晨练项目,开放项目有健步走、慢跑、羽毛球、篮球,每天到体育场健身休闲市民近 1000 人次。体育馆免费开放项目有篮球、气排球、太极拳、柔力球、健身操等,开放时段为每天上午 8 点到晚上 10 点,开放时长 14 个小时。体育馆附馆(室内羽毛球馆)每天上午 8 点到 12 点免费开放,全年接纳健身人数达到 13 万人次。9 月在体育场建立起一个国民体质检测站,目前为市公安、市党校处干培训班等单位检测人员达 1000 人。随着场馆开放力度加大,市民参与健身人数不断增加。据不完全统计，全年场馆开放接纳健身人数达 80 万人次,同期相比增加 30%。

各场馆成功协助完成国际级赛事（国际男篮对抗赛)1 次，国家级赛事活动（全国女子气排球交流赛、中国娄底体育舞蹈大赛)2 次;省级赛事活动(全省青少年足球比赛、湖南省第九届老年人运动会柔力球比赛、长株潭娄城市篮球赛等)10 次,市级赛事活动(全市气排球比赛“公仆杯”乒乓球比赛、娄底市“世遗紫鹊·醉美瑶乡杯”业余乒乓球比赛等)24 次。承接娄底市第十七届汽车文化节暨博览会和广播电视台举办的车展等活动达 3 次,承办娄底市首次巨星演唱会,举办娄底市首届平板支撑大赛,参与人数近 800 人,协办 2016 年娄底市樱花季·文化节暨全民阅读活动。

【湖南省青少年足球赛】1 月 21 日至 30 日,由湖南省体育局主办，娄底市文体广新局承办湖南省青少年足球赛在市全民健身服务中心体育场内场举行，参与队伍达20支700人。湖南省局领导安忠、杜利民、费波、刘彬等出席。

【世遗紫鹊·醉美瑶乡】3月4日至6日，由娄底市文体广电新闻出版局、娄底市乒乓球协会共同主办，娄底市全民健身服务中心承办的娄底市“世遗紫鹊·醉美瑶乡”业余乒乓球比赛在娄底市全民健身服务中心乒乓球馆举行，有25支参赛队伍参加团体项目比赛，50多人参加单项赛事。

【全民阅读活动】3月26日至28日，由娄底市文体广新局主办，市全民健身服务中心协办的的娄底市首届樱花季文化节暨全民阅读活动在娄底市体育公园内举行，设有观赏浪漫樱花、倡导全民阅读、品味优雅音乐、旗袍佳人走秀、摄影美术采风、时尚婚纱展示、精彩茶艺表演、品尝美食小吃八大主题活动。期间有市民10多万人到体育公园观赏樱花和观看文艺节目。

【“圣洁之光，母爱无疆”演唱会】4月30日晚，由湖南华联佰达投资有限公司主办“圣洁之光，母爱无疆”文艺晚会举行，演出人员300人，600平方米超大舞台、湖南卫视及大型明星演唱会御用舞美工程团队、大型演艺活动专业执行精英团队合力打造娄底接地气文化品牌，彰显娄底文化事业繁华和丰富多彩。演唱会上还对15名“娄底最美母亲”和“少儿书画邀请展”部分获奖选手进行表彰，通过赞美母亲功德，弘扬社会正能量。

【国际标准舞（体育舞蹈）全国大奖公开赛】4月30日至5月2日，由中国艺术职业教育学会CEFA、娄底市文体广新局、湖南芭菲尔舞蹈培训有限公司主办2016年中国·娄底WDC-AL国际标准舞（体育舞蹈）全国大奖公开赛体育馆举行，12000人（其中参赛队伍93支参赛者3200余人）参与，出席领导有市委常委、宣传部部长伍美华、市人民政府副市长甘跃华。

【全国中老年气排球交流活动】5月30日至6月3日，由中国老年人体育协会、中国排球协会主办，湖南省老年人体育协会、娄底市文体广新局等主办，2016年全国老年人气排球（女子组）交流活动举行，本次气排球赛（女子组）参赛队员年龄为60~70周岁之间，参与人数4000人，有25支队伍参赛。比赛设优胜奖、优秀奖和体育道德风尚奖，有16支队伍获得优胜奖。其中，厦门队、河南队、大连队和上海队并列第一名。

【娄底市直单位第二届足球联赛】6月20日晚，由市政协主办，市文体广新局、市总工会承办的“长沙银行杯”娄底市直单位第二届足球联赛开幕式在娄底市全民健身服务中心体育场内场举行，历时2个月，有18支队伍参赛。市政协主席姚兵宣布比赛开幕，省体育局副局长熊倪，市委领导伍美华、华学健、肖有胜、甘跃华、吴合群，市政协秘书长李和平出席开幕式。本次比赛市财政局市政务中心联队获得冠军，市卫计委代表队获亚军，市教育局代表队、市住建局代表队分别获三、四名。

【湖南省青少年蹦床锦标赛】7月29日至31日，由湖南省体育局、娄底市文体广新局等主办，市全民健身服务中心协办的青少年蹦床锦标赛在娄底市全民健身服务中心体育馆举行，参与人数达2000人，其中参赛队伍达9支，参赛人数达300人。此次比赛冠亚季军分别是株洲、衡阳、长沙代表队。

【娄底市直机关“城管杯”男子篮球赛】8月23日至9月3日，由市总工会、市文体广新局主办，市城市管理行政执法局冠名，市住房公积金管理中心、市篮球协会承办的娄底市直机关“城管杯”男子篮球赛暨“贺龙”中国篮球选拔赛在娄底市全民健身服务中心举行，参与人数达2万人次，其中有31支队伍，近400名运动员参赛。市人大常委会主任易春阳宣布比赛开幕，市政协主席姚兵为比赛开球，市人大常委会党组副书记、副主任、市总工会主席肖有胜致辞，湖南省篮球协会秘书长王志诚、湖南省住房公积金监督管理办公室主任陈华分别在开幕式上讲话。9月3日晚，娄底市直机关“城管杯”男子篮球赛暨·“贺龙”中国篮球选拔赛在娄底市体育中心体育馆落下帷幕，市教育系统代表队摘得大赛桂冠。市全民健身服务中心全体干部职工参与此次比赛服务工作。

【“贺龙”中国业余篮球公开赛娄底赛区比赛】10月14日至18日，由娄底市文体广电新闻出版局主办，娄底市体育总会、娄底市篮球协会承办的“贺龙”·中国业余篮球公开赛娄底赛区比赛暨全国城市中老年篮球选拔赛在娄底市全民健身服务中心体育馆举行。来自市直、娄星区、涟源市、新化县、冷水江市、双峰县、娄底经开区等10支代表队进行为期5天角逐。娄底市人大常委会党组副书记、副主任、市总工会主席肖胜宣布比赛开幕。最终获得青年组冠军的娄底市住房公积金队和获得老年组冠军娄底市直机关代表队将代表娄底市分别参加湖南省“贺龙”中国业余篮球公开赛、全国城市中老年篮球赛。

【娄底市首届彩跑活动】10月16日，由娄底市人民政府主办，娄底市文体广新局、共青团娄底市委、娄底市总工会、娄底市慈善志愿者协会、娄底市纵野户外拓展有限公司承办的“跑起来·为娄底添彩”娄底市首届彩跑活动在市体育中心举行。本次彩跑路线为：市体育中心—娄底职业技术学院医学院（原娄底卫校）—长青街—清泉广场—火车站—娄底职业技术学院—市体育中心，全长7公里。沿途设5个彩粉站：吉星路与长青街交叉口（卡尔顿酒店对面）、长青街与新星路交叉口（市畜牧水产局门口）、长青街与氐星路交叉口（清泉大酒店）、娄底市火车站、娄底职业技术学院。起点站、终点站设体育中心喷泉广场。活动吸引5000多名市民参与，他们着彩妆、穿奇服，用五颜六色的彩色粉末，将快乐和健康生活传递给人们。

【中国中西部青少年篮球锦标赛男子（U17）总决赛】11月18日至21日，纪念长征胜利80周年“照金精神”巡展暨2016年“红色照金杯”中国中西部青少年篮球锦标赛男子（U17）总决赛在娄底市全民健身服务中心举行。娄底市文体广新局党组书记、局长魏志军致欢迎词，中国中西部青少年篮球锦标赛理事会执行主席王应虎宣布开赛。此次总决赛由中西部湖南、江西、贵州、甘肃、宁夏、河南、河北、山东等省的12支球队进行角逐。“娄底二中”代表队获男子U17组冠军，“许昌市三高”“贵州凯里牛角坡篮球俱乐部”分别获得亚军、季军。市民在免费观看篮球比赛的同时，还可参观长征胜利80周年“照金精神”巡展。20000人参与，15支队伍300人参赛。

（刘清乾）

社会保障

人社工作

【概况】2016年，娄底市人力资源和社会保障局完成省、市级下达的各项目标任务，全市城镇新增就业3.83万人，新增农村劳动力转移就业4.10万人，新增创业担保贷款9731万元，新增创业主体1.26万户，带动城乡就业1.99万人，城镇登记失业率控制在4.19%以内，零就业家庭动态清零率达100%。全市企业养老保险征缴基金128000万元，机关事业养老保险征缴基金127146万元，城镇职工基本医疗保险征缴基金99115万元，工伤保险征缴基金13884.2万元，生育保险征缴基金5517万元，失业保险征缴基金6557.5万元，社会保障卡持卡人数达215万人。获"湖南省就业宣传工作先进地市级单位""湖南省法制工作先进集体""2016年全国清理整顿人力资源市场专项行动取得突出成绩单位"等部、省、市级奖励51项。

【就业创业援助】2016年，娄底市人力资源和社会保障局发放就业补贴8100万元，新增创业担保贷款3020万元；组织实施中心城区创业经营场所补贴，给予每户不超过5000元一次性补贴；向203名高校毕业生发放就业见习补贴100.53万元；对符合条件的62个高校毕业生创业项目拨付补贴105万元。举办"就业援助月"等5个大型专场招聘会，提供岗位4.6万个。承办2016年全国人力资源市场高校毕业生服务周湖南省启动仪式暨人才招聘大会、全省"就业去哪儿"娄底站两个大型招聘活动；通过举办各类技能培训班培训4.82万人次，开展职业技能鉴定15664人，承办"2016湖南技能大赛·全省数控赛暨全国选拔""全市首届技工院校教师比武技能竞赛"。

【示范典型评选】2016年，娄底市人力资源和社会保障局会同市财政局进行"湖南省创新创业带动就业示范典型"申报评选，获评省级示范基地1个，"双百资助工程"个体工商户6户，优质初创企业7家，"2151工程"示范县市区1个，获省级奖励320万元；开展"全市创新创业带动就业示范典型"评选，奖励补助资金555万元。

【养老保险】2016年，娄底市人力资源和社会保障局开展企业养老保险费率过渡试点，减免企业养老保险费2000余万元；完善被征地农民社会保障政策，牵头代拟《关于进一步做好娄星区、娄底经开区被征地农民社会保障工作的通知》；推动机关事业单位养老保险制度改革，正式启用新系统并录用部分单位信息。

【医疗生育保险】2016年，娄底市人力资源和社会保障局推进城乡医保制度整合，建立全市统一的居民医疗保险制度；启动全市城乡居民大病保险，确定商业保险公司具体承办。全市城乡居民享受2016年大病保险4229人次，支付大病保险费用3413.52万元，大病患者政策范围内住院费用报销比例提高约10个百分点；全市实行医保付费总额控制，市本级医保基金智能审核平台正式运行。

【工伤保险】2016年，娄底市人力资源和社会保障局申报工伤2463起，认定工伤2451起。将老工伤人员纳入工伤保险统筹管理。以市人民政府名义下发《关于调整工伤保险费率的通知》，将原先的三档调整为一类至八类，企业缴费负担总体下降。

【失业保险】2016年，全市企业失业保险费率从2%降低至1.3%，扩大失业保险基金支出范围，向65家企业发放稳岗补贴1199万元，及时兑现各种就业困难人员补贴。

【人才工作】2016年，娄底市人社局牵头起草《娄底市引进高层次人才实施办法》，使用市直事业单位160名编制面向社会公开引进高层次人才。举办5期600余名专技人员参加的公需科目培训班。招募

2016年高校毕业生“三支一扶”工作人员35名。上报38个省级引智项目，1个国家级重点引智项目。对本市享受国务院特殊津贴专家、湖南省“121”以及娄底市“252”人才工程人选等高级专家进行走访慰问，及时发放国务院特殊专家津贴。

【人事管理】2016年，娄底市人力资源和社会保障局完成公务员考试录用和市直机关公开遴选公务员工作，举办4期2015年新录用公务员以及军转干部初任培训班。事业单位新进人员公开招聘实现“全覆盖”，与市委组织部联合下发《娄底市事业单位公开招聘人员实施细则》。对全市中小学校岗位设置方案进行重新调整。深化人力资源市场改革，完成本市人力资源市场公共服务与经营性服务分离改革工作。积极做好企业军转干部和自主择业军转干部的解困维稳工作，继续保持军转干部赴省进京上访“零登记”。全年组织实施各类考试23次，参考人次达32899人次，继续保持人事考试“零事故”。

【收入分配制度改革】2016年，娄底市人力资源和社会保障局调整在职人员基本工资标准，增加基本离退休费，对乡镇机关事业单位工作人员实施乡镇补贴，落实县以下机关公务员职务与职级并行制度。合理设置绩效工资基准线，强化绩效考核与绩效工资的挂钩，严肃绩效工资分配纪律。组织开展整治“吃空饷”、规范加班补贴发放、规范特殊岗位津贴发放等5个专项行动。开展2016年度工资集体协商“春季要约行动”，发布2015年娄底市在岗职工平均工资3666元，比2015年增加6.5%。

【劳动关系】2016年，娄底市人力资源和社会保障局强化劳动保障监察执法，全年定期监察市属以上用人单位700家，接受日常举报投诉668件。在全国清理整顿人力资源市场秩序专项行动中成绩突出，获得专项行动全国突出成绩单位的称号。处理劳动人事争议案件4875起，调解率达70.9%；仲裁院处理争议案件当期结案率达98%以上。受理信访交办、转办和群众直接来信751件，接待来访2973人次，信访事项办结率达100%。（欧阳婧）

表82 **2016年市人社局先进集体和先进个人登记表**

获奖单位、先进个人	奖励名称	颁奖单位	颁发时间
娄底市人力资源和社会保障局	就业宣传工作先进地市级单位	中国就业促进会	2016年11月
娄底市人力资源和社会保障局	湖南省政府法制工作先进集体	湖南省人力资源和社会保障厅、湖南省政府法制办	2016年3月
娄底市人力资源和社会保障局	2016年全国清理整顿人力资源市场秩序专项行动取得突出成绩单位	湖南省人力资源和社会保障厅	2016年7月

民政工作

【概况】2016年，全市民政系统围绕整风肃纪、立规执纪“一个中心”，抓好提升服务水平、提升管理水平、提升民政形象。各项民政工作扎实推进，得到省厅和市委、市政府的充分肯定，退役士兵“阳光”安置经验在全国推广，双拥、区划调整、殡葬改革、慈善、未成年人社会保护、民政宣传、“两项”整治、老区等12项工作进入全省前列，娄底市获“全省双拥模范城”，市民政局获“全省爱国拥军模范单位”“全省乡镇区划调整改革工作先进单位”等称号。基本养老服务补贴覆盖率达70%，超过省、市考核标准（省老龄办要求达到覆盖率为55%，市级要求为60%）。按照《收养法》规范收养程序，坚持收养条件，确保收养登记合格率达100%。办理收养登记22件，解除收养26件。

【社会救助】2016年，娄底市民政局精准认定特困人员工作。全市拟纳入社会保障兜底脱贫对象15367户35171人；特困供养人员达22976人，其中全自理对象15020人、半护理对象5096人、全护理对象2860人。城乡低保标准分别提高到420元/月·人、220元/月·人以上，五保分散供养和集中供养标准分别提高到3200元/年·人、6300元/年·人，较上年度分别提高 18.3%、33.3%、10.3%、5%，达到或超过省考核标准。全市月均保障城乡低保对象 231393 人，发放低保资金 3.8329 亿元，月人均救助水平分别达到 274.5 元和 117.7 元。保障农村“五保”对象 25247 人。落实失能特困人员全供养政策，全市全年近 4000 名失能特困人员 100%明确具体照料方式和照料人员。全市共发放医疗救助资金 4275 万元，救助城乡困难群众 13.6 万人次。创新“主动救助、部门联动救助、社会力量参与”等街面救助方法，救助生活无着的流浪乞讨人员 15800 余人次，救助资金 1689 万元，获全省“寒冬送温暖”先进单位。开展重症精神病人免费救治，救治贫困重症精神病人 244 人。开展“贫困家庭救助”“娄底市幸存抗战老兵关爱计划”“关爱孤残儿童”“见义勇为困难家庭救助”“关爱五保老人”等系列帮扶活动。

【防、减、救灾】2016 年，娄底市民政局有序应对 9 场自然灾害，帮助全市 111.5 万受灾群众，紧急转移安置 56879 人，发放救灾资金 6408.47 万元，提供救灾棉被 5100 床，帐篷 150 顶，大米 2.5 万公斤，食用油 2000 余桶，方面便、矿泉水 800 余件，完成 719 户倒房重建工作。

【区划调整】2016 年，娄底市民政局根据《中共湖南省委、湖南省人民政府关于开展乡镇区划调整改革工作的意见》《湖南省乡镇区划调整改革领导小组关于做好建制村合并工作的通知》精神，娄底市、县、乡三级党委、政府高度重视乡镇区划调整改革，民政部门牵头抓总，组织、财政、公安、农业、审计、纪委等有关部门通力协作，早谋划早启动，顺民意聚民智，依法规按程序，勤指导严督查，保稳定促发展，有效推进并村工作，做到“四个确保”（确保完成任务、确保方便群众、确保社会稳定、确保促进发展）。5 月底，“并村”工作超额完成，省定合并 1292 个建制村，减幅 39.63%。全市 3260 个建制村减少 1423 个，减幅 43.6%，超额完成省定任务 131 个，获“全省乡镇区划调整改革工作先进单位”。

【退役安置】2016 年，娄底市民政局实行“全面考试考核，公开排名选岗”阳光安置办法，全年安置退役士兵 413 人，安置率、满意率均 100%。举办培训班 13 期，培训退役士兵 1272 人，投入培训经费 638 万元。“阳光安置”从源头上压缩“权力寻租”空间，解放军总政治部、总参谋部和民政部联合发文，把娄底市档案考核办法作为量化依据，向全国推广。

【双拥工作】2016 年，娄底市民政局首创“全省双拥模范城”，获湖南省“爱国拥军模范单位”，组织开展全市烈士公祭活动，足额发放优抚抚恤金 2 亿余元。在春节、“八一”等节日期间，走访慰问部队官兵、军烈属伤残军人、在乡老复员军人等，送去慰问物资、慰问金总计 100 余万元。评残、提残、新增伤残人员 96 人。落实 238 名军休干部政治待遇和生活待遇，采取多种形式开展文体活动,丰富老干部精神生活。为 26 批次 6958 人次过往部队官兵提供优质高效的军供服务。

【养老事业】2016 年，娄底市民政局成立社会养老服务体系建设领导小组，出台《娄底市人民政府关于切实加快推进养老服务业发展的通知》《娄底市“十三五”养老产业发展规划》《娄底市文化旅游和健康养老产业发展三年（2016—2018）行动计划》及内容涵盖养老服务《娄底市健康产业发展规划（2016—2020）》等养老服务业发展文件；全市向省民政厅、省发改委、省商务部门申报养老机构建设项目，争取项目 55 个，项目资金 1559 万元。制定实施方案，督促检查，确保重点民生实事民政项目 923 张养老床位的建设工作任务圆满完成。对全市养老机构进行安全生产检查，为全市民办养老机构购买责任险，下拨民办养老机构运营补贴；开展养老护理员培训工作。组织全市 178 名养老护理员分四批参加全省组织的养老护理员培训。

【殡葬改革】2016 年，娄底市民政局修订《殡葬管理问责办法》，全市开展殡葬执法 660 次，其中规避违规治丧事件 564 起，处置违规治丧行为 96 起。开展“殡葬服务提升年”活动、“殡仪馆开放日”活动、惠民殡葬“提标增项”等活动。

【未成年人保护】2016 年，娄底市民政局对全市 44854 名农村留守儿童进行排查摸底，建立基础台账。开展“未成年人关爱保护主题月”活动。5 月，全省未成年人（农村留守儿童）关爱保护工作现场会在娄底市召开，经验在全省推广。

【残疾人两项补贴】2016 年，娄底市民政局根据国家、省“从 1 月 1 日起全面建立重度残疾人护理补贴、困难残疾人生活补贴制度”要求，以政府名义下发专门文件，召开部门联席会议和全市、全县（市、区）动员会议，开展残疾人调查摸底和两项补贴工作督促检查，对省级财政资金和地方配套资金争取力度加大，全市 30838 名符合困难残疾人生活补贴对象两项补贴按季度足额发放到位。

【孤儿权益保障】2016 年，娄底市民政局对全市超龄孤儿情况进行调查摸底，做好孤儿认定与建立健全孤儿信息，完成全市 3474 名孤儿基本生活费发放工作。强化对孤残儿童关爱工作的宣传力度，5 月 26 日，市本级举行大型以“福同享，彩同乐，爱同行”为主题的关爱孤残儿童“六一”公益汇演活动。安排文艺表演、颁奖表彰、书画认捐、签订友好帮扶协议等内容；激发社会各界关爱孤残儿童的热心，活动现场募集爱心资金 20 余万元。

【服务福利企业】2016 年，娄底市民政局对全市 41 家福利企业进行年检，重点检查福利企业生产经营情况，残疾职工工资福利待遇的落实情况等。

【社会组织】2016 年，娄底市民政局坚持培育发展与管理监督双管齐下，全市新增社会组织 129 个，目前共有社会组织 1601，其中社会团体 724 个，民办非企业单位 876 个，基金会 1 家。行业协会商会与行政机关脱钩第一批试点工作按时保质保量完成，61 家社会组织 100%脱钩到位。

【福利慈善事业】2016 年，娄底市民政局开展“贫困家庭救助”活动，为全市 1000 户因大病致贫的困难家庭提供 135 万元救助资金；开展“天天慈善一元捐”慈善活动，募集善款 310 余万元。其中，民政系统共募集爱心款 66 万元。“金叶慈善医疗卡”发放救助金额 68 万元，救助低保特困患者 1020 名。“阳光·希望”助学项目发放救助金 30 余万元，救助贫困学子 125 名。募集 400 万元建立“佰骏肾病专项基金”。从 9 月开始，计划 3 年内救助娄底市肾病透析患者 900 名。娄底市慈善总会募集慈善资金 5070 万元，支出救助资金 4616 万元，救助困难群众 300 余万人次。全市销售福利彩票 3.5 亿元，比 2015 年增加 9%，为各级政府募集公益金近亿元。

【基层政权和社区建设】2016 年，娄底市居民自治与社区服务城乡统筹推进，市中心城区社区和其它县市社区运转经费、社区惠民项目资金分别不低于 25 万元、20 万元、20 万元、10 万元。全市城市社区、农村社区综合服务设施覆盖率分别达 82%、15%。小康社会推进工作获“娄底市先进单位”。村居财务清查和组织成员任期经济责任审计工作完成。

【民政项目建设】2016 年，娄底市民政局全年共向中央和省争取儿童福利、社会养老、社会救助、社区建设、殡葬设施、革命老区、烈士纪念园等项目 241 个，资金 11.52 亿元，同比增长 9.7%。其中，完成新建敬老院 6 所，社会福利中心 1 所，儿童福利院 1 所，医养结合老年护理楼 1 所，城乡养老服务示范点 27 个，社区日间照料中心 21 个，社区小型养老机构 8 个，省级综合减灾示范社区 6 个，灾后重建 719 户，老区建设项目 194 个，社区服务中心 8 个，烈士纪念地 11 处，烈士墓园 3 处，烈士纪念广场 2 处，社会组织孵化基地 1 个，吊唁厅 4 个等。

【婚姻登记】2016 年，娄底市民政局共办理结婚登记 32448 对，离婚登记 9255 对，补发结婚证 5369 对，补发离婚证 847 对，坚决杜绝违法登记，实现登记程序“零差错”，登记合格率和出具证明准确率均达 100%。

【城乡低保标准提高】2016 年，娄底市城乡低保标准分别提高到 420 元 / 月·人、220 元 / 月·人，五保分散供养和集中供养标准分别提高到 3200 元 / 年·人、6300 元 / 年·人，较上年度分别提高 18.3%、33.3%、10.3%、5%，达到或超过省考核标准。

【协会商会与行政机关脱钩】2016 年，娄底市民政局遵循全国行业协会商会与行政机关脱钩电视电话会议精神，安排专人通过电话、走访形式开展协会商会调研，听取协会商会关于脱钩工作意见建议，确定全市待脱钩社会组织 190 家，第一批脱钩社会组织 61 家(其中:娄底市市本级 23 家，娄星区 5 家，新化县 7 家，双峰县 10 家，涟源市 9 家，冷水江市 7 家)。9 月 20 日，全市完成脱钩社会组织 59 家，注销 3 家，完成率 100%。 (周金红)

表 83

2016 年市民政局先进集体和先进个人登记表

获奖单位、先进个人	奖励名称	颁奖单位	颁发时间
市民政局	2015—2016 年度宣传工作先进单位	民政部	2016 年 8 月
市民政局	宣传工作先进单位	湖南省民政厅	2017 年 1 月
市民政局	爱国拥军模范单位	省委省政府省军区	2016 年 7 月
市民政局	双拥模范城	省委省政府省军区	2016 年 7 月
市民政局	全省乡镇区划调整改革工作先进单位	省乡镇区划调整改革领导小组	2016 年 1 月
市民政局	2015—2016 年度民政宣传工作先进单位	民政部中国社会杂志	2016 年 10 月
市民政局	湖南省第二届军休人员运动会组织奖	湖南省军队离退休干部管理办公室	2016 年 10 月
市民政局	2016 年度支持和促进革命老区建设发展先进单位	湖南省革命老根据地经济开发促进会	2017 年 1 月
谢富华	2016 年度支持和促进革命老区建设发展先进个人	湖南省革命老根据地经济开发促进会	2017 年 1 月
毛东红	2016 年度全国殡葬工作先进个人	民政部	2016 年 12 月
市军供站	军工工作先进单位	广州军区航务军事代表办事处	2016 年 12 月
刘其亮	军工工作先进个人	广州军区航务军事代表办事处	2016 年 12 月
军供站	全国军供烹饪技能竞赛三等奖	湖南省民政厅	2016 年 11 月
市军队离退休干部休养所	五星级军休服务管理机构	湖南省民政厅	2016 年 12 月
刘向柳	社会组织新闻宣传工作先进个人	民政部中国社会杂志	2016 年 8 月
周金红	湖南省民政宣传工作先进个人	湖南省民政厅	2017 年 1 月

残疾人事业

娄底市残联党的群众路线教育实践活动动员大会

【概况】2016年，娄底市残疾人联合会着眼残疾人脱贫目标，把保障和改善残疾人民生摆在突出位置。为31175名重度残疾人发放护理补贴1869.42万元，给32525名困难残疾人发放生活补贴1951.5万元。把符合条件残疾人普遍纳入城乡最低生活保障制度，实现应保尽保。全市农村残疾人基本加入新农合，城乡重度及贫困残疾人参加城镇居民医疗保险、新型农村合作医疗个人缴费部分由当地政府补贴。全年为9000人次残疾人提供康复服务。其中，为白内障患者实施复明手术3500余例（免费复明手术近1200例），实施"0~7岁"贫困残疾人抢救性康复425名，培训残疾人家长395人次，实施假肢安装手术240余例，实施助听器适配52例，为"0~14岁"贫困残疾儿童免费安装人工耳蜗20例，实施聋儿康复培训60人次，实施辅助器具适配1000余人（件次），为精神残疾人免费提供药物治疗和住院救助360人次。残疾人辅助器具流动服务车行驶5324公里，为3456名残疾人提供上门康复服务。双峰县残疾人工作委员会获"十二五"全国残疾人工作先进单位；在全省残疾人教育、就业、扶贫、社会保障和托养工作绩效考核娄底排名第一，获"市州残联教就工作A等（优秀）单位"。"0~7岁贫困残疾儿童抢救性康复项目"获湖南省残联重点民生实事项目优秀单位。参加2016年全省残疾人文化周活动，获一等奖1个、二等奖3个，三等奖3个。参加全省第二届残疾少年儿童及特校艺术老师基本功比赛，获园丁奖1个、二等奖1个、三等奖3个。组队参加第四届全省听力言语康复明星大赛、家长亲子绘本阅读技能竞赛均获优异成绩。组织优秀残疾人企业参展湘博会，获全市招商引资先进单位，全市民调市残联排名第一。委托民调中心开展抽样调查，满意度80%。

【残疾人就业】2016年，娄底市残联履职尽责，规范开展按比例安排残疾人就业工作，市本级安排残疾人就业近300人，征收残疾人就业保障金800多万元，残疾人就业保障金开支按法定用途编制年度预算，经财政审核报人大审议通过后开支；投入177万元推进残疾人创业扶持，创业小额贴息贷款78.4万元；省、市、县投入基地建设费200余万元；探索残疾人"互联网+"就业模式，成功培训36名残疾人成为淘宝客服，实现居家就业。全市15个残疾人扶贫基地，辐射范围达到30个乡镇近1300户农村贫困残疾人家庭，户均增收2000元以上。配合有关部门对扶贫基地指导和管理，协调银信部门落实贷款1120万元，省、市、县投入基地建设资金200余万元。开展"连千村帮万户"工程，与涟源市古塘乡赵家村20户残疾人结成1对1帮扶，全年投入20余万元，帮助发展种养业，实施残疾人辅具适配、扶残助学等。发放残疾人机动轮椅车燃油补贴1692人次43万元；投入资金122万元为175户贫困残疾人家庭进行无障碍改造。

【残疾人教育】2016年，娄底市残联资助360名省特教中专娄底籍学生和娄底、双峰、冷水江、涟源4所特校学生36万元，资助53名残疾人大学生及贫困残疾人家庭子女大学生15万余元，投入12万元资助学前特殊教育儿童40名，投入资金250余万元开展残疾人职业技能和实用技术培训100多期，培训残疾人1500余名。开通"12385"残疾人维权热线，全年接待残疾人来信来电来访315人次（封），其中来信来电101件，来访214人次，上访办结率100%，配合市信访局、市维稳办等完成残疾人接访任务。全年在《娄底日报》、《娄底晚报》、电视台、广播、新闻网、手机报等媒体发稿200余条，残联网站、微信发稿近500篇，省残联发稿413篇，中残联发稿398篇，围绕助残日、爱耳日、爱眼日等开展宣传活动，发放资料15000份。

【助残活动】2016年，在第二十六次全国助残日，娄底市人大常委会副主任肖有胜、市人民政府副市长刘益丈、军分区副政委巢建国等领导出席，现场慰问脑瘫康复明星残疾儿童及康复机构，60个单位和近百名爱心人士为佛泉残疾人水厂筹集爱心款31.6万元，10多名书画家书画义卖助力残疾人创业，残疾人文艺表演、义诊、残联展板宣传、政策咨询等丰富多彩的关爱助残活动。连续三届组织全省优秀残疾人企业参展“湘博会”，全省61家残疾人优秀参展企业销售产品60余万元，达成订单意向200多万元，10家与客商达成长期代理意向，残疾人就业创业成果取得良好社会和经济效益。与市人社部门联合举办新春残疾人专场招聘会，有16名残疾人达成就业意向。组织助残志愿者小分队眼科医院、惠泽听力、肖博士眼镜等多次在娄星广场为残疾人提供各种助残服务。到社区、残疾人家里为残疾人提供志愿便残服务。市慈善总会、市团委、市文明办、市规划局等志愿者队伍多次与残联合作，为残疾人提供各种惠残便残志愿服务，营造“以善感善，善善相续”氛围。

（李　祥）

表84

2016年娄底市残联先进集体登记表

获奖单位、先进个人	奖励名称	颁奖单位	颁发时间
双峰县人民政府残疾人工作委员会	“十二五”全国残疾人工作先进单位	国务院残工委	2016年9月

救　助

【概况】2016年，娄底市救助管理站结合救助工作实际，坚持“人性化管理，亲情化服务”工作理念，按照“自愿求助、无偿救助”工作原则，开展“寒冬送温暖”和“夏季送清凉”专项街面救助行动，规范成年人救助工作，有序推进未成年人社会保护工作。以“抓管理促规范、求创新促发展”为抓手，完善基础设施，提升救助环境，加大宣传力度，树立良好形象，落实“坚守底线，积极作为，锐意创新，力争成效”总体工作目标，联合市教育局、市妇联、市团委等单位，邀请公益组织和优秀个人协助，对社区和乡镇的困境未成年人展开心理辅导、专业知识讲授、健康人格塑造、技能培训等一系列活动。完成留守儿童摸底排查，全市农村留守儿童总人数为44854人，其中5岁以下的11146人，6~13岁的29971人，14~16岁的3737人。还在有条件的试点乡镇建立“留守儿童之家”，使留守儿童体会到家庭的温暖，开通亲情热线电话，为留守儿童和外出务工家长沟通提供方便，定期召开帮扶教师、留守儿童、临时监护人“座谈会”“家长会”，做到家庭、学校、社会全方位的关爱。开展“夏季送清凉”的专项行动，全站所有人员分为4个组，班子成员任组长，每天安排1个小组上街巡查，重点对人口较密集的重点区域进行拉网式排查。专项行动期间，救助人员590人次，其中男性529人次，女性61人次，未成年人29人次，老年人88人次，残疾智障32人次，疑似精神病人24人次，街面主动劝导22人次，发放水、方便面、降暑药品约8920余元。

全年救助4156人次，其中男性3834人次，女性322人次，外省1865人次，本省1917人次，本市374人次，精神异常231人次，老年人157人次。主动去街头开展救助100余次，救助流浪乞讨人员581余人次，其中男性499人次，女性82人次，获全省2016年度“寒冬送温暖”专项救助行动先进单位，站长刘雄军获评先进个人。

（曹婧静）

表 85　**2016 年市救助管理站先进集体和先进个人登记表**

获奖单位、先进个人	奖励名称	颁奖单位	颁发时间
娄底市救助管理站	全省 2016 年度“寒冬送温暖”专项救助工作优秀单位名单	省民政厅	2016 年 3 月
刘雄军	全省 2016 年度“寒冬送温暖”专项救助工作优秀个人	省民政厅	2016 年 3 月

红十字会

【概况】2016 年，娄底市红十字会针对群众需求热点、政府关心重点、社会关注焦点，开展红十字博爱送万家活动。全年筹集价值 15 余万元的棉被、衣服、药品、家电等物资，到各县（市、区）和部分市红十字会理事单位联系点慰问受灾户、孤寡老人和特困群众，受益人数达 4500 多人。37 人获红十字特色救助小天使基金资助，金额 119 万元。天使阳光基金 5 人获资助。7 月，湘中地区发生较大洪涝灾害，第一时间到双峰、涟源、新化勘察灾情，向省红会报告灾情，争取救灾款物 16 万多元送到受灾群众手中，为 281 户困难家庭争取人道救助金 169 万元，给 20 名人体器官捐献者的困难家属解决资金 25 万元，2 名造血干细胞捐献者解决资金 1 万元。通过市红十字博爱资金库，为冷水江市禾青镇筹集助学款 30 万元，为冷水江幼儿师范学校 30 名贫困学生筹集助学金 4.5 万元。全年开展救护员培训 4 期，220 人获得救护员资格；应急讲座 3 期，培训 5600 人次；老年人防跌倒讲座 1 期，80 人参加。在湖南人文科技学院体育学院和商学院分别开设红十字应急救护知识选修课，每学期 8 堂课 16 学时。湖南省红十字会转发湖南人文科技学院打造红十字特色高校实施方案。

【外援项目】2016 年，娄底市红十字会向省红十字会争取 20 万元应急救护培训专项基金，在涟源桥头河镇桥头河村、斗笠山镇金玲村、双峰石牛乡澎田村，建立红十字博爱家园项目；在双峰曾国藩故居成立红十字景区救护站。争取项目资金 63 万元。

【无偿捐献】2016 年，娄底市红十字会做好造血干细胞捐献者资料库建设和器官捐献工作，全年有 138 人捐献造血干细胞志愿者血样入库，高分辨采样 15 人，双峰县花门镇干部袁效果进行捐献，挽救 1 名白血病患者的生命。全年完成人体器官捐献 22 例。5 月 12 日，市直 16 家基层红会单位，100 余名医护人员在娄星广场设置义诊宣传和无偿献血点，共免费为 1800 多人提供义务咨询、诊治，发放宣传资料 6000 余份。

【志愿服务】2016 年，娄底市红十字会组织蓝天救援队、湘中社区志愿者服务队、残疾人爱心互助会、梅山人爱心联盟、无偿献血志愿者服务队、志愿者紧急救援队新化分队等志愿者团队，开展多项志愿服务活动。5 月 22 日，红十字进高校在湖南人文科技学院启动，湖南省红十字会党组成员、副会长王广宇，娄底市领导甘跃华、席伏应及湖南人文科技学院相关领导出席。

（刘鸥）

县(市、区)概况

娄星区

娄星区双江水库

【概况】2016年,全区辖1个乡3个镇5个街道办事处。辖区面积429平方公里。耕地6.8千公顷,年末总人口49.7万,人口出生率13.80‰,自然增长率9.94‰。年内气温最高38.5℃,最低-4.6℃,年降水量1556.5毫米。

2016年,全区地区生产总值达403.8亿元,比上年增长8%;人均地区生产总值90249元,是上年的1.2倍;地方财政收入5.9亿元,同比增长11.3%;区属固定资产投资161.1亿元,同比增长17.3%;社会消费品零售总额110.6亿元,同比增长11.9%。三次产业结构调整达到3.1∶56.6∶40.3,其中,第一、二产业比重比2015年分别下降0.1个百分点、2个百分点,第三产业比重上升2.1个百分点,产业结构进一步优化。2016年,全区实现农林牧渔业总产值17.3亿元,比上年增长3.8%。全年粮食种植10.62千公顷,粮食总产量62783吨,比上年减少864吨。2016年,全区全部工业实现增加值201.7亿元,比上年增长5.9%。区属规模以上工业总产值181.3亿元,比上年增长11.4%。区属规模以上工业增加值41.5亿元,比上年增长7.4%。2016年,全区完成财政总收入89954万元,比上年上升10.8%。全年财政支出196357万元,比上年下降0.2%。一般公共预算支出190066万元,比上年上升22.2%。2016年,全区社会消费品零售总额110.6亿元,比上年增长11.9%。2016年,城镇居民人均可支配收入27226元,比上年增长8.7%;农村居民人均可支配收入14985元,比上年增长10.1%。

2016年,全年全区原煤产量138802吨,同比下降46.3%。耐火材料制品本年累计产量90305.6吨,同比下降0.6%。鲜、冷藏肉年产量19705吨,同比下降0.6%。洗煤年产量2289599.6吨,比上年增长26%。水泥年产量147346吨,比上年增长38.2%。纱年产量8124吨,比上年增长2.1%。铁合金年产量83404吨,同比下降10.9%。乳制品年产量28944吨,同比下降2.6%。2016年,交通运输、仓储和邮政业增加值10.8亿元,同比增长1.9%;金融机构各项存款余额543.1亿元,同比增长14.7%;金融机构各项贷款余额408.7亿元,同比增长5.5%。2016年,全区中小学52所,其中小学38所,九年一贯制学校3所,初级中学11所,完全中学3所。全区小学招生5868人,在校学生33306人,其中女生14860人;初中招生4984人,在校学生13667人,其中女生6118人;高中招生2711人,在校学生7481人,其中女生3524人;全区小学适龄儿童入学率100%,毕业生升学率为100%;初中适龄人口入学率为100%,初中毕业班学生毕业率100%。2016年,全区组织申报国家级科技项目8个,省级科技计划项目17个,市级科技计划项目36个,区级科技计划项目84个,全年申请专利481件。2016年年末,全区有文艺团体81个,其中群众业余文艺团体80个,馆办文艺团体1个。群众文化馆1个,文化站12个,组织文艺活动32次,举办训练班28次。公共图书馆1个,藏书13万册。博物馆1个，文物藏品数2548件，其中二级品4件，三级品72件，举办陈列展览52次。2016年年末，全区有综合医院1所、乡镇卫生院7个，社区卫生服务中心(站)5个，妇幼保健院1个。标准病床位903张。执业医师3086人，执业助理医师3617人，注册护士4915人。2016年，全区企业养老保险参保人数28738人，机关事业单位养老保险参保人数7620人。新型农村养老保险参保人数105400人。城镇职工医疗保险参保人数20539人，比上年持平。城镇居民基本医疗保险参保人数162367人。失业保险参保人数29250人，比上年增加40人，失业保险覆盖率83%。工伤保险参保人数38978人，比上年增加624人。

【产业兴区，综合实力稳健攀升】2016年，区属规模工业增加值年均增长9.7%，新增规模企业33家、产值过亿元企业18家。农产品加工产值达到14.82亿元，年均增长16.8%。第三产业增加值占GDP比重提高6.06个百分点。2012—2016年，实施区级重点建设项目251个，完成投资289亿元。娄星产业园成功获批省级工业集中区，引进投资过亿元项目15个，建成投产项目13个，建设标准厂房25万平方米，园区内企业达到148家，完成固定资产投资46亿元，规模工业增加值达到13.5亿元，技工贸总收入达到130亿元，财政总收入达到4000万元。娄底农商行挂牌营运。创建娄星城乡建设投资开发有限公司，提升为区属独立融资平台，融资26亿元。

【融城强区，城乡面貌焕然一新】2016年，娄星区交通建设跨越发展。沪昆高铁娄底段、娄邵高铁相继通车，娄星发展进入"高铁时代"。先后建成娄新、安邵、长韶娄高速及娄北连接线、双江连接线，开工建设益娄衡高速，区域内"井"字形高速公路框架正式形成。完成干线公路省道209、省道312扩建改造。新建农村公路207公里，新修农村柏油路44公里，农村公路通畅率达100%。全区公路总里程由541公里增加到857公里。对外大联通、对内大循环格局基本形成。城乡基础倍加夯实。建成区扩大至55平方公里，城镇化率87.6%。投资2亿元，建设饮水安全工程60处，完成病险水库除险加固28座，全力开展中小河流治理，完成小农水重点县建设任务。农村环境整治整区推进项目提前一年完成。城乡垃圾处理实现一体化。能源保障、农村电网、通信改造等基础建设均取得较大发展。城市品质大幅提升。城管执法进社区和城乡大物管稳步实施。完成背街小巷和农贸市场升级改造。殡改、禁燃得以推进。

【生态美区，美丽娄星更加璀璨】2016年，娄星区先后荣获国家园林城市、全国绿化模范城市、国家卫生城市、省级文明城市称号。累计投资4.5亿元，完成人工造林4.6万亩，全区林地面积达22.36万亩，森林覆盖率达44.46%，建成"秀美村庄"120个。杉山镇万乐村荣获"全国生态文化村"，双江乡荣获全省"生态乡镇"，万宝镇石塘村、杉山镇万乐村、石井镇石江村等成为省级"秀美村庄"示范村，杉山镇坝塘村、杉山镇万乐村、双江乡洪山村等获全省"美丽乡村"示范村。实施六大环保工程和"两河"流域水环境综合治理，主要饮用水源地孙水河水质连续3年达到二类标准，中心城区空气质量恶化趋势得到有效控制。采砂船取缔、煤矿整顿关闭圆满完成任务，恩口煤矿沉陷区地表综合治理和生态修复工程有序推进，完成双江万家坪区域历史遗留重金属污染综合整治一期工程，完成节能减排市定任务。

【民生福区，幸福指数提升】2016年，娄星区累计投入民生资金44.87亿元，完成重点民生实事71件。社会保障水平达到全市最优，全省一流。新增城镇就业24078人、农村劳动力转移就业17693人。城乡居民社会养老保险、基本医疗保险、失业保险、工伤保险、生育保险覆盖率分别达到100%、97.8%、82.5%、85%、97.8%。新农合参保率连续4年稳定在99.9%。城乡低保标准逐年提高，社会救助体系更趋完善。投资4.5亿元，新建学校3所，改扩建学校14所，新增学位15500个，中心城区大班额得到有效化解；高考综合排名连续4年稳居全市第一；获评湖南省教育强区，全国义务教育基本均衡县(市、区)。投资1.3亿元，对全区公共卫生服务机构进行改扩建。第一轮"健康快车"下基层圆满完成，累计为5.9万余名群众进行免费体检。青少年健康教育工程工作经验在全省推广。荣获全省知识产权示范区。群众性文体活动蓬勃开展。成功协办省运会并取得参赛好成绩。农村广播"村村响"工程被市政府推介为亮点工程，直播卫星"户户通"建设进度居全市第一位。总投资12亿元的煤矿棚户区改造3568套保障性住房主体竣工，可望年底全部交房；乐坪廖家、长青三板组城中村改造安置房建设进展顺利；涟钢周边环境综合治理保障性住房建设稳步推进。创建"全国社会管理综合治理先进市"活动扎实开展，辖区刑事发案率、信访增量和存量下降。获全省"六五"普法先进县(市、区)。

娄星区交调委被推荐为全国模范人民调解委员会。未发生较大及以上安全生产事故。开展禁毒、打击传销和“盗抢骗”等系列集中整治。在娄底市率先建成城乡一体化电子监控系统。钢城公安分局加强治安防控体系建设“管防控打、以防为主”经验在全省推广。稳妥化解民间融资风险,守住不发生区域性、系统性金融风险和重大群体性事件两条底线。结对帮扶贫困人口 12126 人,小康社会建设实现度 83.5%。

(刘定初)

表 86

2016 年娄星区先进集体和先进个人登记表

获奖单位、先进个人	奖励名称	颁奖单位	颁发时间
娄星区	2014–2016 年全国计划生育优质服务先进单位	国家卫生计生委	2016 年 12 月
娄星区	全省人口和计划生育工作合格单位	省委办公厅、省政府办公厅	2016 年 12 月
娄星区	湖南省教育强区	湖南省教育督导委员会	2016 年 11 月
娄星区	县级人民政府教育工作优秀单位	湖南省教育督导委员会	2016 年 11 月
娄星区	“六五”普法先进县(市、区)	省委法治湖南建设领导小组办公室、省委宣传部、省司法厅	2016 年 9 月
娄星区	2016 年中国计生协计生基层群众示范区	国家计生协会	2016 年
娄星区	全国青少年主题教育先进集体	教育部关心下一代工作委员会	2016 年 7 月
娄星区道路交通事故民事损害赔偿人民调解委员会	全国模范人民调解委员会	司法部	2017 年 5 月
娄星区司法局	湖南省司法行政工作先进集体	省人社厅、省司法厅	2017 年 2 月
娄星区财政局	2016 年度部办财经报刊宣传发行工作先进单位	财政部中国财政杂志社、财政部中国财经报社	2016 年 8 月
娄星区财政局	2011—2015 年全省财政法治宣传教育先进集体	湖南省财政厅	2017 年 1 月
娄星区财政局	2016 年湖南省财政综合工作先进单位	湖南省财政厅	2017 年 1 月
娄星区财政局	全省财政系统信息宣传工作先进单位	湖南省财政厅	2016 年 10 月
娄星区电子政务管理办公室	2016 年湖南省优秀政府门户网站	湖南省人民政府	2017 年 3 月
娄星区计生协会	2016 年度湖南省计生协模范单位	湖南省计生协会	2016 年
娄星区社会养老保险管理服务局	全省公务员先进集体	湖南省人民政府	2016 年 10 月
娄星区知识产权局	全国专利系统先进集体	人力资源社会保障部、国家知识产权局	2016 年 12 月
娄星区人民医院、娄星区妇幼保健院党总支	全省先进基层党组织	中共湖南省委	2016 年 7 月
娄星区人民政府乐坪街道办事处街心社区	全国最美志愿服务社区	中央宣传部、中央文明办	2017 年 2 月
娄星区商务局	全省商务工作(外经)先进单位	湖南省商务厅	2017 年 2 月

冷水江市

【概况】2016年，冷水江市辖1乡5镇4个街道办事处和1个经济开发区，辖区面积437.9平方公里，耕地7.02千公顷。年末常住人口34.52万人，其中23个少数民族，约5000余人，城镇常住人口26.53万人，城镇化率76.86%，人口出生率16.54‰，自然增长率8.85‰。年内气温最高38.9℃，最低–5.1℃；年降水量1861.9毫米。

地区生产总值288.8亿元，比上年增长7.1%。第一产业增加值10.6亿元，第二产业增加值188.9亿元，第三产业增加值89.2亿元，第一、二、三产业比重为3.7∶65.4∶30.9。财政总收入17亿元，增长6.1%，地方财政收入11.1亿元，增长19.2%。

农林牧渔业总产值16.8亿元，增长3.8%。粮食播种7.97千公顷，粮食总产量4.7万吨，出栏生猪38.79万头，牛出栏1.43万头，羊出栏3.67万只，出笼家禽209.27万羽，水产品产量4695吨。

规模工业总产值399.4亿元，增长5.8%；完成工业增加值179.2亿元，增长5.5%；实现规模以上工业增加值83.7亿元，增长6.1%。主要工业产品产量：原煤261.45万吨、发电量62.33亿千瓦时、生铁287.7万吨、钢279.6万吨、钢材287.4万吨、水泥255.8万吨、锑品5.29万吨、纯碱15.5万吨、氮肥（折纯）11.8万吨。

社会消费品零售总额93.39亿元，增长11.8%，按经营地分，城镇消费品零售额80.6亿元，增长12%，乡村消费品零售额12.8亿元，增长10.8%。居民消费价格总指数同比上涨2%。进出口总额1.79亿美元，外贸出口总额4897.3万美元。内联引资83.24亿元，实际到位外资5080万美元。接待游客248.3万人次，实现旅游收入24.32亿元，增长28%。城、乡居民收入29456元、19614元，分别增长6.6%、7.5%。

固定资产投资218.7亿元，增长16.6%。组建PPP管理中心，开发项目17个，总投资150亿元。新城大桥顺利合龙，娄新高速金竹山通车在即。城东生态城各商住项目和江南路二期、青园东路、涟溪河截污管网等老城区提质项目有序推进。冷水江天宝实业有限公司年产5万吨高强度紧固件改扩建暨现有生产系统智能化改造等多个项目开工建设，再生不锈钢产业园退火酸洗项目、华科高新废旧炉衬耐材回收加工利用等项目竣工。

21项为民办实事任务完成。脱贫攻坚快速推进，实现2483人脱贫，2个贫困村摘帽。新增创业主体1532户，带动就业2569人。五大保险参保人数稳步增长，社保卡持卡人数16.5万人，城乡居民基本医疗保险整合到位，被征地农民社会保险工作快速推进。社会养老服务中心基本建成。2642户城市棚户区改造项目全部开工，579户新增公共租赁住房分配任务超额完成。

【成功创建省级园林城市】2016年，冷水江市财政累计投入资金1.1亿元，新建、扩建城市公园4座，森林公园1座，社区游园7座。开展单位庭院绿化、拆墙透绿、屋顶绿化等一系列增绿工程，52家小区获省级、娄底市级园林式单位。全市建成区绿地率达到33.45%，绿化覆盖率达到37.14%，人均公园绿地面积达到16.26平方米，三项指标达湖南省园林城市标准，创建省级园林城市通过省级验收。

【获全省安全生产先进县市】2016年，冷水江市把安全生产工作摆到社会发展底线工作的战略高度，因地制宜制定工作方针，抓责任落实、制度完善、安全投入、隐患治理和安全基础，推进淘汰落后产能，依法关闭4家煤矿、3家非煤矿山和3家烟花爆竹生产企业，开展大排查大管控大整治大督查“四大行动”，对非法违法行为保持高压态势，安全生产形

冷水江市波月洞

势持续好转，获全省安全生产先进县(市)。

【获全省平安县市】2016年，冷水江市推行城市社区网格化管理，推进社会管理方式创新和重心下移，增强人民群众安全感。加强社会治安基层基础工作，推进“天网工程”建设，健全防控动态体系。强化社会风险评估，注重源头预警，强化排查调处，及时预防和有效化解矛盾纠纷。社会大局和谐稳定，治安水平有力提升，群众安全感持续增强，人民满意度大幅提高，综治民调稳居全省前列，获评“全省社会治安综合治理先进县市”与“全省平安县市”。

【保持全省经济十强县市】2016年，冷水江市面对重重困难和挑战，全市经济社会呈现出稳中有进、难中向好态势。主动招商引资，先后赴上海、北京、深圳等地，拜访考察北京神雾集团、中关村等一大批高端战略投资者，与中铁集团、中核集团、中国通号集团等进行卓有成效项目对接。提升投融资能力，调整增加城投办年度融资额度，部署组建水建投、创投、文旅投等新兴融资平台。加强金融体系建设，农商行、湘淮村镇银行、长沙银行相继挂牌营业。新一届市委政府多措并举，主要经济指标平稳增长，区域地位持续稳固。位列全省经济十强县(市)第八名。

【美丽乡村建设】2016年，冷水江市开展新农村建设提质升级行动，推进美丽乡村示范创建工作，围绕“固优势，补短板，扩亮点，抓产业”的十二字方针，以综合、指导、协调、督促及考核为抓手，打造新农村建设升级版——开展美丽乡村示范创建工作，继续保持在全省新农村建设的领先地位，城乡统筹工作再上新台阶。铎山镇塘冲村圆满完成省委、省政府下达的民生实事，铎山镇石坑村成功创建省级“美丽乡村”示范村。

【PPP项目建设】2016年，冷水江市坚持问题导向，突出工作针对性和有效性，以拓荒破冰的力度推进PPP项目，把PPP项目作为破解冷水江发展瓶颈的重要突破口来抓，组建PPP管理中心，出台PPP项目商务条件、工作流程和工作标准，设立项目引导基金，开发项目17个，总投资达到150亿元，其中7个项目进入娄底市示范笼子。

【电子商务】2016年，冷水江市致力做强电子商务，推动电子商务创业园完善功能、提升层级，吸纳更多电商主题，推广阿里巴巴“农村淘宝”，完善“政府+知名网络平台+市场主体”电子商务发展模式，支持企业“触电上网”，推动冷水江本地产品全网销售。电子商务创业园二期投入使用，“农村淘宝”31个村级服务点运营，获全国“电商百佳县”称号。

(刘仁林)

表87　**2016年冷水江市先进集体和先进个人登记表**

获奖单位、先进个人	奖励名称	颁奖单位	颁发时间
冷水江市安全生产监督管理局	湖南省安全生产先进集体	湖南省人民政府	2017年2月
冷水江市政法委国安办	2016年度县(市、区)国安办基础建设工作先进单位	湖南省国家安全工作领导小组	2016年12月
冷水江市	全省乡镇区划调整改革先进集体	湖南省人力资源和社会保障厅、民政厅	2016年9月
冷水江市	全省福彩销售先进集体	湖南省民政厅	2017年1月
冷水江市人防办	全省人民防空先进集体	湖南省人力资源和社会保障厅、湖南省人民防空办公室	2016年12月
李新华	全省人民防空先进个人	湖南省人力资源和社会保障厅、湖南省人民防空办公室	2016年12月
冷水江市林业局	2016年度全省林业政务信息工作优秀单位	湖南省林业厅	2017年1月
冷水江市林业局	2016年度全省林业宣传和生态文化建设先进单位	湖南省林业厅	2016年12月

续表 87

获奖单位、先进个人	奖励名称	颁奖单位	颁发时间
冷水江市自来水公司	全国县镇供水工作先进单位	中国城镇供水排水协会县镇工作委员会	2016 年 4 月
冷水江市自来水公司	省级园林式单位	湖南省住房和城乡建设厅	2016 年 7 月
冷水江市波月洞风景名胜区	湖南省旅游行业文明旅游先进单位	湖南省旅游发展委员会	2016 年 1 月
唐思京	湖南省“欢乐潇湘”大型群众文艺汇演“组织工作先进个人”	湖南省宣传部、省文化厅	2016 年 8 月
谢晓波	省文化志愿服务“优秀组织工作者”	湖南省文化厅	2016 年 11 月
冷水江市红日传媒艺术团	2016 年“欢乐潇湘”全省群众文艺汇演优秀文艺团队	2016 年“欢乐潇湘”全省群众文艺汇演组委会办公室	2016 年 9 月
冷水江市环境保护局	湖南省先进县市区环保局	湖南省环境保护厅	2016 年 1 月
冷水江市地方税务局	全国百佳国税地税合作县级示范区	国家税务总局	2016 年 12 月
冷水江市地方税务局	2016—2018 年全省依法办事示范窗口单位	中共湖南省委法治湖南省建设领导小组办公室	2016 年 12 月
冷水江市地方税务局	2016 届湖南省文明单位	湖南省精神文明建设指导委员会	2016 年 12 月
冷水江市食品药品监督管理局行政审批股	湖南省依法办事示范窗口单位	中共湖南省委法治湖南建设领导小组办公室	2016 年 12 月
冷水江市城乡居民社会养老保险管理服务局	湖南省城乡居民基本养老保险经办管理服务示范点	湖南省城乡居民社会养老保险管理服务中心	2016 年 12 月
冷水江市审计局	2012-2017 年湖南省文明单位	湖南省文明委	2017 年 4 月
冷水江市工商行政管理和质量技术监督局注册登记分局	企业登记工作成绩突出窗口单位	国家工商行政管理总局	2016 年 11 月
冷水江市交通运输局	全省“六五”普法依法治理先进集体	中共湖南省委法治湖南建设领导小组办公室、中共湖南省宣传部	2016 年 9 月
冷水江市	2016 年度全国法治宣传教育先进集体	中宣部、司法部、全国普法办	2016 年 5 月
冷水江市司法局	2016 年度专项重要工作表现突出集体三等功	省委法治湖南建设领导小组、省司法厅、省委宣传部	2017 年 6 月
梁又红	全省“六五”普法依法治理先进个人	省司法厅	2016 年 9 月
郭远红	全国司法行政系统先进工作者	司法部	2016 年 12 月
鄢汉周	百优社区民警	湖南省公安厅	2016 年 1 月
梁学军	记个人二等功	湖南省公安厅	2015 年 10 月
马　翼	全省公安机关治安巡特警工作成绩突出个人	湖南省公安厅	2016 年 2 月

续表 87

获奖单位、先进个人	奖励名称	颁奖单位	颁发时间
晏尉迟	全省刑事科学技术工作成绩突出个人	湖南省公安厅	2016 年 3 月
李 坚	全省破案能手	湖南省公安厅	2016 年 3 月
周次新	全省公安机关“210 工程”建设成绩突出个人	湖南省公安厅	2016 年 10 月
刘命清	《篆刻》作品荣获书法类一等奖	湖南省政法委	2016 年 9 月
冷水江市公安局	2016 年度全省公安机关“三实”信息集中采集专项行动成绩突出单位	湖南省公安厅	2017 年 2 月
伍俊、谢斌	2016 年度全省公安机关“三实”信息集中采集专项行动成绩突出个人	湖南省公安厅	2017 年 2 月
周 华	全省公安队伍建设工作成绩突出个人	湖南省公安厅	2016 年 12 月
罗 琼	2016 年度全省公安人口与出入境管理工作先进单位先进个人	湖南省公安厅	2017 年 1 月
罗三军	全省公安机关深入推进户口登记管理清理整顿工作成绩突出个人	湖南省公安厅	2017 年 8 月
冷水江市教育局阳光服务中心	湖南省教育阳光服务平台先进单位	湖南省教育厅	2016 年 7 月
冷水江市教育局	全国“老师您好，我的好老师”主题教育活动先进集体	教育部关工委	2016 年 8 月
任 贤	全国“老师您好，我的好老师”主题教育活动最具奉献奖	教育部关工委	2016 年 8 月
刘 英	“国培计划”“省培计划”先进工作者	湖南省教育厅	2017 年 3 月
冷水江市经济科技和信息化局	2016 年度湖南省防震减灾工作优秀单位	湖南省地震局	2016 年 12 月
曾颖娜	2016 年度湖南省防震减灾工作先进个人	湖南省地震局	2016 年 12 月
冷水江市国税局	2016—2018 年全省依法办事示范窗口单位	湖南省委法治湖南建设领导小组	2016 年 12 月
冷水江市国税局	全省国税系统绩效管理工作标杆单位	省国税局	2016 年 11 月

涟源市

【概述】2016年，涟源市辖20个乡镇街道、1个高新技术产业开发区。辖区面积1912平方公里，耕地55593公顷。年末总人口118.8万人。其中，城镇人口10.8万人，乡村人口108万人。人口出生率16.5‰，自然增长率5.9‰。最高气温392℃，最低气温-5.4℃，降水量1849.6毫米，较历年平均值偏多462.6毫米。

地区生产总值263.3亿元，按可比价计算，同比增长7.8%。其中，第一产业增加值53.8亿元，增长3.6%；第二产业增加值117亿元，增长7.1%；第三产业增加值92.5亿元，增长11.3%。三次产业结构比为20.4：44.4：35.2，一、二、三产业对GDP增长的贡献率为9.5%、41.6%、48.9%。财政总收入120394万元，同比增长6.2%。地方财政收入完成79598万元，增长8.4%。

规模工业总产值273.7亿元，同比增长10.6%；增加值72.6亿元，增长7.6%。规模工业企业原煤产量216.1万吨，下降27%；水泥产量276.1万吨，增长15.9%；发电量18.2亿千瓦时，下降9.6%；焦炭产量81.7万吨，下降4.3%。规模工业产销率99.2%。规模工业企业营业收入227.9亿元，增长13.1%；利润总额18.9亿元，下降1.8%。10家省级高新技术企业，产值52.9亿元，增长21.2%，占规模工业总产值17.8%；培育战略性新兴企业12家，涉及医药制造、节能环保等行业。建筑业增加值11.4亿元，增长7.6%。资质以上总承包和专业承包建筑企业14家。资质以上房屋建筑工程产值9.36亿元，下降2%。

农业总产值87.4亿元，同比增长3.6%；增加值53.8亿元，增长3.6%。粮食播种面积8.55万公顷，增加653.33公顷，增长0.8%，粮食总产量47.67万吨，下降1.3%。畜牧业总产值39.6亿元，增长2.4%。牲猪出栏119.6万头，减少6.4%；牛出栏5.6万头，增长5.5%；羊出栏13.7万头，增长4.7%；家禽出笼505.8万只，增长2.3%；肉类产量9.8万吨，下降0.6%；禽蛋产量0.88万吨，增长4.0%。水产品产量19184吨，增长4.6%。农业产业化企业269家。其中，省级以上8家。农副产品加工企业180家。其中，规模农副加工企业35家，总产值83.07亿元，增长71.6%。

固定资产投资施工项目594个，竣工项目496个。固定资产投资211.1亿元，同比增长17.5%。其中，5000万以上投资项目完成52.6亿元，5000万以下投资项目完成149.3亿元。房地产投资完成9.17亿元，增长59.7%。工业投资122.2亿元，增长22.1%。其中，工业技改投资105.1亿元，增长10.9%。

社会消费品零售总额112.3亿元，同比增长11.7%。其中，城镇105.6亿元，增长11.7%；乡村6.7亿元，增长11.1%。外贸进出口总额968万美元，减少76.5%。

公路旅客周转量17.1万人/公里，公路货物周转量183万吨/公里，安邵高速（涟源段）竣工通车，撤并建制村通畅工程8公里，客班车线路提质改造121公里，危桥和渡改桥项目12个，行政村客运班线通达率99%。

固定电话用户40166户，同比减少4386户。其中，城市电话用户12111户，减少360户；乡村电话用户28055户，减少4026户。移动电话期末用户479792户，增加19860户。计算机宽带互联网用户72106户，增加11166户。

金融机构本外币各项存款余额225.8亿元，同比增长25.9%；金融机构本外币各项贷款余额110亿元，增长14.9%。保费收入4.2亿元，增长10.1%；赔款和给付1.4亿元，下降0.7%。

公办中小学校380所。其中，普通高中6所、中等职业学校4所、初级中学54所（含九年一贯制学校 13 所),小学联校 221 所、教学点 94 个;特殊教育学校 1 所、民办学校(含部门办学)3 所。在职教职工 7921 人,离退休教师 4191 人。独立幼儿园 178 个,在园幼儿 24536 人。各类学前教育机构 353 个;学龄儿童入学率 100%。学生 114711 人。其中,小学生 64092 人(民办 195 人),初中生 30271 人(民办 478 人),高中生 15397 人(民办 2811 人),中职学生 4921 人(其中,民办科技学校 421 人,其他部门办艺术学校 138 人),特殊教育学生 30 人。

15 个为民办实事重点项目完成目标任务。建设农村公路 129 公里,农村危房改造 1600 户,城市棚户区改造 2210 套,5 个行政村完成配电网改造,新增自来水供水人口 48899 人,新增城镇就业人口 6870 人,新增管输天然气用户 1550 户,安装 90 个社会治安视频监控摄像头。

【品牌农业】2016 年,涟源市新增省级龙头企业 3 家。有“湘中黑牛”“肖老爷”“久久鲜”“湘山”“如心”“茸桂口服液”等 16 个省级著名商标和名牌产品,“枫木贡茶”“富田桥豆腐”列入国家地理标志产品。桥头河白茶、祥兴农林科技“湘山”纯茶油、超琅农业“乡村粉条”、紫龙腾农业科技“食用植物油”、丰乐园农业“坛豆角”5 个产品,获 2016 年中国中部(湖南)农业博览会金奖。回春堂药业被列为全省中药材种植培训和科研基地。

【发展旅游业】2016 年,涟源市旅游项目投资 3.8 亿元,同比增长 15%。入选第二批创建“国家全域旅游示范区”名单,湄江镇入围第二批国家“湖湘风情文化旅游小镇”创建单位。湄江风景区引进中惠旅合作开发。湄峰湖、杨家滩孙水河段分别获评“国家湿地公园”“国家水利风景区”。博盛生态体验园获评国家 AAA 级景区。旅游景区接待游客 780 万人次,收入 65 亿元,分别增长 15.3%、16.2%。

【美丽乡村建设】2016 年,涟源市被评为“湖南省美丽乡村建设先进县市”。龙塘镇宽家村、茅塘镇石门村被省人民政府授予“湖南省新农村建设示范村”;湄江镇蒿子村、杨市镇东园村被授予“湖南省美丽乡村建设示范村”。桥头河镇珠璜村采取项目捆绑和资金整合形式,把一、二、三产业融合、生态河堤治理、农业综合开发、环境整治、公路建设等 10 个项目捆绑实施,整合资金 1100 多万元。

【小康实现程度】2016 年,涟源市建成小康社会实现程度 83.3%,较上年提高 3.8 个百分点。其中,经济发展类实现程度 71.6%,人民生活类实现程度 87.2%,社会发展类实现程度 99.4%,民主法治类实现程度 100%,生态文明类实现程度 88.3%。38 项监测指标中,23 项指标提前实现 2020 年目标。

【文化和文化遗产保护】2016 年,涟源市新编历史湘剧《烧车御史》作为湖南唯一入选剧目,晋京参加由中宣部、文化部举办的全国基层文艺院团戏曲会演;民俗舞蹈《锣鼓土》获全省“欢乐潇湘”文艺汇演银奖;莫美长篇小说《墨雨》先后在长沙、北京举行签名售书活动。市图书馆获评“全国最美基层图书馆”,年接待读者 13 万人次。投资 100 多万元建设国家级非遗项目珠梅故事会传习所,开展非遗汇演。建立市级非遗评审平台、组织非遗主题培训,市人民政府公布第二批市级非遗物质文化遗产保护项目 14 个。其中,9 个项目入选娄底市第四批非遗代表性项目名录,跻身娄底非遗大市。

【侦破“7.11”特大电信诈骗案】2016 年,由涟源立案侦查、公安部督办“7·11”特大电信诈骗案成功告破,获公安部贺电,中央电视台等主流媒体报道。8 月 22 日上午 10 点,公安部统一指挥抓捕,湖南、贵州、广东三省公安机关协作,打掉以张某等人为首的电信诈骗团伙,端掉作案窝点 10 个,抓获犯罪嫌疑人 152 人。其中,刑拘 117 人,逮捕 100 人,起诉 89 人;缴获电脑 210 余台,手机 3000 余部,银行卡 20 余张,涉案车辆 5 辆等作案工具,扣押、冻结资金 130 余万元。

【建制村合并工作】2016 年 5 月 30 日,全市建制村合并工作完成,由 908 个行政村合并调整为 485 个,减少 423 个,减幅 46.59%。

(章长斌)

表 88

2016 年涟源市先进集体和先进个人登记表

获奖单位、先进个人	奖励名称	颁奖单位	颁发时间
涟源市第一中学	全国绿化模范单位	全国绿化委员会	2016 年 2 月
市法院刘洁	党建工作先进个人	最高人民法院	2016 年 6 月
市人武部	先进人武部党委	中共湖南省军区党委	2016 年 6 月
市人武部彭文	优秀人武部主官	中共湖南省军区党委	2016 年 6 月
市检察院	全省先进基层党组织	中共湖南省委	2016 年 7 月
市人武部	拥政爱民模范单位	中共湖南省委、省政府、省军区	2016 年 7 月
涟源市	省级双拥模范城	省委、省政府、省军区	2016 年 7 月
涟源市	全国双拥模范城	全国双拥工作领导小组、民政部、中央军委政治工作部	2016 年 7 月
涟源市	湖南省美丽乡村建设先进县市	中共湖南省委农村工作领导小组办公室	2016 年 12 月
涟源市	2016 年全省安全生产合格县市区	湖南省安全生产监督管理局	2017 年 2 月

涟源湄江风景区一角

双峰县

曾国藩故居

【概况】2016年，双峰县辖13镇3乡，辖区面积1711平方公里，辖区内另设1个经济开发区。耕地53.81千公顷，其中水田42.4千公顷，旱土11.41千公顷。年末常住人口87.89万人，其中城镇人口28.32万人。人口出生率12.6‰，自然增长率7.48‰。年内气温最高39.4℃，最低-5.6℃，年平均气温18.3℃；年降水量1690.6毫米。全县围绕“三个走在前列、两个确保、一个加快”总目标，适应经济发展新常态，稳增长、调结构、促改革、防风险、惠民生，推动经济社会持续平稳健康发展，实现全面建成小康社会决胜阶段良好开局。全年全县地区生产总值219.20亿元，比上年增长7.1%，其中第一产业增加值69.82亿元，增长3.6%；第二产业增加值83.24亿元，增长6.8%；第三产业增加值66.14亿元，增长11.4%。三次产业结构比为31.8∶38∶30.2。财政总收入9.81亿元，增长9%。地方财政收入6.15亿，增长6.8%。城镇居民、农村人口人均可支配收入分别为17963元、9702元，分别增长8.3%、10.1%。全年减少贫困人口2.14万人，全面小康总体实现程度为83.8%。获全省粮食生产标兵县、全省安全生产工作先进县、全省发展开放型经济优秀县和全国残疾人工作先进县等称号。

【新型工业】2016年，双峰县推进工业提振、财源培植“三年行动计划”，突出工业主导地位，实现工业增加值73.8亿元，增长6.7%。其中规模工业增加值62.66亿元，增长7.4%。双峰海螺实现销售收入8.7亿元，利税3.2亿元；农机产业整合加快，2016年全县农机总产值148.2亿元。龙头企业农友集团获评湖南省智能制造示范企业，税收约1500多万元，产值比上年增长20%，被国家发改委评为“国家认定企业技术中心”。劲松机械被评为全省“十佳”农机龙头企业。生物医药强劲增长，威嘉生物成长为全国最大的青蒿素原料药生产企业，伍星生物产品主销欧美，并在印度投资建厂。外贸制鞋持续发力，兴昂、荣诚鞋业出口倍增。天宏不锈钢量价齐升，实现产值3.5亿元。凯迪电力实现产值9700万元。双峰经济开发区全年实现财税收入1.98亿元，增长15%，综合实力排全省第24名，位居大湘西板块第一名。

【现代农业】2016年，双峰县农林牧渔业总产值107.74亿元，增长3.6%。粮食播种面积86.11千公顷，增长0.15%，其中稻谷面积69.76千公顷。粮食总产量53.91万吨，其中稻谷产量47.06万吨，获得全省“粮食生产标兵县”。茶叶种植面积2450公顷，产量2241吨，药材种植面积2310公顷，产量3.5万吨。出栏生猪179.82万头。牛出栏1.4万头，同比增长6.87%，家禽出笼324.09万羽，水产品产量2.86万吨。农产品加工快速发展，规模以上农产品加工企业达到23家，产值过亿元企业达到9家，海人科技获评全国林业重点龙头企业。全年实现农产品加工增加值13.1亿元，同比增长18.2%，带动基地建设63万亩。

【全域旅游】2016年，双峰县以争创全省全域示范县为目标，加快发展文化旅游、红色旅游、乡村观光休闲旅游，梅仑山文化旅游、香山旅游、归古旅游、“花之缘”旅游风生水起，成功举办第六届油菜花文化旅游节、第八届菊花(县花)节，全县全年游客接待量达800万人次，旅游总收入达到50亿元。

【新型业态】2016年，双峰县推进电子商务进农村综合示范建设，在全市率先引进阿里巴巴农村淘宝项目，电子商务产业园建成运营，入驻电子商务企业35家。金融小镇项目引入基金规模达3.5亿元。湄水湾书画一条街基本建成，新增规模以上入统文化企业11家。全年社会消费品零售总额同比增长12%。

【城乡建设】2016年，双峰县177个县级重点项目完成年度投资任务102%，开工率100%，其中2个省级重点项目、73个市级重点项目分别完成126.1%、103.4%。市级储备项目开发评为全市第一名。完成内联引资89.03亿元,完成年度目标任务的101%;实际到位外资5811万美元,同比增长18%,完成年度目标任务的107%。加快实施"对接大长沙"战略、"融城战略",加快融入娄底中心城区。娄衡高速双峰段全年完成投资6亿元,12月底通车。娄双大道双峰县境内全长24.1公里,路基宽24.5米,总投资约10亿元,全年累计完成投资额2.5亿元。国道60醴陵至娄底高速公路通过省发改委审批、上报交通运输部和国家发改委。娄衡高速双峰连接线进入路基施工,省道334石地方至蚊子山公路、省道342双峰青树坪至太平寺等干线公路加快建设。宾园路、存朴街、富厚路、艺芳街东段、娄底大道城区段等城市道路拉通,归朴街、艺芳街全线开工,背街小巷及老城区改造启动。河东防洪堤正式开工,文塔公园顺利竣工,曾国藩文化公园完成北部区域建设,体育中心项目完成扫尾工程。双峰一中北校区将于年底投入运营,湾田学校正在进行主体工程施工。

成功创建省级园林县城。荷叶镇入选第一批中国特色小镇。完成农村公路提质改造建设168公里,安保设施建设任务147公里。推进千亿斤粮食产能田间工程、小型农田水利重点县建设项目。投入3亿元,完成各类水利工程10000处,治理病险水库122座,疏通渠道450公里,清淤山塘2000口。推进"天蓝水净地绿行动计划",全县森林覆盖率提升至46.56%,圆满完成主要污染物年度减排任务。新农村建设、城乡环境整治及建设成效显著。依法严肃查处坳头山区域部分砖厂非法毁林采矿案件,开展整治非法毁林、非法采矿、非法洗砂专项行动,高标准启动生态修复,坚决守住自然生态底线。

【深化改革】2016年,双峰县推行改革攻坚"项目化管理",全县确定280项改革任务,完成或正常推进224项;承担国家、省、市改革试点11项改革任务启动或完成。完成县政府机构改革和建制村并村改革,全县建制村由原来的894个合并为523个,减幅达41.5%。双峰部分区域行政区划调整有序推进。"三清单一清理"稳步实施,"两集中、两到位"有序落实,机关事业单位养老保险制度改革、城乡居民医疗保险和新农合并轨落实。营改增试点、地方金融改革、商事体制、户籍制度、公车制度改革有序推进。加快交投、城投等投资平台建设,向省财政厅申报2个PPP示范项目。实施公务员职务与职级并行,认真研究解决乡镇停薪留职人员的身份认定、待遇计发等问题,出台相应政策性文件,稳妥解决2002年县乡政府机构改革遗留下的历史问题。小型水利设施产权制度改革和创新运行管护机制改革经验被水利部录入《2016年中国水利年鉴》。供销合作社综合改革试点于9月通过省评估验收。整合财政涉农资金改革试点经验在全省推介。稳妥推进煤炭、建材、烟花爆竹等产业有序退出。房地产市场平稳健康发展,全年销售商品房45万平方米,较上年增加20万平方米,增长87.5%。争取国家专项建设基金5.2亿元、置换债务14.25亿元。严密防范和打击非法集资,守住不发生区域性、系统性金融风险底线。对外开放进一步扩大,韶山海关在双峰县设立工作站。整合财政涉农资金改革试点经验在全省推介,在中央电视台《焦点访谈》栏目专题报道。

【脱贫攻坚】2016年,双峰县将脱贫攻坚作为全县"十三五"期间第一位的民生工程,紧扣三年全县脱贫摘帽、贫困村全部退出、贫困人口整体脱贫目标任务,推进脱贫攻坚3年行动,全年减少贫困人口2.14万人。增加县扶贫办编制4名,乡镇扶贫办单列设置。清理贫困对象,保持扶贫对象动态平衡。建立脱贫攻坚"责任清单"和"任务清单",落实领导联村帮、单位驻村帮、干部联户帮、社会参与帮"四帮工程",派出143个县直单位帮扶109个重点贫困村,投入各类帮扶资金6000多万元,为贫困村解决具体问题2000余个。识别认定社会保障兜底对象4357户13268人,扶贫补助应补尽补覆盖率达到100%。投入产业扶贫专项资金4000余万元,发放扶贫小额贷款5000万元。易地扶贫搬迁3703人,改造危房900户,75个集中安置点全部开工建设。

【民生福祉】2016年,双峰县财政资金投入民生领域达35亿元,占公共财政预算支出72%。19件重点民生实事圆满完成。城乡居民人均可支配收入持续增加。加快推进双峰一中北校区、湾田学校、体育中心、曾国藩文化公园等重大民生工程。双峰一中老校区开设初中部,新增学位4000余个,化解城区大班额3年行动取得重大进展。投入资金8766万元,消除危房面积3万平方米,新建、维修改造中小学校舍5万多平方米,改造学校60所,创建省级标准化教学点16个。中考成绩连续6年领跑全市,高考成绩继续保持全市第一、全省领先。医疗卫生体制改革进一步深化,食品药品监管全面加强,人口和计生工作均衡发展。实施广播电视"户户通"工程,县图书馆、文化馆、纪念馆实现免费开放,县体育中心实现网上免费预订、免费使用,群众性文化和体育活动蓬勃开展。老干、工会、档案、人防、史志、气象、文化、民族、宗教、遗产保护等工作取得进展。实施积极就业政策,支持劳动者多渠道就业创业,城镇新增就业8677人,失业人员再就业4152人,新增农村劳动力转移就业8400人。完善城镇职工基本社会保险,推动城乡居民基本养老、基本医疗保障全覆盖,完成城乡居民基本医疗保险制度并轨。城市低保标准提高到420元/月,农村低保标准提高到220元/月,农村"低保线"与国家"扶贫线"逐步融合,农村分散特困人员年供养标准提高到3200元。发放失能农村特困人员生活照料补助,乡镇敬老院运转费用列入县财政预算。建成公共租赁住房393套,实施城市棚户区改造2925套。围绕创建全国社会管理综合治理优秀市、再创全省"平安县"目标。"12345"县长热线及时反馈解决一批群众关心的现实利益问题。开展化解信访积案专项行动,建立健全矛盾纠纷多元化解机制,安全生产形势大局持续稳定,绩效考核排名全市第一,被市推荐为省级安全生产示范县。加强综治网格化建设,完成"三实"信息采集录入,建成第一期天网工程。深入开展"三年禁毒大行动",落实公职人员吸毒检测。推进打击治理电信网络新型违法犯罪专项行动,实现查处违法犯罪人数、破获案件"两个大幅上升",全国涉及双峰PS案件、协外办案"两个大幅下降",7月后没有新发涉及双峰的PS案件。严厉打击黑恶势力、涉赌涉黄、"两抢一盗"违法犯罪行为,发案率较去年同期下降20.4%,破案率较去年同期上升47.3%,公众安全感和满意度明显提升。

【海螺利用水泥窑协同处理城市生活垃圾项目点火投运】1月25日,双峰海螺利用水泥窑协同处理城市生活垃圾项目点火投运。双峰海螺利用水泥窑协同处理城乡生活垃圾项目,总投资1.5亿元,于2014年6月开工建设。项目日处理垃圾约200吨,年处理垃圾将超6.6万吨,实现生活垃圾处理的无害化及资源化。它的运行,标志着双峰在实现垃圾处理"减量化、资源化、无害化"道路上跨出重要一步。

(李冬云 曾光华 曾敏威)

【双峰火车北站运营】1月26日,双峰火车北站开办客运营业,标志着双峰百姓出行步入高铁时代。娄邵铁路于2010年10月开始实施扩能改造,改造后为双线电气化铁路,线路全长100.457公里,沿线设娄底、娄底西、双峰北、廉桥、邵东、邵阳6个车站,娄底、邵阳、邵东、双峰北4个站办理客运业务。双峰北站位于洪山殿镇龟灵村,距太平寺 2 公里,距双峰县城23公里,站房约5000平方米。双峰北站为准二级站,客货两用,车站设两个站台,铺设7股道,站台采用无柱雨棚设计。娄邵新线开通后,铁路客、货运输能力都将得到大幅提升,邵阳至娄底列车最短运行时间由原来3小时缩短至1小时。

(王永清 李冬云 曾敏威)

【朝阳煤矿棚户区改造工程完成】2016年,朝阳煤矿棚户区改造项目用地面积228亩,总投资5.6亿元,建成住房60栋2200套。项目于2011年10月启动,2015年6月竣工。2016年职工分房、小区绿化等事宜完成。

(曾光华 李冬云 杜群)

【获全省粮食生产标兵县】双峰作为传统农业大县,现有耕地53.81千公顷,其中水田42.4千公顷,年产粮食53.91万吨,素有"湘中粮仓"之称。2016年,双峰县贯彻落实省、市农业农村工作会议精神,以"确保粮食生产先进县地位不动摇"为目标,以"水稻专业化集中育秧""水稻绿色高产高效创建""整治耕地抛荒"为重要抓手,强化行政推动、责任机制、财政投入、服务体系建设与普及关键技术,发展粮食生产,再获"湖南省粮食生产标兵县"。

(李冬云 王源泉 曾敏威)

双峰县锁石镇上尧千亩翠荷

表 89

2016年双峰县先进集体和先进个人登记表

获奖单位、先进个人	奖励名称	颁奖单位	颁发时间
双峰县	湖南省园林县城	省人民政府	2016年10月
双峰县	2016年度湖南省粮食生产标兵县	湖南省农业委员会	2017年2月
双峰县	2016年全省安全生产工作先进县	省委办公厅省人民政府办公厅	2016年12月
双峰县	全省发展开放型经济优秀县	省政府办公厅	2017年2月
县人民政府残疾人工作委员会	全国残疾人工作先进单位	国务院残疾人工作委员会	2016年9月
双峰县人武部	全面建设先进单位	湖南省军区	2016年12月
县委机要局	全省党政机要密码工作先进单位	中共湖南省委办公厅	2017年1月
双峰县司法局	全省“六五”普法依法治理先进集体	省委法治湖南建设领导小组办公室 省委宣传部省司法厅	2016年9月
双峰县环保局	2016年度打击环境污染违法犯罪先进单位	省公安厅、省环保厅	2017年6月
双峰县国土资源局	2014—2016年度全省国土资源信访工作先进单位	湖南省国土资源厅	2017年2月
双峰县人社局	新闻宣传先进单位	中国劳动保障报社	2016年9月
地方税务局	省级文明卫生单位复查合格	湖南省爱国卫生运动委员会	2016年8月
双峰县公路管理局	文明建设先进单位	湖南省公路管理局	2017年1月
蔡和森纪念馆	2016全省旅游行业文明旅游先进单位	省旅发委省文明办	2017年2月
县人民医院	全国百姓放心示范医院(2016年10月至2018年9月)	中国医院协会	2016年12月
国安办	2016年度湖南省县(市、区)国安办先进单位	湖南省国家安全工作领导小组办公室	2016年12月
农业局办公室	2016年度全省农业政府网站工作先进单位	湖南省农业委员会	2016年12月
双峰县农药监管站	2016全省农药监管工作先进单位	湖南省农业委员会	2016年12月
双峰县农业行政执法大队	2016—2018年全省依法办事示范窗口单位	湖南省法治湖南建设领导小组	2016年12月
双峰县绿色食品管理办公室	2016年度全省“三品一标”先进单位	湖南省绿色食品办公室	2017年3月
双峰县农民素质教育办公室	2016年度全省农民素质教育培训工作先进单位	湖南农民素质教育培训工作领导小组	2017年1月

续表 89

获奖单位、先进个人	奖励名称	颁奖单位	颁发时间
双峰县农民体育协会(素质办)	2016 年度全省农民体育健身工作先进单位	湖南省农民体育协会	2017 年 1 月
县民政局慈善办	慈善工作先进单位	省慈善总会	2016 年 4 月
县民政局婚姻登记中心	巾帼文明岗	省妇联	2016 年 10 月
县民政局光荣院	文明优抚事业单位	省民政厅	2016 年 11 月
永丰镇福寿村	脱贫攻坚示范村	湖南省扶贫开发领导小组	2016 年 10 月
青树坪镇农技站	五星级农技站	农业部	2017 年 8 月
彭春发	2016 年度“全国农业先进个人”	农业部	2016 年 12 月
曾春谷	2016 年度湖南省维护稳定工作先进个人	湖南省维护稳定工作领导小组	2017 年 4 月
熊民强	2016 年度全省党政系统先进机要工作者	中共湖南省委办公厅	2017 年 1 月
江卫林	“五一劳动奖章”	湖南省总工会	2017 年 6 月
熊礼玉、彭杰辉	2016 年全省农业执法优秀案卷	湖南省农业委员会	2016 年 11 月
宋伟泉、张俊	2016 年农业教育培训工作先进个人	湖南农业素质教育培训工作领导小组	2017 年 1 月
彭建界	全省“六五”普法依法治理先进个人	省委法治湖南建设领导小组办公室省委宣传部省司法厅	2016 年 9 月
凌朝阳	湖南省司法行政工作先进个人	省人社局、省司法厅	2017 年 1 月
胡　伟	全省纪检监察系统先进工作者	省纪委省人力资源和社会保障厅	2017 年 9 月
黄彩莎	2016 年文明旅游先进个人	省旅发委省文明办	2017 年 2 月
赵细良	2016 年全省地税系统第八届稽查能手	湖南省地方税务局	2016 年 11 月
罗平原	全国党史先进工作者	人力资源部 中央党史研究室	2016 年 2 月
肖小波	全省十佳公路局局长	湖南省公路管理局	2017 年 1 月
刘　亮	全省公路系统十佳工程建设者	湖南省公路管理局	2017 年 1 月
彭慧枚	全省公路系统十佳通讯员	湖南省公路管理局	2017 年 1 月

新化县

水车镇紫鹊界长石景区一角

【概况】新化县地处湘中偏西，辖新化经济开发区、上渡办事处以及上梅、石冲口、洋溪、槎溪、奉家、水车、文田、游家、炉观、西河、孟公、琅塘、桑梓、曹家、吉庆、温塘、田坪、白溪、圳上等19个镇，科头、维山、天门、金凤、荣华、坐石、油溪等7个乡，大熊山、古台山等2个国有林场。辖区面积3636平方公里。耕地67.45千公顷，水田51.3千公顷，旱地15.93千公顷。2016年年末户籍总人口为1501148人，常住人口113.86万人，其中城镇常住人口38.12万人，农村人口75.74万人。全年平均气温17.8℃，年内最高气温38.6℃，年内最低气温-4.1℃，年降水量1813.1毫米。

2016年，新化县贯彻党的十八大和十八届三中、四中、五中、六中全会精神，落实市委政府决策部署，以“绿色崛起·科学跨越”为主题，以“脱贫转型·富民强县”为目标，突出稳增长、促改革、调结构、惠民生、防风险工作重心，履职尽责、迎难奋进，完成年度目标任务。全年实现生产总值2233709万元，同比增长7.6%。其中，第一产业增加值593068万元，增长3.6%；第二产业增加值687001万元，增长6.8%；第三产业增加值953639万元，增长11%。三次产业结构为26.6：30.7：42.7。全年全县财政总收入117115万元，比上年增长9.1%。城镇、农村居民人均可支配收入分别为17900元、7185元，增长9.5%、11.5%；金融机构存、贷款余额分别为310亿元、132亿元，增长20.6%、23.4%，主要经济指标保持中高速增长。

被列入首批国家全域旅游示范区创建单位、被评为全国森林旅游示范县、全国十佳生态休闲旅游城市、全国地质灾害防治先进县、全国“五好”工商联、全国妇联先进集体、省创新创业示范县、省安全生产工作先进县、省信访工作先进单位、省人民防空工作先进单位、省粮食生产先进县、省移民后扶先进县、省移民避险工作先进县、全省农村土地承包经营权流转先进县、省农业综合开发工作先进县、全省抗洪抢险先进集体。

【农业】2016年，新化县全年完成农业总产值967940万元，按可比价比上年增长3.6%。粮食总产量48.000万吨，其中稻谷总产量为37.80万吨，小麦总产量3076.65吨，玉米总产量为8.34万吨，豆类总产量5514.15吨，肉类总产量12.49万吨，水产品产量32606吨。农业基础设施建设力度进一步加大，全县全年水利工程投入资金1.3亿元，节水灌溉改造工程0.07千公倾，治理水土流失2.35平方公里。7月初暴雨洪灾水毁工程修复，95座小(2)型病险水库除险加固扫尾，中小河流治理、坡耕地水土流失治理、炉观坝灌区续建配套工程等项目完成年度任务，高峰湖水源工程完成形象进度80%。特色稻、模式化稻田养鱼、楠竹等各类生产基地达132万亩，其中水车、奉家2万亩高档优质中稻基地通过国家地理标志认证。培育发展传统特色产业，渠江薄片、天鹏茶园、中天玫瑰等重点项目完成投资3.06亿元；加快推进白溪豆腐、新化水酒整合升级和品牌提升力度，大力扶持新化红茶、油茶林、中药材产业壮大发展，努力打造全省优质农产品供应基地和中药材产业示范基地，具新化特色产业体系雏形。被评为省粮食生产先进县和省首批中药材种植基地示范县。

【工业】2016年，新化县完成规模以上工业总产值1828836万元，增长11%。原煤216.7万吨，发电量42120万千瓦时，自来水1234万立方米，饲料133199吨，糖果2797吨，增长11.3%；胶合板45150立方米，铁合金141531吨，硅酸盐水泥熟料284.48万吨，水泥451.11万吨，锑品8932.85吨，铸铁件1404吨，黄金717.08公斤。打造工业园区创新转型发展主阵地，储备土地4500亩，筹集资金22亿元，完成基础设施投资6亿元，建成特种陶瓷产业园等标准化厂房20余万平方米，启动精细化工工业园、格林美循环产业园等重大项目建设，入驻企业58家，产业孵化平台、技术创新平台和经济集聚洼地效应显现。

【第三产业】2016年，新化县实施特色发展、差异发展战略，加速推进全域旅游示范区建设，被列入首批国家全域旅游示范区创建单位。县内旅游资源种类多、品味高、分布广、差异性好，有8个主类别、72个亚类、83个基本类型500处旅游资源。其中AAAA景区2处、AAA景区4处、AA景区1处，国家最美乡村2个、省最美乡村6个。2016年，县委县政府高度重视，紧紧围绕“旅游立县、绿色崛起”发展战略，成立由县委政府主要领导挂帅的新化县创建“国家全域旅游示范区暨文化旅游三年行动计划”工作领导小组，着重从全域整合撬动转型、精准定位聚合共识、规划引领全域覆盖、旅游产品全域创新、产业联动全域深化、基础配套全域加强、找准定位提升形象等7个方面抓好全域旅游示范县创建工作。完成熊山古寺、蚩尤文化园一期及大熊山、紫鹊界景区环线公路建设，推进梅山古镇核心区、桃花源AAAA景区、龙湾国家湿地公园等保护性开发，举办熊山古寺开光祈福法会、湖南省创建国家全域旅游示范区启动仪式、大熊山国际傩文化节等大型活动，文化旅游成为群众增收致富的重要产业。2016年，全县旅游总人数1467.21万人次，旅游综合收入106.53亿元，被列入首批国家全域旅游示范区创建单位。大力推进文旅(上市)小镇创建。自2016年9月国家证监会出台《中国证监会关于发挥资本市场作用服务国家脱贫攻坚战略的意见》以来，根据旅游资源优势及“绿色崛起，科学跨越”的发展战略，利用IPO绿色通道政策，推进“文旅(上市)小镇”创建工作。成立以县委书记为顾问、县长为组长的县文旅(上市)小镇创建工作领导小组，加强对推进企业上市工作领导协调；出台《新化县鼓励投资创业的若干规定》，对文旅(上市)小镇入驻企业给予相关优惠政策，引进对接。有14家企业通过总部迁入、新注册企业或新注册子公司等方式入驻新化，业务范围涉及证券股权投资、旅游规划咨询、旅游互联网信息、旅游景点建设与运营、有机农业生产与加工销售、环境废弃物处理与资源化利用、酒店建设与运营等产业。特别是广州点博通信技术有限公司在新化注册的湖南金朋科技有限公司，年内缴纳税收286.12万元。全县完成社会消费品零售总额939312万元，比上年增长11.9%。其中城镇消费品零售674244万元，乡村265067万元，餐饮收入181598万元，商品零售757714万元，进出口总额814万美元，实际利用外资5150万美元。

【深化改革】2016年，新化县有序推进省直管县经济体制改革，经济社会管理权限进一步扩大。完成混合所有制投融资平台建设、农村商业银行改制组建和星龙村镇银行引进创建，扩大重点基础设施建设PPP融资规模，融集9.98亿元贫困村基础设施建设资金，引进文旅(上市)小镇创建项目和湘露实业、广州点博、马上游等上市、拟上市企业及中介组织10余家，实现新三板上市企业零突破，引进管理模式和经验。完成国有林场改革、合村改革、集体林地登记确权颁证和林权流转交易平台建设，启动公务员职务与职级并行改革、公车改革，推进阳光政务、不动产统一登记、农村土地确权颁证、全口径财政预算、公务卡消费改革，完善商事制度等改革，规范政府经济行为；推进建设投资行政审批制度改革。

【项目建设】2016年，新化县全年完成固定资产投资1497640万元，比上年增长16.6%。全县104个“四个一批”重点项目完成投资74.2亿元，占年度计划投资的120%。大熊山与吉庆风力发电场、鑫鑫矿业铜矿采选、电子陶瓷节能环保烧结生产线、资江三桥、白沙洲西路、炉洋公路、芭蕉园水电扶贫试点、鑫泰农贸市场一期等29个项目竣工投用，竣工率达207%；娄底大道新化段、高峰湖水源工程、吉白公路改造、县城二水厂等51个项目强力推进；格林美塑木生产线、循环产业园、高铁新城、梅山古镇、天然气入新、龙琅高速、新溆高速大熊山连接线、石冷公路等24个项目动工建设。

【民生福祉】2016年，新化县推进脱贫攻坚，成功减贫35150人；养老保险实现制度全覆盖，获评全省创新创业带动就业示范县；完成205公里农村公路提质改造、131个村的农电网改造；完成农村危房改造3580户，开工建设城市棚户区改造6862套；启动22个美丽乡村示范村建设，建成2个美丽乡村示范村、11个基层综合文化服务中心；加大教育投入力度，完成5所合格学校、2所农村公办幼儿园建设，加速推进新化一中、职业中专、铁牛学校等扩建工程；完成全县农村广播“村村响”建设任务和农村广播电视“户户通”年度任务；城乡医疗救助体系进一步完善，全社会保障水平明显提升。2016年县本级科学技术支出710万元。推进产学研结合，签订产学研合作合同75个，全年组织实施各类科技计划73项，申请专利284件，获授权145件（发明专利12件），10万人授权专利数达13件；高新技术企业6家，实现高新技术增加值164559万元。养老保险实现制度全覆盖，五类社会保险参保达92.2万余人，新农合参合人数达105.49万人、参合率95.4%。建成5976套保障性住房，争取农村危房改造指标5400户，保障城市低保对象7万人次，保障农村低保对象29.2万人次。

【社会管理】2016年，新化县加强社会管理，坚持计划生育基本国策，认真实施"单独两孩"政策，加大"两非"行为打击力度，年内出生人口23806人，人口出生率17.87‰，自然增长率9.94‰，人口均衡发展。创建省级"平安县"，化解社会矛盾，排查调处各类矛盾纠纷17228起，调处成功率98%；整合信息资源，推进社会网格化管理，以关键部位、薄弱环节和人员密集场所为重点，加强社会治安综合整治；创新禁毒保障、宣传、严打、管教和联动工作机制，开展全民禁毒，打击涉黑涉恶、涉黄涉赌、电信诈骗等犯罪，全年发案率同比下降21.8%，破案率上升3.2%。开展"领导大接访、矛盾大排查、积案大化解、秩序大综治、基础大夯实"五大专项活动，抓信访制度改革，进京非访登记3人次，信访形势平稳可控。树立安全发展理念，开展"监管执法年"和"百日安全竞赛"活动，推进"打非治违""四大三基"和"大排查大管控大整治"行动，特别是煤矿"四化"工作、摩托车整治、非法占用林地采矿整治行动成效明显，安全效果创历史最好水平，摘除全国煤炭安全重管县帽子。开展集中风险排查，对20家单位进行打击，对28家单位进行风险监控，对2家单位予以帮扶，对20件立案案件加快处置，其中移送法院13件，审理判决7件。在信访维稳、城市建设、教育发展、民生保障等领域开展"解难题、促发展"活动，化解"征地拆迁安置、城市棚户区改造、城区大班额、失地农民社会保障、民间融资以及企业改制"等各方面历史积案，把维护和发展人民群众切身利益放在首要位置，社会大局和谐稳定，人民安居乐业。（康瑞凡）

新化县大熊山熊山古寺全景图

表 90

2016 年新化县先进集体和先进个人登记表

获奖单位、先进个人	奖励名称	颁奖单位	颁发时间
何爱星（县文体广新局）	全省文化科技卫生“三下乡”先进个人	湖南省委宣传部	2016 年 11 月
《月光光·海光光》节目	一等奖	湖南省委宣传部	2016 年 10 月
《郎打单身赖嗯姐》	二等奖	湖南省委宣传部	2016 年 10 月
县文化馆	湖南省 2016 年欢乐潇湘优秀文艺单位	湖南省委宣传部	2016 年 10 月
县文体广新局	村村响工程建设先进单位	湖南省新闻出版广电局	2016 年 9 月
县文体广新局	2016 年度湖南省文化工作先进单位	湖南省文化厅	2017 年 1 月
新化县委老干部局	2016 年度全省离退休干部宣传工作受表扬单位	中共湖南省委老干部局	2017 年 7 月
新化县	全省计划生育工作良好单位	中共湖南省委	2016 年 12 月
新化县卫计局	全省打击“两非”先进单位	省卫计委	2016 年 5 月
袁建国	全国计生协先进个人	国家计生协会	2016 年 5 月
谢本国	全省计生协会优秀宣传员	省计生协会	2016 年 6 月
县计生协会	全省计生协模范单位	省计生协会	2016 年 12 月
上梅、琅瓖、石冲口、曹家卫生院	群众满意乡镇卫生院	国家卫计委	2016 年 12 月
胡昌华	全省计划生育工作优秀调查员	省卫计委	2016 年 12 月
县妇幼保健计划生育服务中心	湖南省“三八红旗集体”	省妇联	2016 年12 月
新化县公路管理局	全国交通运输行业文明单位	交通运输部	2016 年 8 月
陈代新	湖南省“五一劳动奖章”	湖南省总工会	2016 年 10 月
新化县商务粮食局	全省商务工作(内贸)先进工作单位	湖南省商务厅	2017 年 2 月
新化县商务粮食局	湖南省电子商务进农村示范县(2015 年、2016 年)	湖南省商务厅	2015 年 8 月
新化县商务粮食执法大队	2016 年商务行政执法优秀队伍	湖南省商务厅	2016 年 12 月
新化县环境保护局	2016 届湖南省文明单位	湖南省精神文明建设指导委员会	2016 年 12 月
人力资源和社会保障局	2016 度人事报刊做得好的单位	人社部办公厅	2016 年 8 月

续表 90

获奖单位、先进个人	奖励名称	颁奖单位	颁发时间
曾宪良	《湖南国土资源年鉴(2016 卷)》编纂工作优秀个人	湖南省国土资源厅	2016 年 12 月
罗主华	全省国土资源系统信访工作先进个人	湖南省国土资源厅	2017 年 2 月
曾宪良	全国"文质兼美"优秀基层书法家	中国文联、中国书法家协会	2017 年 3 月
新化县矛盾纠纷调处中心	全国模范调处委员会	司法部	2017 年 5 月
县三调联动办	人民调解工作先进单位	司法部	2016 年 3 月
李鹏程	湖南省"六五"普法先进个人		2016 年 8 月
伍铁希	全国模范人民调解员	司法部	2017 年 5 月
伍铁希	湖南省人民满意的公务员	中共湖南省委、湖南省人民政府	2017 年 2 月
肖松华	2016 年"一师一优"课网上晒课省级奖	湖南省教育厅	2016 年 12 月
胡胜虎	2016 年"一师一优"课网上晒课省级奖	湖南省教育厅	2016 年 12 月
曾晓婉	2016 年"一师一优"课网上晒课省级奖	湖南省教育厅	2016 年 12 月
曾晓婉	2016年"一师一优"课网上晒课被教育部评为优质课	国家教育部	2016 年 12 月
新化县民政局	全省民政新闻宣传信息工作先进单位	湖南省民政厅	2017 年 1 月
新化县民政局	全省福利彩票发行工作先进单位	湖南省民政厅	2017 年 1 月
罗孝斌	全省福利彩票发行工作先进个人	湖南省民政厅	2017 年 1 月
李春燕	全省福利彩票发行工作先进个人	湖南省民政厅	2017 年 1 月
新化县妇联	全国妇联系统先进集体	全国妇联	2016 年 12 月
新化县妇联	宣传工作先进集体	省妇联	2016 年 7 月
新化县计生协会常务副会长 袁建国	全国计生协会工作先进个人	全国计生协会	2016 年 12 月
新化县计生协会秘书长 谢本国	全省计生协会优秀宣传员	湖南省卫计委	2016 年 12 月
新化县计划生育协会	省计生协工作绩效考核结果(省计生协模范单位)	湖南省计生协会	2017 年 1 月

统 计 公 报

娄底市 2016 年国民经济和社会发展统计公报

2016 年，面对错综复杂的外部环境和严峻的经济形势，市委、市政府带领全市人民认真贯彻落实中央、省委、省政府各项决策部署，牢固树立发展新理念，以供给侧结构性改革为主线，坚持“加速转型、奋力赶超”的总基调，以“项目建设大比拼”活动为抓手，大力实施工业提振等七个“三年行动计划”，全市经济呈现企稳回升、稳中向好的运行态势，经济结构不断优化，运行质量不断提高，民本民生持续改善，实现“十三五”良好开局。

一、综合

初步核算，全市实现地区生产总值 1400.14 亿元，同比增长 7.6%。其中：第一产业增加值 206.07 亿元，同比增长 3.6%；第二产业增加值 676.34 亿元，同比增长 6.3%；第三产业增加值 517.73 亿元，同比增长 11.3%。按常住人口计算，全市人均 GDP 36058 元，增长 7.1%。

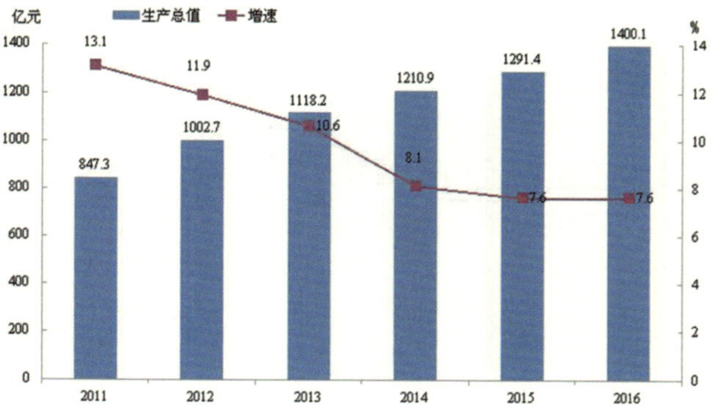

图 1 2011-2016 年全市地区生产总值及增长速度

三次产业结构由上年的 14.6:50.3:35.1 调整为 14.7：48.3：37.0，第三产业占比提高 1.9 个百分点，三次产业对全市经济增长贡献率分别为 6.9%、41.6% 和 51.5%，分别拉动全市 GDP 增长 0.5 个百分点、3.2 个百分点和 3.9 个百分点。非公有制经济增加值 639.51 亿元，增长 8.1%，占地区生产总值的比重为 45.7%，对全市经济增长的贡献率为 48.9%。

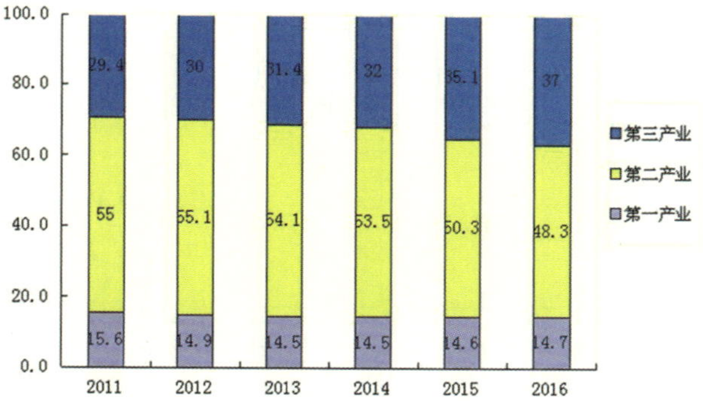

图 2 2011-2016 年全市三次产业结构

全市财政总收入 104.59 亿元，同比增长 9.7%，其中地方财政收入 68.25 亿元，增长 13.9%。全市公共财政预算支出 271.08 亿元，增长 14.0%，其中，教育、科技、文化、交通、医疗卫生、节能环保、社会保障与就业、城乡社区、农林水、住房保障等民生支出 210.07 亿元，增长 14.7%，占全市财政支出的比重达 77.5%。

表91 2016年全市财政收入和支出一览表

指标	绝对数(万元)	增长(%)
公共财政预算收入	1045942	9.7
地方财政收入	682471	13.9
其中:税收收入	373209	8.2
非税收入	309262	21.6
上划中央级税收	287412	0.9
上划省级税收	76059	9.4
公共财政预算支出	2710754	14.0
其中:一般公共服务支出	283851	-3.8
教育支出	465817	26.9
科学技术支出	7405	-33.4
文化体育与传媒支出	65111	60.3
社会保障和就业支出	445545	16.2
医疗卫生与计划生育支出	337468	28.4
节能环保支出	65722	31.2
城乡社区事务支出	147450	5.8
农林水事务支出	287092	-0.2
住房保障支出	150103	-0.6

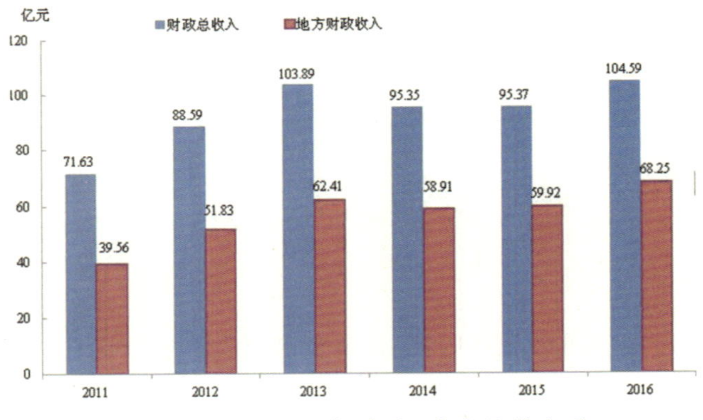

图3 2011—2016年全市财政总收入和地方财政收入

全市居民消费价格比上年上涨2%，其中食品烟酒类上涨5.4%，衣着类上涨1.9%，居住类下降1.1%，生活用品及服务类上涨0.5%，交通和通信类下降0.8%，教育文化和娱乐类上涨0.2%，医疗保健类上涨5.6%，其他用品和服务类上涨1.2%。工业生产者出厂价格下降1.1%，工业生产者购进价格下降2%。

二、农业

全市农林牧渔业总产值328.36亿元，同比增长3.6%。其中，农业产值135.84亿元，增长7.8%；林业产值6.06亿元，增长8.8%；牧业产值169.29亿元，下降0.2%；渔业产值15.31亿元，增长8.9%，农林牧渔服务业产值1.86亿元，增长9.8%。

全市粮食种植面积277.82千公顷，同比下降0.1%；蔬菜种植面积45.05千公顷，增长5.1%；油料种植面积39.6千公顷，下降0.3%。全市粮食总产量161.08万吨，下降1.7%；蔬菜产量157.21万吨，增长8.5%；油料产量5.11万吨，增长7.0%；肉类产量40.31万吨，下降1.2%；禽蛋产量3.0万吨，增长3.8%；水产品产量9.14万吨，增长4.8%。生猪出栏503.71万头，下降2.5%；牛出栏18.94万头，增长3.3%；羊出栏34.72万头，增长6.5%，家禽2052.54万羽，增长4.4%。

全市财政资金中农林水事务支出28.71亿元，占全市公共财政预算支出的10.6%。全年开工水利建设工程3万处，投入资金8.86亿元，完成土石方7000万立方米，新增农田有效灌溉面积4.46万亩，新增节水灌溉面积6.53万亩，治理水土流失面积21.9平方公里。完成农村公路提质改造588公里，农村公路安保设施建设547公里。

三、工业和建筑业

全市实现全部工业增加值600.93亿元，同比增长6.2%。规模以上工业增加值增长6.7%，其中非公有制规模以上工业增加值增长8.5%。在规模以上工业中，按经济类型分，国有企业下降1.7%；集体企业下降1.9%，股份制企业增长8%，外商及港澳台投资企业增长12.6%。按企业规模分，大中型企业增长4.9%，小微型企业增长8.5%。按行业分，农副食品加工业增长13%，医药制造业增长8.5%，非金属矿物制品业增长5.7%，石油加工、炼焦和核燃料加工业下降3.8%，黑色金属及压延加工业增长6.4%，有色金属及压延加工业下降11.3%，通用设备制造业增长10.1%，专用设备制造业增长10.2%。

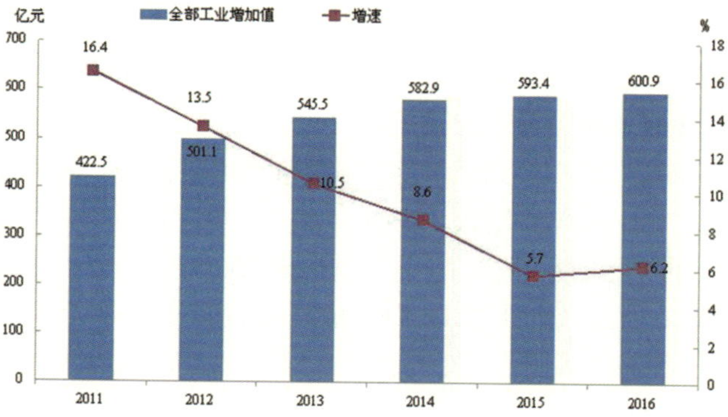

图 4 2011—2016 年全市工业增加值及增长速度

全市省级及以上园区规模工业增加值同比增长 7.4%,高加工度工业增加值增长 12.5%,高技术产业增加值增长 16.4%。六大高耗能行业增加值增长 3.3%,占规模以上工业增加值比重为 41.6%,比上年同期下降 0.8 个百分点。

全市重点监测的 10 种主要工业产品产量中,原煤产量 786.8 万吨,同比下降 17.6%;生铁 966.14 万吨,增长 3.4%;粗钢 975.82 万吨,增长 4.9%;钢材 1029.97 万吨,增长 3.7%;氮肥(折纯)24.02 万吨,下降 2.8%;发电量 116.59 亿千瓦时,下降 0.1%;焦炭 422.54 万吨,增长 1.4%;纯碱 15.49 万吨,下降 10.6%;水泥 1435.32 万吨,增长 4.4%。

全市规模以上工业企业实现利润总额 71.12 亿元,同比增长 66.8%。分经济类型看,国有企业亏损 877 万元;集体企业盈利 1.8 亿元,增长 4.8%;股份制企业盈利 62.69 亿元,增长 73.1%。

全市建筑业增加值 75.80 亿元,增长 7.3%;全市具有建筑资质等级的总承包和专业承包建筑业企业 125 家,完成建筑业总产值 253.18 亿元,增长 16.8%。房屋建筑施工面积 1171.26 万平方米,下降 7.8%,房屋建筑竣工面积 605.03 万平方米,下降 3.5%。

四、固定资产投资

全市施工项目 2711 个,同比增长 7.7%,新开工项目 2036 个,增长 11.9%,投产项目 1939 个,增长 18.5%。

全市完成固定资产投资 1199.92 亿元,增长 14.4%。分类型看,国有投资 455.97 亿元,增长 20.5%,非国有投资 743.95 亿元,增长 11.0%,其中,民间投资 722.13 亿元,增长 9.2%,占全部投资比重 60.2%。分产业看:第一产业投资 67.69 亿元,下降 4.0%;第二产业 494.80 亿元,增长 17.6%;第三产业 637.43 亿元,增长 14.4%,第三产业投资占全市投资的比重为 53.1%,超过第二产业占比 11.9 个百分点。

全市采矿业完成投资 57.39 亿元,同比下降 7.7%,制造业投资 390.54 亿元,增长 23.2%,基础设施投资 305.58 亿元,增长 29.5%,高技术产业投资 65.99 亿元,增长 28.8%,生态环境投资 67.18 亿元,增长 41.7%。

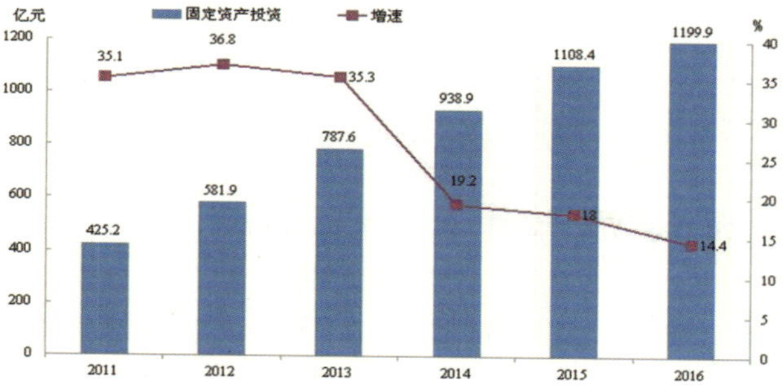

图 5 2011—2016 年全市固定资产投资及增长速度

全市房地产开发投资 92.89 亿元,同比下降 13.9%。其中住宅投资 65.17 亿元,下降 5.5%;办公楼投资 0.74 亿元,下降 59.3%;商业营业用房投资 19.94 亿元,下降 29.1%。商品房销售 242 万平方米,增长 22.8%,其中期房销售 202.7 万平方米,现房销售 39.3 万平方米。商品房销售额 88.72 亿元,增长 54.2%,其中,住宅销售额 65.6 亿元,增长 31.5%。房屋待售 80.8 万平方米,增长 11.2%。

五、贸易外经

全市完成社会消费品零售总额 485.27 亿元,增长 11.9%。按经营地分,城镇消费品零售额 430.97 亿元,增长 11.7%,乡村消费品零售额 54.3 亿元,增长 13.4%。按消费类型分,商品零售额 444.22 亿元,增长 12.3%;餐饮收入额 41.05 亿元,增长 6.8%。按限额类别分,限额以上企业零售额 230.85 亿元,增长 15.1%;限额以下零售额 254.43 亿元,增长 9.1%。限额以上企业商品零售额中,粮油、食品类 20.13 亿元,增长 29.9%;服装鞋帽类 10.47 亿元,增长 23.5%;化妆品类 1.63 亿元,增长 21.2%;金银珠宝类 1.92 亿元,增长 22.1%;日用品类 6.77 亿元,增长 14.7%;家用电器和音像器材类 22.14 亿元,增长 16.2%;五金电料类 6.5 亿元,增长 22.7%;石油及制品类 26.5 亿元,下降 3.6%;汽车类 56.16 亿元,增长 18.9%。

图6 2011—2016年全市社会消费品零售总额及增长速度

全市实现进出口总额8.93亿美元，同比下降8.2%，其中，出口额2.3亿美元，下降2.1%；进口额6.63亿美元，下降10.2%。在出口货物中，从贸易方式看，一般贸易出口19054万美元，加工贸易出口3949万美元；从重点商品看，机电产品出口3414万美元，高新技术产品347万美元，农产品1032万美元。全市规模工业企业出口交货值15.48亿元，增长24.0%。

全市实际利用外资3.98亿美元，增长15.4%；全市内联引资到位资金515.83亿元，增长18.6%。

六、交通、邮电和旅游

全市公路货运量8953万吨，同比增长6.0%；货物周转量90.45亿吨公里，增长8.5%；公路客运量6016万人，减少21.8%；旅客周转量17.51亿人公里，下降20.9%。年末全市公路(不含高速公路)线路里程14665公里，高速公路里程279公里。全市民用汽车保有量27.96万辆，增长13.2%，其中私人汽车保有量26.04万辆，增长14.1%。

全市完成电信业务总量56.38亿元，增长50.7%，邮政业务总量3.93亿元，增长31.9%。年末全市固定电话用户27.55万户，下降9%；移动电话用户280.97万户，增长3.8%；互联网宽带用户54.82万户，增长20.7%。

全年旅游者总人数2856.7万人次，增长23.3%，其中国内旅游者2854.5万人次，增长23.5%。实现旅游总收入201.12亿元，增长22.8%，其中国内旅游收入200.75亿元，增长23.3%。

七、金融

年末全市金融机构各项存款余额1508.42亿元，比年初增加223.67亿元，其中住户存款余额1042.39亿元，比年初增加147.38亿元，非金融企业存款余额222.4亿元，比年初增加37.55亿元；年末金融机构各项贷款余额839.65亿元，比年初增加49.0亿元，其中住户贷款277.8亿元，比年初增加26.73亿元，非金融企业及机关团体贷款561.85亿元，比年初增加22.27亿元。

表92　2016年全市金融机构本外币存贷款余额及增速一览表

指标	年末余额(万元)	增长(%)
金融机构本外币各项存款余额	15084238	17.4
其中:住户存款	10423852	16.5
非金融企业存款	2224005	20.3
广义政府存款	2417740	19.7
非银行业金融机构存款	15338	-39.9
境外存款	3303	-3.0
全年新增本外币各项存款	2236734	41.1
金融机构本外币各项贷款余额	8396515	6.2
其中:住户贷款	2778010	10.6
非金融企业及机关团体贷款	5618495	4.1
#个人住房消费贷款	957097	9.3
#中小微企业贷款	2463925	-4.0

续表 92

指标	年末余额(万元)	增长(%)
#农、林、牧、渔业贷款	66682	-48.7
#制造业贷款	1246954	-6.4
全年新增本外币各项贷款	490027	-43.3
金融机构人民币各项存款余额	15057575	17.4
金融机构人民币各项贷款余额	8296268	6.5

全市8家证券公司营业部完成股票基金交易量2022.8亿元,同比下降52.2%;两家期货公司完成期货交易量1328.97亿元,下降59.4%。28家保险公司实现原保险保费收入40.92亿元,增长24.4%。其中财产险收入11.77亿元,增长14.2%;寿险收入26.08亿元,增长24.8%;健康险收入2.53亿元,增长106.9%;意外伤害险收入0.54亿元,增长11.7%。各项赔款与给付支出15.87亿元,增长25.2%。其中财产险赔付6.16亿元,增长9.2%;寿险赔付9.01亿元,增长36.3%;健康险赔付0.55亿元,增长64.5%;意外伤害险赔付0.15亿元,增长59.2%。

八、教育和科学技术

全年普通高等教育招生0.85万人,在校生2.76万人,毕业生0.6万人;各类中等职业教育招生1.26万人,在校生3.42万人,毕业生1.43万人;38所普通高中招生2.72万人,在校生7.72万人,毕业生2.36万人;247所初中学校招生4.9万人,在校生14.13万人,毕业生4.68万人;770所普通小学招生6.25万人,在校生33.23万人,毕业生4.9万人;特殊教育招生105人,在校生353人,毕业生16人;幼儿园在园幼儿12.34万人;各类民办学校701所,在校学生13.48万人。

全市完成高新技术产业总产值713.4亿元,同比增长12.5%;高新技术产业增加值163.6亿元,增长7.5%。全市申请专利1576件,其中发明专利申请290件;全市专利授权1093件,同比增长9.1%,其中发明专利授权91件,同比增长75.0%。

九、文化、卫生和体育

年末全市共有艺术表演团体5个,艺术馆和文化馆6个,博物馆和纪念馆4个,公共图书馆6个,国家级非物质文化遗产保护目录4个,省级非物质文化遗产保护目录7个。出版报纸4种,报纸总印数1448.8万份,出版期刊1种,期刊总印数0.6万册。放映农村公益电影3.92万场。全市共有广播电台5座,电视台5座,有线电视用户82.44万户,电视综合人口覆盖率99.74%,广播综合人口覆盖率99.54%。

年末共有医疗卫生机构4024个,其中医院76个,乡镇卫生院85个,社区卫生服务中心14个,村卫生室3479个,诊所、卫生室、医务室250个,妇幼保健机构6个,疾病预防控制中心(防疫站)6个,卫生监督检验机构6个。卫生技术人员19122人,其中执业医师及执业助理医师8231人,注册护士7298人。医疗卫生机构床位23049张,其中医院16403张,乡镇卫生院5384张,妇幼保健机构868张,社区卫生服务中心394张。

全市各类体育场地5160个,其中体育馆14座,运动场381个,游泳池30个,各种训练房246个。开展全民健身运动162项次,经常参加体育锻炼人数达到185万人次,新建农民体育健身工程的行政村150个。

十、资源、环境和安全生产

全市已发现的矿种56种,已探明资源储量的矿种28种,其中能源矿产1种,金属矿产11种,非金属矿产16种。实施地质勘查项目(含续作项目)28个,实施老矿山边深部找矿项目5个,完成资源整合的重点矿区1个,新发现大中型矿产地1处。全年水资源总量86.4亿立方米,平均年降水量1731.9毫米,年末全市大型水库蓄水总量9370万立方米,总用水量15.17亿立方米。

全年完成造林面积14.12万亩,全市活立木蓄积量1508万立方米,森林覆盖率为50.21%。实际监测的地表水断面中,满足三类标准及以上的断面比例95.3%;全年中心城区环境空气质量优良天数达到309天,优良率为84.7%;中心城区污水处理率达91.2%,比上年提高2.7个百分点,城市生活垃圾无害化处理率100%。中心城区建成区面积49.8平方公里，城市人均公园绿地面积9.55平方米。

全年能源消费总量1545.25万吨标准煤，同比增长1.73%，全市万元地区生产总值能源消耗量下降5.47%。全年规模工业综合能源消费量1049.36万吨标准煤，下降2.1%，万元规模工业增加值能源消耗量下降8.21%。全市化学需氧量排放量为6.79万吨，比上年削减2.36%；二氧化硫排放量8.01万吨，比上年削减12.7%；氨氮排放量为0.76万吨，比上年削减2.84%；氮氧化物排放量为5.32万吨，比上年削减8.29%。

全年共发生各类生产安全事故83起，死亡78人，其中生产经营性道路交通事故54起，死亡47人。亿元GDP生产安全事故死亡人数为0.0557人，工矿商贸从业人员十万人事故死亡人数1.24人，煤矿百万吨煤死亡人数0.369人，道路交通万车死亡人数0.611人。

十一、人口、人民生活和社会保障

年末全市总人口453.17万人，常住人口389.41万人，其中城镇人口176.36万人，乡村人口213.05万人，城镇化率为45.29%，比上年提高1.52个百分点。全年出生人口7.3万人，出生率为16.08‰，死亡人口3.36万人，死亡率为7.4‰，自然增长率为8.68‰。

表93　2016年年末全市常住人口数及构成

指标	年末数(万人)	比重(%)
年末常住人口	389.41	100
其中：城镇人口	176.36	45.29
乡村人口	213.05	54.71
其中：男性人口	202.86	52.09
女性人口	186.55	47.91
其中:0~54岁人口(含不满16周岁)	81.96	21.05
16~59岁人口(含不满60周岁)	241.55	62.03
60岁及以上人口	65.90	16.92
#65岁及以上	44.42	11.41

全市居民人均可支配收入15306元，同比增长9.7%，扣除价格因素影响实际增长7.5%；其中城镇居民人均可支配收入23669元，增长8.4%，扣除价格因素影响实际增长6.3%。城镇居民收入中，工资性收入14228元，经营净收入1519元，转移性收入6755元，财产性收入1167元。农民人均可支配收入9529元，增长10.1%，扣除价格因素影响实际增长7.9%，其中工资性收入4754元，家庭经营纯收入2061元，转移性收入2638元，财产性收入76元。

全市居民人均消费支出12324元，同比增长10.8%，其中城镇居民人均消费支出16660元，增长11.1%；农民人均消费支出9329元，增长9.6%。城镇居民家庭住房面积达标率为58.3%，农村居民家庭住房面积达标率为86.9%。

全市新增城镇就业人员3.83万人，帮助失业人员实现再就业1.84万人，城镇登记失业率为4.19%。年末参加城镇基本医疗保险92.45万人，其中城镇居民基本医疗保险54.87万人，城镇职工基本医疗保险37.58万人；全市新农合参合人数达318.08万人，参合率96%。参加城镇基本养老保险职工人数50.39万人，参加新型农村养老保险人数190.82万人。参加失业保险职工人数32.12万人，全年领取失业保险金职工人次为2.87万人次。参加工伤保险职工人数40.2万人。参加生育保险职工人数25.01万人。全市共有6.08万人享受城市居民最低生活保障，发放城镇居民最低生活保障经费2.14亿元；16.7万人享受农村居民最低生活保障，发放农村居民最低生活保障经费2.49亿元。年末各类老年人、儿童福利机构床位数15263张，收养各类人员9057人。城镇各种社区服务设施510个，其中综合性社区服务中心125个。全年销售社会福利彩票35675万元，筹集社会福利资金10099万元，直接接受社会捐赠573.75万元。全年发放救灾救济款6408万元。

注：1.本公报数据为初步统计数。

2.生产总值(GDP)、各产业增加值绝对数按照现价计算，增长速度按可比价计算。

表 94

行政区划与自然资源(2016 年)

	单位	合计	娄星区	双峰县	新化县	冷水江市	涟源市	开发区
一、行政区划								
乡	个	14	1	3	7	1	2	
镇	个	57	3	13	19	5	17	
街道办事处	个	12	5			4	1	2
村民委员会	个	1837	144	486	641	92	461	13
居民委员会	个	258	59	37	46	58	43	15
二、人口								
年底人口数	万人	453.17	44.95	97.60	150.11	37.24	118.82	4.45
人口密度	人/平方公里	559	1270	570	415	850	622	593
三、土地								
土地面积	平方公里	8109.59	354.02	1710.93	3619.93	437.89	1911.79	75.0
耕地	千公顷	194.55	10.48	53.85	67.45	7.13	55.64	
人均耕地	亩/人	0.64	0.35	0.83	0.67	0.29	0.70	
四、森林								
有林地面积	公顷	344427	12907	66280	179547	16387	66840	2467
森林覆盖率	%	50.21	42.90	46.37	56.94	51.50	42.13	35.79
林木蓄积量	万立方米	1508.22	61.21	337.19	779.44	68.18	251.00	11.20

表 95

总产出(2016年)

单位:万元、%

	按当年价格计算		以上年为100的指数	
	2016年	2015年	2016年	2015年
总产出	36618575	34649822	107.3	106.8
农林牧渔业	3283632	3014496	103.6	103.8
农业	1358390	1211429	107.8	105.9
林业	60594	43973	108.8	104.2
畜牧业	1692947	1618289	99.8	102.2
渔业	153112	123906	108.9	105.5
农林牧渔服务业	18589	16899	109.8	110.3
工业	22965554	22457659	106.3	105.6
采矿业	2723788	2761664	102.1	91.1
#开采辅助活动	760	738	106.6	90.3
制造业	19161739	18611631	107.2	107.8
#金属制品、机械和设备修理业	14942	14297	107.1	110.1
电力、热力、燃气及水的生产供应业	1080027	1084364	101.1	102.5
建筑业	2076759	1921145	107.3	107.2
批发和零售业	981937	908507	107.2	113.1
批发业	387926	357502	107.7	119.8
零售业	594011	551005	107.0	109.4
交通运输、仓储和邮政业	1303762	1214185	105.5	103.6
铁路运输业	158414	155763	100.5	99.1
道路运输业	869421	797440	107.0	104.3
水上运输业				
航空运输业				
邮政业	21697	17754	118.8	119.4
其他	254230	243228	103.0	103.5
住宿和餐饮业	554036	496307	109.8	125.9
住宿业	115432	111791	104.4	139.1
餐饮业	438604	384516	111.4	121.3
信息传输、软件和信息技术服务业	463635	359751	125.8	109.5

续表 95

单位:万元、%

	按当年价格计算		以上年为 100 的指数	
	2016 年	2015 年	2016 年	2015 年
电信、广播电视和卫星传输服务	449369	348947	125.7	109.6
其他	14266	10804	128.9	108.5
金融业	597081	559119	106.3	120.1
货币金融服务	441673	382280	110.3	112.9
资本市场服务	46314	63170	68.9	204.5
保险业	102564	108021	113.1	119.5
其他金融业	6530	5648	121.1	115.0
房地产业	402548	369130	106.2	115.0
房地产开发经营	133344	115041	108.5	132.0
其他房地产活动	22877	20813	108.6	132.0
自有房地产经营活动	246327	233276	104.8	108.0
租赁和商务服务业	323281	217733	146.7	107.9
科学研究和技术服务业	79125	69163	113.0	109.8
水利、环境和公共设施管理业	100820	82554	102.0	114.5
居民服务、修理和其他服务业	640449	546442	115.8	133.3
教育	829851	661826	122.0	108.5
卫生和社会工作	486363	402581	107.6	109.0
文化、体育和娱乐业	171401	101022	163.9	128.2
公共管理、社会保障和社会组织	1358341	1268202	106.4	110.7
第一产业	3265043	2997597	103.6	103.7
第二产业	25026611	24363769	106.4	105.7
第三产业	8326921	7288456	111.7	112.4

注:1. 为更好地反映创新对经济增长的贡献,国家和省级实施了研发支出核算方法改革,将研发支出纳入 GDP 核算,根据全省反馈的全市研发支出新增 GDP 及分行业数据,对 2015 年及 2016 年 GDP 相关数据进行了修正。2. 根据《国民经济行业分类》(GB/T4754－2011),2013 年国家统计局对三次产业划分进行了修订,将“农、林、牧、渔业”中的“农、林、牧、渔服务业”,“采矿业”中的“开采辅助活动”,“制造业”中的“金属制品、机械和设备修理业”等三个大类调入第三产业,自 2014 年起三次产业数据按照此标准进行统计。2. 本章人均地区生产总值、居民消费及消费水平等指标自 2000 年起按常住人口计算,2000 年以前按户籍人口计算。

表 96

地区生产总值构成项目（2016 年）

单位：万元

项　目	增加值	劳动者报酬	生产税净额		固定资产折旧	营业盈余
				补贴		
地区生产总值	13981748	7766342	2013787	16615	1703937	2497682
农林牧渔业	2072250	1986644	-16615	16615	56989	45232
农业	969647	929592	-8139	8139	26666	21528
林业	46032	44130	-354	354	1266	990
畜牧业	913447	875711	-7021	7021	25121	19636
渔业	131600	126163	-1012	1012	3619	2830
农林牧渔服务业	11524	11048	-89	89	317	248
工业	5927496	1819741	1481874		972109	1653772
采矿业	874336	268421	218584		143391	243940
#开采辅助活动	244	75	61		40	68
制造业	4771273	1464781	1192818	0	782489	1331185
#金属制品、机械和设备修理业	3721	1142	930		610	1039
电力、热力、燃气及水的生产供应业	281887	86539	70472		46229	78647
建筑业	758017	567755	87172		23499	79591
批发和零售业	691284	289648	196325		28343	176968
批发业	297455	124634	84478		12196	76147
零售业	393829	165014	111847		16147	100821
交通运输、仓储和邮政业	672668	440896	95938		79976	55858
铁路运输业	94890	52501	25644		22963	-6218
道路运输业	456630	305943	61189		47488	42010
水上运输业	0					
航空运输业	0					
邮政业	7507	6163	255		3198	-2109
其他	113641	76289	8850		6327	22175
住宿和餐饮业	226178	180061	17614		8149	20354
住宿业	50790	29052	5688		6044	10006
餐饮业	175388	151009	11926		2105	10348
信息传输、软件和信息技术服务业	298780	30538	11761		91066	165415

续表 96

单位:万元

项　目	增加值	劳动者报酬	生产税净额		固定资产折旧	营业盈余
				补贴		
电信、广播电视和卫星传输服务	289843	27535	10724		89851	161733
其他	8937	3003	1037		1215	3682
金融业	330265	126268	33511		9615	160871
货币金融服务	233026	86372	20339		8305	118010
资本市场服务	35458	15780	6959		513	12206
保险业	57598	19182	5968		654	31794
其他金融业	4183	4934	245		143	－1139
房地产业	328377	54687	34513		241963	－2786
房地产开发经营	81473	45055	33078		10266	－6926
其他房地产活动	16494	9632	1435		1287	4140
自有房地产经营活动	230410				230410	
租赁和商务服务业	190533	124990	14671		12766	38106
科学研究和技术服务业	60268	42790	3013		3797	10668
水利、环境和公共设施管理业	79950	70276	480		5197	3997
居民服务、修理和其他服务业	381576	306024	37013		9921	28618
教育	611445	544186	3669		50750	12840
卫生和社会工作	276254	230120	2210		16575	27349
文化、体育和娱乐业	116060	69159	9678		16394	20829
公共管理、社会保障和社会组织	960347	882559	960		76828	0
第一产业	2060726	1975596	－16526	16526	56672	44984
第二产业	6681548	2386279	1568055	0	994958	1732256
第三产业	5239474	3404467	462258	89	652307	720442

表 97

按 2015 年可比价格计算的生产总值(2016 年)

单位:万元

项目	按可比价格计算		以上年为 100 的指数	
	2016 年	2015 年	2016 年	2015 年
地区生产总值	13994437	13000169	107.6	107.6
农林牧渔业	1970865	1902404	103.6	103.8
农业	932513	860461	108.4	105.9
林业	36817	34365	107.1	104.2
畜牧业	876109	892367	98.2	101.6
渔业	113920	104755	108.7	105.5
农林牧渔服务业	11506	10456	110.0	110.3
工业	6161033	5803809	106.2	105.6
采矿业	905110	886494	102.1	91.2
#开采辅助活动	246	237	103.8	96.5
制造业	4969649	4634296	107.2	108.3
#金属制品、机械和设备修理业	3760	3560	105.6	105.6
电力、热力、燃气及水的生产供应业	286274	283019	101.2	102.5
建筑业	752747	701218	107.3	107.2
批发和零售业	685872	643223	106.6	113.1
批发业	295123	277907	106.2	118.8
零售业	390749	365316	107.0	109.4
交通运输、仓储和邮政业	661182	632406	104.6	103.5
铁路运输业	93769	93302	100.5	99.1
道路运输业	448128	424238	105.6	104.3
水上运输业		0	0.0	0.0
航空运输业		0	0.0	0.0
邮政业	7297	6143	118.8	119.4
其他	111988	108723	103.0	103.5
住宿和餐饮业	222485	204917	108.6	126.3
住宿业	51356	49188	104.4	139.1
餐饮业	171129	155729	109.9	121.4
信息传输、软件和信息技术服务业	291649	231830	125.8	109.5

续表 97

单位:万元

项　　目	按可比价格计算		以上年为 100 的指数	
	2016 年	2015 年	2016 年	2015 年
电信、广播电视和卫星传输服务	282926	225071	125.7	109.5
其他	8723	6759	129.1	108.5
金融业	328873	310537	105.9	122.6
货币金融服务	222528	197364	112.8	112.9
资本市场服务	33345	48669	68.5	204.6
保险业	68619	60663	113.1	119.5
其他金融业	4381	3841	114.1	115.0
房地产业	321369	303205	106.0	113.1
房地产开发经营	76265	70290	108.5	132.0
其他房地产活动	16299	15006	108.6	132.0
自有房地产经营活动	228805	217909	105.0	108.0
租赁和商务服务业	188244	135075	139.4	107.9
科学研究和技术服务业	59518	53123	112.0	109.8
水利、环境和公共设施管理业	66774	65465	102.0	114.5
居民服务、修理和其他服务业	377081	328379	114.8	133.3
教育	594742	488291	121.8	108.5
卫生和社会工作	246045	228666	107.6	109.0
文化、体育和娱乐业	112135	71002	157.9	128.4
公共管理、社会保障和社会组织	953823	896619	106.4	110.7
第一产业	1959359	1891948	103.6	103.8
第二产业	6909774	6501230	106.3	105.8
第三产业	5125304	4606991	111.3	112.1
地区外净要素收入				
人均地区生产总值	36040	33660	107.1	107.1

表 98

按支出法计算的生产总值(2016 年)

单位:万元,%

项　目	按当年价格计算		按可比价格计算			
			绝对额		以上年为 100 的指数	
	2016 年	2015 年	2016 年	2015 年	2016 年	2015 年
支出法地区生产总值	13981748	13000169	13994437	13000169	107.6	107.6
一、最终消费支出	6681816	6075593	6566099	6075593	108.1	108.2
居民消费支出	4995801	4490992	4900076	4490992	109.1	110.3
城镇居民	2954704	2579334	2896992	2579334	112.3	115.2
农村居民	2041097	1911658	2003084	1911658	104.8	104.1
政府消费支出	1686015	1584601	1666023	1584601	105.1	101.2
二、资本形成总额	7677195	7134409	7611728	7134409	106.7	104.1
固定资本形成总额	7153644	6654772	7111045	6654772	106.9	103.1
存货变动	523551	479637	500683	479637	104.4	117.2
三、货物和服务净流出	-377263	-209833	-183390	-209833	87.4	84.5
流出	291988	285009	279147	285009	97.9	95.0
流入	669251	494842	462537	494842	93.5	387.8

表 99

按产品和行业划分的资本形成总额(2016 年)

单位:万元

项　目	2015 年	2014 年
资本形成总额	7677195	7134409
一、固定资本形成总额	7153644	6654772
1. 住宅	870250	912539
2. 非住宅建筑物	3881234	3550570
3. 机器和设备	1378927	1296039
4. 土地改良支出	4500	4200
5. 矿藏勘探费	580	510
6. 计算机软件	0	0
7. 其他	1018153	890914
二、存货变动	523551	479637
1. 农林牧渔业	11272	10115
2. 工业	431930	390671
3. 建筑业	8052	7587
4. 交通运输、仓储和邮政业	7526	6872
5. 批发和零售业	38665	39566
6. 住宿和餐饮业	10388	10299
7. 房地产业	5239	4822
8. 其他服务业	10479	9705

表 100

最终消费支出(2016 年)

单位:万元

项　　目	2016 年	2015 年
最终消费支出	6681816	6075593
一、居民消费支出	4995801	4490992
(一)农村居民	2954704	2579334
1.食品烟酒	941522	830527
2.衣着	255223	222211
3.居住(含自有住房服务)	443354	390950
4.生活用品及服务	187946	154661
5.交通和通信	299773	266288
6.教育文化娱乐	444012	381229
7.医疗保健	243505	201451
8.银行中介服务	25780	23959
9.保险服务	48155	48730
10.其他商品和服务	65434	59328
(二)城镇居民	2041097	1911658
1.食品烟酒	697857	667605
2.衣着	97018	96917
3.居住(含自有住房服务)	427584	422761
4.生活用品及服务	122479	116603
5.交通和通信	140947	121966
6.教育文化娱乐	284847	241502
7.医疗保健	205825	185118
8.银行中介服务	15794	14509
9.保险服务	16052	16243
10.其他商品和服务	32694	28434
二、政府消费支出	1686015	1584601

表 101

人均 GDP 及居民消费水平(2016 年)

单位:元,万人,%

项目	绝对额		以上年为 100 的指数	
	2016 年	2015 年	2016 年	2015 年
人均 GDP	36008	33660	107.1	107.1
当年价格居民消费水平	12866	11628	110.6	111.8
城镇居民	17087	15525	110.1	113.6
农村居民	9477	8686	109.1	107.5
不变价格居民消费水平	12619	11628	108.5	109.7
城镇居民	16753	15525	107.9	110.9
农村居民	9300	8686	107.1	106.1
年平均常住人口	388.30	386.22	100.5	100.5
城镇居民	172.92	166.14	104.1	103.9
农村居民	215.38	220.08	97.9	98.1

表 102

各县市区总产出(2016 年)

单位:万元

县(市、区)	总产出	第一产业	第二产业	工业	建筑业	第三产业	总产出为上年%
娄星区	12102612	191108	9098444	8090807	1009251	2813060	106.9
双峰县	5359162	1073632	3316803	3032277	284526	968727	107.1
新化县	5138931	963259	2970705	2441779	531935	1204967	106.8
冷水江市	9097439	166613	7570791	7178497	393682	1360035	106.4
涟源市	5942406	870431	3578143	3289410	292285	1493832	107.6

表 103

各县(市、区）生产总值及构成（2016年）

单位:万元

县(市、区)	GDP	第一产业	第二产业	工业	建筑业	第三产业	人均生产总值(元)
娄星区	4094626	125614	2287198	2017182	270419	1681814	79958
双峰县	2192017	698245	832372	738024	94348	661400	25017
新化县	2238361	593068	691538	510272	182277	953755	19720
冷水江市	2881191	106085	1868084	1771460	96982	907022	83756
涟源市	2637235	537713	1149916	1036982	113991	949606	25962

表 104

各县(市、区）生产总值指数（2016年）

单位:%

县(市、区)	GDP	第一产业	第二产业	工业	建筑业	第三产业	人均生产总值(元)
娄星区	108.0	102.8	106.1	105.9	107.5	111.1	107.6
双峰县	107.1	103.6	106.8	106.7	107.4	111.4	106.5
新化县	107.8	103.6	107.3	107.4	107.1	111.1	107.3
冷水江市	107.3	103.7	105.6	105.4	107.2	111.7	106.8
涟源市	107.9	103.6	107.0	106.9	107.6	111.7	107.5

表 105

各县(市、区）支出法生产总值（2016年）

县(市、区)	支出法 GDP（万元）	最终消费（万元）	资本形成总额（万元）	货物和服务净出口（万元）	投资率(%)	消费率(%)
娄星区	4094626	1330753	2710642	53231	66.2	32.5
双峰县	2192017	1317631	1160800	-286414	53	60.1
新化县	2238361	1388071	850290		38	62
冷水江市	2881191	615705	2176097	89389	75.5	21.4
涟源市	2637235	1624290	1000369	12576	37.9	61.6

表 106

各县(市、区)支出法生产总值结构（2016年）

县(市、区)	资本形成总额(万元)				最终消费(万元)					
	绝对数		比重(%)		绝对数				比重(%)	
	固定资本	存货变动	固定资本	存货变动	居民消费	城镇居民	农村居民	政府消费	居民消费	政府消费
娄星区	2169239	541403	80.0	20.0	967457	883288	84169	363296	72.7	27.3
双峰县	1142513	18287	98.4	1.6	861311	385336	475975	456320	65.4	34.6
新化县	716889	133401	84.3	15.7	1244386	651072	593314	143685	89.6	10.4
冷水江市	1574431	601666	72.4	27.6	563527	454653	108874	52178	91.5	8.5
涟源市	993131	7238	99.3	0.7	1265461	597223	668238	358829	77.9	22.1

表 107

各县(市、区)人均居民消费水平（2016年）

县(市、区)	全市居民消费水平		城镇居民		农村居民	
	绝对数(万元)	指数(%)	绝对数(万元)	指数(%)	绝对数(万元)	指数(%)
娄星区	18892	107.9	19616	107.4	13620	111.3
双峰县	9830	108.7	14033	112.5	7912	104.2
新化县	10963	110.0	17597	106.6	7755	110.0
冷水江市	16382	106.7	17215	105.7	13626	110.5
涟源市	12458	111.4	16132	107.1	10351	113.1

重要文件选编

中共娄底市委
娄底市人民政府
关于促进非公有制经济发展的实施意见

娄发〔2016〕9号

（2016年 6 月27 日）

为贯彻落实党的十八大和十八届三中、四中全会精神及《中共湖南省委湖南省人民政府关于促进非公有制经济发展的若干意见》（湘发〔2015〕3号）的要求，进一步促进全市非公有制经济发展，实现经济社会加速转型奋力赶超的目标，结合我市实际，提出以下实施意见。

一、严格落实非公有制经济发展政策

1. 全面放宽准入。按“非禁即准”的原则，全面放开非公有制企业经营领域。除国家法律法规明确禁止准入的行业和领域外，一律对非公有制资本开放，各级各部门不得单独设置附加条件。对新建城市基础设施、公用事业、社会事业等经营项目，要及时向社会公布，引入市场竞争机制，引导民间资本进入。（牵头单位：市发改委；参与单位：市工商局）

2. 依法注册登记。严格执行企业注册登记有关规定，非公有制企业注册登记实行先照后证制，企业取得营业执照后即可从事一般生产经营活动。企业法人及其分支机构、个体工商户实行年度报告制度。（牵头单位：市工商局）

3. 鼓励发展混合所有制经济。支持、引导非公有资本参与发展混合所有制经济。非公有资本可以与国有资本、集体资本交叉持股，国有资本投资项目允许非国有资本参股。鼓励非公有制企业参与国有企业改制，鼓励发展非公有资本控股的混合所有制企业。（牵头单位：市国资委；参与单位：市发改委）

二、加大非公有制经济发展支持力度

4. 加大财政支持力度。设立中小企业发展专项资金，逐年增加资金额度，重点用于鼓励、扶持和引导非公有制经济发展、非公有制经济服务体系建设和非公有制经济发展研究等。加大专项资金的管理力度，充分发挥专项资金的杠杆作用，提升资金使用效益，促进我市非公有制经济转型升级，进一步做强做大总量，提升质量。（牵头单位：市财政局；参加单位：市经信委）

5. 加大金融支持力度，全面贯彻落实支持经济结构调整、转型升级及加快发展资本市场的相关金融政策，充分发挥兴娄担保、创投公司、国有资产融资平台、富通转贷、助保贷“五位一体”融资平台的作用。搭建政府公益性“助保贷”平台，为非公有制中小微企业融资提供新的途径。支持引导有条件的非公有制企业加快上市步伐。非公有制企业上市融资、股权融资的,按照省、市有关政策和标准给予奖励。(牵头单位:市政府金融办;参加单位:市经信委、市财政局、市国资委、娄底银监分局、人民银行娄底市中心支行)

6. 落实税收优惠政策。用好用足税收优惠政策,做到应减尽减、应免尽免。着眼于税源增多、税收可持续增长,合理制定税收增长计划,严禁违法收过头税。对符合法定条件的资金周转困难企业,按照程序报批后允许延期缴税,免收延缴期限内产生的滞纳金。企业从县级以上财政部门及其他部门获得的符合条件的财政性资金,符合税法规定的可作为不征税收入。(牵头单位:市地税局、市国税局)

三、提高非公有制经济发展质量和效益

7. 支持大众创业。完善扶持创业的优惠政策,形成政府激励创业、社会支持创业、劳动者勇于创业新机制。出台鼓励支持高校毕业生、退役军人、下岗失业人员、返乡农民工、留学归国人员和国有企业、事业单位人员辞职自主创业的优惠政策。允许、鼓励大专院校、科研机构的科技人员利用自己的科技成果入股或创办科技型企业,参与收入分配。(牵头单位:市人社局;参加单位:市经信委、市财政局、市发改委)

8. 支持科技创新。大力支持非公有制企业技术创新,实行与国有企业一视同仁、同等对待的扶持政策。支持非公有制企业与大专院校、科研院所产学研对接合作,构建产业技术创新联盟,推动创新升级,增强经济发展动力。鼓励非公有制企业自建研发中心、工程中心、产品检测中心、创新中心等公共服务平台。对获得国家、省中小企业核心服务机构称号的服务平台分别奖励20万元、10万元。(牵头单位:市经信委;参加单位:市科技局、市财政局)

9. 加强质量管理和品牌建设。鼓励、支持和引导非公有制企业建立健全质量管理体系,开展品牌创建,加强对专利权、著作权、商标权等知识产权的保护,支持非公有制企业驰名商标和著名商标的认定和保护,对获得中国驰名商标、国家地理标志保护产品、湖南省名牌著名商标和省质量奖的非公有制企业,由受益地财政依照相关规定给予奖励。(牵头单位:市质监局;参加单位:市科技局、市经信委、市商务粮食局、市工商局)

10. 培育龙头企业。引导企业依托自身优势,通过充分竞争实现自主领导产业重组的目的。支持企业集团化经营、并购重组、国际化经营等,扶持企业做大做强。发挥骨干大企业科技创新的主导示范作用、市场开拓的先行作用,带动小企业加快创新步伐,帮助中小微企业做大做强。(牵头单位:市经信委;参加单位:市国资委、市科技局、市人社局。)

11. 拓展产品市场。千方百计扩大企业产品销售,推动创新型产品进入市场,编制的本地产品采购目录,组织产销衔接会议,同等条件下政府优先推荐采购使用本地产品。鼓励开拓国际市场,促进非公有制企业扩大出口。(牵头单位:市商务粮食局;参加单位:市财政局、市经信委、市科技局、市农业委)

12. 加强企业家队伍培养。制定人才培养规划,对非公有制企业家进行多形式、多层次、多途径的培训,引导非公有制企业建立和完善现代企业制度,提升管理水平。每年选送一批非公有制企业家到知名高校进修培训,分期分批组织中小企业高级管理人员开展短期培训。支持各类职业技术学校、培训机构与非公有制企业对接合作,企业、社会培训机构、大专院校围绕我市企业发展需要实现“订单式”职业培训的,各地应在促进就业资金中给予适当的补贴。(牵头单位:市委组织部、市委统战部、市人社局;参加单位:市经信委、市教育局、市商务粮食局、市工商联)

四、营造非公制经济发展的良好环境

13. 加强组织领导。调整充实市非公有制经济领导小组,协调解决非公有制经济发展过程中出现的问题,促进非公有制经济快速健康发展。各级党委、政府要把发展非公有制经济摆在十分重要的位置,立足实际,研究制定具体实施办法,确保各项扶持非公有制经济的政策措施落到实处。(牵头单位:市委办、市政府办;参加单位:市经信委、市编办、市人社局)

14. 建立评价考核制度。建立健全科学完善的非公有制经济运行与发展的统计指标体系和考核评估体系,并加强监测。建立科学有效的考核激励机制,把发展非公有制经济的主要指标完成情况作为各级党委政府和相关部门年度考核的重要内容,强化绩效考核。(牵头单位:市绩效办;参与单位:市经信委、市统计局)

15. 维护公平公正的发展环境。依法保护非公有制企业的合法财产及其权益,依法保护非公有制企业的生产经营活动。依法开展监督管理工作，坚决制止各种乱收费、乱摊派、乱罚款行为，切实减轻企业负担。依法保护企业主的名誉、人身和财产等各项合法权益。（牵头单位：市委政法委；参与单位：市监察局、市优化办、市司法局、市公安局、市检察院、市中级人民法院）

16. 营造良好氛围。加强对非公有制经济发展相关法律、政策的宣传和解读力度，提供“一站式”服务，开辟“绿色通道”，及时客观公正宣传非公有制经济发展的积极作用和非公有制企业的先进典型，总结介绍各地的好经验、好做法。（牵头单位：市委宣传部）

（此件发至县处级）

中共娄底市委
娄底市人民政府
关于进一步优化经济发展环境的指导意见

娄发〔2016〕11号

（2016年7月11日）

为进一步优化全市经济发展环境，促进全市经济社会可持续发展，现制定如下指导意见。

一、指导思想

全面贯彻落实党的十八大和十八届三中、四中、五中全会精神，紧紧围绕“加速转型 奋力赶超”总基调和全面建成小康社会、建设幸福娄底的总目标，树立“环境是生产力，环境是吸引力，环境是竞争力，环境是创造力”的意识，大力改进工作作风，着力规范权力运行，提高服务保障能力，营造服务高效、监管到位、公平正义、开放文明的发展环境，为经济社会可持续健康发展提供坚强保障。

二、进一步明晰职能职责，着力优化经济发展环境

（一）优化政务服务环境

1. 精简行政审批事项。依据中央、省、市有关规定取消、调整、下放行政审批事项，严禁各部门自行设定行政审批职能，严禁以任何形式变相审批，严禁将下放的审批权力上收，严禁在合法审批事项中增设附加条件和程序，严禁借行政审批之机搭车收费或提供强制性服务。（牵头单位：市编办，责任单位：市发改委、市政府法制办，其他具有行政审批职能的市直机关，各县市区人民政府，娄底经开区、万宝新区管委会）

2. 优化公共服务流程。全面梳理和公开公共服务事项指南及目录，大力推进办事流程简化优化和服务方式创新。继续推进“两集中两到位”改革，推行并联审批、在线审批方式，推行重大项目审批代办制。（牵头单位：市编办，责任单位：市政府法制办、市发改委、市政务服务中心，市直有关单位，各县市区人民政府，娄底经开区、万宝新区管委会）

3. 清理规范行政审批中介服务。建立行政审批中介服务事项清单管理制度，规范中介收费，加强中介监管，破除服务垄断，切断中介服务机构与行政机关利益关联。（牵头单位：市发改委、市编办，责任单位：市政府法制办、市财政局，其他具有行政审批职能的市直机关，各县市区人民政府，娄底经开区、万宝新区管委会）

4. 稳妥推进行业协会商会与行政机关脱钩工作。有序推进脱钩改革，实现行业协会商会与行政机关“五分离、五规范”，厘清行政机关与行业协会商会的职能边界。制定完善扶持政策，建立完善综合监管体制，推进行业协会商会规范健康发展。（牵头单位：市发改委、市民政局，责任单位：市行业协会商会与行政机关脱钩联合工作组成员单位，各县市区人民政府，娄底经开区、万宝新区管委会）

（二）优化企业发展环境

1. 切实减轻企业负担。实行收费清单公示制度，做到“涉企收费进清单，清单之外无收费”。深入开展降低实体经济企业成本行动，集中治理和解决乱收费、乱罚款、乱摊派等问题，着力降低企业税费、融资、用工、用地、用能、物流、制度性交易等方面成本。清理、规范、取消一批收费项目，降低一批收费标准。建立涉企保证金清单制度，对各行政机关征收的保证金实施清单管理，将保留项目的征收依据、主体、标准向社会公开。（牵头单位：市发改委、市经信委、市财政局，责任单位：市农业委、市商务粮食局、市住

建局,其他执收单位,各县市区人民政府,娄底经开区、万宝新区管委会)

2. 深入推进园区行政审批制度改革。赋予园区更多的经济管理权限,构建"园内事园内办"和"一站式服务"的园区行政审批模式,逐步实现国家级园区享受市级审批管理权限、省级园区享受县级审批管理权限,形成"政府主导、业主开发、政企共建、项目先行"的园区运行模式。(牵头单位:市编办、市发改委,责任单位:市经信委、市商务粮食局、市科技局,其他具有行政审批职能的市直机关,各县市区人民政府,娄底经开区、万宝新区管委会)

3. 有序推进大众创业万众创新。依法打击知识产权侵权行为,保护和激励创新创造积极性。充分发挥企业的主体作用和科研机构的能动作用,创造条件让知识产权自由流动。积极完善创业者服务平台,加强创业孵化平台的基础设施及配套建设。健全创业服务机构,整合各类创业资源,为创业者提供"一条龙"式优质服务。(牵头单位:市人社局,责任单位:市科技局,各县市区人民政府,娄底经开区、万宝新区管委会)

(三)优化项目建设环境

1. 全面清理违约失信问题。及时协调解决招商引资过程中协议履约的矛盾、争议和投诉,提高政府公信力。加强对政府招商引资合同的合法性审查,规范招商引资行为。加强招商引资未落地项目督查,推动项目按合同要求尽快落地。(牵头单位:市商务粮食局,责任单位:市发改委、市政府法制办,各县市区人民政府,娄底经开区、万宝新区管委会)

2. 坚决打击"三强"行为。全力服务"项目建设大比拼"活动,强力开展"建设环境大优化"活动,加大对重点项目周边治安环境治理力度,依法打击强行阻工、强装强卸、强揽工程等恶意阻挠项目建设和影响企业正常生产的违法犯罪行为。(牵头单位:市优化办,责任单位:市公安局,各县市区人民政府,娄底经开区、万宝新区管委会)

3. 治理工程建设领域突出问题。严肃查处领导干部违法干预和插手工程、项目建设等行为,着力清理交通、水利、电力、教育、卫生等重点行业和领域招标投标方面存在的突出问题,查处一批违法违规典型案例。推进工程建设领域信用体系建设,加大信用信息公开力度,建立和完善市场主体信用档案。〔牵头单位:市优化办,责任单位:市纪委(市监察局)、市住建局、市发改委,各县市区人民政府,娄底经开区、万宝新区管委会〕

(四)优化法治环境

强力整治利益驱动办案、插手民事经济纠纷、违法扣押冻结涉案涉企款物、渎职失职、徇私舞弊等职务犯罪行为,着力解决企业诉讼"立案难、诉讼难、执行难"等问题,严查损害经济发展环境、损害企业合法权益的案件。(牵头单位:市检察院,责任单位:市优化办、市公安局,市直有关单位,各县市区人民政府,娄底经开区、万宝新区管委会)

三、建立健全优化经济发展环境监督和问责机制

(一)充分发挥行政审批电子监察作用。严格贯彻落实《湖南省行政审批电子监察工作规则》,除按照规定可不纳入电子监察系统的事项外,全市各级各部门行政审批事项都必须上网运行纳入电子监察系统。强化网上实时监查,对红、黄牌逐张核查整改,严格问责,逐月通报。(牵头单位:市优化办,责任单位:市政务服务中心,市直有关单位,各县市区人民政府,娄底经开区、万宝新区管委会)

(二)扎实开展监督测评工作。优选确定全市优化经济发展环境监督测评点、监督测评员,严格按照《娄底市优化经济发展环境监督测评点、监督测评员管理办法》(娄优发〔2016〕5号)明确监督测评员权利和义务,推动监督测评工作规范化、制度化、常态化。监督测评员提出的意见建议由市优化办转相关部门回复办理,意见建议办理情况纳入优化经济发展环境绩效考核。充分发挥测评的监督作用,将测评与绩效考核挂钩,制定全市测评办法和年度测评方案,客观评价市直单位社会满意度。(牵头单位:市优化办,责任单位:各县市区人民政府,娄底经开区、万宝新区管委会)

(三)建立部门协作机制。相关部门要从自身职责的角度全力支持优化部门开展工作。绩效考核部门要将优化经济发展环境列入绩效评估内容,合理设置分值权重。作风部门要主动联合优化部门开展政务服务作风督查,着力解决公职人员"庸懒散拖"的问题。优化部门在案件查办中发现的违纪违规线索应当报纪检监察机关查处,纪检监察机关要安排专门力量予以配合。优化经济发展环境重大案件实行通报制度,牵涉到公务人员违反优化经济发展环境相关规定的,组织部门在提拔考察干部时要作为重要的参考依据。〔牵头单位:市纪委(市监察局),责

任单位:市委组织部、市人社局、市直机关工委,市直有关单位,各县市区人民政府,娄底经开区、万宝新区管委会〕

(四)严格实行工作问责。严查违反优化经济发展环境“十条禁令”的行为。对损害经济发展环境的行为严肃追责,可以实行批评教育、责令书面检查、约谈、责令限期整改、通报批评等问责方式,情节特别严重的,建议相关机构进行组织处理或追究纪律责任、法律责任。〔牵头单位:市优化办,责任单位:市纪委(市监察局)、市委组织部、市公安局、市检察院,市直有关单位,各县市区人民政府,娄底经开区、万宝新区管委会〕

(五)严肃处理投诉举报。进一步拓宽投诉举报渠道,健全投诉受理和调查处理机制,严肃处置群众投诉举报的问题。对“门难进、脸难看、事难办”“乱收费、乱罚款、乱摊派”“不作为、缓作为、乱作为”“索拿卡要报”、推诿塞责等问题进行明察暗访,对发现的突出问题进行问责甚至媒体曝光,情节严重的移送纪检监察机关处理。(牵头单位:市优化办,责任单位:市政务服务中心、市信访局,市直有关单位,各县市区人民政府,娄底经开区、万宝新区管委会)

(六)尝试开展优化经济发展环境电视问政。紧紧围绕群众反映强烈的热点难点问题、市委市政府中心工作及优化环境调研督办中发现的其它典型问题,邀请监督测评员、人大代表、政协委员、行政相对人等参加,尝试开展电视问政工作。相关单位主要负责人在新闻媒体前回答提问、郑重承诺,促进全市干部作风进一步转变。〔牵头单位:市优化办,责任单位:市纪委(市监察局)、市委宣传部,各县市区党委、政府,娄底经开区、万宝新区党委、管委会〕

四、保障措施

(一)加强组织领导。调整市优化经济发展环境领导小组,由市委书记任顾问,市长任组长,常务副市长任常务副组长,政法委书记、副市长兼市公安局长任副组长,市中级人民法院、市检察院、市政府办、市发改委、市公安局、市财政局、市编办(市审改办)、市国土资源局、市环保局、市规划局、市住建局、市城管执法局、市交通运输局、市商务粮食局、市审计局、市安监局、市食药监局、市政府法制办、市政府金融办、市工商局、市质监局、市信访局、市政务服务中心的主要负责人为成员。领导小组办公室设市发改委。领导小组办公室要定期召开会议,落实领导小组工作安排,研究阶段性重点工作,切实加强对各部门工作指导,及时督查督办,及时总结典型经验,积极做好各项工作。各县市区也要切实加强组织领导,进一步调整和充实优化经济发展环境领导小组及办公室。

(二)健全工作网络。各县市区、娄底经开区、万宝新区要配强配齐优化经济发展环境工作机构和人员。按照重心前移的要求,重点稳定乡镇承担优化职能的机构、人员,确保事有人干、责有人负,建立常态化的横向到边、纵向到底的优化工作网络。市、县、乡三级优化部门要加强业务交流,开展业务培训,不断提升综合素质,提高应对重大紧急问题的能力。

(三)明确工作责任。各级各部门要把优化经济发展环境工作列入重要议事日程,由主要负责同志负总责、亲自抓。各项任务的牵头单位要制定工作方案,明确具体内容、时限要求和推进措施,做到任务目标明确、措施切实可行、责任落实到人。各牵头单位要积极发挥组织协调作用,主动与责任单位沟通协商,责任单位要增强配合意识,发挥职能优势,主动提出意见建议,认真做好职责范围内的工作。

(此件发至县处级)

中共娄底市委
娄底市人民政府
关于印发《娄底市引进高层次人才实施办法》的
通　　知

娄发〔2016〕16号

各县市区委，各县市区人民政府，娄底经开区、万宝新区党委、管委会，市直机关各单位：

现将《娄底市引进高层次人才实施办法》印发给你们，请认真遵照执行。

中共娄底市委
娄底市人民政府
2016年9月28日

娄底市引进高层次人才实施办法

第一章 总 则

第一条 为进一步加大对外开放和招才引智力度，着力集聚重点产业、重要领域发展急需人才，促进我市科学跨越发展，特制定本实施办法。

第二条 坚持“急需紧缺、专业对口、注重实绩、严格把关”的原则，采取直接引进与柔性引进相结合、智力引进与项目引进并重等方式，逐步建立起政府引导、用人单位为主、市场化配置的高层次人才引进机制。

第三条 强化重点产业、园区和企业集聚人才的主体地位，积极推行“人才＋项目”的引才模式，重点引进能推动产业转型升级、企业集群发展的领军人才、创新创业人才及团队，引导高层次人才向科研、生产和基层一线流动。

第四条 用人单位是人才引进和使用的主体，负责提出人才需求、推荐拟引进人选、建设工作平台、安排岗位职务、落实相关政策等具体工作。

第五条 本办法适用于市直事业单位、税收上缴市财政或在市本级人力资源和社会保障部门参加养老保险的企业，从娄底市以外的地区、单位和国（境）外引进高层次人才。

第二章 引进对象

第六条 引进的高层次人才必须具有良好的专业素养和职业道德，开拓进取、勇于创新，符合我市产业转型升级要求，符合用人单位急需紧缺实际，特别是在我市先进装备制造、新能源、新材料、电子信息、医药食品、金融服务、建设规划、文化创意等行业急需的人才。引进对象主要包括以下几类人员：

（一）战略人才。中国科学院院士、中国工程院院士；国家有突出贡献的中青年专家，国家重点学科、重点实验室、工程技术研究中心的学术技术带头人；享受国务院特殊津贴人员，省部级有突出贡献的中青年专家，省级重点学科、重点实验室、工程技术研究中心的学术技术带头人。

（二）优秀人才。年龄在50周岁以下的具有正高专业技术职务人员或年龄在40周岁以下的全日制博士研究生。

（三）专门人才。“中华技能大奖”或“全国技术能手”获得者；省级以上科学技术杰出贡献奖获得者或获得省级科学技术进步奖、自然科学奖、政府专利奖、创新创业大奖一等奖以上的主要完成人；掌握关键核心技术，拥有技术含量高、市场开发前景广的专利、专有技术并可创造较大经济社会效益的人才；在国内外知名企业、机构担任过中高级职务的高级经营管理人才；我市重点产业、重要领域、重大项目急需的专业人才。

（四）后备人才。年龄在40周岁以下的具有副高专业技术职务人员或年龄在35周岁以下的全日制硕士研究生。

第七条 高等院校、医疗卫生单位、科研院所重点引进战略人才和优秀人才，其他事业单位重点引进储备后备人才；企业重点引进拥有自主知识产权或科技成果、善于经营管理的优秀人才和专门人才；经济园区和社会组织重点引进符合我市重点产业、重要领域发展需要，带项目、带技术、带资金来娄自主创办科技型企业的高层次人才。

第三章 引进程序

第八条 事业单位引进战略人才、优秀人才和专门人才实行一事一议、随时受理、限时办结。先由事业单位物色拟引进人选，并与拟引进人选达成初步引进意向，向主管部门申报；主管部门统一向机构编制部门申请编制使用计划，再由组织或人社部门按管理权限会同主管部门对申报人选进行考察审核；聘请相关领域的专家组成认定委员会对引进人才进行综合评审，提出建议；报市委、市政府审批后，按照有关规定与引进对象签订工作合同，办理引进手续。事业单位引进后备人才，除少数所需专业人才稀缺的岗位外，一般须形成竞争，并按照事业单位公开招聘的有关要求组织招聘，用人单位于每年12月申报下一年度人才引进计划和编制使用计划，组织、人社部门综合编制部门及相关单位意见，制定引进工作方案，组织招聘。

第九条 企业引进高层次人才由企业自主招聘，报市委人才工作领导小组办公室备案。市委人才工作领导小组办公室定期组织专家组对企业引进的高层次人才进行评审，提出建议，报市委、市政府认定。

第十条 带项目、带技术、带资金来娄自主创办科技型企业的高层次人才在完成企业注册登记后，由各经济园区或企业所在地政府统一向市委人才工作领导小组办公室报告备案。市委人才工作领导小组办公室定期组织专家组对申报的项目情况及研发、生产前景，进行综合评估，提出建议，报市委、市政府认定。

第四章 激励政策

第十一条 编制。事业单位引进战略人才、优秀人才和专门人才时，空编单位所空编制可优先使用；对满编和超编的单位引进战略人才、优秀人才和专门人才，由机构编制部门通过调剂编制予以解决。事业单位引进后备人才，原则上在单位编制限额内进行；如确因工作需要暂无空缺编制的单位，可先实行劳务派遣，再在自然减员中优先解决其编制。

第十二条 薪酬。企业单位自主确定引进的高层次人才的经济待遇，其年薪标准一般不得低于市政府给予的年现金补贴之和。事业单位可在核定的绩效工资总量内自行制定工资补贴、奖励工资等办法。引进高层次人才可以专利、技术、资金、管理等要素参与分配，分配比例由用人单位和引进的人才协商确定。

第十三条 生活补贴。引进的高层次人才与用人单位签订 5 年以上服务期协议，其工作时间均在引进单位上班的，除正常的工资、福利待遇外，5 年内每月享受生活补贴，服务满 5 年后，再给予一次性补贴。引进战略人才标准如下：中国科学院院士、中国工程院院士每月补贴 12000 元，一次性补贴 80 万元；国家有突出贡献的中青年专家，国家重点学科、重点实验室、工程技术研究中心的学术技术带头人每月补贴 6000 元，一次性补贴 40 万元；享受国务院特殊津贴人员，省部级有突出贡献的中青年专家，省级重点学科、重点实验室、工程技术研究中心的学术技术带头人每月补贴 4000 元，一次性补贴 30 万元。引进的优秀人才和专门人才每月补贴 3000 元，一次性补贴 20 万元。服务不满 5 年的，不享受一次性补贴。同时符合两项以上补贴标准的，按补贴标准较高的一项计发。

第十四条 住房补贴。引进的高层次人才，5 年内每年发给住房补贴；如在娄底城区购房，凭购房合同可一次性领取 5 年的住房补贴。战略人才标准如下：中国科学院院士、中国工程院院士每年补贴 30 万元；国家有突出贡献的中青年专家，国家重点学科、重点实验室、工程技术研究中心的学术技术带头人每年补贴 15 万元；享受国务院特殊津贴人员，省部级有突出贡献的中青年专家，省级重点学科、重点实验室、工程技术研究中心的学术技术带头人每年补贴 10 万元；引进的优秀人才和专门人才每年补贴 5 万元。

第十五条 科技研发项目支持。对引进的战略人才、优秀人才、专门人才申报的市本级平台建设和研发项目，即时受理，优先支持，重点安排。各类人才申报立项的省部级以上(含省部级)科研项目，受益单位应按不低于 1：1 的比例安排配套资金。

第十六条 建立“娄底市引进人才绿卡”制度。凡引进的战略人才、优秀人才、专门人才均可持市委政府发放的“娄底市引进人才绿卡”，在住房、医疗、落户、子女就学、创业资助等方面优先保障并享受快捷、便利的服务。

第十七条 配偶工作及子女入学。引进的战略人才、优秀人才和专门人才，其配偶及未成年子女可随调随迁；配偶的工作由组织、人社、编制等部门协助用人单位及其主管部门参照其随调前的工作单位性质和用工形式予以妥善安置；子女需转入本市中小学校入学或幼儿园入托的，由教育部门根据其子女的就学意愿安排相关学校接收入学，并协助办理相关转学手续。

第十八条 建立健康体检、疗休养制度。对引进的人才每年组织一次健康体检。对引进的战略人才、优秀人才、专门人才每年还统一安排一次疗休养活动。

第十九条 开设职称申报评审和职务晋升绿色通道。对引进的高层次人才，符合初任条件的，可不受单位岗位职数限制，优先办理初任专业技术任职资格；对引进的特别优秀且贡献突出的优秀人才、专门人才，可按政策由人社部门破格申报专业技术职务任职资格；对引进到企事业单位的优秀人才、专门人才，本人有意愿担任单位中层领导职务的，用人单位应按照相关规定予以优先聘用；对聘期满5年，考核结果为优秀，且符合《公务员调任规定（试行）》（中组发〔2008〕6号）等相关文件规定条件的，组织部门优先调任到党政机关担任相当职务层次的领导职务。

第二十条 表彰奖励。对引进的高层次人才，符合国家、省、市有突出贡献专家、各级政府特殊津贴人员等推荐条件的，可作为推荐人选重点推荐。

第二十一条 对于带项目、带技术、带资金来娄自主创办科技型企业的高层次人才，根据所申报项目情况及研发、生产前景的评估结果，给予20万元~500万元科研启动经费或创新创业资金资助，3年内免费提供100平方米~500平方米的工作场所，并根据招商引资相关规定，享受相应的税收支持、财政鼓励、土地优惠、金融服务、小额担保贷款、社保补贴等方面优惠政策。

第五章 保障与服务

第二十二条 全市高层次人才引进工作在市委人才工作领导小组的领导下，由市委组织部、市人力资源和社会保障局根据管理权限和职能职责组织实施，市委人才工作领导小组其他成员单位、市直有关部门、各经济园区和社会组织配合落实。组织、人社、财政等部门要根据本实施办法及相关政策文件，完善细化高层次人才引进、待遇兑现的具体措施，确保各项优惠政策落实到位。

第二十三条 市财政在“十三五”期间安排1亿元人才引进专项资金。专项资金实行财政专户管理，主要用途包括：支付引进人才的各项补贴、奖励及落实有关待遇所需的经费；支付各类人才的引进、培养、开发、管理、服务所需的工作经费；支付来娄创业的高层次人才资助资金等。

第二十四条 市直事业单位引进的高层次人才所需发放的生活补贴和住房补贴，从市人才引进专项资金中全额支出。税收上缴市财政或在市本级人力资源和社会保障部门参加养老保险的企业引进的战略人才、优秀人才、专门人才每年在娄底的工作时间分别不少于3个月、6个月、9个月才能享受上述激励政策，所需发放的生活补贴和住房补贴从市人才引进专项资金中按50%的比例支出，另外50%由所在企业承担。引进人才所享受的生活补贴、住房补贴最长不超过五年。

第二十五条 建立引进高层次人才项目量化评估体系和实绩评估体系，将人才技术及项目发展前景、绩效评价结果与政府资助政策绑定挂钩，运用到“政策兑现、中期评估、优质项目再支持和清理退出”等创新创业服务链的各个环节，提升高层次人才及项目引进、集聚和发展实效。

第二十六条 引进高层次人才实行1年试用期，试用期结束后进行考评，考核要以业绩为主，每年考核一次，考核不合格，取消当年的补贴和奖励。市直事业单位引进的高层次人才按管理权限由组织、人社部门会同其单位主管部门进行考评；企业引进和来娄自主创业的高层次人才由市委人才工作领导小组办公室负责组织考评。

第二十七条 引进的高层次人才有下列情形之一的，全额退还已发放的生活补贴和住房补贴经费，由用人单位负责收回返还人才引进专项资金专户中。

（一）因个人原因提前终止工作合同（协议），辞职、离职、调动等离开娄底市的；

（二）有违法违纪行为必须中止工作合同（协议）的；

（三）其他未按相关合同（协议）履行职责的。

用人单位以弄虚作假形式引进人才、套取资金、获得奖励，除通报批评外，追回资金，取消奖励，依法依纪予以处理。

第六章 附 则

第二十八条 本办法引进的高层次人才，不包括在本市企事业单位工作流动到本市其他企事业单位工作的人员。对自本办法发布之日前5年内已引进到市直事业单位工作且符合本办法规定条件的高层次人才，引进单位所发补贴低于本办法规定标准的，不足部分可以补发，具体操作办法另行制定。

第二十九条 各县市区高层次人才引进可参照本办法另行制定实施办法。

第三十条 本办法自发布之日起施行，由市委组织部、市人力资源和社会保障局负责解释。

中共娄底市委
关于贯彻落实省第十一次党代会精神奋力
建设富饶美丽健康祥和新娄底的
实施意见

娄发〔2016〕22号

（2016年11月21日）

2016年11月15日至19日，中国共产党湖南省第十一次代表大会在长沙召开。这次大会是我省在全面建成小康社会决胜阶段、开启实现基本现代化新征程关键时期召开的一次十分重要的大会。大会批准了杜家毫同志代表十届省委所作的《不忘初心，继续前进，为建设富饶美丽幸福新湖南而努力奋斗》的报告和十届省纪委工作报告。

为认真学习贯彻省第十一次党代会精神，组织动员全市上下把思想和行动统一到省党代会的决策部署上来，奋力建设富饶美丽健康祥和新娄底，提出如下意见。

一、原原本本学习党代会报告，准确把握精神实质。大会全面总结了省第十次党代会特别是党的十八大以来全省的工作成绩，科学分析了湖南发展所面临的形势，立足“一带一部”区域定位，围绕建设富饶美丽幸福新湖南，建设经济强省、科教强省、文化强省、生态强省、开放强省的发展愿景，确立了创新引领、开放崛起的重大战略，作出了全面建成小康社会、全面深化改革、全面依法治省、全面从严治党的工作部署。全市各级党组织要对大会两个报告精神迅速进行传达贯彻，组织党员干部原原本本、逐字逐句认真学习，逐段逐层思考领会，真正读懂弄通、学深悟透。（市委办、市委组织部、市委宣传部等单位负责。排第一的为牵头单位，其他单位按职责做好相关工作，下同）

二、开展广泛深入的宣传贯彻活动，以党代会描绘的宏伟蓝图来凝聚人心、汇集力量。省党代会报告提出了建设富饶美丽幸福新湖南的宏伟蓝图。这是包括娄底人民在内的全省人民的共同愿望。我们要积极行动起来，最大限度地调动全市各行各业、各个层面、各个市场主体的积极性，朝着省党代会确立的目标，把我们的宏伟事业不断推向前进、创造新的辉煌，把建设富饶美丽幸福新湖南的“愿景”变成建设富饶美丽健康祥和新娄底的“实景”。

各级党委（党组）要将省党代会报告内容纳入中心组学习内容，纳入“两学一做”学习教育和责任心教育内容，纳入基层支部和全体党员的学习内容，纳入各级党校教育教学内容，自觉用来指导娄底工作实践。（市委宣传部、市委办、市委组织部、市委统战部、市人大常委会办、市政府办、市政协办、市委党校、市委讲师团等单位负责）

各级领导干部特别是市委常委以及市级领导要发挥好表率作用，自觉做到先学一步、学深一层，同时抓好分管领域、部门和战线的学习宣传贯彻。（市委办、市人大常委会办、市政府办、市政协办、娄底军分区政治部等单位负责）

各级宣传部门要制定宣传方案，精心安排宣传内容，组织开展形式多样的宣传宣讲活动，将宣讲省第十一次党代会精神和宣讲党的十八届六中全会精神、市第五次党代会精神有机结合起来，推动学习宣传进农村、进社区、进企业、进学校、进机关。（市委宣传部、市委讲师团、市直机关工委等单位负责）

各级各类新闻媒体要开辟专栏、专题、专版、专页，充分利用群众喜闻乐见的方式，搞好专题解读，深度报道全市上下以党代会精神为指引，推出的新举措新办法，取得的新进展新成果，涌现的新经验新典型，确保有声有色、出新出彩。（市委宣传部、娄底日报社、娄底广播电视台、娄底新闻网等单位负责）

三、坚持创新引领，不断提升经济发展的质量效益。大力培育创新型企业，充分发挥企业在产业发展和科技创新中的主体作用，打造一批有竞争力的龙头骨干企业，培育一批有特色的中小企业。积极搭建创新平台，加快企业技术研发中心、工程（技术）研究中心和公共服务平台建设，推动跨领域、跨行业协同创新，打造产学研金用一体的产业技术创新联盟。大力引进集聚创新型人才，实施高精尖人才培养和引进工程，用好亿元人才引进基金，出台10项激励政策，破除人才引进体制机制障碍，着力培育和引进重点产业、重要领域发展急需的高层次人才。大力创新改革举措，搭建创新平台，不断提升科技创新能力，抓好制度创新、管理创新和工作方式方法创新，破解发展难题，培育创新实体，创造和形成一批创新成果。（市科技局、市发改委、市经信委、市财政局、市人社局等单位负责）

四、高举开放大旗，不断拓展经济发展的外向度和发展空间。进一步强化开放理念，把打造大长沙拓展区、成为"核"里新力量，作为就近向省城开放对接，顺势融入长江经济带的重要路径；坚持"娄商返娄"，用亲情、乡情感召娄商、汇聚娄商回乡创业兴业；坚持"引进来与走出去并重"，面向世界500强、中国500强扩大招商引资，引进战略投资者，深度融入全国全球产业链、价值链和供应链，积极扩大出口，把娄底的好产品、好企业、好资源推出去，实现"有质量走出去、高水平引进来"。（市商务粮食局、市政府口岸办、市发改委等单位负责）

五、优化产业结构，下决心打一场转型发展和产业振兴的攻坚战。大力实施"工业提振三年行动计划"，深度对接融入中国智能制造示范引领区建设，助力"湖南制造"，下决心打一场漂亮的转型攻坚战和产业振兴战。加快传统产业转型升级，对接大长沙关联产业，形成"飞地式"布局、"延链式"发展；培育壮大新兴产业，重点加强装备制造、板材深加工、特种陶瓷、新材料、新能源等发展；加快发展现代服务业，重点培育文化旅游、商贸物流、健康养老、现代金融、体育会展战略性支柱产业；大力推进农业现代化，积极发展农产品精深加工业和科技型产业；实施"互联网+"行动计划，推动互联网与实体经济深度融合，高起点谋划、高标准建设，聘请全国最优秀的团队参与规划和设计，将娄底打造成一流的"智慧城市"。重点组织实施"云上娄底"大数据中心建设、娄底城市Wi-Fi覆盖建设、娄底智慧产业智能管理平台建设。（市发改委、市经信委、市农业委、市商务粮食局、市旅游外事侨务局、市卫计委、市政府金融办、市民政局、市文体广新局、市交通运输局、市住建局、市科技局、市环保局等单位负责）

六、构建新型城镇体系，加快打造品质城区、秀美县城、特色小镇。深入实施"中心城区提质扩容三年行动计划"，推动产城融合发展，美化城区环境，传承历史文脉，厚植文化底蕴，创新城市管理，加强诚信建设，使城市既有"高颜值"，又有"高品质"；推进秀美县城建设，用好县城的山水资源、民俗文化、历史掌故，做好秀美文章，使城市更加充满灵气和生机；特色小镇，根据各自的特色地形地貌、特色风景、特色风俗民情、特色产业等，因地制宜，因势利导，加快打造一批功能集中、产业繁荣、个性鲜明的乡村小镇。努力把娄底建设成为山水相融、宜居宜业、众人向往的现代化城市。（市住建局、市发改委、市农业委、市商务粮食局、市规划局、市城管执法局、市民政局等单位负责）

七、实施区域发展战略，加快建设沪昆高铁经济带重要支点城市。按照"全线支点、全域统筹、全体受益"的思路，加快融城发展，推进"娄涟双""冷新"主副板块建设，以项目建设、产业布局为载体，以走出去、引进来为路径，长藤结瓜、连点成带，壮大经济规模，提升综合实力，扩大城市影响力、辐射力、吸纳力和总体竞争力，使娄底成为沪昆高铁经济带上举足轻重的重要支点。同时，充分利用高铁、高速路网优势，以出入口和服务区为节点，全力做好高铁、高速经济这篇文章。（市发改委、市住建局、市规划局、市城管执法局、市经信委、市农业委、市商务粮食局等单位负责）

八、围绕供给侧结构性改革任务，争创全国资源型城市转型发展示范市。把供给侧结构性改革与资源型城市转型发展有机统一起来，瞄准"三去一降一补"重点任务，从供需两端发力，优化供需结构，扩大有效供给，用5年左右的时间，培育形成一批支撑力、承载力强的接续产业，重构产业体系，努力为全省供给侧结构性改革探索"娄底经验"。(市发改委、市经信委、市农业委、市委改革办、市住建局、市房产局、市政府金融办、市财政局、市人社局、市科技局、市商务粮食局、市国资委等单位负责)

九、打响娄底特色旅游文化品牌，推动全域旅游。充分挖掘历史文化资源和自然生态资源，打响以"紫鹊界梯田"为主的自然与文化景观旅游品牌，以"国藩故里"为主的人文历史景观旅游品牌，以梅山龙宫、大熊山、湄江等为主的自然风光旅游品牌，不断优化旅游功能布局，形成以县域为基础、景区景点为支撑、旅游功能区为载体、旅游走廊为纽带的全域旅游格局，使"田洞山水，快乐娄底"新形象逐渐替代"十里钢城，百里煤海"旧印象。突出景区与线路立体营销，着力打造沪昆高铁、长韶娄—娄新高速两条黄金旅游带，创建一批 AAAA、AAAAA 级景区，擦亮娄底特色文化旅游名片。(市旅游外事侨务局、市发改委、市文体广新局、市商务粮食局、市文化产业办等单位负责)

十、放大自身区位优势，建设湖南中部重要交通枢纽。娄底地处湖南中部，具有联东引西、通南达北的区位优势，已经构建了"米"字形的铁路网、"井"字型的高速公路网。要进一步推进高速公路、高速铁路、干线公路、农村公路建设以及通用机场建设，完善基础设施，形成"畅通湘中""畅享湘中"的交通格局，承载起全省现代交通体系的"娄底分量"。(市交通运输局、市公路局、市发改委、市住建局、市规划局等单位负责)

十一、全面深化改革，打造全省最优发展环境。坚持用改革的思维和办法破解难题，大胆突破思维定势、工作惯性和路径依赖。把"放手"作为最大的"抓手"，进一步简政放权，建立健全权力清单、责任清单和负面清单管理模式，加大行政审批"放""减"力度，坚决查办破坏发展的人和事。加快铁路、公路口岸和保税仓建设，实现娄底产品本地报关报检。推进企业改制，支持企业在主板、创业板、新三板上市融资。以创建全国文明城市为抓手，加快文化体制改革，倡导"通情达理、文明有礼"文明新风尚，不断增强城市的美誉度和吸引力。(市委改革办、市纪委、市委组织部、市委宣传部、市委政法委、市发改委、市编办、市农业委、市商务粮食局等单位负责)

十二、多管齐下，打好生态保护和环境治理保卫战。以湘江保护和治理"一号工程"为突破口，以"天蓝水净地绿三年行动计划"和城乡环境综合整治为抓手，深入推进流域治理、骡子坳老工业区搬迁改造、独立工矿区改造搬迁、采煤沉陷区综合治理、节能减排、两型社会示范区建设、创建国家森林城市等工作。划定生态保护红线，筑牢生态屏障。倡导绿色生活，推动绿色生产，大力发展绿色低碳循环经济。加强领导干部自然资源资产离任审计的落实，健全完善党政同责、齐抓共管的责任体系。(市环保局、市发改委、市住建局、市国土资源局、市农业委、市水利局、市林业局、市审计局等单位负责)

十三、以对党的绝对忠诚，坚决打赢脱贫攻坚战，着力保障和改善民生。紧扣"稳定实现农村贫困人口不愁吃、不愁穿，保障义务教育、基本医疗、住房安全"的目标，以"资金跟着穷人走、穷人跟着能人走、能人跟着产业项目走、产业项目跟着市场走"的产业扶贫为重点，超常规、大力度攻克脱贫难关。完善和落实扶贫政策，加大扶贫力度，强化金融支撑。狠抓易地扶贫搬迁，完善搬迁后续扶持政策，确保搬迁对象有业可就、稳定脱贫。以"治懒"为抓手，大力激发贫困地区、贫困群众脱贫攻坚的内生动力，变"帮我脱贫"为"我要脱贫"。在狠抓贫困县贫困村脱贫工作的同时，高度重视抓好非贫困县非贫困村的脱贫工作。确保 2018 年新化、涟源、双峰 3 个贫困县实现摘帽，2019 年 574 个贫困村和 55 万建档立卡贫困人口整体脱贫，攻下贫困的"山头"。努力解决老百姓上学、就业、就医、住房等现实困难，全面建成覆盖城乡的社会保障体系，构筑民生保障的安全网。(市农业委、市发改委、市住建局、市财政局、市水利局、市卫计委、市人社局、市教育局、市民政局、市交通运输局、市政府金融办、市移民局、市扶贫办等单位负责)

十四、加强民主政治建设，纵深推进全面依法治市。积极发展人民民主，不断提高民主政治发展水平。深入推进法治娄底建设，推动全市各项事业在法治轨道上有序运行，促进公正司法，维护公平正义。完善权力运行机制，提高权力制约监督水平。以创建"全国社会管理综合治理优秀市"为抓手，深入推进"平安娄底"建设，加强和创新社会治理，完善社会矛盾排查化解和风险预警机制，全面推进社会治安防控体系建设和基层网格化管理。严厉打击各种违法犯罪活动，全力做好信访维稳、安全生产、救灾救济、国家安全等工作。继续按照"党政统揽、属地管理、分类处置、平稳过渡"的总体思路，推进民间融资风险处置,完善风险治理机制,坚决守住不发生区域性、系统性金融风险和不发生大规模不可控的群体性事件底线。(市委政法委、市委办、市委组织部、市人大常委会办、市政协办、市中级人民法院、市人民检察院、市公安局、市司法局、市信访局、市安监局、市政府金融办等单位负责)

十五、坚定不移推进全面从严治党,营造山清水秀的政治生态。认真贯彻《中共娄底市委关于贯彻落实党的十八届六中全会精神推进全面从严治党落地生根的若干意见》,严肃党内政治生活,唤醒全体党员党章党规意识,把规定立在平时,把习惯养在平日,把全面从严治党落实到每个支部每个党员的具体行动。(市纪委、市委办、市委组织部等单位负责)创新和完善干部选拔任用、管理监督、考核评价、激励约束体系,突出抓好经常防病、认真查病、及时治病的机制建设,突出抓好"关键少数"选、管、评的机制建设,突出抓好干部能上能下、培养考察使用、履职尽责清单管理、县市区党政领导班子管理考核、市直机关领导班子管理考核、市管国有企业领导干部管理考核等重要文件的制定出台和实施。(市委组织部、市直机关工委、市国资委等单位负责)

持之以恒地开展"两学一做"学习教育,深入创建"基层组织建设先进市",统筹抓好农村、社区、机关、国企、高校等各领域基层党建工作,深化软弱涣散基层党组织整顿,建立健全纵向到底、横向到边的基层组织网络体系和工作体系,增强基层党组织的整体功能,推动基层组织建设全面进步、全面过硬。(市委组织部、市直机关工委等单位负责)

自觉履行"两个责任",注重惩防并举、标本兼治,综合运用监督执纪"四种形态",着力抓小抓早抓苗头,从打牌赌博这样的陋习抓起,从"雁过拔毛"这样的腐败问题查起,深入推进党风廉洁建设和反腐败斗争。(市纪委、市监察局、市委办、市公安局等单位负责)

坚决贯彻执行"九严禁",精心组织,严密部署,认真抓好市县乡人大、政府、政协领导班子换届工作,确保圆满实现组织意图。(市委组织部、市纪委、市人大常委会办、市政协办等单位负责)

十六、深入开展责任心教育,坚持不懈深化作风建设。扎实做好认真学、扪心问、互相提、自觉改、扎实做、公开评等各个环节的工作,建立健全党员干部职责清单和任务清单台账,不断强化党员干部知足感恩、履职尽责、攻坚克难、精益求精、修身齐家的意识。今年年底,在各级领导干部中开展述责评议,主要看职能职责履行情况,看目标任务完成情况,看遗留问题和积案难题解决情况,看作风建设情况,看群众的认可度满意度情况,并将评议结果纳入领导班子和领导干部年度目标管理考核。(市委组织部、市人社局、市直机关工委等单位负责)

十七、大干当前,谋划长远。全力推进七个"三年行动计划"和"项目建设大比拼"活动,全面盘底、认真对账、找准短板,迎头赶上,做好"三个对比":跟年度计划比要确保圆满完成各项目标任务,与去年同期比要有增长,与兄弟市州比在全省排名要前移。同时,科学谋划明年工作以及今后的工作,以优异的成绩迎接党的十九大胜利召开,谱写富饶美丽幸福新湖南的娄底篇章。(市发改委、市委办等单位负责)各级各地各部门要根据本意见进一步制定具体的实施办法,明确目标,明确责任,明确考核要求,确保省党代会精神贯彻落实到娄底经济社会发展的全过程,千方百计把娄底发展好、建设好、治理好,让"湘中明珠"发出持续的灿烂光芒。

(此件发至县处级)

娄底市人民政府
关于加快落实困难残疾人生活补贴和
重度残疾人护理补贴制度的通知

娄政发〔2016〕5号

各县市区人民政府，娄底经开区、万宝新区管委会，市政府各局委办、各直属机构：

关心困难残疾人和重度残疾人，认真贯彻落实困难残疾人生活补贴和重度残疾人护理补贴制度（以下简称残疾人两项补贴制度）是改善民生、建设幸福美丽新娄底的一项重要工作。根据《国务院关于全面建立困难残疾人生活补贴和重度残疾人护理补贴制度的意见》（国发〔2015〕52号）、《湖南省人民政府关于全面建立困难残疾人生活补贴和重度残疾人护理补贴制度的实施意见》（湘政发〔2015〕54号）和《湖南省民政厅湖南省财政厅湖南省残疾人联合会关于印发〈湖南省困难残疾人生活补贴和重度残疾人护理补贴发放操作办法（试行）〉的通知》（湘民发〔2016〕4号）精神，结合我市实际，现就加快落实残疾人两项补贴制度有关事项通知如下：

一、提高思想认识

各级各有关部门要充分认识全面建立残疾人两项补贴制度的重要性，将其作为保障和改善民生的重要任务，完善政府领导、民政牵头、残联配合、部门协作、社会参与的工作机制。民政部门要履行主管部门职责，做好补贴资格审定、补贴发放、监督管理等工作，推进残疾人两项补贴制度与相关社会福利、社会救助、社会保险制度有机衔接。财政部门要加强资金保障，及时足额安排补贴资金及工作经费，确保残疾人两项补贴制度顺利实施。残联组织要发挥“代表、服务、管理”职能作用，及时掌握残疾人需求，严格“中华人民共和国残疾人证”（以下简称残疾人证）发放管理，做好残疾人两项补贴相关审核工作。各县市区人民政府要加强组织领导，确保残疾人两项补贴制度按期按要求落实到位。

二、严格把握政策

根据《湖南省人民政府关于全面建立困难残疾人生活补贴和重度残疾人护理补贴制度的实施意见》（湘政发〔2015〕54号）的规定，残疾人两项补贴制度自2016年1月1日起实施。《娄底市重度残疾人护理补贴制度实施细则》（娄政办发〔2014〕28号）同时废止。残疾人两项补贴制度政策性强，各级各有关部门必须严格按照《国务院关于全面建立困难残疾人生活补贴和重度残疾人护理补贴制度的意见》（国发〔2015〕52号）、《湖南省人民政府关于全面建立困难残疾人生活补贴和重度残疾人护理补贴制度的实施意见》（湘政发〔2015〕54号）和《湖南省民政厅湖南省财政厅湖南省残疾人联合会关于印发〈湖南省困难残疾人生活补贴和重度残疾人护理补贴发放操作办法（试行）〉的通知》（湘民发〔2016〕4号）的规定，准确把握补贴对象、补贴标准、申办程序和相关政策的衔接。

（一）补贴对象

困难残疾人生活补贴对象：具有我市户籍，持有第二代残疾人证，家庭或者本人为最低生活保障对象的残疾人。有条件的县市区可扩大到低收入残疾人及其他困难残疾人。低收入残疾人及其他困难残疾人的认定标准由县市区人民政府参照相关规定、结合实际情况确定。

重度残疾人护理补贴对象：具有我市户籍，持有第二代残疾人证且残疾等级为一、二级的残疾人，有条件的县市区可扩大到非重度智力、精神残疾人或其他残疾人。

（二）补贴标准

困难残疾人生活补贴最低标准为每人每月50元，重度残疾人护理补贴最低标准为每人每月50元。有条件的县市区可以提高补助标准，已高于这一标准的县市区应维持现标准，可按照残疾人的困难程度实施分档补助。补贴标准根据省相关规定进行调整。

（三）申办程序

1. 自愿申请。残疾人向户籍所在地街道办事处或乡镇人民政府受理窗口填写提交“湖南省残疾人两项补贴申请审批表”（以下简称“审批表”）和相关证明材料（身份证或户口本原件和三份复印件、残疾证原件和三份复印件、低保证原件和三份复印件）。残疾人的法定监护人，法定赡养、抚养、扶养义务人，所在村民（居民）委员会或其他委托人可以代为办理申请事宜。

2. 逐级审核。街道办事处或乡镇人民政府依托社会救助、社会服务“一门受理、协同办理”机制，受理残疾人两项补贴申请并进行初审，将相关信息录入残疾人两项补贴工作网络信息平台，并将初审资料报送县市区残联进行相关审核。县市区残联将审核合格材料转送同级民政部门审定，残疾人家庭经济状况依托居民家庭经济状况核对机制审核。审定合格材料由县市区民政部门报同级财政部门申请拨付资金。

3. 补贴发放。2016年7月1日前申报两项补贴并获批准的，从2016年1月1日起计发；2016年7月1日以后申请的，补贴资格审定合格的残疾人自递交申请当月计发补贴。残疾人两项补贴按月发放，发放时间为每月10日前；特殊情况下，可按季度发放，发放时间为每季度第一个月的10日前，按季度发放的要在2016年7月10日前将残疾人2016年第一、二、三季度补贴发放到位。残疾人两项补贴采取社会化形式发放，由财政部门根据民政部门提供的名单，通过金融机构拨入残疾人账户。特殊情况下需要直接发放现金的，要制定专门的监管办法，防止和杜绝冒领、重复领取、克扣现象。

4. 定期复核。采取残疾人主动申报和民政、残联定期抽查相结合的方式，建立残疾人两项补贴定期复核制度，实行残疾人两项补贴应补尽补、应退则退的动态管理。定期复核内容包括申请人资格条件是否发生变化、补贴是否及时足额发放到位等。

（四）政策衔接

符合条件的残疾人可同时申领困难残疾人生活补贴和重度残疾人护理补贴。既符合残疾人两项补贴条件，又符合老年、因公致残、离休等福利性生活补贴（津贴）、护理补贴（津贴）条件的残疾人，可择高申领其中一类生活补贴（津贴）、护理补贴（津贴）。享受孤儿基本生活保障政策的残疾儿童不享受困难残疾人生活补贴，可享受重度残疾人护理补贴。残疾人两项补贴不计入城乡最低生活保障家庭的收入。领取工伤保险生活护理费、纳入特困人员供养保障的残疾人不享受残疾人两项补贴。已经实施残疾人两项补贴制度的县市区，补贴对象范围小于本通知要求和补贴标准低于全市最低标准的，要严格按本通知要求执行，并做好相关工作衔接。

三、加强资金管理

按照补贴资金分级负担的原则，中央和省财政按全省最低标准平均补助50%，新化县、冷水江市、涟源市、双峰县的其余部分自行负担，娄星区、娄底经开区的其余部分由市、区各负担50%。两项补贴资金纳入财政预算，专款专用。

四、强化保障措施

（一）抓好制度落实。各县市区要建立人员、补贴资金、工作经费制度，加快落实残疾人两项补贴制度。要通过政府购买服务、引导市场服务、鼓励慈善志愿服务等方式，健全补贴与服务相结合的残疾人社会福利体系，促进残疾人服务业发展。

（二）加强信息化建设。各级民政部门要会同同级残联做好网络信息平台管理工作，明确专人负责，加强对基本信息的基础数据的录入监管、实时监测、对比、归纳分析和动态管理，不断提高工作效率。

（三）强化监督管理。各级人民政府要将残疾人两项补贴工作纳入年度考核内容，重点督查落实情况。各县市区要结合当地实际，加快落实相关工作，市人民政府将适时组织专项督查。民政部门要会同残联组织定期开展残疾人两项补贴工作绩效评估，及时处理残疾人及其他群众的投诉建议，完善相关政策措施，切实维护残疾人合法权益。要按规定范围和程序，对申请人的条件认真审查、审核，对实际残疾程度和残疾人证等明显不符的，要及时纠正。县市区民政部门要在享受残疾人两项补贴申请人户籍所在地或长期居住地公示补贴对象姓名、补贴类型、补贴金额等基本信息，公示内容要保护残疾人隐私，不得公开与残疾人补贴无关的信息。

对违规为不符合条件的申请人办理残疾人证或办理享受残疾人两项补贴手续、无故拒不审批或不按行政审批时效办理的以及扣押、拖欠补贴资金等行为，视情节给予批评教育或行政处分；对贪污、挪用补贴资金等行为，依法依规严肃处理，涉嫌犯罪的，依法追究其刑事责任。对采取虚报、伪造证明材料等不正当手段骗取残疾人两项补贴的村（居）民，情节较轻的由县市区民政部门予以批评教育，并追回其冒领的补贴资金；情节严重涉嫌犯罪的，移交司法机关处理。

（四）加强政策宣传。各地要及时组织学习培训，全面掌握残疾人两项补贴制度精神和内容，正确组织实施残疾人两项补贴工作。各县市区要在4月25日前完成乡（镇、街道）干部培训工作，各乡（镇、街道）要在5月1日前组织有关村干部进行集中培训。要充分利用多种媒介宣传残疾人两项补贴制度，营造良好舆论氛围，引导全社会更加关心、关爱残疾人。要充分考虑残疾人获取信息的特殊要求和实际困难，采用灵活多样的形式进行宣传解读，确保残疾人及其家属知晓残疾人两项补贴制度内容，了解基本申领程序和要求。要搞好符合补贴条件的残疾人的调查摸底，调查摸底工作在5月15日前完成。要及时做好残疾人两项补贴政策解释工作，协助残疾人便捷办理相关手续。

娄底市人民政府
2016年4月19日

娄底市人民政府
关于取消和调整一批行政审批事项的通知

娄政发〔2016〕6号

各县市区人民政府，娄底经开区、万宝新区管委会，市政府各局委办、各直属机构：

根据《国务院关于取消和调整一批行政审批项目等事项的决定》（国发〔2015〕11号）、《国务院关于第一批取消62项中央指定地方实施行政审批事项的决定》（国发〔2015〕57号）、《国务院关于第二批取消152项中央指定地方实施行政审批事项的决定》（国发〔2016〕9号）、《湖南省人民政府关于调整一批行政审批事项的通知》（湘政发〔2015〕19号）、《湖南省人民政府关于取消一批行政审批事项的通知》（湘政发〔2015〕55号）、《湖南省人民政府办公厅关于向13个市州下放部分省级经济社会管理权限的通知》（湘政办发〔2015〕100号）和《湖南省人民政府办公厅关于印发〈湖南省赋予省直管县经济体制改革试点县（市）部分市级经济社会管理权限目录〉的通知》（湘政办发〔2016〕13号），市人民政府决定取消行政审批事项37项（含子项1项、转报事项4项）、下放行政审批事项84项（下放各县市区4项，单独下放新化县80项）、工商登记前置审批改为后置审批事项44项，市本级承接新增行政审批事项20项（含子项7项）、合并15项。

各级各有关部门要认真做好行政审批事项的衔接落实工作，及时调整行政审批事项目录，并按照深化行政体制改革、加快政府职能转变的要求，进一步细化并落实后续监管措施和办法，深入推进简政放权、放管结合、优化服务，不断提高政府管理科学化、规范化水平。

附件：1. 取消的行政审批事项目录（37项）
2. 下放的行政审批事项目录（84项）
3. 承接新增的行政审批事项目录（20项）
4. 合并的行政审批事项目录（15项）
5. 改为后置审批的工商登记前置审批事项目录（44项）
（略）

娄底市人民政府
2016年4月21日

娄底市人民政府
关于做好城乡居民基本医疗保险制度
整合工作的通知

娄政发〔2016〕17号

各县市区人民政府，娄底经开区、万宝新区管委会，市政府各局委办、各直属机构：

根据《湖南省人民政府关于整合城乡居民基本医疗保险制度的实施意见》（湘政发〔2016〕14号）等有关文件精神，2016年年底前要建立全市统一的城乡居民医疗保险制度，现就做好城乡居民基本医疗保险制度整合工作的有关事项通知如下：

一、总体要求

按照"整合管理职能、统一参保范围、统一筹资政策、统一保障待遇、统一医保目录、统一协议管理、统一基金管理"的要求，理顺城乡居民医疗保险管理体制，优化职能配置和机构设置，提升经办管理能力，提升服务效能，在2016年年底前建立全市统一的城乡居民医疗保险制度，促进城乡居民医疗保险制度更加完善、保障更加公平、管理更加规范、服务更加高效。

二、基本原则

（一）统筹规划、协调发展。把城乡居民医疗保险整合纳入全民医疗保险体系发展和深化医改全局中，统筹安排，合理规划，突出"三医"（医疗、医保、医药）联动，加强基本医疗保险、大病保险、医疗救助、商业健康保险等医疗保障项目的政策衔接，强化制度的系统性、整体性、协同性。

（二）立足基本、保障公平。立足经济社会发展水平、城乡居民负担和基金承受能力，充分考虑并逐步缩小城乡差距、地区差异，保障城乡居民平等享有基本医疗保险待遇，实现城乡居民医疗保险制度可持续发展。

（三）积极稳妥、有序推进。按照先整合职责、机构、人员、基金，后整合制度政策和信息系统及提升管理的步骤，市、县两级同步开展整合工作，加强工作衔接，积极稳妥地处理好并轨期间的有关问题，实现管理职能有效衔接、基金安全移交、人员平稳交接，确保整合工作期间工作不断、队伍不乱、政策不变、待遇不减，确保居民参保缴费和就医报销不受影响，确保基金安全完整和制度平稳运行。

（四）强化监督，规范运行。坚持管办分开，严格基金管理，加强基金使用的审计监督，落实工作责任，完善管理运行机制，深入推进支付方式改革，提升医疗保险资金使用效率和经办管理服务效能。

三、整合的主要内容

（一）整合职能、机构和人员

由各级机构编制部门牵头，卫计、人社、财政部门配合，按照"编随事走，人随编走"的原则，在2016年9月底前，将市直、县市区和乡镇新农合的行政和经办管理职能、机构、编制、人员划入同级人社部门，实行市、县市区和乡镇三级同步移交。具体包括：

1. 整合行政管理职能。将市、县市区卫计委负责新农合行政管理职责的机构和人员编制一并划转至同级人社部门，人社部门要明确相应的内设机构负责城乡居民医疗保险的行政管理，承担管辖区城乡居民医疗保险制度的建立、完善和管理职能。

2. 整合经办服务管理职能。将县市区卫计部门负责新农合经办管理职责的机构成建制移交至同级人社部门的医疗保险经办机构。要在城镇居民医疗保险经办机构和新农合经办机构的基础上，整合成立城乡居民医疗保险管理服务中心，归口县市区人社部门管理，承担管辖区城乡居民医疗保险的业务管理、指导和经办服务。有条件的县市区在妥善安排好相关干部的前提下，也可整合为统一的医疗保险经办机构。

乡(镇、街道)可在规定的限额内设置城乡居民医疗保险管理服务站，也可与其它站所综合设置，负责本乡(镇、街道)居民参保缴费和医疗保险待遇支付工作。

(二)整合基金和资产

职能及机构划转移交后，新农合管理的基金账户、档案、信息数据、固定资产、资金等一并移交至同级人社部门。市、县市区审计部门对新农合基金和城镇居民医疗保险基金截至2016年9月30日的债权债务情况和相关资产、经费情况进行审计，厘清基金及债权债务情况。对基金存在缺口的，由原统筹地区政府积极妥善解决。在对新农合和城镇居民医疗保险基金进行审计的基础上，做好基金财务和资产的安全移交和平稳过渡工作。由市、县市区财政部门监督新农合基金及新农合机构资产移交到同级人社部门管理。

(三)整合各项制度

1. 统一参保范围。除职工医疗保险参保范围以外的城镇居民和农村居民，统一参加城乡居民医疗保险。

2. 统一筹资标准。城乡居民医疗保险实行年缴费制度，居民以家庭、在校学生以学校为单位整体参保。2017年城乡居民筹资标准不低于570元/人·年(个人缴费标准为150元/人·年)。2018年及以后，根据国家有关政策规定和经济发展水平、居民收入状况、医疗消费需求等情况，逐步提高政府补助和个人缴费标准。有条件的乡镇、街道、村集体和用人单位对居民及职工供养的直系亲属给予缴费补助。对特困人员参加城乡居民医疗保险个人缴费部分，通过医疗救助等渠道全额资助；对纳入低保对象参加城乡居民医疗保险的个人缴费部分，通过医疗救助等渠道给予补贴；对已经建档立卡但没有纳入低保对象的农村贫困人口参加城乡居民医疗保险的个人缴费部分，通过财政补助等渠道给予补贴。每年8月1日至12月31日为下一年度的参保缴费期。为平稳过渡，2017年的参保缴费期为2016年10月1日至2017年2月28日。

3. 统一保障待遇。根据省定有关精神，结合我市实际，出台娄底市城乡居民基本医疗保险管理实施办法。整合后的过渡期内仍按各自的政策执行，但要妥善处理好原城镇居民医疗保险、新农合与城乡居民医疗保险差异导致的个案问题。

4. 统一医疗保险目录。我市医疗保险执行省定新版“三个目录”(基本医疗保险药品目录、诊疗项目目录、高值医用耗材和医疗服务设施范围目录)。新版“三个目录”未建立之前，继续执行现行城镇基本医疗保险和新农合的相关目录。

5. 统一协议管理。将原城镇居民基本医疗保险和新农合的定点医疗机构整体纳入城乡居民医疗保险协议管理范围。

6. 统一基金管理。将新农合基金专户与城镇居民基本医疗保险基金专户合并为城乡居民医疗保险基金专户(财政专户、收入户和支出户)，实行“收支两条线”管理，执行社会保险基金财务制度和会计制度，按年度编制基金收支预算和决算报告。严格执行基金监督制度。建立城乡居民基本医疗保险市级风险调剂金制度，按年筹资总额的5%筹集，风险调剂金管理办法按省相关规定另行制定。

(四)整合信息系统

各县市区卫计部门将新农合信息系统建设、软件开发及维护的合同文本、应用软件、完整的系统数据等相关资料移交到人社部门。过渡期内实行两套信息系统同时运行，卫计部门配合人社部门做好过渡期内信息系统运行管理工作，确保信息系统正常运行，顺利迁移和承接新农合信息网络，规范和完善基础信息，确保城乡居民医疗保险各项工作有序过渡，城乡居民医疗保险制度顺利实施。

(五)提高统筹层次

城乡居民医疗保险实行全市统一政策，统一经办流程和信息管理。基金管理原则上实行市级统筹、县市区经办。考虑到省管县的财政体制，可先实行市辖区的基金统筹，建立风险调剂金制度，提高基金抗风险能力，待条件成熟时实行全市基金统收统支的市级统筹。

四、组织实施

(一)加强组织领导

成立娄底市整合城乡居民基本医疗保险制度协调小组，加强对整合工作的组织领导，及时研究解决整合工作中的具体问题。

(二)严肃工作纪律

城乡居民基本医疗保险制度整合工作中，严禁借交接之机突击调整人员，私分、变相发放和转移资产及基金，严防国有资产及基金流失。对交接期间违反人事、财经纪律的，依法依纪严肃追究相关领导和当事人的责任。在完成制度整合前，各级政府仍是新农合管理的主体，要强化各级各类经办人员责任，将责任落实到岗位、落实到人，加强督导检查，维护好城乡居民看病就医权益，保持全市就医秩序和社会稳定。同时，在移交过程中，要充分利用现有新农合、城乡居民医疗保险经办资源，坚持“四个不变”(政策执行不变、待遇标准不变、经办程序不变、信息系统不变)。尤其要做到各项报销政策、补贴政策连贯实施，确保经办业务不中断、群众待遇不受影响。

(三)强化舆论宣传

大力宣传整合城乡居民基本医疗保险的重要意义和整合后的具体政策、经办服务流程，及时准确解读政策，妥善回应公众关切，合理引导社会预期，营造良好的社会舆论氛围，让广大城乡群众理解支持整合工作，努力把这项关乎千家万户民生福祉的好事办好。扎实做好相关工作，积极化解可能出现的矛盾，确保整合工作顺利推进。

娄底市人民政府

2016 年 9 月 26 日

娄底市人民政府 关于公布娄底中心城区基准地价更新（2016年）成果的通知

娄政发〔2016〕18号

娄星区人民政府，娄底经开区、万宝新区管委会，市政府各局委、各直属机构，市属以上有关企事业单位：

为进一步加强土地资产和土地价格管理，培育和规范土地市场，充分发挥地价在土地市场中的调控作用，保证我市土地级别与价格体系适应城市建设与土地市场发展的需要，根据《中华人民共和国土地管理法》《中华人民共和国房地产管理法》等法律、法规及有关文件精神，我市再次对娄底中心城区基准地价成果进行了更新，并经省国土资源厅验收合格，现予以公布执行，并就有关事项通知如下：

一、本基准地价有关成果主要用于指导土地市场交易、核算土地资产量、征收土地税费、合理引导投资方向和土地利用方式。

二、基准地价是政府进行土地资产管理、调控土地市场价格、规范土地出让等交易行为的基础，也是政府制定各种土地税费政策、控制出让底价，进行宗地地价评估的主要依据。今后凡涉及我市中心城区及建制镇国有土地出让、转让、抵押、租赁、作价出资、企业兼并、资产核算以及司法仲裁等经济行为，应根据此基准地价，结合土地的不同用途、不同级别、不同现状或规划条件，运用正确的修正系数，客观、公正、科学、合法的评估土地价格。

三、本基准地价成果自公布之日起执行，市人民政府于2014年1月19日公布的娄底中心城区基准地价（娄政发〔2014〕5号）同时废止。

附件：娄底中心城区基准地价更新（2016年）成果一览表

娄底市人民政府

2016年10月17日

附件

娄底市城区基准地价(2016年)更新成果一览表

一、基准地价内涵

表1

娄底市城区商服、住宅、工矿仓储用地基准地价内涵表

级别	土地权利	商服用地		住宅用地		工矿仓储用地		开发程度	估价期日
		使用年期	容积率	使用年期	容积率	使用年期	容积率		
一级	出让土地使用权	40年	3.0	70年	2.8	50年	1.0	五通一平	2016.7.1
二级		40年	2.4	70年	2.4	50年	1.0		
三级		40年	2.0	70年	2.0	50年	1.0		
四级		40年	1.8	70年	1.6	50年	1.0		
五级		40年	1.6	70年	1.4	–	–		
六级		40年	1.4	–	–	–	–		

五通一平:红线外通路、通电、通信、通上水、通下水,红线内场地平整

表2

娄底市建制(乡)镇商服、住宅、工矿仓储用地基准地价内涵表

级别	土地权利	商服用地		住宅用地		工矿仓储用地		开发程度	估价期日
		使用年期	容积率	使用年期	容积率	使用年期	容积率		
一级	出让土地使用权	40年	1.4	70年	1.4	50年	1.0	四通一平	2016.7.1
二级		40年	1.2	70年	1.2	50年	1.0		

四通一平:通路、通电、通信、通上水,红线内场地平整

二、级别范围

表3

娄底市城区商服用地土地级别范围描述表

级别	级别范围描述
一级	1. 贤童街以南18米—新星南路以东20米—湘阳街以北20米—春园路以东18米—月塘街以北18米—火车站—娄邵铁路 2. 涟水河以北—新星路以东20米—大汉大道以北20米—娄星北路以西20米
二级	1. 新星路以东20米—大汉大道—众一桂府—青山街以北18米—娄星北路以西20米—凤阳街以北18米—旁冲路以西20米—桑塘路以西18米—涟水河(除一级区域以外) 2. 甘桂南路以西20米—小科街以南20米—扶青路以西18米—新科路以南18米—株山公园以西—乐坪大道以南20米—吉星南路以东20米—秀石街以北14米—新星南路以东20米—涟水河闭合区域(除一级区域以外)

续表 3

级别	级别范围描述
三级	1. 涟水河以北——碧溪路以西 14 米—娄涟大道以北 20 米—西坪路以东 18 米涟水河闭合区域(除一、二级区域以外) 2. 涟水河以南—湘阳街以南 20 米—檀香路以东 14 米—乐坪大道以南 20 米—罗家路以东 14 米—株东路以南 14 米—吉星南路以东 20 米—氐星路以东 20 米—孙水河以北—扶青路以西 18 米—湘中大道以南 20 米—高丰路—永康街以北 14 米—大石山路以西 18 米—丹阳路以西 18 米—涟滨街以北 18 米—神童路以西 14 米闭合区域(除一、二级区域以外) 3. 孙水河以南—夫新街以南 14 米—新星路以东 20 米—静安街以南 14 米—新星路以西 20 米闭合区域 4. 娄星路以西 20 米—香泉湾街以北 14 米—新星路以东 20 米—沪昆高铁线以北区域
四级	洪冠街以北 14 米—新星北路两侧 20 米—群乐街以北 14 米—吉星北路以东 20 米—娄涟大道以北 20 米—涟水河以南—孙水河以西—更新范围东边界—静安街以南 18 米—新星南路以东 18 米—沪昆高铁线以北—娄星南路以西 20 米—香泉湾街以北 14 米—仙女路(铁路)—沪昆高铁线—龙潭路以西 14 米—娄星南路以西 20 米—静安街以南 18 米—站前路以西 14 米湘中大道以北 20 米—铁路线—高丰路以西 18 米—评价西边界闭合区域(除一、二、三级区域以外)
五级	1. 更新范围边界以南—东环路以东 20 米—南环路以南 20 米—涟水河—更新范围西边界围成区域(除一、二、三、四级区域以外) 2. 更新范围西边界—高丰路以南—铁路以西—静安街以南——南环路以南 20 米—更新范围东边界围成闭合区域(除一、二、三、四级区域以外)
六级	定级区片内其他区域

表 4　　娄底市城区住宅用地土地级别范围描述表

级别	级别范围描述
一级	1. 湘黔铁路以南—新星南路以西—新科街以北—娄邵铁路以东闭合区域 2. 涟水河以北—娄星北路以东—凤阳街—大汉大道—新星北路闭合区域
二级	1. 涟水河以北—桑塘路以东—钢城街以南—青山街以南—石冲路—食府街—西坪路以西闭合区域(除一级区域以外) 2. 涟水河以南—天王寺路以西—湘黔铁路线以南—吉星南路以西—新星路以西—孙水河以北—甘桂南路以东闭合区域(除一级区域以外)
三级	洪冠西街以南—群乐街以南—涟水河—华星路以西—更新范围东边界—静安街—新星路以西—香泉湾街以南—凤凰路以西—万宝大道以北—道塘路以东—娄星南路以东—静安街—孙水河—波月街以北—天华路以东—富厚路以北—高丰路以东—早元路以南—大石山路以东—丹阳路以东—涟滨街以南—涟水河以东—振兴街以西闭合区域(除一、二级区域以外)
四级	工业园四街以南—评价北边界—华星路以西—涟水河以南—孙水河以西—更新范围东边界—国藩街以北—南环路以东—更新范围南边界—高丰路以东—静安街以北—更新范围西边界—涟滨街以南闭合区域(除一、二、三级区域以外)
五级	定级区片内其他区域

表 5

娄底市城区工矿仓储用地土地级别范围描述表

级别	级别范围描述
一级	青山街以南—新星北路以西—秀石街以南—吉星南路以西—株山公园以西—新科街以北—扶青路以东—小科街以北—丽春路以东—长青街以南—娄邵铁路线以东—娄星南路以东—娄星北路以东闭合区域
二级	振兴街以东—娄涟大道以南—涟水河以西—华星路以西—评价东边界—静安街以北—丹桂南路以东—涟水河以东闭合区域(除一级区域以外)
三级	工业园四街—评价北边界—华星路以西—涟水河以南—孙水河以西—评价东边界—国藩街以北—南环路以东—评价南边界—高丰路以东—评价西边界闭合区域(除一、二级区域以外)。
四级	定级区片内其他区域

表 6

杉山镇级别范围描述表

级别	级别范围描述
一级	省道 209(利民超市至杉山供电营业厅路段)道路两侧各 30 米区域 省道 209(鸿鸣精细陶瓷公司至湘中信息技术职业学院路段)道路两侧各 30 米区域
二级	级别划分区片内其他区域

表 7

石井镇级别范围描述表

级别	级别范围描述
一级	县道 022(石井医院至石井镇政府路段)道路两侧各 20 米区域
二级	级别划分区片内其他区域

表 8

双江乡级别范围描述表

级别	级别范围描述
一级	县道 020(双江乡政府以北 150 米岔路口往南至农村信用社路段)道路两侧各 20 米区域
二级	级别划分区片内其他区域

三、城区基准地价

表 9

娄底市城区级别基准地价表

单位:元/平方米

用途、级别	一级	二级	三级	四级	五级	六级
商服用地	5100	3370	2376	1692	1184	770
住宅用地	2240	1452	1066	733	560	/
工矿仓储用地	670	490	360	300	–	–

表 10

娄底市城区商服用地路线价表

单位:元/平方米

路线编号	路线名称	起点	终点	标准深度（米）	干道类型	路线价	所在级别
A—01	乐坪大道 1	铁路桥	新星南路	20	主干道	7900	一级
A—02	长青街 1	娄星南路	新星南路	20	主干道	8800	一级
A—03	新星南路 1	湘阳街	贤童街	20	主干道	7030	一级
A—04	娄星南路 1	长青街	贤童街	20	主干道	7580	一级
A—05	氐星路 1	长青街	贤童街	20	主干道	8300	一级
A—06	贤童街	关家脑路	新星南路	18	次干道	6690	一级
A—07	湘阳街 1	铁路桥	新星南路	20	主干道	6800	一级
A—08	东贸街 1	氐星路	新星南路	14	支路	6800	一级
A—09	西贸街	铁路桥	氐星路	14	支路	6780	一级
A—10	景屏路	长青街	西贸街	14	支路	6600	一级
A—11	氐星路 2	月塘街	长青街	20	主干道	7000	一级
A—12	春园路	月塘街	长青街	18	次干道	6200	一级
A—13	娄星南路 2	铁路桥	长青街	20	主干道	7000	一级
A—14	娄星北路 1	大汉大道	涟水河	20	主干道	5800	一级
A—15	大汉大道 1	娄星北路	新星北路	18	次干道	6500	一级
B—01	氐星路 3	贤童街	新科街	20	主干道	5850	二级
B—02	新科街	氐星路	新星南路	18	次干道	4800	二级
B—03	新星南路 2	贤童街	新科街	20	主干道	6000	二级
B—04	学院路 1	贤童街	新科街	14	支路	5200	二级
B—05	扶青路 1	长青街	新科街	18	次干道	5300	二级
B—06	乐坪大道 2	甘桂路	扶青路	20	主干道	5580	二级
B—07	长青街 2	甘桂路	铁路桥	20	主干道	5900	二级
B—08	丽春路	长青街	乐坪大道	14	支路	4500	二级
B—09	甘桂路 1	长青街	小科街	20	主干道	4200	二级
B—10	小科街	甘桂路	扶青路	14	支路	4470	二级
B—11	涟滨街 1	甘桂路	娄星南路	18	次干道	4260	二级
B—12	娄星南路 3	涟水河	铁路桥	20	主干道	5000	二级
B—13	涟滨街 2	娄星南路	新星南路	18	次干道	4420	二级
B—14	新星南路 3	涟水河	湘阳街	20	主干道	4600	二级
B—15	秀石街 1	新星南路	吉星南路	14	支路	3880	二级

续表 10

单位:元/平方米

路线编号	路线名称	起点	终点	标准深度（米）	干道类型	路线价	所在级别
B—16	月塘街 1	春园路	吉星南路	18	次干道	4100	二级
B—17	湘阳街 2	新星南路	吉星南路	20	主干道	5230	二级
B—18	金谷路	月塘街	长青街	18	次干道	4380	二级
B—19	长青街 3	新星南路	吉星南路	20	主干道	6100	二级
B—20	东贸街 2	新星南路	吉星南路	14	支路	4570	二级
B—21	乐坪大道 3	新星南路	吉星南路	20	主干道	5500	二级
B—22	白塘路	月塘街	乐坪大道	18	次干道	4400	二级
B—23	桑塘路 1	旁冲路	大汉大道	18	次干道	3720	二级
B—24	凤阳街	旁冲路	大汉大道	14	支路	3930	二级
B—25	石玉街	娄星北路	大汉大道	14	支路	3800	二级
B—26	石冲路 1	青山街	大汉大道	14	支路	3880	二级
B—27	青山街	娄星北路	新星北路	14	支路	4000	二级
B—28	新星北路 1	仙桥街	青山街	20	主干道	4100	二级
B—29	大汉大道 2	新星北路	铁炉冲路	18	次干道	3600	二级
B—30	娄星北路 2	青山街	大汉大道	20	主干道	4300	二级
B—31	吉星南路 1	秀石街	乐坪大道	20	主干道	6600	二级
C—01	长宁街	甘桂路	扶青路	14	支路	2920	三级
C—02	早元街	甘桂路	黄泥路	18	次干道	3200	三级
C—03	育新街	氐星路	新星南路	14	支路	3450	三级
C—04	建设街	新星南路	吉星南路	14	支路	3400	三级
C—05	湘中大道 1	甘桂路	新星南路	20	主干道	3750	三级
C—06	湘中大道 2	高丰路	甘桂路	20	主干道	3260	三级
C—07	学院路 2	新科街	桃圃街	14	支路	3600	三级
C—08	氐星路 4	新科街	建设街	20	主干道	4100	三级
C—09	新星南路 4	新科街	湘中大道	20	主干道	4000	三级
C—10	吉星南路 2	株山街	铁路	20	主干道	3220	三级
C—11	吉星南路 3	乐坪大道	株山街	20	主干道	2800	三级
C—12	扶青路 2	新科街	湘中大道	18	次干道	3580	三级
C—13	娄星南路 4	早元街	湘中大道	20	主干道	3400	三级
C—14	甘桂路 2	小科街	湘中大道	20	主干道	3000	三级
C—15	新星南路 5	湘中大道	静安街	20	主干道	3300	三级

续表 10

单位:元 / 平方米

路线编号	路线名称	起点	终点	标准深度（米）	干道类型	路线价	所在级别
C—16	乐坪大道 4	丹阳路	甘桂路	20	主干道	4000	三级
C—17	丹阳路 1	乐坪大道	双科街	20	主干道	3270	三级
C—18	涟滨街 3	丹阳路	甘桂路	18	次干道	2850	三级
C—19	丹阳路 2	涟滨街	乐坪大道	20	主干道	3000	三级
C—20	旁冲路	甘桂北路	桑塘路	14	支路	2900	三级
C—21	甘桂北路 1	碧溪路	钢城街	20	主干道	2850	三级
C—22	桑塘路 2	碧溪路	旁冲路	18	次干道	3360	三级
C—23	钢城路	涟水河	新星北路	18	次干道	3620	三级
C—24	碧溪路	仙桥街	甘桂北路	14	支路	3200	三级
C—25	仙桥街 1	福岭路	新星北路	18	次干道	3400	三级
C—26	娄星北路 3	娄涟大道	青山街	20	主干道	3580	三级
C—27	娄涟大道 1	碧溪路	西坪路	20	主干道	2900	三级
C—28	新星北路 2	娄涟大道	仙桥街	20	主干道	3450	三级
C—29	石冲路 2	青府街	青山街	14	支路	3300	三级
C—30	西坪路	娄涟大道	大汉大道	18	次干道	2700	三级
C—31	仙桥街 2	碧溪路	福岭路	18	次干道	3300	三级
C—32	吉星南路 4	涟水河	秀石街	20	主干道	3580	三级
C—33	秀石街 2	吉星南路	文艺路	14	支路	3480	三级
C—34	月塘街 2	吉星南路	文艺路	18	次干道	3500	三级
C—35	文艺路	秀石街	湘阳街	14	支路	3300	三级
C—36	檀香路	月塘街	长青街	14	支路	3220	三级
C—37	湘阳街 3	吉星南路	涟水河	20	主干道	3630	三级
C—38	长青街 4	吉星南路	檀香路	20	主干道	4100	三级
C—39	新星南路 6	香泉湾街	沪昆高铁	20	主干道	2900	三级
C—40	娄星南路 5	香泉湾街	沪昆高铁	20	主干道	3200	三级
C—41	万宝大道	娄星南路	新星南路	20	主干道	2850	三级
D—01	娄星南路 6	孙水河	静安街	20	主干道	2200	四级
D—02	静安街	娄星南路	新星南路	18	次干道	2300	四级
D—03	娄星南路 7	静安街	香泉湾街	20	主干道	1900	四级
D—04	新星南路 7	静安街	香泉湾街	20	主干道	2000	四级
D—05	娄涟大道 2	西坪路	吉星北路	20	主干道	1800	四级

续表 10

单位：元 / 平方米

路线编号	路线名称	起点	终点	标准深度（米）	干道类型	路线价	所在级别
D—06	吉星北路	娄涟大道	涟水河	20	主干道	1800	四级

四、乡镇基准地价

表 11

娄底市杉山镇级别基准地价表

单位：元/平方米

用途、级别	一级	二级
商服用地	758	600
住宅用地	550	438
工矿仓储用地	290	262

表 12

娄底市石井镇级别基准地价表

单位：元/平方米

用途、级别	一级	二级
商服用地	740	580
住宅用地	520	415
工矿仓储用地	288	260

表 13

娄底市双江乡级别基准地价表

单位：元/平方米

用途、级别	一级	二级
商服用地	718	560
住宅用地	511	402
工矿仓储用地	285	256

娄底市人民政府关于支持发展钢铁深加工及汽车零部件产业的若干意见

娄政发〔2016〕21号

各县市区人民政府，娄底经开区、万宝新区管委会，市政府各局委办、各直属机构：

为扎实推进钢铁企业供给侧改革，按照打造产业链、提升价值链、完善供应链的总体思路，促进我市钢铁产业迈向中高端发展，打造娄底千亿钢铁深加工产业集群和湖南省汽车配套产业基地，特提出如下意见：

一、设立产业发展基金。设立总规模为20亿元的支持钢铁深加工及汽车零部件产业发展基金，主要用于支持钢铁深加工及汽车零部件产业链项目发展和企业融资。（牵头单位：市经信委；参加单位：市发改委、市财政局、市政府金融办）

二、设立财政专项资金。增设钢铁深加工及汽车零部件产业链发展专项资金并纳入财政预算，由市财政局按年度实际奖补额度下拨产业链企业。（牵头单位：市财政局；参加单位：市经信委、市发改委）

三、优化融资环境。鼓励兴娄担保公司、市创业投资集团、市国有资本投资运营公司、百通转贷公司、“助保贷”服务中心等授信或投资钢铁深加工及汽车零部件产业链项目；加强诚信体系建设，支持地方银行主体、机构开展钢铁深加工及汽车零部件产业链融资协作服务。（牵头单位：市政府金融办；参加单位：市国资委、市发改委、市经信委、市财政局、人民银行娄底市中心支行）

四、鼓励使用本地产品。编制钢铁深加工及汽车零部件产业链企业产品政府采购目录，鼓励政府投资项目使用本地产品；鼓励钢铁深加工及汽车零部件企业采购本地钢铁企业生产的板材和特种钢材，本地钢厂所缴纳税收地方留成部分的20%用于奖励市内采购本地钢铁企业生产的板材和特种钢材的终端产品生产企业及钢铁深加工服务企业。钢铁企业要不断增强市场竞争力，优质优价供应产品。（牵头单位：市经信委；参加单位：市财政局、市住建局、市公共资源交易中心）

五、降低收取有关费用。对钢铁深加工及汽车零部件产业链内企业，免收自建自用工业生产厂房要缴纳的城市基础设施配套费，其他各类规费按刚性收费标准执行，政府相关部门各类服务性收费按最低收费标准减半执行。（牵头单位：市发改委；参加单位：市住建局、市环保局、市规划局、市质监局、市工商局、市安监局）

六、加大税收贡献奖励。对依法纳税的钢铁及汽车零部件产业链企业年度纳税额增长20%以上的，按其新增税收构成地方收入部分的30%的额度给予奖励扶持；年度纳税总额首次超过200万元、500万元、1000万元、3000万元、5000万元的企业，分别一次性奖励企业10万元、20万元、30万元、50万元、100万元。（牵头单位：市财政局；参加单位：市国税局、市地税局）

七、扶持产业服务平台建设。支持产业链孵化器建设，孵化器平台5万平方米以上、在孵企业5家以上的，奖励50万元。对配套钢铁深加工及汽车零部件产业的加工服务平台企业技术改造投资在500万元以上，其中设备投入200万元以上的，可按该设备投资金额的5%给予一次性补贴；对入驻园区的公共服务平台在服务企业数量、服务业绩达到一定标准

的，每年评选出不超过3家优秀公共服务平台，每家补贴10万元运行费用。（牵头单位：市发改委；参加单位：市经信委）

八、鼓励组建产业技术联盟和行业协会。对在市级以上科技部门备案的钢铁深加工及汽车零部件产业技术创新战略联盟给予10万元资金补贴；对市内重点企业参与的钢铁深加工和汽车零部件产业协会每年给予10万元的工作运营经费补贴。（牵头单位：市科技局；参加单位：市经信委）

九、加大招商引资力度。积极引进一批延伸钢铁产业链的战略投资者，大力发展钢铁深加工及汽车零部件产业总部经济和飞地经济。对新引进的产业的总部经济项目，按其所纳税收对地方贡献的50%给予奖励；对飞地经济引进的钢铁深加工及汽车零部件产业项目产生的税收利益按飞入地与飞出地5:5的比例予以分成。（牵头单位：市商务粮食局；参加单位：市财政局、市国税局、市地税局、娄星区、娄底经济技术开发区、万宝新区）

十、加大人才支持力度。深入贯彻《娄底市引进高层次人才实施办法》（娄发〔2016〕16号），鼓励钢铁深加工及汽车零部件产业企业与湖南人文科技学院、娄底职业技术学院等合作引进企业急需的战略人才、优秀人才和专门人才，为其同时服务于企业和大学创造条件。支持市内高校、职业院校、高级技校申报设置与钢铁深加工及汽车零部件产业企业急需的专业。加快技能型人才培养，实施“订单式”人才培训，每年从市职业培训补贴中安排经费培训500人次。（牵头单位：市委组织部；参加单位：市人社局、市编办、湖南人文科技学院、娄底职业技术学院、娄底高级技校）

十一、鼓励大众创业万众创新。支持退伍军人、钢铁企业分流职工、大中专毕业生和返乡农民工等创办钢铁深加工及汽车零部件产业企业，对于项目实际投资1000万元以上，其中设备投资500万元以上的钢铁深加工及汽车零部件产业企业，按设备投资的5%给予奖励。（牵头单位：市人社局；参加单位：市经信委、市发改委、市科技局）

十二、支持科技创新。鼓励钢铁深加工及汽车零部件产业企业组建和申报省级以上工程技术研究中心、企业技术中心和重点实验室，对获得国家级的每户奖励50万元，对获得省级的每户奖励20万元。鼓励钢铁深加工及汽车零部件产业企业建立院士工作站和博士后工作站，对设立院士工作站和博士后工作站的企业分别奖励20万元和10万元，另每年给予5万元工作经费。鼓励发明创造，对获得国家、省科技奖励（科技进步奖、技术发明奖）的钢铁深加工及汽车零部件产业企业给予等额配套奖励；对新认定的国家高新技术企业奖励10万元；对通过复核的高新技术企业奖励5万元；对企业自主研发获得的发明专利授权且应用良好的，每项奖励5万元；对购买专利技术发展钢铁深加工及汽车零部件产业项目且应用良好的，按购买专利金额的20%给予补贴。（牵头单位：市科技局；参加单位：市财政局，市发改委、市经信委）

十三、鼓励标准和品牌创建。对牵头起草国际技术标准、国家技术标准、行业技术标准和地方技术标准的钢铁深加工及汽车零部件产业企业，每一项分别奖励100万元、50万元、30万元和10万元。钢铁深加工及汽车零部件产业企业新获得“中国驰名商标”的奖励20万元，新获得国家地理标志保护产品的每件奖励10万元，新获得“湖南名牌产品”和“湖南省著名商标”的，分别奖励10万元；新获得“国家质量奖”“省长质量奖”的，分别给予适当奖励。（牵头单位：市质量技术监督局；参加单位：市工商局）

十四、优化土地供应。在钢铁深加工及汽车零部件产业企业自愿的前提下，国有建设用地供应可采取长期租赁、先租后让和租让结合的方式，或者缩短其出让年限，实行弹性年限出让。对符合规划，不改变用途的现有工业用地，增加建筑面积或利用地下空间的，不再增收土地价款。支持钢铁企业盘活现有土地资源，对其土地权证完善中的相关费用的减免或奖励由市政府采取一事一议的方式予以确定，对其周边开展工业废弃地修复再利用于建设标准厂房（防护区范围除外），市政府奖励1万元/亩。（牵头单位：市国土资源局；参加单位：娄星区、娄底经济技术开发区、万宝新区、市地税局）

十五、改善园区物流环境。开辟钢铁企业及钢铁深加工产业园区物流绿色通道。（牵头单位：市交通运输局；参加单位：市公安局、市公路管理局）

十六、支持组建合资公司。鼓励涟钢、娄底经济技术开发区、市创业投资集团和国内外其他钢铁深加工及汽车零部件产业龙头企业合资组建薄板深加工及汽车零部件产业园，按照一事一议的原则从基金投入、工业用地、厂房补贴、项目申报等对新入园规模以上产业链企业给予特殊优惠政策。(牵头单位:娄底经济技术开发区;参加单位:市国资委、市商务粮食局、市发改委、市经信委、市财政局、市创业投资集团、涟钢集团)

十七、市经信委、市财政局依据本意见制定具体操作细则。娄底中心城区的钢铁深加工及汽车零部件产业企业有关奖励、补贴,由企业申报、市经信委组织并会同相关部门审核,按专项资金审批程序报批。其他钢铁产业企业有关奖励、补贴,由受益地财政承担,可参照本意见执行。

本意见适用时间为2017年1月1日至2020年12月31日。

娄底市人民政府

2016年12月29日

重要文件目录

2016 年中共娄底市委出台文件目录

1. 关于进一步夯实工作基础加快脱贫攻坚步伐的若干意见(娄发〔2016〕1 号)
2. 关于制定娄底市国民经济和社会发展第十三个五年规划的建议的通知(娄发〔2016〕2 号)
3. 关于将娄底市级行政审批事项及管理职能下放给娄底经济技术开发区的实施意见(娄发〔2016〕3 号)
4.关于进一步繁荣发展哲学社会科学的实施意见(娄发〔2016〕4 号)
5.关于加强新形势下全市统一战线工作的意见(娄发〔2016〕5 号)
6.关于市委常委会深入开展“两学一做”学习教育和责任心教育的实施方案的通知(娄发〔2016〕6 号)
7.关于进一步加强和改进党的群团工作的实施意见(娄发〔2016〕7 号)
8.关于做好县市区领导班子换届工作的通知(娄发〔2016〕8 号)
9. 关于促进非公有制经济发展的实施意见(娄发〔2016〕9 号)
10.关于进一步优化经济发展环境的指导意见(娄发〔2016〕11 号)
11.关于深化供销合作社综合改革的实施意见(娄发〔2016〕12 号)
12.关于印发《关于推进供给侧结构性改革的总体实施方案》的通知(娄发〔2016〕13 号)
13.关于印发《市委文件审核工作办法》的通知(娄发〔2016〕14 号)
14.关于印发《中共娄底市委巡查工作办法(试行)》的通知(娄发〔2016〕15 号)
15.关于印发《娄底市引进高层次人才实施办法》的通知(娄发〔2016〕16 号)
16.关于废止和宣布失效一批党内规范性文件的决定(娄发〔2016〕17 号)
17.关于加强和改进党校工作的实施意见(娄发〔2016〕18 号)
18.关于繁荣发展社会主义文艺的实施意见(娄发〔2016〕19 号)
19.关于解决扶贫工作中形式主义等问题的通知(娄发〔2016〕20 号)
20.关于贯彻落实省第十一次党代会精神奋力建设富饶美丽康祥和新娄底的实施意见(娄发〔2016〕22 号)
21.关于贯彻落实党的十八大六中全会精神推进全面从严治党落地生根的若干意见(娄发〔2016〕23 号)

2016 年中共娄底市委办公室文件目录

1.关于加强社会治安防控体系建设的实施意见(娄办发〔2016〕1 号)
2.关于印发《娄底市市属国有企业负责人履职待遇业务支出管理暂行办法》的通知(娄办发〔2016〕2 号)
3.关于进一步发挥老科技工作者作用的意见(娄办发〔2016〕3 号)
4.关于 2015 年度全市综治考核评估情况的通报(娄办发 2016〕4 号)
5.关于 2015 年度全市安全生产工作考核情况的通报(娄办发〔2016〕5 号)
6.关于 2015 年度全市计划生育工作考核情况的通报

（娄办发〔2016〕6 号）

7.关于印发《娄底市贯彻落实党的十八届三中全会重要改革举措实施规划（2014—2020 年）》的通知

（娄办发〔2016〕7 号）

8.关于开展“项目建设大比拼”活动的意见

（娄办发〔2016〕8 号）

9.关于加强社会主义法治文化建设的实施意见

（娄办发〔2016〕9 号）

10.关于在全市各级国家机关中实行“谁执行谁普法”责任制的实施意见

（娄办发〔2016〕10 号）

11.关于贯彻落实《中共湖南省委办公厅关于加强换届风气监督的实施意见》和省纪委、省委组织部《关于加强换届风气监督的工作方案》的实施意见

（娄办发〔2016〕11 号）

12.关于印发《娄底市 2016 年重点民生实事项目实施意见》的通知（娄办发〔2016〕12 号）

13.关于印发《县市区纪委书记、副书记提名考察办法（试行）》《市纪律派驻纪检组组长、副组长提名考察办法（试行）》《市管企业纪委书记、副书记提名考察办法（试行）》《市属大中专院校纪委书记、副书记提名考察办法（试行）》的通知

（娄办发〔2016〕13 号）

14.关于印发《娄底市落实党委（党组）意识形态工作责任制实施方案》的通知

（娄办发〔2016〕14 号）

15.关于转发《中共娄底市委宣传部 2016 年宣传思想工作要点》的通知（娄办发〔2016〕15 号）

16.关于在全市党员中开展“学党章党规、学系列讲话，做合格党员”学习教育实施方案的通知

（娄办发〔2016〕16 号）

17.关于在全市领导干部中开展“履职尽责、攻坚克难”责任心教育的实施方案的通知

（娄办发〔2016〕17 号）

18.关于印发《中共娄底市委全面深化改革领导小组 2016 年工作要点》的通知

（娄办发〔2016〕18 号）

19.转发《娄底市社会管理综合治理委员会关于进一步加强“三实”信息采集工作的意见》的通知

（娄办发〔2016〕19 号）

20.关于印发《娄底市创建全国文明城市工作考评办法》的通知（娄办发〔2016〕20 号）

21.关于印发《娄底市创建全国文明城市工作问责办法》的通知（娄办发〔2016〕21 号）

22.印发《关于推进行业协会商会与行政机关脱钩的实施方案》的通知（娄办发〔2016〕22 号）

23. 关于实施加速转型奋力赶超七个三年（2016—2018）行动计划的指导意见

（娄办发〔2016〕23 号）

24.关于引导农村土地经营权有序流转发展农业适度规模经营的实施意见（娄办发〔2016〕24 号）

25.关于印发《娄底市公务用车制度改革总体方案》和《娄底市市直党政机关公务用车制度改革实施方案》的通知（娄办发〔2016〕25 号）

26.关于加快构建现代公共文化服务体系的实施意见

（娄办发〔2016〕26 号）

27.关于印发《关于在全市建立行业性专业性调解组织推进矛盾纠纷多元化解机制建设的实施意见

（娄办发〔2016〕27 号）

28.关于印发《2016 年娄底市绩效评估实施方案》的通知（娄办发〔2016〕28 号）

29.印发《关于加强非公有制经济组织和社会组织党的建设工作的意见（试行）》的通知

（娄办发〔2016〕29 号）

30.关于印发《娄底市市属国有企业领导人员管理办法》的通知（娄办发〔2016〕30 号）

31.关于印发《娄底市创建全国文明城市工作问责办法（修订）》的通知（娄办发〔2016〕31 号）

32.关于印发《娄底市推进领导干部能上能下的若干规定（试行）》的通知

（娄办发〔2016〕32 号）

33.关于加强防范邪教工作的意见

（娄办发〔2016〕33 号）

34.关于进一步规范全市国家工作人员因公临时出国的实施细则的通知

（娄办发〔2016〕34 号）

35.关于印发《娄底市领导干部参加会议活动及外出规定》的通知

（娄办发〔2016〕35 号）

36.关于进一步加强基层医疗卫生服务体系建设的实施方案的通知

（娄办发〔2016〕36 号）

37.关于进一步加强和改进离退休干部工作的实施办法的通知（娄办发〔2016〕37 号）

2016年娄底市人民政府和市政府办公室文件目录

序号文号	文件标题
1.娄政发〔2016〕1号	关于印发《推进创新创业园区“623”工程奖补办法（试行）》的通知
2.娄政发〔2016〕2号	《关于加快推进市重点建设项目工作的意见》和《市重点建设项目申报、准入及退出
3.娄政发〔2016〕3号	规定》的通知
4.娄政发〔2016〕4号	关于做好第三次全国农业普查的通知
5.娄政发〔2016〕5号	关于《政府工作报告》重点工作部门分工的意见
6.娄政发〔2016〕6号	关于加快落实困难残疾人生活补贴和重度残疾人护理补贴制度的通知
7.娄政发〔2016〕7号	关于取消和调整一批行政审批事项的通知
8.娄政发〔2016〕8号	关于印发《娄底市落实〈水污染防治行动计划〉实施方案（2016—2020年）》的通知
9.娄政发〔2016〕9号	关于娄底中心城区进一步去商品房库存促房地产业发展的通知
10.娄政发〔2016〕10号	关于公布市政府部门行政审批中介服务事项第一批清理规范结果的决定
11.娄政发〔2016〕11号	关于促进健康产业发展的实施意见
12.娄政发〔2016〕12号	关于切实加快推进养老服务业发展的通知
13.娄政发〔2016〕13号	关于推进集中交易市场食用农产品质量安全规范化管理的实施意见
14.娄政发〔2016〕14号	关于印发《娄底市集体土地征收及其房屋拆迁补偿安置办法》的通知
15.娄政发〔2016〕15号	关于进一步加强和改进消防工作的实施意见
16.娄政发〔2016〕16号	关于印发《娄底市城市公立医院综合改革试点实施方案》的通知
17.娄政发〔2016〕17号	中国人民解放军湖南省娄底军分区关于2016年征兵的通知
18.娄政发〔2016〕18号	关于做好城乡居民基本医疗保险制度整合工作的通知
19.娄政发〔2016〕19号	关于公布娄底中心城区基准地价更新（2016年）成果的通知
20.娄政发〔2016〕20号	关于印发《娄底市帮扶工业企业十五条》的通知
21.娄政发〔2016〕21号	关于印发《娄底市城乡居民基本医疗保险实施细则》的通知

《关于支持发展钢铁深加工及汽车零部件产业的若干意见》

序号文号	文件标题
22.娄政办发〔2016〕1 号	关于印发《娄底市政府合同管理办法》的通知
23.娄政办发〔2016〕2 号	关于印发《娄底市大气污染防治特护期工作方案》的通知
24.娄政办发〔2016〕3 号	关于深化投资项目审批制度改革的实施意见
25.娄政办发〔2016〕4 号	关于印发《娄底市金融突发事件应急预案(2016 年修订版)》的通知
26.娄政办发〔2016〕5 号	关于推广随机抽查规范事中事后监管的通知
27.娄政办发〔2016〕6 号	关于进一步加强社会力量办学机构清理整治的通知
28.娄政办发〔2016〕7 号	关于印发《娄底市落实粮食安全省长责任制考核办法》的通知
29.娄政办发〔2016〕8 号	关于公立医院混合所有制改革试点的指导意见
30.娄政办发〔2016〕9 号	关于印发《娄底市政府购买棚改服务管理暂行办法》的通知
31.娄政办发〔2016〕10 号	关于承接和下放部分市级经济社会管理权限的通知
32.娄政办发〔2016〕11 号	关于进一步巩固和加强统计基层基础工作的通知
33.娄政办发〔2016〕12 号	关于印发《娄底市 2016 年度地质灾害防治方案》的通知
34.娄政办发〔2016〕13 号	关于加强安全生产监管执法的实施意见
35.娄政办发〔2016〕14 号	关于进一步加强电力建设整顿供用电秩序的意见
36.娄政办发〔2016〕15 号	关于印发《娄底市健康产业发展规划(2016—2020 年)》的通知
37.娄政办发〔2016〕16 号	关于印发《娄底市乡村教师支持计划(2016—2020 年)实施细则》的通知
38.娄政办发〔2016〕17 号	印发《关于支持省直管县(新化县)经济体制改革试点工作的实施方案》的通知
39.娄政办发〔2016〕18 号	关于印发《娄底市食品安全工作考核办法》的通知
40.娄政办发〔2016〕19 号	关于印发《娄底市互联网金融风险专项整治工作实施方案》的通知
41.娄政办发〔2016〕20 号	关于印发《娄底市大气污染防治专项行动方案(2016—2017 年)》的通知
42.娄政办发〔2016〕21 号	关于加强整顿治理促进烟花爆竹产业安全发展的意见
43.娄政办发〔2016〕22 号	关于进一步做好娄星区、娄底经开区被征地农民社会保障工作的通知
44.娄政办发〔2016〕23 号	关于印发《娄底市食品安全事故应急预案》的通知
45.娄政办发〔2016〕24 号	关于印发《关于进一步加强全市煤矿安全生产暂行规定》的通知

序号文号	文件标题
46.娄政办发〔2016〕25 号	关于印发《娄底市水环境保护和治理第二个“三年行动计划”(2016—2018 年)实施方案》的通知
47.娄政办发〔2016〕26 号	关于开展光伏产业扶贫工作的指导意见
48.娄政办发〔2016〕27 号	关于印发《娄底市推进分级诊疗试点工作实施方案》的通知
49.娄政办发〔2016〕28 号	关于印发《关于规范政府立法计划项目立项工作的规定》等四份文件的通知
50.娄政办发〔2016〕29 号	关于印发《娄底市贯彻落实〈湖南省实施《校车安全管理条例》办法〉实施细则》的通知
51.娄政办发〔2016〕30 号	关于印发《娄底市消防车通道管理办法》的通知
52.娄政办发〔2016〕31 号	转发市人力资源和社会保障局市财政局《关于调整机关事业单位工作人员基本工资标准和增加机关事业单位离休人员离休费三个实施办法》的通知
53.娄政办发〔2016〕32 号	关于印发《智慧娄底建设五年行动计划》的通知
54.娄政办发〔2016〕33 号	关于印发《娄底市煤炭行业化解过剩产能实现脱困发展实施方案》的通知
55.娄政办发〔2016〕34 号	关于进一步加快现代物流业发展的意见
56.娄政办发〔2016〕35 号	关于印发《娄底市工资支付保障办法》的通知

索　引

Q

R

S

T

W

X

Y

Z